CAD

~~CAM~~ CAP

/CAM/CAQ

NC

CNC

DNC

CIM

Losgrößen

Industrielles Management

Von

Dr. Karl-Werner Hansmann

o. Professor für Betriebswirtschaftslehre
und Industriebetriebslehre an der Universität Hamburg

5., überarbeitete und
wesentlich erweiterte Auflage

R. Oldenbourg Verlag München Wien

Anschrift des Verfassers:

Prof. Dr. K.-W. Hansmann
Universität Hamburg
Bereich Industrielles Management
Von-Melle-Park 5
20146 Hamburg

E-Mail: hansmann@hermes2.econ.uni-hamburg.de

Die Deutsche Bibliothek - CIP-Einheitsaufnahme

Hansmann, Karl-Werner:
Industrielles Management / von Karl-Werner Hansmann. - 5., überarb. und wesentlich erw. Aufl. - München ; Wien : Oldenbourg, 1997
ISBN 3-486-24047-1

Gedruckt auf säure- und chlorfreiem Papier
Gesamtherstellung: R. Oldenbourg Graphische Betriebe GmbH, München

ISBN 3-486-24047-1

Vorwort zur fünften Auflage

Das internationale betriebswirtschaftliche Wissen hat in den fünf Jahren seit der überarbeiteten dritten Auflage wiederum erheblich zugenommen, so daß mir nicht nur eine sorgfältige Überarbeitung sondern auch eine Erweiterung des Lehrbuchs unumgänglich erschien. Dabei erwies sich die inzwischen bewährte Grundkonzeption als so flexibel, daß die neu hinzugekommenen Gebiete ohne tiefgreifende Veränderung der Lehrbuchstruktur eingearbeitet werden konnten.

Die substantiellen Erweiterungen beziehen sich auf die Organisation, das Umweltmanagement und die Maschinenbelegung. Ich versuche zu zeigen, daß viele der in jüngster Zeit populär gewordenen und manchmal zu Schlagworten herabgesunkenen Managementkonzepte, wie Business Process Reengineering, Total Quality Management, Lean Management oder Benchmarking einen richtigen (manchmal verborgenen) betriebswirtschaftlichen Kern enthalten und vielfältige Beziehungen zueinander aufweisen. Darüber hinaus fasse ich diese Konzepte als strategische Organisationsentscheidungen auf und versuche, sie gedanklich so zu verbinden, daß eine theoretische Basis für ein Management des „Wandels" entsteht (7. Kapitel).

Im Umweltmanagement habe ich nun die vielen bisher qualitativ dargestellten Aspekte zu einem umweltorientierten Produktionsmodell integriert, um den Unterschied zwischen defensivem und offensivem Umweltmanagement betriebswirtschaftlich noch schärfer herauszuarbeiten.

Die Maschinenbelegung einschließlich Feinterminierung weist den höchsten Komplexitätsgrad innerhalb des operativen Managements auf. Ich habe die mit meinem Mitarbeiter Michael Höck hierfür entwickelten Lösungsansätze auf der Grundlage der Akzeptanzalgorithmen (Threshold, Simulated Annealing) in das Lehrbuch aufgenommen, weil die Leistungsfähigkeit dieser Heuristiken erstaunlich ist und sehr gute Lösungen für Probleme gefunden werden, die bisher nicht mit den Mitteln der Optimierungsrechnung gelöst werden konnten.

Mein herzlicher Dank gilt meinen Mitarbeiterinnen und Mitarbeitern am Arbeitsbereich für Industrielles Management der Universität Hamburg, Herrn Dipl.-Kfm. Michael Höck, Herrn Dipl.-Kfm. Guido Malberg, Frau Dipl.-Wi.-Ing. Magallys Paredes de Tavassoli, Herrn Dipl.-Kfm. Marc Sablowski, Herrn Dr. Kai-Ingo Voigt und Herrn Dr. Wolfgang Zetsche. Sie haben mich bei der Überarbeitung dieses Buches in vorzüglicher Weise unterstützt, insbesondere bei der Aufbereitung der Praxisbeispiele, des Literatur-/und Stichwortverzeichnisses sowie bei den Tabellen und Graphiken. Darüber hinaus haben mir viele ihrer kritischen Anmerkungen die Überarbeitung sehr erleichtert.

Meinen studentischen Mitarbeiterinnen und Mitarbeitern, Frau cand. rer. pol. Jutta Delfs, Herrn cand rer. pol. Michael Kehl und Frau cand. rer. pol. Henrike Stark danke ich herzlich für ihren außergewöhnlichen Einsatz bei der Aufgabe, den Text einschließlich aller Formeln, Tabellen und Graphiken mit Hilfe von MS Word in die vorliegende druckreife Form zu bringen.

Ferner danke ich herzlich meinen Sekretärinnen Frau Esther Donat und Frau Brigitte Anders für ihre mühevolle Arbeit, die Reinschrift der neuen Teile des Buches aus meinen handschriftlichen Notizen zu erstellen.

Schließlich gilt mein Dank Herrn M. Weigert und dem Oldenbourg Verlag für die wohlwollende Zusammenarbeit und die rasche Veröffentlichung des Buches.

Hamburg, im September 1996 Karl-Werner Hansmann

Vorwort zur dritten Auflage

Dieses Buch ist die vollständig neu bearbeitete und im Umfang wesentlich erweiterte Neuauflage meines in zwei Auflagen erschienenen Werkes "Industriebetriebslehre". Obwohl die Fülle des neu aufgenommenen industriebetrieblichen Wissens eine Verdoppelung des Umfangs erforderte, konnte die Grundkonzeption des Buches unverändert beibehalten werden.

Das industrielle Management wird als entscheidungsorientierte Betriebswirtschaftslehre aufgefaßt, die sich im Rahmen des strategischen Managements mit der Auswahl der Produktfelder und Produktionstechnologien sowie dem Personalmanagement eines Industriebetriebs beschäftigt und im Rahmen des operativen Managements mit den Teilbereichen der Produktionsplanung und -steuerung. Daraus ergibt sich, daß den strategischen Marktproblemen wie z.B. dem Gewinnpotential von Produktfeldern oder der Produktinnovation ein größerer Raum gewidmet wird als in traditionellen Lehrbüchern. Das industrielle Management ist also nicht nur "Produktionswirtschaft", sondern muß in ausgewogener Weise die "Absatzwirtschaft" mit einbeziehen.

Ein zweites Grundelement der Konzeption ist die konsequente Praxisorientierung des Buches. Fast alle industriebetrieblichen Problemstellungen werden an Beispielen erläutert, die ich aus Kooperationsprojekten mit Industriefirmen gewonnen habe. Zur Lösung werden in erster Linie in der Praxis leicht umzusetzende heuristische Verfahren entwickelt bzw. herangezogen, um dem Leser das Rüstzeug zu vermitteln, praktische Fragestellungen aufgreifen und einer raschen befriedigenden Lösung zuführen zu können. Darüber hinaus werden bei geeigneten Problemkomplexen quantitative Optimierungsverfahren des Operations Research verwendet, deren Lösungsidee und Algorithmen anschaulich und detailliert dargestellt werden und dadurch für den Leser nachvollziehbar sind. Ich habe diese Verfahren mit einbezogen, da mit der starken Verbreitung von PC und work stations immer mehr Software für Optimierungsverfahren auf dem Markt angeboten wird und eine Nutzung dieser Software ein Verständnis der zugrunde- liegenden Verfahren unumgänglich erscheinen läßt.

Die neueren Entwicklungen der industriellen Produktion, wie z.B. die flexible Fertigung und das Computer Integrated Manufacturing (CIM), werden sowohl im strategischen als auch im operativen Teil des Buches ausführlich behandelt. Basis der Produktionsplanung und -steuerung sind fortgeschrittene, in der Praxis angewendete Standard-PPS-Systeme, deren betriebswirtschaftliche Substanz analysiert wird und die mit geeigneten Lösungsansätzen weiterentwickelt werden.

Die zunehmende Entwicklung und Anwendung computergestützter Informationssysteme im Industriebetrieb erfordert zwingend eine stärkere EDV-Orientierung des industriellen Managements. Die betriebswirtschaftlichen Konzeptionen müssen in die informationstheoretische Ebene transformiert werden, um überhaupt eine betriebliche Anwendung zu ermöglichen. Dabei kommt den "Daten" eine weitaus größere Bedeutung zu als in der herkömmlichen "methodenorientierten" betriebswirtschaftlichen Theorie. Daher wird der Entwurf von Datenstrukturen und ihre Umsetzung in ein Datenmodell bzw. Datenbanksystem allgemein und in wichtigen Bereichen der Produktionsplanung und -steuerung konkret behandelt.

Das Lehrbuch baut auf den dem Grundstudium der Allgemeinen Betriebswirtschaftslehre zuzuordnenden Fächern Rechnungswesen, Produktions- und Kostentheorie und Investitionsplanung auf und wendet sich an die Studierenden im Hauptstudium der Wirtschaftswissenschaften und des Wirtschaftsingenieurwesens mit der Ausrichtung Industriebetriebslehre oder Produktionswirtschaft. Eine zweite Zielgruppe sind die mit den vielfältigen Problemen des industriellen Managements konfrontierten Praktiker in den Unternehmen, die sich über praxisorientierte Lösungsmöglichkeiten und Konzepte informieren wollen.

Hamburg, im September 1991 Karl-Werner Hansmann

Inhaltsverzeichnis

Teil I:

Grundtatbestände des industriellen Managements

1. Kapitel: Der Industriebetrieb

A. Merkmale des Industriebetriebs

I. Herkunft des Begriffs

Der Industriebetrieb verkörpert eine der wichtigsten Institutionen von modernen Volkswirtschaften. In der Bundesrepublik Deutschland entfiel **1992** **36,6%** des Gesamtumsatzes der Wirtschaft auf Industriebetriebe und über **35,1%** des Bruttoinlandsprodukts wurde im industriellen Sektor erzeugt (Stat. Jahrbuch **1995**). Struktur und Funktionsweise des Industriebetriebs sichtbar zu machen und einer eingehenden betriebswirtschaftlichen Analyse zu unterziehen, ist Gegenstand dieses Lehrbuchs. Dazu müssen zunächst die charakterisierenden Merkmale des Industriebetriebs herausgearbeitet werden.

Unter einem **Betrieb** wird eine Wirtschaftseinheit verstanden, in der die Produktionsfaktoren menschliche Arbeit, Betriebsmittel und Werkstoffe vom dispositiven Faktor (Geschäftsleitung) planvoll mit dem Ziel kombiniert werden, Sachgüter zu produzieren und/oder Dienstleistungen bereitzustellen.

Folgt ein solcher Betrieb dem erwerbswirtschaftlichen Prinzip (Gewinnerzielung) und kann er autonom handeln, so bezeichnen wir ihn in Anlehnung an Gutenberg (Betriebswirtschaftslehre 1983, S. 510) als **Unternehmung**.

Die Menge der Industriebetriebe (bzw. Industrieunternehmungen) ist eine besonders zu definierende Teilmenge von allen Betrieben (bzw. Unternehmungen). Zur Charakterisierung gehen wir von der etymologischen Bedeutung des Wortes "Industrie" aus.

Seine Wurzel ist das lateinische Wort industria = Fleiß, Betriebsamkeit, dessen Bedeutung später beim Übergang in die französische Sprache auf "Gewerbefleiß" eingeengt wurde. Seit dem 18. Jahrhundert ist der Begriff allgemein auf das "Großgewerbe" mit maschineller Ausstattung und vielen Beschäftigten angewendet worden.

Obwohl dieser etymologische Definitionsansatz bereits eine grobe Orientierungshilfe für den heutigen Bedeutungsinhalt des Begriffs "Industriebetrieb" liefert, erscheint eine weitere Präzisierung zweckmäßig.

Die wichtigsten Merkmale eines Industriebetriebs können folgendermaßen formuliert werden:

- Gewerbebetrieb (traditionelle steuerliche Abgrenzung zur Landwirtschaft),
- Erzeugung von Sachgütern,
- Vorherrschender Einsatz von Maschinen,
- Weitgehende Arbeitsteilung und Spezialisierung der Beschäftigten,
- Absatz der Produktion auf großen (z.T. anonymen) Märkten.

Die drei letzten Merkmale können leider nur mit unscharfen Begriffen (vorherrschend, weitgehend, groß) beschrieben werden, was die konkrete Abgrenzung, insbesondere zu Handwerksbetrieben, erschwert. Bevor hierauf näher eingegangen wird, seien die aufgeführten Merkmale zu einer endgültigen Definition zusammengefaßt.

Ein **Industriebetrieb** ist ein Betrieb, der gewerblich unter maßgeblichem Einsatz von Maschinen nach dem Prinzip der Arbeitsteilung Sachgüter erzeugt und auf großen Märkten absetzt.

Die Produktion der Sachgüter kann auf drei Arten erfolgen:

- Gewinnung von Stoffen (z.B. Bergbau),
- Bearbeitung von Stoffen (z.B. Stahlindustrie),
- Verarbeitung von Stoffen (z.B. Chemische Industrie).

II. Abgrenzung des Industriebetriebs vom Handwerksbetrieb

Die Schwierigkeiten in der Abgrenzung dieser beiden Produktionswirtschaften liegen in der Tatsache begründet, daß die Industrie historisch aus dem Handwerk hervorgegangen ist und somit viele Merkmale übereinstimmen.

Auch Handwerksbetriebe setzen heute Maschinen zur Produktion ein und sind z.T. arbeitsteilig organisiert. Doch sind diese Merkmale wesentlich weniger ausgeprägt als bei Industriebetrieben.

Die Arbeitsteilung ist im Handwerk schon dadurch eingeschränkt, daß Meister und Gesellen den Produktionsablauf im ganzen überblicken und auch an jeder Stelle prinzipiell eingesetzt werden können. In der industriellen Fertigung hat sich demgegenüber schon früh infolge des komplizierteren und umfangreicheren Produktionsablaufs die weitgehende Spezialisierung und Arbeitsteilung durchgesetzt, die in der Fließbandarbeit ihre vorläufige größte Steigerung erreicht hat.

Der Unterschied zwischen Industrie- und Handwerksbetrieben bei der Verwendung von Maschinen liegt vor allem darin, daß im Handwerk die Handarbeit mit einfachen Universalmaschinen (z.B. Bohrmaschinen) unterstützt wird, während in den meisten Industriebetrieben neben Universalmaschinen vor allem Spezialmaschinen (z.B. Druckwerke) verwendet werden, hinter denen die menschliche Arbeit weit zurücktritt und häufig nur noch in einer Überwachungsfunktion besteht.

Ein weiteres unterscheidendes Merkmal ist der geringere Kapitaleinsatz bei Handwerksbetrieben, der sich in niedrigeren fixen Produktionskosten und größerer Flexibilität bei Beschäftigungsschwankungen niederschlägt.

Die Gesamtheit dieser Merkmale dürfte ausreichen, um einen konkreten Betrieb unter betriebswirtschaftlichen Gesichtspunkten mit hinreichender Genauigkeit als Industriebetrieb klassifizieren zu können.

III. Stellung des Industriebetriebs innerhalb der Wirtschaft

Die relative Bedeutung der Industriebetriebe für die Gesamtwirtschaft läßt sich aus ihren Beiträgen zum Bruttoinlandsprodukt herleiten. In der folgenden Tab. 1 sind die Beiträge aller volkswirtschaftlichen Sektoren für die Jahre 1960 und 1992 zum Vergleich gegenübergestellt.

Tabelle 1 läßt erkennen, daß die Industrie den zweitgrößten Beitrag zum Bruttoinlandsprodukt leistet, im Wachstum deutlich vom Dienstleistungssektor und vom Staat übertroffen wird. Die Bedeutung der Industrie als Wirtschaftssektor nimmt somit ab. Diese Tendenz wird sich auch in Zukunft fortsetzen und markiert deutlich den Übergang von der industriellen zur postindustriellen Gesellschaft mit wachsendem Staatsanteil, der bei allen führenden Industrieländern der westlichen Welt zu beobachten ist. Die gesamtwirtschaftliche Nachfrage verlagert sich von den Sachgütern, wo bereits Sättigungserscheinungen auftreten, immer mehr zu den Dienstleistungen, die von der Privatwirtschaft und vom Staat angeboten werden.

Tab. 1 Beitrag der Wirtschaftsbereiche zum Bruttoinlandsprodukt der BRD in Mrd. DM, (1992 früheres Bundesgebiet)

Sektor	1960	1992	Zuwachs(%)	Anteil(%)
Land/Forstwirtschaft	17,6	32,8	186,4	1,4
Industrie	125,0	785,1	628,1	33,3
Handwerk	35,9	243,3	677,7	10,3
Handel u. Verkehr	56,0	405,9	724,8	17,2
Dienstleistungen	41,1	891,9	2170,1	37,8
Unternehmen zus. (unbereinigt)	275,6	2359,0	856,0	100,0
Unternehmen zus. (bereinigt)	270,4	2235,1	826,6	
Staat	21,6	289,4	1339,8	
Private Haushalte	5,0	70,9	1418,0	
Bruttowertschöpfung	297,0	2595,4	873,9	
+ nichtabzugsf. Umsatzsteuer	-	187,0	-	
+ Einfuhrabgaben	5,7	30,6	536,8	
= Bruttoinlandsprodukt	302,7	2813,0	929,3	

Quelle: Statistische Jahrbücher der Bundesrepublik Deutschland 1963, 1995

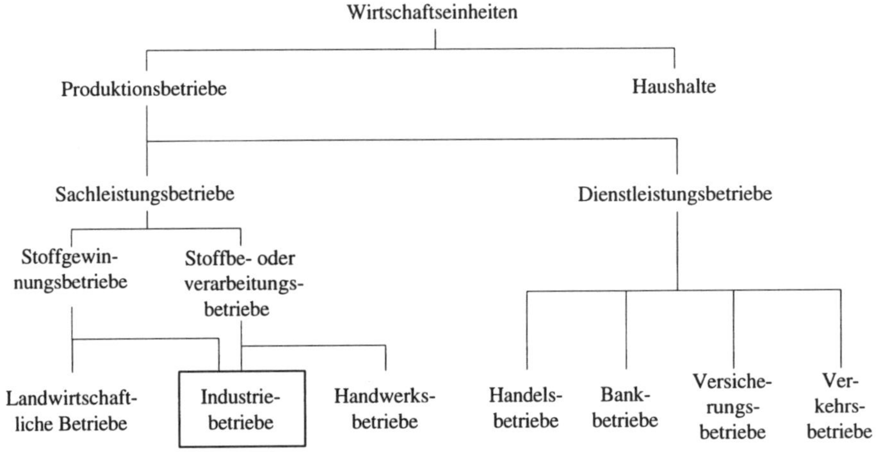

Abb. 1 Strukturdiagramm zur Stellung der Industrie innerhalb des gesamtwirtschaftlichen Produktions- und Konsumsystems

Die Stellung der Industrie innerhalb des gesamtwirtschaftlichen Produktions- und Konsumsystems kann durch ein Strukturdiagramm übersichtlich dargestellt werden, das in Abb. 1 wiedergegeben ist (vgl. Reisch, Industriebetriebslehre 1979, S. 15). Man erkennt, daß die landwirtschaftlichen und die Handwerksbetriebe den Industriebetrieben im Hinblick auf den Produktionsprozeß am nächsten verwandt sind (Sachleistungsbetriebe) und nur durch die zusätzlichen Merkmale unserer Definition (S. 3) abgegrenzt werden können.

B. Industriebetriebs-Typen

I. Die Typologie von E. Schäfer

Nachdem die industriellen Merkmale entwickelt worden sind, sollen nun die Industriebetriebe einer näheren Betrachtung unterzogen werden. Hierbei stellt man zunächst fest, daß das Erscheinungsbild der heutigen Industriebetriebe außerordentlich vielfältig ist. Über die Definitionsmerkmale hinaus lassen sich kaum Gemeinsamkeiten aller Industriebetriebe finden. Vom Produktionsprogramm über die Produktionsverfahren bis hin zur Materialdisposition erstreckt sich eine erhebliche Variationsbreite, wenn man z.B. einen Möbelhersteller mit einer chemischen Fabrik vergleicht.

Für das industrielle Management als angewandte Wissenschaft ergibt sich aus dieser Heterogenität ihres Erkenntnisobjektes eine ernstzunehmende Schwierigkeit:

Es ist kaum möglich, Erkenntnisse wissenschaftlich zu gewinnen, die auf alle Industriebetriebe anwendbar sind, geschweige denn eine Theorie der Industriebetriebe zu entwickeln.

Ein Ausweg aus dieser Situation ist der Versuch, homogene Klassen von Industriebetrieben zu bilden, die ähnliche Eigenschaften aufweisen und für die man theoretische oder empirische Erkenntnisse ableiten kann.

Eine solche Klassenbildung wird z.B. durch die Betriebstypologie von Erich Schäfer (Industriebetrieb 1978) erzeugt. Zur Charakterisierung seiner Industriebetriebstypen verwendet er drei Arten von Merkmalen:

- allgemeine Merkmale der technisch-ökonomischen Struktur,
- Merkmale der Anlagenwirtschaft (Fertigungsaufbau),
- Merkmale des Fertigungsablaufs,

die im folgenden etwas eingehender dargestellt werden sollen. Schäfer verwendet acht allgemeine Merkmale der technisch-ökonomischen Struktur.

1. Stellung des Industriebetriebs in der Gesamtwirtschaft

   Die Einteilung erfolgt (etwas verkürzt) in **naturnahe** Industriezweige (z.B. Bergbau, Erdölgewinnung), **mittlere** Industriezweige (Maschinenbau, Werkzeugindustrie) und **konsumnahe** Branchen (elektrische Haushaltsgeräte, Möbel usw.).

2. Art der Stoffverwertung

   Die Gruppierung erfolgt hier durch Unterscheiden zwischen **analytischer** Stoffverwertung (Ölraffinerie, Sägewerk), synthetischer Stoffverwertung (Maschinenbau, Fahrzeugbau) und **veredelnder** bzw. **verformender** Stoffverwertung (Walzwerk, Nagelfabrik).

3. Vorherrschende Technologie

   Ein Teil der Industriebetriebe wendet in erster Linie **mechanische** Technologie an (z.B. Textil-, Elektro-, Möbelindustrie), der andere Teil vorherrschend die **chemische** Technologie (Farben-, Kunststoff-, Waschmittelindustrie).

4. Verwirklichung des Massenprinzips

   Die hauptsächlichen Ausprägungen dieses Merkmals sind **Massenfertigung** (Elektrizitäts-, Aluminiumwerk), **Serienfertigung** (Unterhaltungselektronik, Schuhindustrie) und **Einzelfertigung** (Bauindustrie, Schiffbau).

5. Absatz- und Marktbeziehung

   Hier reicht die Variationsbreite von der Produktion auf **Bestellung** über verschiedene Formen der **Vordisposition** bis zur Produktion "auf Verdacht" für den anonymen Markt.

6. Grad und Richtung der Spezialisierung

   Die Richtung der Spezialisierung kann **materialgebunden** (Glaswaren, Gummi), **verfahrensgebunden** (Gießerei, Färberei) oder **bedarfsgebunden** (Baumaschinen) sein.

7. Vermögens- und Kostenstruktur

   Hier unterscheidet Schäfer u.a. anlagen-, lohnkosten-, materialkosten-, energiekosten- und abschreibungsintensive Betriebe.

8. Betriebsgröße

   Dieses Merkmal weist besondere Abgrenzungsschwierigkeiten auf, die in erster Linie die Ausprägungen (kleine, mittlere, große Betriebe) betreffen. Aber auch die zugrunde zu legende Maßgröße ist umstritten, denn man kann **nicht allgemein** festlegen, welche der möglichen Maßgrößen Umsatz, Lohnsumme, Kapazität, Anzahl der Beschäftigten usw. zur Messung der Betriebsgröße am geeignetsten ist.

Zu diesen allgemeinen Merkmalen treten nun bei Schäfer noch die Merkmale des Fertigungsaufbaus (z.B. Standort, Art der Produktionsanlagen, Organisationsform der Fertigung) sowie die Merkmale des Fertigungsablaufs (zeitlicher und räumlicher Produktionsablauf) hinzu. Diese Merkmale werden in den Teilen II. und III. näher analysiert.

Die Typologie von Schäfer vermittelt einen Eindruck von der Vielfalt möglicher Klasseneinteilungen der Industriebetriebe. Da die meisten Ausprägungen der verschiedenen Merkmale miteinander kombiniert werden können, entsteht die Gefahr, daß zu viele Typen konstruiert werden, die Einteilung unübersichtlich wird und für die praktische Anwendung nicht mehr geeignet ist.

Schäfer versucht, die Übersichtlichkeit dadurch zu wahren, daß er in einem typisch heuristischen Vorgehen durch "ständiges Hin und Her von empirisch beobachtender Erfassung industrieller Tatbestände einerseits und gedanklicher Einordnung andererseits" (Schäfer, Industriebetrieb 1978, S. 331) acht Typen von Industriebetrieben herausarbeitet. Da dieses Vorgehen eine Reihe subjektiver Elemente enthält, werden wir im nächsten Abschnitt - aufbauend auf Schäfers Merkmalen - mit Hilfe einer empirischen Untersuchung und den Methoden der **Clusteranalyse** eine eigene Industrietypologie entwickeln.

II. Entwicklung von Industriebetriebstypen mit Hilfe der Clusteranalyse

Die nachstehende Typologie ist das Ergebnis einer unter Betreuung des Verfassers am Institut für industrielles Management der Universität der Bundeswehr Hamburg verfaßten Diplomarbeit von H. D. Schöneberg (1982). Sie beruht auf einer repräsentativen Befragung von Industriebetrieben über die Ausprägungen von ausgewählten Typisierungsmerkmalen und verwendet die Clusteranalyse (vgl. z.B. Steinhausen/Langer, Clusteranalyse 1977) zur Klassifikation der Betriebe. Aus den charakteristischen Eigenschaften jeder Klasse wird anschließend eine Typologie abgeleitet.

Folgende Merkmale führten zu einer zufriedenstellenden und stabilen Klassifikation der befragten Industriebetriebe:

- die allgemeinen Merkmale Schäfers außer den Merkmalen 1 und 6, wobei die Betriebsgröße durch Umsatz und Anzahl der Beschäftigten gemessen wurde,
- Organisationsform der Fertigung (Werkstatt-, Reihen-, Fließfertigung),
- Lohnform (Akkord-, Zeit-, Prämienlohn),
- Absatzweg (Direkt an Endabnehmer, Großhandel, Einzelhandel).

Außer dem Merkmal Betriebsgröße sind alle übrigen Merkmale nominalskaliert, so daß als Ähnlichkeitsmaß der Betriebe der **Tanimoto-Koeffizient** (Backhaus, Analysemethoden 1994 S. 266 ff.) für binär codierte Merkmalsausprägungen anwendbar ist. Für zwei beliebige Industriebetriebe i und j hat der Tanimoto-Koeffizient folgende Gestalt:

$$T_{ij} = \frac{a}{a + b + c} \tag{1}$$

Dabei gilt

a = Anzahl der Merkmalsausprägungen, die bei beiden Betrieben vorhanden sind;

b = Anzahl der Merkmalsausprägungen, die nur Betrieb i aufweist;

c = Anzahl der Merkmalsausprägungen, die nur bei Betrieb j vorhanden sind.

Der Koeffizient kann zwischen 0 und 1 variieren und nimmt seinen größten Wert an, wenn keine verschiedenen Merkmalsausprägungen bei beiden Betrieben vorhanden sind (b = c = 0). Er wird Null, wenn es keine gemeinsamen Merkmalsausprägungen gibt. Daraus zieht man die Schlußfolgerung: Zwei Betriebe sind um so ähnlicher, je größer ihr Tanimoto-Koeffizient ist. Dies zeigt auch ein einfach gewähltes **Beispiel** mit den drei letzten Merkmalen (s.o.). Tab. 2 (S. 8) gibt für drei Betriebe an, ob die jeweiligen Merkmale vorhanden sind (1) oder nicht (0).

Die Tanimoto-Koeffizienten für die drei Betriebspaare lauten:

$$T_{I,II} = \frac{3}{3+1+0} = 0{,}75 \quad T_{I,III} = \frac{2}{2+2+2} = 0{,}33 \quad T_{II,III} = \frac{2}{2+1+2} = 0{,}40$$

Die Betriebe I und II sind sich also ähnlicher als z.B. II und III.

Tab. 2 Merkmalsausprägungen dreier Betriebe zur Bestimmung des Tanimoto-Koeffizienten

	Betrieb I	Betrieb II	Betrieb III
Werkstattfertigung	1	1	0
Reihenfertigung	0	0	0
Fließfertigung	0	0	1
Akkordlohn	0	0	0
Zeitlohn	1	1	1
Prämienlohn	1	0	0
Absatz an Endabnehmer	0	0	0
Absatz an Großhandel	1	1	1
Absatz an Einzelhandel	0	0	1

Auf der Grundlage dieser durch den Tanimoto-Koeffizienten gemessenen Ähnlichkeiten werden die Industriebetriebe mit einem hierarchischen und einem anschließenden partitionierenden Cluster-Algorithmus in sieben Klassen eingeteilt. Die Analyse der gemeinsamen charakteristischen Eigenschaften der verschiedenen Klassenmitglieder erlaubt eine Typologie der Industriebetriebe, die für die weitere Konzeption dieses Lehrbuchs brauchbar ist.

Ergänzend zur verbalen Beschreibung der wichtigsten Eigenschaften wird für jeden Typ auch der Schwerpunkt der Branchen- und Industriegruppenzugehörigkeit im Sinne der amtlichen Statistik (vgl. Stat. Jahrbuch 1995, S. 195) angegeben. Die verbalen Charakterisierungen der Klassen gelten natürlich nur mehrheitlich und nicht immer für jeden einzelnen Betrieb der Klasse.

Klasse 1

Bau- und Baustoffindustrie (vorwiegend)

Die Klasse enthält hauptsächlich Betriebe mit lohnkostenintensiver Baustellenfertigung, mechanischer Technologie, zusammenfügender Stoffverwertung und mittlerer Betriebsgröße. Es wird in Einzelfertigung auf Bestellung produziert und direkt an den Endverbraucher abgesetzt.

Klasse 2

Grundstoff- und Produktionsgüterindustrie (insbesondere Mineralölverarbeitung)

Die Großbetriebe produzieren mit Zwangslauffertigung, chemischer Technologie und analytischer Stoffverwertung in Sortenfertigung Produkte, die vorwiegend über den Handel vertrieben werden.

Klasse 3

Investitionsgüterindustrie (insbesondere Stahlverarbeitung und Elektroindustrie)

Mechanische Technologie und synthetische Stoffverwertung sind die Grundlagen der Produktion, die in Werkstattfertigung auf Bestellung direkt für den Endabnehmer durchgeführt wird. Einzelfertigung ist mit Serienfertigung kombiniert.

Klasse 4

Investitionsgüterindustrie (vorwiegend Maschinenbau)

Die Betriebe produzieren materialkostenintensive Produkte mit mechanischer Technologie und synthetischer Stoffverwertung, vorwiegend in Reihenfertigung. Die Serienproduktion erfolgt auf Bestellung und wird direkt an den Endabnehmer abgesetzt.

Klasse 5

Verbrauchsgüterindustrie (insbesondere chemische Industrie)

Die Betriebe produzieren materialkostenintensive Produkte mit chemischer Technologie und synthetischer Stoffverwertung in Fließ- bzw. Zwangslauffertigung. Die Massen- oder Sortenproduktion erfolgt für den anonymen Markt und wird über den Großhandel abgesetzt.

Klasse 6

Verbrauchsgüterindustrie (insbesondere Nahrungs- und Genußmittel)

Die Betriebe produzieren mit mechanischer Technologie und veredelnder Stoffverwertung in Fließfertigung Produkte für den anonymen Markt, die über den Handel vertrieben werden. Es herrscht die Sortenfertigung vor.

Klasse 7

Verbrauchsgüterindustrie (insbesondere Druck-, graphische und Eisen/Bundmetallindustrie)

Die Betriebe veredeln Stoffe mit mechanischer Technologie in Werkstattfertigung. Die Produktion ist lohnintensiv und erfolgt auf Bestellung in Einzel- bzw. Serienfertigung und wird zumeist direkt an den Endabnehmer verkauft.

Mit diesen sieben Klassen und den angegebenen charakteristischen Merkmalen läßt sich eine befriedigende Einteilung der Industriebetriebe erreichen, die allerdings keine Ideallösung darstellt, da sie auf vielen unscharfen Begriffen wie „vorwiegend Werkstattfertigung" oder „hauptsächlich Produktion auf Bestellung" beruht. Diese Unschärfe ist jedoch bei keiner Klassifikation einer heterogenen Grundmenge ganz zu vermeiden.

Als Konsequenz für das vorliegende Lehrbuch Industrielles Management ergibt sich aus der empirischen Untersuchung und der erarbeiteten Typologie das folgende Vorgehen:

Da die Merkmale Technologie, Art der Stoffverwertung, Verwirklichung des Massenprinzips und Organisationsform der Fertigung Bestandteile des **Produktionsverfahrens** eines Industriebetriebs sind, werden die Entscheidungen über das Produktionsverfahren (5. Kapitel, S. 90 ff.) und die Produktionssteuerung (10. Kapitel, S. 341 ff.) unter Berücksichtigung einzelner Industriebetriebstypen analysiert. Damit soll der heterogenen Vielfalt im Bereich der Industriebetriebe möglichst weitgehend entsprochen und eine breite Anwendung der gewonnenen Erkenntnisse in der Industrie ermöglicht werden.

Zur Abrundung des ersten Kapitels dieses Lehrbuchs wird nun ein kurzer Überblick über die historische Entwicklung der Industriebetriebe gegeben.

C. Historische Entwicklung der Industrie

Der folgende Abriß beleuchtet die industrielle Entwicklung nur in sehr groben Zügen, um die für das Verständnis der heutigen Industriebetriebe wichtigsten Tatsachen zusammenzustellen. Über den Rahmen dieses Lehrbuchs hinausgehende umfangreichere Darstellungen der Wirtschafts- und Industriegeschichte sind z.B. in Aubin/Zorn, Wirtschafts- und Sozialgeschichte 1971, Kellenbenz, Wirtschaftsgeschichte 1981, Lütge, Sozial- und Wirtschaftsgeschichte 1966 und Hoffmann, Wachstum 1965, zu finden.

I. Die Industrielle Revolution in England während des 18. Jahrhunderts

England wird üblicherweise das Geburtsland der modernen Industrie genannt. Im Verlauf des 18. Jahrhunderts kam es dort zu einer Entwicklung, die unter dem Namen "Industrielle Revolution" in die Literatur eingegangen ist (Landes, Prometheus 1973). Es war der rasche Übergang von einer seit dem Mittelalter in Europa vorherrschenden **handwerklichen** Produktionsweise zu einer industriellen Fertigung, die im Sinne unserer Definition von S. 3 zunehmend gekennzeichnet war durch

- Einsatz von Maschinen,
- arbeitsteilige Produktion,
- Absatz auf "großen" Märkten.

Als weiteres Merkmal kam in England die Verwendung neuer mineralischer Rohstoffe zur Energieerzeugung hinzu (Ersatz von Holz durch Kohle).

a) Textilindustrie

Ausgangspunkt der Entwicklung war der **Textilsektor** mit den Bereichen Leinen-, Woll- und Baumwollfabrikation. Um 1760 wurden diese Textilerzeugnisse in ländlichen Gebieten als Heimarbeit mit der Hand hergestellt. Der erste Fortschritt gelang 1765 Hargreaves mit der Erfindung der Jenny-Spinnmaschine, die 1779 von Crompton verbessert wurde (Mule-Spinnmaschine). Mit Hilfe dieser Spinnmaschinen konnte die Arbeitsproduktivität (Produktion pro Stunde) um den Faktor 24 gegenüber dem Handspinnen gesteigert werden (Landes, Prometheus 1973, S. 88). Darüber hinaus wies das maschinengesponnene Garn eine weitaus höhere Qualität auf.

Der technische Fortschritt beim Spinnen führte zu einem Angebotsdruck auf die nachgelagerte Produktionsstufe "Weben", die in der Folge die Produktion ebenfalls zu erhöhen trachtete. Dies wurde zunächst durch erhöhte Beschäftigung der Handweber erreicht, bis es schließlich 1787 Cartwright gelang, einen mechanischen Webstuhl zu konstruieren, der sich immer mehr durchsetzte und schließlich eine 20fache Produktivität gegenüber dem Handweben erreichte.

Der zunehmende Einsatz dieser Maschinen, verbunden mit einer wesentlich größeren Produktionsmenge, veränderte auch die **Arbeitsorganisation**, indem die zu Hause arbeitenden Spinner und Weber nach und nach in Fabriken zusammengefaßt wurden, um die Energieerzeugung zu zentralisieren sowie die Rohstoff- und Produkttransportkosten zu senken.

Es bleibt noch in bezug auf die Textilerzeugung zu klären

- ob für das steigende Produktangebot auch eine wachsende Nachfrage entstand und
- ob das Rohstoffangebot (Wolle, Baumwolle) mit der steigenden Nachfrage Schritt halten konnte.

Wie bei jeder wirtschaftlichen Entwicklung stimmten Rohstoffangebot, Produktionskapazitäten und Bedarf nicht in jedem Zeitpunkt überein, sondern standen häufig in einem Spannungsverhältnis zueinander, wodurch gleichzeitig die weitere Entwicklung forciert wurde.

Ein trendmäßiger Anstieg der Nachfrage ergab sich aus einem starken Bevölkerungswachstum Englands im 18. Jahrhundert (Landes, Prometheus 1973, S. 55) und dem Fehlen von Zollschranken innerhalb des Königreichs. Darüber hinaus waren die mit den neuen Maschinen erzeugten Textilien billiger als ihre Vorgänger, so daß auch dadurch ein Anreiz zu erhöhter Nachfrage pro Kopf ausgeübt wurde.

Das Rohstoffangebot konnte im Bereich der Wolle nicht mit den größer werdenden Produktionskapazitäten Schritt halten, da die Schafzucht nicht so schnell gesteigert werden konnte. Das Wachstum verlagerte sich daher auf die Baumwollverarbeitung, deren Rohstoffbasis durch Importe aus Indien und vor allem von nordamerikanischen Baumwollplantagen dem Bedarf rasch angepaßt werden konnte.

b) Bergbau

Da England über reiche Kohlevorkommen und wenig Wälder verfügte, hatte sich der Kohlebergbau schon in vorindustrieller Zeit entwickelt. Er konnte aber erst dann wesentlich gesteigert werden, als es mit Maschinenkraft gelang, beim Bau tieferer Schächte das eindringende Grundwasser abzupumpen. Dies war die ursprüngliche Aufgabe der **Dampfmaschine**, die 1705 von Newcomen erfunden und 1769 von Watts wesentlich verbessert wurde. Erst im Laufe des 19. Jahrhunderts verbreitete sich die Dampfmaschine vom Bergbau über die anderen Industriezweige.

c) Eisenindustrie

Der dritte Industriezweig der industriellen Revolution in England nahm ebenfalls einen großen Aufschwung durch eine technische Neuerung. Im Jahr 1784 erfand Cort das **Puddle-Verfahren** zur Weiterverarbeitung des im Hochofen gewonnenen Roheisens zu Schmiedeeisen und Schweißstahl. Das Roheisen wird hierbei in Flammöfen durch Umrühren (= to puddle) mit Sauerstoff in Berührung gebracht, um den Kohlenstoffanteil des Eisens zu vermindern. Dieses Verfahren setzte sich zu Beginn des 19. Jahrhunderts auch in Deutschland durch.

Durch die stürmische Entwicklung dieser drei Industriezweige Ende des 18. Jahrhunderts sicherte sich England trotz Kontinentalsperre für ein halbes Jahrhundert die industrielle Führungsposition unter den europäischen Ländern, die ihrerseits nach dem Ende der napoleonischen Kriege durch Kopieren der englischen Vorbilder den eingetretenen Rückstand aufzuholen trachteten. Den weiteren Verlauf der industriellen Entwicklung wollen wir am Beispiel Deutschlands darstellen, wobei die Bestimmungsfaktoren dieser Entwicklung von besonderem Interesse sind.

II. Die Determinanten der industriellen Entwicklung in Deutschland

Deutschland begann recht spät mit der industriellen Entwicklung, was zum einen mit der politischen Zersplitterung nach dem Wiener Kongreß (1815) und zum anderen mit einer konservativen Grundeinstellung zusammenhängen dürfte. Obwohl die Industrialisierung selbst erst ab 1840 richtig in Gang kam und sich dann in der zweiten Hälfte des 19. Jahrhunderts stark beschleunigte, wurden ihre Voraussetzungen doch schon zwischen 1800 und 1840 geschaffen. Diese Voraussetzungen sollen nun herausgearbeitet werden.

a) Technische Voraussetzungen

Die in England konstruierten Maschinen (Dampfmaschine, Spinnmaschine, mechanischer Webstuhl) und entwickelten Produktionsverfahren (Puddle-Verfahren, Koksverwendung im Hochofen) mußten in Deutschland verfügbar sein, um den Industrialisierungsprozeß in Gang zu setzen. Das geschah nach 1815 zunächst durch Import englischer Maschinen, im weiteren Verlauf mehr und mehr durch Nachbau der Maschinen und Nachahmung der Produktionsverfahren. Die ersten Dampf- und Textilmaschinen wurden schon kurz vor 1800 im Rheinland und in Oberschlesien verwendet. Das Puddle-Verfahren fand zum ersten Mal 1824 auf der Rosselsteiner Hütte Verwendung und setzte sich dann schnell im Saarland, in Sachsen und in Schlesien durch, so daß ab etwa 1830 die technischen Voraussetzungen für die Industrialisierung in Deutschland vorlagen. Es mußten jedoch noch politische Voraussetzungen und eine Verbesserung des Verkehrswesens hinzutreten.

b) Politische Voraussetzungen

1. Einführung der Gewerbefreiheit

Während in England faktisch seit 1760 die volle Gewerbefreiheit herrschte, war Deutschland noch mit der alten Zunftordnung behaftet, die am besten durch die Formulierung der Thorner Zunfturkunde von 1523 (Lütge, Sozial- und Wirtschaftsgeschichte 1966, S. 360) charakterisiert wird: "Kein Handwerksmann soll etwas Neues erdenken oder erfinden oder gebrauchen." Eine solche Grundhaltung konnte natürlich zu keinem wirtschaftlichen Fortschritt führen.

Der entscheidende Schritt zur Durchsetzung der Gewerbefreiheit in Preußen war die Stein-Hardenbergsche Reformgesetzgebung. Die beiden Edikte von 1807 und 1810 erlaubten jedem Bürger die Ausübung jedes Gewerbes. Eine Zulassungsregelung gab es nur noch für bestimmte Berufe (z.B. Arzt, Apotheker). Diese Gewerbefreiheit wurde zwar im Laufe der Restauration wieder etwas eingeschränkt, blieb aber doch die Grundlage der Wirtschaft und setzte sich auch in den anderen deutschen Staaten durch.

Die Folgen der Gewerbefreiheit können in zwei Punkten zusammengefaßt werden:

- Die Entwicklung und Anwendung neuer Techniken und Produktionsmethoden wurden erheblich erleichtert. Der neue Typ des von den Zünften unabhängigen "Unternehmers" setzte die neuen Erkenntnisse in die Praxis um und schaffte damit eine der Grundlagen der Industrialisierung.
- Da die Zünfte die Anzahl der Handwerksmeister nicht mehr reglementieren konnten, ließen sich viele Gesellen als selbständige Meister nieder. Dieser Zuwachs an Meistern führte zu einem durchschnittlichen Einkommensrückgang und mancherorts zu einer "Proletarisierung der Handwerker" (Lütge, Sozial- und Wirtschaftsgeschichte 1966, S. 450), die in zunehmendem Maße in die neu entstehenden Fabriken gingen und deren Bedarf an **gelernten Industriearbeitern** deckten.

Die Gewerbefreiheit kann somit als Ausgangspunkt des neuen Unternehmertums und ebenso der neuen **gelernten** Industriearbeiterschaft gelten.

2. Die Bauernbefreiung

Beginnend mit dem Steinschen Edikt von 1807 wurde die Bindung des Bauern an den Gutsherrn in Preußen endgültig mit der Deklaration von 1816, die die zu erbringende Entschädigung regelte, aufgehoben. Der Bauer wurde freier Staatsbürger und mußte als Entschädigung ein Drittel des Landes an den Gutsherrn abtreten. Die verbliebenen Parzellen reichten aber häufig nicht aus, die Familien zu ernähren, besonders als ab 1817 eine Agrarkrise großen Ausmaßes, die bis in die Zwanziger Jahre andauerte, sinkende Agrarpreise (um etwa 60%) verursachte.

Viele Bauern verloren dadurch ihre Existenz und zogen zusammen mit Landarbeitern in die Städte, insbesondere in die Zentren der aufblühenden Industrie, um dort als **ungelernte Industriearbeiter** ihren Lebensunterhalt zu verdienen. So ist, wie Lütge (Sozial- und Wirtschaftsgeschichte 1966, S. 445) feststellt, das industrielle Wachstum zu einem erheblichen Anteil von der abgewanderten Landbevölkerung getragen worden.

3. Die Gründung des Deutschen Zollvereins

Die Erhöhung der industriellen Produktion erforderte größere Märkte, die im wirtschaftlich und politisch zersplitterten Deutschland von 1815 nicht vorhanden waren. Nach langen Verhandlungen und mehreren Zwischenlösungen gelang es 1834, durch den Deutschen Zollverein ein einheitliches Wirtschaftsgebiet mit 25 Millionen Einwohnern ohne Binnenzölle zu schaffen. Einige deutsche Länder schlossen sich erst später an, als letzte 1888 (!) die Hansestädte Hamburg und Bremen. Dieser "gemeinsame Markt" war eine notwendige Voraussetzung für industrielles Wachstum, doch mußte eine fundamentale Verbesserung der Verkehrsmittel zum Transport der wachsenden Gütermenge hinzukommen.

c) Das Verkehrswesen

Die Verkehrssituation war in Deutschland bis zum Beginn des 19. Jahrhunderts für wirtschaftliche Aktivitäten ungeeignet. Die Landstraßen waren weitgehend unbefestigt und konnten nach längeren Regenfällen nicht passiert werden. An den Flüssen gab es noch große Hindernisse für die Schiffahrt (Binger Loch am Rhein, Eisernes Tor an der Donau) und Kanäle fehlten zur Verbindung der großen Flüsse. Um das einheitliche Wirtschaftsgebiet nach 1834 als Markt nutzen zu können, mußte das Problem der Raumüberwindung in großem Maßstab gelöst werden.

1. Der Bau des Eisenbahnnetzes

Die Eisenbahn kam über England (1804 Erfindung der Lokomotive) und Belgien nach Deutschland. 1835 wurde die erste Eisenbahnlinie zwischen Nürnberg und Fürth eingeweiht. Weitere Linien folgten rasch, doch ergab sich zunächst noch kein Verbundnetz. Die einzelnen Strecken wurden - nach grundlegenden Plänen von Friedrich List (1831) - bis 1870 zu einem einheitlichen Eisenbahnnetz ausgebaut.

Der Eisenbahnbau gab drei gewaltige Impulse für die industrielle Entwicklung Deutschlands im 19. Jahrhundert:

- Man benötigte **Eisen** und **Kohle**, was zu einem Aufschwung der Hüttenindustrie und des Bergbaus führte, später auch des Maschinen- und Waggonbaus.
- Für den Bau der Eisenbahnstrecken brauchte man eine erhebliche Zahl von **Arbeitskräften**, die sich aus der mittellosen Landbevölkerung rekrutierten.
- Die Eisenbahn wurde ein schnelles und sicheres Verkehrssystem, das den **Transport** großer Mengen von Gütern über weite Entfernungen wirtschaftlich ermöglichte und damit erst große räumliche Märkte schuf, die ihrerseits bedeutende Rückwirkungen auf die Industrie hatten.

Die quantitative Bedeutung der Eisenbahn geht aus der Tatsache hervor, daß zwischen 1840 und 1880 15-25% der Gesamtinvestitionen der deutschen Wirtschaft auf den Eisenbahnbau entfielen (Kellenbenz, Wirtschaftsgeschichte 1981, S. 79). Die dafür benötigten Kapitalien wurden teils von privaten Aktiengesellschaften, teils vom Staat über Anleihen aufgebracht. Erst unter der Regierungszeit Bismarcks erfolgte die endgültige Verstaatlichung des Eisenbahnwesens.

2. Der Chausseebau

Die Landstraßen wurden in der ersten Hälfte des 19. Jahrhunderts von der öffentlichen Hand gepflastert und befestigt, um sie jederzeit benutzbar zu machen. Die zunächst für die Benutzung erhobenen Gebühren (Chausseegelder) sind im Laufe des Jahrhunderts wieder beseitigt worden. Die große Bedeutung der Landstraßen für den Gütertransport begann jedoch erst nach der Erfindung des Automobils im Zuge der allgemeinen Motorisierung.

3. Die Binnenschiffahrt

Nach der Erfindung der Dampfmaschine dauerte es nicht lange, bis diese Energiequelle für den Schiffsantrieb verwendet wurde. Bereits 1816 fuhr zum ersten Mal ein englisches Dampfschiff den Rhein hinauf. Der Zeitgewinn gegenüber dem alten "Treideln" (Ziehen eines Schiffes stromaufwärts vom Ufer aus durch Menschen oder Pferde) war so erheblich, daß die Dampfschiffahrt auf den Binnenwasserstraßen einen raschen Aufschwung nahm und schließlich zur Regulierung der Flußläufe (1832 Sprengung des Binger Lochs) und zum Ausbau des Wasserstraßennetzes führte. Da der Gütertransport auf dem Wasser besonders kostengünstig war, erhielt die Industrialisierung durch die Entwicklung der Binnenschiffahrt wichtige Impulse.

An dieser Stelle wollen wir die wichtigsten Determinanten der industriellen Entwicklung in Deutschland noch einmal zusammenfassen.

- Die Erfindung bestimmter **Maschinen** und **Produktionsverfahren** (Dampf- und Spinnmaschine, mechanischer Webstuhl, Puddle-Verfahren) in England am Ende des 18. Jahrhunderts und ihre Übernahme durch deutsche Unternehmer ist die Grundlage der industriellen Entwicklung.
- Die Einführung der **Gewerbefreiheit** erleichtert den Unternehmern die Anwendung neuer Techniken und Produktionsverfahren und schafft gleichzeitig ein Überangebot von Handwerksmeistern, die als gelernte Industriearbeiter in die Fabriken gehen.
- Die **Bauernbefreiung** führt zur Abwanderung der Landbevölkerung und versorgt die wachsende Industrie mit ungelernten Arbeitskräften.

- Der **Deutsche Zollverein** schafft durch Aufhebung aller Binnenzölle einen gemeinsamen deutschen Markt von 25 Mio. Nachfragern.
- Der Bau des **Eisenbahnnetzes** ermöglicht ein sicheres und schnelles Verkehrssystem für den Transport großer Gütermengen zur Versorgung des deutschen Marktes. Dies System wird ergänzt durch Verbesserungen der Landstraßen und den Ausbau des Binnenschiffahrtsnetzes.

Diese fünf Determinanten trafen in der ersten Hälfte des 19. Jahrhunderts aufeinander (z.T. mit Wechselwirkungen) und ermöglichten durch ihr Zusammenwirken die Entwicklung der deutschen Industrie, deren historische Betriebsformen nun erörtert werden sollen.

III. Betriebsformen der entstehenden Industrie

a) Das Verlagssystem

Diese Betriebsform entwickelte sich schon in vorindustrieller Zeit (ab 1500) aus dem Handwerk. Sie besteht in der Zusammenarbeit zwischen einem unselbständigen Handwerker, der in Heimarbeit produziert und einem Kaufmann, der die Rohstoffe beschafft und die Fertigerzeugnisse auf entfernten Märkten absetzt. Da der Kaufmann das Kapital für die Produktion "vorlegte", erhielt er den Namen "Vorleger", aus dem später der Verleger wurde.

Das Verlagssystem hatte zunächst den Vorteil der Arbeits- und Risikoteilung, weil der Verleger das Marktrisiko übernahm und der Handwerker sich auf die Produktion konzentrieren konnte. Im Laufe der Zeit wurden die zu Hause arbeitenden Handwerker jedoch immer abhängiger von ihrem Verleger, der inzwischen auch die Produktionsanlagen und Werkzeuge zur Verfügung stellte. Damit waren die Handwerker vom Eigentum an den Produktionsmitteln ausgeschlossen und gerieten immer mehr in die Lage von Lohnarbeitern, die ihre Arbeitskraft verkauften. Da die Löhne infolge des Überangebots von unselbständigen Handwerkern niedrig blieben, wurden auch Frauen und Kinder zunehmend zur Lohnarbeit herangezogen.

Diese dezentrale Produktionsweise war so lange vorteilhaft, wie die Produktionsprozesse kurz waren und nicht der Arbeitsteilung bedurften. Zur Erhöhung der Arbeitsproduktivität wurde deshalb bei komplizierteren Produktionsprozessen der Weg der Zentralisierung beschritten, der zur Manufaktur führte.

b) Die Manufaktur

Bei dieser Betriebsform wurden die Lohnarbeiter an einem Ort konzentriert und in Werkstätten zusammengefaßt. Die Arbeitgeber hofften, dabei die Prinzipien der Arbeitsteilung anwenden zu können. Die Handarbeit stand weiterhin im Vordergrund und gab der Betriebsform den Namen (aus lat. manu facere = mit der Hand machen). Außer den Verlegern gründeten auch die Landesfürsten im 17./18. Jahrhundert Manufakturen, um ihren Bedarf an Luxusartikeln (Porzellan, Glas, Spiegel, Fayence usw.) zu decken. Die Manufakturen wurden erst im 19. Jahrhundert im Zuge der zunehmenden Maschinisierung von den Fabriken verdrängt.

c) Die Fabrik

Die Fabrik ist die heute vorherrschende Betriebsform der Industrie. Ihr Name leitet sich von den lateinischen Wörtern homo faber = Handwerker und fabrica = Werkstätte ab; ihre Definition wird jedoch enger gefaßt. Die Fabrik ist eine Zusammenfassung von Arbeitern in Werkstätten, wobei die manuelle Arbeitsweise hinter der maschinellen Arbeitsweise zurücktritt. Es werden Maschinen verwendet, die die handwerkliche Arbeit nicht nur erleichtern, sondern in gewissem Umfang ersetzen. Die Fließbandproduktion bzw. die volle Automation ist der vorläufige Endpunkt dieser Entwicklung. Durch den umfangreichen Einsatz von maschinellen Produktionsanlagen ist die Fabrik mit wesentlich mehr Kapital ausgestattet als die Manufaktur.

Die Fabrik ist heute die typisch industrielle Betriebsform. Das Verlagssystem hat nur noch in einigen Zweigen der Textilindustrie, bei Spielwaren und im Buchverlag Bedeutung; Manufakturen im ursprünglichen Sinn gibt es heute nicht mehr.

IV. Schwerpunkte der Industrieproduktion im 19. Jahrhundert

Nachdem sich die industrielle Entwicklung in der ersten Hälfte des 19. Jahrhunderts in Deutschland weitgehend durchgesetzt hatte, begann ein wirtschaftlicher Aufschwung, der - unterbrochen von temporären Krisen - bis zum 1. Weltkrieg dauerte. Die Schwerpunkte der industriellen Entwicklung verschoben sich in diesem Zeitraum von der zunächst dominierenden Textilindustrie in andere Industriezweige (besonders Metallindustrie), ein Trend, der bis heute angehalten hat. Die folgende Tabelle zeigt diese Strukturveränderungen anhand der Verteilung der Beschäftigten auf die wichtigsten Industriezweige (Hoffmann, Wachstum 1965, S. 68 f.).

Tab. 3 Struktur der Beschäftigten in Industrie und Handwerk nach Wirtschaftsgruppen

	Anteil der Beschäftigten in %			
Gruppe	1850	1875	1913	1959
1. Industrie der Steine/Erden	5,0	6,5	7,2	4,6
2. Metallindustrie	10,8	14,6	20,9	33,4
3. Textil/Leder/Bekleidungsindustrie	45,4	39,8	25,2	15,2
4. Holz-/Papierindustrie	11,4	11,7	11,3	8,4
5. Chemische Industrie	0,8	1,3	2,5	5,0
6. Nahrungs-u. Genußmittelindustrie	14,3	13,1	12,7	9,5
7. Gas-, Wasser-, Elekrizitätswerke	0,1	0,3	0,9	1,7
8. Bauindustrie	10,6	10,3	15,6	19,2
9. Sonstige Industriegruppen	1,6	2,5	3,8	3,0

Die Textilindustrie beschäftigte 1850 fast die Hälfte der Industriearbeiter und ist mittlerweile (1959) auf 15% der Beschäftigten geschrumpft. Im Gegenzug steigerte die Metallindustrie, die in dieser Gliederung auch die Elektroindustrie enthält, ihren Anteil an den Beschäftigten von 10,8% (1850) über 20,9% (1913) auf 33,4% (1959). Für eine eingehende Analyse ist die von Hoffmann erarbeitete Statistik zu grob, so daß wir uns der feineren Industriegliederung des Statistischen Bundesamtes bedienen werden, um die heutige industrielle Aktivität zu erfassen.

V. Die moderne Struktur der Industrie

a) Industriegruppen und -zweige

Das Statistische Bundesamt unterteilt die private Wirtschaftstätigkeit in die Bereiche Land- und Forstwirtschaft, Warenproduzierendes Gewerbe, Handel/Verkehr und Dienstleistungen. Die Industrie, die zum Warenproduzierenden Gewerbe gehört, wird zunächst in die drei Hauptgruppen Bergbau, Verarbeitende Industrie und Bauindustrie gegliedert, die Verarbeitende Industrie nochmals in folgende Untergruppen:

- Grundstoff- und Produktionsgüterindustrie,
- Investitionsgüterindustrie,
- Verbrauchsgüterindustrie,
- Nahrungs- und Genußmittelindustrie.

Eine weitere Unterteilung dieser Untergruppen führt schließlich zu den Industriezweigen, z.B. Mineralölverarbeitung, Straßenfahrzeugbau oder Eisenschaffende Industrie. Um einen Eindruck von der wirtschaftlichen Aktivität der einzelnen Industriezweige zu bekommen, werden im folgenden die Anzahl der Betriebe und Beschäftigten sowie der Umsatz der Industriezweige aufgeführt.

b) Die wirtschaftliche Entwicklung der Industriezweige

Tab. 4 (S. 18) zeigt die vom Statistischen Bundesamt veröffentlichten Zahlen für Betriebe, Beschäftigte und Umsatz in den Jahren 1950,1965 und 1994.

Zunächst ist festzustellen, daß die Anzahl der Betriebe in den Hauptgruppen von 1950 bis 1965 angestiegen, danach aber bis 1994 stark zurückgegangen ist (außer Baugewerbe). Dabei muß berücksichtigt werden, daß durch die Änderung der Erhebungsbasis im Jahr 1979 Firmen mit weniger als 20 Beschäftigten nicht mehr in der Statistik erscheinen. Hiervon ist vor allem die Bauindustrie mit einem erheblichen Anteil von Kleinbetrieben betroffen. Trotzdem gilt generell die Tendenz der sinkenden Anzahl von Industriebetrieben.

Die Entwicklung der Beschäftigtenanzahl stützt dieses Bild. Allerdings ist der Beschäftigtenrückgang in der verarbeitenden Industrie von 1965 bis 1994 nicht so ausgeprägt (von knapp 8 Millionen auf nicht ganz 6,3 Millionen).

Die Umsätze der Industriebetriebe haben demgegenüber eine stetig steigende Tendenz, die im wesentlichen durch den Produktivitätsfortschritt und die laufende Geldentwertung verursacht wird.

Sucht man nach sog. Wachstumsindustrien in den letzten 30 Jahren, so sind - gemessen an der Beschäftigten- und Umsatzentwicklung - in erster Linie der Straßenfahrzeugbau, die Kunststoff- und die elektrotechnische Industrie zu nennen.

Mit Tab. 4 wollen wir die Darstellung der Geschichte und der heutigen gesamtwirtschaftlichen Einbettung der Industriebetriebe abschließen und zu den wesentlichen Bestandteilen des industriellen Managements übergehen.

Tab. 4 Betriebe, Beschäftigte und Umsatz der Industrie (früheres Bundesgebiet)

Industriegruppen	Betrieb Anzahl			Beschäftigte in Tsd.			Umsatz in Mio. DM		
	1950	1965	1994	1950	1965	1994	1950	1965	1994
Bergbau	543	582	78	573	474	139	4573	10606	28411
Verarbeitendes Gewerbe	46592	58586	36261	4485	7986	6289	75822	364006	1858751
Grundstoff-u. Produktionsgüterindustrie	11322	13077	5652	1135	1804	1187	22459	108161	504397
darunter:									
Mineralölverarbeitung	-	113	51	-	34	-	-	12503	-
Eisenschaffende Industrie	231	149	100	204	359	127	4693	20865	40908
Chemische Industrie	2084	2176	1227	298	530	535	6880	33735	203965
Investitionsgüter produzierendes Gewerbe	12019	16416	16319	1573	3629	3430	18348	132714	871656
darunter:									
Maschinenbau	3749	5032	5195	494	1084	881	5570	38565	194709
Straßenfahrzeugbau	695	686	1760	209	514	750	3311	26803	254472
Elektronische Industrie	1570	2890	2984	290	974	938	3421	31601	229065
Verbrauchsgüter produzierendes Gewerbe	16544	22331	10504	1428	2032	1170	20139	69718	257271
darunter:									
Holzverarbeitung	3160	3152	2043	177	219	203	1615	8127	44444
H. v. Kunststoffwaren	314	1338	2188	24	123	261	252	4608	61699
Textilgewerbe	3791	4096	1007	564	547	151	9863	20922	32375
Nahrungs- und Genußmittelgewerbe	6707	6762	3786	350	520	502	14875	53413	225427
darunter:									
Tabakverarbeitung	718	333	25	77	39	15	3122	7969	21092
Baugewerbe	8385	66802	68312	876	1643	1088	3376	44375	183190

Quellen: Statistische Jahrbücher der Bundesrepublik Deutschland 1952, 1967; Statistisches Bundesamt, Fachserie 4.1.1, 1994.

2. Kapitel: Planung und Entscheidung im Industriebetrieb

Die moderne Industriebetriebslehre versteht sich weitgehend als eine Planungs- und Entscheidungslehre, die sich auf die für einen Industriebetrieb bedeutsamen betriebswirtschaftlichen Problemkomplexe konzentriert. Im Mittelpunkt steht dabei traditionell die Produktionswirtschaft, die in diesem Buch um wichtige Bereiche der Absatzwirtschaft ergänzt wird. Dies geschieht aus zwei Gründen:

- Industriebetriebe in marktwirtschaftlichen Systemen bieten ihre Produkte auf Märkten an, so daß die Kenntnis der Marktmechanismen und des Verhaltens der Marktteilnehmer von grundlegender Bedeutung ist.
- Die zunehmende Tendenz zur Integration von betrieblichen Funktionsbereichen (z.B. die Position des Produkt-Managers) gilt in besonderem Maße für die Bereiche Produktion und Absatz, so daß Management-Entscheidungen nur auf der Basis simultaner Berücksichtigung der produktions-, und der absatzwirtschaftlichen Auswirkungen getroffen werden können.

Wir befassen uns also in diesem Buch mit dem **Management** der **Produktion** und des **Absatzes** industrieller Güter, wobei wir uns auf die grundlegenden strategischen Absatzentscheidungen beschränken, da viele Lehrbücher des Marketing die übrigen Bereiche detailliert behandeln (vgl. z.B. Nieschlag/Dichtl/Hörschgen, Marketing 1994; Simon, Preismanagement 1992; Diller, Marketingplanung 1982 und Preispolitik 1991).

Die Finanzierung wird als typischer Bereich der allgemeinen Betriebswirtschaftslehre ausgeklammert und das Kapital nur als eine begrenzte Ressource in unsere Betrachtungen einbezogen.

Für den weiteren Verlauf der Erörterungen ist der Begriff "**Management**" wichtig. Wir verstehen darunter alle planerischen und entscheidungsvorbereitenden Aktivitäten **und** die zu treffenden Entscheidungen selbst, einschließlich der Kontrolle ihrer Durchführung.

Diese Definition gilt für alle Ebenen des Unternehmens von dem Komplex Produktinnovation bis zur Steuerung der Fertigungsaufträge in einer Werkstatt.

Das **industrielle Management** besteht somit aus der Planungs- **und** der Entscheidungsfunktion. Dabei wollen wir unter **Entscheidung**

> "die Auswahl eines Elementes aus einer Menge von Handlungsmöglichkeiten" (Hansmann, Entscheidungslehre 1992, S. 13)

und unter **Planung**

> die gedankliche Vorwegnahme der Entscheidung, d.h. den systematisch durchgeführten Entscheidungsprozeß (vgl. Diederich, Betriebswirtschaftslehre 1992, S. 66)

verstehen.

Das industrielle Management, also die Planungs- und Entscheidungsfunktion im Industriebetrieb, setzt sich aus drei Komponenten zusammen:

- den **Objekten** der Planung und Entscheidung,
- den **Methoden** der Planung und Entscheidung und
- den planungs- und entscheidungsunterstützenden **Informationssystemen**.

Diese drei fundamentalen Elemente sollen nun näher untersucht werden.

A. Die Planungs- und Entscheidungsobjekte

Gegenstand der Planungs- und Entscheidungsfunktion sind grundsätzlich alle Entscheidungsprobleme des Industriebetriebs. Dabei erweist es sich als zweckmäßig, die Gesamtheit der Entscheidungen in solche

- **strategischer** Art, die der langfristigen Sicherung der Unternehmensexistenz dienen und
- **operativer** Art, die im Rahmen der strategischen Vorgaben das Betriebsgeschehen kurz- bis mittelfristig regeln,

zu unterteilen.

Die Gründe dafür sind folgende:

Um das komplexe Geschehen in einem Unternehmen gedanklich durchdringen zu können, ist eine Auflösung in miteinander verbundene Teilkomplexe angebracht, die **hierarchisch** aufeinander aufbauen.

Innerhalb des **strategischen Managements** werden die für die langfristige Existenz des Unternehmens grundlegenden Entscheidungen über die **Märkte** bzw. **Produktfelder**, auf denen das Unternehmen tätig sein will, sowie über die dafür einzusetzenden **Ressourcen** und anzuwendenden **Produktionsverfahren** getroffen.

Der Eintritt von Daimler-Benz in den Markt für Luft- und Raumfahrt durch die Übernahme von Messerschmitt-Bölkow-Blohm (MBB) im Jahre 1989 ist ein Beispiel für eine strategische Entscheidung im Bereich Märkte/Produktfelder. Die Einrichtung einer Fließfertigung oder eines flexiblen Fertigungssystems (vgl. S. 121 ff.) ist eine strategische Entscheidung für ein Produktionsverfahren, während der langfristige Abbau von Personalkapazität eine strategische Entscheidung über die Ressourcen des Unternehmens darstellt.

Die Ergebnisse der strategischen Entscheidungen bilden den festgelegten Rahmen für das **operative Management**, das somit in der Hierarchie unterhalb des strategischen Managements anzusiedeln ist. Hier werden die kurz- und mittelfristigen Entscheidungen über Art und Menge der herzustellenden Produkte, die kostengünstige Beschaffung der Produktionsfaktoren sowie die konkrete Durchführung der Produktion (Produktionssteuerung) gefällt.

In der Literatur wird verschiedentlich vorgeschlagen, zwischen der strategischen und der operativen Ebene noch eine **taktische** Ebene einzuführen (vgl. Zäpfel, Taktisches Produktions-Management 1989, S. 13 f. und Strategisches Produktions-Management 1989, S. 13 f.; Diederich, Betriebswirtschaftslehre 1992, S. 69 ff.).

Diesem Vorgehen wird im vorliegenden Lehrbuch nicht gefolgt, da die hierarchische Position einer taktischen Ebene in der Literatur umstritten ist (Zäpfel setzt sie oberhalb, Diederich unterhalb der operativen Ebene an) und vor allem keine objektiven Kriterien angebbar sind, die eine eindeutige Abgrenzung der taktischen Ebene von der strategischen einerseits und der operativen Ebene andererseits erlauben.

Demgegenüber ist eine Zweiteilung der Unternehmensentscheidungen in ein strategisches und ein operatives Management aus folgenden Gründen vorteilhaft:

- Die Bereiche können theoretisch klar abgegrenzt werden durch das Kriterium: strategische Entscheidungen beziehen sich auf die langfristige Existenzsicherung des Unternehmens, während operative Entscheidungen die Planung und Steuerung des Betriebsgeschehens innerhalb des strategisch vorgegebenen Rahmens betreffen.
- Die Entscheidungsprobleme beider Bereiche unterscheiden sich in ihrer Struktur und Komplexität so stark voneinander, daß sie verschiedene Methoden zu ihrer Lösung verlangen. Im schlecht strukturierten strategischen Bereich dominieren **heuristische** Verfahren (vgl. S. 22 ff.), im operativen Bereich können darüber hinaus für gut strukturierte und klar abgegrenzte Probleme **Optimierungsverfahren** eingesetzt werden.
- Die Unternehmenspraxis hat in den letzten beiden Jahrzehnten zunehmend den theoretischen Ansatz des strategischen Managements akzeptiert und weitgehend, auch organisatorisch, umgesetzt. Dadurch ergibt sich auch in der Praxis eine organisch gewachsene Zweiteilung zwischen den Aufgabenbereichen des Topmanagements (strategische Ebene) und des übrigen Managements (operative Ebene).

Gemäß dieser Konzeption ist das vorliegende Lehrbuch gegliedert. Teil II enthält die strategischen Entscheidungen, die das langfristige Produktprogramm und die Auswahl der Produktionsverfahren betreffen, während im Teil III die operativen Entscheidungen über Produktmengen, Lagerhaltung, Beschaffung und Produktionsdurchführung behandelt werden.

B. Die Planungs- und Entscheidungsmethoden

I. Optimierungsmethoden

Die von der Betriebswirtschaftslehre seit drei Jahrzehnten besonders entwickelten Methoden für Planung und Entscheidung, die heute noch weitgehend in der Theorie vorherrschen, können unter dem Sammelbegriff **Optimierungsmethoden** zusammengefaßt werden. Sie lösen Optimierungsprobleme, die gekennzeichnet sind durch eine Menge von Handlungsalternativen (Variablen), über die unter Beachtung gewisser Nebenbedingungen so zu entscheiden ist, daß eine Zielfunktion maximiert oder minimiert wird. Die auf diese Weise bestimmten Handlungsalternativen nennt man eine **optimale** Lösung des Optimierungsproblems. Hierzu sei an dieser Stelle nur ein kurzes Beispiel genannt: Hängt die Zielgröße linear von den Variablen ab, wie z.B. der Gewinn von den mit konstanter Deckungsspanne produzierten Mengen, und können alle Nebenbedingungen, wie z.B. Kapazitäts- und Absatzbedingungen, linear formuliert werden, so liegt ein **lineares Optimierungsproblem** vor, das numerisch mit der **Simplexmethode** gelöst werden kann[1].

Trotz ihrer theoretischen Eleganz haben sich die Optimierungsmethoden in der Unternehmenspraxis bisher nicht in großem Umfang durchgesetzt. Empirische Er-

---

[1] vgl. das ausführliche Produktionsplanungs-Modell im Teil III, Kapitel 9, S. 276 ff.

hebungen (vgl. Hansmann, Industriebetriebslehre 1987) zeigen, daß die insbesondere im Rahmen des Operations Research entwickelten Optimierungsverfahren (lineare, nichtlineare, ganzzahlige und dynamische Optimierung, kombinatorische Lösungsverfahren, Branch and Bound) zwar bei Großbetrieben und in bestimmten Industriezweigen (z.B. Mineralölindustrie) in gewissem Maße Eingang gefunden haben, jedoch insgesamt in deutschen Industriebetrieben wenig verbreitet sind. Als Gründe für diese Reserviertheit der Unternehmenspraxis werden hauptsächlich genannt:

- die Verfahren sind zu komplex und nur für Experten durchschaubar,
- die Ergebnisse der Optimierungsrechnung können nicht von den Entscheidungsträgern überprüft werden,
- die Datenanforderungen der Optimierungsmodelle sind zu hoch,
- der ständige Zwang, sich an veränderte Umweltbedingungen anzupassen, läßt "statische optimale Lösungen", die mit Hilfe von komplexen Methoden erzeugt wurden, schnell veralten.

Diese Argumente müssen von der Wissenschaft ernst genommen werden, um die Verbindung von Theorie und Praxis nicht zu gefährden. Als Konsequenz sollten die Hochschulabsolventen stärker als bisher ein Problemlösungsverhalten beherrschen, das dem der Praxis ähnlich ist und auf dem Prinzip beruht, eine bisher verwirklichte, aber als unbefriedigend empfundene Lösung schrittweise und mit heuristischen Methoden zu verbessern.

Infolge der erheblichen Leistungssteigerung von EDV-Anlagen aller Größenklassen und der zunehmenden Verbreitung der Personal Computer (PC), einschließlich benutzerfreundlicher Software, ist zu vermuten, daß sich die exakten Optimierungsverfahren zukünftig doch etwas stärker in der Unternehmenspraxis - vor allem im Bereich des **operativen** Managements - durchsetzen werden. Sie sind deshalb selbstverständlich Gegenstand dieses Lehrbuchs, wobei besonderes Augenmerk weniger auf die formale Eleganz als auf die **praktische Anwendbarkeit** gelegt werden soll.

Für den gesamten Bereich des strategischen Managements, aber auch für Teile der operativen Ebene sind jedoch andere Planungs- und Entscheidungsmethoden angemessen, auf die nun näher eingegangen werden soll.

II. Heuristisch-evolutive Methoden

Unter Heuristik versteht man ganz allgemein eine methodische Suche nach Lösungen (von griechisch heuriskein = finden, ausfindig machen, entdecken). Zuweilen wird die Bedeutung des Begriffs etwas enger gefaßt und unter heuristischen Methoden Suchregeln verstanden, die der Problemstruktur besonders angepaßt sind und bei geringem Planungsaufwand eine befriedigende - nicht notwendig optimale - Lösung versprechen (ähnlich Müller-Merbach, Operations Research 1992, S. 290). Dabei kann eine Lösung manchmal schon dann als befriedigend bezeichnet werden, wenn sie besser als die bisher praktizierte Lösung ist.

Es ist das Anliegen des Verfassers, in diesem Lehrbuch ein solches heuristisches Problemlösungsverhalten an Beispielen aus verschiedenen Problemkomplexen von Industriebetrieben zu erläutern und den Leser damit vertraut zu machen. Er soll dadurch in die Lage versetzt werden, selbst heuristische Methoden für konkrete Probleme zu entwickeln und anzuwenden.

Die Fruchtbarkeit einer heuristischen Planung kann mit drei Argumenten gestützt werden:

- Bei heuristischer Planung steht das zu lösende **Problem** im Vordergrund. Hierfür wird ein Lösungsverfahren "maßgeschneidert". Die Gefahr, daß standardisierte Verfahren auf unpassende Probleme angewendet werden, entfällt.
- Heuristische Verfahren sind für die Entscheidungsträger des Unternehmens in der Regel nachvollziehbar. Auf diese Weise gefundene Lösungen haben größere Chancen, realisiert zu werden.
- Heuristisches Problemlösungsverhalten scheint ein charakteristisches Kennzeichen von evolutionierenden Systemen zu sein. Dies zeigt nicht nur die Evolution des Lebens auf der Erde, die eindeutig heuristische Züge trägt, sondern auch viele menschliche und gesellschaftliche Entwicklungen, insbesondere die industrielle Revolution (vgl. 1. Kapitel, Abschnitt C, S. 9 ff.). Spinnmaschine und Webstuhl waren nie von vornherein "optimale Lösungen", sondern mußten laufend verbessert und dem Bedarf angepaßt werden. Dieses Prinzip ist auch heute noch für die industrielle Erzeugung gültig.

Die Methoden der chemischen und biologischen **Evolution** (Eigen/Winkler, Spiel 1990) können als effiziente Spezialformen heuristischer Methoden angesehen werden. Sie seien an dieser Stelle etwas näher erläutert, da K. Sabathil in einer vom Verfasser betreuten Dissertation (Sabathil, Evolutionäre Strategien 1991) ihre Übertragbarkeit auf das industrielle Management nachgewiesen und bei schwierigen Problemstellungen des strategischen **und** operativen Managements (z.B. der Produktionssteuerung) deutlich bessere Ergebnisse als mit anderen heuristischen Verfahren erhalten hat.

Evolution ist ein Prozeß, bei dem durch **zufällige Veränderung** vorhandener Einheiten neue entstehen, die miteinander in **Konkurrenz** treten und von denen nur die am **besten** an die Umwelt **angepaßten** Einheiten überleben (Sabathil, Evolutionäre Strategien 1991, S. 6). Die zufälligen Veränderungen nennt man **Mutationen** und die Auswahl der am besten angepaßten Einheiten **Selektion**.

Zur Veranschaulichung sei ein sehr einfacher heuristisch-evolutiver Ansatz aus der Produktionssteuerung dargestellt. Bei einer Werkstattfertigung hängt die zu minimierende Durchlaufzeit des Auftragsbestandes von der **Reihenfolge** der Aufträge ab, in der sie die einzelnen Produktionsanlagen durchlaufen. Jeder Reihenfolge ist ein bestimmter Wert der Gesamtdurchlaufzeit zugeordnet, der als **Selektionswert** verwendet wird. Der heuristisch-evolutive Algorithmus besteht nun aus folgenden Schritten (vereinfacht nach Sabathil, Evolutionäre Strategien 1991, S. 112):

1. Eine beliebige Ausgangsreihenfolge wird durch zufällige Verschiebung eines Auftrags auf einer Produktionsanlage verändert (einfache Gen-Mutation).
2. Anhand der Nebenbedingungen wird geprüft, ob die Reihenfolge **zulässig** ist. Unzulässige Reihenfolgen werden verworfen (innere Selektion).
3. In bestimmten Abständen werden kompliziertere Mutationen durch Verändern von Auftragspositionen auf mehreren Produktionsanlagen und/oder durch gleichzeitiges Verschieben mehrerer benachbarter Aufträge ausgelöst (Chromosomen-Mutation).
4. Es "überleben" nur diejenigen Auftragsreihenfolgen, deren Durchlaufzeit (Selektionswert) kleiner als die bisherigen Minima ist (äußere Selektion).

Die Effizienz eines solchen heuristisch-evolutiven Verfahrens hängt sehr stark von den gewählten Mutationsmechanismen (Schritt 1. und 3.) ab, da hierdurch sowohl die **Richtung** zu einer verbesserten Lösung als auch die **Schrittweite** und damit das Verhalten bei Suboptima bestimmt wird.

Heuristische Planungs- und Entscheidungsmethoden haben den Vorteil, niemals zu starren Standardlösungen zu werden, sondern sich den vielfältigen Besonderheiten konkreter Unternehmen flexibel anzupassen. Daher bilden sie die Grundlage des in diesem Buch dargestellten industriellen Managements. Darauf aufbauend werden für bestimmte Problemstellungen exakte Optimierungsmethoden angewendet, um die Vorteile beider Methodologien zu vereinen.

C. Planungs- und entscheidungsunterstützende Informationssysteme

Das moderne industrielle Management ist ohne Computerunterstützung nicht denkbar. Dabei stellt die EDV nicht nur wie bis zu den 70er Jahren ein Hilfsmittel für das Management dar, sondern beeinflußt ihrerseits durch die zunehmende Entwicklung von Informationssystemen das Planungs- und Entscheidungsverhalten im Betrieb. Management und EDV sind heute unauflösbar ineinander verwoben, so daß das industrielle Management analog zu Scheers Ansatz einer EDV-orientierten Betriebswirtschaftslehre (Scheer 1990) zu einem EDV-orientierten industriellen Management weiterentwickelt werden muß. Dabei sollen zwei Schwerpunkte der EDV-Orientierung näher betrachtet werden.

I. EDV-Unterstützung einzelner Planungsprobleme

Die in diesem Buch vermittelten Planungs- und Entscheidungsmethoden sind nur mit Hilfe der EDV auf praktische Probleme von realistischer Größenordnung anwendbar. Das gilt naturgemäß für alle **Optimierungs- und die meisten Prognosemethoden** (z.B. lineare und ganzzahlige Optimierung, Warteschlangensysteme, multiple Regression) aber auch für die heuristisch-evolutiven Methoden, deren Effizienz durch komplexe Simulationsmodelle überprüft werden muß und deren Anwendung grundsätzlich die Entwicklung und Implementierung von Software erfordert.

Im **strategischen** Bereich sollten insbesondere folgende Problemkreise von der EDV unterstützt werden:

- Prognose der Entwicklung des **Marktvolumens** von Produktfeldern,
- Analyse der **Wettbewerbsposition** der eigenen Produkte,
- Prognose der **Marktdiffusion** neuer Produkte (Lebenszyklus),
- **Standortplanung** mit ganzzahliger Optimierung,
- Computer-integrierte **Produktionsverfahren** (CIM).

Das **operative** Management benötigt die EDV bei

- der kurzfristigen Absatzprognose,
- der Produktionsplanung und -steuerung (PPS),
- den Teilgebieten der Materialdisposition, der Losgrößen- und Ablaufplanung, die mit Methoden des Operations Research (OR) behandelt werden können.

Diese Anwendungen der EDV bei Planung und Entscheidung werden im weiteren Verlauf in den Teilen II und III dieses Lehrbuchs detailliert entwickelt und dargestellt. Dabei wird auch deutlich werden, wie wichtig leistungsfähige EDV-Software für fundierte Entscheidungen ist und welche Bedeutung planungsunterstützende Informationssysteme für das industrielle Management haben.

Neben dieser partiellen EDV-Unterstützung einzelner Planungsbereiche hat sich im Verlauf der 80er Jahre durch leistungsfähigere Zentralrechner, das Aufkommen von Arbeitsplatzrechnern (work stations) und Personal Computern (PC), sowie die Möglichkeiten der Vernetzung dieser Rechner (z.B. das local area network LAN) eine immer weitergehende **Integration** betrieblicher Funktionen auf der Basis von EDV-Informationssystemen als möglich erwiesen. Obwohl - bedingt durch die langsamere Entwicklung im Software-Bereich - noch längst nicht alle Möglichkeiten der Integration ausgeschöpft sind, wurden doch im Bereich des **Computer Integrated Manufacturing (CIM)** wichtige Zwischenziele erreicht (vgl. 5. Kap., S. 129 ff.).

Daher sollen die logischen Grundlagen dieser umfassenden betrieblichen Informationssysteme an dieser Stelle etwas näher erläutert werden.

II. Integrierte Informationssysteme im Industriebetrieb

Ein computergestütztes Informationssystem besteht allgemein aus den Komponenten (Scheer, EDV-orientierte Betriebswirtschaftslehre 1994, S. 7 ff.)

- Unternehmensdatenbasis,
- Ablaufsteuerung und
- Anwendungssoftware für Planungsmodelle und -methoden.

Dabei kommt der **Datenbasis** primäre Bedeutung zu, da die Unternehmensdaten **und** ihre Beziehungen Grundlage für die Ablaufsteuerung und die Anwendungsprogramme, die wir bereits im Abschnitt I. (S. 24 f.) erörtert haben, sind.

Die Datenbasis läßt sich in drei Schritten konstruieren (Scheer, Wirtschaftsinformatik 1994, S. 24):

- Entwurf der sachlogischen **Datenstrukturen**,
- Überführung der Datenstrukturen in ein formales **Datenmodell**,
- Übertragung des Datenmodells in ein konkretes **Datenbanksystem**.

Im ersten Schritt müssen die Begriffe der betriebswirtschaftlichen Problemebene (z.B. Kundenaufträge, Arbeitspläne, Fertigstellungstermine) in Datenstrukturen übersetzt werden, die den sachlogischen Aufbau einer Datenbank ermöglichen[2].

Zur Konstruktion der Datenstrukturen bedient man sich heute allgemein des 1976 von **Chen** entwickelten **Entity-Relationship-Modells** (ERM), das mehrfach erweitert wurde (vgl. Dogac/Chen, Entity-Relationship Model 1983).

Das ERM benutzt als grundlegende logische Elemente

- Objekte (= entities),
- Eigenschaften der Objekte (= attributes) und

---

2 Unter einer Datenbank versteht man die Zusammenfassung von Daten oder Dateien, einschließlich ihrer logischen Beziehungen.

- Beziehungen (= relationships) zwischen Mengen von Objekten, die man als Entity-Typen bezeichnet.

Objekte können z.B. Kunden, Lieferanten, Kundenaufträge oder Arbeitspläne sein, die Menge aller Kunden bildet den Entity-Typ "KUNDE".

Attribute eines bestimmten Kunden sind z.B. seine Kundennummer oder sein Umsatz.

Schließlich versteht man unter den **Beziehungen** logische Verknüpfungen zwischen Entity-Typen, z.B. zwischen Kunden und Kundenaufträgen (Beziehung "kaufen"). Die allgemeine Form ist die N:M-Beziehung, die besagt, daß einem Entity des Entity-Typs A mehrere Entities des Typs B zugeordnet werden können und umgekehrt. Die Beziehung "kaufen" ist von der Form 1:N, da ein Kunde mehrere Kundenaufträge übermittelt haben kann, aber nicht umgekehrt.

Als einfaches Anschauungsbeispiel soll die Ermittlung des Primärbedarfs mit einem ERM konstruiert werden. Der Primärbedarf[3] ist die Summe aller Kundenaufträge während eines bestimmten Zeitraums (z.B. Monat). Abb. 2 zeigt das zugehörige ERM.

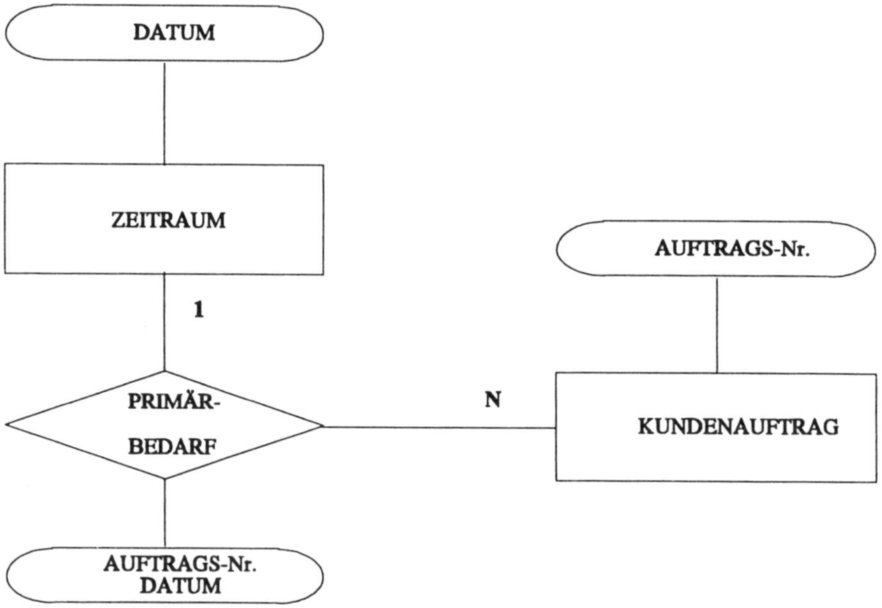

Abb. 2 ERM zur Ermittlung des Primärbedarfs
Quelle: Scheer, Wirtschaftsinformatik 1990, S. 118

Um den Primärbedarf zu bestimmen, benötigen wir alle Kundenaufträge, die in den fraglichen Zeitraum fallen. Das Entity ZEITRAUM ist durch sein Attribut

---

[3] Zur Bedeutung des Primärbedarfs für die Produktionsplanung vgl. Teil III, Kapitel 9, S. 276 f. und 297 ff. des vorliegenden Lehrbuchs.

Datum, das Entity KUNDENAUFTRAG durch sein Attribut Auftrags-Nr. identifiziert. Da mehrere Kundenaufträge in einem Zeitraum liegen können, das Umgekehrte aber nicht gilt, ist der "PRIMÄRBEDARF" eine 1:N-Beziehung, die durch die beiden Attribute Auftrags-Nr. und Datum eindeutig gekennzeichnet werden kann und durch **Aggregation** gebildet wird.

Neben dem Operator Aggregation lassen sich im ERM auch die Operatoren Gruppierung, Klassifizierung und Generalisierung anwenden.

Mit Hilfe des Entity-Relationship-Modells können alle sachlogischen Datenstrukturen eines Unternehmens konstruiert werden. Sie enthalten die benötigten betriebswirtschaftlichen Informationen und sind so formalisiert, daß sie im nun folgenden zweiten Schritt in ein **Datenmodell** überführt werden können.

Von den drei alternativen Datenmodellen hierarchisches, Netzwerk- und **Relationenmodell** hat sich das letztere am stärksten, vor allem im Bereich der Mikrocomputer, durchgesetzt, so daß es hier beispielhaft angeführt sei.

Eine Relation charakterisiert einen Entitytyp mit Hilfe seiner Attribute. Der auf S. 26 eingeführte Entitytyp "KUNDE" wird durch seine Attribute Kunden-Nr. und Umsatz beschrieben, wobei ihn die Kunden-Nr. **eindeutig** identifiziert und daher als Schlüssel-Attribut in der Relationen-Darstellung unterstrichen wird. Die Relation "KUNDE" stellt man nun so dar:

R. KUNDE (**Kunden-Nr.**, Umsatz).

Für die einzelnen Entities empfiehlt sich eine Darstellung in Tabellenform, wie Tab. 5 zeigt.

Tab. 5 Relationenmodell

R. KUNDE

Kunden-Nr.	Umsatz
10116	500
10117	800
.	.
.	.

Die Gesamtheit aller Entity-Typen und aller Beziehungen wird im Relationenmodell als Relationen dargestellt, die ihrerseits nun im letzten Schritt in ein konkretes Datenbankschema überführt werden. Bekannte relationale Datenbanksysteme sind DB2 von IBM und ADABAS von der Software AG für Großrechner sowie dbase IV für Mikrocomputer. Auf informationstechnische Einzelheiten von Datenbanken soll hier nicht eingegangen werden (vgl. dazu Schlageter/Stucky, Datenbanksysteme 1983).

Damit sind die Grundlagen von integrierten Informationssystemen, soweit sie sich auf die Datenbasis beziehen, hinreichend beschrieben. Darüber hinaus benötigt das System noch eine **Ablaufsteuerung**, die in zeitlicher Hinsicht durch Datenbanktransaktionen (z.B. die Transaktion "Auftragsbearbeitung") und in örtlicher Hinsicht durch Aufgabenverteilung auf verschiedene Rechner, die durch Netzwerke (z.B. LAN) verbunden sind, bewältigt wird. Diese Leistungen sind jedoch aus betriebswirtschaftlicher Sicht nachrangig gegenüber der Konstruktion des Unternehmens-Datenmodells, da hier die Umsetzung von der betriebswirtschaftlichen Problemebene in die informationstechnische Struktur geleistet werden muß. Gelingt dies, so sind mit den heute verfügbaren Hardwarekonfigurationen und Datenbanksystemen integrierte Informationssysteme möglich, die nicht nur das industrielle Management EDV-technisch unterstützen sondern durch ihre Logik und ihren hohen Integrationsgrad Rückwirkungen auf das Planungs- und Entscheidungsverhalten des Managements haben. Damit kann sich das Gesamtsystem "Betrieb" zu einem interdependenten, dialogorientierten Mensch-Maschine-System entwickeln, das schon jetzt Erkenntnisobjekt des industriellen Managements sein sollte und damit Gegenstand des vorliegenden Lehrbuchs ist.

Hiermit sind die Grundelemente des industriellen Managements

- strategische und operative **Entscheidungsbereiche**,
- heuristisch-evolutive und exakte **Planungsmethoden** und
- partielle sowie integrierte **Informationssysteme**

genügend skizziert, um sie nun in Teil II. und III. des vorliegenden Lehrbuchs detailliert an praxisnahen Fragestellungen erörtern zu können.

Teil II:

Strategisches Management im Industriebetrieb

3. Kapitel: Die Grundlagen des strategischen Managements

A. Die strategische Zielsetzung des Unternehmens

Obwohl die Definitionen des Begriffs **Strategie** in der betriebswirtschaftlichen Literatur voneinander abweichen, kann man doch einen gemeinsamen Bedeutungsinhalt herauskristallisieren, der am besten mit einer Definition in Anlehnung an Hinterhuber (Unternehmungsführung, Bd. I, 1996, S. 144) charakterisiert werden kann:

> Strategie ist der Entwurf und die Durchführung eines **Gesamtkonzepts** zur Erreichung einer **Zielposition** in Auseinandersetzung mit dem **Wettbewerb**.

Am Anfang muß also das unternehmerische Ziel stehen, das anschließend durch ein Konzept (= Planung) unter Beachtung der Umweltgegebenheiten in die Realität umzusetzen ist.

Eine Unternehmens-Zielsetzung ist ein vielschichtiges Gebilde, das wir zur besseren gedanklichen Durchdringung in eine abstrakte, sehr langfristige Komponente, die mit dem Begriff **Vision** umschrieben sei, und eine konkretere Komponente, die das unternehmenspolitische **Grundsatzprogramm** enthält, zerlegen.

I. Die unternehmerische Vision

Will ein Unternehmen langfristig überleben, benötigt es immer wieder neue Ideen, wie die Bedürfnisse des Marktes am besten zu erfüllen sind. Diese Ideen können sich zu einer verbundenen **bildlichen** Vorstellung zusammenfügen, die als Vision bezeichnet sei[4]. So hatte z.B. Friedrich List, der Initiator des Deutschen Zollvereins (vgl. S. 13), schon 1831 die Vision eines zusammenhängenden, ganz Deutschland umfassenden Eisenbahnnetzes, zu einer Zeit, als es noch keine einzige Teilstrecke gab. Seine Vision wurde erst 40 Jahre später Wirklichkeit. Der Entwicklung des PC lag die Vision zugrunde, allen Menschen Datenverarbeitung zu ermöglichen. Wichtig ist, daß die Vision eine Richtung bzw. Orientierung zur Verfügung stellt, wohin das Unternehmen gesteuert werden kann, ohne daß man schon die Entfernung oder den Weg zu diesem Fernziel im einzelnen kennt.

Visionen können nicht "erlernt" oder "eingeübt" werden. Sie gehören innerhalb des evolutiven Modells der Unternehmung zu den **Mutationen**, die **Zufallscharakter haben**.

Trotzdem gibt es gewisse Verhaltensweisen, die Visionen begünstigen, z.B.

- eine **wache Beobachtung** der Umwelt, insbesondere der Kunden und der Wettbewerber, um frühzeitig Trendwenden in der Bedürfnisstruktur oder im Wettbewerbsverhalten zu erkennen, die zu Elementen einer Vision für das eigene Unternehmen werden könnten;

---

4 Sowohl in Idee als auch in Vision steckt die ursprüngliche Bedeutung "sehen". Dies wird durch das Adjektiv "bildlich" wiedergegeben.

- eine **kritische Distanz** zu den bisherigen Strategien, um Selbstgerechtigkeit zu vermeiden und die Kreativität im Hinblick auf Veränderungen zu fördern, die für Visionen günstig sind;
- **Forschung** und **Entwicklung** auch im Grundlagenbereich, um durch neue technische Erkenntnisse die Basis für Visionen zu schaffen.

Erfolgreiche Visionen zeichnen sich dadurch aus, daß sie in die Realität umgesetzt werden können. Damit finden Visionen grundsätzlich dort eine Grenze, wo sie - abgehoben von jedem Sinn für Realität - zur Träumerei zu degenerieren drohen. Es ist also sehr wichtig, eine Vision weiterzuentwickeln, und die Zielsetzung, die sich dahinter verbirgt, zu konkretisieren. Damit wird es möglich, eine Vision kritisch zu analysieren und, falls sie sich bewährt, in ein unternehmenspolitisches Programm zu gießen. Dies bedeutet den Übergang von der bildlichen Vorstellung, wie das Überleben des Unternehmens zu sichern ist, zu der konkreten Beschreibung der Unternehmensziele in einem Grundsatzprogramm.

II. Das unternehmenspolitische Grundsatzprogramm

Nicht alle Unternehmen haben ein schriftlich fixiertes oder gar veröffentlichtes Grundsatzprogramm, doch darf man davon ausgehen, daß es in den meisten Unternehmen Leitsätze gibt, die von der Unternehmensleitung festgelegt sind und nach denen sich die Mitarbeiter richten.

Im einfachsten Fall besteht das Grundsatzprogramm aus der Definition der am Markt angebotenen Produkte als Ergebnis früherer Visionen bezüglich der unternehmerischen Betätigung und dem Bestreben, die langfristige Existenz des Unternehmens durch Gewinnmaximierung oder Erzielung eines angemessenen Gewinns zu sichern.

Großunternehmen gehen aber häufig über die Formulierung des Gewinnziels hinaus und beziehen weitere, die Allgemeinheit oder ihre Mitarbeiter betreffende Ziele in ihre Leitsätze mit ein. Als Beispiel sei das unternehmenspolitische Grundsatzprogramm der **Royal Dutch/Shell Gruppe** angeführt, das 1994 formuliert wurde (Royal Dutch/Shell Gruppe, Unternehmensgrundsätze 1994, S. 2 ff.). Dieses „10-Punkte-Programm" enthält Grundsatzaussagen über

- den **Tätigkeitsbereich** des Unternehmens (hier: das Geschäft auf dem Öl-, Gas- und Chemiesektor) und die verfolgten **Ziele** (Gewinnerzielung, Effizienz, hohes Leistungsniveau, Sicherung langfristiger Wettbewerbsfähigkeit usw.),
- die **Verantwortung** des Unternehmens gegenüber Aktionären, Mitarbeitern, Kunden und der Gesellschaft insgesamt,
- die **wirtschaftlichen Grundsätze** (z.B. die ökonomischen und außerökonomischen Kriterien für Investitionsentscheidungen),
- die **wirtschaftliche Integrität** (insbesondere Ehrlichkeit und Fairness im Umgang mit Kunden und Lieferanten),
- **politische Tätigkeiten** des Unternehmens und seiner Mitarbeiter (z.B. Ablehnung von parteipolitischen Aktivitäten, aber wohlwollende Behandlung von Mitarbeitern, die sich für das Gemeinwohl engagieren),
- **Gesundheit, Sicherheit und Umweltschutz**,
- den **Beitrag des** Unternehmens **zum sozialen und wirtschaftlichen Fortschritt**,
- das Verhalten im **Wettbewerb**,

- die **Informationspolitik** des Unternehmens und
- die Beteiligung an **Joint Ventures**.

Ein solches Grundsatzprogramm ist naturgemäß sehr allgemein gehalten und benutzt eine Reihe unscharfer Begriffe, die definiert und auch konkretisiert werden müssen. Wichtig ist aber, daß die Grundsätze Ausdruck von bestimmten **Wertvorstellungen** sind, die für das Unternehmen verbindlich gemacht werden und zusammen mit der unternehmensspezifischen Denk- und Handlungsmustern die sog. **Unternehmenskultur** darstellen (Heinen/Dill, Unternehmenskultur 1990, S. 17; Voigt, Unternehmenskultur 1996, S. 40 ff.). Die in einem Unternehmen „herrschende" Kultur kann - als Ergebnis einer eingehenden Analyse - anhand bestimmter kulturtypischer Merkmale beschrieben werden (z.B. als kundenorientiert, änderungsfreundlich, offen, vielfältig, innovationsorientiert, usw.). Unternehmenskulturen können sich zudem in ihrer **Stärke**, d.h. im Verbreitungsgrad und der Verankerungstiefe der Werte und Normen bei den Mitarbeitern, unterscheiden.

Die weitere Konkretisierung der oben beschriebenen Visionen und der daraus abgeleiteten Unternehmensgrundsätze unter Beachtung der Unternehmenskultur ist Aufgabe der strategischen Unternehmensplanung, der wir uns nun zuwenden.

B. Die strategische Unternehmensplanung

Ausgehend von der unternehmerischen Zielsetzung - konkretisiert durch die Unternehmensgrundsätze - besteht für die strategische Unternehmensplanung die Aufgabe darin, systematisch Positionen innerhalb der wirtschaftlichen und gesellschaftlichen Umwelt zu suchen, die dem Unternehmen ein nachhaltiges wirtschaftliches Überleben ermöglichen. Dazu muß die strategische Planung

1. die langfristigen **Markt- und Umweltentwicklungen**, die für das Unternehmen wichtig sind, frühzeitig erkennen und zutreffend einschätzen,
2. die **Produktfelder**[5], auf denen das Unternehmen tätig ist oder tätig werden könnte, im Hinblick auf ihr zukünftiges Gewinnpotential analysieren und entsprechende globale Produktionsprogrammentscheidungen treffen,
3. die zur Wahrnehmung der langfristigen Marktchancen und zur Ausschöpfung der Gewinnpotentiale notwendigen Entscheidungen über die einzusetzenden **Ressourcen**, insbesondere über die Produktionstechnologie, den betrieblichen Standort und die Umweltauswirkungen der Produktion treffen.

Diese strategischen Aufgaben eines Industrieunternehmens und Möglichkeiten zu ihrer Bewältigung werden im folgenden konkretisiert.

I. Bildung strategischer Einheiten

Die historische Entwicklung der Industriebetriebe verlief in Richtung vom Einprodukt- zum Mehrproduktbetrieb. Es wurde dadurch möglich,

- verschiedene Nachfragegruppen anzusprechen (Marktsegmentierung),
- das allgemeine Marktrisiko einer schrumpfenden Nachfrage auf mehrere Güter zu verteilen (Risikostreuung durch Diversifikation).

---

[5] Unter einem Produktfeld verstehen wir die Gesamtheit der Produkte, die sich gedanklich auf ein Grundbedürfnis zurückführen lassen (vgl. Jacob, Aufgaben 1982, S. 44), z.B. umfaßt das Produktfeld "Unterhaltungselektronik" die Produkte Videorecorder, Kassettendecks, CD-Player usw.

Viele Unternehmen sind auf diesem Weg konsequent fortgeschritten und bieten nicht nur, wie z.B. die Automobilindustrie, Varianten eines bestimmten Grundtyps an, sondern sind auf sehr verschiedenen Produktfeldern tätig. Ein Beispiel hierfür ist die Siemens AG, deren Produktpalette von Halbleitern, EDV-Anlagen, Meßanlagen, über Starkstromkabel, Elektromotoren, Kraftwerken bis zu Einrichtungen der Telekommunikation, Röntgen- und Hörgeräten reicht. Hier kommt das Ziel der Risikostreuung durch Diversifikation sehr deutlich zum Ausdruck. Da die Marktchancen und Gewinnpotentiale der einzelnen Produktfelder sehr unterschiedlich sein können, ist es sinnvoll, das Unternehmen in **strategische Geschäftseinheiten** zu unterteilen und für jede Einheit spezifische Strategien festzulegen.

Eine strategische Geschäftseinheit ist ein Unternehmensbereich mit eigener abgegrenzter **Marktaufgabe** (Produktfeld) und eigenständiger **Gewinnverantwortung**.

Gerl und Roventa (Strategische Geschäftseinheiten 1983, S. 146 f.) haben versucht, die strategischen Geschäftseinheiten durch verschiedene Merkmale, von denen die wichtigsten nachstehend angeführt werden, näher zu charakterisieren:

1. Die Marktaufgabe der Geschäftseinheit ist unabhängig von der Marktaufgabe anderer Geschäftseinheiten.
2. Die Geschäftseinheit steht eindeutig bestimmbaren Konkurrenzunternehmen gegenüber.
3. Die Geschäftseinheit kann eigenständige Ziele, Strategien und Aktionsprogramme festlegen, um relative Wettbewerbsvorteile zu erreichen.
4. Die Geschäftseinheit wird von einer Führungskraft geleitet, die unabhängig von anderen Bereichen die Realisierung der strategischen Entscheidungen (Investitionen, Marketingprogramme, Produktentwicklung usw.) durchsetzen und die für den Erfolg der Strategien wichtigen Kontrollmaßnahmen durchführen kann.

Werden die strategischen Geschäftseinheiten auf diese Weise gebildet, so können die Gewinnpotentiale der einzelnen Einheiten getrennt ermittelt und für die Zukunft vorausgeschätzt werden. Obwohl bei der Festlegung strategischer Geschäftseinheiten organisatorische Schwierigkeiten und personelle Widerstände auftauchen können, sollte dieser Weg beschritten werden, weil nur so das Gewinnpotential eines Unternehmens und seine zukünftige Überlebenschance am treffendsten analysiert werden können.

II. Die Analyse des Gewinnpotentials

Um wirtschaftlich überleben zu können, muß ein Unternehmen **langfristig** einen zumindest angemessenen Gewinn, der die Kapitalkosten deckt, erzielen. Es genügt daher nicht, in der Gegenwart befriedigende Gewinne zu erwirtschaften, sondern die Gewinnpotentiale der Zukunft, d.h. die Aussichten, zukünftig Gewinne zu erzielen (Jacob, Aufgaben 1982, S. 45), sind von entscheidender Bedeutung.

Zur Beurteilung des Gesamt-Gewinnpotentials eines Industrieunternehmens müssen die Gewinnpotentiale der einzelnen strategischen Geschäftseinheiten untersucht werden, und zwar getrennt nach

- Produktfeldern, auf denen das Unternehmen bereits mit einem zufriedenstellenden Marktanteil vertreten ist,
- Produktfeldern, auf denen das Unternehmen tätig ist, aber nach einem wesentlich höheren Marktanteil strebt und
- Produktfeldern, zu deren Erschließung das Unternehmen durch Bereitstellung von Ressourcen (Kapital, Know-how, Technologie) in der Lage wäre.

Zur Beurteilung des Gewinnpotentials der genannten Produktfelder werden wir in diesem Buch

- die **Produktpositionierung** im Vergleich zu den Konkurrenzprodukten (4. Kapitel, A.I., S. 48 ff.),
- die Analyse des **Lebenszyklus** von Produkten und Produktfeldern (4. Kapitel, A.II., S. 52 ff.) und
- langfristige **Prognoseverfahren** zur Schätzung des Gewinnpotentials, wie z.B. die logistische Funktion (4. Kapitel, A.III., S. 62 ff.)

verwenden. Mit Hilfe dieser Lösungsansätze gelingt es, die Gewinnpotentiale der strategischen Geschäftseinheiten hinreichend genau zu schätzen und durch Ergreifen von strategischen Maßnahmen auszuschöpfen.

III. Die strategischen Einflußfaktoren

Die wirtschaftliche Situation eines Unternehmens bzw. einer strategischen Geschäftseinheit hängt von zwei globalen Faktoren ab:

- der **Attraktivität eines Marktes** bzw. Produktfeldes,
- dem relativen **Wettbewerbsvorteil** gegenüber der Konkurrenz.

Der erste Faktor ist für die Geschäftseinheit eine **externe** Größe, die mit unternehmenspolitischen Maßnahmen kaum beeinflußt werden kann. Dagegen spiegelt der zweite Faktor die relative Stärke des Unternehmens im Markt wider und ist als **interne** Größe Gegenstand der Unternehmenspolitik.

a) Die Messung der Marktattraktivität

Die Attraktivität eines Marktes läßt sich im ersten Ansatz **qualitativ** kennzeichnen durch die Umweltbedingungen, in die der Markt eingebettet ist. Das gilt vor allem für die **rechtlichen** Rahmenbedingungen des jeweiligen Wirtschaftsraums. Der Markt kann durch protektionistische Zölle "geschlossen" sein wie der Agrarmarkt der EG (Außenzoll), er kann aber auch völlig offen gestaltet werden.

Die **Wirtschaftspolitik** eines Landes beeinflußt die Attraktivität des Marktes in entscheidender Weise, insbesondere durch die

- Wettbewerbspolitik,
- Konjunkturpolitik (Beschäftigungs- und Geldpolitik),
- Außenhandelspolitik und
- Währungspolitik.

Darüber hinaus kennzeichnet auch die **Mentalität** der Konsumenten die Marktattraktivität. Häufige Mode- und Geschmackswandlungen erfordern eine größere Flexibilität und Anpassungsfähigkeit der anbietenden Unternehmen als eine eher kontinuierliche Entwicklung des Marktes.

Neben diesen qualitativen Kriterien der Marktattraktivität werden, wenn möglich, **quantitative** Maßstäbe zur Messung herangezogen. Im Vordergrund stehen dabei

- das Marktvolumen,
- das Marktwachstum,
- die erzielbaren Absatzpreise als Grundlage des Gewinnpotentials.

Da das Preisniveau eines Marktes keine konstante Größe über einen längeren Zeitraum ist, wie viele Beispiele aus der Elektronik zeigen (z.B. Halbleiter oder

PCs), und darüber hinaus nur schwer prognostiziert werden kann, haben sich in Literatur und Unternehmensberatungspraxis das Marktvolumen und das Marktwachstum als quantitative Maßstäbe für die Marktattraktivität weitgehend durchgesetzt.

b) Die Messung des relativen Wettbewerbsvorteils

Der relative Wettbewerbsvorteil zeigt die Stärke bzw. Schwäche des Unternehmens oder der strategischen Geschäftseinheit verglichen mit den stärksten Wettbewerbern in den folgenden vier Bereichen:

- Produktposition,
- Produktionsstruktur,
- Personalpotential und
- finanzielle Situation.

Die einzelnen Bestimmungsfaktoren dieser Bereiche sollen im folgenden etwas näher beleuchtet werden.

1. Die Produktposition

Die Position, die ein Produkt in den Augen der Nachfrager im Vergleich zu den Konkurrenz-Erzeugnissen einnimmt, wird in hohem Maße vom erfolgreichen Einsatz des **absatzpolitischen Instrumentariums** (Marketing-Mix) mit seinen Komponenten

- Produktqualität,
- Preispolitik,
- Werbung und
- Distribution (Vertriebssystem)

bestimmt. Insbesondere die Produktqualität, die nicht nur im technischen Sinne der Funktionalität zu verstehen ist, sondern auch darüber hinausgehende Eigenschaften wie Design, Verpackung oder Produktimage umfaßt, ist von großer Bedeutung für die Produktposition. Wir werden in Kapitel 4 (Abschnitt A.I.b)) an einem konkreten Beispiel aus der Unternehmenspraxis - der Positionierung von deutschen Bieren - die Wirkung der Produktqualität und der übrigen absatzpolitischen Instrumente detailliert erörtern (vgl. S. 48 ff.).

2. Die Produktionsstruktur

Das Gewinnpotential einer strategischen Geschäftseinheit hängt außer vom Absatzpreis in besonderem Maße von den **Produktionskosten** ab, die ihrerseits ein Resultat der Produktionsstruktur sind. Diese wird gekennzeichnet durch:

- die angewendete Technologie des Produktionsverfahrens sowie den Grad ihrer Integration,
- die Produktionskapazität, die über die **Erfahrungskurve** auf die Kosten einwirkt,
- den Produktionsstandort sowie
- die Forschungs- und Entwicklungsaktivitäten auf dem Gebiet der Produktionsprozesse.

Insbesondere die angewendete Technologie des Produktionsverfahrens bestimmt die Produktionsstruktur und damit die Produktionskosten. Im Zeitalter der Computerisierung und Integration der Fertigung, die sich besonders eindrucksvoll im Bereich des Computer Integrated Manufacturing (CIM) und der flexiblen Fertigungssysteme (FFS) niederschlagen, sind moderne Produktionsverfahren häufig der entscheidende Wettbewerbsvorteil gegenüber der Konkurrenz. Wir werden uns daher ausführlich im 5. Kapitel mit diesem Problemkomplex auseinandersetzen (vgl. S. 90 ff.), wobei auch der Produktionsstandort und die übrigen Komponenten gebührend beachtet werden.

Die Produktionsstruktur hat außerdem entscheidenden Einfluß auf die **Durchlaufzeit von Aufträgen**, die in der neueren Literatur mehr und mehr als eigenständige Quelle für die Erzielung von Wettbewerbsvorteilen erkannt wird (vgl. Stalk/Hout, Zeitwettbewerb 1990, S. 15 ff.; Kaluza, Zeitmanagement 1995, S. 106 f.). Weitere Möglichkeiten für die Erzielung von Zeitvorteilen bieten sich im Rahmen von Just-in-Time-Konzepten (10. Kapitel E.I., S. 386 ff.) und durch die Verringerung der Entwicklungszeit für neue Produkte durch „Simultaneous Engineering" (7. Kapitel, S. 234 ff.).

3. Das Personalpotential

Neben der Produktionsstruktur bestimmt das fachliche Niveau der Mitarbeiter, das durch den Ausbildungs- und Erfahrungsstand gemessen werden kann, sowie ihre Motivation und Einsatzfähigkeit den relativen Wettbewerbsvorteil eines Unternehmens. Durch das Führungs- und Entlohnungssystem sollte das Verhalten der Arbeitnehmer im Betrieb so gesteuert werden, daß das Unternehmen seine Gewinnpotentiale auch tatsächlich ausschöpfen kann.

4. Die finanzielle Situation

Nur eine bestimmte **Kapitalkraft** ermöglicht es einem Unternehmen, Wettbewerbsvorteile gegenüber der Konkurrenz zu erringen, da Investitionen sowohl im Produktbereich als auch bei neuen Technologien erhebliche finanzielle Mittel erfordern. Grundlage der Kapitalkraft ist in erster Linie eine hinreichende **Eigenkapital-Ausstattung** sowie genügende Selbstfinanzierungsmöglichkeiten durch Ausschöpfen der Gewinnpotentiale. Hiermit muß die Aufnahme von Fremdkapital abgestimmt werden, um das **finanzielle Gleichgewicht** im Sinne von Gutenberg (Betriebswirtschaftslehre 1983, S. 458 f.) jederzeit aufrechterhalten zu können.

Alle vier Determinanten tragen zur Ausgestaltung eines relativen Wettbewerbsvorteils bei. Sie sind jedoch meistens nur qualitativ erhebbar bzw. können, falls sie wie die Produktionskosten oder die Eigenkapitalausstattung quantitativ meßbar sind, in ihrer Wirkung nicht direkt miteinander verglichen werden.

Möchte man den relativen Wettbewerbsvorteil direkt quantitativ erfassen, so bleibt nur die Möglichkeit, eine Ersatzgröße zu finden, die das Ergebnis der Wirkung aller vier Determinanten ist und darüber hinaus leicht gemessen werden kann. Eine solche Größe ist der **Marktanteil**. Er spiegelt die Stärken und Schwächen des Unternehmens in bezug auf die Produktposition, die Produktionsstruktur, das Personalpotential und die finanzielle Situation recht gut wider, vor allem wenn der Marktanteil in Beziehung gesetzt wird zu den Marktanteilen der stärksten Mitbewerber. Es muß aber hier darauf hingewiesen werden, daß eine solche Komprimierung der vielfältigen Einflüsse auf eine einzige Maßzahl zwar einfach zu bewerkstelligen ist, jedoch den Nachteil aufweist, daß wertvolle Informationen verlorengehen. Hier muß also zwischen Einfachheit und Genauigkeit der Analyse abgewogen werden.

In der Unternehmenspraxis hat sich der Marktanteil als charakteristische Größe des relativen Wettbewerbsvorteils - u.U. ergänzt durch die Kapital-Rentabilität - jedoch weitgehend durchgesetzt.

IV. Darstellung der strategischen Position in der Portfolio-Matrix

a) Die Portfolio - Matrix

Marktattraktivität und relativer Wettbewerbsvorteil bestimmen zusammen die strategische Position eines Unternehmens bzw. einer strategischen Geschäftseinheit. Zur Veranschaulichung dieses Zusammenhangs haben die Beratungsfirmen Boston Consulting Group und McKinsey ein Schema entwickelt, das als **Portfolio-Matrix** bekannt wurde und auch in die Literatur Eingang gefunden hat (Hinterhuber, Unternehmungsführung, Bd. I, 1996, S. 146 ff., Kreikebaum, Unternehmensplanung 1989, S. 85 ff., Albach, Unternehmensplanung 1978, S. 705 ff.).

Die Messung beider Faktoren erfolgt zumeist qualitativ mit den Ausprägungen "niedrig", "mittel" und "hoch", so daß durch Kombination der möglichen Ausprägungen beider Faktoren eine 3 x 3-Matrix mit neun Feldern entsteht, wie Abb. 3 zeigt.

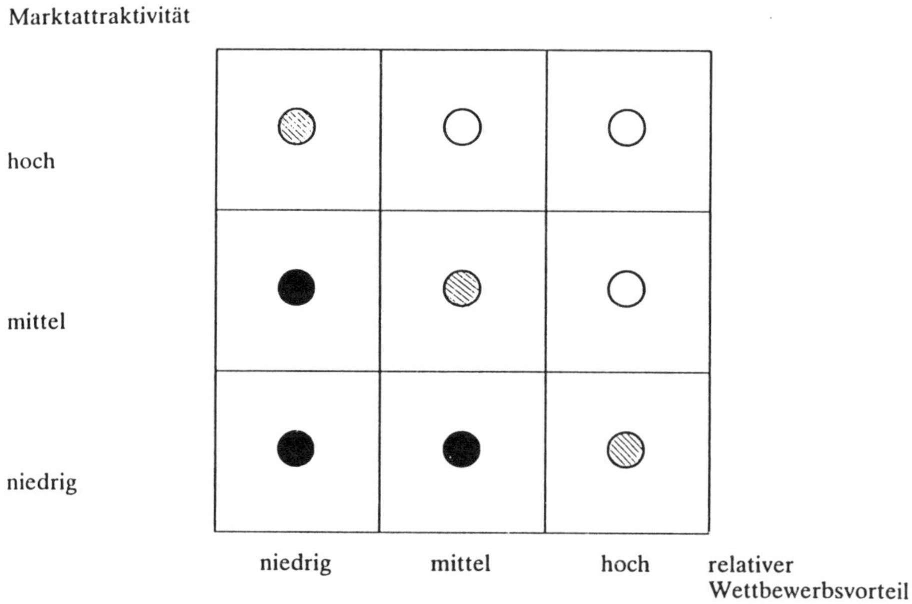

Abb. 3 Portfolio-Matrix

Jede strategische Geschäftseinheit des Unternehmens wird nun in bezug auf die Marktattraktivität und den relativen Wettbewerbsvorteil bewertet und je nach Ergebnis in eines der neun Felder der Portfolio-Matrix eingetragen.

b) Die Analyse der Matrix-Elemente

Angenommen, eine strategische Geschäftseinheit weist sowohl eine hohe Marktattraktivität (z.B. durch starkes Marktwachstum hervorgerufen) als auch einen hohen relativen Wettbewerbsvorteil (gemessen am Marktanteil und an der erzielbaren Rentabilität) auf. Ihr Platz ist dann oben rechts im idealen Feld der Matrix.

Aus dieser Situation ergibt sich eine mögliche **Strategie** für diese Geschäftseinheit: Sie ist offensichtlich Marktführer in einem wachsenden Markt. Diese Stellung sollte ausgebaut oder zumindest gehalten werden. Eine solche Strategie erfordert die **Investition** zusätzlicher finanzieller Mittel, um das weitere Wachstum zu ermöglichen. Man spricht daher auch von einer **Investitions- und Wachstumsstrategie.** Trotz des infolge der Investitionsausgaben kurzfristig ungünstigen Cash-flows ist die Strategie sinnvoll, da die Geschäftseinheit langfristig erheblich zum Gewinn der gesamten Unternehmung beitragen kann.

Eine gegensätzliche Beurteilung erhält eine strategische Geschäftseinheit, die im linken unteren Feld der Matrix plaziert ist. Da sie in einem stagnierenden oder gar schrumpfenden Markt einen niedrigen Wettbewerbsvorteil aufweist, sind die langfristigen Aussichten negativ. Falls der Cash Flow kurzfristig noch positiv ist, sollten die Gewinne abgeschöpft werden. Im übrigen bietet sich eine Desinvestition dieser strategischen Geschäftseinheit an. Es wird also eine **Abschöpfungs-** bzw. **Desinvestitionsstrategie** angewandt.

Kurz gefaßt kann man sagen, daß die Investitions- und Wachstumsstrategien für die strategischen Geschäftseinheiten in Frage kommen, die in den Feldern mit weißen Kreisen (Abb. 3) plaziert sind, während sich die Abschöpfungs- und Desinvestitionsstrategien für die Felder mit schwarzen Kreisen empfehlen.

In der Diagonale von Abb. 3 (schraffierte Kreise) liegen die nicht eindeutig zuzuordnenden Geschäftseinheiten, für die bestimmte selektive Strategien (Hinterhuber, Unternehmungsführung, Bd. I, 1996, S. 166 ff.) zweckmäßig sind. Wir betrachten sie anhand Abb. 4.

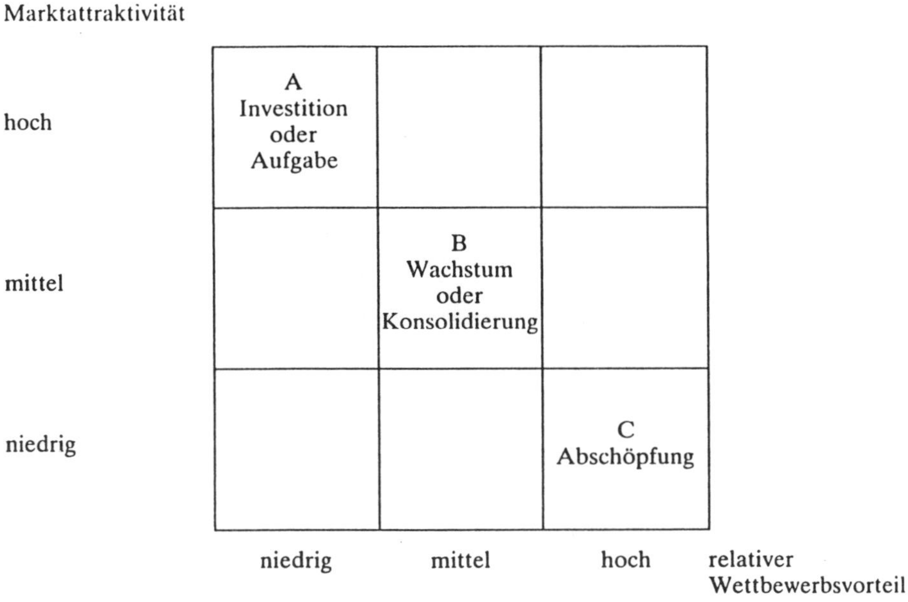

Abb. 4 Diagonalfelder der Portfolio-Matrix

Hat eine Geschäftseinheit einen niedrigen Marktanteil in einem wachsenden Markt (Feld A), so muß man überlegen, ob mit zusätzlichen Investitionen der Wettbewerbsvorteil erhöht werden kann oder ob solche Investitionen die Finanzkraft des Unternehmens im Hinblick auf andere Geschäftseinheiten zu stark belasten. Je nach Ergebnis der Analyse kann die Strategie eine Investitions- oder eine Desinvestitionsstrategie sein.

Bei hohem Wettbewerbsvorteil und niedriger Marktattraktivität (Feld C) lohnen sich keine großen Investitionen, da der Markt nicht mehr wächst. Hier sollte versucht werden, den gegenwärtigen Gewinn möglichst noch einige Zeit aufrechtzuerhalten und den Wettbewerbsvorteil abzuschöpfen.

Das mittlere Feld B ermöglicht eine Wachstumsstrategie, falls die Marktattraktivität als ausreichend angesehen wird, im anderen Fall ist eine Konsolidierung des gegenwärtigen Zustands mit Abschöpfung der investierten Mittel vorzuziehen.

Die selektiven Strategien der Hauptdiagonale können sehr unterschiedlich sein und bedürfen einer sehr subtilen Analyse. In Abb. 3 sind sie jedoch einheitlich schraffiert eingezeichnet, um sie von den anderen beiden Hauptstrategien abzugrenzen.

Die Portfolio-Matrix läßt sich weiter verfeinern (z.B. auf 16 oder 25 Elemente erweitern), doch hat dies den Nachteil, daß die Übersichtlichkeit leidet und die definitorische Abgrenzung der Felder und der zugehörigen Strategien schwierig wird. Darüber hinaus gelingt es häufig nicht, Marktattraktivität und Wettbewerbsvorteil so genau zu beurteilen, wie es eine verfeinerte Matrix erfordern würde.

V. Die strategische Erfolgsanalyse

Bisher haben wir die Wirkung der strategischen Einflußfaktoren auf die wirtschaftliche Situation eines Unternehmens nur auf theoretischer Basis untersucht. Es fehlt noch eine empirische Untermauerung der gezeigten Zusammenhänge in einem quantitativen Modell.

Anfang der 60er Jahre entwickelte General Electric ein Konzept, das statistisch signifikante Aussagen über die Wirkung strategischer Faktoren auf den Geschäftserfolg ihrer strategischen Geschäftseinheiten erlauben sollte. In Kooperation mit anderen Unternehmen und der Harvard Business School entstand daraus das PIMS-Programm als eine Methode der strategischen Erfolgsanalyse.

a) Das PIMS-Programm

PIMS bedeutet **Profit Impact of Market Strategies** und wird seit 1975 vom Strategic Planning Institute in Cambridge/Mass. betreut. Kernstück des Programms ist eine **Datenbank**, die wirtschaftliche Informationen wie Marktanteil, Produktionsstruktur und Bilanzdaten von mehr als 450 Unternehmen mit knapp 3000 strategischen Geschäftseinheiten aus Nordamerika, Europa und Ostasien enthält (Buzzell/Gale, PIMS 1989, S. 3).

Ziel des Programms ist es, mit Hilfe der multiplen **Regressionsanalyse** theoretisch vermutete Beziehungen zwischen strategischen Faktoren und dem wirtschaftlichen Erfolg der in der Datenbank gespeicherten strategischen Geschäftseinheiten **statistisch** abzusichern, was bei der Größe der Datenbank erreichbar erscheint.

Als Kennziffer für den strategischen Erfolg einer Geschäftseinheit wird im PIMS-Programm der

Return on Investment (ROI),

also der Gewinn vor Steuern und Abzug von Zinsaufwand, bezogen auf das durchschnittlich in der Geschäftseinheit gebundene Kapital, herangezogen.

Diese Größe ist zwar als Maßstab der langfristigen wirtschaftlichen Überlebensfähigkeit eines Unternehmens umstritten, da sie von steuerlichen Gesichtspunkten (z.B. Abschreibungsmethoden, Rückstellungen usw.) beeinflußt wird und als Prozentzahl nicht unbedingt die wirtschaftliche Kraft eines Unternehmens so widerspiegelt wie beispielsweise der Cash-flow, aber sie hat sich doch als aussagefähigste "Ersatzgröße" erwiesen, die insbesondere die Variabilität des Kapitals auf längere Sicht berücksichtigt.

Es können an dieser Stelle nur die wichtigsten Ergebnisse des PIMS-Programms wiedergegeben werden (zu Einzelheiten vgl. Buzzell/Gale, PIMS 1989, S. 47 ff.). Als **Schlüsselfaktoren** für den strategischen Erfolg einer Geschäftseinheit stellten sich u.a. folgende heraus

1. Marktattraktivitäts-Faktoren

- Reales Marktwachstum (inflationsbereinigt),
- Lebenszyklus-Position des Produktfeldes,
- Marktkonzentration (Zahl der Wettbewerber),
- Inflationsrate.

2. Faktoren der Wettbewerbsposition

- Marktanteil,
- Produktqualität,
- Produktinnovationen,
- Arbeitsproduktivität,
- Kapazitätsauslastung.

Die Wettbewerbsfaktoren wurden dabei **relativ** zu den stärksten Konkurrenten gemessen. Die obige Aufstellung zeigt, daß die in der Theorie der strategischen Planung herausgearbeiteten und der Portfolio-Matrix zugrunde liegenden Faktoren der Marktattraktivität und der Wettbewerbsposition auch **empirisch-statistisch** als Einflußfaktoren des Return on Investment (ROI) bestätigt worden sind. Daher erscheint es gerechtfertigt, diese Faktoren in den Kapiteln 4 und 5 des vorliegenden Buches als Bausteine des strategischen Managements zu verwenden.

Um die Beziehungen zwischen dem ROI und den wichtigsten strategischen Schlüsselfaktoren zu veranschaulichen, seien im folgenden einige Ergebnisse graphisch dargestellt. Eine dominierende Größe ist der **Marktanteil**, sowohl absolut als auch relativ, wie aus Abb. 5 (S. 42) hervorgeht.

In der Sprache der Regressionsanalyse bedeutet dieses Ergebnis, daß der ROI mit dem Marktanteil **positiv korreliert**, also ein statistisch signifikanter linearer Zusammenhang zwischen beiden Größen besteht.

Der Marktanteil seinerseits wird maßgeblich durch die **Produktqualität** und die **Arbeitsproduktivität (Wertschöpfung/Arbeitnehmer)** bestimmt. Wie die beiden Abbildungen 6 (S. 42) und 7 (S. 43) zeigen, schlägt die positive Korrelation auch auf den ROI durch.

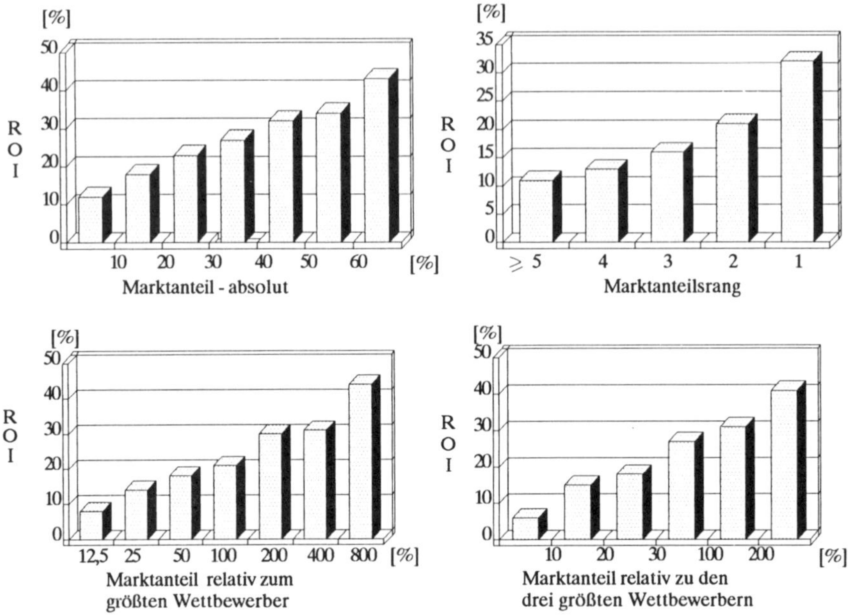

Abb. 5 Beziehungen zwischen ROI und Marktanteil
Quelle: Buzzell/Gale, PIMS 1989, S. 82

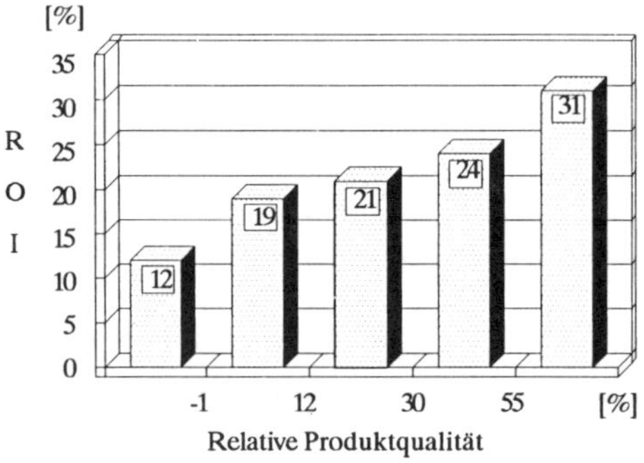

Abb. 6 ROI und relative Produktqualität
Quelle: Luchs/Müller, PIMS 1985, S. 86

Die relativ schwierig zu messende Produktqualität wird im PIMS-Programm durch ein **Scoring-Modell**[6] bestimmt, in dem alle wichtigen Produkteigenschaften wie Funktionalität, Design, Verpackung, Produktimage usw. im einzelnen bewertet und mit relativen Gewichten versehen werden. Die Summe der gewogenen Werte ergibt die Produktqualität. Die in Abbildung 6 auf der Abszisse abgetragenen Werte

---

6 Zur Vorgehensweise in einem Scoring-Modell vgl. die ausführlichen Beispiele im 4. und 5. Kapitel auf S. 76 f. und 92 ff.

sind dabei wie folgt zu verstehen: Prozentsatz von Umsätzen, die man mit Produkten erzielt, die der Konkurrenz qualitativ überlegen sind, abzüglich des Prozentsatzes der Produkte, die der Konkurrenz unterlegen sind (vgl. Luchs/Müller, PIMS 1985, S. 85).

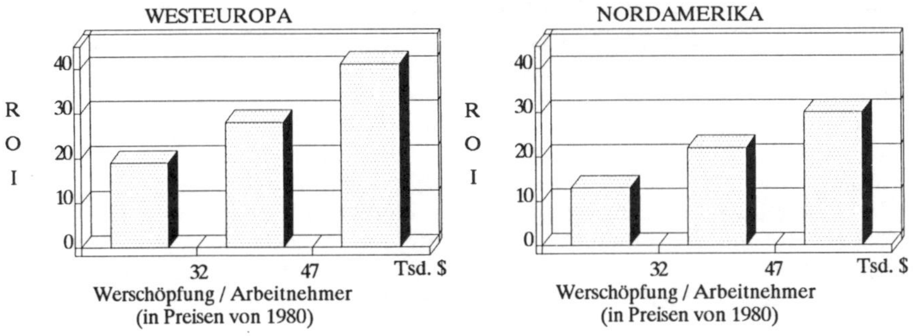

Abb. 7 ROI und Wertschöpfung pro Arbeitnehmer
Quelle: Luchs/Müller, PIMS 1985, S. 89

b) Kritik am PIMS-Konzept

Die Ergebnisse des PIMS-Programms sind von verschiedenen Seiten in Zweifel gezogen worden (vgl. besonders Venohr, Marktgesetze 1988, und Zäpfel, Strategisches Produktions-Management 1989, S. 59 f.). Die Kritik richtet sich vor allem gegen

- die Durchschnittsbildung über Sektoren und Branchen,
- die Regressionsanalyse als Methode und
- die Ergebnisse des spezifischen Regressionsmodells.

Im Hinblick auf die Durchschnittsbildung wird argumentiert, daß die Sektoren und Branchen einer Volkswirtschaft zu unterschiedlich strukturiert sind und dadurch die Ergebnisse verfälscht werden. Demgegenüber weisen jedoch die PIMS-Bearbeiter darauf hin, daß die gezeigten Korrelationen auch für die einzelnen Branchen tendenziell nachgewiesen seien.

Schwerwiegender ist der Einwand bezüglich der Regressionsanalyse und der Ergebnisse der Regression. Die PIMS-Regressionsanalyse kann nur einen **linearen** Zusammenhang zwischen Faktoren aufdecken, der noch nicht einmal **kausal** zu sein braucht (Hansmann, Prognoseverfahren 1983, S. 125 ff.). Nicht-lineare Beziehungen sind mit einem linearen Modell nicht aufzuspüren.

Auch das Problem der **Multikollinearität**, d.h. eine hohe Korrelation zwischen erklärenden Faktoren, die die Regressionsergebnisse verfälschen kann (Hansmann, Prognoseverfahren 1983, S. 135), wird nicht angesprochen. Schließlich hat das globale PIMS-Regressionsmodell mit 50 Faktoren nur ein Bestimmtheitsmaß von 0,7 (Venohr, Marktgesetze 1988, S. 231), was bedeutet, daß nur 70 % der Schwankungen des ROI durch die 50 strategischen Faktoren erklärt werden. Bei einer so großen Zahl von Faktoren erwartet man jedoch ein höheres Bestimmtheitsmaß, es sei denn, der Einfluß vieler Variablen überlappt sich infolge der Multikollinearität.

Solange das Strategic Planning Institute die statistischen Gütemaße des angewendeten Regressionsmodells und alle Ergebnisse nicht umfassend veröffentlicht, lassen sich diese Kritikpunkte nicht befriedigend widerlegen. Man kann jedoch folgende vorläufige Schlußfolgerung ziehen:

- Die Ergebnisse des PIMS-Programms beruhen auf einer breit über viele Branchen gestreuten **umfangreichen Datenbasis** und sind daher als geeignet für allgemeine Aussagen anzusehen.
- Die Signifikanz des Einflusses der einzelnen strategischen Schlüsselfaktoren auf den ROI ist nicht immer überzeugend nachgewiesen, da Aussagen über bestimmte statistische Implikationen fehlen. Trotzdem kann man davon ausgehen, daß die aufgedeckten Beziehungen zumindest der **Tendenz** nach richtig sind, was für strategische Überlegungen schon sehr hilfreich ist.
- Die **Kausalität** der Beziehungen kann nicht mit einem Regressionsmodell, sondern nur aufgrund theoretischer Überlegungen nachgewiesen werden. Insoweit dient das PIMS-Programm nur dazu, festzustellen, daß die von der betriebswirtschaftlichen Theorie erarbeiteten Kausalbeziehungen zwischen den strategischen Schlüsselfaktoren mit der Wirklichkeit konsistent sind und dadurch ein höherer Anwendungsbezug erreicht wird als ohne diese empirische Untermauerung.

Die Ergebnisse des PIMS-Programms werden daher für das in diesem Buch entwickelte Konzept des strategischen Managements als Bausteine verwendet.

VI. Definition der Hauptstrategien

Nach der Bestimmung der strategischen Einflußfaktoren und der strategischen Erfolgsanalyse muß die strategische Unternehmensplanung im letzten Schritt Strategien definieren, mit deren Hilfe das Unternehmensziel erreicht werden kann. In Literatur und betrieblicher Praxis haben sich zwei Typen von Strategien herausgebildet, die auf unterschiedlichem theoretischen Niveau angesiedelt sind, jedoch allgemein angewendet werden können.

a) Normstrategien

Dieser Strategientyp umfaßt die bereits bei der Behandlung der Portfolio-Matrix im Abschnitt IV. S. 38 ff. angesprochenen

- Investitions- und Wachstumsstrategien,
- Abschöpfungs- bzw. Desinvestitionsstrategien sowie die
- selektiven Strategien.

Sie weisen den Nachteil auf, sehr allgemein und abstrakt formuliert zu sein und geben keine konkreten Hinweise, mit welchen Mitteln das angestrebte Ziel, z.B. Wachstum der strategischen Geschäftseinheit, überhaupt zu erreichen ist. Sie sind daher nur als sehr grobe Anhaltspunkte für die allgemeine Richtung, in die das Unternehmen gesteuert werden soll, anzusehen.

b) Wettbewerbsstrategien

Strategien dieses Typs befinden sich auf einem niedrigeren Abstraktionsniveau und lassen erkennen, mit welchen Instrumenten ein strategisches Ziel erreicht werden soll. Die gebräuchlichsten Wettbewerbsstrategien sind (Porter, Competitive Strategy 1980)

- Kosten- bzw. **Preisführerschaft**,
- **Differenzierung** bezüglich der Konkurrenz,
- Besetzung von **Marktnischen**.

Mit Hilfe der **Kostenführerschaft** kann ein Unternehmen versuchen, einen Wettbewerbsvorteil durch niedrigere Kosten als die Konkurrenz zu erzielen, der sich bei entsprechender Preisgestaltung zu einer Erhöhung des Marktanteils ausnutzen läßt. Eine solche Strategie ist vor allem auf den Märkten angebracht, die sich durch **homogene** Produkte und einen lebhaften **Preiswettbewerb** auszeichnen.

Wege zur Kostenführerschaft sind

- automatisierte Fertigung (z.B. Fließfertigung),
- personalkostensenkende Technologien (z.B. CIM),
- Realisierung der Erfahrungskurve durch hohe Stückzahlen.

Die Theorie der **Erfahrungskurve** besagt, daß die Stückkosten mit jeder Verdoppelung der Ausbringungsmenge um einen bestimmten Prozentsatz sinken (Henderson, Erfahrungskurve 1984, S. 19), da die Produktionsfaktoren Arbeit, Betriebsmittel und Werkstoffe bei identischer Wiederholung des Fertigungsprozesses immer rationeller eingesetzt werden können. Wir werden auf die Erfahrungskurve und auf die anderen Wege zur Kostenführerschaft ausführlich im 5. Kapitel, S. 109 ff. eingehen, da dieser Problemkreis zu den strategischen Entscheidungen über die **Produktionstechnologie** gehört.

Die **Differenzierungsstrategie** baut auf der Erkenntnis auf, daß ein Unternehmen durch Einsatz seiner absatzpolitischen Instrumente

- Produktqualität,
- Distribution und
- Werbung

sein Produkt - falls der Markt genügend **heterogen** ist - von den Erzeugnissen seiner Konkurrenten vorteilhaft abheben kann. Gelingt dies in den Augen der Konsumenten, so ist das Unternehmen in der Lage, ein **Markenimage** aufzubauen, das es ihm erlaubt, stabile Kundenbeziehungen zu entwickeln und im Vergleich zur Konkurrenz **höhere Preise** durchzusetzen.

Solche Differenzierungsstrategien werden häufig von bestimmten Unternehmen auf heterogenen Oligopolmärkten angewendet, z.B. von der Daimler Benz AG auf dem Automobilmarkt, von IBM auf dem Computermarkt oder von den Marken-Mineralölgesellschaften auf dem Benzinmarkt. Auch die sog. "Premiumbiere", wie Warsteiner oder König Pilsener, können aufgrund ihres Markenimages höhere Preise erzielen als normale Pils-Biere. Ihre Differenzierungsstrategie beruht im wesentlichen auf der Produktqualität ihrer Komponenten Wasser, Hopfen und Malz, einer geschickten Distribution (Vertriebskanäle) und einer adäquaten Werbung.

Da Unternehmen mit dieser Strategie das besondere Niveau ihrer Produktqualität häufig mit höheren Kosten bezahlen müssen, gehen sie einmal das Risiko ein, daß der Preisabstand zu **Billiganbietern** in den Augen der Kunden zu groß wird und sie aufgrund ihrer höheren Kosten preispolitisch nicht reagieren können, oder es gelingt **Nachahmern**, die wesentlichen Eigenschaften des hochpreisigen Produkts mit geringeren Kosten zu reproduzieren und damit die Markentreue der Kunden zu unterlaufen. Dies geschah auf dem PC-Markt durch die Anbieter von "IBM kompatiblen" Personalcomputern aus dem fernen Osten, die dem Marktführer IBM durch großen Preisabstand eine erhebliche Zahl von Kunden abgeworben haben und ihn zu großen Preiszugeständnissen zwangen. Es ist also unbedingt nötig, das Markenimage bzw. den Qualitätsvorsprung der eigenen Produkte ständig durch den geschickten Einsatz der absatzpolitischen Instrumente Produktqualität, Werbung und Distribution zu erneuern und zu vertiefen.

Der dritte Typus der Wettbewerbsstrategien ist die Besetzung von **Marktnischen**. Hier versucht die Unternehmung oder strategische Geschäftseinheit, sich in einem Markt, der aus mehreren Käuferschichten besteht, auf ein Marktsegment zu konzentrieren und auf die Wünsche dieser Käuferschaft zu **spezialisieren**. Beispiele hierfür sind Weingüter, die nur die gehobene Gastronomie beliefern, oder kleinere Software-Häuser, die bestimmte Programme zur Produktionsplanung und -steuerung entwickeln, die über den Rahmen der Standardsoftware hinausgehen und spezifische Eigenheiten eines Kunden berücksichtigen.

Die Besetzung von Marktnischen kann sowohl über die Produktqualität als auch über eine Kosten- bzw. Preisführerschaft angestrebt werden, die hier jedoch nur für das entsprechende Marktsegment gilt. Durch Konzentration der Produktion auf wenige Varianten, die nicht für alle Nachfrager interessant sind, können erhebliche Kostenvorteile gegenüber den Konkurrenten erzielt werden, die den gesamten Markt mit einer Vielfalt von Produkten abdecken.

Das Risiko der Marktnischen-Strategie liegt vor allem in einer Verwischung der Marktsegmente durch Nachfrageverschiebung, so daß eine klare Trennung der Nischen nicht mehr möglich ist. In einem solchen Fall verliert das auf Nischen spezialisierte Unternehmen seinen Vorsprung gegenüber der Konkurrenz auf dem Gesamtmarkt.

Nach der Definition der Hauptstrategien können wir nunmehr die strategischen Entscheidungen eines Industriebetriebs, die in diesem Lehrbuch detailliert behandelt werden, näher beschreiben.

Ausgehend von den beiden Koordinaten der Portfolio-Matrix (Markt- bzw. Produktfeldattraktivität und relativer Wettbewerbsvorteil), befaßt sich das 4. Kapitel des Lehrbuchs mit den strategischen **Markt- und Produktionsprogrammentscheidungen**, die in jedem Industriebetrieb getroffen werden müssen und folgende Komplexe umfassen:

- das **realisierte** Produktionsprogramm (Wettbewerbsposition, Lebenszyklusphase und langfristige Absatzchancen der eigenen Produkte),
- die **Produktinnovationen** (Neuproduktideen, Forschung und Entwicklung, Marktdurchdringung, Produktdiversifikation).

Da der relative Wettbewerbsvorteil des eigenen Unternehmens darüber hinaus von seiner **Kostensituation** abhängt, werden im 5. Kapitel des Lehrbuchs die die Kosten determinierenden **strategischen Investitionsentscheidungen** behandelt, die sich auf die Komplexe "Standort", "Produktionsverfahren" und "neue Technologien" erstrecken und erst die Realisierung der Produktionsprogrammentscheidungen ermöglichen.

4. Kapitel: Strategische Planung des Produktionsprogramms

A. Die Analyse des realisierten Produktionsprogramms

Jede strategische Entscheidung über das Produktionsprogramm eines bestehenden Industriebetriebs nimmt seinen Anfang bei den Produktfeldern, auf denen der Betrieb gegenwärtig tätig ist. Die zukünftigen Absatzchancen und Gewinnpotentiale der eigenen Produkte sind der erste Gegenstand der Analyse.

Um eine fundierte strategische Entscheidung über ein Produktfeld einer strategischen Geschäftseinheit treffen zu können, müssen folgende Problemkomplexe untersucht werden:

1. Die **Wettbewerbsposition** der Produkte des Feldes,
2. die Phase des **Lebenszyklus**, in dem sich die Produkte des Feldes befinden,
3. das langfristige **Absatz**- und **Gewinnpotential** des Produktfeldes.

Nur bei Kenntnis dieser Sachverhalte kann entschieden werden, ob die Aktivitäten in diesem Produktfeld zu verstärken sind oder ob das Produktfeld eventuell aufgegeben werden sollte.

I. Markt- und Wettbewerbsposition der eigenen Produkte

Bevor eine Prognose über die Entwicklung der eigenen Produkte im Lebenszyklus und über die langfristigen Aussichten des Produktfeldes erstellt wird, ist zunächst eine Analyse der gegenwärtigen Wettbewerbsposition angebracht.

Hierbei ist zu untersuchen, wie das Produkt von den Abnehmern beurteilt und seine Position im Verhältnis zu den Konkurrenzprodukten eingeschätzt wird.

a) Produktbeurteilung durch die Käufer

Ein Käufer kauft ein Produkt, weil es ihm einen bestimmten **Nutzen** verspricht. Dieser Nutzen kann in verschiedene Nutzenkategorien aufgespalten werden (vgl. Böcker, Marketing 1994, S. 203):

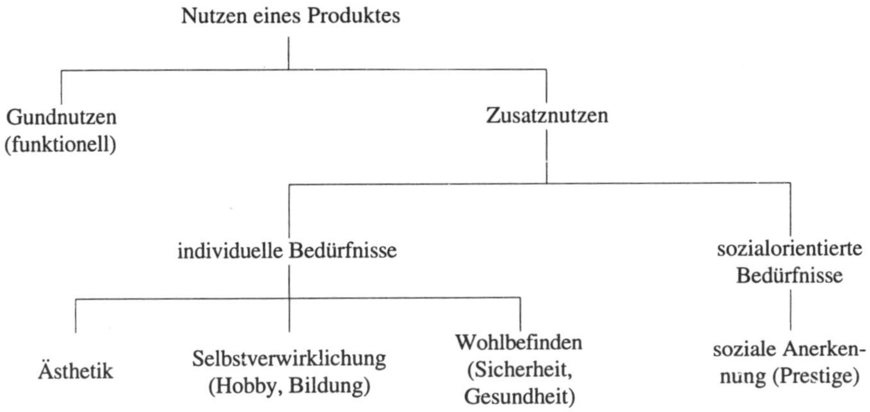

Abb. 8 Nutzenkategorien

Bei den heute am Markt angebotenen Produkten ist der funktionelle Nutzen und hier besonders das technische Niveau der meisten Konkurrenzprodukte sehr ähnlich (z.B. bei Waschmaschinen), so daß den Kategorien des Zusatznutzens immer größere Bedeutung zukommt. Die Industrie paßt sich dieser Entwicklung mit der besonderen Betonung der Aufmachung (Styling, Verpackung) und den sog. "Extras" (z.B. Metallic-Lackierung von Pkw) an, die insbesondere ästhetische und sozialorientierte Bedürfnisse befriedigen sollen.

In die Produktbeurteilung der Käufer gehen die Nutzenkategorien meist nicht getrennt ein, sondern es ergibt sich ein summarischer Wert, der Ausdruck für den Gesamtnutzen des Produktes ist. Durch eine Befragung lassen sich jedoch die einzelnen für den Verkaufserfolg des Produktes wichtigen Nutzen-Komponenten ermitteln und in einem **Nutzenprofil** zusammenfassen. Abb. 9 zeigt die Nutzenbeurteilung eines Fertiggerichts (Böcker, Marketing 1994, S. 204).

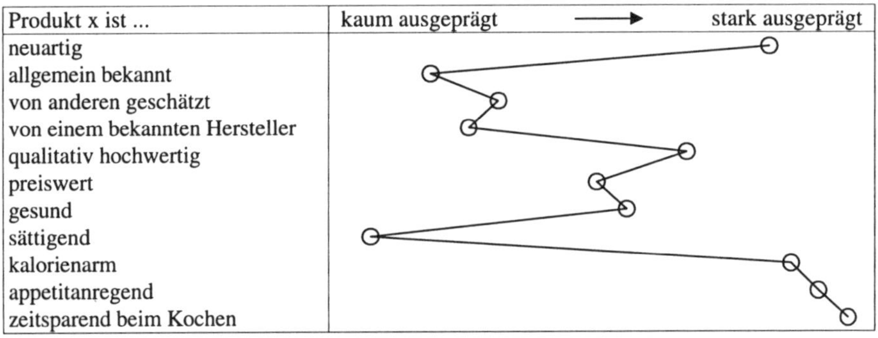

Abb. 9 Nutzenbeurteilung eines Fertiggerichts

Aus dem Nutzenprofil geht hervor, daß es sich um ein neuartiges Produkt handelt, das als qualitativ hochwertig, aber nicht gerade preiswert, vor allem aber als kalorienarm und appetitanregend angesehen wird und beim Kochen wenig Zeit erfordert.

Die Kenntnis einer solchen Produktbeurteilung ist für den Industriebetrieb sehr wichtig, da sie für die Produktgestaltung wesentliche Anhaltspunkte liefert. Eine Beurteilung der Wettbewerbsposition erfordert aber darüber hinaus einen Vergleich mit Konkurrenzprodukten.

Man könnte nun für alle Konkurrenzprodukte ebenfalls Nutzenprofile erstellen und sie in Abb. 9 einzeichnen. Durch die sich überschneidenden Linien wird jedoch die Übersichtlichkeit so stark gemindert, daß wir ein anderes Verfahren bevorzugen wollen: die Positionierung aller zu beurteilenden Konkurrenzprodukte in einem zweidimensionalen Raum mit Hilfe der multidimensionalen Skalierung.

b) Produktpositionierung im Umfeld der Konkurrenzprodukte

Das Verfahren der multidimensionalen Skalierung (MDS) kann in diesem Lehrbuch nicht explizit erläutert, sondern nur in seinen Grundzügen behandelt werden. Eine ausführliche Darstellung mit einem Anwendungsbeispiel findet sich in (Hansmann/Paetow/Zetsche, Multi-Dimensionale Skalierung 1983).

Grundlage der Produktpositionierung ist eine Befragung der Käufer über die **Ähnlichkeit** der einzelnen Konkurrenzprodukte. In solchen Ähnlichkeitsurteilen spiegeln sich die relativen Nutzen, die die Produkte den Käufern stiften, wider.

In einer empirischen - in Norddeutschland durchgeführten - Untersuchung über neun bekannte Biermarken hat der Verfasser solche Ähnlichkeitsurteile erhoben (Hansmann, Multivariate Analysemethoden 1982). Das Befragungsschema sah folgendermaßen aus (auszugsweise für drei Biermarken):

Frage: "Wie ähnlich sind Ihrer Ansicht nach die Biermarken"

		vollkommen unähnlich						vollkommen ähnlich
Pilsener Urquell	-Jever							
Pilsener Urquell	-Becks							
Jever	-Becks	1	2	3	4	5	6	7

Die $\binom{9}{2} = 36$ Ähnlichkeitsurteile über neun Biermarken ergeben ein Beziehungssystem, das geometrisch abgebildet werden kann. In unserem Fall gelang es, die Ähnlichkeitsbeziehungen im zweidimensionalen Raum befriedigend abzubilden. Abb. 10 (S. 50) zeigt die Positionierung der neun Biermarken.

Aus der Abbildung wird die besondere Ähnlichkeit zwischen Pilsener Urqell und König Pilsener sowie zwischen Astra Urtyp und Holsten Edel deutlich. Zur weiteren Analyse der Produktpositionierung fehlt jedoch noch eine inhaltliche Interpretation der Koordinatenachsen. Sie läßt sich durch eine zweite Untersuchung erreichen, in der die Nutzenkomponenten jeder Biermarke erhoben werden.

In unserer Erhebung wurden folgende sieben Nutzenkomponenten von der Käufer-Stichprobe beurteilt:

1. Geschmack (Würze, Frische, Herbheit)
2. Bekömmlichkeit
3. Aussehen des Bieres (Farbe, Klarheit, Blume)
4. Aufmachung (Flaschenform, -größe, -farbe, Etikett)
5. Preis-Qualitäts-Verhältnis
6. Angebot im Handel (Beschaffungsmöglichkeiten)
7. Werbung für die Biermarke

Diese sieben Nutzenkomponenten konstituieren - wie eine faktoranalytische Studie des Verfassers gezeigt hat - den Gesamtnutzen des Produktes "Bier".

Man kann nun diese Nutzenkomponenten mit den Produktpositionen der Abb. 10 über ein Regressionsmodell in Beziehung setzen (Hansmann/Paetow/Zetsche, Multi-Dimensionale Skalierung 1983, S. 112 f.). Als Ergebnis erhält man zweidimensionale Vektoren der Nutzenkomponenten, die mit den ursprünglichen Nutzenurteilen der Käufer am höchsten korreliert sind. In Abb. 11 sind diese Nutzenvektoren, die auch als **Eigenschaftsvektoren** bezeichnet werden, zusammen mit den Biermarkenpositionen eingezeichnet.

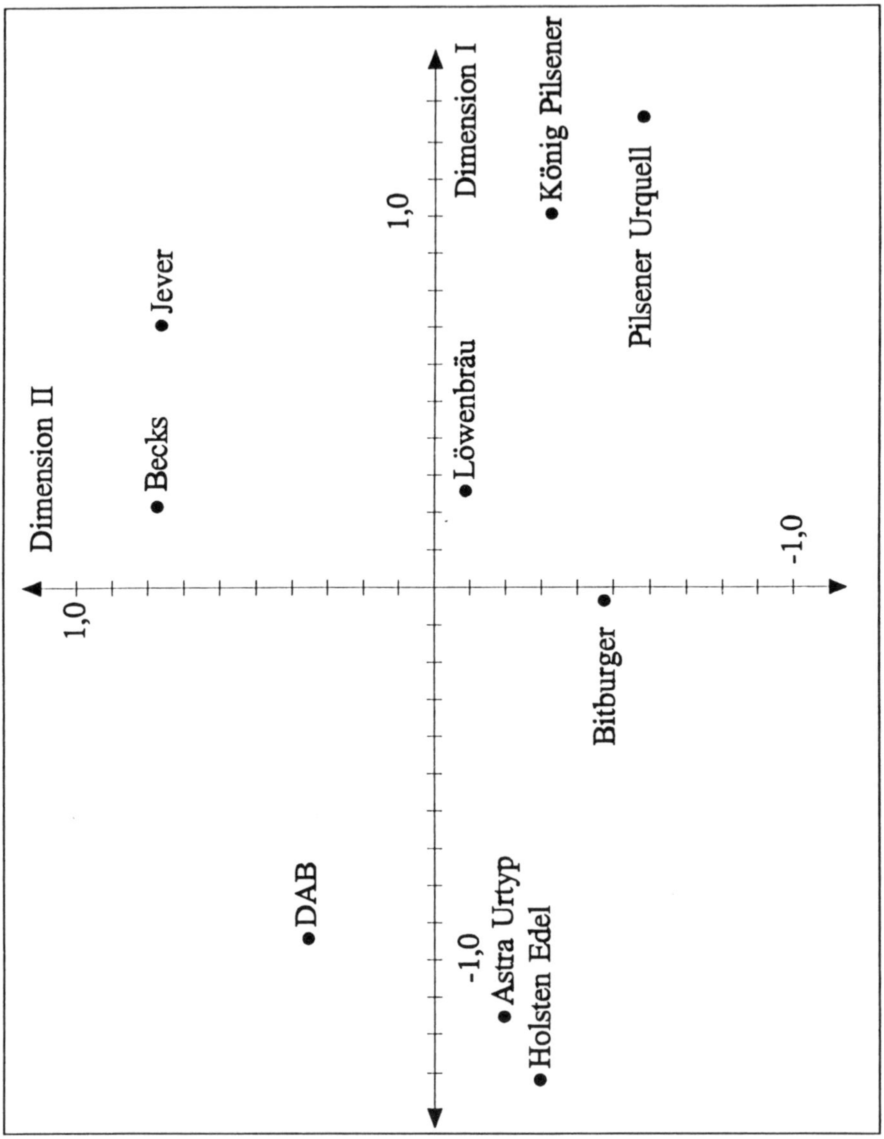

Abb. 10 Positionierung von neun Biermarken im zweidimensionalen Raum
Quelle: Hansmann, Multivariate Analysemethoden 1982, S. 317

Die Eigenschaftsvektoren geben die Richtung im zweidimensionalen Raum an, in der die entsprechende Eigenschaft stärker ausgeprägt ist. So verläuft z.B. der Vektor "Geschmack" fast parallel zur Achse der Dimension I. Bewegt man sich also in Abb.11 von links nach rechts, werden die Biermarken "geschmackvoller".

Pilsener Urquell wird somit in bezug auf den **Geschmack** und seine Komponenten Würze, Frische und Herbheit allen anderen Biermarken vorgezogen, hingegen bei den **Beschaffungsmöglichkeiten** am ungünstigsten beurteilt, da der zugehörige Vektor nach links oben zeigt.

Die Eigenschaftsvektoren dienen nun dazu, eine inhaltliche Interpretation der Koordinatenachsen vorzunehmen. Abb. 11 zeigt, daß dies für die Abszisse (Dimension I) relativ gut gelingt, da die Richtungen der Vektoren Geschmack, Be-

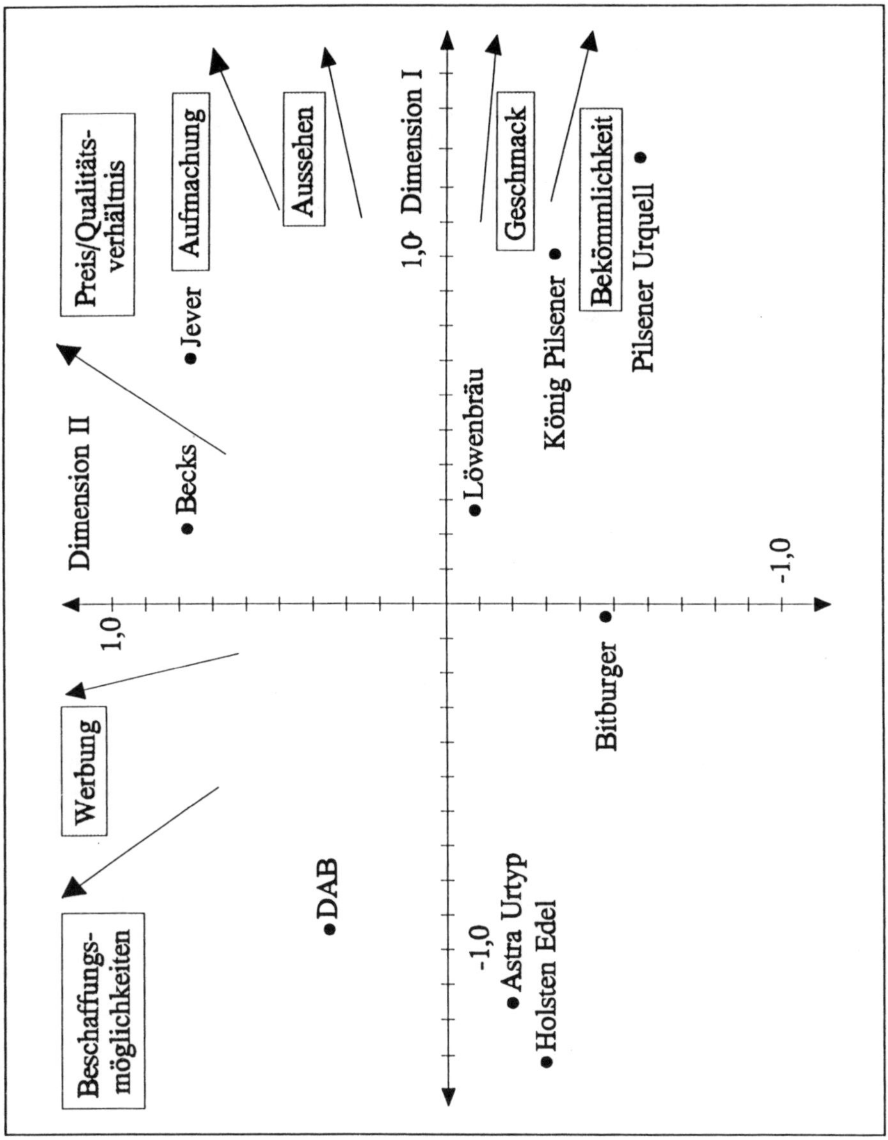

Abb. 11 Biermarken-Positionen und Nutzenkomponenten (Eigenschaften)

kömmlichkeit, Aussehen und Aufmachung nur wenig um die Achse streuen und sich zu einem Eigenschaftsbündel zusammenfassen lassen. Die Dimension I mißt demnach die "geschmackliche und visuelle Produktqualität" der einzelnen Biermarken. Demgegenüber streuen die Richtungen der Vektoren Beschaffungsmöglichkeiten, Werbung und Preis-Qualitäts-Verhältnis stärker um die Ordinate (Dimension II), so daß eine inhaltliche Interpretation schwieriger ist. Die Dimension II mißt wahrscheinlich die Wirkungen der absatzpolitischen Instrumente Preis, Distribution und Werbung auf die Verbraucher.

Man kann die Dimension II daher auch als "Marketing-Qualität" der Brauereien bezeichnen, die der Produktqualität im engeren Sinn gegenübersteht (Hansmann, Multivariate Analysemethoden 1982, S. 319). Offensichtlich besteht also auch bei Bier der Gesamtnutzen für den Verbraucher aus dem Grundnutzen (geschmackliche und visuelle Produktqualität) und einem Zusatznutzen, der durch das Marketing der Brauereien (Werbung, Preis, Distribution) beeinflußbar ist.

Die Biermarke, die den Vorstellungen und Wünschen der Bierkonsumenten am nächsten kommt, ist die Marke Jever, deren Position auch am weitesten nach rechts oben verschoben ist. Sie kann für die befragte Gruppe von Bierkonsumenten als Idealmarke angesehen werden.

Dieses empirische Beispiel soll zeigen, wie die Wettbewerbsposition eines Produktes dargestellt werden kann. Sie ergibt sich einmal aus der Entfernung zum Idealprodukt und zum anderen aus der Position der nächstliegenden Konkurrenzprodukte. Die beiden Hamburger Biere Holsten Edel und Astra Urtyp liegen sehr nahe beieinander, aber weit entfernt vom Idealprodukt.

Falls eine Änderung in der Produktqualität (in Richtung auf Würze und Herbheit) nicht möglich oder nicht durchsetzbar erscheint, können absatzpolitische Maßnahmen (Werbung und Preispolitik) eventuell eine Verbesserung des Markenimages ergeben und die Positionen nach oben verschieben.

Produktbeurteilung und Produktpositionierung sind somit wichtige Grundbausteine zur Analyse der **gegenwärtigen** Wettbewerbsposition der eigenen Produkte. Die **zukünftige** Wettbewerbsposition ist für strategische Produktionsprogrammentscheidungen jedoch genauso wichtig. Sie hängt in erster Linie von der Stellung des untersuchten Produktes in seinem Lebenszyklus ab.

II. Die Stellung der eigenen Produkte im Lebenszyklusprozeß

a) Das Lebenszyklus-Konzept

Jedes Produkt wird nur eine begrenzte Zeit vom Markt akzeptiert. Diese Zeitspanne, in der sich das Produkt am Markt befindet, nennt man seinen **Produktlebenszyklus** oder auch Produktlebenslauf.

Die Länge des Lebenszyklus variiert bei industriellen Produkten erheblich. Sie reicht von drei Jahren (z.B. Quarz-Armbanduhren mit LED-Anzeige[7]) bis über 50 Jahre (z.B. Coca-Cola).

Zur näheren Analyse hat es sich als zweckmäßig herausgestellt, den Lebenszyklus eines Produktes in die folgenden fünf Phasen einzuteilen (vgl. Abb. 12):

---

7 LED = **L**ight **E**mitting **D**iode

1. Die Einführungsphase

Sie beginnt mit der Einführung des Produktes auf dem Markt. Infolge der Kosten für die Einführungswerbung und den Aufbau der Verkaufsorganisation entstehen zunächst Anlaufverluste, die allmählich bei steigendem Bekanntheitsgrad durch Umsatzanstieg kompensiert werden. Die Phase endet mit dem Erreichen der Gewinnschwelle.

2. Die Wachstumsphase

Sie ist durch Umsatzanstieg mit wachsenden Zuwachsraten gekennzeichnet, der in erster Linie von der erfolgreichen Marktdurchdringung (Multiplikatoreffekt) und den beginnenden Wiederholungskäufen hervorgerufen wird. Die Phase endet, wenn der Umsatzanstieg schwächer wird (W_1 = Wendepunkt der Lebenszykluskurve in Abb. 12).

3. Die Reifephase

Der Anstieg des Umsatzes verlangsamt sich während dieser Phase, so daß eine zunehmende Marktsättigung für das Produkt sichtbar wird. Das Ende dieser Phase kann nur unscharf als "Tendenz zur Umsatzstagnation" definiert werden. Brockhoff (Produktpolitik 1993, S. 116) läßt die Phase ausklingen, wenn die Differenz vom Umsatzmaximum W_2 und dem tatsächlich erreichten Umsatz eine vorgegebene Größe δ unterschreitet (Abb. 12).

4. Die Sättigungsphase

Sie ist durch Umsatzstagnation auf hohem Niveau gekennzeichnet und enthält das Umsatzmaximum W_2. Die Phase ist beendet, wenn der Umsatz nachhaltig sinkt (Umsatzmaximum - tatsächlicher Umsatz > δ).

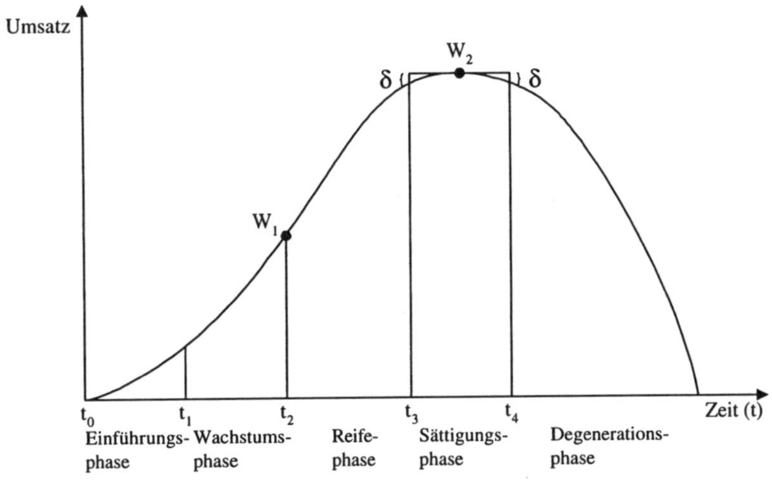

Abb. 12 Lebenszyklus eines idealtypischen Produktes

5. Die Degenerationsphase

Sie umfaßt die Zeitspanne bis zur Eliminierung des Produktes aus dem Produktionsprogramm.

Abb. 12 zeigt einen idealtypischen Produktionszyklus in der Form der zeitlichen Entwicklung des (inflationsbereinigten) Umsatzes. Es wäre ebenso zulässig, den Absatz des Produktes in ME (= Mengeneinheiten) als Variable zugrunde zu legen.

Kritisch zum Lebenszyklus-Konzept ist folgendes anzumerken:

- Die Vielfalt der Einflußfaktoren auf den Absatz eines Produktes wird auf eine Variable (die Zeit) reduziert. Die Analyse kann dadurch eventuell unzulässig vereinfacht werden.
- Die idealtypische Form der Abb. 12 trifft insbesondere in der Degenerationsphase nicht für alle Produkte zu. So gibt es Produkte (z.B. Coca-Cola oder Persil), die trotz langer Lebensdauer diese Phase noch nicht erreicht haben und andere (z.B. Fahrräder, Motorräder), die nach der Degenerationsphase eine neue Wachstumsphase durchlaufen. Außerdem ist das Ende der Lebenszykluskurve nicht immer in der Degenerationsphase, da aus langfristigen technologischen Erwägungen eine frühzeitige Elimination des Produktes und Substitution durch ein verbessertes Produkt angebracht sein kann.
- Das Ende der Einführungsphase kann nicht wie die anderen Phasenübergänge aus der Lebenszykluskurve direkt abgelesen werden. Man benötigt dazu außer der Umsatzkurve die Gewinnkurve, aus der die Gewinnschwelle entnommen werden muß. Durch diese Änderung der Betrachtungsebene wird die Einheitlichkeit des Konzepts etwas gestört.
- Der komplette Lebenszyklus liegt erst vor, wenn das Produkt bereits aus dem Markt ausgeschieden ist. Für noch existierende Produkte muß der zukünftige Teil des Lebenszyklus prognostiziert werden, ist also mit erheblichen Unsicherheiten behaftet. Wir kommen hierauf in Teil III dieses Kapitels (S. 62 ff.) ausführlich zurück.

Insgesamt kann gesagt werden, daß das Lebenszyklus-Konzept - vorsichtig angewandt - ein einfaches, aber doch brauchbares Instrument ist, um die zukünftigen Absatzchancen der eigenen Produkte zumindest qualitativ zu analysieren. Wir werden im folgenden die Anwendung des Konzeptes an zwei empirischen Absatzentwicklungen von Produkten demonstrieren.

b) Beispiele von Produktlebenszyklen

1. Die Absatzentwicklung des VW-Käfers 1945-1980

Ein gutes Beispiel für einen "idealtypischen" Lebenszyklus bietet die Zeitreihe "Käfer-Produktion des VW-Konzerns" von 1945 bis 1980 (Volkswagenwerk AG, Festschrift 1981, S. 31). Sie kann unbedenklich für unsere Zwecke als Absatzreihe interpretiert werden, da in der Automobilindustrie die Produktionsentwicklung der Absatzentwicklung relativ rasch folgt und die Lagerbestandsveränderungen hier vernachlässigt werden können. Tab. 6 enthält die Produktionsreihe für den VW-Käfer, die in Abb. 13 als Produktlebenszyklus graphisch dargestellt ist.

Wir erkennen in Abb. 13 eine deutlich ausgeprägte und von 1948 bis 1960 andauernde Wachstumsphase. Dabei verlegen wir das Ende der Einführungsphase, die eigentlich schon während des Krieges abgeschlossen war, etwas willkürlich in das Jahr der Währungsreform, um einen externen Anhaltspunkt zu haben.

Tab. 6 Käfer-Produktion des VW-Konzerns 1945-1980 (in Tsd. Stck.)

Jahr	Produktion	Jahr	Produktion
1945	2	1963	838
1946	10	1964	948
1947	9	1965	1091
1948	19	1966	1081
1949	46	1967	926
1950	82	1968	1186
1951	94	1969	1220
1952	114	1970	1196
1953	151	1971	1292
1954	202	1972	1221
1955	280	1973	1206
1956	333	1974	791
1957	381	1975	441
1958	452	1976	383
1959	575	1977	259
1960	739	1978	272
1961	828	1979	263
1962	876	1980	236

Quelle: Festschrift zur Produktion des 20millionsten VW-Käfers, Volkswagen AG 1981, S.31

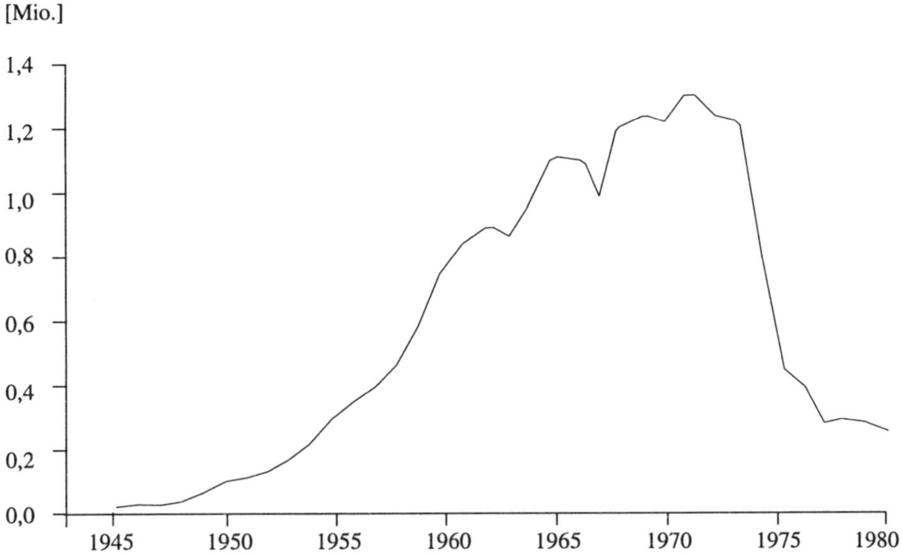

Abb. 13 Käfer-Produktion im VW-Konzern 1945-1980 (in Mio. Stck.)

Die anschließende Reifephase (1960-1968) wird optisch durch konjunkturelle Entwicklungen, insbesondere durch die beiden Rezessionen 1963 und 1966/67 gestört.

Der Verlauf der Sättigungsphase (1968-1973) ist demgegenüber etwas ruhiger. Die Produktionszahlen erreichen hier Werte, die nur noch weniger als 10% vom absoluten Produktionsmaximum (1,292 Mio. Einheiten im Jahr 1971) entfernt sind.

Etwas abrupt setzt dann Ende 1973 die bis 1980 andauernde Degenerationsphase ein. Sie wird wesentlich verstärkt durch die erste Ölkrise mit anschließender Rezession (1974-1976) und durch die einsetzende Substitution des Käfers durch die neuen VW-Modelle Golf und Polo.

Wir wollen nun versuchen, der empirischen Lebenszykluskurve eine Funktion anzupassen, die nur den Trend wiedergibt, ohne die konjunkturellen Schwankungen zu berücksichtigen, um die Form des Lebenszyklus klarer hervortreten zu lassen und die charakteristischen Punkte (z.B. Wendepunkt) berechnen zu können.

Wir legen folgende Funktionsform zugrunde (Brockhoff, Produktpolitik 1993, S. 112; Böcker, Marketing 1994, S. 213):

(2) $P_t = at^b e^{-ct} + u_t \qquad (t = 1,...,T)$

P_t = Produktion in Tsd. ME im Jahr t

u_t = Störvariable im Jahr t

e = 2,71828... (Eulersche Zahl)

Die Parameter a, b und c werden so bestimmt, daß die Summe der quadrierten Abstände zwischen den wahren und den geschätzten Produktionszahlen minimal wird (Prinzip der Kleinsten Quadrate, abgekürzt KQ-Methode).

$$(3) \quad \sum_{t=1}^{T} u_t^2 = \sum_{t=1}^{T} \left(P_t - at^b \, e^{-ct} \right)^2 \Rightarrow \text{Min!}$$

Die partiellen Ableitungen dieser Zielfunktion nach a, b und c ergeben ein nichtlineares Gleichungssystem, das z.B. mit dem Verfahren von Marquardt (Hansmann, Prognoseverfahren 1983, S. 81 ff.) gelöst werden kann.

Dabei ergeben sich folgende Schätzwerte[8] für die Parameter:

$$\hat{a} = 3{,}9 \cdot 10^{-7} \qquad \hat{b} = 10{,}299 \qquad \hat{c} = 0{,}455$$

$$\hat{\sigma}_{\hat{a}} = 1{,}0 \cdot 10^{-8} \qquad \hat{\sigma}_{\hat{b}} = 0{,}0115 \qquad \hat{\sigma}_{\hat{c}} = 0{,}0015$$

$$R = 0{,}885 \qquad DW = 0{,}487$$

so daß Gleichung (2) für die Produktion von VW-Käfern lautet:

$$(4) \quad P_t = 3{,}9 \cdot 10^{-7} \cdot t^{10{,}299} \cdot e^{-0{,}455t} + \hat{u}_t \qquad (t = 1,...,36)$$

Alle Parameterschätzungen sind hoch signifikant (99%-Niveau) und das Bestimmtheitsmaß R^2 zeigt, daß über 88% der Varianz der Käfer-Zeitreihe durch Funktion (4) erklärt werden kann. Allerdings ist der Durbin-Watson-Koeffizient

---

8 Die mit der KQ-Methode ermittelten Schätzwerte der Parameter sowie die darauf aufbauenden Schätzungen bzw. Prognosen von Zeitreihenwerten (hier: Käfer-Produktion) werden stets mit einem Dach "^" versehen.

DW relativ niedrig und deutet auf eine positive Autokorrelation der Residuen $\hat{u}_t$ hin. Abb. 14 auf S. 58 deckt die Ursache hierfür auf: Die Residuen sind bis 1961 positiv, von 1962 bis 1967 negativ, dann wieder bis 1974 positiv. Diese "serielle" Korrelation der Residuen zieht den niedrigen Wert von DW nach sich. Man sieht also, wie schwierig die Anpassung einer theoretischen Kurve an die empirische Lebenszykluskurve sein kann.

In Gleichung (2) wird unterstellt, daß der Einfluß der Störvariablen u_t additiv ausgedrückt werden kann. Es ist jedoch möglich, daß der Einfluß der Störvariablen vom Niveau der Zeitreihe abhängt und daher besser **multiplikativ** berücksichtigt werden sollte. Dies führt zu

(5) $$P_t = at^b \ e^{-ct+u_t} . \qquad (t = 1,...,T)$$

Die Gleichung läßt sich auf beiden Seiten logarithmieren.

(6) $$\ln P_t = \ln a + b \ln t - ct + u_t$$

Das ergibt die Zielfunktion

(7) $$\sum_{t=1}^{T} u_t^2 = \sum_{t=1}^{T} (\ln P_t - \ln a - b \ln t + ct)^2 \quad \Rightarrow \text{Min!}$$

Die partiellen Ableitungen nach ln a, b und c ergeben ein lineares Gleichungssystem, das mit jeder Standardmethode der linearen Regressionsrechnung (Schneeweiß, Ökonometrie 1990; Hansmann, Prognoseverfahren 1983, S. 106 ff.) gelöst werden kann.

Dabei ergeben sich folgende Werte :

$\widehat{\ln a} = -0{,}091$	$\hat{b} = 3{,}059$	$\hat{c} = 0{,}129$
$R^2 = 0{,}90$	$\hat{\sigma}_{\hat{b}} = 0{,}252$	$\hat{\sigma}_{\hat{c}} = 0{,}21$
	$DW = 0{,}30$	

Durch Entlogarithmieren errechnet man aus $\widehat{\ln a}$ $\hat{a} = 0{,}913$, wobei $\hat{a}$ jedoch keine erwartungstreue Schätzung für a ist, weil (a - $\hat{a}$) nicht linear von den u_t abhängt. Bei geringer Streuung von $\hat{a}$ kann man aber annehmen, daß der Erwartungswert E[$\hat{a}$] nahe bei a liegt.

Die Schätzfunktion für die Käfer-Produktion lautet also im logarithmierten linearen Modell

(8) $$P_t = 0{,}913 \cdot t^{3{,}059} \cdot e^{-0{,}129\,t+\hat{u}_t} . \qquad (t = 1,...,36)$$

Sowohl die lineare als auch die nicht-lineare Schätzung sind hochsignifikant (99%-Niveau). Darüber hinaus zeigen die Bestimmtheitsmaße (R^2) eine gute Anpassung, während der Durbin-Watson-Koeffizient (DW) die positive Autokorrelation der $\hat{u}_t$ widerspiegelt.

Die in beiden Modellen unterschiedlichen Parameterschätzungen sieht man deutlich in Abb. 14, in der die Lebenszykluskurve des VW-Käfers den beiden geschätzten Verläufen gegenübergestellt ist.

Aus Abb. 14 geht deutlich die Überlegenheit der nichtlinearen Schätzung (4) gegenüber der logarithmiert-linearen Schätzung (8) hervor, obwohl dies in den Signifikanz- und Gütemaßen nicht zum Ausdruck kommt. Dabei ist jedoch zu berücksichtigen, daß die Signifikanz- und Gütemaße beim zweiten Modell auf der logarithmierten Ebene errechnet worden sind. Geringe Schätzabweichungen bei den Logarithmen wirken sich aber bei den Grundzahlen viel stärker aus und führen zu schlechterer Anpassung in Gleichung (8) gegenüber Gleichung (4). Der nichtlinearen Schätzung ist daher auf jeden Fall der Vorzug zu geben.

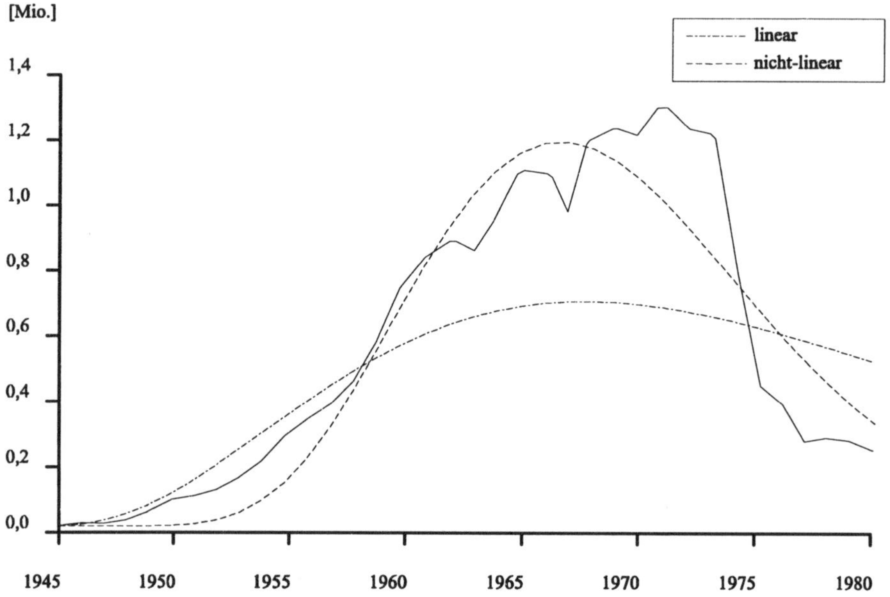

Abb. 14 Tatsächlicher und geschätzter (gestrichelt) Lebenszyklus des VW-Käfers (in Mio. Stck.)

2. Die Entwicklung des Motorradabsatzes 1950 - 1989

Die Absatzentwicklung des VW-Käfers kommt dem idealtypischen Verlauf eines Produktlebenszyklus recht nahe. Im Gegensatz dazu soll nun ein Beispiel betrachtet werden, das nicht so gut in das "Standard-Konzept" paßt. Es ist die Absatzentwicklung der Produktgruppe **Krafträder** seit 1950, gemessen an den jährlichen Neuzulassungen (Quelle: Der Bundesminister für Verkehr (Hrsg.), Verkehr in Zahlen 1995, S. 142 f. und 320). Daten vor 1950 sind nicht vorhanden.

Abb. 15 zeigt den Lebenszyklus dieser Produktgruppe.

Die Abbildung zeigt, daß die Degenerationsphase von 1954 bis 1966 **nicht** zum Verschwinden dieser Produktgruppe vom Markt geführt hat, sondern in einen zweiten Zyklus eingemündet ist. Das Motorrad wurde, nachdem es in den fünfziger Jahren vom Automobil weitgehend verdrängt worden war, am Ende der sechziger Jahre als Verkehrsmittel "wiederentdeckt" und erlebte bis 1978 eine erneute Wachstumsphase, um danach in relativ kurzer Zeit eine zweite Reife- und Sättigungsphase zu durchlaufen. 1983 scheint die Produktgruppe in die Degenerationsphase einzutreten, stabilisiert sich jedoch ab 1985 wieder.

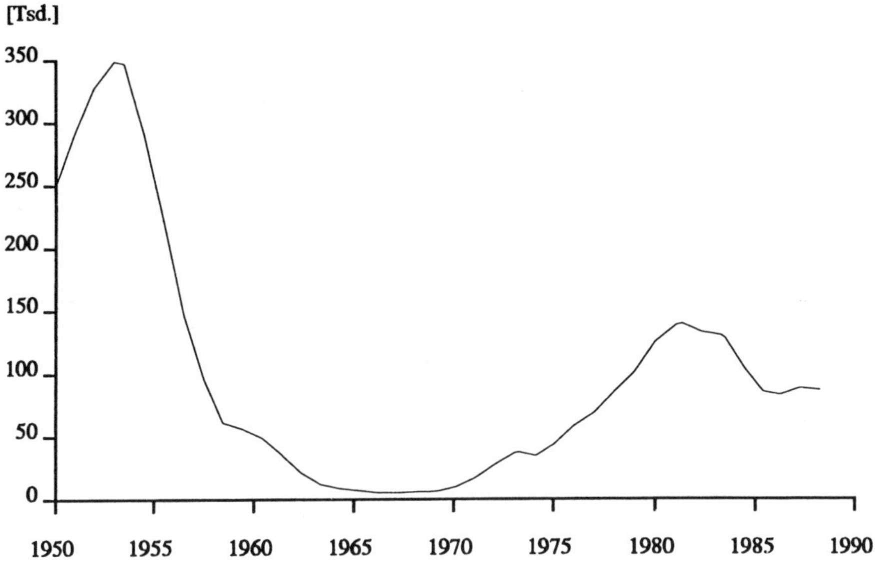

Abb. 15 Neuzulassungen von Krafträdern 1950-1989 (Tsd. Stck.)

Der Absatzverlauf der Produktgruppe **Krafträder** weist also einen abgeschlossenen Lebenszyklus 1950 - 1966 und einen zweiten noch offenen Lebenszyklus 1966 - 1989 auf. Man bezeichnet solche Verläufe als **mehrgipfelige Lebenszyklen**, die ebenso bei Produkten der Steinkohle, beim Schiffbau und bei Arzneimitteln (Kotler, Marketing 1995, S. 561) beobachtet wurden.

Für die Bestimmung der konkreten Lebenszyklus-Funktion des Motorrad-Absatzes ist es zweckmäßig, die beiden Teilzyklen 1950 - 1965 und 1966 - 1989 getrennt zu betrachten. Der Verfasser hat an anderer Stelle gezeigt (Hansmann, Life Cycle Forecasting 1987), daß es wegen der starken Substitution der Motorräder durch PKW in den fünfziger und sechziger Jahren vorteilhaft ist, die Lebenszyklusfunktion (2) um den kausalen Faktor **PKW-Absatz** zu ergänzen:

(9a) $$P_t = a t^b e^{-ct+dy_t} + u_t \qquad (t = 1,...,T)$$

mit y_t als PKW-Neuzulassungen im Jahr t.
Mit dieser Funktion erhält man folgende Schätzparameter:

$$\hat{a} = 409{,}894 \quad \hat{b} = 0{,}703 \quad \hat{c} = 0{,}142 \quad \hat{d} = -0{,}003.$$

Sie sind auf dem 99%-Niveau signifikant. Die Anpassung weist einen Durbin-Watson-Koeffizienten DW = 1,19 und ein Bestimmtheitsmaß $R^2 = 0{,}98$ auf.

Abb. 16 zeigt die wahre und die geschätzte Reihe des Motorradabsatzes.

Abb. 16 Tatsächlicher und geschätzter (gestrichelt) Lebenszyklus der Produktgruppe **Krafträder** 1950-1965 (in Tsd. Stck.)

Für den zweiten Teilzyklus 1966 - 1989 hat der Verfasser (in: Hansmann, Life Cycle Forecasting 1987) ausführlich gezeigt, welche kausalen Faktoren für den Aufschwung des Absatzes in den siebziger Jahren und für den Abschwung in den achtziger Jahren verantwortlich sind. Die Ergebnisse seien hier kurz zusammengefaßt.

- Ab 1968 wurde die Lebensqualität - insbesondere bei jungen Menschen - nicht mehr so sehr von ökonomischen Faktoren wie dem persönlichen Einkommen, sondern zunehmend von anderen Werten wie Unabhängigkeit von Konventionen, freies, individuelles Leben und Freizeit bestimmt. Das Motorrad wurde zum Symbol dieser neuen Freiheit und damit ein "neues" Produkt, das nicht mehr durch den PKW substituiert werden konnte. Der Absatz stieg in dem Maße, in dem sich dieser Freiheitsdrang bei einer bestimmten Käuferschicht durchsetzte und die Motorradproduzenten (insbesondere japanische Hersteller) die Vorstellungen dieser potentiellen Käuferschicht in die Realität umsetzten.
- Ab 1980 verloren diese "freiheitlichen" Werte angesichts wirtschaftlicher Rezession und hoher Arbeitslosenzahlen an Bedeutung. Gleichzeitig wurde das Risiko des Motorradfahrens anhand der Unfallstatistik und der stark gestiegenen Versicherungsprämien deutlich sichtbar, so daß auch der Gesetzgeber restriktive Maßnahmen wie Helmzwang ergriff. Dies bewirkte eine starke Dämpfung der Nachfrage nach Motorrädern, die schließlich die expansiven Kräfte überwog.

Die quantitative Analyse dieser Überlegungen ergibt die durch zwei kausale Faktoren modifizierte Lebenszyklus-Funktion (Hansmann, Life Cycle Forecasting 1987, S. 8 f.).

(9b) $$P_t = a\,t^b\, e^{(-ct+dy_{1t})} + f\,y_{2t} + u_t.$$

Hier bedeuten

y_{1t} = Zahl der in Verkehrsunfällen getöteten Motorradfahrer,

y_{2t} = qualitative Reihe, die die Vorstellungen der Bevölkerung über Lebensqualität widerspiegelt,

jeweils gemessen im Jahr t .

Die nicht-lineare Schätzung der Parameter von (9b) ergibt die Werte von Tab. 7.

Tab. 7 Parameterwerte der Prognose des Lebenszyklus der Produktgruppe Krafträder (nicht-lineare Schätzung)

Parameter	Schätzwert	Standardabweichung
$\hat{a}$	$3 \cdot 10^{-5}$	$3 \cdot 10^{-4}$
$\hat{b}$	8,55	4,99
$\hat{c}$	0,51	0,30
$\hat{d}$	-0,09	0,03
$\hat{e}$	2,40	0,43

Man erkennt, daß der Parameter â nicht signifikant ist, doch muß dabei berücksichtigt werden, daß bei nicht-linearen Schätzungen nur approximative Signifikanzwerte berechnet werden können und die anderen Parameterschätzungen auf angemessenem Niveau liegen.

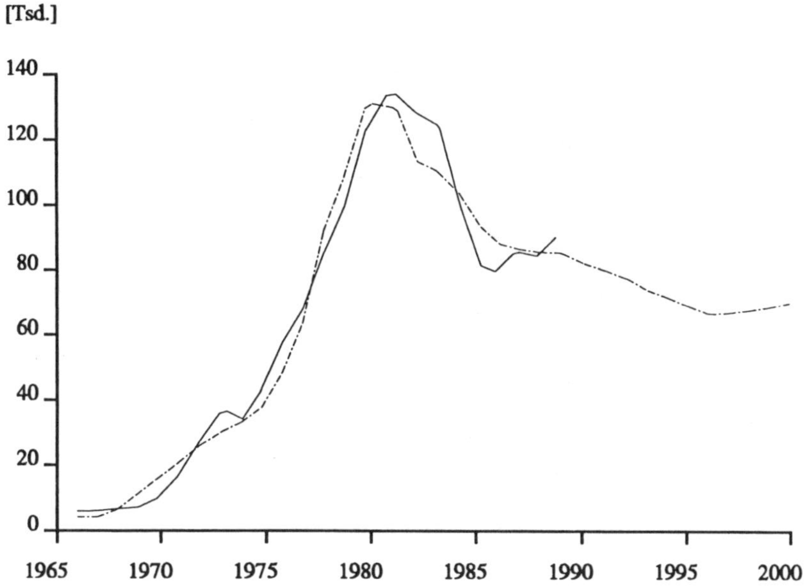

Abb. 17 Tatsächlicher und geschätzter (gestrichelt) Lebenszyklus der Produktgruppe **Krafträder** 1966 - 2000 (in Tsd. Stck.)

Jedenfalls können mit diesem Modell 97% der Schwankungen des Motorradabsatzes erklärt werden ($R^2 = 0{,}974$) und der Durbin-Watson-Koeffizient bewegt sich in einem Bereich, wo keine starke Autokorrelation der Residuen nachgewiesen werden kann (DW = 0,94). Abb. 17 (S. 61) zeigt die auch optisch gute Anpassung der geschätzten Funktion an die wahren Werte des Motorradabsatzes.

III. Prognose der langfristigen Absatzchancen

Nach Analyse der Markt- und Wettbewerbsposition der eigenen Produkte und der Kenntnis ihrer Stellung im Lebenszyklus müssen nun die langfristigen Absatzchancen dieser Produkte prognostiziert werden, um eine sichere Grundlage für strategische Produktentscheidungen, wie Produktintensivierung, -variation oder -elimination zu schaffen.

Im Anschluß an den vorigen Abschnitt können die langfristigen Absatzchancen durch eine Fortschreibung der Lebenszykluskurve prognostiziert werden. Wir haben jedoch bei der Produktgruppe "Krafträder" gesehen, daß der Verlauf der Lebenszykluskurve noch zuwenig ausgeprägt war, um Gleichung (9b) als langfristige Prognosefunktion zugrunde zu legen. Die Entwicklung wird sehr stark von den kausalen Einflußfaktoren bestimmt, die jedoch selbst schwer prognostizierbar sind. Wir werden daher in diesem Abschnitt etwas "konservativere" Prognosefunktionen anwenden, die eine mögliche spätere Degenerationsphase außer Acht lassen und sich auf die Extrapolation des langfristigen Trends beschränken.

a) Die lineare Trendextrapolation

Das einfachste Verfahren der Absatzschätzung ist die Fortführung des in der Vergangenheit beobachteten Absatzverlaufs in linearer Form. Man begnügt sich mit der "allgemeinen Richtung" (Trend), ohne auf vorübergehende Schwankungen zu achten.

So weist z.B. die Produktgruppe "Dieselkraftstoff" von 1960 bis 1994 einen steigenden Trend auf, der für die nächsten Jahre wahrscheinlich erhalten bleibt. Es besteht heute noch kein Anlaß eine zukünftige Sättigungs- oder gar Degenerationsphase ins Auge zu fassen, so daß wir das Verfahren der Trendextrapolation an diesem Beispiel demonstrieren wollen (vgl. auch Hansmann, Prognoseverfahren 1983, S. 104 ff.). Tab. 8 (S. 63) gibt die Zeitreihe wieder.

Wir unterstellen bei dieser Zeitreihe eine lineare Trendfunktion

$$x_t = a + bt + u_t \qquad (t = 1,...,T) \tag{10}$$

mit den zu schätzenden Parametern a und b und

x_t = Dieselkraftstoffverbrauch im Jahr t ($t = 1 \mathrel{\hat{=}} 1960$) in Mio. t
u_t = Störvariable im Jahr t

Gemäß der Methode der kleinsten Quadrate (KQ) minimieren wir die Zielfunktion

$$Z = \sum_{t=1}^{T} u_t^2 = \sum_{t=1}^{T} (x_t - a - bt)^2 \Rightarrow \text{Min!} \tag{11}$$

Tab. 8 Verbrauch von Dieselkraftstoff in der BRD p.a. (in Mio. t), ab 1991 alte Bundesländer

Jahr	Verbrauch	Jahr	Verbrauch
1960	3,160	1978	8,900
1961	3,715	1979	9,650
1962	3,933	1980	9,880
1963	4,116	1981	10,070
1964	4,568	1982	10,270
1965	4,800	1983	10,730
1966	5,174	1984	11,140
1967	5,050	1985	11,645
1968	5,558	1986	12,594
1969	5,750	1987	13,186
1970	6,320	1988	13,726
1971	6,532	1989	14,328
1972	6,900	1990	15,395
1973	7,330	1991	16,884
1974	6,750	1992	17,242
1975	7,060	1993	17,118
1976	7,650	1994	17,284
1977	8,350		

Quelle: Der Bundesminister für Verkehr (Hrsg.), Verkehr in Zahlen 1995, S. 284 f. und S. 340

Die ersten partiellen Ableitungen nach a und b, gleich Null gesetzt, ergeben das bekannte System der **Normalgleichungen**.

(12a) $$\hat{a}T + \hat{b}\sum_{t=1}^{T} t = \sum_{t=1}^{T} x_t$$

(12b) $$\hat{a}\sum_{t=1}^{T} t + \hat{b}\sum_{t=1}^{T} t^2 = \sum_{t=1}^{T} x_t \cdot t$$

Für den Verbrauch von Dieselkraftstoff ergeben sich folgende Schätzwerte und Testgrößen:

$$\hat{a} = 1{,}777 \qquad \hat{b} = 0414 \qquad F_{emp} = 779$$
$$R^2 = 0{,}959 \qquad \hat{\sigma}_{\hat{b}} = 0{,}015 \qquad F^1_{33}(95\%) = 4{,}139$$
$$DW = 0{,}164$$

Man erkennt die hohe Signifikanz ($F_{emp} = 779 >> 4{,}139 = F(95\%)$)[9] und die sehr gute Anpassung ($R^2 = 0{,}959$). Fast 96% des Dieselkraftstoffverbrauchs wird vom Faktor "Zeit" erklärt. Allerdings weist der niedrige Durbin-Watson-Koeffizient auf

[9] F_{emp} ist der empirische F-Wert, F(95%) der Wert der theoretischen F-Verteilung auf dem Signifikanzniveau von 95%.

eine positive Autokorrelation der Residuen hin, ein Zeichen dafür, daß wichtige Einflußfaktoren, wie z.B. der Motorisierungsgrad der Bevölkerung, vernachlässigt wurden. Die Mittlere Absolute Abweichung (Mean-Absolute-Deviation = MAD) ist mit 0,711, was eine Abweichung von 7,7% vom Mittelwert der Zeitreihe x_t(=9,222) bedeutet, etwas hoch.

Dieser Eindruck verstärkt sich bei der Betrachtung der Zeitreihen der Abb. 18. Man erkennt, daß die Zeitreihe der wahren Werte einen, besonders in den Jahren 1982-1990 auftretenden, leicht nicht-linearen Verlauf aufweist, so daß die quadratische Trendfunktion für das Problem angemessener erscheint.

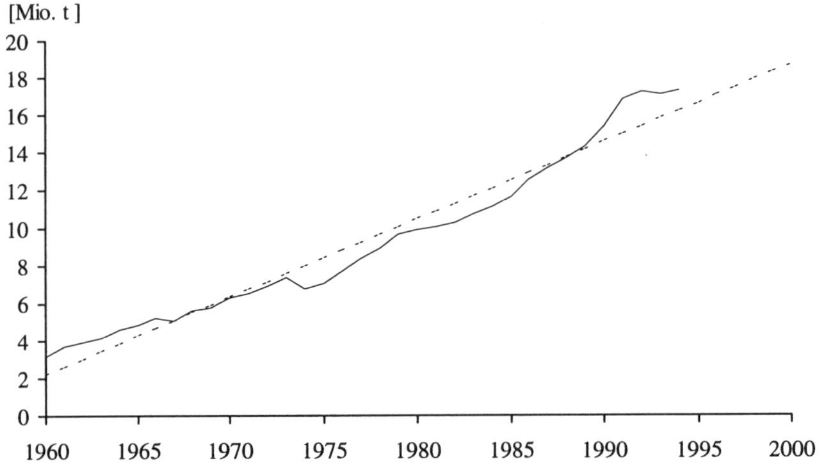

Abb. 18 Verbrauch von Dieselkraftstoff in der BRD (Prognose mit der linearen Trendfunktion, gestrichelt) 1960-2000 (in Mio. t p.a.)

Die Formel der quadratischen Trendfunktion lautet:

(13) $$x_t = a + bt + c t^2$$

Durch die Anwendung der im Vorfeld erläuterten KQ-Methode gelangt man zu folgenden Schätzwerten und Testgrößen:

$\hat{a}$	=	3,642	$\hat{b}$	=	0,111	$\hat{c}$	=	0,008
R^2	=	0,992	$\hat{\sigma}_{\hat{b}}$	=	0,028	$F^2_{32}(95\%)$	=	3,295
DW	=	0,745	$\hat{\sigma}_{\hat{c}}$	=	0,008	F_{emp}	=	1881

Man erkennt, daß die quadratische Trendfunktion

(14) $$\hat{x}_t = 3{,}642 + 0{,}111 \cdot t + 0{,}008 \cdot t^2$$

eine bessere Anpassung liefert.

So werden nun 99% des Dieselkraftstoffverbrauchs durch den Faktor "Zeit" erklärt. Der Durbin-Watson-Koeffizient weist, trotz einer Verbesserung, nach wie vor auf eine positive Autokorrelation der Residuen hin. Der MAD sinkt auf 0,319 (3,4% vom Mittelwert der Zeitreihe x_t), ein Wert, der als sehr gut einzustufen ist.

Diese deutliche Verbesserung der Testgrößen bestätigt sich auch in der graphischen Darstellung (Abb. 19), wo man eine im Vergleich zur linearen Trendfunktion (siehe Abb. 18) verbesserte Anpassung der prognostizierten Zeitreihe an die Zeitreihe der wahren Werte erkennen kann.

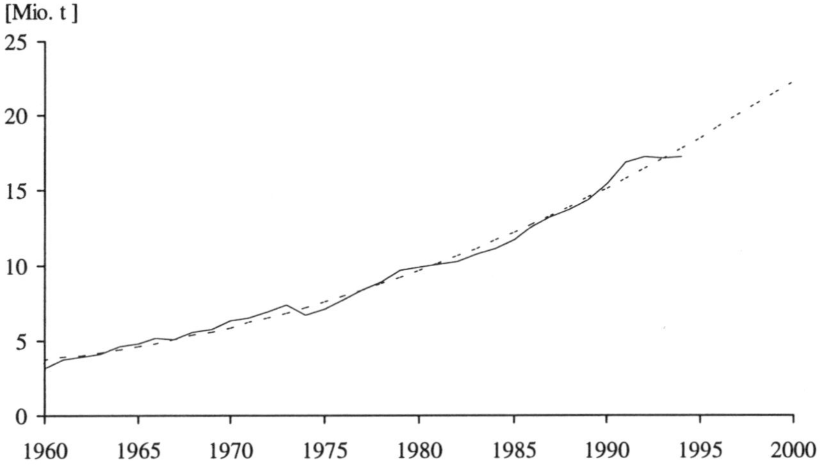

Abb. 19 Verbrauch von Dieselkraftstoff in der BRD (Prognose mit der quadratischen Trendfunktion, gestrichelt) 1960-2000 (in Mio. t p.a.)

b) Die logistische Funktion

Die logistische Funktion ist Ausdruck der Erfahrung, daß ein steigender Absatztrend nicht beliebig lange anhalten kann, sondern früher oder später in eine Stagnation übergeht, d.h. ein bestimmtes Sättigungsniveau des Marktes nicht überwunden werden kann. Im Rahmen des Lebenszyklus-Konzeptes kann man sagen, daß die logistische Funktion die Einführungs-, Wachstums- und Reifephase eines Lebenszyklus beschreibt. Die Sättigungsphase weist kein Absatzmaximum auf und die Degenerationsphase entfällt ganz. Daher liegt es nahe, logistische Funktionen zur Prognose von Absatzentwicklungen heranzuziehen, die noch keine Anzeichen eines **rückläufigen** Absatzes erkennen lassen.

Die logistische Funktion beruht auf der Grundannahme:

Die zeitliche Veränderung $\frac{dx}{dt}$ der Zeitreihe x(t)[10] ist proportional

---

10 Man geht bei der logistischen Funktion nicht von diskreten Zeitpunkten, sondern von einer kontinuierlichen Zeitvariablen $t \in \mathbb{R}$ aus.

a) dem jeweils erreichten Niveau x und

b) dem Abstand zwischen dem Sättigungsniveau S und dem bisher erreichten Niveau x.

Diese Grundannahme lautet quantitativ

$$\frac{dx}{dt} = ax(S - x). \tag{15}$$

Hieraus läßt sich durch Integration (vgl. Hansmann, Prognoseverfahren 1983, S. 111 ff.) die Gleichung der logistischen Funktion ableiten

$$x(t) = \frac{S}{1 + a_1 e^{a_2 t}} \tag{16}$$

mit $a_1 = e^{-c}$ und $a_2 = -aS$ (c = Integrationskonstante).

In dieser Funktion müssen die Parameter a und S (= Sättigungsniveau) geschätzt werden, der Parameter c ergibt sich aus ihnen und dem Anfangswert von x(t) durch Berechnung. Auf die Vorgehensweise bei der Schätzung mit der KQ-Methode und die damit zusammenhängende Problematik der Schätzung des Sättigungsniveaus ist der Verfasser an anderer Stelle detailliert eingegangen (Hansmann, Prognoseverfahren 1983, S. 113 f.), so daß wir dies hier übergehen können.

Wegen der höheren Prognosegüte wird im folgenden eine **verallgemeinerte logistische Funktion** der Form

$$x(t) = \frac{S}{\left(1 + \frac{a_1}{a_3} e^{a_2 t}\right)^{a_3}} \tag{17}$$

zugrunde gelegt, mit der der Verfasser bei einer empirischen Anwendung gute Erfahrungen gemacht hat (Hansmann, Industrieroboter 1984). Diese verallgemeinerte Funktion enthält die einfache logistische Funktion als Spezialfall, wenn der Parameter a_3 gleich Eins gesetzt wird.

Die Schätzung der Anzahl der Personenkraftwagen erscheint vor dem Hintergrund einer immer breiter geführten Diskussion über die verkehrspolitische Zukunft des PKW ein angemessenes Problem zur praktischen Veranschaulichung der verallgemeinerten logistischen Funktion zu sein.

Als zu prognostizierender Gegenstand wird die PKW-Dichte, also die Anzahl der PKW im Verhältnis zur Anzahl der Erwachsenen, gewählt. Tab. 9 (S. 67) gibt die Zeitreihe wieder.

Die Schätzung der PKW-Dichte von 1952 bis 1993 mit der verallgemeinerten logistischen Funktion ergibt folgende Werte für die Parameter:

$$\hat{S} = 683{,}0 \quad \hat{a}_1 = 4{,}2 \quad \hat{a}_2 = -0{,}08 \quad \hat{a}_3 = 8{,}4 \cdot 10^6$$

Die Prognosefunktion lautet

$$(18) \qquad \hat{x}(t) = \frac{683}{\left(1 + \frac{4,2}{8,4 \cdot 10^6}\, e^{-0,08 \cdot t}\right)^{8,4 \cdot 10^6}} \;.$$

Tab. 9 PKW-Dichte in der BRD (ohne neue Bundesländer) p.a.

Jahr	PKW-Dichte Jahresende (je 1000 Erwachsene)	Jahr	PKW-Dichte Jahresende (je 1000 Erwachsene)
1952	28,237	1973	373,144
1953	34,499	1974	379,473
1954	41,009	1975	396,886
1955	48,600	1976	418,440
1956	58,979	1977	441,908
1957	69,582	1978	465,526
1958	82,910	1979	482,139
1959	97,758	1980	489,040
1960	116,344	1981	494,695
1961	137,432	1982	498,652
1962	156,048	1983	509,176
1963	177,888	1984	520,606
1964	197,946	1985	530,840
1965	219,606	1986	544,989
1966	243,649	1987	560,841
1967	258,534	1988	575,018
1968	273,691	1989	580,382
1969	295,398	1990	589,722
1970	323,342	1991	596,519
1971	344,765	1992	603,507
1972	360,773	1993	612,907

Quelle: Deutsche Shell AG, Motorisierung 1989, S. 20; Der Bundesminister für Verkehr (Hrsg.), Verkehr in Zahlen 1995, S. 107, 143, 313, 320

In Abb. 20 sind die Prognosefunktion bis 2010 und die tatsächlichen Werte bis 1993 eingezeichnet.

Die hier dargestellte logistische Funktion ist ein Beispiel von Wachstums- und Sättigungsmodellen, die zur Prognose der langfristigen Absatzchancen der eigenen Produkte herangezogen werden können. Wegen des Studiums anderer Funktionen sei auf die Literatur verwiesen (Lewandowski, Prognosesysteme, Bd.1, 1974, S. 245 ff.; Mertens, Prognoserechnung 1994, S. 157 ff.).

Sind quantitative Prognosen auf Grund zu geringer Datenbasis nicht möglich, können die zukünftigen Absatzchancen nur durch heuristische Prognosemethoden erforscht werden. In diesem Bereich haben sich insbesondere die Delphi-Methode und die Scenario-Planung bewährt, die in (Hansmann, Prognoseverfahren 1983, S. 18 ff.) ausführlich beschrieben sind.

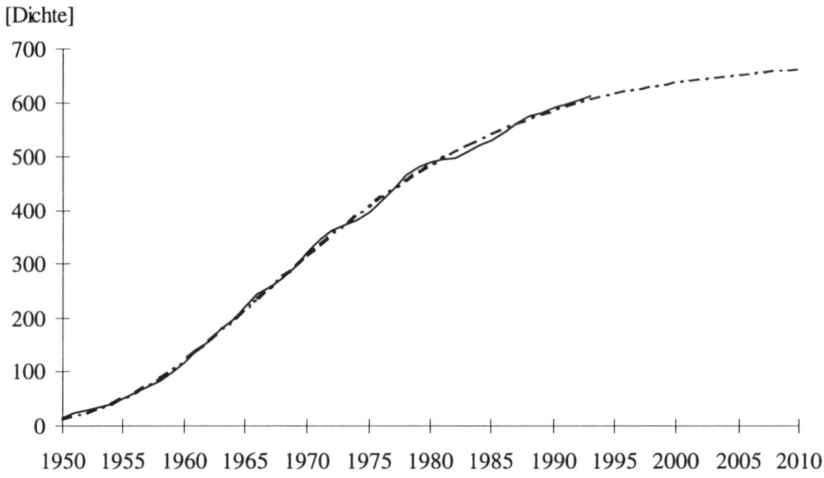

Abb. 20 Prognose (gestrichelt) der PKW-Dichte in der BRD (p.a.) mit der verallgemeinerten logistischen Funktion (pro Tsd. Erwachsene)

Mit der Analyse der Wettbewerbsposition und der Lebenszyklus-Stellung sowie der Prognose der langfristigen Absatzchancen ist die Untersuchung des realisierten Produktionsprogramms abgeschlossen. Nun muß die Frage beantwortet werden, ob das Industrieunternehmen zusätzlich neue Produkte entwickeln und damit auf neuen Märkten aktiv werden sollte. Erst nachdem das Problem der **Produktinnovation** ausführlich analysiert worden ist, können die adäquaten strategischen Produktionsprogrammentscheidungen getroffen werden.

B. Planung neuer Produkte (Produktinnovation)

Die Ursache für die Notwendigkeit, neue Produkte zu planen, zu entwickeln und auf den Markt zu bringen, liegt in der begrenzten Lebens- und Verkaufsfähigkeit jeden Produktes. Spätestens, wenn sich Produkte des realisierten Produktionsprogramms dem Ende ihres Lebenszyklus nähern, also die Degenerationsphase erreichen, ist das Unternehmen gut beraten, Nachfolgeprodukte zu planen.

Die Neuproduktplanung kann man sich in mehreren Stufen vorstellen:

- Heuristische Suche nach Neuproduktideen
- Maßnahmen der Forschung und Entwicklung für die erfolgversprechenden Produktideen
- Konkrete Produktgestaltung
- Produkttest auf Testmärkten
- Prognose der Marktdurchdringung
- Einführung der neuen Produkte

Jede Stufe muß erst erfolgreich abgeschlossen sein, bevor die nachfolgende beginnen kann.

I. Heuristische Suche nach Neuproduktideen

a) Bedarfsforschung und Verwendungsanalyse

Für die erfolgreiche Suche nach Neuproduktideen kann man kein schematisiertes Verfahren angeben, da das kreative Denken in diesem Bereich die wichtigste Rolle spielt. Es ist jedoch zweckmäßig, dem kreativen Denken insoweit eine Basis zu geben, als man von einer Verwendungsanalyse der realisierten Produkte ausgeht und systematisch Lücken in der Bedürfnisbefriedigung, die mit diesen Produkten angestrebt wird, aufspürt. Dies soll an dem Beispiel: "Neuproduktidee Munddusche" erläutert werden.

Die Verwendungsanalyse der bisher angebotenen Mundpflegemittel umfaßt:

1. Untersuchung der Nachfragestruktur im Produktfeld Mundpflegemittel (Produkte: Zahnbürste, Zahnpasta, Mundwasser).
2. Funktionsanalyse der bisherigen Produkte: Hauptfunktion ist die Mundreinigung.
3. Verwendungsmotive: Schutz vor Karies und Parodontose, Mundhygiene.
4. Analyse der **Mängel** der bisherigen Produkte und der **Verbraucherwünsche** im Hinblick auf ein **ideales** Produkt: Die Zahnbürste ist nicht ideal, da mit ihr nicht alle Zahnzwischenräume erreichbar sind. Außerdem sind die Borsten Bakterienträger und nutzen sich schnell ab. Das Zahnfleisch wird nicht gut massiert.

Diese Unzulänglichkeiten der Zahnbürste, die durch die Verwendungsanalyse aufgedeckt werden, stecken den Rahmen für die kreativen Neuproduktideen ab. Das neue Mundpflegemittel sollte

- alle Zahnzwischenräume erreichen (Schutz gegen Karies),
- das Zahnfleisch massieren (Schutz gegen Parodontose),
- hygienisch sein (Schutz gegen Bakterien).

Aus diesen gewünschten Funktionen ergibt sich die Neuproduktidee einer elektrisch betriebenen, einen pulsierenden Wasserstrahl aussendenden Munddusche, mit der alle Zahnzwischenräume erreicht werden und das Zahnfleisch nachhaltig massiert wird.

Ergänzend zur Bedarfs- und Verwendungsanalyse muß nun noch eine **Konkurrenzanalyse** durchgeführt werden, die klärt,

- welche Produkte ähnlicher Art auf dem Markt bereits angeboten werden,
- welches Urteil die Verbraucher über diese Produkte gefällt haben,
- welche Marketingstrategien die Konkurrenzunternehmen befolgen.

Bei einer wirklichen Neuproduktidee kann die Konkurrenzanalyse entfallen; handelt es sich jedoch nur um die Idee einer "Produktvariation", dürfen die Konkurrenzbeziehungen zu den "alten" Produkten nicht vernachlässigt werden.

b) Aufdeckung von Marktnischen durch Produktpositionierung

Die schon oben beschriebene Produktpositionierung mit multidimensionaler Skalierung kann ebenfalls einen Beitrag für Neuproduktideen leisten. Dabei wird der i.a. zweidimensionale Produktraum nach Marktnischen durchsucht, die in den Augen der Konsumenten noch nicht mit Produkten besetzt sind. Zur besseren Orientierung sollte man auch die Lage des Idealproduktes kennen und vor allem eine gute inhaltliche Interpretation der Koordinatenachsen durchführen.

Als Anschauungsbeispiel soll die Produktpositionierung von 4 ausgewählten **Publikumszeitschriften** dienen, die am Lehrstuhl des Verfassers mit Hilfe einer Befragung von 100 überwiegend akademisch gebildeteten Lesern vorgenommen wurde (Hansmann/Paetow/Zetsche, Multi-Dimensionale Skalierung 1983).

Die Abszisse mißt die "inhaltliche Qualität" der Zeitschriften im wesentlichen ausgedrückt durch Wahrheitsgehalt und seriöse Berichterstattung, während die Ordinate das "äußere Erscheinungsbild" enthält, das hauptsächlich durch Aufmachung, Gestaltung und Illustration des Lesestoffs geprägt wird.
Abb. 21 zeigt die Positionen von drei Publikumszeitschriften und die Idealzeitschrift der befragten Leser.

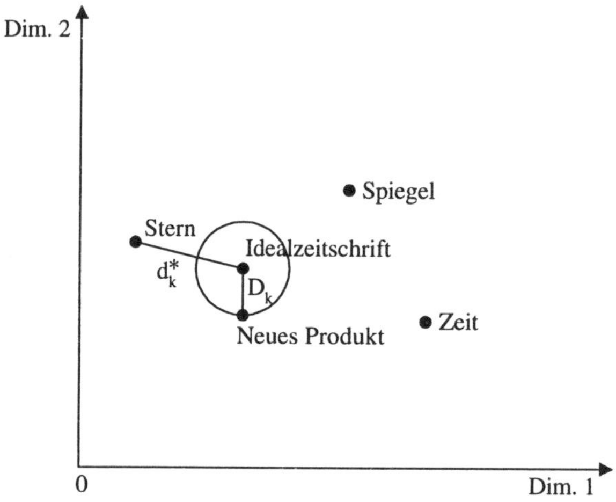

Abb. 21 Produktpositionierung von Publikumszeitschriften

Das Idealprodukt liegt in unserem Falle zwischen "Stern" und "Spiegel", erfordert somit eine etwas anspruchsvollere Berichterstattung als der "Stern", aber nicht so extrem wie "Zeit" und "Spiegel". Das äußerliche Erscheinungsbild könnte dem "Stern" angeglichen sein, müßte sich jedenfalls deutlich vom Erscheinungsbild der "Zeit" unterscheiden.

Ob eine Zeitschrift mit diesen Eigenschaften auf dem Markt eine wirkliche ökonomische Chance hätte, ist mit diesen qualitativen Argumenten natürlich noch nicht bewiesen.

Dazu benötigt man die Kaufwahrscheinlichkeit P_k jedes einzelnen Befragten k und die Position seines persönlichen Idealproduktes. Man muß also die Produktpositionierung von Abb. 21 für jeden Befragten k (k = 1,...,K) vornehmen.

Zur Ermittlung der Kaufwahrscheinlichkeit P_k kann man die Hypothese benutzen (Brockhoff, Produktpolitik 1993, S. 130):
Nur das dem Idealprodukt nächstgelegene Produkt wird gekauft, alle anderen Produkte werden nicht gekauft. Ein neues Produkt wird also vom Befragten nur dann gekauft, wenn seine (euklidische) Distanz D_k zum Idealprodukt kleiner ist als das Distanz-Minimum der existierenden Produkte i zum Idealprodukt ($d_k^* = \min_i d_{ki}$; i = 1,...,I). Diese beiden Distanzen sind in Abb. 21 eingezeichnet.

Falls man den erwarteten Umsatz pro Befragten und Jahr (S_k) mit hinreichender Sicherheit schätzen kann, ist es möglich, mit folgendem ganzzahligen Optimierungsmodell für 0-1-Variable den geschätzten Gesamtumsatz für das neue Produkt zu ermitteln (Brockhoff, Produktpolitik 1993, S. 133 f.):

(19) $$Z = \sum_{k=1}^{K} S_k x_k \Rightarrow \max!$$

(20) $$D_k - d_k^* \leq (1 - x_k) \cdot M \qquad (k = 1,...,K)$$

(21) $$x_k = 0 \text{ oder } 1 \qquad (k = 1,...,K)$$

M bedeutet hier eine beliebig große Zahl, so daß (20) unsere Kaufwahrscheinlichkeitshypothese ausdrückt: Falls der Befragte k Käufer des neuen Produktes wird ($x_k = 1$), muß $D_k \leq d_k^*$ sein, kauft er nicht ($x_k = 0$), kann die Differenz ($D_k - d_k^*$) beliebig groß sein. M muß größer als die größte mögliche Differenz gewählt werden.

Mit diesem Modell lassen sich auch mehrere Neuproduktideen testen, die jeweils unterschiedliche Abstände D_k zum Idealprodukt des Befragten k haben und damit zu verschiedenen Umsätzen führen werden.

Ergibt sich durch die Analyse ein für das Unternehmen befriedigender Umsatz-Erwartungswert, so hat man mit dieser Neuproduktidee eine Marktnische aufgetan, in die das Unternehmen eindringen kann.

c) Heuristisch-evolutive Innovationsstrategien

1. Einrichtung eines Innovationspools

Innovationen sind Ideen für neue Produkte, die normalerweise **spontan** entstehen, also nicht geplant werden können. Sie sind insoweit den **Mutationen** der Evolution ähnlich, die ebenfalls rein zufälligen Charakter haben. Es liegt also nahe, den Selektionsvorteil einer Mutationsentstehung für eine Innovationsstrategie heranzuziehen.

Ein starker Selektionsvorteil in der Evolution der Arten ist die sexuelle Fortpflanzung, die den Mitgliedern einer Population einen gemeinsamen **Genpool** für ihre Erbinformationen verschafft, die mit jeder sexuellen Fortpflanzung neu kombiniert werden. Diese ständige **Rekombination** der Erbinformation im Genpool erzeugt eine große Variation von Merkmalen und erhöht die Chance des Auftretens einer vorteilhaften Variante (Sabathil, Evolutionäre Strategien 1991, S. 139). Darüber hinaus ermöglicht es der Genpool, daß eine vorteilhafte Mutation durch die Rekombination in der ganzen Population verbreitet wird.

Will man den Genpool und die ständige Rekombination der Gene auf ein Wirtschaftsunternehmen übertragen, so gelangt man zu einem **Innovationspool,** den Sabathil definiert als

> Kreis von Mitarbeitern einer strategischen Geschäftseinheit, in den **systematisch** Ideen eingebracht, ausgetauscht und dort bewahrt werden (Sabathil, Evolutionäre Strategien 1991, S. 140).

Der Innovationspool hat also für den **Informationsfluß** innerhalb der Mitarbeiter einer strategischen Geschäftseinheit zu sorgen. Informationsfluß und Ideenfindung können im Rahmen von

- traditionellen Gruppentreffen oder
- **Brainstorming**

ablaufen.

Dieses von Osborn (Kotler, Marketing 1995, S. 515) entwickelte Verfahren wird in speziell dafür organisierten Gruppen von etwa 6-10 Teilnehmern durchgeführt. Es beruht auf der These, daß Menschen mehr und bessere Ideen produzieren, wenn sie in entspannter Atmosphäre innerhalb einer Gruppe durch vielfältige Assoziationen angeregt werden.

Der Ablauf einer Brainstorming-Sitzung kann folgendermaßen aussehen: Nachdem der Leiter der Gruppe die Bedarfs- und Verwendungsanalyse detailliert dargelegt hat, äußern sich die Teilnehmer spontan und ohne vorgegebene Reihenfolge über Produktideen, die in diesem Bedarfsrahmen liegen. Dabei gilt der Grundsatz, daß keine geäußerte Idee und sei sie auch noch so abwegig, kritisiert werden darf, weil Kritik erfahrungsgemäß den Ideenfluß bremst. Alle Äußerungen werden auf Tonband aufgenommen und später auf ihre Brauchbarkeit untersucht.

Das Verfahren lebt von der Spontaneität und Phantasie der Teilnehmer und kann durchaus zu einer großen Zahl von Ideen führen, aus denen sich später einige realisieren lassen.

Wichtig ist, daß die Zahl der Mitglieder eines Innovationspools nicht zu groß gewählt wird (höchstens 10), damit jeder Teilnehmer seine Ideen und Erfahrungen ohne Zeitdruck und in der gebotenen Ausführlichkeit einbringen kann.

Ein solcher Innovationspool garantiert zwar nicht die Erfindung von Neuproduktideen, erhöht aber die Wahrscheinlichkeit des Auftretens neuer Ideen, erleichtert ihre Ausbreitung in der strategischen Geschäftseinheit und fördert dadurch neue Produktkonzeptionen. Die Einrichtung eines Innovationspools kann deshalb als wichtige grundlegende Innovationsstrategie angesehen werden.

2. Kreative Imitation

In der Natur wird häufig beobachtet, daß sich Tierarten in ihrem äußeren Erscheinungsbild anderen Tierarten täuschend angeglichen haben und damit von deren ökologischen Status profitieren. Durch diesen "Mimikry" genannten Prozeß versuchen die Imitatoren, Selektionsvorteile der anderen Tierart für ihr Überleben vorteilhaft auszunutzen. Hornissenschwärmer sehen z. B. echten Hornissen sehr ähnlich, sind aber völlig ungefährlich, da sie harmlose Schmetterlinge sind. Die Ähnlichkeit in der äußeren Gestalt mit Hornissen schützt sie jedoch vor bestimmten Beutejägern und erhöht dadurch ihre Überlebenswahrscheinlichkeit beträchtlich.

Dieses Prinzip der Imitation kann auf die Wirtschaft übertragen werden, wie an vielen Beispielen der Kopie erfolgreich eingeführter Produkte abzulesen ist. Hierher gehören die "IBM-kompatiblen" Personal Computer aus dem fernen Osten, die nichts anderes als voll funktionstüchtige Kopien (Klone) der PC von IBM sind, nur im Preis erheblich niedriger liegen. Damit sind sie aber schon **Kreative Imitationen** im Sinne von F. Drucker, da der Nutzen für den Käufer höher ist als beim Originalprodukt (Drucker, Strategies 1985).

Ein anderer Weg der kreativen Imitation ist die qualitative Verbesserung des Originalproduktes durch den Imitator, eine Strategie, die von japanischen Herstellern auf den Märkten der Unterhaltungselektronik und der optischen Geräte erfolgreich eingesetzt wurde. Ansatzpunkt für eine solche Strategie ist die im Abschnitt B.I. a) auf S. 69 ff. ausführlich beschriebene Verwendungsanalyse des

Originalprodukts und die Aufdeckung seiner Schwächen, was gerade bei einem neuen Produkt, das noch nicht voll ausgereift ist, nicht allzu schwer fallen dürfte. Daher erklärt sich auch die relative Häufigkeit verbesserter Produkte der zweiten Generation gegenüber der Originalinnovation. Der Innovator kann sich gegen diese Imitationen mit Patenten, Lizenzvergabe oder mit der Verbesserung des imitierten Produktes wehren (Sabathil, Evolutionäre Strategien 1991, S. 149 f.).

d) Beispiele für Produktinnovationen

1. Der "Walkman"

Als Beispiel einer gelungenen Produktinnovation sei die Geschichte des "Walkman" von Sony betrachtet (vgl. Ketteringham/Nayak, Senkrechtstarter 1987, S. 133 ff.):

Am Anfang war bei dem Elektronikkonzern Sony die Idee, einen kleinen tragbaren Kassettenrecorder herzustellen. Sony startete Versuche und entwickelte ein äußerst kompaktes Gerät mit Monobetrieb, welches in den Journalisten eine Käufergruppe fand. Alle Versuche, diesen "Pressman" in Stereoqualität herzustellen, mißlangen. Das Gehäuse war zu klein für einen Aufnahmemechanismus und Stereobetrieb, und so entstand 1978 ein reines Abspielgerät mit Stereoklang. Die Ingenieure bei Sony sahen in einem solchen Gerät keine Verwendungsmöglichkeiten; es wurde zunächst nur aufbewahrt.

Bei der Einführung dieses Gerätes 1979 auf dem japanischen Markt hatte Sony dann einen Absatz in Millionenhöhe; und unter dem Namen "Walkman", welcher von Marketingexperten gewählt wurde und bis heute ein eingetragenes Warenzeichen von Sony ist, trat diese Innovation einen Siegeszug um die Welt an.

Der Grund des Erfolges waren die Kopfhörer. Sie sind bequem zu tragen, wiegen wenig und haben einen guten Klang. Mit ihrer Hilfe konnte Sony die Idee des "individuellen Vergnügens" verwirklichen und eine vorherrschende Stellung in der Elektroindustrie erreichen. Die Kopfhörer geben jedem die Möglichkeit, Hast, Eile und Streß der Umwelt zu entgehen; es entsteht eine Intimsphäre in der "Hülle eines Kokons".

Für die Tonbandingenieure bei Sony, die sich auf die Entwicklung eines Gerätes mit Stereoklang und Aufnahmetechnik konzentriert hatten, waren alle anderen naheliegenden Verwendungsmöglichkeiten nicht zu erkennen. Erst ein unbeteiligter Betrachter im Betrieb konnte das entwickelte Gerät mit dem Problem eines anderen Konstrukteurs zusammenbringen. Ein mangelhafter Kassettenrecorder und eine unvollendete Kopfhörerentwicklung ergaben zusammen das Konzept einer tragbaren Musikbox. Traditionell waren Kopfhörer eine Zusatzfunktion, aber nicht ausschlaggebend für den Erfolg. Hier wurden sie zu einer zentralen Funktion. Die leichten Kopfhörer benötigten weniger Batteriekraft als eingebaute Lautsprecher und schafften zugleich eine bessere Empfangsqualität. 1978 sah man eine solche Verbindung nicht - weder bei Sony noch bei den übrigen Unternehmen im Bereich der Konsumelektronik.

Die Idee widersprach jeglichem Kriterium für die Beurteilung von Entwicklungsprojekten. Als sinnvoll galt ein Projekt nur, wenn ein neuer Prototyp besser war als eine vorhergehende Produktgeneration. Ein Walkman ohne Aufnahmefunktion schien ein Rückschritt zu sein.

Sony versuchte, die Begeisterung für das neue Produkt durch Ausprobieren zu entwickeln. Die Chancen dieses neuen Vergnügungskonzeptes wurden einerseits in dem Erreichen der Zielgruppe junger Menschen, andererseits in dem wachsenden Markt bespielter Kassetten gesehen. Der Preis (165 US $) wurde unter der Gewinnschwelle für das Unternehmen festgesetzt und damit die Kaufkraft eines japanischen Jugendlichen berücksichtigt. Die Werbung lief zum größten Teil über Vorführgeräte, die an Popstars verteilt wurden. Die Presse war begeistert, aber der Absatz lief zunächst nicht nach Wunsch. Es kam erst im weiteren Verlauf zu einer Absatzexplosion.

Marktuntersuchungen ergaben, daß der Walkman die Gruppe der sogenannten "Yuppies" ansprach, für die der Preis kein Hindernis war und die auch als Trendsetter gern auffallen. Ein Walkman wurde als Accessoire für diese beruflich erfolgreiche, wohlhabende und aktive Aufsteigergeneration angesehen. Die Jugendlichen schlossen sich erst 1981 dem Trend an. Mit Produktveränderungen konnte sich Sony dann im Laufe der Zeit gegen die Konkurrenz behaupten und einen Durchbruch auch auf anderen Märkten erreichen, die später regelrecht von diesem Produkt überflutet wurden.

Als Fazit kann gesagt werden, daß die normale Trägheit einer großen Organisation eine Innovation immer wieder verhindern kann, und ein persönliches Engagement entscheidend ist. Ungewöhnlich war die Schnelligkeit, mit der das Projekt bei Sony abgewickelt wurde. Bei der Mehrzahl wichtiger und dauerhafter kommerzieller Innovationen ist die Entwicklungszeit in Jahren zu messen. Sony schaffte den Durchbruch - vom Konzept bis zur Markteroberung - in weniger als einem Jahr.

2. Die Compact Disc (CD)

Die Entwicklung und Akzeptanz eines anderen Produktes - der Compact Disc (CD) - soll ein weiteres Beispiel für Innovationsbestrebungen in der Industrie geben (vgl. Ketteringham/Nayak, Senkrechtstarter 1987, S. 333 ff.).

Ende der 70er Jahre von Philips entwikelt, sollte die CD-Technik eine Verjüngungsquelle für einen stagnierenden Industriezweig darstellen. Philips gelang dies erstaunlicherweise, obwohl japanische Produzenten damals eine Monopolstellung im Bereich neuer Ideen in der Konsumelektronik innehatten.

Warum hatte nun diese neue Technik einen solchen Erfolg am Markt? Die Handhabung der CD ist einfach, die Platten sind praktisch, unzerkratzbar und damit dauerhaft. Trotz der relativ kleinen Maße hat die CD eine um 50% längere Spieldauer als eine herkömmliche LP. Es gibt keine Tonschwankungen, die Tonqualität ist überzeugend. Dies ließ am Anfang besonders Liebhaber der klassischen Musik zu Käufern der CD werden.

Wie war diese Produktinnovation nun entstanden? Bei Philips wurde zu Beginn des Jahres 1968 im Forschungslabor des Bereiches Optik ein neues Medium für Unterrichtszwecke gesucht. Die Qualität von Filmen sollte verbessert und ein neues Speichermedium gefunden werden. 1970 beendete man die Forschungsarbeit mit einer "Bildplatte", auf der aber nur Geräusche hörbar waren. Um Bilder zu erhalten, hätte ein Laser installiert werden müssen, der für diesen Zweck zu teuer war.

Bis 1978 entwickelte Philips einen Prototyp der LASER VISION, eine Zwölf-Zoll-Bildplatte, die aber von VHS (ein Heimvideo-System) zu starke Konkurrenz erhielt.

Nun ging das Interesse bei Philips wieder auf den Tonträger über. Es entstand ein "Rennen" in der Entwicklung dieses Systems zwischen Philips und Sony. Zwei Probleme waren zu lösen. Man mußte frühzeitig, in Zusammenarbeit mit Sony, einen Standard festlegen, um die Kompatibilität der Geräte zu gewährleisten. Das zweite Problem war durch die Schallplattenindustrie gegeben, die zur Mitarbeit überzeugt werden mußte. Hier half eine Demonstration durch die "Magie des Klangs" und eine Lobby der Musiker - allen voran Herbert von Karajan - um den Druck auf die Schallplattenindustrie zu verstärken. Im Mai 1982 wurden erstmals in Hannover, in der Fertigungsstelle der PolyGram, CD-Platten hergestellt.

Das neue System, bestehend aus CD-Spieler und CD-Platte wurde schnell ein Markterfolg. In den ersten drei Jahren fand ein ständiger Wettlauf zwischen Verbrauchernachfrage und Produktion statt. Der Absatz übertraf alle Erwartungen; prognostiziert für 1985 waren zunächst 10,6 Mio. Platten, dann 15 Mio., der tatsächliche Absatz belief sich aber auf 59 Mio. Platten. In weniger als 15 Jahren hat die CD-Platte die LP praktisch vom Markt verdrängt.

II. Forschung und Entwicklung für neue Produkte

a) Die Begriffe Forschung und Entwicklung

Aufgabe der zweiten Stufe der Neuproduktplanung ist die Konkretisierung der erfolgversprechenden Produktideen. Nach einer Untersuchung von Poensgen und Hort (F+E-Aufwand 1983, S. 73 ff.) werden 36,9% des Forschungs- und Entwicklungsbudgets von 68 deutschen Industrieunternehmen für die Entwicklung neuer Produkte und 30,6% für die Verbesserung bestehender Produkte ausgegeben. Der Rest wird in Produktionsprozesse (15,8%), Forschung (4,3%) und sonstige Aktivitäten investiert.

Hieraus wird die dominierende Stellung der Produktentwicklung deutlich, während die eigentliche Forschung stark zurücktritt.

Unter **Forschung** verstehen wir

> alle Bemühungen, neue Erkenntnisse zu gewinnen oder bekannte Erkenntnisse zu erweitern bzw. zu vertiefen.

Man kann die Forschung in die Grundlagen- und die Zweckforschung, die in den Unternehmen auf neue Produkte und/oder Produktionsverfahren zielt, unterteilen. Diese Forschungstätigkeit ist ebenfalls eine bedeutende Quelle für Neuproduktideen, insbesondere in der Chemischen und Pharmazeutischen Industrie.

Konkretisiert sich die Forschung auf genau definierte Projekte, so beginnt der Übergang zur **Entwicklung**, die gekennzeichnet ist durch

> alle Bemühungen, unter Berücksichtigung gewonnener Erkenntnisse ein neues Produkt herauszubringen oder ein neues Produktionsverfahren zu realisieren.

Die Forschungs- und Entwicklungsprojekte eines Unternehmens binden erhebliche finanzielle Mittel, z.B. bei deutschen Großunternehmen etwa 5% des Umsatzes (Poensgen/Hort, F+E-Aufwand 1983, S. 79), so daß es unbedingt nötig ist, diese Projekte eingehend zu beurteilen, um die erfolgversprechendsten auswählen zu können.

b) Die Bewertung von Forschungs- und Entwicklungsprojekten

1. Scoring-Modelle

Das in der industriellen Praxis gebräuchlichste Bewertungsverfahren ist das Punktbewertungsverfahren, auch **Scoring-Modell** genannt. Hierbei wird jedes Entwicklungsprojekt, z.B. die Realisierung einer Neuproduktidee, anhand von technischen, ökonomischen und zeitlichen Kriterien bewertet. Solche Kriterien können z. B. sein (Hertz/Carlson, Research and Development 1963, S. 178 ff.):

Technische Kriterien
T1: Entwicklungsmöglichkeit der Technologie im eigenen Unternehmen
T2: Beanspruchung der Produktionskapazität
T3: Beschaffungsmöglichkeiten von Materialien und Zwischenprodukten

Ökonomische Kriterien
Ö1: Höhe des Entwicklungsaufwandes
Ö2: Aufnahmefähigkeit des Marktes für das neue Produkt
Ö3: Erwarteter Deckungsbeitrag pro Jahr

Zeitliche Kriterien
Z1: Zeitbedarf bis zur Produktreife
Z2: Lebenszykluslänge des Produktes

Jedes zu prüfende Projekt wird nun im Hinblick auf diese Kriterien auf einer Rating-Skala beurteilt (z.B. mit den Ausprägungen "gut", "durchschnittlich" und "schlecht") und mit **Nutzenwerten** versehen. Dabei können die Kriterien nach ihrer Bedeutung gewichtet werden. Die Nutzenwerte jeder Kriteriengruppe sind anschließend zu addieren und mit der Summe der Nutzenwerte anderer Kriteriengruppen multiplikativ zu verknüpfen. Dies geschieht, um die möglichst gleichmäßige Berücksichtigung aller Kriteriengruppen zu gewährleisten[11].

Tab.10 veranschaulicht das Vorgehen bei Scoring-Modellen. Die Bewertungen werden mit folgenden Nutzenwerten versehen:

gut = 5 durchschnittlich = 3 schlecht = 1

Das Projekt I erzielt den höheren Nutzenwert, weil die Bewertung der einzelnen Kriteriengruppen (T, Ö, Z) ausgeglichener ist und es damit von der multiplikativen Verknüpfung profitiert. Eine additive Verknüpfung zwischen T, Ö und Z wäre für Projekt II günstiger gewesen. Dies Beispiel soll nur zeigen, wie die Ergebnisse von Scoring-Modellen von der Art der Verknüpfung, der Gewichtung und selbstverständlich von der subjektiven Einschätzung der Nutzenwerte abhängen. Eine sorgfältige, ausgewogene und vorsichtige Analyse ist daher bei solchen Modellen unabdingbar.

---

11 Selbstverständlich ist auch hier eine additive Verknüpfung möglich, falls konkrete Gründe dafür sprechen sollten.

Tab. 10 Bewertung von zwei Projekten mit einem Scoring-Modell

Kriterien	Gewicht	Nutzenwert			
		Projekt I		Projekt II	
		ungewichtet	gewichtet	ungewichtet	gewichtet
T1	0,5	5	2,5	1	0,5
T2	0,2	1	0,2	5	1,0
T3	0,3	3	0,9	1	0,3
Technische Kriterien (Gesamt)			3,6		1,8
Ö1	0,4	5	2,0	3	1,2
Ö2	0,3	3	0,9	5	1,5
Ö3	0,3	3	0,9	5	1,5
Ökonomische Kriterien (Gesamt)			3,8		4,2
Z1	0,4	3	1,2	5	2,0
Z2	0,6	3	1,8	5	3,0
Zeitliche Kriterien (Gesamt)			3,0		5,0
Gesamtnutzenwert Projekt I : 3,6 x 3,8 x 3,0 = 41,04					
Gesamtnutzenwert Projekt II: 1,8 x 4,2 x 5,0 = 37,80					

2. Methoden der Investitionsrechnung

In der Praxis wird es kaum gelingen, alle erfolgversprechenden Neuproduktprojekte im Unternehmen zu realisieren, da die finanziellen und kapazitativen Mittel nicht ausreichen werden. Der erforderliche Auswahlprozeß kann mit Scoring-Modellen durchgeführt werden, wenn man die Projekte nach ihren Gesamtnutzenwerten ordnet und in dieser Folge nur diejenigen realisiert, die zusammen die verfügbaren Ressourcen des Unternehmens nicht überschreiten.

Ist es aber möglich, die Beiträge der Projekte zum Unternehmenserfolg quantitativ zu schätzen, sind die bekannten Methoden der Investitionsrechnung, z.B. die Kapitalwertmethode, anwendbar. Man errechnet den Kapitalwert, indem man sämtliche Differenzen zwischen zeitgleichen Einnahmen und Ausgaben eines Projektes mit einem vorgegebenen Kalkulationszinsfuß (häufig: der Zinssatz einer risikofreien Anlage auf dem Kapitalmarkt) auf den Zeitpunkt des Projektbeginns abzinst und anschließend summiert.

Ökonomisch kann der Kapitalwert als Mehrgewinn interpretiert werden, den das Projekt über die Verzinsung auf dem Kapitalmarkt hinaus erwirtschaftet, bezogen auf den Projektbeginn.

Wir bezeichnen mit C_i den Kapitalwert des i-ten Projektes (i = 1,...,I) und mit B_j den Höchstbetrag der dem Unternehmen zur Verfügung stehenden Ressourcen (j = 1,...,J), (z.B. Kapital, Materialien, Nutzungsmöglichkeit der Produktionsanlagen in Maschinenstunden oder Personalstunden).

a_{ji} bedeutet die Inanspruchnahme der j-ten Ressource durch das Projekt i und x_i ist eine Null-Eins-Variable, die den Wert eins annimmt, wenn das Projekt i verwirklicht werden soll und im anderen Fall Null wird.

Die Auswahl der für den Unternehmenserfolg günstigsten Projekte, deren Entwicklung weitergeführt werden soll, kann mit Hilfe des folgenden ganzzahligen Optimierungsmodells durchgeführt werden:

$$(22) \qquad Z = \sum_{i=1}^{I} C_i x_i \Rightarrow \text{Max!}$$

$$(23) \qquad \sum_{i=1}^{I} a_{ji} x_i \leq B_j \qquad (j = 1,...,J)$$

$$(24) \qquad x_i = 0 \text{ oder } 1 \qquad (i = 1,...,I)$$

Die optimale Lösung dieses Modells enthält die Projekte, die den Gesamt-Kapitalwert maximieren und die Ressourcen-Beschränkungen erfüllen. Dabei ist zu beachten, daß das Modell in vieler Hinsicht erweiterungs- und vertiefungsbedürftig ist, um die konkreten Gegebenheiten der Praxis adäquat abzubilden, insbesondere in dynamischer Hinsicht. Hierzu muß auf die Spezialliteratur verwiesen werden (Brockhoff, Produktpolitik 1993).

Wir wollen hier davon ausgehen, daß die Projekte (Neuproduktkonzeptionen), die durch das obige Modell ausgewählt wurden, nun die nächste Stufe der Neuproduktplanung erreichen, die sich mit der konkreten Gestaltung des neuen Produktes befaßt.

III. Die Produktgestaltung

a) Produkteigenschaften

Aus der Neuproduktkonzeption muß nun durch technische Produktgestaltung ein marktfähiges Produkt hervorgehen. Als erster Schritt wird ein **Prototyp** des künftigen Produktes entwickelt und auf seine technische Funktionen getestet. Dabei entdeckte Funktionsfehler, wie z.B. die Tatsache, daß hochbeanspruchte Teile aus zu weichem Material hergestellt sind und schnell verschleißen, oder daß Antriebsaggregate nicht ausreichend dimensioniert sind, müssen in dieser Phase behoben werden.

Funktioniert der Prototyp technisch einwandfrei, können die übrigen Produkteigenschaften, die für den Verkaufserfolg wichtig sind (Farbe, Form, Styling usw.), durch Testpersonen der zukünftigen Zielgruppe geprüft werden. Man wird versuchen, die variierbaren Produkteigenschaften den Präferenzen der Abnehmer anzupassen. Das geschieht bei Auftragsfertigung (z.B. in der Investitionsgüterindustrie) durch direkte Absprachen oder Vorbringen von Ausstattungswünschen, bei Serien- oder Massenfertigung für den anonymen Markt mit Hilfe von geeignet ausgewählten Testgruppen, die z.B. den Geschmack einer Zahnpasta oder die Konsistenz einer Hautcreme beurteilen.

b) Markenname

Nach der befriedigenden Überprüfung der technischen Funktionen und sonstigen Produkteigenschaften muß bei Markenartikeln das Problem des **Markennamens** gelöst werden. Der Markenname übt einen erheblichen Einfluß auf die Verkaufsfähigkeit eines Produktes aus, so daß eine sorgfältige Wahl geboten ist.

Nach Kotler (Marketing 1995, S. 687 f.) gibt es erfahrungsgemäß einige Faustregeln für einen Markennamen. Es empfehlen sich

- kurze, prägnante und leicht zu merkende Namen (Opel Astra, OMO),
- deutlich von anderen zu unterscheidende Namen,
- Namen, die positive Produkteigenschaften suggerieren (Meister Propper, Holsten Edel).

Wichtigstes Ziel der Namensgebung muß sein, daß der Verbraucher den Namen leicht und dauerhaft im Gedächtnis behält, ihn mit dem Produkt identifiziert und positive Assoziationen hat.

c) Entwurf der Verpackung

Ursprünglich diente die Verpackung nur dem Schutz des Produktes und seiner Transportfähigkeit. Im Laufe der Zeit entdeckte man immer mehr den Einfluß der Verpackung auf den Absatz des Produktes. Wir haben bei der Analyse der Biermarken (S. 48 ff.) gesehen, daß Flaschenform, Flaschenfarbe und Etikett als Aufmachung zu den Produkteigenschaften gehören, die von den Konsumenten als wichtig und damit auch als absatzbeeinflussend eingestuft wurden. Dies gilt natürlich um so mehr, wenn man die Verpackung zusätzlich für Werbung nutzt.

In den heute im Konsumgüterhandel vorherrschenden Selbstbedienungsläden muß die Verpackung die gesamte kommunikative Aufgabe zwischen Produkt und potentiellem Käufer übernehmen, so daß die Elemente des Verpackungs-Designs, wie Größe, Form, Farbe, Material und Markenzeichen, sorgfältig kombiniert werden müssen, um die gewünschte absatzfördernde Wirkung auszuüben.

d) Spezielle Methoden der Produktgestaltung

1. Normung

Normung ist die **einheitliche Festlegung** von Größen, Abmessungen, Formen und Farben **einzelner Teile** eines Produktes.

Als Beispiele sind zu nennen Länge und Durchmesser von Schrauben, Drähten und elektrischen Leitungen, Bausteine von Armaturen (Dichtungen), Widerstände, Kondensatoren usw.

Ziele der Normung von Einzelteilen sind vor allem Senkung der Kosten und Steigerung der Produktivität bei der Montage von Produkten. Sie werden erreicht durch

- geringeren Lagerbedarf für die Einzelteile,
- weniger Verwaltungsarbeiten bei Materiallieferungen,
- geringere Kapitalbindung während des Produktionsprozesses.

Weitere Vorteile der Normung ergeben sich beim Absatz der Produkte durch

- einheitliche Qualitätsbegriffe und damit erhöhte Markttransparenz,
- Wettbewerbsvorteile durch günstiger kalkulierte Absatzpreise,
- höhere Lieferbereitschaft bei Ersatzteilen.

2. Typung

Im Gegensatz zur Normung bezieht sich die Typung nicht auf Einzelteile, sondern auf das ganze Fertigprodukt. Man versteht unter Typung die

> Vereinheitlichung der angebotenen **Produktvarianten** zwecks Verkleinerung des Sortiments.

Die Produktpalette soll durch Typung übersichtlich gestaltet und vereinheitlicht werden um Rationalisierungsmöglichkeiten ausschöpfen zu können. Weitere Vorteile ergeben sich aus einer einfacheren Lagerhaltung, da die Überwachung von Sicherheitsbeständen, Bestellmengen und -preisen wesentlich reduziert werden kann.

Diesen Kostenvorteilen stehen aber auch negative Wirkungen auf den Absatz der Produkte gegenüber:

- Es können nicht mehr alle Kundenwünsche erfüllt werden, woraus u.U. Wettbewerbsnachteile resultieren;
- durch die kleinere Produktpalette werden die ausgleichenden Wirkungen der Diversifikation abgeschwächt.

Um diese Nachteile der Typung zu vermeiden, wird häufig das **Baukastensystem** angewandt, d.h. die Benutzung standardisierter Baugruppen, die unterschiedlich zusammengefügt werden (Jacob, Industriebetriebslehre 1990, S. 458). Jede Kombination dieser Baugruppen stellt einen anderen Typ des Produktes dar. Damit können die Vorteile der Normung verwirklicht werden, ohne die absatzfördernde Typenvielfalt aufgeben zu müssen.

3. Wertanalyse

Mit der Wertanalyse sollen Kosten der Produktgestaltung aufgedeckt werden, die für den **Funktionswert** des Produktes von untergeordneter Bedeutung sind. Dabei ist darauf zu achten, daß der Funktionswert in den Augen der Käufer erhalten bleiben muß, wenn die nicht unbedingt benötigten Produktteile und Gestaltungsmaßnahmen entfallen (z.B. Zierleisten am Pkw).

Bei der Wertanalyse geht man in zwei Schritten vor:

α) Eindeutige **Beschreibung** der **Funktionen** des Produktes oder Produktteiles. Beispiel: Ein Fahrradpedal soll den Antrieb ermöglichen, einen Blinkreflex bewirken und das Aussehen des Fahrrades verbessern.

β) Anwendung von **Produktgestaltungs-Maßnahmen** zur Kostensenkung, die den Funktionswert möglichst unberührt lassen. Beispiele (Jacob, Industriebetriebslehre 1990, S. 455):

- Fortfall eines Produktteils (Trittbretter am Pkw),
- Gewichtsverminderung (Aushöhlung von Stoßstangen),
- Werkstoffänderung (Kunststoff statt Holz bei Schubladen),
- Verminderung von Toleranzen (Glühbirnen),
- Austausch von Teilen gegen Normteile,
- Fremdbezug von Einzelteilen.

Durch diese Maßnahmen versucht die Wertanalyse, die Produktionskosten bei gleichzeitiger Konstanz des Funktionswertes der Produkte zu senken und damit zu einem möglichst günstigen Verhältnis zwischen Produkt-Nutzen und Produkt-Aufwand zu kommen.

IV. Die Produkteinführung

a) Heuristisch-evolutive Erfolgsfaktoren

In dieser ersten Phase des Produkt-Lebenszyklus kommt es darauf an, eine möglichst schnelle und nachhaltige Diffusion der Innovation im Markt zu erreichen. Bei Mutanten in der Evolution hängt diese Diffusion von

- der Vermehrungsgeschwindigkeit,
- dem Selektionsvorteil und
- der Anfangsverbreitung

der Mutanten ab. Dieselben Determinanten gelten auch sinngemäß für Produktinnovationen. Dabei ist zu beachten, daß die **Vermehrungsgeschwindigkeit** kein strategischer Faktor sondern **Ergebnis** strategischer Bemühungen ist und stark von den Abwehrmaßnahmen der Konkurrenten beeinflußt wird. Es gibt Beispiele, wo sich die neue Variante einen gewissen Marktanteil erobert, ohne die Konkurrenzprodukte ganz zu verdrängen (Zeitschrift Woman's World, Intel-Prozessoren 80xxx gegenüber Motorola 68xxx). Eine nicht-lineare Vermehrungsgeschwindigkeit führt dagegen zu einer vollständigen Eroberung des Marktes durch das neue Produkt, wie es z. B. bei der Verdrängung der Digital-Armbanduhren mit Leuchtdioden (LED) durch solche mit Flüssigkeitskristallen (LCD) oder der Markteroberung des VHS-Videosystems der Fall war. Ähnlich ist zu vermuten, daß die CD-Platte in absehbarer Zeit die normale Schallplatte verdrängen wird.

Es kann gezeigt werden (Sabathil, Evolutionäre Strategien 1991, S. 151 f.), daß die Vermehrungsgeschwindigkeit umso höher ist, je größer der **Selektionsvorteil** und die **Anfangsverbreitung** des neuen Produkts ausfällt.

Der Selektionsvorteil eines neuen Produktes ist sein **relativer Wettbewerbsvorteil**, wie er im 3. Kapitel ausführlich besprochen wurde. Als Hauptstrategien zur Verbesserung des Selektions- bzw. Wettbewerbsvorteils kommen die auf S. 44 ff. analysierten in Betracht:

- Kosten- und Preisführerschaft, insbesondere durch **Spezialisierung**, hohes Produktionsvolumen und Ausnutzen der Erfahrungskurve (vgl. S. 109 ff.),
- Abheben des eigenen Produktes von den Konkurrenzprodukten durch höhere Produktqualität, Markenname und Markenimage,
- Konzentration auf **Marktnischen** und Spezialisierung für ein Marktsegment.

b) Die Anfangsverbreitung

Hat das Unternehmen mit Hilfe d.o. Strategien einen Selektionsvorteil aufgebaut, so muß noch für eine **ausreichende Anfangsverbreitung** gesorgt werden, um eine erfolgreiche Produkteinführung zu gewährleisten.

1. Testmarkteinführung

Es ist das Ziel einer regionalen Einführung des innovativen Produktes auf einem **repräsentativen Testmarkt**, dort seine Wettbewerbsvorteile zu erkennen. Durch Hochrechnung der Testmarktergebnisse kann das Unternehmen ermitteln, ob eine ausreichende, für eine nachhaltige Marktduchdringung erforderliche Anfangsverbreitung auf dem Gesamtmarkt erwartet werden kann.

Damit der Testmarkt Basis einer Hochrechnung für den Gesamtmarkt sein kann, muß er bestimmte Bedingungen erfüllen:

1. Der Testmarkt sollte möglichst **repräsentativ** für den Gesamtmarkt sein, d.h. die sozio-ökonomischen und demographischen Merkmale der potentiellen Käufer sollten auf beiden Märkten übereinstimmen.
2. Der Testmarkt sollte regional eindeutig abgegrenzt und im Idealfall von anderen Teilmärkten isoliert sein.
3. Der Testmarkt sollte über die Distributionskanäle und Werbemedien verfügen, die im Gesamtmarkt genutzt werden können.

Es liegt auf der Hand, daß es kaum Teilmärkte gibt, die alle Bedingungen für einen Testmarkt erfüllen. So war z. B. Berlin (West) vor der Vereinigung ein eindeutig abgegrenzter und für viele Produkte weitgehend isolierter Teilmarkt, doch war die demographische Schichtung der Bevölkerung (insbesondere der Altersaufbau) anders als im ehemaligen Bundesgebiet. Bei der Auswahl des Testmarktes sind daher Kompromisse unvermeidlich, die natürlich das Risiko einer Hochrechnung der Ergebnisse erhöhen.

Um auf dem Testmarkt zu verläßlichen Resultaten zu gelangen, sollte der Markttest nicht nur die **Erstkäufe**, sondern auch **Wiederholungskäufe** umfassen. Damit werden die Wirkungen der besonderen Motive bei Erstkäufen (Neugier, Impulskauf) weitgehend neutralisiert und eine langfristige Prognose der Marktdurchdringung erleichtert.

Nach Abschluß der Markttestphase liegen die Verkaufsergebnisse im Testmarkt vor und müssen auf den Gesamtmarkt hochgerechnet werden. Sind die Testmarktbedingungen einigermaßen gewahrt, so kann man folgende Hochrechnungsgleichung benutzen:

$$\text{(25)} \quad \text{Umsatz Gesamtmarkt} = a \cdot \text{Umsatz Testmarkt}$$

Die Größe a ist hierbei als das Verhältnis von Faktoren auszudrücken, die auf den Umsatz des neuen Produktes den größten Einfluß ausüben. Brockhoff (Produktpolitik 1993, S. 225 f.) erwähnt vier Einflußfaktoren:

$$\text{(26a)} \quad a_1 = \frac{\text{Disponibles Einkommen Gesamtmarkt (GM)}}{\text{Disponibles Einkommen Testmarkt (TM)}}$$

$$\text{(26b)} \quad a_2 = \frac{\text{Umsatz eines Vergleichsproduktes GM}}{\text{Umsatz eines Vergleichsproduktes TM}}$$

$$\text{(26c)} \quad a_3 = \frac{\text{Anzahl der potentiellen Nachfrager GM}}{\text{Anzahl der potentiellen Nachfrager TM}}$$

$$\text{(26d)} \quad a_4 = \frac{\text{Umsatz der Produktart GM}}{\text{Umsatz der Produktart TM}}$$

Gleichung (26c) erscheint vorzugswürdig, da im Normalfall die Anzahl der potentiellen Käufer der beste Indikator für den Umsatz darstellt. Sollten allerdings Einkommensunterschiede zwischen Test- und Gesamtmarkt bestehen, so müssen sie als Kaufkraftindikatoren über Gleichung (26a) berücksichtigt werden.

Die Hochrechnungsergebnisse zeigen nur ein momentanes statistisches Bild der Marktposition des neuen Produktes. Ob die Marktdurchdringung auch auf lange Sicht gelingen kann, darüber muß eine langfristige Prognose Aufschluß geben, für die allerdings keine Zeitreihenwerte aus der Vergangenheit vorliegen. Eine Methode, die diese Schwierigkeiten zu umgehen versucht, wird in Abschnitt V. behandelt.

2. Verteilung einer Proto-Produktversion

Eine weitere Strategie ist die **kostenlose Verteilung** einer "abgemagerten" Variante des Produktes, die das Verlangen nach dem vollständigen Produkt wecken soll. Die Demonstrationsversion eines neuen Softwareproduktes enthält nur einige Funktionen, ist aber trotzdem in der Lage, einen Vorgeschmack auf den gesamten Leistungsumfang beim Benutzer zu erzeugen und wird deswegen gern gegen eine geringe Gebühr oder sogar kostenlos an potentielle Kunden abgegeben. In ähnlicher Weise wirken die Vorab-Veröffentlichungen von neuen Büchern in Zeitschriften.

Alle diese Strategien tragen - richtig angewandt - ihren Teil zu einer schnellen und nachhaltigen Marktdurchdringung des neuen Produktes bei oder geben zumindest Hinweise darauf, daß die gewünschte Diffusion wahrscheinlich nicht erreicht wird. Sie bilden daher die Grundlage für das heuristisch-evolutive strategische Management von Produktinnovationen.

V. Prognose der langfristigen Marktdurchdringung

Parfitt und Collins (Prediction 1968) haben eine in der Praxis nicht selten angewendete Methode entwickelt, um die Marktdurchdringung eines neuen Produktes mit einem Modell zu prognostizieren, das die Erst- und die Wiederholungskäufe als zwei stochastische Prozesse miteinander verknüpft.

a) Modellierung der Erstkäufe

Parfitt und Collins haben empirisch festgestellt, daß bei kurzlebigen Konsumgütern (z.B. Spülmittel, Zahnpasta, Kaffee) folgende Aussagen über Erstkäufe gemacht werden können (vgl. auch Meffert/Steffenhagen, Marketing-Prognosemodelle 1977, S. 142 ff.):

1. die Zahl der Erstkäufer nimmt in jeder Periode ab,
2. die kumulierte Zahl der Erstkäufer strebt einem Grenzwert analog dem Sättigungsniveau zu,
3. die Zahl der Erstkäufer pro Periode ist proportional der Differenz aus Grenzwert (Punkt 2.) und kumulierter Zahl der bisher erreichten Erstkäufer.

Diese Aussagen sind nun zu quantifizieren. Wir benutzen folgende Symbole:

$\Delta Y(t)$ = Zahl der Erstkäufer in der Periode t (in % der Zielgruppe)

$Y(t) = \sum_{\tau=1}^{t} \Delta Y(\tau)$ = kumulierte Zahl von Erstkäufern in der Periode t (in % der Zielgruppe)

S = Grenzwert der Marktdurchdringung (in % der Zielgruppe)

r = Proportionalitätsfaktor (Annäherungsrate an S) $(0 < r < 1)$

Nach Aussage 3 ergibt sich folgende Entwicklung von Y(t):

(27a) $$\Delta Y(1) = rS$$

(27b) $$\Delta Y(2) = r[S - \Delta Y(1)] = rS(1 - r)$$

(27c) $$\Delta Y(3) = r[S - \Delta Y(1) - \Delta Y(2)] = rS(1 - r)^2$$

oder allgemein

(28) $$\Delta Y(t) = rS(1 - r)^{t-1}.$$

Daraus folgt für Y(t):

(29) $$Y(t) = \sum_{\tau=1}^{t} \Delta Y(\tau) = rS \sum_{\tau=1}^{t} (1 - r)^{\tau-1} = S[1 - (1 - r)^t]$$

Geht man zur kontinuierlichen zeitlichen Betrachtung über und läßt die Perioden t infinitesimal klein werden, ohne das Ergebnis der Summierung in (29) zu verändern, so muß man r durch die "Verzinsungsintensität" ρ ersetzen nach der Gleichung

(30) $$1 - r = e^{-\rho} \qquad (e = 2{,}71828..)$$

und erhält die zeitliche Entwicklung der Marktdurchdringung durch Erstkäufe in der Gestalt

(31) $$Y(t) = S(1 - e^{-\rho t}).$$

Abb. 22 zeigt diese Entwicklung für S = 60% und r = 0,3.

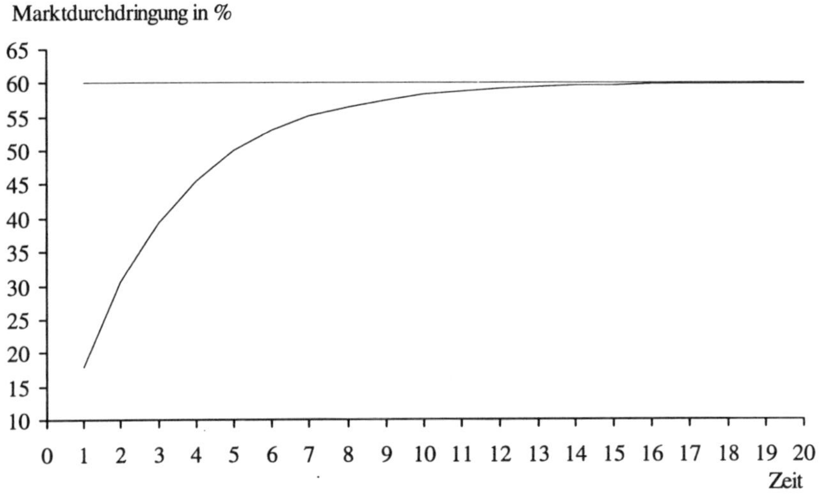

Abb. 22 Marktdurchdringung durch Erstkäufe (S = 60% ; r = 0,3)

b) Modellierung der Wiederholungskäufe

Die Erstkäufe reichen zur Prognose des langfristigen Marktanteils unseres neuen Produktes noch nicht aus, da nur diejenigen Erstkäufer, die nicht aus Neugierde gekauft haben, zu Wiederholungskäufern werden. Im Laufe der Zeit wird auch die Zahl der Wiederholungskäufer durch Abwanderungen geringer, so daß schließlich nur ein Prozentsatz w_0 von "markentreuen" Wiederholungskäufern übrig bleibt. Damit ergibt sich für den Anteil w(t) der Wiederholungskäufer an allen Erstkäufern in der Periode t folgende degressive Funktion

(32) $$w(t) = \frac{a}{t+b} + w_0 \qquad (a, b > 0; w_0 \geq 0).$$

Durch Multiplikation des Erstkaufmarktanteils Y(t) mit dem Anteil der Wiederholungskäufer w(t) ergibt sich die endgültige und langfristige Marktdurchdringung M(t)

(33) $$M(t) = Y(t) \cdot w(t) = S(1 - e^{-\rho t})(\frac{a}{t+b} + w_0)$$

mit dem Grenzwert

(34) $$\lim_{t \to \infty} M(t) = S \cdot w_0.$$

Abb. 23 zeigt den Verlauf von M(t). Als Parameter wurden gewählt

$w_0 = 0{,}3 \quad a = 0{,}7 \quad b = 0{,}3.$

Abb. 23 zeigt, daß sich die Entwicklung des Marktanteils ab t = 8 langsam dem Grenzwert 18% annähert. Das in t = 7 erreichte Marktanteilsmaximum von knapp 22% kann langfristig nicht gehalten werden.

Kritisch ist gegen das Parfitt/Collins-Modell einzuwenden, daß die Schätzungen der Parameter S, r, a, b und w_0 außerordentlich schwierig sind, da für das neue Produkt keine Zeitreihenwerte vorliegen. Man behilft sich meistens mit Daten aus der Testmarktphase, heuristischen Schätzungen oder Analogieschlüssen aus vergleichbaren früheren Markteinführungen.

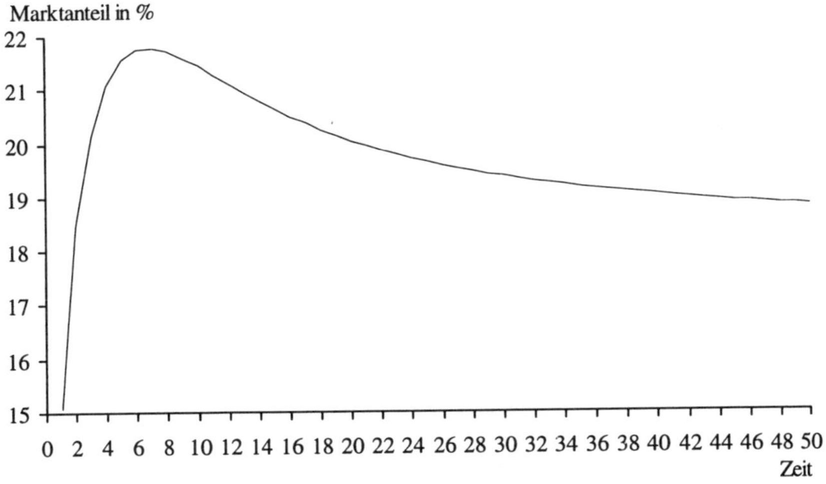

Abb. 23 Entwicklung des Marktanteils eines neuen Produktes

C. Folgerungen für die strategische Programmplanung

In den vorangegangenen Abschnitten sind die wesentlichen Untersuchungen beschrieben worden, die Grundlage der strategischen Produktionsprogrammentscheidungen sein sollten.

Zunächst wurde das bisher verwirklichte Produktionsprogramm des Industriebetriebes analysiert. Dabei waren insbesondere folgende Kriterien von Bedeutung:

- Die gegenwärtige Wettbewerbsposition der Produkte des Unternehmens,
- die Stellung der Produkte im Lebenszyklus,
- die langfristigen Absatzchancen der Produkte.

Anschließend beleuchteten wir den Prozeß der Planung eines neuen Produktes in den einzelnen Phasen:

- Heuristische Suche nach Neuproduktideen,
- Entwicklung einer Produktkonzeption,
- Produkttest auf einem Testmarkt,
- Prognose der Marktdurchdringung.

Auf diesen Grundlagen aufbauend lassen sich nun strategische Produktentscheidungen zieladäquat treffen.

I. Produktinnovationsstrategien

Ein neues Produkt wird auf dem Markt eingeführt, wenn das Unternehmen dadurch eine nachhaltige Stärkung seines zukünftigen Gewinnpotentials erwartet. Dazu müssen die Marktattraktivität (vgl. S. 35 f.) des Produktfeldes, gemessen am Marktvolumen und Marktwachstum, hinreichend groß und die Chancen des neuen Produktes auf einen angemessenen Marktanteil hoch sein.

Die Entscheidung, das neue Produkt endgültig auf dem Markt einzuführen, kann gefällt werden, wenn die Ergebnisse des Produkttests auf dem Testmarkt und die Prognose der langfristigen Marktdurchdringung vorliegen.

Kotler (Marketing 1995, S. 543 ff.) gibt ein einfaches Verfahren an, Produkteinführungsstrategien zu entwickeln, die von der Erst- und Wiederkaufsrate des Produktes auf dem Testmarkt abhängen. Tab 11 zeigt die Strategien:

Tab. 11 Produkteinführungsstrategien nach Kotler (1995)

Erstkaufsrate	Wiederkaufsrate	Strategie
hoch	hoch	Produkt einführen
hoch	niedrig	Produkt neu bearbeiten oder aufgeben
niedrig	hoch	Werbung/Verkaufsförderung intensivieren
niedrig	niedrig	Produkt aufgeben

Wenn die Erstkaufsrate hoch und die Wiederkaufsrate niedrig ist, kann man daraus schließen, daß das Produkt zwar eine Bedarfslücke füllt, aber noch nicht ausgereift ist. Dieser Mangel kann durch Veränderungen der Konstruktion oder der

Verarbeitungsqualität evtl. behoben werden. Bei niedriger Erstkaufsrate ist das neue Produkt noch zuwenig bekannt, was durch erhöhte Verkaufs- und Werbeanstrengungen verbessert werden muß, bevor das Produkt (bei hoher Wiederkaufsrate) eingeführt werden kann.

Ein gewisser Nachteil von Kotlers Schema liegt darin, daß die Begriffe "hoch" und "niedrig" nicht eindeutig abgegrenzt werden können, doch muß die Praxis häufig mit solchen "unscharfen" Begriffen arbeiten, die nur vom Unternehmen selbst aus der Gesamtzielsetzung heraus festzulegen sind. Diese Festlegung hängt ab von der

- Risikoeinstellung der Geschäftsführung und dem
- Anlaß der Neuprodukt-Einführung.

Ist der Anlaß z.B. eine **Diversifikationsstrategie**, möchte das Unternehmen also in Produktfelder eindringen, in denen es bisher nicht tätig war, wird man die Grenze zwischen hoch und niedrig unter derjenigen in heimischen Produktfeldern festlegen, um die Diversifikation nicht über Gebühr zu erschweren.

Der Produkteinführungsstrategie bei neuen Produkten stehen nun bei den schon auf dem Markt angebotenen Produkten drei Strategien gegenüber:

- Produktintensivierung,
- Produktvariation bzw. -differenzierung,
- Produkteliminierung.

Sie sind Gegenstand des nächsten Abschnittes.

II. Strategien für am Markt eingeführte Produkte

a) Produktintensivierung

Diese Strategie gehört zu den Investitions- und Wachstumsstrategien (vgl. S. 39). Sie ist angebracht, wenn

- die Wettbewerbsposition des eigenen Produktes entscheidend verbessert wurde (z.B. durch Ausscheiden eines Konkurrenten) oder
- das Produkt in die Wachstumsphase seines Lebenszyklus eintritt oder
- die prognostizierten langfristigen Absatzchancen sich durch neue Marktentwicklungen (z.B. Bedarfsverschiebungen oder Geschmackswandlungen) nachhaltig erhöhen.

Folge einer Produktintensivierung ist vor allem eine Ausweitung der Produktionskapazitäten sowie flankierende absatzpolitische Maßnahmen, insbesondere der Preispolitik und der Verkaufsförderung.

Eindrucksvolle Beispiele für eine Produktintensivierungsstrategie sind der Verkaufserfolg des Opel Kadett Ende der 70er Jahre infolge der stark gestiegenen Benzinpreise (Bedarfsverschiebung zu kleineren und wirtschaftlicheren Automobilen) sowie der Anstieg des Fahrradabsatzes infolge des geschärften Umwelt- und Gesundheitsbewußtseins.

b) Produktvariation bzw. -differenzierung

Bei dieser Strategie unterscheiden wir zwei Ausprägungen:

1. Ein bisher auf dem Markt angebotenes Produkt wird in seinen funktionellen oder anderen absatzbeeinflussenden Eigenschaften (Farbe, Form, Verpackung

usw.) verändert und ersetzt das ursprüngliche Produkt. Beispiele für eine solche Produktvariation sind die zeitlich aufeinanderfolgenden Modelle der Automobilhersteller (Opel Rekord A bis E). Sie spiegeln häufig die Entwicklung des technischen Fortschritts oder die Anpassung an veränderte Umweltgegebenheiten bzw. Modetrends wider.

2. Ein Grundprodukt wird gleichzeitig in mehreren Varianten auf dem Markt angeboten, um verschiedene Zielgruppen anzusprechen. So kann z.B. ein bestimmtes Pkw-Modell zwei- oder viertürig, mit Schalt- oder automatischem Getriebe sowie mit Schiebedach ausgerüstet werden. Man nennt diesen Fall der Produktvariation auch **Produktdifferenzierung**. Er bietet durch verschiedene Preisgestaltung für die Varianten die zusätzliche Möglichkeit, die unterschiedliche Nachfrageelastizität der einzelnen Käuferschichten gezielt auszunutzen. Produktdifferenzierungen werden vor allem bei technischen Konsumgütern vorgenommen, die über eine einheitliche technische Grundfunktion verfügen und darüber hinaus zusätzliche Ausstattungen, die der Bequemlichkeit oder der Energieersparnis dienen sollen, bieten. In diesen Zusammenhang gehören die Fernbedienung bei Fernsehgeräten, die Kabelaufrollautomatik bei Staubsaugern, die Sparprogramme bei Waschmaschinen und das 5-Gang-Getriebe beim Pkw.

Man kann davon ausgehen, daß die beiden Ausprägungen der Produktvariation in der Praxis Hand in Hand gehen. Aus der Erkenntnis des Lebenszyklusprozesses ergibt sich die Notwendigkeit der Produktvariation im Sinne der **Substitution** des alten durch ein neues Produkt. Wenn der Markenname und andere wichtige Produktcharakteristika erhalten bleiben (z.B. bei Persil seit 1907), spricht man von einem "Relaunch" des Produktes, der eine neue Wachstumsphase einleiten kann.

Diese "Produkterneuerungen" werden mit Maßnahmen der Produktdifferenzierung kombiniert, um ein breitgefächertes Angebot für die Konsumenten bereit zu halten. Die Produktvariationsstrategie bewährt sich regelmäßig trotz der höheren Kosten, wenn Käuferschichten mit unterschiedlichen Einkommen oder Konsumgewohnheiten angesprochen werden sollen (z.B. auf dem Biermarkt durch die Premiumbiere).

c) Produkteliminierung

Befindet sich ein Produkt in der Degenerationsphase seines Lebenszyklus und sind Produkt-Relaunches nicht möglich oder auf Grund hoher Kosten oder schrumpfenden Gesamtmarktes nicht profitabel, so kann man das Produkt auslaufen lassen und die restlichen Gewinne abschöpfen. Wird jedoch der produktbezogene Cash-flow (= Einnahmenüberschuß) negativ, ist das Produkt aus dem Produktionsprogramm zu eliminieren.

Der Zwang zur Eliminierung eines Produktes geht jedoch nicht immer vom Markt aus. Durch Änderung gesetzlicher Vorschriften, insbesondere im Bereich der Umweltschutzgesetzgebung (z.B. Grenzwerte des Schwefeldioxid-Ausstoßes von Kraftwerken) sind Unternehmen manchmal gezwungen, Produkte aus dem Programm zu nehmen. Zuweilen hat auch die Stiftung Warentest bei Tests festgestellt, daß Produkte den Sicherheitsansprüchen nicht genügten (z.B. bestimmte Spielzeug-Trafos). Die entsprechenden Produkte wurden zumeist umgehend von den Herstellern aus dem Produktionsprogramm entfernt.

Die Produkteliminierungsstrategie ist somit das letzte Glied in der Kette der strategischen Produktentscheidungen eines Industriebetriebs.

Mit der Kenntnis dieser Strategien und der ihnen zugrunde liegenden Analysen, die im vorliegenden Kapitel detailliert dargestellt wurden, kann die erste strategische Hauptaufgabe des Unternehmens, nachhaltige Gewinnpotentiale für das Unternehmen zu erschließen und zu sichern, als erfüllt angesehen werden. Wir wenden uns nunmehr der zweiten Hauptaufgabe, den Entscheidungen über die zur Wahrung der Marktchancen einzusetzenden Ressourcen zu, deren wichtigste Komponente - die Produktionstechnologie - Gegenstand des nächsten Kapitels ist.

5. Kapitel: Technologie- und Umweltmanagement

Die strategischen Entscheidungen auf der Produktionsseite des Industriebetriebes beziehen sich vor allem auf die Frage, mit welchen **Ressourcen** der Betrieb die geplanten Produkte erzeugen soll. Während die konkrete Produktionsdurchführung (Materialbeschaffung und Produktionsablauf) zum operativen Management (vgl. Teil III, S. 245 ff.) gehört, ist Gegenstand der strategischen Planung vor allem der Standort der Produktion und die Auswahl der geeigneten Produktionstechnologie, da Entscheidungen über diese beiden Problemkomplexe die Unternehmung langfristig binden und die finanziellen Ressourcen erheblich beanspruchen.

A. Der betriebliche Standort

I. Die Standortfaktoren

Die Standortwahl gehört ohne Zweifel zu den Entscheidungen mit sehr langfristigen Auswirkungen auf das Wohlergehen des Industriebetriebes. Eine Fehlentscheidung bei der Standortwahl kann später nur mit erheblichen Kosten korrigiert werden, ja sogar ein Unternehmen in existenzielle Bedrängnis bringen, so daß eine eingehende Standortanalyse vor dieser strategischen Entscheidung dringend geboten erscheint.

Im folgenden verstehen wir unter dem Begriff **Standort**

den geographischen Ort, an dem der Industriebetrieb Güter erstellt oder verwertet (Hansmann, Standortplanung 1974, S. 15 f.).

In dieser Definition ist die Möglichkeit eingeschlossen, daß ein Betrieb mehrere Standorte (Produktions-, Verwaltungs- bzw. Verkaufszentren) unterhält, was mit dem Begriff "Standortspaltung" umschrieben sei (Jacob, Standortwahl 1976, S. 9).

Für die weiteren Ausführungen wichtig ist der Begriff des **Standortfaktors**. Wir verstehen darunter jede **standortspezifische** Einflußgröße des Erfolgs einer Industrieunternehmung.

So ist z.B. das Lohnniveau, das in verschiedenen Regionen der Bundesrepublik unterschiedliche Höhen erreicht und damit standortspezifisch wirkt, über die Personalkosten eine Erfolgsgröße und somit ein Standortfaktor. Im Gegensatz dazu beeinflußt die Körperschaftsteuer zwar den Erfolg des Unternehmens, aber innerhalb des Bundesgebietes in gleicher Weise und ist daher für bundesdeutsche Standorte kein Standortfaktor.

Der Einfluß der Standortfaktoren auf den Erfolg des Betriebes wird im Rahmen der **Standortanalyse** ermittelt. Auf Grund ihrer Ergebnisse ist es möglich, den im Sinne der Unternehmenszielsetzung günstigsten Standort auszuwählen. Hierzu bedarf es

1. der Kenntnis aller relevanten Standortfaktoren und
2. eines Verfahrens, das die qualitativen und quantitativen Wirkungen der Standortfaktoren an den potentiellen Standorten zu bewerten gestattet (vgl. Abschnitt II. und III., S. 92 ff.).

Zunächst seien an dieser Stelle wichtige Standortfaktoren der Industrieunternehmungen auszugsweise aufgeführt. Eine vertiefende Betrachtung findet sich in (Hansmann, Standortplanung 1974).

a) Quantitative Standortfaktoren

Einflußgrößen, deren Beitrag zum Unternehmenserfolg direkt gemessen werden kann, sind quantitative Standortfaktoren. Die wichtigsten können der nachstehenden Zusammenstellung entnommen werden.

Tab. 12 Wichtige quantitative Standortfaktoren eines Industriebetriebes

1.	Transportkosten der Produkte vom Standort zu den Absatzmärkten
2.	Grundstückskosten (einschließlich Erschließungskosten)
3.	Kosten der Errichtung der Gebäude
4.	Personalkosten
5.	Beschaffungskosten der Materialien
6.	Standortabhängige Finanzierungskosten
7.	Regionale Förderungsmaßnahmen der öffentlichen Hand (Investitionszuschüsse, Sonderabschreibungen, Finanzierungshilfen)
8.	Grund- und Gewerbesteuer (Hebesätze!)
9.	Gewinnsteuern (bei internationaler Betrachtung)
10.	Regionale Differenzierung der Absatzpreise

Für eine konkrete Standortanalyse sind die relevanten Standortfaktoren aus diesem Katalog zugrunde zu legen. Es zeigt sich jedoch, daß eine Standortentscheidung allein aufgrund der quantitativen Standortfaktoren meist nicht zufriedenstellend getroffen werden kann, weil die wirtschaftliche und gesellschaftliche Gesamtsituation des Unternehmens auch von nicht-quantifizierbaren Einflußgrößen abhängt.

b) Qualitative Standortfaktoren

Der Einfluß dieser Faktoren kann nicht direkt gemessen, sondern muß von den Planungs- und Entscheidungsträgern subjektiv geschätzt werden. Die folgende Tabelle enthält einige qualitative Standortfaktoren aus (Hansmann, Standortplanung 1974, S. 139 ff.).

Tab. 13 Wichtige qualitative Standortfaktoren eines Industriebetriebes

1.	Grundstück (Lage, Form, Bodenbeschaffenheit, Bebauungsvorschriften, Umgebungseinflüße, Ausdehnungsmöglichkeiten)
2.	Verkehrslage des Grundstücks (Verbindung zum Personen- und Güterverkehrsnetz)
3.	Arbeitskräftebeschaffung (Bevölkerungsstruktur und -ausbildung, Arbeitskraftreserven, Konkurrenz auf dem Arbeitsmarkt)
4.	Transportsektor (Speditionsunternehmen, Nähe eines Seehafens)
5.	Absatzbereich (Branchengoodwill, Kaufkraft der Bewohner, Konkurrenz)
6.	Investitions- und Finanzierungsbereich (Bankplatz, Kreditinstitute, Nähe von Anlagen- und Maschinenbaufirmen)
7.	Infrastruktur des Standorts (Wohnraum, Krankenhäuser, Bildungs- und Kultureinrichtungen, landschaftliche Lage, Umgebung)

Man erkennt deutlich, daß z.B. der Standortfaktor "Verkehrslage des Grundstücks" sicherlich einen Einfluß auf den Gewinn des Unternehmens hat, doch kann dies nicht in Mark und Pfennig ausgedrückt werden. Man ist daher gezwungen, die Verkehrslage subjektiv zu bewerten, um Standorte in dieser Beziehung vergleichen zu können. Ähnliches gilt für die übrigen qualitativen Standortfaktoren (insbesondere Infrastruktur). Wir werden im nächsten Abschnitt mit dem uns schon aus dem letzten Kapitel (S. 76 f.) geläufigen Punktbewertungsverfahren eine qualitative Standortanalyse durchführen.

II. Heuristische Standortanalyse

Ein in der Praxis verbreitetes einfaches Verfahren zur Auswahl des günstigsten Standortes ist folgendes: eine Check-Liste von Standortfaktoren wird für jeden Standort durchgearbeitet und danach eine Rangfolge der potentiellen Standorte aufgestellt.

Eine Formalisierung dieses Verfahrens ergibt das Scoring-Modell, das wichtigste Element der heuristischen Standortanalyse.

a) Lösungsansatz

Wir gehen von n potentiellen Standorten S_i (i = 1,...,n) und m Standortfaktoren SF_j (j = 1,...,m) aus. Für den Entscheidungsträger hat jeder Standortfaktor ein bestimmtes, vor der Analyse festzulegendes Gewicht g_j. Wir definieren eine Bewertungsskala für die Standorte, die von Null Punkten (= ungenügende Eignung) bis 10 Punkten (= hervorragende Eignung) reicht.

r_{ij} ist dann der (ungewogene) Punktwert, den der i-te Standort bei der Beurteilung des j-ten Standortfaktors im Rahmen der Analyse erhält. Multipliziert mit dem Gewicht g_j des Standortfaktors j ergibt sich der gewogene Punktwert

(35) $$R_{ij} = r_{ij} \cdot g_j .$$

Die Bewertungsziffer Z_i des Standortes i ist das Resultat einer Verknüpfung der einzelnen R_{ij}.

Aus der Vielzahl von möglichen Verknüpfungsregeln seien im folgenden beispielhaft zwei Regeln angewandt (Lüder, Standortwahl 1990, S. 38 f.).

1. Die Additionsregel mit Mindestanforderung

(36) $$Z_i = \begin{cases} 0 & \text{falls } \min\limits_j R_{ij} = 0 \\ \sum\limits_j R_{ij} & \text{sonst} \end{cases}$$

2. Die Minimumregel

(37) $$Z_i = \min_j R_{ij}$$

Beide Regeln setzen voraus, daß die Standortfaktoren unabhängig voneinander bewertet werden können, da nur in diesem Fall die Operationen Addition und Minimumbildung sinnvoll sind.

Falls ein potentieller Standort bei einem Standortfaktor eine ungenügende Eignung aufweist ($R_{ij} = 0$), schlägt diese Bewertung in beiden Regeln durch, und die Gesamtbewertungsziffer Z_i wird ebenfalls Null. Dadurch können zwingende Mindestanforderungen berücksichtigt werden. Die Minimumregel ist geprägt durch das Vorsichtsprinzip, einen Standort insgesamt nur so hoch zu bewerten wie beim ungünstigsten Standortfaktor.

b) Praktisches Beispiel

Das nachfolgende Beispiel ist ein vereinfachter Auszug aus einer Standortanalyse, die der Verfasser für ein Unternehmen des Maschinenbaus durchgeführt hat.

Betrachtet werden die Standortfaktoren

1. Grundstück (Gewicht $g_1 = 0{,}4$)
2. Verkehrslage des Grundstücks ($g_2 = 0{,}2$)
3. Arbeitskräftebeschaffung ($g_3 = 0{,}3$)
4. Infrastruktur ($g_4 = 0{,}1$)

Folgende Mindestanforderungen werden an den Standort gestellt:

1. Mindestgröße des Grundstücks 5000 m^2.
2. Die nächste Autobahnauffahrt darf höchstens 10 km vom Grundstück entfernt liegen.
3. Auf dem Arbeitsmarkt dürfen höchstens drei bedeutende andere Unternehmen in Konkurrenz stehen.
4. Die Miete für angemessenen Wohnraum der Belegschaft darf 12 DM/m^2 nicht übersteigen.

Untersucht wurden vier Standorte in drei Städten. Die Standorte I und II liegen in derselben Stadt. In der folgenden Tabelle sind die Daten des Problems wiedergegeben:

Tab. 14 Daten der heuristischen Standortanalyse

Standortfaktor / Standort	1 Grundstücksgröße (m^2)	2 Autobahnentfernung (km)	3 Konkurrenzfirmen Arbeitsmarkt	4 Miete/Wohnraum (DM/m^2)
I	7000	1	1	12
II	10000	8	1	12
III	5000	3	3	6
IV	8000	12	1	9

Die qualitative Beurteilung erfolgte auf einer Skala, die von Null Punkten (= Mindestanforderung nicht erfüllt) bis 10 Punkten reichte. Die Ergebnisse zeigt Tab. 15.

Tab. 15 Ergebnisse der qualitativen Bewertung der Standorte (in Punkten)

Standort \ Standortfaktor	1		2		3		4		$\sum_j r_{ij}$	$\sum_j R_{ij}$
	ungewogen	gewogen	ungewogen	gewogen	ungewogen	gewogen	ungewogen	gewogen		
I	8	3,2	10	2,0	7	2,1	1	0,1	26	7,4
II	4	1,6	2	0,4	7	2,1	1	0,1	14	4,2
III	1	0,4	8	1,6	1	0,3	7	0,7	17	3,0
IV	7	2,8	0	0,0	7	2,1	4	0,4	18	5,3

Bei Anwendung der **Additionsregel** ergeben sich folgende Gesamt-Bewertungsziffern der Standorte:

$Z_I=7,4$ $Z_{II}=4,2$ $Z_{III}=3,0$ $Z_{IV}=0,0$

Die **Minimumregel** erzeugt die Bewertungsziffern

$Z_I=0,1$ $Z_{II}=0,1$ $Z_{III}=0,3$ $Z_{IV}=0,0$

Beide Regeln schließen also den Standort IV aus, da er zu weit von der Autobahn (12 km) entfernt liegt. Nach der Additionsregel ist Standort I der optimale Standort, während die Minimumregel Standort III bevorzugt.

Mit diesem Beispiel sollte gezeigt werden, daß das Ergebnis der heuristischen Standortanalyse nicht nur von der (subjektiven) Beurteilung der Standorte, sondern auch von der angewandten Verknüpfungsregel abhängt.

c) Kritik an dem Lösungsansatz

Obwohl das Scoring-Modell bei Standortanalysen in der Praxis gute Dienste leistet, sollen hier einige Punkte zusammengefaßt werden, die sich als Unzulänglichkeiten herausstellen **können** und dann zu unbefriedigenden Ergebnissen führen.

- Die Gewichtung der Standortfaktoren, die Bewertung der Standorte und die Auswahl der Verknüpfungsregel sind subjektiver und damit nicht nachprüfbarer Natur.
- Die Merkmalsausprägungen der Standortfaktoren lassen sich nicht immer eindeutig auf einer Intervallskala abbilden.
- Eine Standortspaltung, d.h. die Auswahl mehrerer Standorte, läßt sich nicht in das Modell integrieren, da es z.B. nicht sicher ist, daß die ranghöchsten Standorte sich auch gegenseitig optimal ergänzen würden.
- Quantitative Größen wie Erlöse und Kosten werden nicht genügend berücksichtigt.

Es ist auf jeden Fall vorteilhaft, die wichtige heuristische Standortanalyse durch ein quantitatives Standortmodell zu ergänzen, um den direkten Einfluß des Standortes auf den Erfolg des Unternehmens zu bestimmen.

III. Quantitative Standortoptimierung

Für die quantitative Standortplanung sind zwei prinzipiell verschiedene Ansätze möglich:

- Die Anzahl der potentiellen Standorte wird als theoretisch unbegrenzt angesehen; jeder Punkt der Erdoberfläche kann zum Standort gewählt werden. Zur Lösung des Problems sind die Infinitesimalrechnung bzw. geometrische Methoden geeignet.
- Aus einer Menge von endlich vielen potentiellen Standorten werden diejenigen ausgewählt, die eine vorgegebene Zielfunktion optimieren. Zur Anwendung kommen Methoden der abgekürzten Enumeration oder die ganzzahlige Optimierung (Hansmann, Standortplanung 1974).

Der erste Ansatz ist historisch älter und wurde 1909 von A. Weber (Standort 1922) in die Standortliteratur eingeführt. Da aber in der Realität nicht jeder Punkt der Erdoberfläche potentieller Standort ist, kann man den Weberschen Ansatz nur als erste Annäherung an eine Standortoptimierung bezeichnen. Zur groben Orientierung über ein konkretes Standortproblem ist der Ansatz aber manchmal recht hilfreich.

a) Der Steiner-Weber-Ansatz

Das methodische Rüstzeug der Weberschen Standorttheorie wurde ursprünglich von dem Mathematiker Jacob Steiner (1796-1863) entwickelt, so daß dieser Ansatz in der Literatur meistens als Steiner-Weber-Problem zu finden ist.

1. Der Lösungsansatz

Der Industriebetrieb produziert ein Gut, das an verschiedenen Punkten der Erdoberfläche, den sog. Konsumorten, abgesetzt wird. Man kann sich darunter Absatzgebiete vorstellen, in deren Mittelpunkten Großstädte liegen (z.B. der Großraum Hamburg mit ca. 2,8 Mio. Einwohnern) und die vom noch zu bestimmenden Standort aus beliefert werden sollen. Die Nachfrage in den Konsumorten ist bekannt.

Zur Produktion benötigt der Industriebetrieb Materialien (inkl. Vorprodukte), die von bestimmten Angebotsorten, den sog. Fundorten, bezogen werden. Der Bedarf an diesen Gütern ist bekannt.

Der Standort soll so gewählt werden, daß die gesamten Transportkosten für Materialien und Fertigprodukte möglichst gering sind. Der Transportkostensatz pro Kilometer und Tonne ist eine konstante Größe und für Materialien und Fertigprodukte gleich[12]. Abb. 24 zeigt eine geometrische Darstellung dieses Standortproblems.

Bezeichnet man den Transportkostensatz pro km und t mit c und die gesamten Transportkosten in der Planperiode mit T, so ist folgende Zielfunktion zu minimieren.

---

[12] Die Voraussetzung eines einheitlichen Transportkostensatzes für Material und Fertigprodukte dient der Übersichtlichkeit der folgenden Ableitungen und könnte ohne weiteres entfallen. Wesentlich ist jedoch die Unabhängigkeit des Transportkostensatzes von der Entfernung und der transportierten Menge.

(38) $$T = c(a_1 r_1 + a_2 r_2 + \ldots + a_n r_n) = c \sum_{i=1}^{n} a_i r_i \Rightarrow \text{Min!}$$

Diese Zielfunktion enthält n Variable r_i (i = 1,...,n), die von der Wahl des Standortes abhängen.

Legt man nun ein Gitternetz über die Erdoberfläche (z.B. mit Längen- und Breitengraden), so sind Fund- und Konsumorte sowie der Standort durch jeweils zwei Koordinatenwerte eindeutig bestimmt. Der Standort erhält die variablen Koordinaten x und y, die übrigen Orte die festen Koordinaten x_i und y_i.

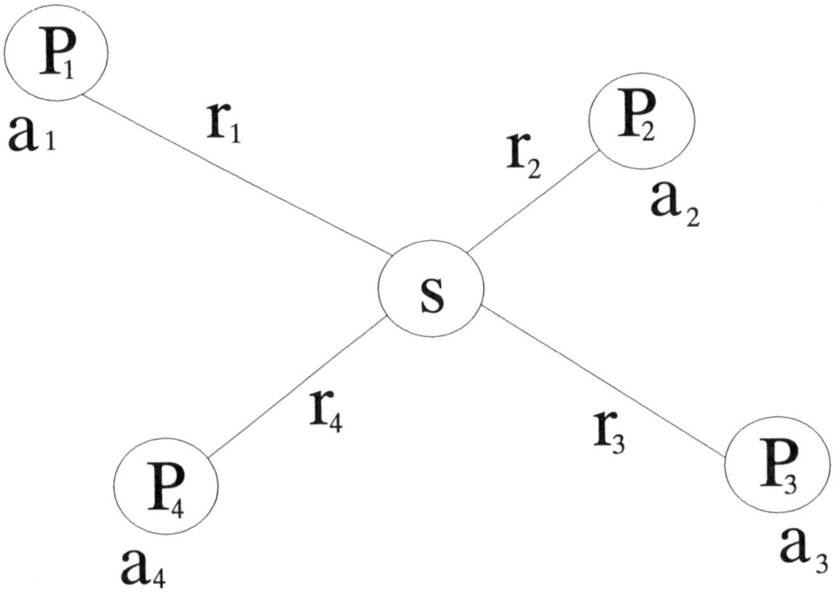

Abb. 24 Ausgangssituation des Steiner-Weber-Problems

P_i = Fund- bzw. Konsumort i (i = 1,...,n)
S = zu bestimmender Standort des Industriebetriebes
r_i = Entfernung vom Standort zum Ort i (Variable)
a_i = zu transportierende Menge (in t) vom Standort zum Ort i oder umgekehrt

Für nicht zu große Entfernungen können die Längen- und Breitengrade als kartesische Koordinaten der Ebene aufgefaßt werden. Durch die Anwendung des Satzes von Pythagoras kann man, wie Abb. 25 (S. 97) zeigt, die Variablen r_i durch x und y ausdrücken und damit das ursprüngliche Problem mit n Variablen auf ein Problem mit zwei Variablen reduzieren.

Die Zielfunktion (38) kann nun umformuliert werden:

(38a) $$T(x,y) = c \sum_{i=1}^{n} a_i \sqrt{(x-x_i)^2 + (y-y_i)^2} \Rightarrow \text{Min!}$$

Die Koordinaten x,y des transportkostenminimalen Standorts ergeben sich, indem man die ersten partiellen Ableitungen von (38a) nach x und y gleich Null setzt und feststellt, ob die Matrix der zweiten partiellen Ableitungen positiv definit ist[13].

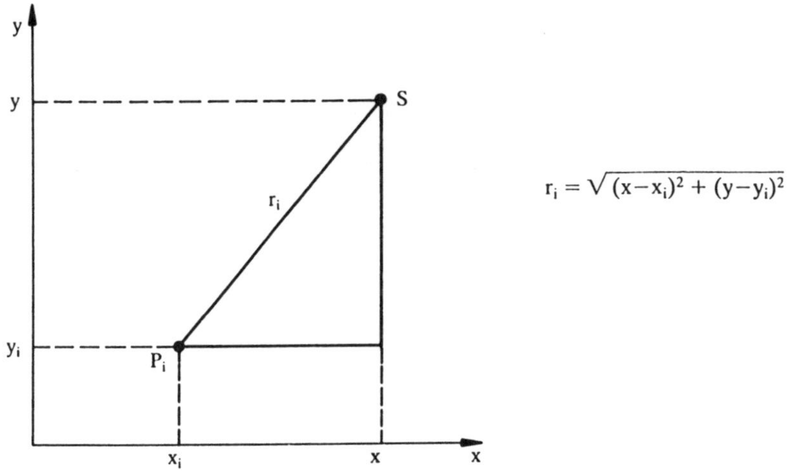

Abb. 25 Beziehungen zwischen den r_i und den Standortkoordinaten x und y

Die ersten partiellen Ableitungen von (38a) sind gleich Null zu setzen:

(39a) $$\frac{\partial T}{\partial x} = c \sum_{i=1}^{n} \frac{a_i (x - x_i)}{\sqrt{(x - x_i)^2 + (y - y_i)^2}} = 0$$

(39b) $$\frac{\partial T}{\partial y} = c \sum_{i=1}^{n} \frac{a_i (y - y_i)}{\sqrt{(x - x_i)^2 + (y - y_i)^2}} = 0$$

Aus diesem nicht-linearen Gleichungssystem lassen sich keine geschlossenen Ausdrücke für x und y gewinnen, doch kann man über folgendes Iterationsverfahren die Koordinaten des Standortes beliebig genau ermitteln:

(39a) und (39b) werden so umformuliert, daß die im Zähler der Summen stehenden Variablen x und y isoliert werden. Das ergibt folgendes Gleichungssystem:

(40a) $$x = \frac{\sum_{i=1}^{n} \frac{a_i x_i}{\sqrt{(x - x_i)^2 + (y - y_i)^2}}}{\sum_{i=1}^{n} \frac{a_i}{\sqrt{(x - x_i)^2 + (y - y_i)^2}}}$$

13 Diese etwas langwierige Prüfung sei hier übergangen. Vgl. z.B. Kuhn (Mathematical Programming 1965, S. 235 ff.).

(40b) $$y = \frac{\sum_{i=1}^{n} \frac{a_i y_i}{\sqrt{(x-x_i)^2 + (y-y_i)^2}}}{\sum_{i=1}^{n} \frac{a_i}{\sqrt{(x-x_i)^2 + (y-y_i)^2}}}$$

Wir benutzen als Anfangswerte (x^0,y^0) der Iteration die Koordinaten des Schwerpunktes

(41a) $$x^0 = \frac{\sum_{i=1}^{n} a_i x_i}{\sum_{i=1}^{n} a_i}$$ und

(41b) $$y^0 = \frac{\sum_{i=1}^{n} a_i y_i}{\sum_{i=1}^{n} a_i},$$

setzen diese Werte in die rechten Seiten von (40a) und (40b) ein und errechnen daraus neue Werte x^1 und y^1, die wiederum in (40a) und (40b) eingesetzt werden.

Dieses Iterationsverfahren wird so lange fortgesetzt, bis die Differenzen $|x^{k+1}-x^k|$ und $|y^{k+1}-y^k|$ eine vorgegebene Genauigkeitsschranke ε unterschreiten. Eine beliebige Annäherung an den transportkostenminimalen Standort ist gewährleistet (vgl. Kuhn, Mathematical Programming 1965, S. 235 ff.).

2. Praktisches Beispiel

Ein Zeitschriftenverlag, der über fünf Produktionsstandorte (Berlin, Essen, Hamburg, Köln, Mönchengladbach) und über 10 in der Bundesrepublik Deutschland verteilte Absatzzentren verfügt, möchte die Verteilung der Zeitschriften so organisieren, daß die fünf Druckereien die Zeitschriften an ein Zentrallager liefern. Von dort wird die Verteilung auf die einzelnen Absatzzentren vorgenommen. Gesucht wird der transportkostenminimale Standort für das Zentrallager.

Tabelle 16 enthält die Produktionsmengen (in t) der Druckereien, die Absatzmengen (in t) der Absatzzentren sowie die Koordinaten in Längen- und Breitengraden.

Der Abstand zwischen den Breitengraden beträgt etwa 111 km pro Grad, wenn man den Erdumfang $2\pi r$ durch 360 teilt und als durchschnittlichen Erdradius r = 6370 km einsetzt. Der Abstand zwischen den Längengraden hängt jedoch von der geographischen Breite φ ab, die für die Bundesrepublik im Durchschnitt 50° beträgt und ergibt sich zu

$$x = \cos\varphi \cdot 2\pi \; r / 360 = 71{,}5\,\text{km} .$$

Tab. 16 Benötigte Daten für den Steiner-Weber-Ansatz

		Längengrad x	Breitengrad y	Mengen in t
	Berlin	13,4	52,5	100
	Essen	7,0	51,5	350
Druckereien	Hamburg	10,0	53,6	250
	Köln	7,0	50,9	500
	Mönchengladbach	6,4	51,2	100
	Bielefeld	8,5	52,0	77
	Frankfurt	8,7	50,1	160
	Flensburg	9,4	54,8	23
Absatz-zentren	Hannover	9,7	52,4	134
	Bremen	8,8	53,1	141
	Kassel	9,5	51,3	48
	München	11,6	48,2	311
	Nürnberg	11,1	49,5	118
	Stuttgart	9,2	48,8	140
	Saarbrücken	7,0	49,2	148

Man muß also das geographische Gitternetz in kartesische Koordinaten umrechnen und kann nach erfolgter Optimierung eine Rücktransformation in Grad vornehmen.

Der Transportkostensatz pro Tonne beträgt 1 DM pro 100 km.

Der optimale Standort für das Zentrallager hat nach dem Steiner-Weber-Ansatz die Koordinaten 8° östlicher Länge und 51° nördlicher Breite. Er liegt damit in der Nähe von **Siegen**. Unter Berücksichtigung verkehrstechnischer Gesichtspunkte könnte man sich im vorliegenden Fall für einen der am nächsten liegenden Drukkereistandorte (Essen oder Köln) entscheiden und dort das Zentrallager an die Druckerei anbinden.

3. Kritik am Steiner-Weber-Ansatz

Wie oben dargelegt, dient der Steiner-Weber-Ansatz nur als erste Orientierung bei der Behandlung des Standortproblems. Insbesondere in folgenden Punkten werden realitätsferne Voraussetzungen wirksam (Hansmann, Standortplanung 1974, S. 28 f.):

- Nicht der konstenminimale, sondern nur der **transportkosten**minimale Standort wird bestimmt; dies ist nur sinnvoll bei ausgesprochen transportkostenintensiven Unternehmen.
- Die Nachfrage, das Absatz- und das Produktionsprogramm werden vorab bestimmt, so daß die Beziehungen zwischen Standort und Absatzseite vernachlässigt werden.
- Die differenzierbaren Funktionen zwischen Transportkosten und Standortkoordinaten setzen die Homogenität des Territoriums voraus. Die Strukturen des geographischen Raumes und der Verkehrsverbindungen werden nicht berücksichtigt.

- Eine Standortspaltung sowie weitere einschränkende Nebenbedingungen (z.B. Grundstücksgröße, Arbeitsmarktsituation usw.) können nicht einbezogen werden.

Diese Unzulänglichkeiten können bis zu einem gewissen Grade beseitigt werden, wenn wir den Standort aus einer vorgegebenen Menge von potentiellen Standorten auswählen und dabei die ganzzahlige Optimierung anwenden. Dafür muß man außer einem höheren Rechenaufwand den Nachteil in Kauf nehmen, daß der optimale Standort nicht gefunden wird, wenn er in der vorgegebenen Menge der potentiellen Standorte nicht enthalten ist. Doch kann man dieses Risiko durch Ausweitung der vorgegebenen Menge von Standorten - bei steigendem Rechenaufwand - vermindern. Im folgenden wird ein ganzzahliges Modell, das der Verfasser bei einem Unternehmen des Maschinenbaus angewandt hat, in vereinfachter Form dargestellt.

b) Ein gemischt-ganzzahliges Standortmodell

1. Das empirische Standortproblem

Dem Maschinenbau-Unternehmen, das einen Produktionsbetrieb verlagern wollte, wurden fünf geeignete Grundstücke in fünf deutschen Städten angeboten. Die Menge der potentiellen Standorte besitzt also fünf Elemente.

Für jedes Grundstück berechnete der Verfasser die relevanten Standortfaktoren Grundstückspreis, Erschließungskosten, Baukosten, Anschaffungskosten und Kapazität der Produktionsanlagen sowie die von der öffentlichen Hand zugesagte Investitionsförderung. Da das Lohnniveau in den einzelnen Städten verschieden war, wurde auch die Lohnsumme in die Überlegungen einbezogen.

Die Transportkosten werden - für das vorliegende Lehrbuch vereinfacht - vom jeweiligen Standort zum Absatzschwerpunkt in der Bundesrepublik gerechnet und der Transportkostensatz in DM/t ausgedrückt. Dadurch muß auch die Kapazität der Produktionsanlagen, der durchschnittliche Absatzpreis und der höchstmögliche Absatz von Maschinen-Einheiten auf Tonnen umgerechnet werden.

Die Kapazität und die Herstellungskosten der Produktionsstätten an den einzelnen Standorten hängen von der Grundstücksgröße und -beschaffenheit sowie von behördlichen Vorschriften ab. Standortunabhängige Kosten werden nicht im Modell berücksichtigt, so daß die Zielgröße nur als **Brutto**gewinn des Planungszeitraums von 10 Jahren angesehen werden kann.

Dem Unternehmen steht am Planungsbeginn ein fester Investitionsbetrag zur Verfügung, der in unserem Modell für Produktionsstätten oder zur langfristigen Anlage auf dem Kapitalmarkt eingesetzt werden kann. Die Zahlen in der Tabelle 17 geben die Daten des empirischen Problems in der richtigen Größenordnung, jedoch aus Gründen der Übersichtlichkeit in zusammengefaßter und abgerundeter Form wieder.

In der Planungsperiode (10 Jahre) können 120000 t Produkte zu einem durchschnittlichen Preis von 15000 DM pro t abgesetzt werden. Der zu Planungsbeginn zur Verfügung stehende Investitionsbetrag beläuft sich auf 330 Mio. DM, der durchschnittliche Zinssatz auf dem Kapitalmarkt für die nächsten 10 Jahre wird mit 9% p.a. angenommen, so daß ein Kapital in 10 Jahren auf den 2,4fachen Betrag angewachsen ist. Durch diese konkrete Kapitalanlagemöglichkeit im Modell können wir auf eine Abzinsung der jährlichen Zahlungsströme (Löhne, Erlöse usw.)

verzichten (vgl. Hansmann, Standortplanung 1974, S. 46) und den 10-Jahres-zeitraum als eine Periode auffassen[12].

Tab. 17 Daten des gemischt-ganzzahligen Standortmodells

Standortfaktor \ Standort	I	II	III	IV	V
Grundstückskosten (Mio. DM)	26	22	7	4	10
Kosten der Gebäude und Anlagen (Mio. DM)	80	105	140	130	95
Produktionskapazität (Tsd. t pro Jahrzehnt)	60	80	100	90	70
Investitionszulage (Mio. DM)	0	0	14	12	9
Lohnsumme (Mio. DM pro Jahrzehnt)	520	600	800	640	480
Transportkosten (DM/t)	500	500	500	600	600

2. Das Modell

Bezeichnet man mit

$x_i (i = 1,...,5)$ die am Standort i produzierte und zum Absatzschwerpunkt transportierte Menge der Fertigprodukte (in t),

$u_i (i = 1,...,5)$ die Standortvariable des Standorts i, die den Wert Eins annimmt, wenn der Standort i gewählt wird und sonst den Wert Null aufweist,

R den Kapitalbetrag, der auf dem Kapitalmarkt zu 9% p.a. angelegt wird,

so kann man folgende **Zielfunktion** für den 10-Jahres-Zeitraum aufstellen (in DM):

$$\begin{aligned} Z = \; & 14500\,x_1 + 14500\,x_2 + 14500\,x_3 + 14400\,x_4 + 14400\,x_5 \\ & - 626 \cdot 10^6 u_1 - 727 \cdot 10^6 u_2 - 933 \cdot 10^6 u_3 - 762 \cdot 10^6 u_4 \\ & - 576 \cdot 10^6 u_5 + 2{,}4\,R \;\Rightarrow\; \text{Max!} \end{aligned} \tag{42}$$

Der Koeffizient von x_1 ergibt sich aus dem Absatzpreis von 15000 DM/t abzüglich der Transportkosten von 500 DM/t = 14500DM/t. Entsprechend sind die Koeffizienten der übrigen Variablen x_i berechnet worden.

Die Koeffizienten der Standortvariablen u_i setzen sich aus der Lohnsumme, den Grundstückskosten und den Gebäude-/Anlagekosten abzüglich der Investitionszulage zusammen.

Bei der Maximierung sind folgende Nebenbedingungen zu beachten:

---

14 Dynamische Aspekte sollen in diesem vereinfachten Modell nicht berücksichtigt werden.

Absatzbedingung

(43) $x_1 + x_2 + x_3 + x_4 + x_5 \leq 120000$ [in t]

Investitionsbudgetbedingung

(44) $106 \cdot 10^6 u_1 + 127 \cdot 10^6 u_2 + 133 \cdot 10^6 u_3 + 122 \cdot 10^6 u_4 + 96 \cdot 10^6 u_5$

$+ R \leq 330 \cdot 10^6$ [in DM]

Kapazitätsbedingungen [in t]

(45a) $x_1 \leq 60000 u_1$

(45b) $x_2 \leq 80000 u_2$

(45c) $x_3 \leq 100000 u_3$

(45d) $x_4 \leq 90000 u_4$

(45e) $x_5 \leq 70000 u_5$

Das Modell wird von den **Nicht-Negativitätsbedingungen** abgeschlossen:

(46a) $x_i \geq 0$ $(i = 1,...,5)$

(46b) $R \geq 0$

(46c) $u_i = 0$ oder 1 $(i = 1,...,5)$

Das Modell ist mit fünf ganzzahligen und sechs reellen Variablen sowie sieben echten Nebenbedingungen so einfach, daß es durch systematisches Probieren ohne Computer gelöst werden kann. Bei größeren Problemen muß jedoch ein gemischt-ganzzahliger Lösungsalgorithmus angewendet werden, wie er etwa in Hansmann (Branch and Bound-Verfahren 1972) oder in Hansmann (Ganzzahlige Optimierung 1975) dargestellt ist.

Um dem Leser die Lösungsidee eines solchen Verfahrens nahezubringen und vor allem um die Lösungsschritte **nachvollziehbar** zu gestalten, wird im folgenden ein Branch and Bound-Verfahren auf das vorliegende Beispiel angewendet, da dies noch ohne Computerunterstützung möglich ist.

3. Numerische Lösung mit Branch and Bound

Neben den für Großrechner entwickelten gemischt-ganzzahligen Lösungsprogrammen (wie z. B. MPSX) gibt es seit einiger Zeit auch leistungsfähige Software für PC, vor allem das LINDO Softwarepaket, das an der Universität von Chicago entwickelt wurde (Schrage, LINDO 1989). Der Einsatz eines Softwarepakets ist jedoch nur sinnvoll, wenn der Lösungsalgorithmus verstanden wird. Dazu soll die folgende Demonstration des auch bei LINDO verwendeten Branch and Bound-Verfahrens dienen.

Schritt 1:

Das gemischt-ganzzahlige Optimierungsproblem (42) bis (46c) wird zunächst als reelles lineares Optimierungsproblem (LP) mit reellen Variablen x_i, R und u_i betrachtet und mit dem **Simplexalgorithmus**[13] gelöst. Als Ergebnis ergibt sich ein Zielfunktionswert von 1127,6 Mio. DM. Die Standortvariablen haben folgende Werte:

$u_1 = 0$ $u_2 = 0$ $u_3 = 0$ $u_4 = 0{,}556$ $u_5 = 1$

Da die Variable u_4 nicht ganzzahlig ausfällt, ist die LP-Lösung noch nicht zulässig.

Schritt 2:

Wir spalten nun das Problem in zwei Subprobleme auf, indem die Variable u_4 einmal auf den Wert 0 und zum anderen auf den Wert 1 **fixiert** wird. Diese Verzweigung bezeichnet man als **branching**. Durch die Fixierung von u_4 auf 0 kann man x_4 streichen, da nach (45d) gelten muß: $x_4 \leq 0$. In entsprechender Weise sind die Zielfunktion und die betroffenen Nebenbedingungen des Standortmodells bei jeder Fixierung anzupassen.

Schritt 3:

Beide Subprobleme werden mit der Simplexmethode gelöst und liefern folgende Ergebnisse:

Subproblem 1

Fixierte Variable $u_4 = 1$ Zielfunktionswert = 1119,6 Mio. DM

$u_1 = 0$ $u_2 = 0$ $u_3 = 0$ $u_5 = 0{,}429$

Subproblem 2

Fixierte Variable $u_4 = 0$ Zielfunktionswert = 1092,5 Mio. DM

$u_1 = 0$ $u_2 = 0$ $u_3 = 0{,}5$ $u_5 = 1$

Die Werte von u_3 bzw. u_5 zeigen, daß keine der beiden Lösungen zulässig ist. Beide Zielfunktionswerte sind kleiner als der Zielfunktionswert des Ausgangsproblems. Das resultiert daraus, daß durch Hinzufügen einer neuen Bedingung - hier $u_4 = 1$ bzw. $u_4 = 0$ - der Zielfunktionswert höchstens gleich bleiben kann, falls die Bedingung nicht "greift", sonst jedoch abnehmen muß. Das läßt den Schluß zu, daß durch weiteres Verzweigen eines bestimmten Astes, der z. B. durch $u_4 = 1$ definiert ist, kein höherer Zielfunktionswert erzielt werden kann. Die Zielfunktionswerte der Subprobleme dienen daher als Obergrenzen (**upper bounds**) der noch nicht ganzzahligen Lösungen.

Schritt 4:

Wir verzweigen weiter vom Subproblem 1, das den höheren **upper bound** aufweist, indem wir die Variable u_5 auf den Wert 1 (Subproblem 3) bzw. den Wert 0 (Subproblem 4) **fixieren**. Die LP-Rechnung ergibt folgende Lösungen:

Subproblem 3

Fixierte Variable $u_4 = 1$ $u_5 = 1$ Zielfunktionswert = 658,8 Mio. DM

$u_1 = 0$ $u_2 = 0$ $u_3 = 0$

Dies ist die erste **zulässige** Lösung, da alle Standortvariablen ganzzahlig sind. Der zugehörige Zielfunktionswert 658,8 Mio. DM dient nun als **lower bound** und

---

[13] Der Simplexalgorithmus wird ausführlich bei der Produktionsplanung in Kap. 9 erläutert und anhand eines Beispiels demonstriert (vgl. S. 278 ff.).

Abbruchkriterium. Falls sich auf irgend einem Ast nach einer Verzweigung ein upper bound ergibt, der **kleiner** als 658,8 Mio. DM ist, kann die Suche auf diesem Ast eingestellt werden, da die Folge der (nicht-ganzzahligen) upper bounds monoton fällt (vgl. Schritt 3).

Subproblem 4

Fixierte Variable $u_4 = 1$ $u_5 = 0$ Zielfunktionswert = 1092,54 Mio. DM

$u_1 = 0$ $u_2 = 0$ $u_3 = 0,3$

Diese Lösung ist nicht zulässig, läßt aber durch ihren hohen upper bound erwarten, daß auf diesem Ast eine bessere zulässige Lösung gefunden werden kann als der gegenwärtige lower bound.

Schritt 5

Wir verzweigen das Subproblem 4 durch Fixierung von u_3 auf die Werte 0 bzw. 1 und erhalten

Subproblem 5

Fixierte Variable $u_4 = 1$ $u_5 = 0$ $u_3 = 1$ Zielfunktionswert = 223 Mio. DM

$u_1 = 0$ $u_2 = 0$ Zulässige Lösung, aber nicht optimal.

Subproblem 6

Fixierte Variable $u_4 = 1$ $u_5 = 0$ $u_3 = 0$ Zielfunktionswert = 1081,28 Mio. DM

$u_1 = 0$ $u_2 = 0,375$

Diese Lösung ist noch nicht ganzzahlig, weist aber einen hohen upper bound auf, so daß von hier aus nochmal verzweigt wird.

Schritt 6

Die Fixierung der Variablen u_2 des Subproblems 6 ergibt folgende Lösungen:

Subproblem 7

Fixierte Variable $u_4 = 1$ $u_5 = 0$ $u_3 = 0$ $u_2 = 1$ Zielfunktionswert = 441,4 Mio. DM

$u_1 = 0$ Zulässige Lösung, kleiner als lower bound

Subproblem 8

Fixierte Variable $u_4 = 1$ $u_5 = 0$ $u_3 = 0$ $u_2 = 0$ Zielfunktionswert = 1033,2 Mio. DM

$u_1 = 0$

Diese Lösung ist ganzzahlig und liefert den bisher höchsten lower bound von 1033,2 Mio. DM, den wir als Abbruchkriterium verwenden. Nur Äste mit upper bounds, die größer als dieser Wert sind, müssen noch weiter verfolgt werden. Falls solche nicht mehr existieren sollten, könnte das Verfahren hier beendet werden und der lower bound wäre die optimale Lösung. Leider zeigt das Subproblem 2 mit seinem Zielfunktionswert von 1092,5 Mio. DM, daß das Verfahren noch weitergeführt werden muß.

Um den Überblick über den Fortgang des Verfahrens zu behalten, ist es zweckmäßig, den Lösungsprozeß in der Form eines Entscheidungsbaums graphisch darzustellen, wobei folgende Übereinkunft gelten soll:

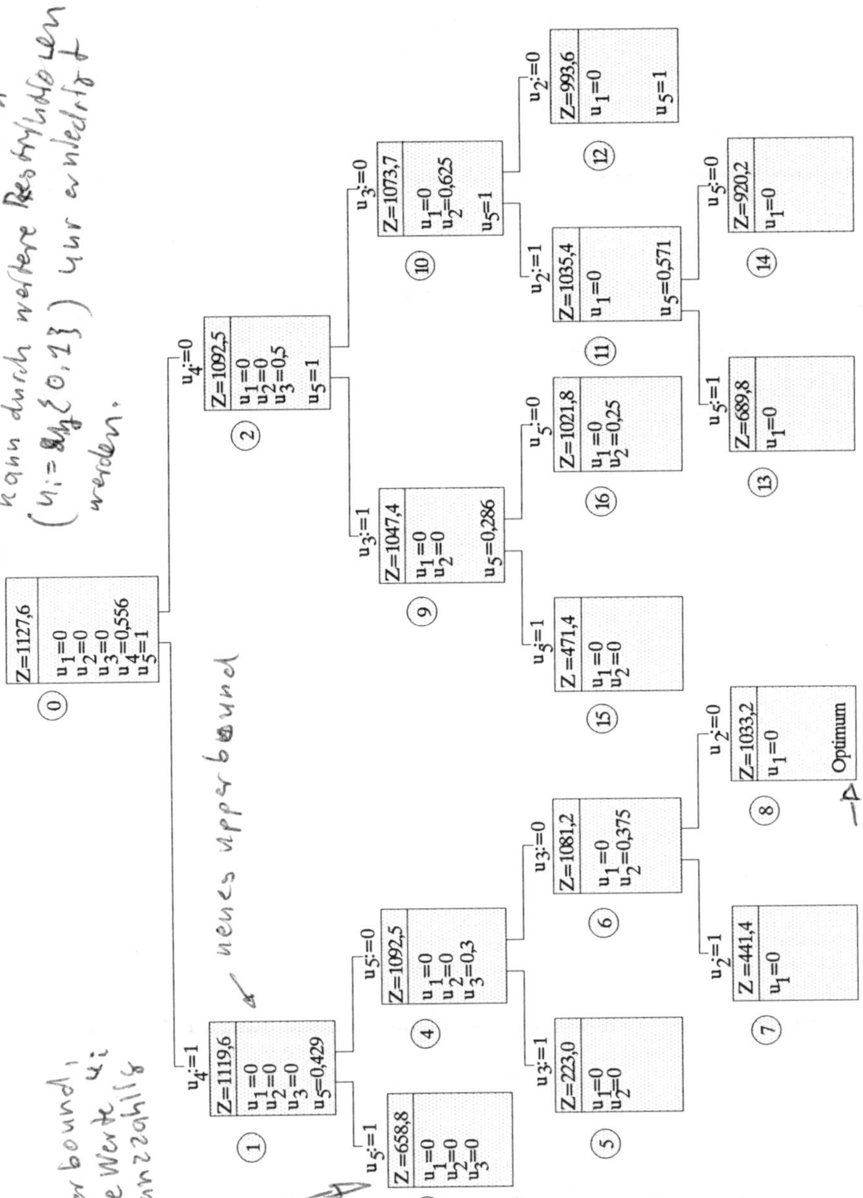

Abb. 26 Branch and Bound-Verfahren für das Standortmodell

Die rechteckigen Kästchen stellen die Subprobleme dar, numeriert in der Reihenfolge ihrer Auswertung. Sie werden häufig als Knoten bezeichnet. In den Kästchen stehen der upperbound Z und die Werte der mit der Simplexmethode ermittelten Standortvariablen. Die Werte der x_i und R sind der Übersichtlichkeit wegen nicht mit aufgeführt. Die fixierten Variablen sind an den Ästen des Baumes abgetragen, um die Verzweigung zu dokumentieren. Aus Abb. 26 geht hervor, daß die optimale Lösung tatsächlich am Knoten 8 erreicht wird und den Zielfunktionswert 1033,2 Mio. DM aufweist.

Aus Abb. 26 ist ersichtlich, daß die optimale Lösung zwar schon mit 8 Subproblemen gefunden wurde, aber noch weitere 8 Subprobleme durchgerechnet werden mußten, um die Optimalität **nachzuweisen**. Somit mußten insgesamt 17 LP-Probleme gelöst werden, um das Optimum zu finden.

Beachtet man, daß bei **vollständiger Enumeration** von 5 0-1-Variablen und ihren Kombinationen $2^5 = 32$ LP-Probleme zu lösen wären, so erscheint das Branch and Bound-Verfahren mit seiner **begrenzten Enumeration** wenig effizient.

Obwohl sich bei größeren Problemen mit mehr ganzzahligen Variablen das Verhältnis von gerechneten LP-Problemen zur benötigten Anzahl bei vollständiger Enumeration verbessert (z.T. bis unter 1%), so muß doch gesagt werden, daß die Effizienz stark problemabhängig ist. Die lower bounds der LP-Probleme können bei manchen Problemen so schwach sein, daß unverhältnismäßig viele Knoten zusätzlich ausgewertet werden müssen, um die Optimalität eines lower bound nachzuweisen. Dies kann zu unzuträglich langen Rechenzeiten führen. In solchen Fällen begnügt man sich häufig mit einem guten lower bound, ohne seine Optimalität nachzuweisen. Das Verfahren ist dann kein Optimierungs- sondern nur noch ein **heuristisches Verfahren**. Auch hier muß Exaktheit gegen Rechenaufwand abgewogen werden.

Die oben ausführlich dargestellten Regeln des Branch and Bound-Verfahrens sollen nun komprimiert als Algorithmus mit vier Schritten formuliert werden.

1) **Ausgangslösung**

   Löse das gemischt-ganzzahlige Standortmodell mit der Simplexmethode, wobei alle Standortvariablen als **reelle** Variable in den Grenzen $0 \leq u_i \leq 1$ behandelt werden.
   Der optimale Zielfunktionswert ist der **upper bound**.

2) **Stop-Regel**

   Sind alle Standortvariablen ganzzahlig, so ist der **upper bound** eine zulässige Lösung und gilt als neues Abbruchkriterium (lower bound), falls er den alten lower bound übertrifft. Existiert kein weiterer Knoten mit einem upper bound, der größer als der lower bound ist, so beende das Verfahren, wobei der lower bound die **optimale Lösung** darstellt. Andernfalls gehe zu 3).

3) **Branching**

   Erzeuge von dem nicht-ganzzahligen Knoten der letzten Verzweigung, der den höheren upper bound hat, zwei neue Knoten, indem eine ganzzahlige Variable einmal auf Null und einmal auf Eins **fixiert** wird. Hat die letzte Verzweigung zu ganzzahligen Knoten geführt, so verzweige von dem Knoten im Entscheidungsbaum, der den höchsten upper bound aufweist. Gehe zu 4).

4) **Bounding**

Passe das Standortmodell den fixierten Standortvariablen an und löse es mit der Simplexmethode. Benutze die Zielfunktionswerte als upper bounds. Gehe zu 2).

4. Die Ergebnisse der Modellrechnung

Die optimale Lösung enthält nur ein Element: Standort IV. Die Kapazität an diesem Standort wird voll ausgelastet (x_4 = 90000), jedoch wird die Absatzgrenze von 120000 ME nicht erreicht.

Für die Sachinvestitionen werden 122 Mio. DM benötigt, so daß 208 Mio. DM auf dem Kapitalmarkt angelegt werden.

Der Bruttogewinn beträgt 1033,2 Mio. DM.

Gegenüber dem Ansatz von Weber weist dieses Modell wichtige Verbesserungen auf:

- alle standortrelevanten Kosten- und Erlösgrößen werden berücksichtigt,
- die tatsächlichen Transportkosten gehen in das Modell ein, so daß keine Homogenität des Territoriums erforderlich ist,
- eine Standortspaltung ist möglich und
- einschränkende Nebenbedingungen (z.B. begrenztes Investitionsbudget) können einbezogen werden.

Kombiniert man ein solches ganzzahliges Standortmodell mit einer heuristischen Analyse der qualitativen Standortfaktoren, so basiert die strategische Standortentscheidung des Industriebetriebes auf einer soliden und tragfähigen Grundlage.

B. Die Produktionstechnologie

I. Determinanten der industriellen Produktionsverfahren

Nach der strategischen Standortentscheidung hat der Betrieb das Produktionsverfahren zu bestimmen, mit dem die geplanten Erzeugnisse hergestellt werden sollen. Dabei verstehen wir unter dem Begriff "**Produktionsverfahren**"

> die Gesamtheit der naturwissenschaftlichen, technischen und organisatorischen Eigenschaften des Herstellungsablaufs von Gütern.

Diese Eigenschaften sollen im folgenden etwas näher betrachtet werden, um eine Grundlage für die Entscheidung über die Produktionstechnologie zu erarbeiten.

a) Naturwissenschaftliche und technische Bestimmungsfaktoren

Die industrielle Produktion eines Gutes kann mit physikalischen, chemischen und biologischen Verfahren erfolgen. Nach von Kortzfleisch (Produktionsmethoden 1990, S. 148) unterteilen wir die **physikalische** Produktionsmethode in

- mechanische Produktion
  Hierunter fällt die Stoffgewinnung, die Stofftrennung und -zerkleinerung, das Mischen von Stoffen durch Rühren und der Transport von Stoffen (Beispiele: Schmiede, Walzwerk, Montage inkl. Schweißen und Löten);

- kalorische Produktion
  insbesondere Erhitzen, Verdampfen, Schmelzen und Kondensieren (Beispiele: Luftverflüssigung, Erdölraffinerieprozeß);
- elektrotechnische Produktion
  Hierbei wird die Energie für die Stoffveränderung durch Elektrizität gewonnen (Beispiel: Trennung von Stoffen durch magnetische Kraftfelder, Elektrolyse).

Die **chemische** Produktionsmethode gliedert man in

- Stoffzerlegung,
  in der durch chemische Reaktionen Stoffe aufgespalten werden (z.B. bei der Wein- und Bierproduktion) und in die
- Stoffverbindung,
  z.B. Schwefelsäureherstellung.

Schließlich umfassen die **biologischen** Produktionsverfahren Mutationsprozesse bei der Pflanzenveredelung und die Verfahren der Tierzüchtung.

Gemeinsam ist allen drei Produktionsmethoden, daß die naturwissenschaftlichen Gesetze und Erkenntnisse einen unverschiebbaren Rahmen für die Entwicklung technischer Verfahren bilden, von dem im folgenden auszugehen ist.

Aufbauend auf den naturwissenschaftlichen Grundlagen kann man nach dem **Einsatz der Technik** drei Fertigungsarten unterscheiden (von Kortzfleisch, Produktionsmethoden 1990, S. 153 ff.):

- handwerkliche Fertigung,
  insbesondere in kunstgewerblichen und individuellen Herstellungsverfahren,
- mechanisierte Fertigung,
  die gekennzeichnet ist durch den Ersatz menschlicher Energie durch maschinelle Energie und die Verwendung von Werkzeugmaschinen,
- automatisierte Fertigung,
  bei der die einzelnen Arbeitsgänge automatisch ablaufen und evtl. zusätzlich der Transport der durchlaufenden Produkte automatisiert wird (Fließfertigung).

b) Das Produktionsvolumen

Neben den naturwissenschaftlichen und technischen Bestimmungsfaktoren spielt das Produktionsvolumen bei der Konzeption des Produktionsverfahrens eine große Rolle, denn es ist etwas anderes, ob von einer Produktart nur ein Stück nach den Wünschen des Abnehmers hergestellt wird oder eine sehr große Stückzahl gleicher Produkte für den anonymen Markt.

1. Einzelfertigung

Dies ist die typische Form der Auftragsfertigung, bei der jedes produzierte Stück auf die Wünsche des Kunden zugeschnitten ist. Die spezielle Arbeitsvorbereitung muß sich mit den Konstruktions- und Terminplänen und Stücklisten auf jede neue Kundenbestellung einstellen, so daß die Ausführung des Produktionsprogramms mitunter schwierig werden kann.

Der Vorteil der Einzelfertigung liegt vor allem in der Flexibilität des Produktionsprozesses, der sich auch besonderen Abnehmerwünschen anpassen kann und damit die Marktstellung des Industriebetriebs festigt.

Nachteilig macht sich die geringe Zahl von Rationalisierungsmöglichkeiten bemerkbar, da Einzelstücke verschiedener Bauart der Anwendung von Normung und Typung der Bauteile enge Grenzen setzen.

2. Serienfertigung

Hierbei sind größere, aber begrenzte Stückzahlen von unterschiedlichen Produkten nacheinander oder parallel herzustellen. Werden zur Produktion der einzelnen Serien die gleichen Produktionsanlagen benutzt, so müssen sie entsprechend umgerüstet werden, was in der Regel mit besonderen Umrüstkosten verbunden ist.

Der Vorteil der Serienfertigung liegt darin, daß innerhalb der Serien Normung und Typung angewandt werden kann und somit ein Rationalisierungseffekt erreichbar ist.

Demgegenüber sind die Umrüstkosten, die geringere Flexibilität im Vergleich zur Einzelfertigung und die Tatsache, daß nicht mehr alle Kundenwünsche erfüllt werden können, als nachteilig anzusehen.

3. Massenfertigung

Bei sehr großem Produktionsvolumen kann ein Betrieb von der Serienfertigung zur Massenfertigung übergehen, indem er nur noch ein Produkt in unbegrenzter Anzahl herstellt. Die Planung legt dabei der Produktion keinerlei Beschränkungen mehr auf, da für den anonymen Markt produziert wird.

Bei Massenfertigung kann der Betrieb die Rationalisierungsmöglichkeiten, die durch die große Stückzahl gegeben sind, voll nutzen und niedrige Stückkosten erzielen (Beispiel: Halbleiter, Mikroprozessoren). Da keine Umrüstungen der Produktionsanlagen erforderlich sind, bietet sich in verstärktem Maße eine Automation des Produktionsprozesses an.

Nachteilig an der Massenfertigung ist die mangelnde Flexibilität des Herstellungsprozesses, hervorgerufen durch den Einsatz von Spezialmaschinen. Ändert sich die Nachfrage durch Mode- oder Geschmackswandel, so kann dies zu einer existenziellen Gefahr für die Unternehmung werden und sehr kostenintensive Produktionsumstellungen erfordern.

Bei der Auswahl des Produktionsverfahrens ist also außer den naturwissenschaftlichen und technischen Rahmenbedingungen in gleichem Maße das geschätzte **Produktionsvolumen** als Kriterium für die strategische Entscheidung über die Produktionstechnologie zugrunde zu legen.

c) Die Erfahrungskurve

Das Produktionsvolumen spielt auch für die **Kosten** der Produktion eine erhebliche Rolle. Schon 1925 wurde in den USA entdeckt, daß eine Erhöhung der **kumulierten** Produktionsmenge in vielen Fällen zu einer deutlichen Senkung der Produktionsstückkosten führte. Dieses Phänomen wurde auf die zunehmende **Erfahrung** bei der Beherrschung des Produktionsprozesses zurückgeführt, die mit größeren Stückzahlen verbunden ist. Daraus entwickelte sich die Theorie der **Erfahrungskurve**, die eine mathematische Funktion zwischen den Stückkosten und der kumulierten Produktionsmenge eines Produkts unterstellt. Bezieht man sich auf eine Produktgruppe und nimmt an, daß die Anbieter im Wettbewerb miteinander stehen und dadurch Stückkostensenkungen tendenziell an die Abnehmer weitergegeben werden, so besteht eine ähnliche Funktion zwischen dem **Marktpreis** und der **kumulierten Absatzmenge** der Produktgruppe. Um den Wahrheitsgehalt der Theorie der Erfahrungskurve zu überprüfen, betrachten wir zunächst zwei Produktgruppen, von denen genügend Preis- und Mengendaten für eine **empirische** Analyse vorliegen. Anschließend werden die theoretischen Grundlagen der Erfahrungskurve, ihre strategischen Implikationen und die Grenzen ihrer Anwendbarkeit erörtert.

1. Empirische Analyse

Da Unternehmen aus Geheimhaltungsgründen so gut wie keine Daten über Stückkosten und zugehörige Produktionsmengen ihrer Produkte veröffentlichen, ist man auf die Analyse von Produktgruppen bzw. Branchen angewiesen. Henderson (Erfahrungskurve 1984) gibt eine Reihe von empirischen Beispielen, von denen zwei typische Produktgruppen, die **integrierten Schaltkreise** und die **Schwarz-Weiß-Fernseher** in den USA, betrachtet werden sollen.

Tab. 18 Absatz und Marktpreis integrierter Schaltkreise in den USA

Jahr	Kumulierte Absatzmenge (Mio. Stück)	Durchschnittspreis (in konstanten $)
1964	2,2	17,00
1965	11,7	7,51
1966	41,1	4,43
1967	109,7	2,83
1968	243,6	1,91
1969	497,2	1,30
1970	797,2	1,10
1971	1160,2	0,89
1972	1763,8	0,71

Quelle: Henderson, Erfahrungskurve 1984, S. 114

Abb. 27 (S. 111) zeigt die Entwicklung des Durchschnittspreises graphisch.

Man erkennt in Abb. 27 die Tendenz, daß der durchschnittliche Marktpreis mit zunehmender kumulierter Absatzmenge **nicht-linear** - wahrscheinlich hyperbolisch - fällt. Dabei ist es wichtig, den Marktpreis um inflationäre Einflüsse zu bereinigen, also in konstanten Dollars zu rechnen, um den Funktionszusammenhang möglichst klar zum Ausdruck zu bringen.

Wir versuchen nun, den Daten eine Funktion anzupassen, die den Sachverhalt der Erfahrungskurve möglichst gut wiedergibt. Dabei ist jedoch darauf zu achten, daß mögliche andere Bestimmungsfaktoren des Marktpreises, wie z. B. das Konkurrenzverhalten im Rahmen des absatzpolitischen Instrumentariums, nicht von vornherein ausgeschlossen werden.

Da hierüber nichts bekannt ist, versuchen wir es mit folgender Funktion:

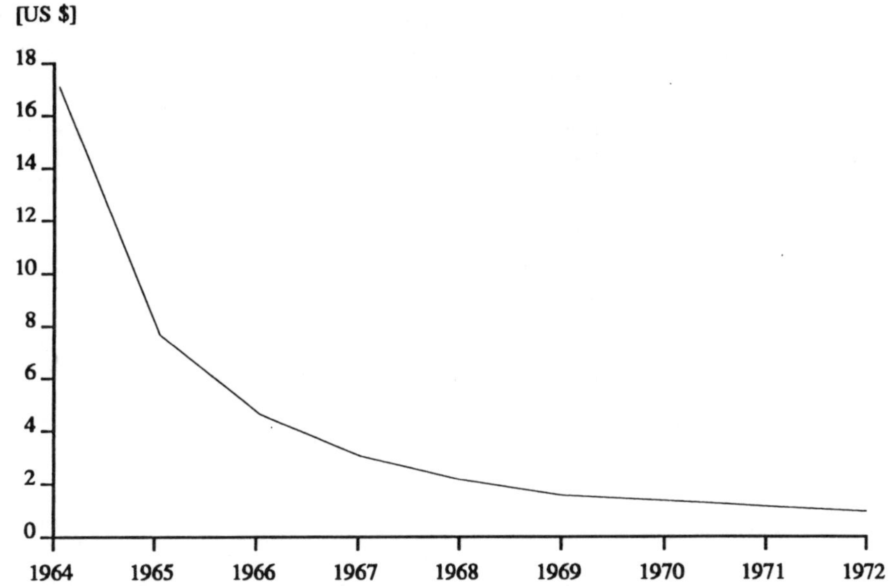

Abb. 27 Integrierte Schaltkreise in den USA

(47) $$P_t = \frac{a}{x_t^b} + c \cdot t + d + u_t \qquad (t = 1,...,T)$$

Hier bedeuten P_t und x_t Marktpreis und kumulierte Absatzmenge zum Zeitpunkt t und u_t eine Störvariable. a, b, c und d sind die zu schätzenden Parameter. Die Funktion enthält neben einem konstanten Basispreis d auch eine zeitliche Trendvariable t, die alle Einflüsse außerhalb der Erfahrungskurve berücksichtigen soll, falls solche vorhanden sind.

Die Schätzung mit unserem nicht-linearen Schätzverfahren (Hansmann, Prognoseverfahren 1983) zeigt folgendes Ergebnis:

$$\hat{a} = 24{,}13 \quad \hat{b} = 0{,}51 \quad \hat{c} = -0{,}09 \quad \hat{d} = 0{,}95$$
$$\sigma_{\hat{a}} = 0{,}31 \quad \sigma_{\hat{b}} = 0{,}02 \quad \sigma_{\hat{c}} = 0{,}04 \quad \sigma_{\hat{d}} = 0{,}48$$
$$R^2 = 0{,}9998 \qquad DW = 2{,}19$$

Dies ergibt die Prognosefunktion für den Marktpreis

(48) $$\hat{P}_t = \frac{24{,}13}{x_t^{0{,}51}} - 0{,}09 \cdot t + 0{,}95 \,,$$

die die wahren Verhältnisse sehr genau abbildet ($R^2 = 0{,}9998$) und die Parameter liefert, die auf dem 99%-Niveau ($\hat{a}, \hat{b}$) oder knapp auf dem 95%-Niveau ($\hat{c}, \hat{d}$) **signifikant** sind. Darüber hinaus zeigt der Durbin-Watson-Koeffizient DW, daß **keine Autokorrelation** der Residuen u_t vorliegt, ein Indiz dafür, daß alle relevanten

Einflüsse in der Funktion enthalten sind. Der Parameter $\hat{c}$ = - 0,09 deutet darauf hin, daß neben dem Effekt der Erfahrungskurve ein signifikant negativer zeitlicher Trend vorliegt, der als eine sich verschärfende Wettbewerbssituation mit Druck auf den Marktpreis gedeutet werden könnte. Die hohe Signifikanz der Parameter $\hat{a}$ und $\hat{b}$ zeigt jedoch die ausgeprägte Dominanz des Erfahrungskurveneffektes in der Preisentwicklung der integrierten Schaltkreise. Dies wird unterstrichen, wenn man als Prognosefunktion eine reine Erfahrungskurve verwendet:

(49) $$P_t = \frac{a}{x_t^b} + u_t$$

Die Schätzparameter erhalten nun folgende Werte:

$$\hat{a} = 24{,}52 \qquad \hat{b} = 0{,}469$$
$$\sigma_{\hat{a}} = 0{,}22 \qquad \sigma_{\hat{b}} = 0{,}005$$
$$R^2 = 0{,}9995 \qquad DW = 2{,}52$$

Wieder sind beide Parameter hoch signifikant, R^2 liegt nur wenig unter dem Wert der ersten Prognosefunktion, aber der Durbin-Watson-Koeffizient deutet auf eine **negative Autokorrelation** der Residuen hin, eine Folge des nicht mehr berücksichtigten zeitlichen Preistrends. Interessant ist aber die relative Stabilität von $\hat{a}$ und $\hat{b}$ gegenüber dem ersten Ansatz, so daß man sagen kann, daß die Wirkung der Erfahrungskurve relativ gut durch die Funktion

(50) $$\hat{P}_t = \frac{24{,}52}{x_t^{0,469}}$$

zum Ausdruck kommt und damit für die integrierten Schaltkreise empirisch bestätigt werden kann. (50) ist in Abb. 28 (S. 113) gestrichelt wiedergegeben und läßt den Erfahrungskurveneffekt als wesentlichen Faktor erkennen.

Leider läßt sich die Erfahrungskurve nicht immer so gut empirisch bestätigen, wie das folgende Beispiel der Preisentwicklung von **Schwarz-Weiß-Fernsehgeräten** in den USA zeigt (Henderson, Erfahrungskurve 1984, S. 132 f.). Die Zeitreihe umfaßt die Periode von 1947 bis 1972, in der der Großhandelspreis von 374 $ auf knapp 57 $ (konstante Dollars) gefallen ist.

Als beste Prognosefunktion erweist sich eine Kombination aus Erfahrungskurve und zeitlichem Trend ohne konstanten Basispreis d:

(51) $$P_t = \frac{a}{x_t^b} + c \cdot t + u_t$$

Die Parameter haben folgende optimalen Werte:

$$\hat{a} = 316{,}4 \qquad \hat{b} = 0{,}114 \qquad \hat{c} = -4{,}8$$
$$\sigma_{\hat{a}} = 4{,}2 \qquad \sigma_{\hat{b}} = 0{,}006 \qquad \sigma_{\hat{c}} = 0{,}3$$
$$R^2 = 0{,}989 \qquad DW = 1{,}16$$

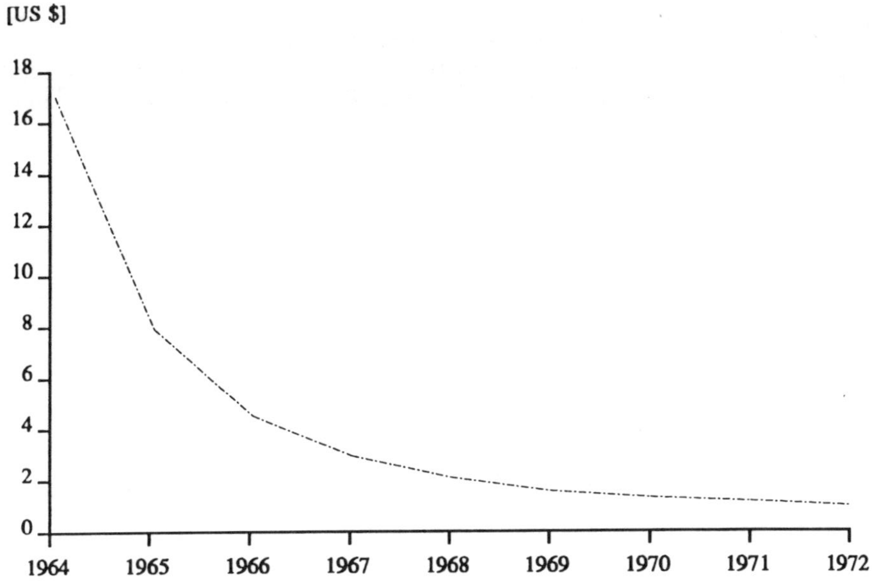

Abb. 28 Geschätzte Erfahrungskurve für integrierte Schaltkreise

Alle Parameter - auch der negative Trend - sind **hoch signifikant** (über 99%-Niveau) und das Bestimmtheitsmaß ist sehr gut. Der niedrige Durbin-Watson-Koeffizient DW deutet jedoch auf eine **positive Autokorrelation** der Residuen hin, die durch weitere, nicht bekannte Einflußgrößen verursacht sein könnte. Die Prognosefunktion

$$(52) \qquad \hat{P}_t = \frac{316{,}4}{x_t^{0{,}114}} - 4{,}8 \cdot t$$

ist sehr brauchbar und erreicht eine mittlere absolute Abweichung von den wahren Werten von 5,8 \$. Versucht man nun, die Erfahrungskurve allein zu erfassen, indem man die Trendvariable eliminiert, ergeben sich folgende Werte für die Parameter:

$$\hat{a} = 296{,}2 \qquad \hat{b} = 0{,}205$$
$$\hat{\sigma}_{\hat{a}} = 14{,}4 \qquad \hat{\sigma}_{\hat{b}} = 0{,}015$$
$$R^2 = 0{,}841 \qquad DW = 0{,}24$$

Obwohl beide Parameter weiterhin signifikant sind, hat R^2 und damit die Erklärungskraft der Funktion deutlich abgenommen, was sich auch in einer viermal so hohen mittleren absoluten Abweichung von 24,8 \$ zeigt. Der extreme Rückgang des Durbin-Watson-Koeffizienten ist ein starkes Indiz für die Vernachlässigung wichtiger Einflußfaktoren (hier des negativen Preistrends). Daraus ist der Schluß zu ziehen, daß die Verwendung der Prognosefunktion

$$(53)\qquad \hat{P}_t = \frac{296{,}2}{x_t^{0{,}205}} \quad ,$$

die nur den Erfahrungskurveneffekt wiedergibt, problematisch ist und hier nicht empfohlen werden kann. Abb. 29 zeigt beide Prognosefunktionen in einer Graphik. Die gestrichelte Linie gibt nur den Erfahrungskurveneffekt wieder, während die strichpunktierte Linie den negativen Preistrend durch die Konkurrenzsituation mit erfaßt und sich wesentlich besser der wahren Zeitreihe (durchgezogene Linie) anpaßt.

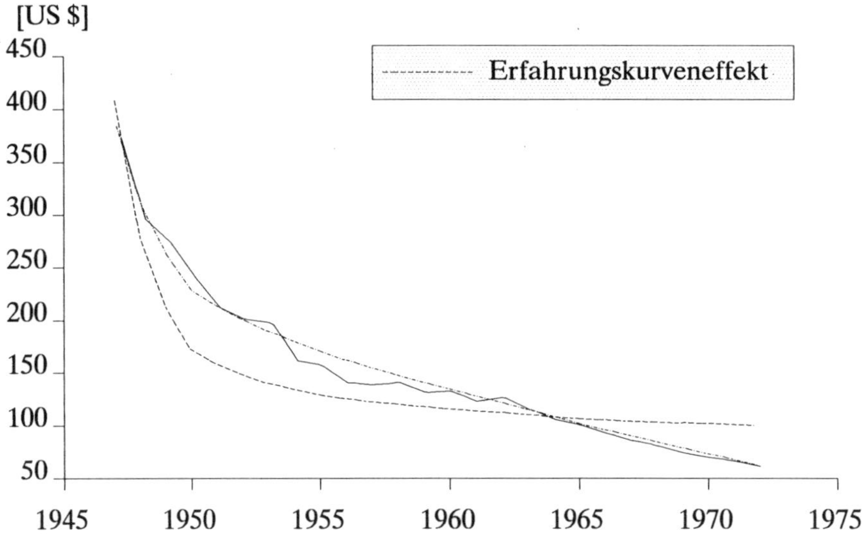

Abb. 29 Preisentwicklung von Schwarz-Weiß-Fernsehern in den USA

2. Theoretische Begründung der Erfahrungskurve

Die empirische Analyse des vorangehenden Unterabschnitts soll nun zur Prüfung des theoretischen Erfahrungskurvenkonzepts herangezogen werden. In der Literatur wird die grundlegende These des Erfahrungskurvenkonzepts im Anschluß an Henderson meist folgendermaßen formuliert:

> "Die in der Wertschöpfung eines Produktes enthaltenen Kosten scheinen um 20-30% abzufallen mit jeder Verdoppelung der kumulierten Produkterfahrung im Industriezweig als Ganzes, wie auch beim einzelnen Anbieter."
> (Henderson, Erfahrungskurve 1984, S. 19)

Es ist zu erkennen, daß diese These der Kostenreduktion um einen **bestimmten Prozentsatz** bei **doppelter** kumulierter Produktionsmenge viel weiter geht als die von uns bisher unterstellte "tendenzielle Abnahme der Stückkosten mit zunehmender kumulierter Produktionsmenge". Wir wollen nun prüfen, unter welchen Bedingungen sie mit Hilfe der empirischen Analyse verifiziert werden kann.

Als Ausgangsgleichung dient (51) ohne Berücksichtigung der Störgröße u_t. Statt des Marktpreises P_t sollen nun die Stückkosten k_t betrachtet werden, für die jedoch nach Henderson die Erfahrungskurve gleichermaßen gilt:

(54) $$k_t = ax_t^{-b} + c \cdot t$$

Verdoppelung von x_t auf $2x_t$ soll - für beliebige t - zu einem **konstanten**, d.h. nicht von der Zeit t abhängigen Kostensenkungssatz $\Delta k_t/k_t$ führen, der im folgenden abgeleitet sei. Dazu wird zunächst die Kostenänderung Δk_t bei doppelter kumulierter Produktionsmenge bestimmt.

(55) $$k_t - \Delta k_t = a(2x_t)^{-b} + ct$$

(56) $$\Delta k_t = k_t - 2^{-b} a x_t^{-b} - ct$$

$$= a x_t^{-b} + ct - 2^{-b} a x_t^{-b} - ct$$

$$= a x_t^{-b}(1-2^{-b})$$

Der Kostensenkungssatz beträgt dann

(57) $$\frac{\Delta k_t}{k_t} = \frac{a x_t^{-b}}{k_t}(1-2^{-b})$$

Den Bruch auf der rechten Seite kann man nach (54) durch $1-ct/k_t$ ausdrücken, so daß folgendes Ergebnis erzielt wird:

(58) $$\frac{\Delta k_t}{k_t} = \left(1 - \frac{ct}{k_t}\right)(1-2^{-b})$$

Der Kostensenkungssatz hängt somit **nicht** nur von der Produktionsmenge, sondern auch vom Zeitpunkt t und den über den Parameter c wirksamen Kosteneinflußgrößen, die nicht auf der kumulierten Produktionsmenge beruhen, ab. Nur wenn diese Einflußgrößen bewußt vernachlässigt werden, c also gleich Null gesetzt wird, ist das Erfahrungskurvengesetz streng erfüllt:

(59) $$\frac{\Delta k_t}{k_t} = 1-2^{-b}$$

In diesem Fall ist der Kostensenkungssatz leicht über die empirische Schätzung des Parameters b zu ermitteln und stellt eine zeitliche Konstante dar.

Für die Produktgruppe "Integrierte Schaltkreise" (vgl. S. 110 ff.) hatten wir $\hat{b}$ = 0,469 errechnet. Daraus ergibt sich ein Kostensenkungssatz

$$\frac{\Delta k_t}{k_t} = 1-2^{-0{,}469} = 0{,}278 \ ,$$

entsprechend **27,8%**. Die These Hendersons ist also hier empirisch bestätigt.

Nicht so günstig liegt der Fall bei den **Schwarz-Weiß-Fernsehern**. Vernachläßigt man hier die Kosteneinflußgrößen außer x_t, so ändert sich der Schätzparameter von 0,114 auf 0,205 und die Erklärungskraft der Funktion geht stark zurück (vgl. S. 112 f.).

Entscheidet man sich für $\hat{b}$ = 0,205, ergibt sich ein Kostensenkungssatz $\Delta k_t/k_t$ = $1\text{-}2^{-0{,}205}$ = 0,132 also **13,2%,** gegenüber 7,5%, wenn $\hat{b}$ = 0,114 zugrunde gelegt wird. Diese Instabilität des Kostensenkungssatzes läßt hier die Anwendung der "reinen" Erfahrungskurve problematisch erscheinen. Auch aus einem weiteren Grund ist diese Schlußfolgerung gerechtfertigt. Man kann zeigen, daß der Schätzparameter a eine betriebswirtschaftliche Bedeutung hat und durch $k_o x_o^b$ gegeben ist, wenn nur die Wirkung der Erfahrungskurve unterstellt wird. Dies ergibt sich aus den drei Hypothesen des Erfahrungskurvenkonzeptes

(60) $$k_t = a\,x_t^{-b}$$ (Erfahrungskurve)

(61) $$x_t = 2^t x_0$$ (Verdopplung der Produktion)

(62) $$k_t = \left(1 - \frac{\Delta k_t}{k_t}\right)^t k_0$$ (Stückkostensenkung)

Hieraus folgt

(63) $$a = k_t x_t^b = \left(1 - \frac{\Delta k_t}{k_t}\right)^t k_0 \,(2^t x_0)^b$$

und in Verbindung mit (59)

(64) $$a = 2^{-bt} k_0 \; 2^{bt} x_0^b = k_0 x_0^b \,.$$

Man kann nun die Kompatibilität der beiden Parameter $\hat{a}$ und $\hat{b}$ prüfen, indem man a aus (64) errechnet und mit dem Schätzparameter $\hat{a}$ vergleicht. Bei den Schwarz-Weiß-Fernsehern beträgt die Anfangsmenge x_o = 0,185[12] sowie k_o = 374,42 \$. Mit $\hat{b}$ = 0,205 ergibt sich a = 264,9 mit erheblicher Abweichung zu $\hat{a}$ = 296,2. Auch hieraus geht hervor, daß die "reine" Erfahrungskurve die Kostenentwicklung bei Schwarz-Weiß-Fernsehern **nicht adäquat** beschreibt im Gegensatz zu den integrierten Schaltkreisen, bei denen $a = 17 \cdot 2{,}2^{0{,}469} = 24{,}61$ ist (vgl. Tab. 18 (S. 110) und Gleichung (50) (S. 112)) und damit nur unwesentlich von $\hat{a}$ = 24,52 abweicht.

Aus dieser Analyse sind folgende Schlußfolgerungen zu ziehen:

- Die Hypothese der Erfahrungskurve ist nur dann richtig, wenn die **kumulierte Produktionsmenge** alle anderen Kosteneinflußgrößen so dominiert, daß diese ohne große Fehler vernachlässigt werden können (Beispiel: integrierte Schaltkreise). In diesen Fällen ist das Erfahrungskurvenkonzept voll anwendbar.
- Existieren neben der kumulierten Produktionsmenge **andere Kosteneinflußgrößen** von merklicher Bedeutung, so kann die "reine" Erfahrungskurve

[12] Die x_t sind für die Rechnung in Einheiten von 10 Mio. Stck. gemessen.

nicht verifiziert werden (Beispiel: Schwarz-Weiß-Fernseher). Das Erfahrungskurvenkonzept sollte dann nur heuristisch angewandt werden, z. B. in der Form, daß eine zunehmende kumulierte Produktionsmenge **tendenziell** zu einer Abnahme der Stückkosten führt.

Damit kann das Erfahrungskurvenkonzept in der strengen oder in der heuristischen Form als Erfahrungstatsache in die Überlegungen des strategischen Produktionsmanagements einbezogen werden. Es muß noch geklärt werden, welche betriebswirtschaftlichen Sachverhalte aus theoretischer Sicht dem Erfahrungsgesetz zugrunde liegen.

Mit dieser Frage haben sich vor allem Kloock, Sabel und Schuhmann (Erfahrungskurve 1987) beschäftigt. Ihre Forschungen zeigen, daß sich der Erfahrungskurveneffekt aus mehreren Einzeleffekten zusammensetzt, die miteinander in Beziehung stehen. Als wichtigste seien hier genannt:

- **Lerneffekte**
  Sie sind das Ergebnis der besseren und schnelleren Verrichtung von Arbeitsgängen durch die Arbeitenden, wenn der Produktionsprozeß aus der Anlaufphase in die durch Wiederholung der Arbeitsgänge gekennzeichnete Normalphase übergeht. Mit zunehmender (kumulierter) Produktion wird der Produktionsprozeß immer besser beherrscht, so daß die **Ausschußquote** sinkt und die **Produktivität** auch durch Spezialisierung der Arbeitskräfte bei höherer Stückzahl ansteigt. Betroffen von den Lerneffekten sind sowohl die variablen Stückkosten (geringerer Materialverbrauch) als auch die fixen Kosten (niedrigere Vorgabe- und Maschinenzeiten pro Stück).
- **Kapazitätssteigerungseffekte**
  Sie treten durch verbesserte **Ausnutzung** der **Produktionsanlagen** auf. So konnte z.B. die echte Produktionszeit einer Produktionsanlage für Kunststoff-Folien von 66% (1976) auf 89% (1983) der Maschinenbetriebszeit gesteigert werden (vgl. Kloock, Sabel, Schuhmann, Erfahrungskurve 1987, S. 13), was einer beträchtlichen Kapazitätssteigerung und - falls die Marktnachfrage vorhanden ist - Produktionssteigerung entspricht. Darüber hinaus können die Hersteller der Produktionsanlagen die Lernerfahrungen des Anwenders aufnehmen und zur verbesserten Konstruktion ihrer Maschinen benutzen. Der damit realisierte **technische Fortschritt** wird als externer Kapazitätssteigerungseffekt bezeichnet, da er häufig bei gleichen oder sinkenden Anschaffungskosten mit größerer Leistung verbunden ist.
- **Degressionseffekte**
  Sie werden verursacht durch eine steigende **Betriebsgröße**, die es erlaubt, rationellere **Organisationsformen** der Fertigung (z.B. Ersatz der Werkstattfertigung durch Fließfertigung, vgl. S. 121 ff.) einzuführen und damit die variablen Stückkosten zu senken. Die damit verbundene höhere Fixkostenbelastung wird auf Grund der größeren kumulierten Produktionsmenge jedoch auf mehr Produkteinheiten verteilt, so daß insgesamt mit **sinkenden Stückkosten** gerechnet werden kann.

Diese drei Gruppen von Effekten wirken gemeinsam und führen im Ergebnis dazu, daß die Stückkosten mit zunehmender kumulierter Produktionsmenge abnehmen. Sind darüber hinaus weitere Kosteneinflußgrößen zu vernachlässigen, so kann das strenge Gesetz der Erfahrungskurve empirisch verifiziert und in die strategischen Überlegungen eingebunden werden (vgl. Abschnitt D. Folgerungen für das strategische Produktionsmanagement, S. 159 ff.).

II. Klassische Organisationsformen der Produktion

Innerhalb der naturwissenschaftlich-technischen Rahmenbedingunen und unter Beachtung der angestrebten Produktionsmenge ist die Organisationsform nach ökonomischen Gesichtspunkten zu wählen. In der Praxis haben sich vier klassische Formen herausgebildet, die im folgenden einzeln analysiert werden.

a) Werkbankfertigung

Sie ist charakterisiert durch Einzelarbeit an Arbeitstischen, wobei die Betriebsmittel (z.B. ein Schraubstock) im Griffeld des Arbeiters angeordnet sind. Es gibt keinen zwangsläufigen Übergang zu anderen Arbeitsplätzen. Hergestellt werden meistens Einzelstücke oder kleine Serien.

Die Werkbankfertigung ist im Handwerk (z.B. Töpferei) sehr verbreitet und zeichnet sich durch große Flexibilität im Produktionsprogramm und relativ geringe Kapitalbindung aus. Für die Industrie ist sie als Organisationsform jedoch aufgrund ihrer geringen Produktivität untauglich und daher höchstens in Reparaturabteilungen vereinzelt anzutreffen.

b) Baustellenfertigung

Bei dieser Organisationsform werden Arbeitskräfte, Material und Betriebsmittel an den Standort des zu produzierenden Objekts herangebracht. Vor allem im Hoch- und Tiefbau ist die Baustellenfertigung verbreitet, aber auch beim Bau von Heizungsanlagen, Aufzügen und Kraftwerken.

Die menschliche Arbeit spielt hier eine wesentliche Rolle, so daß Rationalisierungsanstrengungen nur in begrenztem Ausmaß möglich sind (z.B. vorgefertigte Teile im Wohnungsbau). Die Produktivität ist nicht sehr hoch, und es treten häufig Probleme beim Transport der Betriebsmittel (z.B. Kräne) auf.

c) Werkstattfertigung

Die Organisationsform ist gekennzeichnet durch die Zusammenfassung von gleichartigen Maschinen bzw. Arbeitsplätzen mit gleicher Verrichtung in Werkstätten als abgeschlossene Einheiten. Das Produkt wandert gemäß der Ablaufplanung durch die einzelnen Werkstätten, in denen Maschinen eine spezielle Verrichtung ausführen (z.B. hobeln, fräsen, schmieden).

Diese Maschinen, die das Werkstück mit dem Werkzeug verbinden und die Funktionen zur spanenden Bearbeitung des Werkstücks ausüben (einschließlich Arbeitstisch, Gestellbauteile, Antriebe und Steuerungen) bezeichnet man als **Werkzeugmaschinen**.

Neben den traditionellen handgesteuerten Werkzeugmaschinen, wie Bohr-, Fräs-, Dreh- und Schleifmaschinen werden zunehmend **NC-Werkzeugmaschinen** verwendet, bei denen die Verrichtung (bohren usw.) nicht mehr vom Menschen gesteuert, sondern mit Hilfe eines Programmes, das über Lochstreifen in die Maschine einzugeben ist, veranlaßt wird. Die **numerische Steuerung** (numerical control) hat dieser Art Werkzeugmaschinen ihren Namen gegeben.

Abb. 30 zeigt die typische Struktur einer Werkstattfertigung. Dabei ist zu beachten, daß die Reihenfolge der von den Produkten zu durchlaufenden Werkstätten je nach Art des Produktes variieren kann.

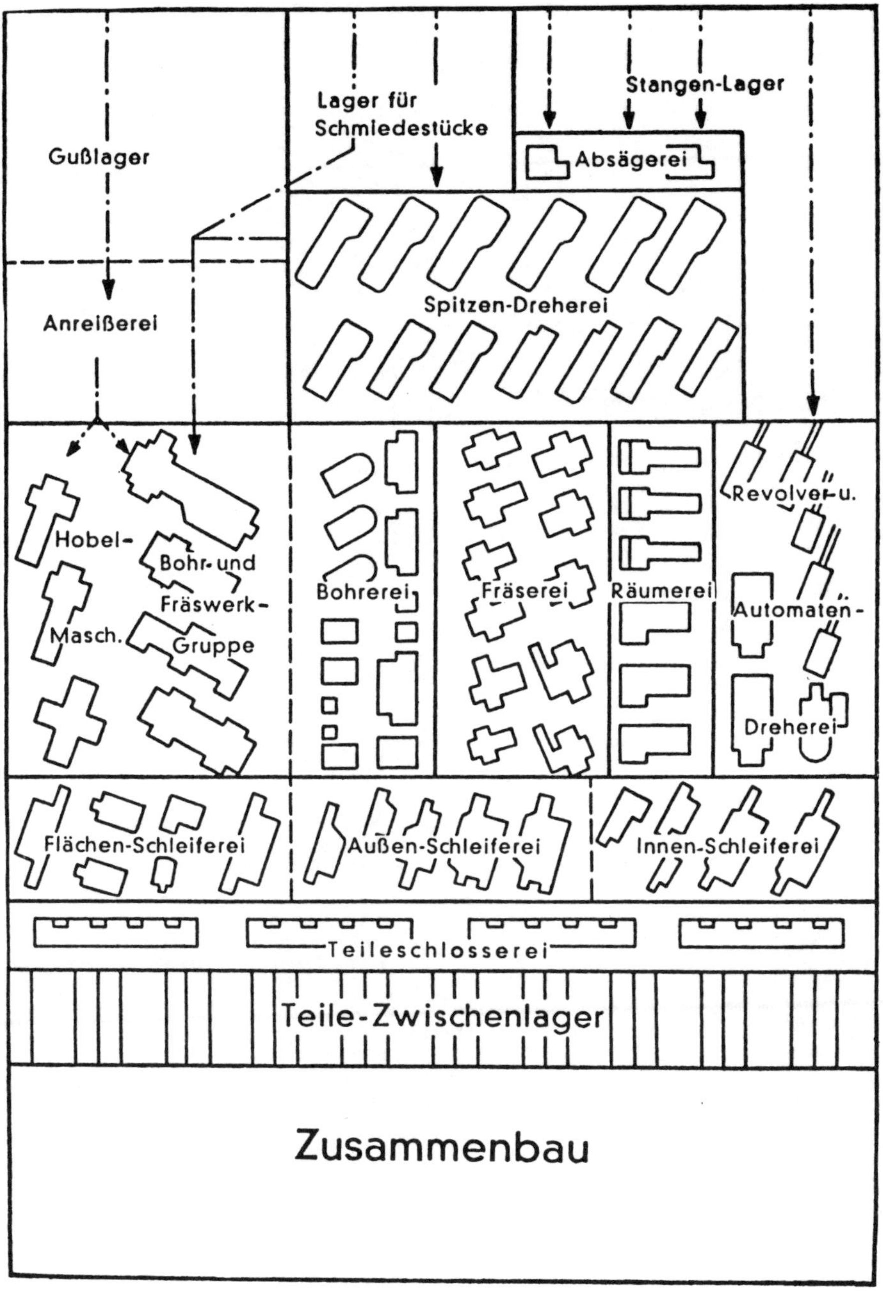

Abb. 30 Werkstattfertigung
Quelle: Kalveram, Industriebetriebslehre 1972, S. 286

Einen knappen Einblick in die Arbeitsweise einer NC-Werkzeugmaschine zeigen die beiden nächsten Abbildungen einer NC-Stanzmaschine mit einem Auszug aus dem zugehörigen Steuerprogramm.

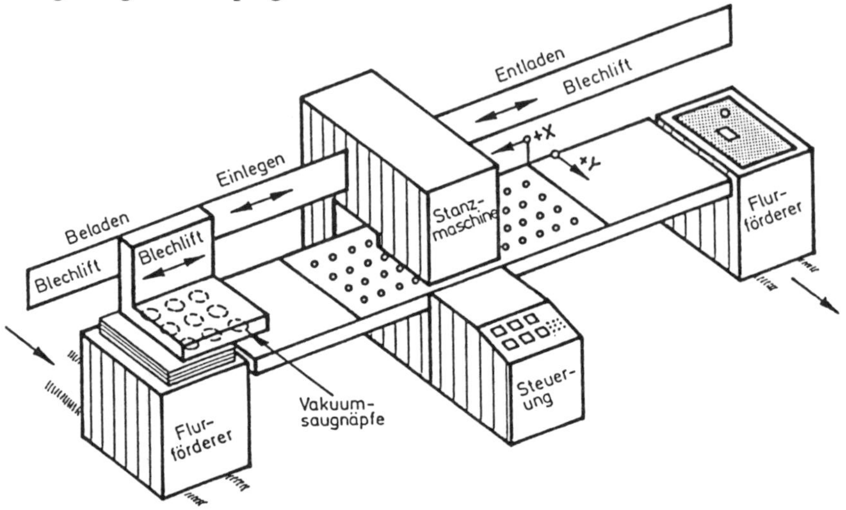

Abb. 31 Beispiel einer NC-Stanzmaschine
Quelle: Geitner, CIM-Handbuch 1990 S. 262

Im Teileprogramm festzulegende Befehle (mit Erklärung)

M61	Beladen	- Ansaugen mit Vakuumteller, - Anheben der Tafel, - Transport in Warteposition,
M62	Einlegen der Blechtafel	- Ansaugen mit Vakuumteller, - Einführen in Stanzmaschine, - Fixieren mit Indexstift,
M64	Entladen	- Ansaugen mit Vakuumteller, - Anheben des Werkstükes, - Transport zum Flurförderer.

Programm "Seitenwand stanzen" (Programm-Nr.: 1574)

N10	**M61**	(Beladen)
N20	**M62**	(Einlegen der Blechtafel in die Maschine)
N30	**G01**	(lineare Interpolation)
N40	**G90**	(Absolutmaßangaben)
N50	**Y500**	(Wechselposition)
N60	**T3**	(nächstes Werkzeug)
N70	**X260**	**Y180.5**
	F90	(Positioniergeschw. 90m/min) **M25** (Stanzhub)
N80	**Y500**	(Wechselposition)
N90	**T4**	(nächstes Werkzeug)
N100	**X350.3**	**Y270** **M25** (Stanzhub)
N110	**M64**	(Entladen)
N120	**M30**	(Programmende)

Abb. 32 NC-Programm (Auszug) einer Stanzmaschine
Quelle: Geitner, CIM-Handbuch 1990, S. 263

Man findet die Werkstattfertigung vor allem im Maschinenbau, in der elektrotechnischen und optischen Industrie sowie in der Gummiverarbeitung. Mitunter wird sie in Teilbereichen mit der Fließfertigung kombiniert.

Die Werkstattfertigung zeichnet sich durch eine hohe qualitative und quantitative **Elastizität** aus. Dabei versteht man unter qualitativer Elastizität die Fähigkeit, verschiedene Produkte mit den gleichen Maschinen herzustellen. Demgegenüber besagt die quantitative Elastizität, daß die Stückkosten bei Abweichung von der optimalen Produktionsmenge nur einen geringen Anstieg zeigen.

Die **Kapitalbindung** ist durch den geringeren Anteil der fixen Kosten nicht so hoch wie bei der Fließfertigung. Die räumliche Zusammenfassung der Arbeitsplätze erleichtert die Abgrenzung der Verantwortungsbereiche. Die Arbeitskräfte bestimmen das Arbeitstempo und können sich weitgehend mit ihrer Arbeit identifizieren.

Die Nachteile der Werkstattfertigung ergeben sich vor allem aus folgenden Punkten:

- Die Transportwege zwischen den Werkstätten sind relativ lang, besonders wenn manche Werkstätten mehrmals durchlaufen werden müssen.
- Der Raumbedarf ist hoch.
- Es ist kaum möglich, alle Werkstätten gleichmäßig auszulasten und Engpässe zu verhindern.
- Der Produktionsablauf ist recht unübersichtlich und erfordert einen beträchtlichen Verwaltungsaufwand.
- Durch unterschiedliche Durchlaufzeiten ergeben sich Zwischenläger, die zu einer erhöhten Kapitalbindung in den Beständen führen.

d) Fließfertigung

Nach der Definition von Mäckbach/Kienzle (Fließarbeit 1926) ist die Fließfertigung eine

> "örtlich fortschreitende, zeitlich bestimmte, lückenlose Folge von Arbeitsgängen."

Der Produktionsprozeß bestimmt also die Anordnung der Maschinen.

Die Fließstrecke kann linear, u-förmig oder kreisförmig sein. Abb. 33 zeigt eine lineare, doppelseitig besetzte und mit Zwischenlägern versehene Fließstrecke.

Eine Fließfertigung mit Haupt- und Nebenbändern zeigt Abb. 34.

Diese kompliziertere Fließstrecke ist wie ein Wasserleitungssystem aus mehreren Quellbändern zusammengesetzt, die in Bänder höherer Ordnung "einmünden", die sich ihrerseits mit dem Hauptband vereinigen.

Die zeitliche Abstimmung der Arbeitsgänge wird von der geplanten Produktion pro Schicht bestimmt. Man ermittelt die sog. **Taktzeit**, d.h. die Zeit, in der ein Stück des Produktes bearbeitet wird, ehe das Band dieses Stück zum nächsten Arbeitsplatz transportiert, aus der Formel

$$\text{Taktzeit} \quad \left[\frac{\text{ZE}}{\text{ME}}\right] = \frac{\text{Arbeitszeit pro Schicht[ZE]}}{\text{Sollproduktion pro Schicht[ME]}} \cdot \text{Bandwirkungsfaktor}$$

Der Bandwirkungsfaktor berücksichtigt Störungen und Ausfallzeiten und ist stets kleiner als eins.

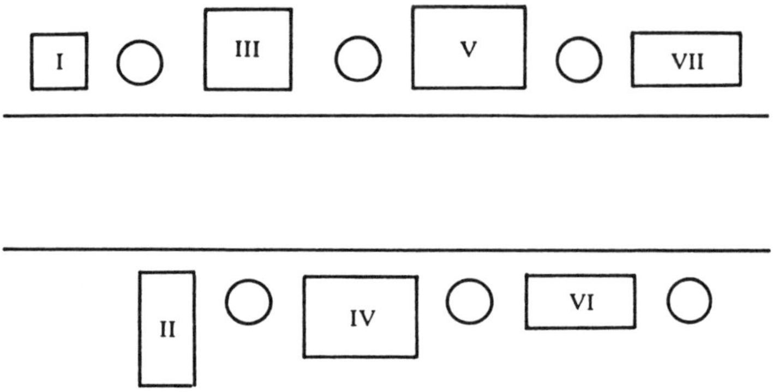

O ≙ Lager
[I] ≙ Station I

Abb. 33 Lineare Fließstrecke

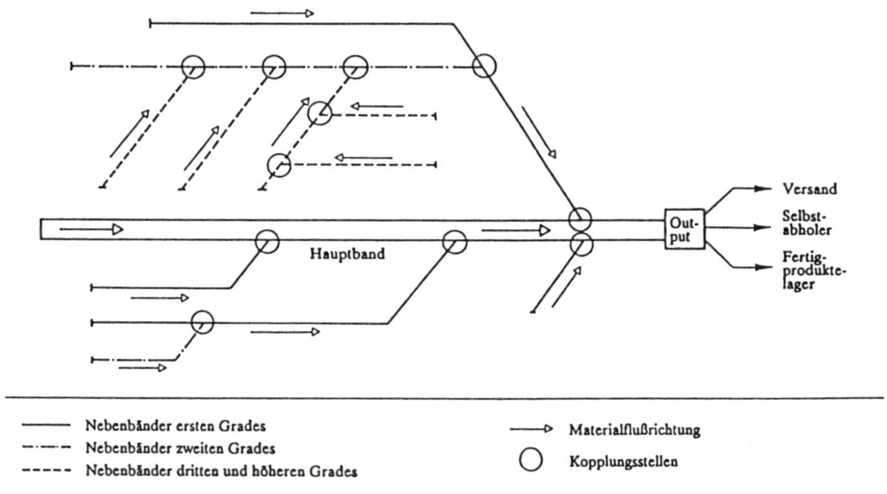

Abb. 34 Fließfertigung mit Haupt- und Nebenbändern
Quelle: Hahn/Laßmann, Produktionswirtschaft 1989 S. 115

Beträgt die Arbeitszeit pro Schicht acht Stunden, die Sollproduktion 960 ME und wird mit Ausfallzeiten von 4% der Arbeitszeit gerechnet, so ergibt sich folgende Taktzeit:

$$\text{Taktzeit} \quad [\frac{\text{min}}{\text{ME}}] = \frac{480[\text{min}]}{960[\text{ME}]} \cdot 0{,}96 = 0{,}48[\frac{\text{min}}{\text{ME}}].$$

Dieser Taktzeit müssen nun alle Arbeitsgänge angepaßt werden. Dazu gibt es nach Mellerowicz (Betriebswirtschaftslehre, Bd. 2, 1981, S. 341 ff.) folgende Möglichkeiten:

- Parallelschaltung von Arbeitsplätzen, falls die Arbeitszeit einzelner Arbeitsgänge ein Vielfaches der Taktzeit beträgt;
- Zerlegung eines zu langen Arbeitsganges in Teilarbeitsgänge von der Länge der Taktzeit;
- Zusammenfassung von zu kurzen Arbeitsgängen;
- Einsatz anderer Verfahren oder leistungsfähigerer Maschinen;
- Ausnutzung des unterschiedlichen Arbeitstempos der Arbeiter.

Lassen sich die Arbeitsgänge unter keinen Umständen in eine gemeinsame Taktzeit einpassen, so muß man die zeitliche Abstimmung fallen lassen und die Fließfertigung geht in die **Reihen- bzw. Straßenfertigung** (ohne Taktzwang) über, die jedoch ablaufplanerisch wesentlich schwieriger zu bewältigen ist.

Die Fließfertigung findet als **zwangsläufige** Variante vor allem in der chemischen, der Mineralöl- und in der Brauindustrie Verwendung, als organisatorische Variante in der Fahrzeugindustrie, im Verlags- und Druckgewerbe sowie in der Süßwarenindustrie.

Ein Beispiel für eine **Zwangslauffertigung** in der chemischen Industrie ist die Dralon-Faser-Produktion, die etwas vereinfacht in Abb. 35 (S. 124) wiedergegeben ist.

Im Bereich des strategischen Produktionsmanagements geht es nur um die Entscheidung, ob eine Fließfertigung oder eine andere Organisationsform eingerichtet werden soll und nicht um die operative Gestaltung der Fertigung, die im operativen Management (Kap. 9 und 10, S. 267 ff.) erörtert werden wird und Problemkomplexe wie z.B. Kanban oder Just-in-time-Produktion umfaßt. Daher sind an dieser Stelle nur allgemeine Vor- und Nachteile der Fließfertigung gegeneinander abzuwägen.

Die Vorteile der Fließfertigung liegen auf folgenden Gebieten:

- Es wird die geringste mögliche Durchlaufzeit der Produkte durch den Betrieb erreicht. Daher ist für Zwischenlager nur eine geringe Kapitalbindung erforderlich (Sicherheitspufferläger).
- Der Produktionsablauf ist übersichtlich und erfordert wenig Aufwand für die spezielle Arbeitsvorbereitung und die Produktionssteuerung.
- Es fallen niedrige innerbetriebliche Transportkosten an.
- Alle Rationalisierungsmöglichkeiten können durch die weitgehende Zerlegung der Arbeitsgänge ausgenutzt werden.
- Das Fließprinzip ermöglicht durch optimale Raumnutzung einen geringeren Raumbedarf als die Werkstattfertigung.

Diesen Vorzügen der Fließfertigung stehen folgende Nachteile gegenüber:

- Die Einrichtung einer Fließstrecke erfordert einen erheblichen Kapitalbedarf.
- Die Belastung mit fixen Kosten ist sehr hoch.
- Die Fließfertigung weist nur eine geringe quantitative und qualitative Elastizität auf. Beschäftigungsschwankungen und Produktvariationen führen zu hoher Kostenbelastung.
- Störungen an einzelnen Maschinen wirken sich häufig auf den ganzen Fließprozeß aus.

- Die psychische Belastung der Arbeitskräfte durch die eintönige Arbeit kann die Produktivität erheblich beeinträchtigen.

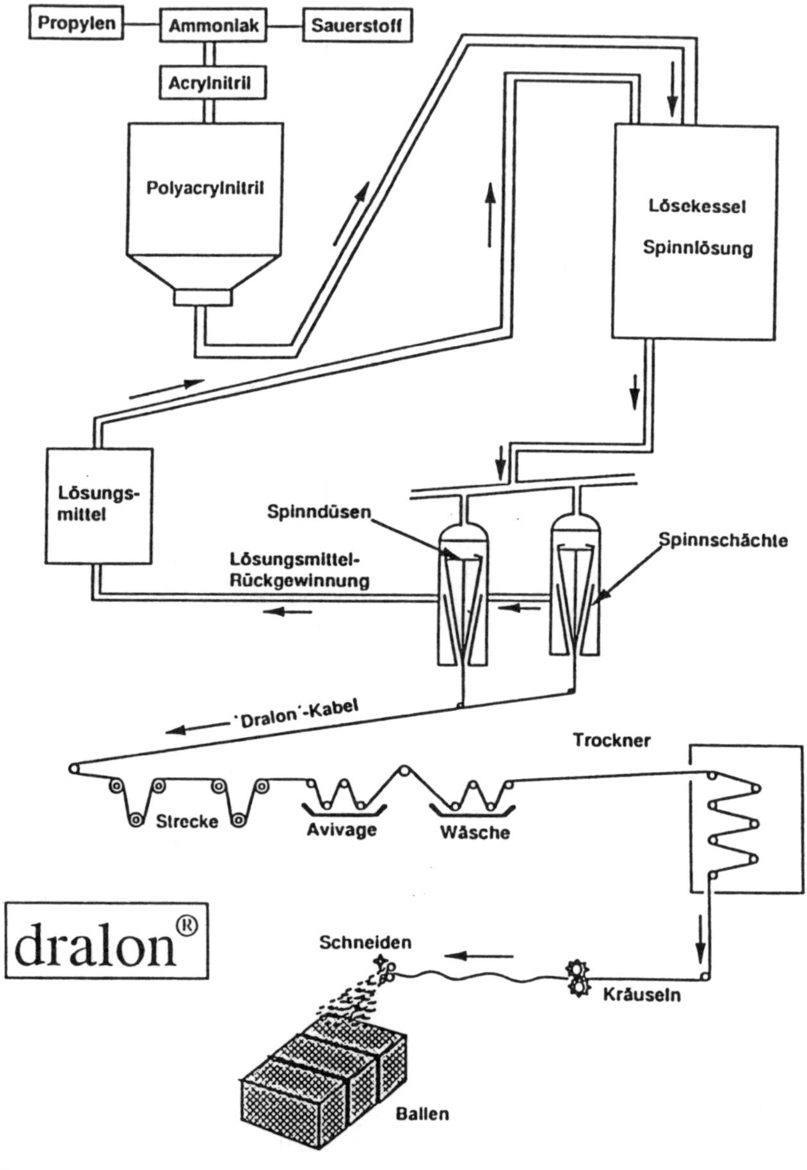

Abb. 35 Dralon-Faser-Produktion
Quelle: Hahn/Laßmann, Produktionswirtschaft 1989, S. 395

Außer den hier besprochenen reinen Organisationsformen der Fertigung gibt es in der Praxis auch Kombinationen, wie z.B. die **Gruppen- oder Gemischtfertigung** (Mellerowicz, Betriebswirtschaftslehre, Bd. 2, 1981, S. 371 ff.).

Sie ist durch eine Zusammenfassung von Maschinen und Arbeitsplätzen für gleichartige Teilprozesse gekennzeichnet, die im Fließprinzip organisiert werden, während sonst Werkstattfertigung vorherrscht.

Diesen klassischen Organisationsformen stehen die modernen Formen der Produktion gegenüber, die sich seit dem Beginn der 80er Jahre langsam in der industriellen Praxis durchzusetzen beginnen und in Zukunft eine erhebliche Bedeutung erlangen werden.

Sie sind unter dem saloppen Namen **"Fabrik der Zukunft"** bekannt und zeichnen sich dadurch aus, daß sie die Vorteile der Werkstattfertigung mit denen der Fließfertigung verknüpfen wollen, insbesondere

- **Flexibilität** der Produktion (Werkstattfertigung),
- **Integration** der Produktion (Fließfertigung).

Die Verbindung dieser beiden - scheinbar gegensätzlichen - Prinzipien gelingt nur durch intensive Computerunterstützung mit Hilfe von **integrierten Informationssystemen**, dem dritten Grundelement des industriellen Managements (vgl. Kapitel 2, S. 25 ff.).

III. Computergestützte Flexibilisierung der Fertigung

Die Flexibilisierung der Produktion mit Hilfe von computergestützten Informationssystemen kann in mehreren Stufen verwirklicht werden, die in der Praxis als selbständige Organisationsformen vorkommen. Sie reichen - je nach Produktionsprogramm und -volumen des Unternehmens - von einfachen Bearbeitungszentren im Rahmen der Werkstattfertigung bis zu flexiblen Transferstraßen der Fließfertigung.

a) Bearbeitungszentren

Ein Bearbeitungszentrum ist die erste Stufe der Weiterentwicklung einer numerisch gesteuerten (NC-) Werkzeugmaschine in Richtung Flexibilisierung. Obwohl die Definition in der Literatur nicht einheitlich ist, lassen sich die charakteristischen Merkmale doch hinreichend genau herausarbeiten. Wir legen hier und auch bei den folgenden Definitionen die Ausführungen von Scheer (Wirtschaftsinformatik 1994, S. 352 f.) und Geitner (CIM-Handbuch 1990, S. 349) zugrunde, die in der betrieblichen Praxis weitgehend übernommen worden sind.

Danach ist das **Bearbeitungszentrum** eine NC-Werkzeugmaschine, die

- **mehrere Bearbeitungsoperationen** bei **einer** Aufspannung ausführen kann (z.B. bohren und fräsen) und
- über einen **automatischen Werkzeugwechsel** verfügt.

Durch den selbsttätigen Werkzeugwechsel ist der **Umrüstvorgang** zwischen zwei Arbeitsgängen in die Bearbeitung integriert und erlaubt damit eine kürzere Durchlaufzeit der Werkstücke. Gleichzeitig erhöht sich die Flexibilität, da verschiedene Bearbeitungsoperationen mit einer Maschine durchgeführt werden können.

b) Flexible Fertigungszellen

Werden mehrere gleichartige Bearbeitungszentren zu einer Einheit zusammengefaßt, die zusätzlich

- einen gemeinsamen **Werkstückspeicher** (Paletten) und ein **Transportsystem** aufweist sowie
- über eine **automatische Spann-** und **Beladestation** verfügt,

so bezeichnet man diese Einheit als **flexible Fertigungszelle**. Sie kann weitgehend selbständig arbeiten, wenn sie an ein automatisiertes Materialflußsystem angeschlossen ist.

Man erkennt, daß hier der **Integrations**gedanke durch die Einbeziehung des Werkstücktransportes und der Maschinenbeladung in den automatischen Ablauf stärker realisiert wird, was natürlich höhere Anforderungen an die Computerunterstützung stellt.

c) Flexible Fertigungssysteme

Sie stellen einen gewissen Endpunkt der Entwicklung in Richtung zunehmende Integration bei gleichzeitig hoher Flexibilität, die für mittlere Unternehmen mit Klein- und Mittelserienfertigung notwendig ist, dar.

Ein flexibles Fertigungssystem (FFS) besteht aus

- mehreren verschiedenen und sich **ergänzenden** NC-Maschinen oder Bearbeitungszentren,
- einem vollautomatischen **Materialflußsystem**, das die Werkstückver- und entsorgung und den Werkzeugwechsel mit einschließt sowie
- einer **integrierten Rechnersteuerung**, an deren Spitze ein Leitrechner steht.

Der Leitrechner steuert alle notwendigen Funktionen, vom Werkzeugwechsel über den Werkstücktransport und die Werkstückeinspannung bis zum Einsatz der NC-Programme und der Qualitätsprüfung. Dadurch wird zum ersten Mal die Idee des Computer Integrated Manufacturing (CIM) deutlich, dem wir uns im Abschnitt IV. ausführlich widmen werden.

Abb. 36 zeigt ein typisches flexibles Fertigungssystem für mechanische Fertigung.

Die flexiblen Fertigungssysteme vereinen in der Tat die Hauptvorteile von Werkstattfertigung und Fließfertigung. Sie können schnell und flexibel an Kundenwünsche fertigungstechnisch angepaßt werden, indem die Reihenfolge der zu durchlaufenden Maschinen und die NC-Programme verändert werden. Darüber hinaus kommt der Integrationsvorteil einer Fließfertigung dadurch zum Tragen, daß alle vor der Montage stattfindenden Arbeitsgänge im FFS vollautomatisch und integriert ausgeführt werden können.

Durch diese Integration von Arbeitsgängen kann die **Durchlaufzeit** der Werkstücke und damit die Kapitalbindung so stark verringert werden, daß sich solch ein FFS schon bei kleinen und mittleren Seriengrößen rentabel einsetzen läßt.

Hinzu kommen eine erhebliche Verminderung der **Umrüstzeiten** und **-kosten,** da der automatische computergesteuerte Werkzeugwechsel die Umrüstvorgänge so in die Bearbeitungsfolge integriert, daß Maschinenstillstandszeiten weitgehend vermieden werden. Auch dieser Sachverhalt bewirkt eine geringere Durchlaufzeit der Produkte und eine Abnahme der **Kapitalbindung**.

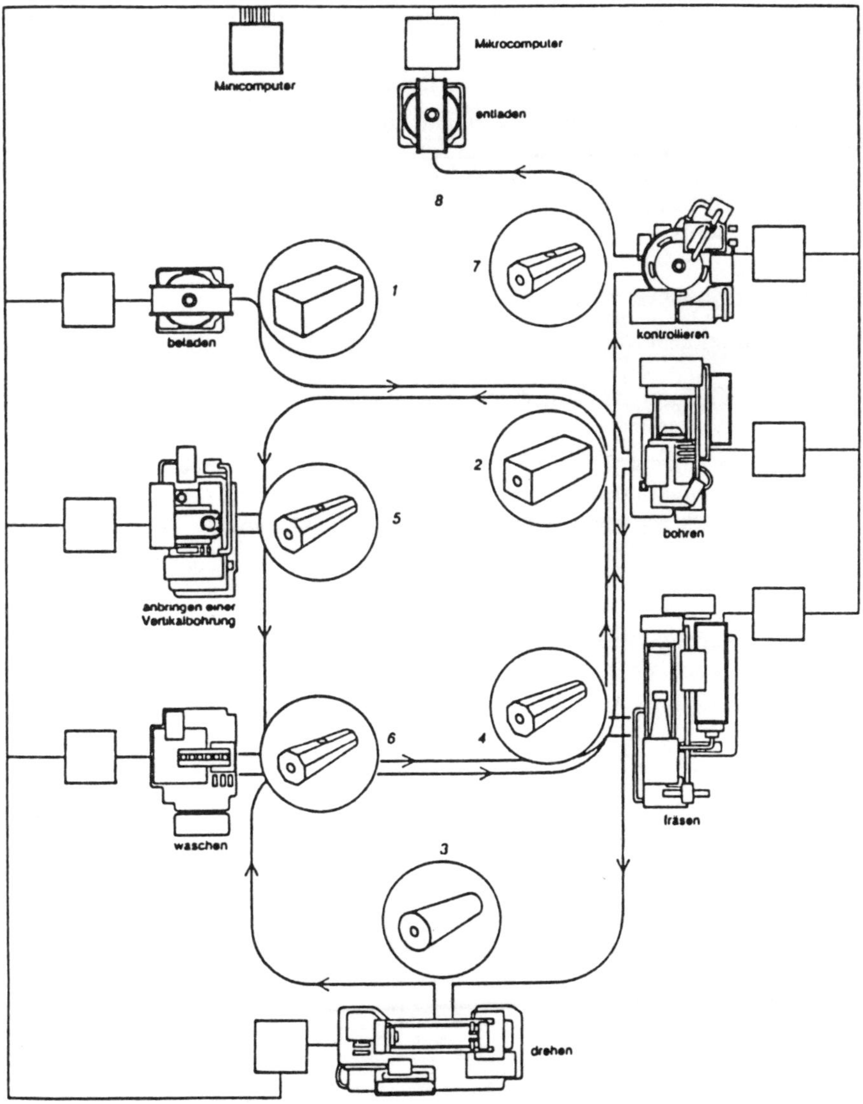

Abb. 36 Komponenten eines flexiblen Fertigungssystems
Quelle: Scheer, CIM 1990, S. 54

d) Fertigungsinseln

Werden flexible Fertigungssysteme so ausgestaltet, daß

- ganze Teilefamilien oder Baugruppen **komplett** bearbeitet werden können,

- die dazu benötigten Ressourcen im System selbst verfügbar sind, so daß eine **autonome** Produktion möglich ist und
- die Betriebsmittel (möglichst) im Sinne des **Produktionsflusses** angeordnet sind,

so bezeichnet man diese Systeme als **Fertigungsinseln**.

Infolge ihrer höheren Integration eignen sich Fertigungsinseln in erster Linie für die Großserienfertigung von größeren Unternehmen. Das integrierte Steuerungssystem einer Fertigungsinsel muß erhebliche Planungs- und Steuerungsfunktionen ausführen und bedarf daher eines anspruchsvollen Produktionsplanungs- und -steuerungssystems (vgl. hierzu Kapitel 8, S. 256 ff.).

e) Flexible Transferstraßen

Diese Organisationsform geht von der traditionellen Fließfertigung aus, d.h.

- materialflußorientierte Reihenfolge der Bearbeitungsstationen und
- zeitliche Abstimmung der Arbeitsgänge (Taktzeit).

Diese höchstintegrierte Fertigung soll nun flexibel gestaltet werden, um sich wechselnden Produktionsaufträgen anpassen zu können. Dazu müssen die Bearbeitungsstationen schnell und kostengünstig **umgerüstet** werden können, was durch den automatischen Werkzeugwechsel gewährleistet wird. Darüber hinaus muß aber auch das Transportsystem und der Materialfluß selbst flexibel an verschiedene Fertigungsaufträge angepaßt werden können.

Abb. 37 zeigt die Grundkonzeption einer flexiblen Transferstraße. Der zentral eingesetzte Leitrechner DNC (= direct numerical control) überwacht und steuert die Bearbeitungsstationen, das Transportsystem sowie den gesamten Materialfluß.

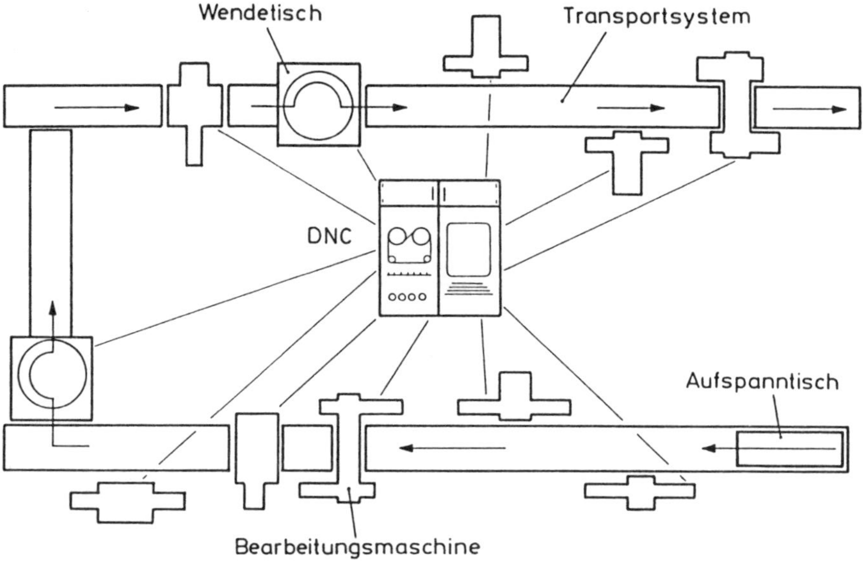

Abb. 37 Komponenten einer flexiblen Transferstraße
Quelle: Wiendahl, Betriebsorganisation 1989, S. 34

IV. Computer-Integrierte Fertigung (CIM)

a) Überblick

Die computergestützte Flexibilisierung der Fertigung weist schon bedeutende Schritte zur **Integration** des Produktionsprozesses auf, wie z.B. Durchführung mehrerer Arbeitsgänge in einer Bearbeitungsstation, automatischer Werkzeugwechsel sowie die Verkettung von Bearbeitungsstationen und Transportsystem durch Leitrechner.

Das Computer Integrated Manufacturing (CIM) geht jedoch noch einen entscheidenden Schritt weiter. Es sollen nicht nur die o.a. **technischen** Produktionsvorgänge mit Hilfe des Computers verkettet und damit integriert werden, sondern auch die betriebswirtschaftlichen Funktionen des Produktionsprozesses, die bisher recht isoliert in der computergestützten Produktionsplanung und -steuerung (PPS) informationstechnisch abgebildet wurden, sollen in diese Integration einbezogen werden, weil nur so kürzere Durchlaufzeiten, geringere Umrüstkosten und damit niedrigere Kapitalbindung in der Fertigung erreichbar erscheinen.

In Anlehnung an Scheer (CIM 1990, S. 2) verstehen wir unter der **Computer-Integrierten Fertigung** (CIM)

> die integrierte Informationsverarbeitung für die **betriebswirtschaftlichen** und **technischen** Aufgaben der Produktion im Industriebetrieb.

Die einzelnen Komponenten und die Struktur der Computer-Integrierten Fertigung lassen sich sehr anschaulich in einer von Scheer entwickelten Graphik darstellen, die das Zusammenwachsen der betriebswirtschaftlichen und technischen Aufgaben verdeutlicht (Abb. 38).

b) Die CIM - Komponenten

1. Computer Aided Design (CAD)

Geht man von den technischen CIM-Komponenten aus, so bezieht sich die erste Stufe des Produktionsprozesses auf die Konstruktion des in Frage stehenden Produktes. Der traditionelle Konstruktionsentwurf am Reißbrett wurde in manueller Tätigkeit vom Zeichner erstellt. Gelingt es, einen großen Teil dieser Tätigkeit durch ein geeignetes Computerprogramm ausführen zu lassen, das gleichzeitig den Konstruktionsvorgang an einem graphikfähigen Bildschirm sichtbar macht, so kann ein erhebliches Rationalisierungspotential ausgeschöpft werden.

Die Entwicklung geeigneter Hard- und Software in den 80er Jahren ermöglichte diese **computergestützte Konstruktion (CAD)**, die sich in der betrieblichen Praxis immer mehr durchsetzt.

Unter CAD sei (Scheer, CIM 1990, S. 38) der **Entwurf** von Produkten mit computerunterstützter **Graphikerstellung** verstanden, der in folgenden drei Phasen abläuft:

- Konzipierung
  Anforderungsanalyse, Erarbeitung von Lösungsvarianten, Bewertung der Lösungen

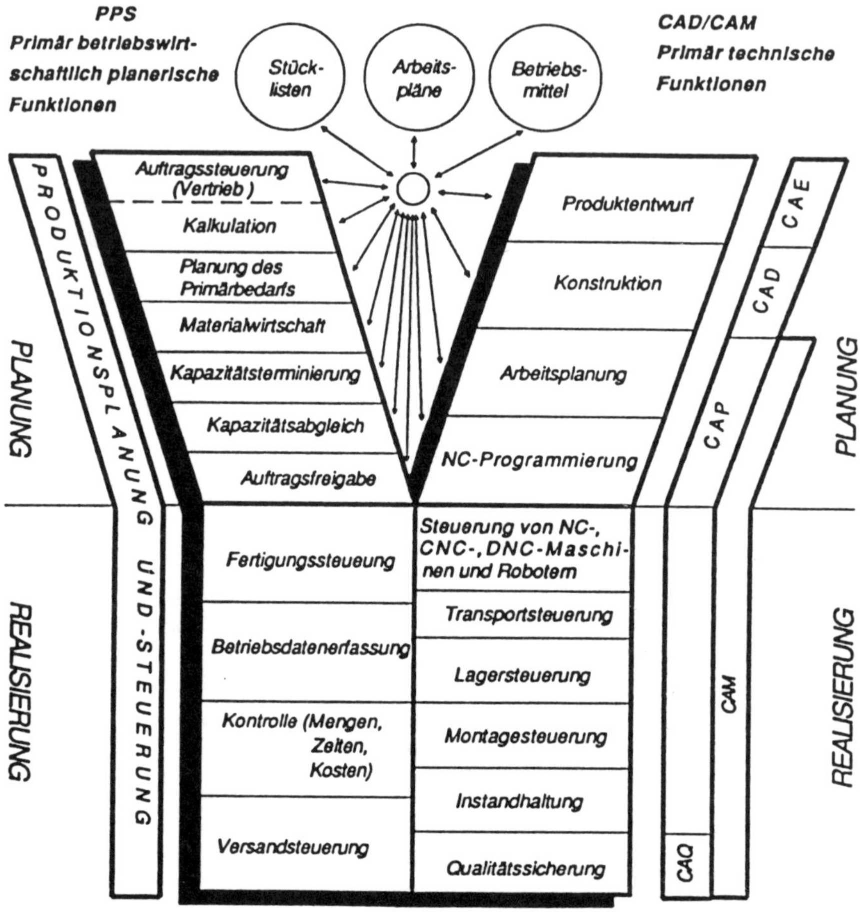

Abb. 38 Informationssysteme von CIM
Quelle: Scheer, CIM 1990, S. 2

- Gestaltung
  Konkretisierung der Lösungen, maßstäblicher Entwurf, Aufstellung von Modellen
- Detaillierung
  Darstellung der verwendeten Einzelteile

Nach der Detaillierung der verwendeten Lösungen können die Fertigungsunterlagen so erstellt werden, daß sie direkt von der **Arbeitsplanung** übernommen werden können.

Die Objekte, mit denen sich ein CAD-System beschäftigt, sind **geometrische Modelle**, die im zweidimensionalen (2D) oder im dreidimensionalen (3D) Koordinatensystem abgebildet und entworfen werden können. Da 2D-Zeichnungen leichter vom Computer zu erstellen sind, setzten sich zunächst 2D-CAD-Systeme durch. Ein Beispiel für eine 2D-Zeichnung mit automatisch erzeugter Stückliste gibt Abb. 39 wieder.

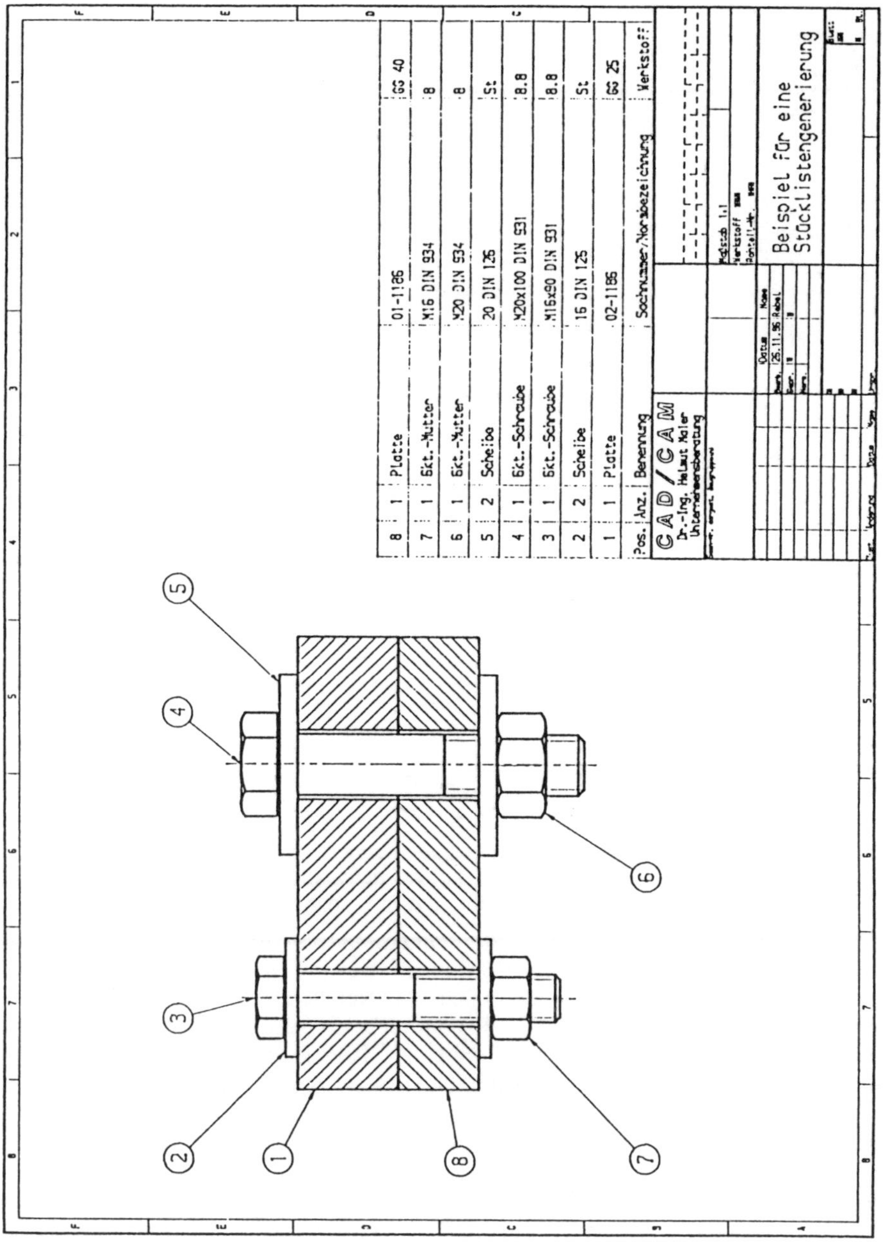

Abb. 39 CAD-2D-Zeichnung mit Stückliste
Quelle: Geitner, CIM-Handbuch 1990, S. 177

Ein realistisches Bild des Objektes ergibt sich mit 3D-CAD-Systemen, die sich heute steigender Beliebtheit erfreuen. Für die Darstellung kann man zwischen

- Kantenmodell,
- Flächenmodell und
- Volumenmodell

wählen.

Im Kantenmodell werden ebene Konturen durch Verbindungslinien an den Kanteneckpunkten verbunden, wie es Abb. 40 zeigt.

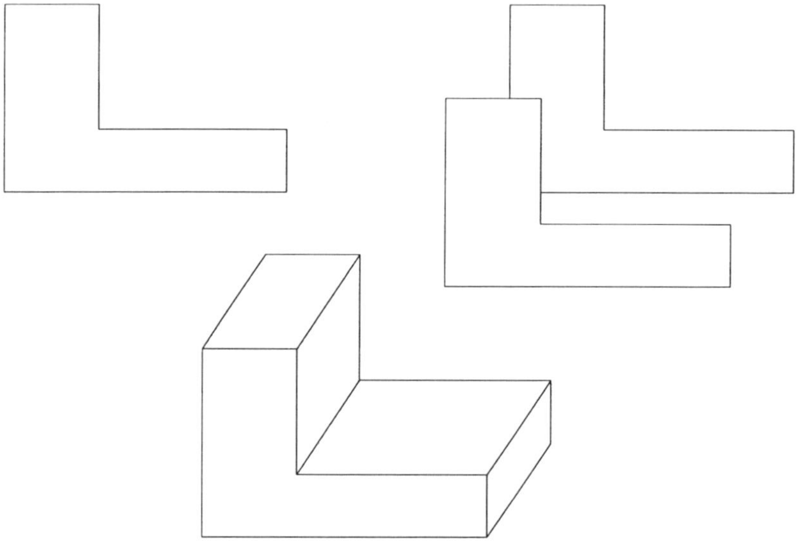

Abb. 40 Kantenmodell im 3D-CAD-System

Im Flächenmodell wird die Oberfläche des betrachteten Objekts aus verschiedenen Basisflächen zusammengesetzt, wovon einige in Abb. 41 abgebildet sind.

Das Flächenmodell enthält zwar alle mathematischen Informationen in bezug auf die Flächen aber nicht die Information, auf welcher Seite der Fläche sich das Volumen befindet. Um hier Eindeutigkeit zu erreichen, muß das **Volumenmodell** gewählt werden, das in Abb. 42 (S. 134) mit einer einfachen Variante dargestellt ist. Die einzelnen Teilvolumina werden dabei durch mengentheoretische Operationen miteinander verknüpft, die in der Abbildung mit "+" und "-" symbolisiert sind.

Die computergestützte Konstruktion mit Hilfe der beschriebenen geometrischen Modelle wird vornehmlich auf Arbeitsplatzrechnern (work stations) durchgeführt, die über hochauflösende Bildschirme verfügen. Da die Konstruktionszeichnungen häufig verändert werden müssen, um die optimale Lösung herauszufinden, kommt für CAD-Anwendungen nur ein **interaktiver Dialogbetrieb** zwischen Mensch und Computer in Betracht, der nicht über einen Zentralrechner, sondern nur mit einem Arbeitsplatzrechner und den geeigneten Schnittstellen Maus, Lichtgriffel, Tablett mit Menü und Plotter vorteilhaft abgewickelt werden kann.

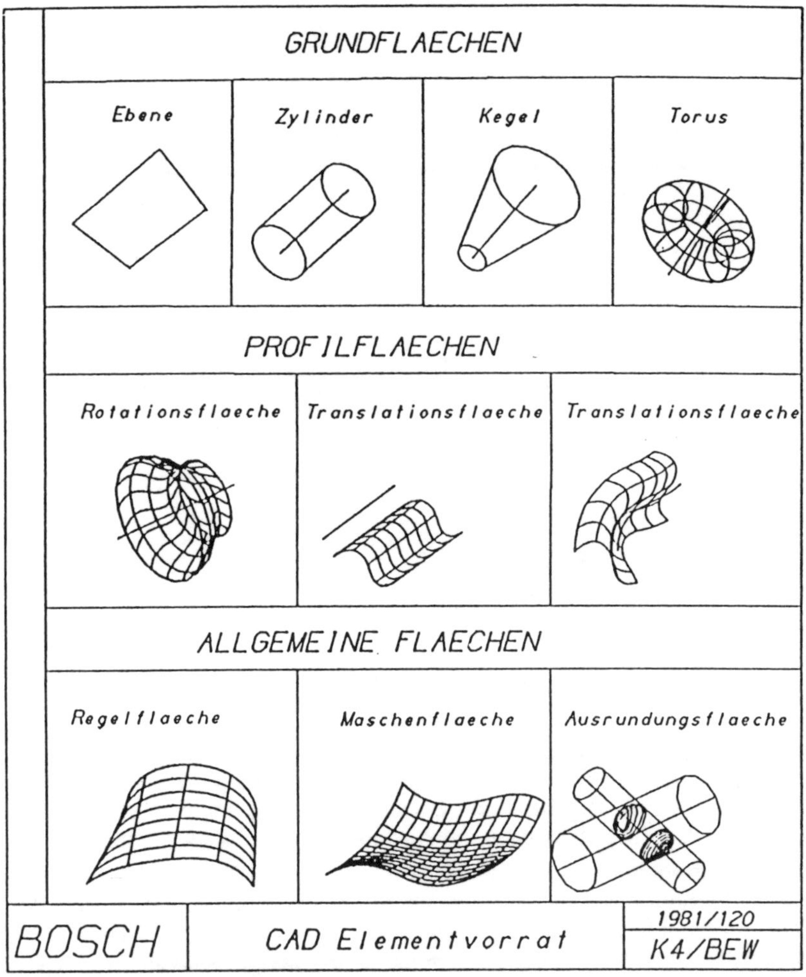

Abb. 41 Basisflächen des Flächenmodells
Quelle: Geitner, CIM-Handbuch 1990, S. 183

Das Ergebnis der computergestützten Konstruktion ist der Detail-Entwurf des Produktes mit den zugehörigen Stücklisten und Fertigungsunterlagen, die nun von dem nachfolgenden CIM-Vorgang "Arbeitsplanung" weiterverarbeitet werden können.

2. Computer Aided Planning (CAP)

Hierunter versteht man die Erstellung von **Arbeitsplänen** zur Produktion eines Erzeugnisses auf der Basis geometrischer Daten von CAD (Konstruktionszeichnungen und Stücklisten) sowie weiterer technologischer Informationen über die Eigenschaften von Materialien und Baugruppen.

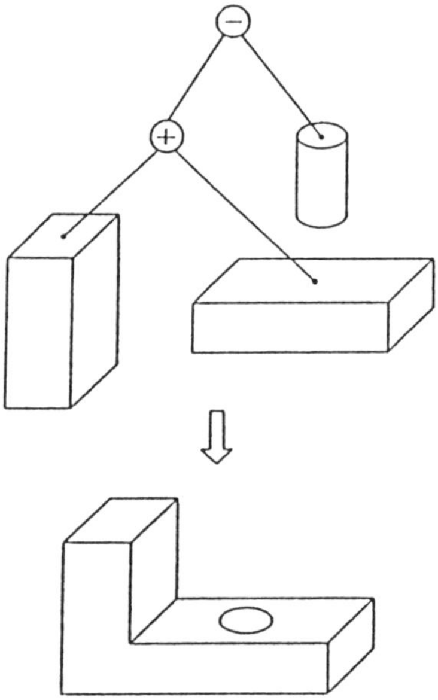

Abb. 42 Volumenmodell mit Verknüpfung
Quelle: Geitner, CIM-Handbuch 1990, S. 184

Bei konventioneller Fertigung ohne NC-Maschinen besteht die Arbeitsplanung hauptsächlich aus folgenden Funktionen:

- Festlegung der **Reihenfolge** der **Bearbeitungsoperationen**,
- **Zuordnung** der Bearbeitungsoperationen zu **Maschinen** (Produktionsanlagen),
- Auswahl der **Fertigungshilfsmittel**, wie Vorrichtungen und Werkzeuge,
- Ermittlung der **Vorgabezeit** für die einzelnen Bearbeitungsoperationen.

Diese Funktionen können computergestützt sein, wenn Standardarbeitspläne für bestimmte Produktionsvorgänge einschließlich der Vorgabezeiten, der Bearbeitungsreihenfolge und der Maschinenzuordnung im Rechner gespeichert sind und als Ausgangsbasis für neue Arbeitspläne abgerufen werden können. Falls dies nicht möglich ist, kann der Arbeitsplaner häufig zumindest auf die im Rechner gespeicherten Betriebsmittel-, Werkzeug- und Materialdaten zurückgreifen.

Erfolgt die Fertigung auf modernen NC-Maschinen oder gar mit flexiblen Fertigungssystemen, so tritt an die Stelle des Arbeitsplans die **NC-Programmierung**. Für die Integration von CAD und CAP ist es daher besonders wichtig, daß die Geometriedaten der Konstruktion direkt in die NC-Programme von CAP übernommen werden können. Abb. 32 auf S. 120 zeigt einen Ausschnitt aus einem NC-Programm.

3. Computer Aided Manufacturing (CAM)

Nach Erstellung der Arbeitspläne in CAP kann die eigentliche Fertigung beginnen. Die computergestützte Produktion ist die **automatisierte** und **rechnergesteuerte** Fertigung mit

- NC-Werkzeugmaschinen bzw. den darauf aufbauenden Organisationsformen der flexiblen Fertigungssysteme,
- Industrierobotern,
- automatisierten Lagersystemen und
- fahrerlosen Transportsystemen (FTS).

Die ursprünglichen mit Lochstreifen zu "fütternden" NC-Werkzeugmaschinen sind im Laufe der Zeit wesentlich verbessert und in Richtung **Rechnersteuerung** weiter entwickelt worden. Wird statt des Lochstreifens ein Mikrocomputer zur Eingabe und auch zur evtl. Änderung des NC-Programms verwendet, so spricht man von einer

computerized **n**umerical **c**ontrol (**CNC**)-Maschine,

von denen mehrere durch einen **Leitrechner** verbunden werden können, der die Programme aller CNC-Maschinen aufnimmt und die einzelnen Maschinen entsprechend steuert. Ein solches Verbundsystem wird

direct **n**umerical **c**ontrol (**DNC**)-System

genannt. NC-, CNC- und DNC-Maschinen können ihrerseits zu den verschiedenen Varianten der flexiblen Fertigungssysteme zusammengefügt werden, die ausführlich im III. Abschnitt dieses Kapitels (vgl. S. 125 ff.) behandelt worden sind.

Neben den computergestützten Werkzeugmaschinen sind in den 70er Jahren insbesondere in der Automobilindustrie Produktionsanlagen entwickelt worden, die in der Zukunft zu einer weitgehenden Automation des Produktionsprozesses führen können.

Diese **Industrieroboter** genannten Automaten werden - falls sie sich durchsetzen - einschneidende Umwälzungen der Produktions- und Ablaufplanung der Industriebetriebe sowie tiefgreifende Veränderungen von Zahl und Struktur der industriellen Arbeitsplätze zur Folge haben. Daher ist es angebracht, diese Entwicklungen hier kurz zu skizzieren.

Eine international einheitliche Definition für Industrieroboter existiert bislang noch nicht. Die Fachgemeinschaft Montage, Handhabung, Industrieroboter im Verband Deutscher Maschinen- und Anlagenbau (VDMA) definiert die Industrieroboter als

> universell einsetzbare Bewegungsautomaten mit mindestens drei Achsen, deren Bewegungen ohne mechanischen Eingriff flexibel programmierbar sind und die mit Fertigungsmitteln wie Greifern oder Werkzeugen ausgerüstet werden können.

Diese Definition beschreibt die drei wesentlichen Kennzeichen der Industrieroboter

- mechanisches System,
- elektronische Steuerung,
- flexible Programmierung.

Die Industrieroboter werden heute in der Bundesrepublik Deutschland überwiegend in der Automobilindustrie eingesetzt, doch finden sich mehr und mehr Verwendungsmöglichkeiten in anderen Industriezweigen (Elektroindustrie, Maschinenbau).

Abb. 43 Freiprogrammierbarer Industrieroboter mit fünf Bewegungsachsen
Quelle: Datenblatt Industrie-Roboter, Reihe 80 der Firma Jungheinrich

Die folgende Tab. 19 gibt den Einsatzbereich der Industrieroboter im Jahr 1980 wieder (Meier, Industrieroboter 1982, S. 21)

Tab. 19 Einsatzbereiche der Industrieroboter in der BRD, Japan und den USA im Jahr 1980 (v.H.)

Branche	BRD	Japan	USA
Automobilindustrie	60	30	41
Elektroindustrie	12	36	27
Maschinenbau	10	12	11
Kunststoffindustrie	9	12	10
Sonstige	9	10	11

Tab. 19 zeigt, daß in Japan die Elektroindustrie bereits der größte Anwendungsbereich für Industrieroboter geworden ist, wo zunehmend die mit **Sensoren** zum Sehen und Tasten ausgestatteten "intelligenten" Roboter eingesetzt werden.

Die wichtigsten Einsatzmöglichkeiten der Industrieroboter im Produktionsprozeß sind folgende:

Werkzeughandhabung

- Punktschweißen,
- Lichtbogenschweißen,

- Lackieren,
- Beschichten mit Kunststoff,
- Montieren (Sensor-Roboter);

Werkstückhandhabung

- Beschicken von Pressen und Drehbänken,
- Be- und Entladen von Transportbändern,
- Stapeln im Lager.

Die "intelligenten" Roboter mit Sensoren werden vornehmlich im Montagebereich eingesetzt und haben dort große Zukunftsaussichten. Der Verfasser hat in einer Studie die Entwicklung des Industrieroboter-Bestandes in der BRD bis zum Jahre 2000 getrennt für elementare und intelligente Roboter geschätzt (Hansmann, Industrieroboter 1984). Dabei zeigte sich, daß das Wachstum des Roboterbestandes ab etwa 1987 fast nur noch von den intelligenten Robotern getragen wird (vgl. Tab. 20 und Abb. 44).

Tab. 20 Geschätzter Bestand an Industrierobotern in der BRD

Jahr	Elementare Roboter	Intelligente Roboter
1990	6400	12200
2000	6970	37900

Basis dieser Prognose ist die externe Schätzung des Sättigungsniveaus aus der Anzahl der für den Einsatz von Robotern in Frage kommenden Arbeitsplätze der wichtigsten Branchen unter Berücksichtigung der japanischen Entwicklung. Die Prognose selbst wurde mit Hilfe der auf S. 66 ff. dargestellten verallgemeinerten logistischen Funktion erstellt. Wegen weiterer Einzelheiten sei auf Hansmann (Industrieroboter 1984) verwiesen.

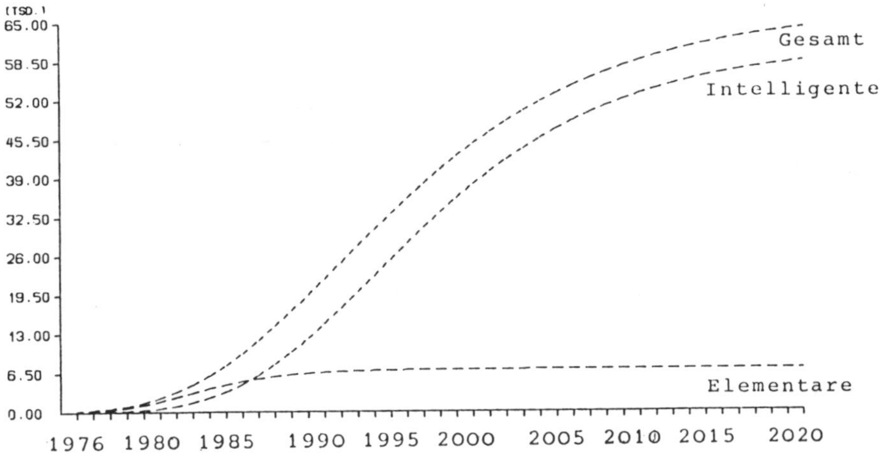

Abb. 44 Prognose des Industrieroboter-Bestandes bis 2020 (Intervallschätzung)

Die eigentlichen Produktionsanlagen vom CAM (Werkzeugmaschinen und Industrieroboter) müssen ergänzt werden durch entsprechend automatisierte Lager- und Transportsysteme, um die in der Produktion vorhandenen Rationalisierungspotentiale voll ausschöpfen zu können. Diese innerbetriebliche **Logistik** beeinflußt entscheidend die Durchlaufzeit der Fertigungsaufträge und damit die Kapitalbindung, da ein großer Teil der Durchlaufzeit aus Liege- und Transportzeiten besteht.

Insbesondere die **fahrerlosen Transportsysteme** (FTS), die über sog. Induktionsschleifen geführt werden, haben die Automatisierung im Transportbereich einen entscheidenden Schritt weitergebracht. Die Verbindung zu einem rechnergesteuerten Lagerverwaltungssystem würde es erlauben, einen Fertigungsauftrag auf seinem Weg durch die Produktion lückenlos zu verfolgen und gezielt zu steuern.

4. Computer Aided Quality Ensurance (CAQ)

Die Qualitätskontrolle hatte auch in traditionellen Fertigungssystemen eine hohe Bedeutung, meistens als Endkontrolle am Schluß des Produktionsvorgangs, häufig aber auch schon an wichtigen Zwischenstufen des Fertigungsprozesses.

Die statistische Qualitätskontrolle stellt leistungsfähige statistische Verfahren zur Verfügung, um anhand von Stichproben eine hohe Qualitätssicherung zu gewährleisten, ohne eine kostenintensive Kontrolle aller produzierten Stücke vornehmen zu müssen (vgl. Rinne/Mittag, Qualitätssicherung 1989).

Kennzeichen einer computergestützten Qualitätskontrolle ist jedoch darüber hinaus, daß der Kontrollvorgang in den Fertigungsvorgang integriert wird, so daß der Qualitätssicherungsplan praktisch dem Arbeitsplan von CAM entspricht.

Der Qualitätssicherungsplan wird auf statistischer Grundlage vom Rechner erstellt und verwaltet. Dabei muß der Rechner auf eine Qualitätsdatenbank zugreifen können, die

- Qualitätsnormen und -standards,
- Prüfmerkmale,
- Fehlercodes und
- Stichprobentabellen

enthält. Das Steuerungsprogramm des Rechners löst die Prüfungsaktivitäten aus und greift während der Prüfung ständig auf die Qualitätsdatenbank zurück. Auf diese Weise ist eine automatische Kontrolle der bearbeiteten Werkstücke synchron zum Produktionsfortschritt realisierbar und damit die Qualitätssicherung in die Fertigung integriert.

5. Produktionsplanung und -steuerung (PPS)

PPS stellt die betriebswirtschaftlich orientierte CIM-Komponente dar, die mit den technischen CIM-Vorgängen informationstheoretisch verkettet werden muß. Die wichtigsten Elemente der **Produktionsplanung** sind

- Planung des **Primärbedarfs** auf der Grundlage von Prognosen oder erteilten Aufträgen,
- Materialwirtschaft,

- Zeitwirtschaft
  mit Kapazitätsterminierung und -abgleich,

während die **Produktionssteuerung** die Elemente

- Feinterminierung
  mit Reihenfolgeplanung und Maschinenbelegung und
- Betriebsdatenerfassung

enthält. Als Bindeglied zwischen Produktionsplanung und -steuerung dient die **Auftragsfreigabe**.

Alle PPS-Komponenten werden im Rahmen der operativen Planung in den Kapiteln 8 bis 10 (S. 247 ff.) ausführlich behandelt, so daß an dieser Stelle die Aufzählung genügen möge.

c) Die CIM-Implementierung

Die charakteristische Eigenschaft von CIM ist die **Integration**

- der **betriebswirtschaftlichen** Funktionen
  Produktion, Beschaffung, Lagerhaltung und Vertrieb mit
- den **technischen** Funktionen
  Konstruktion, Arbeitsplanung, NC-Programmierung und Qualitätskontrolle.

mit Hilfe des Material- und Informationsflusses. Darüber hinaus können auch Lieferanten und z.T. Kunden in den Integrationsprozeß mit einbezogen werden, indem man z.B. vereinbart, daß die von einem Zulieferer bezogenen Baugruppen ohne Zwischenlagerung zu dem Zeitpunkt direkt an die Produktionsanlagen angeliefert werden, zu dem sie nach Produktionsplan dort benötigt werden. Dieses sog. **Just-in-time-Prinzip** hat sich insbesondere in der Automobilindustrie stark durchgesetzt. Auf die damit verbundenen Probleme wird im Rahmen der operativen Planung in Kapitel 9, S. 320 ff. detailliert einzugehen sein.

Die computerintegrierte Produktion ist als Ganzes so komplex, daß sich ein Unternehmen zwar **strategisch** für sie entscheiden kann, die Implementierung aber nur **stufenweise** erfolgen sollte. Daher besitzt die "Investition CIM" eine relativ lange Realisierungs- und Aufbauphase, wie sie für neue Technologien typisch ist.

In der Praxis werden deshalb einzelne CIM-Komponenten nacheinander verkettet, vorzugsweis natürlich benachbarte Komponenten mit starken Interdependenzen. So findet man heute bereits die Integration der

- Produktionsplanung mit der Produktionssteuerung (PPS) und von
- CAD und CAM.

In den Anfängen dagegen steckt die Integration der PPS mit CAD/CAM.

Hier liegen die Schwierigkeiten insbesondere darin begründet, daß die **Datenorganisation** in beiden Bereichen traditionell sehr unterschiedlich ausgerichtet ist, was die Errichtung gemeinsamer Datenbanken erheblich erschwert. Stücklisten im Rahmen der PPS weisen z.B. eine andere **Datenstruktur** auf als die Geometriedaten von CAD. Diese sind aber zur Erstellung einer Stückliste unentbehrlich.

Das im folgenden dargestellte **Stufenverfahren** zur Einführung von CIM (vgl. Scheer, CIM 1990, S. 164 ff.) versucht, diese Schwierigkeiten nach und nach zu überwinden.

1. Stufe: Organisatorische Kombination

In dieser elementaren Stufe werden EDV-technisch noch ungekoppelte Systeme wie z. B. CAD/CAM und PPS dadurch miteinander verbunden, daß - wie Abb. 45 zeigt - die Sachbearbeiter im PPS- und CAD/CAM-Bereich jeweils zwei Terminals an ihrem Arbeitsplatz haben, mit deren Hilfe sie auf das andere (fremde) System zugreifen können.

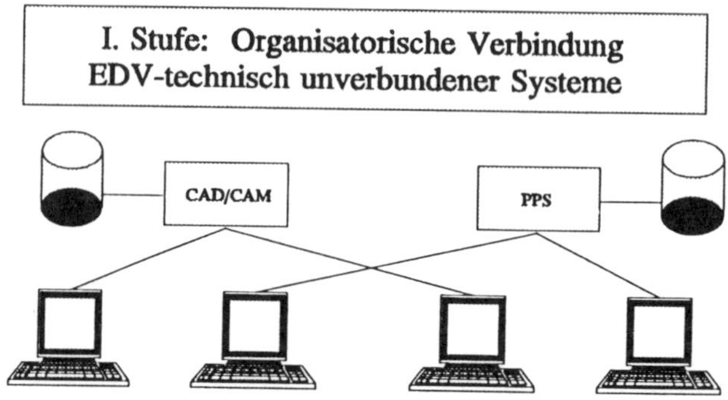

Abb. 45 Organisatorische Kombination von PPS und CAD/CAM
Quelle: Scheer, CIM 1990, S. 165

Dadurch wird es dem PPS-Sachbearbeiter ermöglicht, sich die aktuellen Geometriedaten des CAD-Systems anzuschauen, und sie **manuell** in veränderter Form über das zweite Terminal in sein PPS-System einzugeben. Es liegt auf der Hand, daß dieser Datentransfer langwierig und fehleranfällig ist. Dem steht der Vorteil gegenüber, daß die PPS- und CAD/CAM-Systeme unverändert bestehen bleiben können.

2. Stufe: Verbindung durch Computer-Werkzeuge

Diese Stufe ist ebenfalls noch durch die Unabhängigkeit der zu verbindenden Systeme gekennzeichnet. Mit Hilfe eines oder mehrerer Mikrocomputer, die über die **Window-Technik** verfügen, d.h. gleichzeitig mehrere Anwendungen auf dem Bildschirm zulassen, und über ein **lokales Netzwerk**, sog. Local Area Network (LAN) miteinander verbunden sind, kann auf die betriebswirtschaftlichen **und** technischen Systeme gleichzeitig zugegriffen werden, so daß sich ein Mitarbeiter im PPS-Bereich Stücklisten, Arbeitspläne und Konstruktionszeichnungen von CAD auf den Bildschirm holen kann. Die manuelle Übertragung benötigter Informationen wird dadurch erheblich beschleunigt.

3. Stufe: Dateitransfer zwischen den Systemen

Die manuelle Übertragung der Daten zwischen PPS und CAD/CAM entfällt in dieser Stufe. An ihre Stelle tritt die Übertragung mit **Schnittstellendateien**. Hier liegt das Problem jedoch darin, daß die Daten des sendenden Systems beim empfangenden System in einer Form ankommen müssen, die dort verarbeitet werden kann. Dazu müssen spezielle **Umformatierungsprogramme** erstellt werden, die den reibungslosen und schnellen Datentransfer gewährleisten. Es gibt bereits

Software, die diese Datenübertragung in fester, genau definierter Funktion leistet. Eine im CAD-Bereich erstellte Stückliste kann ohne manuelle Aktivitäten an den PPS-Bereich übergeben werden. Damit ist ein erster wichtiger **Integrationsschritt** implementiert. Allerdings ist die genau definierte und damit fixierte Form noch zu starr. Ein beliebiges Hin- und Herschalten zwischen den Systemen z. B. über Datenbankabfragesprachen ist noch nicht möglich.

4. Stufe: Einheitliche Datenbank

Kennzeichen dieser Stufe ist die Errichtung einer **gemeinsamen Datenbasis** für alle zu integrierenden betriebswirtschaftlichen und technischen Funktionen der Fertigung, wobei PPS und CAD/CAM die wichtigsten Anwendungsbereiche sind.

Konkret bedeutet dies, daß Stücklisten, Geometriedaten, Arbeitspläne und NC-Daten in **einer** Datenbank gespeichert sind. Dazu müssen die **Datenstrukturen** dieser sehr unterschiedlichen Funktionen vereinheitlicht werden und mit der Datenbankabfragesprache des Datenbanksystems abgerufen werden können.

Die Vorteile der gemeinsamen Datenbank liegen in

- der schnellen Übertragung der Daten,
- der weitgehenden Vermeidung von Datenredundanz,
- der Aktualität bei Änderung in einzelnen Bereichen, da jede Änderung sofort allen Systemen bekannt ist,
- der Datensicherheit bei Bedienungsfehlern.

Abb. 46 veranschaulicht diese Integrationsstufe.

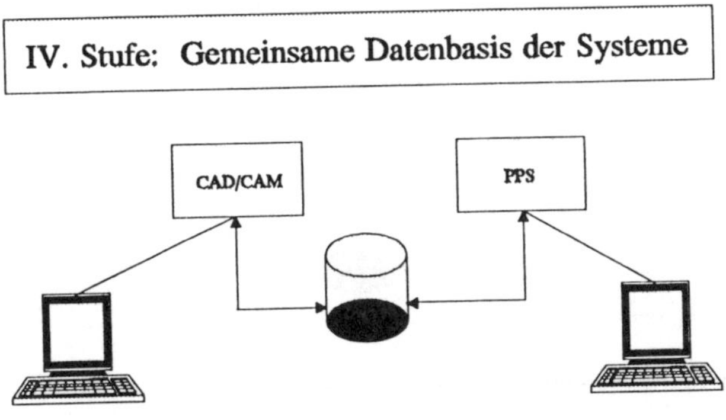

Abb. 46 Gemeinsame Datenbasis der Systeme
Quelle: Scheer, CIM 1990, S. 184

Es muß betont werden, daß trotz der aufgezeigten Vorteile die 4. Integrationsstufe praktisch noch nicht realisiert ist. Der Grund liegt darin, daß die erprobten und leistungsfähigen relationalen Datenbanksysteme im betriebswirtschaftlichen Bereich entwickelt wurden und dadurch eine bestimmte Datenstruktur aufweisen, die für PPS-Systeme zwar sehr gut geeignet, für Geometrie- und technische Daten jedoch wenig geeignet ist. Besonders die Datenstrukturen im CAD-Bereich sind sehr komplex, so daß eine Übernahme von klassischen Datenbanksystemen nicht in Frage kommt. Scheer schlägt mehrere Auswege aus diesem Dilemma vor, von denen der folgende am erfolgversprechendsten erscheint (Scheer, CIM 1990, S. 185 f.):

- Definition eines gemeinsamen Datenbankkerns, der Stücklisten des PPS-Systems sowie Beschreibungs- und Klassifizierungsdaten aus dem CAD-System enthält,
- Speicherung der Geometriedaten in einer anderen Datenbank,
- Implementierung zusätzlicher Software für die Verwaltung der CAD-Daten und die Datenintegritätssicherung.

Wie oben bereits ausgeführt, ist die Realisierung der 4. Integrationsstufe noch nicht absehbar. Solange es noch keine gemeinsame CIM-Datenbasis gibt, kann als Ersatz ein sog. **CIM-Datenhandler** eingesetzt werden, der den Informationsaustausch zwischen den Systemen steuert. Wegen weiterer Einzelheiten hierzu sei auf (Scheer, CIM 1990, S. 186 ff.) verwiesen.

5. Stufe: Daten- und Programmintegration

Diese höchste Stufe der Integration ist erreicht, wenn

- eine gemeinsame Datenbasis für alle Bereiche existiert und
- die Programmfunktionen so miteinander verknüpft werden, daß sie sich gegenseitig aufrufen können.

Abb. 47 veranschaulicht das Prinzip.

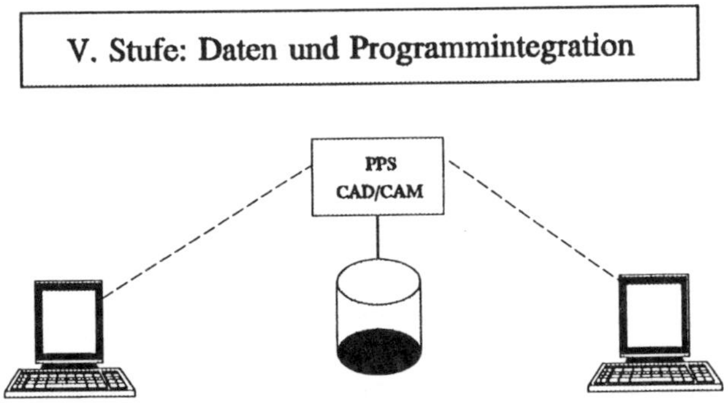

Abb. 47 Daten- und Programmintegration
Quelle: Scheer, CIM 1990, S. 186

Erst auf dieser Stufe kann man eigentlich von einer Integration der betriebswirtschaftlichen und technischen Funktionen der Produktion sprechen. Das ist der Endzustand der oft zitierten "Fabrik der Zukunft". Allerdings ist die Realisierung dieser CIM-Vision nur langfristig zu erwarten. Zuvor muß erst einmal die 4. Integrationsstufe "Gemeinsame Datenbank" in der Praxis umgesetzt werden, um auf diesem Wege die Grundlage für die endgültige Integration der betriebswirtschaftlichen und technischen Funktionen im Produktionsbereich zu legen.

Obwohl die CIM-Entwicklung durch viele enttäuschte Hoffnungen im Moment stagniert, wird der starke internationale Wettbewerbsdruck die Unternehmen weiterhin veranlassen, auf dem Wege der CIM-Realisierung fortzuschreiten, insbesondere wegen der damit verbundenen strategischen Vorteile, die nun im einzelnen analysiert werden sollen.

d) Die strategische Bedeutung von CIM

Der strategische Aspekt von CIM liegt vor allem in der Nutzung der modernen **Informationstechnologie**, die zu einer weitgehenden **Automatisierung** der Fertigung führt, ohne auf die **flexible** Anpassung an mögliche Bedarfsänderungen verzichten zu müssen. Die daraus resultierenden Vorteile betreffen sowohl die **Markt-** als auch die **Kostenseite** der Unternehmen.

1. Der Einfluß von CIM auf die Marktsituation

Die Märkte der Industrieunternehmen sind heute einem starken Wandel der

- geographischen (z.B. ehemalige DDR, Osteuropa),
- demographischen (Altersaufbau),
- soziographischen (Einkommensschichtung) und
- käuferverhaltensorientierten (Geschmackswandel)

Strukturen unterworfen. Diesem Strukturwandel Rechnung zu tragen, ist eine vordringliche Aufgabe des strategischen Managements. Insbesondere die durch CIM bewirkte **Flexibilität** der Fertigung (z. B. im Rahmen flexibler Fertigungssysteme) ermöglicht eine schnelle Reaktion auf

- Bedarfsverschiebungen,
- neue Produkte der Konkurrenz,
- Veränderung von Umweltschutzbestimmungen,
- neue Entwicklungen bei Normen und Standards und
- Entdeckung von Marktnischen.

Ein Industriebetrieb kann sich also mit der strategischen Entscheidung für CIM eine Option für sachgerechtes und schnelles Reagieren auf veränderte Marktbedingungen erwerben.

2. Relative Wettbewerbsvorteile durch CIM

Die durch CIM erzielbare Flexibilität **bewirkt** eine **kostengünstige** Produktion insbesondere durch

- Einsparung von **Umrüstzeiten** und **-kosten**, da der Werkzeugwechsel weitgehend ohne Stillegung der Maschinen bewerkstelligt werden kann, und
- Senkung der **Zwischenlagerbestände** und damit Verminderung der Kapitalbindung, da durch die geringen Rüstkosten **kleinere Losgrößen** aufgelegt werden können.

Darüber hinaus führt auch die durch CIM erreichbare **Integration** zu einer **kostengünstigeren** Produktion, die sich vor allem auf folgende Bereiche erstreckt:

- Verminderung der **Durchlaufzeit** der **Fertigungsaufträge** infolge kürzerer Wartezeit zwischen den integrierten Arbeitsgängen,
- Einsparung von Arbeitskräften an den weitgehend automatisierten Maschinen,
- Vermeidung mehrfacher Datenerfassung und manueller Datenübergabe (z. B. zwischen PPS und CAD/CAM) durch Nutzung gemeinsamer Datenbanksysteme.

Schließlich erhöht die Integration auch die **Qualität** der **Produktion** (CAQ), da die Qualitätskontrolle automatisch im Verlauf des Fertigungsprozesses durchgeführt wird und schadhafte Werkstücke rechtzeitig vor der sonst notwendigen gesonderten Endkontrolle erkannt werden. Dies dürfte sich positiv auf die **Termintreue** und die Lieferzeit auswirken.

Alle drei Faktoren

- kostengünstigere Produktion,
- verbesserte Qualitätskontrolle und
- Termintreue

erhöhen die relativen Wettbewerbsvorteile des Unternehmens gegenüber seinen Konkurrenten erheblich und tragen zu einer stärkeren Marktstellung bei.

3. CIM und die Ressourcen

Eine strategische Entscheidung für CIM hat Auswirkungen auf die Ressourcen des Unternehmens, insbesondere auf

- den **Standort** der Produktionsstätten,
- das **Produktionsverfahren** und die **Betriebsgröße**,
- die **finanziellen Mittel** des Unternehmens.

α) Standort

Durch die Einführung von CIM ergeben sich zwei gegenläufige Effekte auf die im Betrieb beschäftigten **Arbeitskräfte**. Zum einen werden durch Automation und Integration der Arbeitsgänge Arbeitsplätze insbesondere für ungelernte und angelernte Arbeitskräfte eingespart und damit Lohnkosten reduziert. Zum anderen benötigt das Unternehmen jedoch hochqualifizierte Arbeitskräfte zur Bedienung und Überwachung der CIM-Produktionsanlagen.

Dies hat zur Folge, daß der Trend, mit den Produktionsstätten wegen des hohen Lohnniveaus in der BRD in "Billiglohnländer" auszuweichen, durch CIM gestoppt wird. Denn die hochqualifizierten Arbeitskräfte sind in diesen Ländern nicht zu bekommen. So wird durch CIM langfristig eine **Rückverlagerung** der Produktionsstätten-**Standorte** in die hochindustrialisierten Länder hervorgerufen.

β) Produktionsverfahren und Betriebsgröße

Eine CIM-Investition verändert stark die Organisationsform der Fertigung. Klassische Typen wie Werkstatt- oder Fließfertigung müssen z.T. erheblich umgestaltet werden, um der Fertigungsflexibilität und -integration zum Durchbruch zu verhelfen.

Es ist also ein erheblicher **organisatorischer** Aufwand und ein vielfältiges Organisations-**Know-how** für die Implementierung von CIM nötig, das natürlich bei Großunternehmen eher zu erwarten ist als bei kleinen und mittleren Betrieben. Da man mit CIM leichter in Marktnischen eindringen und aufgrund der Flexibilität ein umfangreiches Produktionsprogramm fertigen kann, besteht durch die Einführung von CIM häufig die Tendenz zu einer Kapazitäts- und damit **Betriebsgrößenerweiterung**.

γ) Finanzmittel

Außer dem organisatorischen Aufwand erfordert eine Umstellung des Produktionsverfahrens auf CIM einen erheblichen **Kapitaleinsatz** für die anzuschaffende Hardware und die vielfältigen Steuerprogramme. Auch dieser Sachverhalt begünstigt zunächst Großunternehmen bei der CIM-Einführung. Sollten jedoch die Hardware- und Softwarekosten für EDV im selben Maß wie bisher sinken, werden in naher Zukunft auch kleinere Betriebe eine strategische Entscheidung zugunsten von CIM in Betracht ziehen können.

Aber auch bei Großunternehmen wird die Einführung von CIM häufig abgelehnt, obwohl die finanziellen Mittel durchaus vom Unternehmen aufzubringen wären. Der Grund für dieses Verhalten liegt in der traditionellen Investitionsrechnung, die nur die direkten zurechenbaren Einnahmen und Ausgaben eines Investitionsprojektes berücksichtigt. Dies führt wegen des hohen Kapitaleinsatzes von CIM zu relativ hohen Pay-off-Perioden und damit zur Ablehnung. Die relativen Wettbewerbsvorteile aus strategischer Sicht, die Synergieeffekte und das gewonnene technologische Know-how gehen leider in diese Art Investitionsrechnung nicht ein, so daß CIM im Verhältnis zu normalen Investitionsprojekten zu ungünstig beurteilt wird.

Auf diese Probleme werden wir im Abschnitt D. bei den Folgerungen für das strategische Produktionsmanagement (vgl. S. 159 ff.) noch im einzelnen eingehen.

C. Industrielles Umweltmanagement

Das starke Wachstum der Industrie seit dem 2. Weltkrieg hat zu einer erheblichen Belastung der Umwelt geführt. Dies gilt insbesondere für die Bundesrepublik Deutschland mit ihrer hohen Bevölkerungsdichte und der räumlichen Konzentration der industriellen Produktion. Seit Beginn der 70er Jahre ist die Umweltproblematik zunehmend in das öffentliche Bewußtsein und in die Gesetzgebung eingedrungen.

Da die industriellen Produktionsverfahren einen bedeutenden Anteil an der Umweltbelastung ausmachen, sollen die für dieses Lehrbuch wichtigsten Grundlagen des Umweltschutzes und des Umweltmanagements von Unternehmens zusammengestellt werden.

I. Ursachen der Umweltverschmutzung

Es gibt bis heute keine allgemein anerkannte Definition des Begriffes "Umwelt". In Anlehnung an Hansmeyer/Rürup (Umweltgefährdung 1973, S. 7) verstehen wir unter

Umwelt alles, was den Menschen in seinen physischen, gefühlsmäßigen, technischen, ökonomischen und sozialen Bedingungen berührt.

Umweltbelastungen sind die aus der Herstellung und Verwendung industrieller oder gewerblicher Produkte resultierenden nachteiligen Wirkungen auf die menschliche Gesundheit, die Luft, den Boden und das Wasser.

Der Umfang und die Zunahme der Umweltbelastungen ist darauf zurückzuführen, daß die **Umweltgüter** (Luft, Flußwasser usw.) lange Zeit **freie Güter** waren und den Industriebetrieben unentgeltlich zur Verfügung standen.

Der "Nulltarif" der Umweltgüter führte zu einer extensiven Umweltnutzung seitens der Unternehmen, da die Kostenrechnung und die Wirtschaftlichkeit der Produktion nicht beeinträchtigt wurden. Die gesellschaftlichen Kosten der Umweltnutzung sind in den einzelwirtschaftlichen Kosten der Betriebe nur zu einem geringen Teil enthalten oder werden sogar ganz vernachlässigt.

Die Lösung des Umweltproblems ist daher nur möglich, wenn

- die Umweltgüter nicht mehr als freie Güter angesehen werden können und
- der Unterschied zwischen einzelwirtschaftlichen und gesellschaftlichen Kosten beseitigt wird.

Dies sind die Aufgaben der staatlichen Umweltschutzpolitik, die seit etwa 25 Jahren in einer Vielzahl von Gesetzen und Verordnungen ihren Ausdruck findet.

II. Instrumente der Umweltschutzpolitik

Grundlage der staatlichen Umweltpolitik ist das sog. **Verursacherprinzip**: Die Umweltschutzkosten trägt der Verursacher der Umweltbelastung, d.h. in der Regel der Industriebetrieb, dessen Produkte oder Produktionsverfahren die Umwelt beeinträchtigen.

Ergänzend zum Verursacherprinzip wird vereinzelt das **Gemeinlastprinzip** angewandt, das die Kosten des Umweltschutzes der öffentlichen Hand, d.h. der Allgemeinheit aufbürdet. Die erhöhten Abschreibungsmöglichkeiten für bestimmte Umweltschutzinvestitionen nach § 7d des Einkommensteuergesetzes (EstG) sind hierfür ein Beispiel.

Die **Umweltschutz-Normen** für die Bundesrepublik Deutschland sind in den grundlegenden Umweltschutzgesetzen niedergelegt, die folgende Gebiete umfassen:

- **Luftreinhaltung** und **Lärmschutz**,
  geregelt im Bundesimmisionsschutzgesetz[17] vom 14.05.1990, den Verwaltungsvorschriften "Technische Anleitung (TA) Luft" (vom 27.02.1986), "TA Lärm" (vom 26.07.1968) und in der Verkehrslärmschutzverordnung (vom 12.06.1990), sowie in der Verordnung über Großfeuerungsanlagen vom 22.06.1983,
- **Gewässerschutz**,
  geregelt vor allem im Wasserhaushaltsgesetz (5. Novelle 1987) und Abwasserabgabengesetz (2. Novelle 1989),
- **Strahlenschutz**,
  geregelt in der Strahlenschutzverordnung vom 22.05.1981,
- **Abfallbeseitigung**
  geregelt im Abfallgesetz vom 27.08.1986 und im Kreislaufwirtschaftsgesetz vom 24.6.1994
- **Behandlung gefährlicher Stoffe**
  geregelt im Chemikaliengesetz vom 16.09.1980 (neueste Fassung vom 14.03.1990)

---

[17] **Immission** bedeutet die Einwirkung von Schadstoffen auf schutzbedürftige Objekte, **Emission** die Abgabe von Schadstoffen an die Umwelt.

Mit diesen Normen glaubt der Staat, die Umwelt vor weiteren gravierenden Schäden schützen zu können. Insbesondere die laufende Verringerung der Emissionsgrenzwerte gemäß der technologischen Entwicklung soll dies auch für die Zukunft sicherstellen.

III. Umweltstrategien des Industriebetriebes

Die Industriebetriebe haben auf der Grundlage der gesetzlichen Vorschriften oder auf freiwilliger Basis seit 1971 Umweltschutzinvestitionen vorgenommen, deren Tendenz uneinheitlich ist. Tab. 21 gibt für ausgewählte Industriezweige die absolute Höhe der Umweltschutzinvestitionen und ihren Anteil an den Gesamtinvestitionen wieder.

Tab. 21 Produktions- und produktbezogene Umweltschutzinvestitionen in der Industrie nach Industriegruppen

Bereich	Umweltschutzinvestitionen			
	1982-1987		1988-1992	
	in Mio. DM	in % der Gesamtinvestition	in Mio. DM	in % der Gesamtinvestition
Bergbau	1698	9,0	2423	16,1
Grundstoff u. Produktionsgütergewerbe, davon	8919	9,1	14739	11,2
Eisenschaffende Industrie	1471	10,0	1151	9,7
Mineralölverarbeitung	731	13,5	1101	13,6
Chemische Industrie	4476	10,1	8635	14,4
Zellstoff-, Holzschliff-, Papier- u. Pappeerzeugung	505	9,1	1151	11,0
Investitionsgüter produzierendes Gewerbe, davon	3325	1,9	5411	2,3
Maschinenbau	365	1,1	791	1,6
Elektrotechnik	431	1,0	872	1,5
Verbrauchsgüter produzierendes Gewerbe, davon	1070	2,1	2336	3,3
Herstellung v. Kunststoffen	209	1,8	598	3,3
Textilgewerbe	227	2,5	326	3,2
Nahrungs- u. Genußmittelgewerbe	1040	3,2	1324	2,8
Industrie ingesamt (erfaßte Bereiche)	16052	4,3	39867	6,3

Quellen: Umweltschutzinvestitionen im produzierenden Gewerbe, Statistisches Bundesamt, Fachserie 19, Reihe 3, Jahrgänge 1985 - 1995

Tab. 21 läßt große Unterschiede zwischen den einzelnen Industriezweigen erkennen. Während die Industrie im Durchschnitt 6,3% ihres Investitionsvolumens für Umweltschutz ausgibt, beträgt diese Relation in der Chemischen Industrie

14,4% (1988-1992) und in der Mineralölverarbeitung immerhin 13,6%. Die aktuellen Veränderungen beziehen sich nur auf einen Abstand von 5 Jahren, da die aktuelleren Daten noch nicht veröffentlicht sind.

Für die Industriebetriebe ergeben sich innerhalb des gesetzlichen Rahmens gewisse Wahlmöglichkeiten den Umweltschutz durchzuführen. Von diesen sog. Umweltstrategien sollen die wichtigsten nachstehend erläutert werden. Sie bilden die Keimzelle der sich neu entwickelnden **ökologisch orientierten** Betriebswirtschaftslehre, die insbesondere in den Arbeiten von Steger (Umweltmanagement 1988) und Seidel/Menn (Betriebswirtschaft 1988) konzeptionell ausgestaltet wurde.

a) Offensives Umweltmanagement

Die Umweltschutzmaßnahmen und -verordnungen der Bundesregierung mußten in den 70er Jahren häufig gegen den Widerstand betroffener Unternehmen durchgesetzt werden, da die den Unternehmen entstehenden Kosten (z.B. für Abgasfilter oder belastetes Abwasser) nicht immer über die Preise auf die Endverbraucher abgewälzt werden konnten. Die daraus resultierenden **betriebswirtschaftlichen** Verluste oder manchmal schon die **Erwartung** drohender Verluste führten allgemein zu einer **defensiven** Umweltschutzpolitik von Industrieunternehmen (vgl. Pieroth/Wicke, Umweltschutz 1988, S. 13 ff.), die folgendermaßen charakterisiert werden kann:

> Unternehmen verhalten sich gegenüber der Umweltschutzgesetzgebung so, daß sie immer nur gerade die jeweiligen vorgeschriebenen **Mindestanforderungen** erfüllen.

Das defensive Umweltschutzverhalten kann konkret dadurch zum Ausdruck kommen, daß Betriebe Umweltschutzanforderungen

- **verzögert**,
- durch **umweltbelastende** Substitutionen,
- durch Produktionseinschränkungen,
- durch Stillegungen oder
- durch Standortwechsel

zu erfüllen suchen. Dieses "reaktive" Verhalten mag auf kurze Sicht dem Ziel der Kostenminimierung gerecht werden, es muß aber unter **strategischen** Gesichtspunkten eindeutig **abgelehnt** werden, da es die langfristige Sicherung der Unternehmensexistenz **nicht** gewährleistet.

Als Alternative schlägt die ökologisch orientierte Betriebswirtschaftslehre ein **offensives Umweltschutzmanagement** vor, das die vom Staat vorgegebenen Umweltschutzanforderungen nicht als lästige Pflicht sondern als betriebswirtschaftliche Herausforderung betrachtet, neue technologische Entwicklungen im Betrieb umzusetzen und damit den Produktionsprozeß insgesamt zu verbessern. Der Umweltschutz muß zu einem betriebswirtschaftlichen Instrument werden, um langfristige Vorteile eines **umweltbewußten Verhaltens** für den Betrieb zu erzielen und zu erhalten.

Dies kann konkret erreicht werden durch (langfristig) kostensenkende Umweltschutzmaßnahmen, die mit Innovationen im Produkt- oder Produktionsprozeßbereich integriert sind. Dabei haben sich folgende Maßnahmen in der Unternehmenspraxis bewährt (Pieroth/Wicke, Umweltschutz 1988, S. 23):

- Erfüllung bzw. Übererfüllung von Umweltschutzanforderungen durch Verbesserung der **Meß-**, **Steuerungs-** und **Regelungstechnik** insbesondere bei

Heizungs- und Energieerzeugungsanlagen, wodurch gleichzeitig der Schadstoffausstoß **und** der Energieverbrauch gesenkt werden kann,

- Verbesserung der **Organisation** des **Betriebsablaufs** mit der Konsequenz, daß Abfallstoffe nicht der kostspieligen Entsorgung sondern der Wiederverwendung (Recycling) oder dem Verkauf zugeführt werden,
- umweltfreundliche **Beschaffung** von Roh-, Hilfs- und Betriebsstoffen, z.B. EDV-Papier und solches für internen Schriftverkehr aus Recycling-Papier, Kleber ohne halogenierte Kohlenwasserstoffe usw.,
- Eigenentwicklungen der betrieblichen **Forschungs- und Entwicklungsabteilung**, wenn bestimmte Werkstoffe auf dem Markt nicht umweltfreundlich zu erhalten sind; das dabei erworbene Know-how kann zu neuen Marktchancen führen,
- Investition von **Produktionsanlagen**, die nicht nur technologisch verbessert und damit kostensenkend sondern darüber hinaus auch **umwelttechnisch** auf dem neuesten Stand sind und damit langfristig zu erwartende Umweltauflagen schon jetzt (kostengünstig) erfüllen.

Die Durchführung dieser Maßnahmen sollte - soweit möglich und sinnvoll - durch ein **offensives Umweltschutzmarketing** ergänzt werden, das die Kunden und die Öffentlichkeit in Informationsschriften, Werbebotschaften und auf Produktpackungen auf die Umweltfreundlichkeit bzw. -verträglichkeit

- der Produkte (inkl. Verpackung),
- der verwendeten Ausgangsstoffe und
- des Produktionsverfahrens

in anschaulicher und detaillierter Form hinweist.

Eine solche offensive Umweltpolitik kann in einer Zeit, in der das Umweltbewußtsein der Bevölkerung stark zunimmt, zu verbesserten Absatzchancen und dadurch zu relativen Wettbewerbsvorteilen führen, die die strategische Position des Unternehmens gegenüber seinen Konkurrenten entscheidend verbessern. Im nächsten Abschnitt wird versucht, aus diesen Erkenntnissen eine **umweltorientierte Unternehmensstrategie** abzuleiten.

b) Entwicklung einer umweltorientierten Unternehmensstrategie

Steger (Umweltmanagement 1988) hat eine Portfolio-Matrix für die Marktchancen und die Risiken einer Umweltschutzpolitik entwickelt, aus der umweltorientierte Unternehmensstrategien abgeleitet werden können (vgl. Abb. 48).

Auf der Ordinate werden die Marktchancen des Unternehmens gemessen, die durch umweltfreundliche Produkte oder Produktionsverfahren gegeben sind. Die Abszisse enthält die Umweltrisiken des Unternehmens, die mit seinen wirtschaftlichen Aktivitäten verbunden sind. Das "indifferente" Feld wird in der weiteren Analyse vernachlässigt, da es nur Unternehmen betrifft, die kaum die Umwelt belasten und auf Märkten tätig sind, die ausgesprochen umweltfreundliche Produkte nicht honorieren.

Die Felder "defensiv" und "offensiv" entsprechen grob den Erörterungen des letzten Abschnitts. Bemerkenswert ist jedoch, daß Steger neben der offensiven Umweltpolitik eine **innovative** Umweltpolitik definiert, die dadurch gekennzeichnet ist, daß das Unternehmen große Umweltschutzinvestitionen vornehmen muß, um seine Risiken zu mindern, dadurch aber auch ein großes Marktpotential ausschöpfen kann.

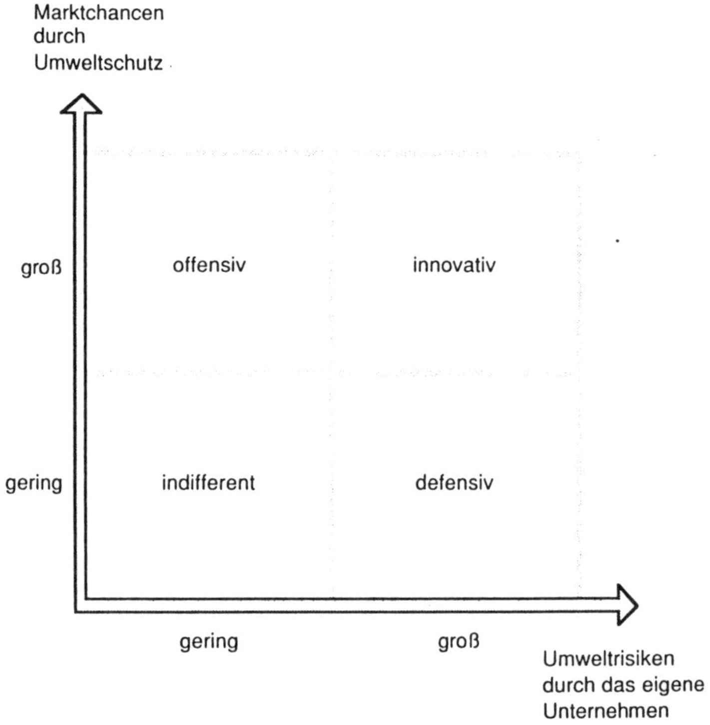

Abb. 48 Marktchancen/Umweltrisiken - Portfoliomatrix
Quelle: Steger, Umweltmanagement 1988, S. 151

Diese innovative Umweltpolitik wird kurzfristig mit hohen Investitionsausgaben verbunden sein, die sich jedoch langfristig, wenn der Markt hinreichend "umweltbewußt" ist, sehr wohl auszahlen können.

Um eine geeignete Unternehmensstrategie in bezug auf den Umweltschutz zu definieren, muß die vom Unternehmen angewandte **Wettbewerbsstrategie** bekannt sein (vgl. S. 44 ff.).

Strebt das Unternehmen nach **Kostenführerschaft**, wirken sich Umweltschutzaktivitäten, die vornehmlich zu einer Kostenerhöhung führen, das Produkt aber unverändert lassen, wie z.B. der Einbau verbesserter Abgasfilter, eindeutig negativ aus.

Betreibt das Unternehmen hingegen eine **Differenzierungsstrategie**, so können höhere Umweltschutzkosten leichter an die Kunden weitergegeben werden, da wegen der besonderen Produktqualität ein größerer Preisspielraum besteht.

Neben der reinen Kostenerhöhung können Umweltschutzmaßnahmen auch zu einer Verminderung des Gebrauchsnutzens des Produktes führen. Ein Beispiel hierfür ist die Substitution des FCKW (= Fluorchlorkohlenwasserstoff), das die

Ozonschicht der Atmosphäre angreift, in Sprayflaschen durch Butan, das nicht umweltschädigend aber brennbar ist und damit dem Produkt eine negative Gebrauchseigenschaft hinzufügt.

Diese Gebrauchsnutzenverminderungen treffen Unternehmen mit Differenzierungsstrategie oder gar Nischenstrategie sehr hart, da diese besonders auf die Qualität ihrer Produkte und damit auf die Gebrauchseigenschaften achten müssen, um ihr besonderes Image zu wahren.

Aus diesen Beispielen ist zu ersehen, daß die umweltorientierte Unternehmensstrategie nicht unabhängig von der Wettbewerbsstrategie gewählt werden darf. Nur in dem idealen Fall einer innovativen Umweltschutzinvestition, die gleichzeitig zu einem höheren Gebrauchsnutzen und zu einer (langfristig) kostengünstigeren Technologie führt, profitiert ein Unternehmen unabhängig von der Wettbewerbsstrategie von dieser umweltpolitischen Maßnahme.

In Anbetracht des wachsenden Umweltbewußtseins der Konsumenten und der zunehmenden technischen Möglichkeiten, umweltbelastende Stoffe in Produkten und Produktionsprozessen festzustellen, kann den Industrieunternehmen unter strategischen Gesichtspunkten nur empfohlen werden, eine **innovative** und **integrierte** Umweltstrategie anzuwenden, d.h. bei jeder Investition, die dazu dient, die herzustellenden Produkte und/oder Produktionsverfahren zu verbessern, darauf zu achten, daß gleichzeitig

- die bestehenden und langfristig zu erwartenden Umweltauflagen berücksichtigt werden,
- umweltbelastende Roh-, Hilfs- und Betriebsstoffe vermieden werden,
- die Umweltverträglichkeit des Produktionsverfahrens gewährleistet ist,
- Produkte und Werkstoffe umweltfreundlich entsorgt werden können.

Leider sind die Grundprinzipien des offensiven Umweltmanagements in der betrieblichen Praxis noch nicht hinreichend in umweltorientierte Unternehmensstrategien umgesetzt worden. Statt dessen herrschen **Normstrategien** vor, die im folgenden Abschnitt näher untersucht werden sollen.

c) Umweltorientierte Normstrategien

1. Strategien der Schadstoffverteilung

Beschränken sich die gesetzlichen Vorschriften auf die Festlegung des Emissionsstroms und reglementieren nicht die insgesamt abgegebene Menge an Schadstoffen, so kann die **Verdünnungsstrategie** angewandt werden (Lange, Umweltschutz 1978, S. 137 f.). Dabei werden die anfallenden Schadstoffe so verdünnt an die Umwelt abgegeben, daß die Emissionswerte die vom Gesetz geforderten Grenzen nicht überschreiten (z. B. Bau höherer Schornsteine, um die Belastungen am Erdboden zu verringern).

Bei der **Konzentrationsstrategie** werden die Schadstoffe aus dem Trägermedium gefiltert, verdichtet und in konzentrierter Form abgelagert. Dies ist z.B. der Fall bei Müllverbrennungsanlagen, in denen der Müll zunächst verbrannt, die Asche verdichtet und anschließend endgelagert wird.

Beide Strategien lösen das Umweltproblem nicht endgültig, da sie die Schadstoffe zeitlich und räumlich verteilen oder nur das Trägermedium wechseln. Trotzdem werden sie heute noch - z.T. aus Kostengründen - am häufigsten angewandt.

Für die Zukunft müssen diese Schadstoffverteilungsstrategien jedoch unbedingt durch Strategien der **Schadstoffvermeidung** ergänzt werden, um das Umweltproblem langfristig zu lösen.

2. Strategien der Schadstoffvermeidung

Diese Strategien sollten vom Industriebetrieb bereits bei der **Konzeption** der Produkteigenschaften angewendet werden. Die gewünschten Eigenschaften des Fertigproduktes bestimmen nämlich weitgehend

- die einzusetzenden **Rohstoffe** und **Zwischenprodukte**,
- das anzuwendende Produktionsverfahren.

Darüber hinaus bestehen zwischen dem Produktionsverfahren und dem Rohstoffeinsatz wechselseitige Abhängigkeiten, die zu beachten sind.

Grundsätzlich sollten die Produkteigenschaften so festgelegt werden, daß Produktionsverfahren einsetzbar sind, die es erlauben,

- Rohstoffe sparsam zu verwenden,
- den Einsatz knapper Rohstoffe so gering wie möglich zu halten,
- umweltschädliche durch umweltfreundliche Rohstoffe zu ersetzen,
- die Abfallmengen der Produktion zu minimieren,
- die Abfälle umweltverträglich zu gestalten bzw. ihre Wiederverwendung zu ermöglichen.

Eine weitere Strategie der Schadstoffvermeidung ist die Verlängerung der Produktlebensdauer. Hierdurch würde die Umweltbelastung, die auf die Herstellung - nicht auf die Verwendung - der Produkte entfällt, herabgesetzt.

Diese Strategie kann jedoch einerseits mit absatzpolitischen Zielsetzungen des Betriebes (z.B. bei modeabhängigen Artikeln) und andererseits mit dem gesamtwirtschaftlichen Ziel eines hohen Beschäftigungsstandes kollidieren, da eine allgemeine Verlängerung der Produktlebensdauer das industrielle Produktionsvolumen (pro Periode) vermindern würde.

3. Das Recycling

Unter Recycling versteht man die Wieder- oder die Weiterverwendung von bei der Produktion oder dem Verbrauch von Gütern entstehenden Abfällen (inkl. Verpackung).

Das Recycling ist eine Schadstoffvermeidungsstrategie besonderer Art, da es nicht nur unter Umweltaspekten, sondern auch unter Wirtschaftlichkeitsgesichtspunkten für Industriebetriebe interessant sein kann (Lange, Umweltschutz 1978, S. 193).

Bei der **Wiederverwendung** werden die Abfälle in die Produktionsprozesse zurückgeführt, aus denen sie stammen. Insbesondere Transportbehälter, wie Glasflaschen, Holz- und Kunststoffverpackungen können mehrfach benutzt werden. Auch Papier aus der graphischen und Druckindustrie kann durch Aufbereitung zu etwa einem Drittel wiederverwendet werden. Weitere Beispiele sind die Wiedergewinnung von Mineralöl aus Tankerreinigungsanlagen und die Rückführung einzelner Metalle aus Autowracks in die Metallverarbeitung.

Die **Weiterverwendung** umfaßt alle übrigen Produktionsprozesse, in denen die Abfälle eingesetzt werden können. Ein bekanntes Beispiel ist die Elektrizitäts- oder

Wärmeerzeugung in Müllverbrennungsanlagen. Auch die Nutzung der Abwärme von Kraftwerken, die Herstellung von Bauplatten aus Abfallgips und von Ziegeln aus Müll-Klärschlammkomposten (Strebel, Umwelt 1980, S. 123) sind hier zu nennen.

Die besondere Bedeutung des Recycling als Umweltstrategie liegt darin, daß der Rohstoffeinsatz und damit die Umweltbelastung herabgesetzt werden kann, ohne das Produktionsvolumen der Fertigprodukte zu verringern.

Soll die Umweltproblematik langfristig bewältigt werden, müssen Industriebetriebe und die öffentliche Hand gemeinsam weitere Anwendungsmöglichkeiten des Recycling erschließen und die übrigen Strategien der Schadstoffvermeidung verstärkt einsetzen. Das am 24.6.1994 erlassene und am 24.6.1996 in Kraft getretene Kreislaufwirtschaftsgesetz versucht, verstärk in diese Richtung zu wirken.

IV. Umsetzung der Umweltstrategien in den Industriebetrieben

Zur Veranschaulichung der Umweltproblematik und der Möglichkeiten, ihr auf der Seite der Industriebetriebe gerecht zu werden, seien im folgenden einige Beispiele für betrieblichen Umweltschutz aus (Pieroth/Wicke, Umweltschutz 1988), die die wichtigsten Umweltfelder betreffen, dargestellt.

a) Abfallwirtschaft

Da die Entsorgung der bei der Produktion entstehenden Abfälle relativ kostspielig ist, entstand schon früh das Bestreben, diese Abfälle, soweit möglich, wieder im Produktionsprozeß zu verwenden (**innerbetriebliches Recycling**) oder sie so aufzubereiten, daß sie anderen Unternehmen als Einsatzstoffe in deren Produktionsprozessen angeboten werden können (**überbetriebliches Recycling**).

Zu den wichtigsten Wiederverwertungen im überbetrieblichen Recycling gehören

- die Wiederverwendung von 0,5 Mio. t **Eisenschrott** des Haus- und Sperrmülls, d.h. ein Drittel des Gesamtanfalls, in der Stahlindustrie (1983),
- das Recycling von **Altglas**, das 1986 1,14 Mio. t erreichte und damit 41% der Behälterglasproduktion ausmachte,
- das zurückgeführte **Altpapier** von 5 Mio. t (1990), das 43% der Jahresproduktion der deutschen Papierindustrie erreicht und
- die fast 100%ige Wiederverwendung von **Altautos** in der Eisen- und Stahlindustrie.

Insbesondere durch die Einrichtung von **Abfallbörsen** hat das überbetriebliche Recycling einen großen Aufschwung gewonnen, da es betriebswirtschaftliche Vorteile in Form von Liquidationserlösen der abgebenden Betriebe und geringeren Beschaffungskosten der verwendenden Betriebe mit geringerer Umweltbelastung durch die Verminderung des zu entsorgenden Abfalls in idealer Weise verbindet.

Ein eindrucksvolles Beispiel für innerbetriebliches Recycling ist die Rückgewinnung von verwertbarem **Sand** in **Gießereien** aus dem beim Gießen stark mit Metallresten verschmutzten Altsand, der hohe Deponiekosten verursacht. Bei dem hier angewandten Recycling-Verfahren werden zunächst mit einem Magneten möglichst viele Metallteile aus dem Altsand entfernt, der anschließend erhitzt wird, um weitere Bestandteile zu lösen, und schließlich mit Druckkraft beschleunigt wird, damit die Quarzkörner durch gegenseitige Reibung so gereinigt werden, daß eine Wiederverwendung in derselben Qualität wie Neusand möglich ist.

Bei einem Unternehmen wie der KHD Humbold-Wedag AG kann mit diesem Verfahren 80% der jährlichen 15000 t Altsand in Neusandqualität zurückgewonnen werden.

b) Luftreinhaltung

Dieser Umweltbereich ist Gegenstand des Bundes-Immissionsschutzgesetzes (Novellierung 1990) und der TA Luft 1986, die als Primärmaßnahmen zur Luftreinhaltung die **Vermeidung** und **Minimierung** luftverunreinigender Stoffe vorschreiben. Dies soll durch Substitution von ungünstigen Einsatzstoffen oder durch prozeßtechnische Maßnahmen, die die Entstehung luftverunreinigender Stoffe unterdrücken, geschehen. Ein Beispiel hierfür ist die NO_x(= Stickoxid)-arme Feuerung für Dampferzeuger.

Erst wenn diese Primärmaßnahmen ausgeschöpft sind, sollte das nachgeschaltete Verfahren der **Abgasreinigung** zum Einsatz kommen, für das eine Reihe von wirksamen Techniken zur Verfügung stehen.

Für die **Entstaubung** sind Filteranlagen einsetzbar, die sich nach Leistungsfähigkeit und Kapitalbedarf erheblich unterscheiden (vgl.Pieroth/Wicke Umweltschutz 1988, S. 179):

- **Elektrofilter** besitzen eine hohe Leistungsfähigkeit, erfordern aber auch viel Kapital,
- **Gewebefilter** sind sehr leistungsfähig, haben geringeren Kapitalbedarf, sind aber anfällig gegen bestimmte Abgaseigenschaften,
- **Naßwäscher** haben den geringsten Kapitalbedarf, verursachen aber umweltbelastendes Abwasser.

Man erkennt hieran, daß die angebotenen Filteranlagen nicht für alle betrieblichen Zwecke gleich geeignet sind und ihre Investition daher ein echtes betriebswirtschaftliches Entscheidungsproblem darstellt.

Neben der Entstaubung ist die **Abscheidung gasförmiger Luftverunreinigungen** sehr wichtig, die durch Absorptionsverfahren, durch thermische oder katalytische Umwandlungsverfahren oder biologische Verfahren vorgenommen werden kann.

Da aber bei allen Verfahren zur Entsorgung von staub- und gasförmigen Luftverunreinigungen keine 100%ige Effizienz erreichbar ist und damit Restschadstoffe in die Umwelt gelangen, ist die nachträgliche Abgasreinigung kein umweltpolitisch ideales Verfahren. Ihr ist auf jeden Fall die Strategie der **Schadstoffvermeidung** durch Modifikation der Produktionsprozeß-Technologie und der zu verwendenden Einsatzstoffe vorzuziehen.

c) Wasserreinhaltung

Die grundlegenden Gesetze **Wasserhaushaltsgesetz** (WHG) und **Abwasserabgabengesetz** (AbwAG) sind 1987 bzw. 1989 novelliert worden. Dabei ist im § 7a WHG nunmehr vorgesehen, daß die Einleitung von Abwasser mit **gefährlichen Stoffen**, d.h. giftigen, langlebigen, anreicherungsfähigen, krebserzeugenden, fruchtschädigenden und erbgutverändernden Stoffen so gering gehalten werden muß, wie es nach dem **Stand der Technik** möglich ist. Damit ist das Prinzip, bei jedem technischen Fortschritt die erlaubten Grenzwerte neu anzupassen, also zu **dynamisieren**, auch bei der Wasserreinhaltung verwirklicht worden.

Da eine ständige Verminderung des Schadstoffanfalls sehr kostenungünstig ist, versucht man in der **Zellstoff-** und **Papierherstellung** durch Umgestaltung des Produktionsprozesses in einem Schritt 50% der stark umweltgefährdenden organischen **Chlorverbindungen** aus dem Abwasser zu entfernen.

Die aus dem Holz gewonnene und durch Kochen in einer Säure vom Lignin befreite Rohzellulose wird traditionell mit Chlor gebleicht, um weitere Stoffe zu entfernen. Dadurch entstehen organische Chlorverbindungen, die in Natronlauge gelöst werden.

Dieses hochbelastete Abwasser kann jedoch nicht eingedickt und der Rückstand nicht verbrannt werden, weil die Chlorverbindungen die Verbrennungsanlage durch Korrosion zerstören würden.

Stellt man jedoch das Produktionsverfahren so um, daß zunächst die Natronlauge alle alkalilöslichen Stoffe abtrennt, so kann ein großer Teil der organischen Verunreinigungen anschließend eingedickt und verbrannt werden. Erst danach erfolgt die Chlorierung der restlichen Zelluloseverunreinigungen, so daß das Abwasser 50% weniger organische Chlorverbindungen enthält als bei der traditionellen Methode.

d) Lärmschutz

Der Lärm ist die Umweltbeeinträchtigung, die von vielen Menschen unmittelbar empfunden wird, vor allem am Arbeitsplatz, an Hauptverkehrsstraßen, Flughäfen oder in der Nachbarschaft von Gewerbegebieten. Die zulässigen Lärmemissionswerte sind in der TA Lärm geregelt und für verschiedene Gebiete (z.B. Kurorte, Krankenhäuser) sowie für verschiedene Zeiten (nachts, sonntags) sehr unterschiedlich.

Als Beispiel einer offensiven Umweltpolitik sei eine in der Nachbarschaft eines Wohngebietes gelegene **Schmiede** betrachtet, die wegen des hohen Lärmpegels einen älteren Schmiedehammer zu ersetzen hatte (vgl. Pieroth/Wicke Umweltschutz 1988, S. 216 ff.). Die vordergründig kostengünstigste Lösung war ein neuer schwingungsisoliert aufzustellender Schmiedehammer, der in Verbindung mit geräuschdämmenden Maßnahmen an der Produktionshalle die Lärmgrenzwerte eingehalten hätte.

Die langfristig orientierte, mit höheren Kosten behaftete Lösung des Geräuschproblems sah folgendermaßen aus:

- Ersatz des Hammers durch eine **Schmiedepresse**,
- **schwingungsisolierte** Aufstellung der Presse,
- **Neubau** einer geräusch- und wärmeisolierten Halle.

Bei dieser Lösung konnte die Geräuschemission um 15 dB(A) verringert werden, was nur noch einer Schalleistung von 3% der ursprünglichen Leistung entspricht. Damit wurde nicht nur der Lärmgrenzwert für Tagarbeit weit unterschritten, sondern es wurde nunmehr auch eine Nachtschicht möglich.

Darüber hinaus sind folgende betriebswirtschaftliche Vorteile mit dieser Lösung verbunden:

- Verbesserung des **Arbeitsablaufs** durch neue räumliche Organisation der Schmiedepresse und der Hilfsaggregate,
- Erhöhung der **Flexibilität** der Fertigung, da mit der Schmiedepresse eine größere Vielfalt von Produkten hergestellt werden kann,

- Vergrößerung der **Produktionskapazität** durch eine mögliche Nachtschicht,
- Senkung der Energiekosten durch **Wärmerückgewinnung** auf Grund der neuen wärmeisolierten Produktionshalle.

Dieses Beispiel zeigt sehr deutlich, daß eine **integrierte** Umweltschutzmaßnahme **gleichzeitig**

- die Umweltbelastung auf einem oder mehreren Umweltschutzfeldern erheblich senken,
- den Produktionsablauf verbessern und damit die Durchlaufzeit der Produkte vermindern und
- die Flexibilität der Fertigung erhöhen kann.

Das strategische Management sollte daher grundsätzlich versuchen, eine **offensive Umweltschutzpolitik** zu betreiben und die im Betrieb anzuwendenden Produktionsverfahren so zu konzipieren, daß die Ziele **Flexibilität** und **Integration** (vgl. S. 125 ff.) nicht nur in betriebswirtschaftlicher sondern auch in umweltpolitischer Hinsicht gemeinsam verwirklicht werden können.

V. Entscheidungsmodelle zum Umweltmanagement

a) Ein Produktionsmodell mit Umweltkomponenten

Um die Auswirkungen von Umweltstrategien quantitativ zu erfassen und dem Umweltmanagement eine solide betriebswirtschaftliche Basis zu geben, wird im folgenden ein Produktionsmodell entwickelt, das möglichst alle typischen Umweltaspekte, denen sich ein Industriebetrieb gegenübersieht, umfaßt.

1. Die Modellumgebung

Das Modell hat in seiner Grundversion die Zielsetzung **Gewinnmaximierung**, um es mit anderen Modellen aus der Produktions- und Investitionsplanung vergleichen zu können. Da es dem strategischen Management angehört und Umweltschutz-Investitionen ermöglicht, wird - ähnlich wie im Standortmodell auf S. 100 ff. - eine **mehrjährige** Planungsperiode zugrunde gelegt, für die insgesamt der Bruttogewinn (vor Abzug der nicht umweltrelevanten fixen Kosten) zu maximieren ist.

Generell müssen die Grenzwerte für Emissionen nach den technischen Anleitungen TA Luft und TA Lärm beachtet werden, wobei evtl. Investitionen von Abgasfiltern und Lärmschutzmaßnahmen erforderlich sind. Schließlich sollen auch der bei der Produktion entstehende Abfall und die Abwasserbelastung nicht vernachlässigt werden. Da es möglicherweise keinen Industriebetrieb gibt, bei dem alle genannten Umweltaspekte gleichzeitig relevant sind, entwickeln wir das Modell für einen „fiktiven" Betrieb.

2. Beschreibung der Modellkomponenten

Der im Modell abzubildende **Produktionsprozeß** weist folgende Eigenschaften auf:

- Es werden verschiedene, aber ähnliche **Produkte** in mehreren **Produktionsstufen** hergestellt.
- Jedes Produkt kann mit mehreren **kostenverschiedenen Produktions-**

verfahren, die die Umwelt unterschiedlich belasten, produziert werden. (Beispiel: In der Mineralölindustrie können verschiedene Rohöle mit unterschiedlichem Schwefelgehalt eingesetzt werden.)

- Zur Verminderung der Abgasemissionen können **Investitionsausgaben** für **Filteranlagen** getätigt werden (Beispiele: Stahl- und chemische Industrie).
- Die **Produktionshallen** können so **schallisoliert** werden, daß sie den Grenzwert der TA Lärm für eine Nachtschicht unterschreiten (Beispiel: Schmiedepresse auf S. 155 ff.).
- Das bei der Produktion entstehende **Abwasser** enthält Schadeinheiten, die mit einer Abgabe nach dem Abwasserabgabengesetz belegt sind.
- Die **Kapazität** der Produktionsanlagen kann nur durch zusätzliche **Nachtschichten**, nicht aber durch andere Investitionen erhöht werden.
- Erlöse, variable Kosten, Produktionskoeffizienten und das Absatzpotential haben dieselbe Bedeutung wie in **Standard**-Produktionsmodellen.
- Das Modell ist **gemischt-ganzzahlig** mit den Produktionsmengen als **reellen** Variablen und weiteren **Null/Eins**-Variablen, die angeben, ob eine Umweltschutz-Investition durchgeführt werden soll oder nicht.

3. Darstellung des Modells

Die nachstehend verwendeten **Symbole** haben folgende Bedeutung:

Indizes:

z	Produkt
v	Verfahren
i	Produktionsstufe
j	Schadstoff

Variable:

x_{zv}	Produktionsmenge von Produkt z beim Verfahren v in der Planperiode
y	Menge der Schadstoffeinheiten im Abwasser in der Planperiode
u_j	Null/Eins-Variable für Umweltinvestitionen (j=1 Lärmisolierung, j=2, ..., J Filteranlagen)

Daten:

p_z	Preis für das Produkt z
k_{zv}	variable Kosten pro Stück von z beim Verfahren v
q_{zv}	Entsorgungskosten einer Einheit Produktionsabfall (Verschnitt, Ausschuß)
q	Abwasserabgabe für eine Schadeinheit
F_j	Investitionsausgaben für Filter und Lärmisolierung (j=1 Lärm)
r_{zv}	Produktionsabfall für eine Einheit z beim Verfahren v
c_{izv}	Produktionszeit pro Stück z beim Verfahren v auf der Produktionsstufe i
Kap_i	Kapazität in der Planperiode der Stufe i
ΔKap_i	Zusatzkapazität durch Nachtschicht in der Planperiode
N_z	Absatzpotential des Produktes z in der Planperiode
e_{jzv}	Emissionsmenge des Schadstoffs j pro Einheit z beim Verfahren v
GR_j	Grenzwert des Schadstoffs j in der Planperiode

Fil_j	Durch einen Filter absorbierbare Schadstoffmenge von j in der Planperiode
w_{zv}	Menge der Schadeinheiten im Abwasser für ein Stück z beim Verfahren v
G	Bruttogewinn vor Abzug nicht umweltbezogener fixer Kosten in der Planperiode

Gemischt-ganzzahliges LP-Modell

Zielfunktion:

$$G = \underbrace{\sum_z p_z \sum_v x_{zv}}_{\text{Erlöse}} - \underbrace{\sum_{zv} k_{zv} x_{zv}}_{\text{var.Kosten}} - \underbrace{\sum_{zv} q_{zv} r_{zv} x_{zv}}_{\text{Abfallkosten}} - \underbrace{q \cdot y}_{\text{Abwasserabgabe}} - \underbrace{\sum_j F_j u_j}_{\text{Umwelt-Investitions-Ausgaben}} \Rightarrow \text{Max!}$$

Kapazitätsbedingungen:

$$\sum_{zv} c_{izv} x_{zv} \le Kap_i + \Delta Kap_i u_1 \qquad \text{für alle i}$$

Absatzbedingungen:

$$\sum_v x_{zv} \le N_z \qquad \text{für alle z}$$

Emissionsbedingungen:

$$\sum_{zv} e_{jzv} x_{zv} - Fil_j u_j \le GR_j \qquad \text{für j=2, ..., J}$$

Abwassergleichung:

$$\sum_{zv} w_{zv} x_{zv} = y$$

Nicht-Negativitäts-Bedingungen:

$$x_{zv} \ge 0 \qquad \text{für alle z und v}$$

$$y \ge 0$$

$$u_j = 0 \text{ oder } 1 \qquad \text{für alle j}$$

b) Ein Modell für offensives Umweltmanagement

Das oben entwickelte Modell maximiert den Bruttogewinn unter Beachtung der geltenden Umweltvorschriften und ist damit im umweltpolitischen Sinne **defensiv**.

Ein **offensives** Umweltmanagement würde sich dadurch auszeichnen, daß die Unternehmung die **Emissionen** (Abluft, Abwasser, Abfälle und Lärm) **minimiert**, wobei ein vorgegebenes **Gewinnanspruchsniveau A** nicht unterschritten werden sollte.

Eine Modellformulierung in diesem Sinne stößt jedoch auf nicht zu unterschätzende Schwierigkeiten:

- Die **Lärmminimierung** ist nicht eindeutig, da die entsprechende Umweltinvestition F_1 zwar den Lärmpegel der Produktion tagsüber senkt, die nun mögliche Nachtschicht aber mit ihrer Lärmemission hinzukommt. Wir nehmen hier an, daß die Investition insgesamt unter „Lärmgesichtspunkten" positiv zu beurteilen ist.
- Es wird ein **Gewichtungssystem** für die einzelnen Emissionstypen (Abluft, Abwasser, Abfälle und Lärm) benötigt, das angibt, welche **relative Bedeutung** die Minimierung der einzelnen Emissionstypen haben soll. Wir müssen also **Umweltpräferenzen** subjektiv festlegen, die durch die Gewichtungsfaktoren g_1, g_2, g_3 und g_4 in der folgenden Zielfunktion ausgedrückt werden.

Zielfunktion beim offensiven Umweltmanagement

Umweltbelastung:

$$U = \underbrace{g_1 \sum_{jzv} e_{jzv} x_{zv}}_{\text{Abluft}} + \underbrace{g_2 \sum_{zv} r_{zv} x_{zv}}_{\text{Abfall}} + \underbrace{g_3 y}_{\text{Abwasser}} - \underbrace{g_4 F_1 u_1}_{\text{Lärm}} \quad \Rightarrow \quad \text{Min!}$$

Bei der Minimierung dieser Zielfunktion sind alle Nebenbedingungen des vorigen Modells weiterhin zu beachten.

Hinzu kommt die neue Nebenbedingung, daß der Bruttogewinn G (ausgedrückt durch die Zielfunktion des vorigen Modells) ein bestimmtes Anspruchsniveau A mindestens erreichen soll ($G \geq A$).

Die numerische Lösung dieses „offensiven" Umweltmodells hängt natürlich entscheidend von der Wahl der Gewichtungsfaktoren $g_1, \ldots, g_4$ ab. Außer den subjektiven Umweltpräferenzen müssen diese Faktoren die unterschiedlichen **Maßeinheiten** der Emissionen, nämlich Schadstoffeinheiten für Abluft und Abwasser, kg für Abfall und DM Investionsausgabe für Lärmschutz widerspiegeln. Dieses **mehrdimensionale** Gewichtungsproblem ist hoch komplex und zeigt die Schwierigkeiten, die auftauchen können, wenn Unternehmen tatsächlich ein offensives Umweltmanagement betreiben wollen.

D. Folgerungen für das strategische Produktionsmanagement

In den Abschnitten A., B. und C. wurden die Grundlagen der strategischen Entscheidungen für die Wahl des **Standortes**, des **Produktionsverfahrens** und des **Umweltmanagements** detailliert abgeleitet und erörtert. In diesem Abschnitt sollen nun noch einmal die wichtigsten Strategien zusammengestellt und einige Folgerungen für das strategische Management gezogen werden.

I. Standortstrategien

Im Bereich der Standortwahl konkretisiert sich das Ziel, den Standort des Unternehmens und der einzelnen Betriebsstätten so zu wählen, daß die Wettbewerbsfähigkeit gesichert und ausgebaut werden kann, zu einer umfassenden und gründlichen **Standortanalyse** aller quantitativen und qualitativen **Standortfaktoren**.

Die heuristische Standortuntersuchung mit Hilfe eines Scoringmodells schafft häufig bereits eine gute Grundlage für die Ableitung von Standortstrategien. Es wird damit gewährleistet, daß alle relevanten Standortfaktoren berücksichtigt werden und **rudimentäre Strategien**, die nur einen oder wenige Standortfaktoren beachten, wie z.B.

- wähle den Standort der geringsten Lohnkosten oder der geringsten Steuerbelastung,
- gehe zum Ort, wo die meisten Konkurrenten sitzen oder
- baue wegen der Steuervorteile einen Standort in den neuen Bundesländern auf

von vornherein vermieden werden. Falls die erforderlichen Daten zeitgerecht und kostengünstig beschafft werden können, sollte die heuristische Standortanalyse durch eine **quantitative Standortoptimierung** ergänzt werden, um die langfristigen Auswirkungen der Entscheidung für einen Standort auf die Gewinn- und Wettbewerbssituation möglichst zuverlässig abschätzen zu können. Ist der Standort gewählt, folgt als nächster Schritt die strategische Planung des anzuwendenden Produktionsverfahrens und seiner Technologie.

II. Strategische Investitionsplanung für neue Technologien

Die klassischen Methoden der Investitionsrechnung bilden die Grundlage für die Beurteilung von neuen Technologien wie CIM-Komponenten oder flexiblen Fertigungssystemen. In neuerer Zeit wird aber zunehmend an diesen Methoden Kritik geübt und ihre Anwendbarkeit auf neue Technologien in Zweifel gezogen (vgl. Wildemann, Investitionsplanung 1987).

Im folgenden soll anhand eines Beispiels aus der Unternehmenspraxis gezeigt werden, welche wichtigen Eigenschaften moderner Technologien von der klassischen Investitionsrechnung nicht erfaßt werden, und welche Elemente eine **strategische** Investitionsplanung zusätzlich enthalten muß, um allen durch den Einsatz moderner Technologien erreichbaren Wettbewerbsvorteilen des Unternehmens gerecht zu werden.

a) Klassische Investitionsrechnung am Beispiel eines Industrieroboters

Das Praxisbeispiel stammt aus einem Unternehmen der Konsumgüterindustrie und stellt die Unternehmensleitung vor die Entscheidung, ob die Zusammenstellung von spezifischen Kundenaufträgen aus dem Sortiment der hergestellten Produkte in Zukunft mit Hilfe von Industrierobotern automatisiert werden soll. Als Entscheidungsgrundlagen sind der Kapitalwert, der interne Zinsfuß und die Pay-off-Periode (Amortisationsdauer des eingesetzten Kapitals) heranzuziehen.

Wegen der Größe der Lagerhalle und anderer firmenspezifischer Gegebenheiten kommen nur vier Industrieroboter in Portalbauweise mit acht induktiv gesteuerten

Flurförderzeugen in Betracht. Es soll ermittelt werden, ob die Investition dieses technischen Systems unter Berücksichtigung eines Sozialplanes für das eingesparte Personal gewinngünstig ist.

Die Anschaffungsausgabe des Robotersystems setzt sich aus den in Tab. 22 wiedergegebenen Positionen zusammen. Zu beachten ist dabei, daß nur 50% der Softwareentwicklungskosten auf das Unternehmen entfallen und der Rest vom Bundesministerium für Forschung und Technologie getragen wird (Subventioniertes Pilotprojekt).

Die wirtschaftliche Nutzungsdauer des Robotersystems wird nach Angaben des Roboter-Herstellers auf sieben Jahre geschätzt. Infolge der schnell fortschreitenden Technologie sind nach Ablauf der Nutzungsdauer keine Liquidationserlöse für die Anlagen zu erwarten.

Das Unternehmen verfügt über genügend Eigenkapital zur Finanzierung der Investition und erhofft eine Mindestverzinsung von 10% nach Steuern.

Die jährlichen Auszahlungen für das Robotersystem bestehen aus Personal-, Instandhaltungs- und Energieausgaben, deren jährliche Steigerung unterschiedlich eingeschätzt wird (Tab. 23, zweite Spalte). Hinzu kommt die einmalige Ausgabe für den Sozialplan, die sich folgendermaßen berechnet:

Durch das Industrierobotersystem werden 13 Arbeitskräfte eingespart, die eine Abfindung von 1,5 Jahresgehältern à 42000 DM erhalten. Somit ergibt sich die Ausgabe von 819000 DM für den Sozialplan. Tab. 23 enthält alle Auszahlungen für das Robotersystem.

Tab. 22 Einmalige Ausgaben des Industrierobotersystems

Art der Ausgabe	Ausgabe (in DM auf 1000 aufgerundet)
1. 4 Industrieroboter in Portalbauweise inkl. Greifer und Sicherheitseinrichtungen	800000,-
2. 8 induktiv gesteuerte Flurförderzeuge inkl. Rechner, Fahrspuren, Halteschleifen	600000,-
3. 1 Prozeßrechner für das IR-System	200000,-
4. Entwicklung der Software	250000,-
5. Rollenbahnen	125000,-
6. 4 Palettenmagazine	100000,-
Zwischensumme	2075000,-
7. 10% für Aufstellung und Inbetriebnahme (bezogen auf die Position 1-6)	208000,-
8. Ausbildungskosten	10000,-
Summe	2293000,-

Tab. 23 Auszahlungsreihe des Industrierobotersystems

Einflußgröße (in Tsd. DM)	Steigerungsrate (in %)p.a.	Jahr							
		90	91	92	93	94	95	96	97
Anschaffungsausgabe	-	-2293							
Sozialplan			-819						
laufende Ausgaben für:									
- Personal	4,7		-1470	-1539	-1611	-1687	-1766	-1850	-1936
- Instandhaltung	6,5		-69	-74	-78	-83	-89	-95	-101
- Energie	7,2		-22	-24	-25	-27	-29	-31	-33
Auszahlungsreihe		-2293	-2380	-1637	-1714	-1797	-1884	-1976	-2070

Neben den Auszahlungen für das Robotersystem entstehen jährliche Einsparungen an Personal-, Instandhaltungs- und Energieausgaben gegenüber dem jetzigen Kommissionierungssystem. Sie können als "fiktive" Einzahlungen des Robotersystems angesehen werden und sind in Tab. 24 zusammengestellt.

Tab. 24 Einsparungsreihe des Industrierobotersystems

Einflußgröße (in Tsd. DM)	Steigerungsrate (in %) p.a.	Jahr							
		90	91	92	93	94	95	96	97
Ausgaben des Ist-Systems für									
- Personal	4,7	-	2250	2356	2467	2583	2704	2831	2964
- Instandhaltung	6,5	-	18	19	20	21	22	23	25
- Energie	7,2	-	5	5	6	6	7	7	8
Personalausgaben in der Versandabteilung	4,7	-	60	63	66	69	72	76	79
Einsparungsreihe		-	2333	2443	2559	2679	2805	2937	3076

Die Differenz aus Einsparungs- und Auszahlungsreihe bildet die Zahlungsreihe des Industrierobotersystems vor Steuern. Um die Höhe der Gewinnsteuerzahlung zu ermitteln, werden die Abschreibungen des Robotersystems von der Zahlungsreihe vor Steuern subtrahiert und auf den Überschuß der von dem Unternehmen zugrunde gelegte Gewinnsteuersatz von 55% angewendet. Zahlungsreihe vor Steuern abzüglich Steuerzahlung führt zur Zahlungsreihe nach Steuern. Sie ist die Grundlage für die Berechnung von Kapitalwert und internem Zinsfuß.

Tab. 25 faßt die Ermittlung der Zahlungsreihe nach Steuern übersichtlich zusammen.

Tab. 25 Zahlungsreihe des Industrierobotersystems unter Berücksichtigung von Gewinnsteuern

Jahr / Werte (in Tsd. DM)	90	91	92	93	94	95	96	97
Anschaffungsausgabe	-2293							
Laufende Einsparungen		2333	2443	2559	2679	2805	2937	3076
Laufende Auszahlungen		-2380	-1637	-1714	-1797	-1884	-1976	-2070
Zahlungsreihe (vor Steuern)	-2293	- 47	+ 806	+ 845	+ 882	+ 921	+ 961	+1006
Lineare Abschreibung		328	328	328	328	328	328	328
zu zahlende Gewinnsteuer(55%)		+ 206	- 263	- 284	- 305	- 326	- 348	- 375
Zahlungsreihe (nach Steuern)	-2293	+ 159	+ 543	+ 561	+ 577	+ 595	+ 613	+ 631

1991 hat das Unternehmen durch den Sozialplan einen auf die Investition entfallenden Verlust von 47 + 328 = 375 Tsd. DM. Kann dieser Verlust mit Gewinnen anderer Bereiche des Unternehmens verrechnet werden, entsteht eine Steuerersparnis von 0,55 · 375 = 206 Tsd. DM. Dieser Betrag ist in Zeile 6 von Tab. 25 mit positivem Vorzeichen eingetragen.

Nach der **Kapitalwertmethode** ergibt sich der Kapitalwert (C) des Robotersystems zu

$$C = (-2293 + 159 \cdot 1,1^{-1} + 543 \cdot 1,1^{-2} + 561 \cdot 1,1^{-3} + 577 \cdot 1,1^{-4} + 595 \cdot 1,1^{-5} + 613 \cdot 1,1^{-6} + 631 \cdot 1,1^{-7}) \cdot 1000$$

$$= 155\,170 \text{ DM}$$

Der **interne Zinsfuß** beträgt 11,78%.

Die Investition des Robotersystems ist also unter den angegebenen Daten vorteilhaft, da die Mindestverzinsung des Unternehmens überschritten wird. Berücksichtigt man jedoch die Unsicherheiten der Datenschätzung, so ist der Vorteil des Systems nicht so überzeugend, zumal die **Pay-off-Periode**, die angibt, wann die Anschaffungsausgabe durch versteuerte Überschüsse zurückgeflossen ist, mit etwa sieben Jahren recht hoch ausfällt. Die Entscheidung für das Robotersystem ist daher mit Risiken behaftet.

Aus Gründen der kaufmännischen Vorsicht könnte die Geschäftsleitung den Einsatz des Industrierobotersystems ablehnen, da die errechnete Verzinsung im Hinblick auf die beträchtliche Unsicherheit der Daten als zu gering erscheint. Dabei muß jedoch bedacht werden, daß die klassische Investitionsrechnung nur quantifizierbare Größen verwendet und in unserem Beispiel nur Kosteneinsparungen betrachtet werden. Unter strategischen Aspekten ist diese Entscheidungsgrundlage zu eng. Sie muß daher um strategische Elemente erweitert werden.

b) Ergänzung der Investitionsrechnung bei neuen Technologien

Eine wesentliche Unzulänglichkeit der klassischen Investitionsrechnung ist die Vernachlässigung der Wettbewerbswirkungen moderner Technologien. Es ist zwar möglich, diese Wirkungen über oligopolistische Preis-Absatz-Funktionen in der Investitionsrechnung zu berücksichtigen (vgl. Zäpfel, Computerintegrierte Produktion 1989, S. 1066 ff.), doch ist die praktische Anwendbarkeit oligopolistischer Wettbewerbsmodelle wegen der Schwierigkeiten bei der Spezifikation und Schätzung der Preis-Absatz-Funktion begrenzt.

Erfolgversprechender ist daher ein Weg, den wir in der **strategischen Standortplanung** bereits beschritten haben, nämlich die Ergänzung eines quantitativen Optimierungsmodells durch eine qualitative Analyse mit einem heuristischen Scoring-Modell.

Im Beispiel des Industrieroboters müßten folgende Kosten- und Wettbewerbswirkungen in einem qualitativen Modell erfaßt werden.

Kostenwirkungen

- geringere Quote fehlerhafter Zusammenstellungen,
- Reduktion der Durchlaufzeit der Kundenaufträge,
- verminderte Kapitalbindung im Fertigwarenlager.

Wettbewerbswirkungen

- technologisch fortgeschrittenes Lager- und Auslieferungssystem,
- Beschleunigung der Auslieferung der bestellten Produkte,
- höhere Termintreue,
- weniger Reklamationen durch fehlerhafte Zusammenstellung.

Die Bewertung dieser vorteilhaften Kosten- und Wettbewerbswirkungen in einem Scoring-Modell könnte die lange Pay-off-Periode und die nicht allzu hohe Verzinsung kompensieren und zu einer positiven Entscheidung der Unternehmensleitung zugunsten des Industrieroboter-Projekts führen.

Der Gedanke, strategische Elemente bei der Investitionsplanung für neue Technologien verstärkt zu berücksichtigen, ist insbesondere von **Wildemann** weiterentwickelt worden (vgl. Wildemann, Strategische Investitionsplanung 1986 und Wildemann, Investitionsplanung für CAD/CAM 1986). Aus empirischen Untersuchungen über flexible Fertigungssysteme ermittelt er **Kostensenkungspotentiale** bei folgenden Kostenarten, die üblicherweise in der Investitionsrechnung nicht erfaßt werden:

- Kapitalbindungskosten,
- Umrüstkosten,
- Werkzeugkosten,
- Raumkosten und
- Qualitätskosten.

Darüber hinaus stellt er **Chancen** und **Risiken** moderner Technologien gegenüber, um daraus eine strategische Portfolio-Matrix zu entwickeln, aus der sich Technologie-Strategien ableiten lassen.

Die beiden folgenden Abbildungen zeigen die Chancen und die Risiken einer Investition in flexible Fertigungssysteme.

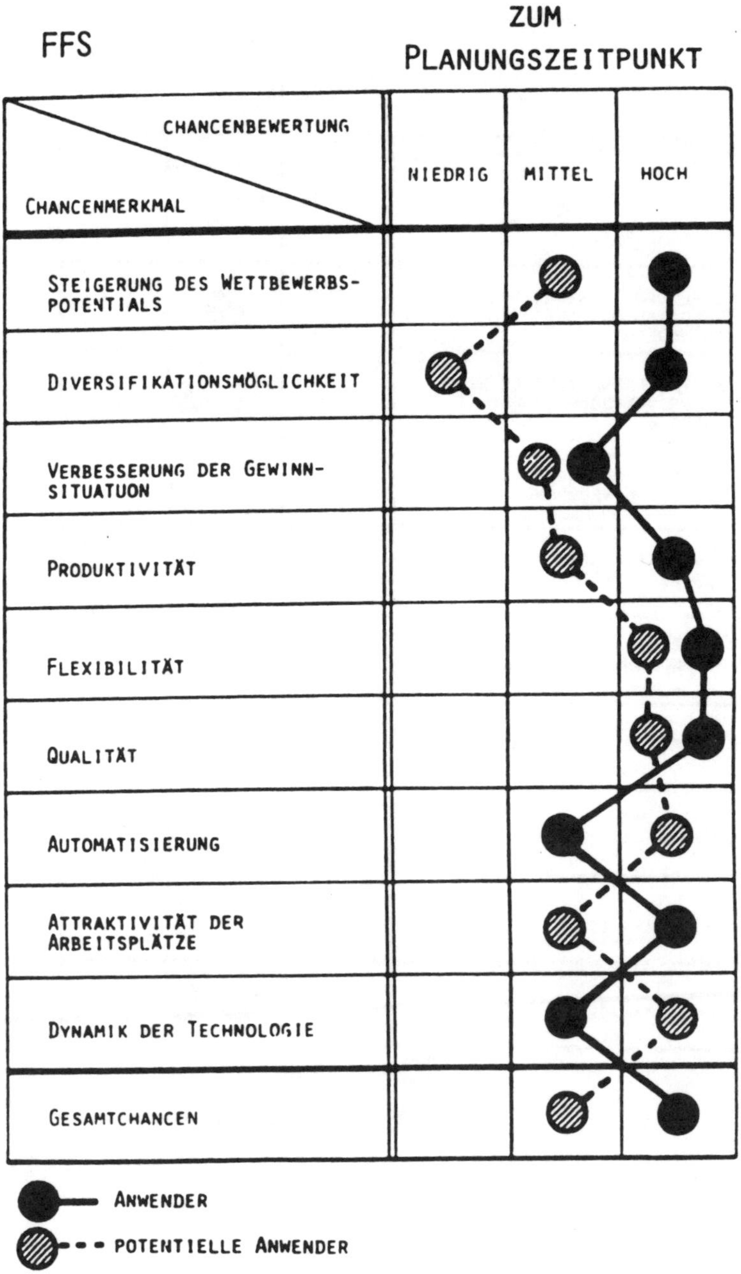

Abb. 49 Chancen flexibler Fertigungssysteme
Quelle: Wildemann, Investitionsplanung 1986, S. 11

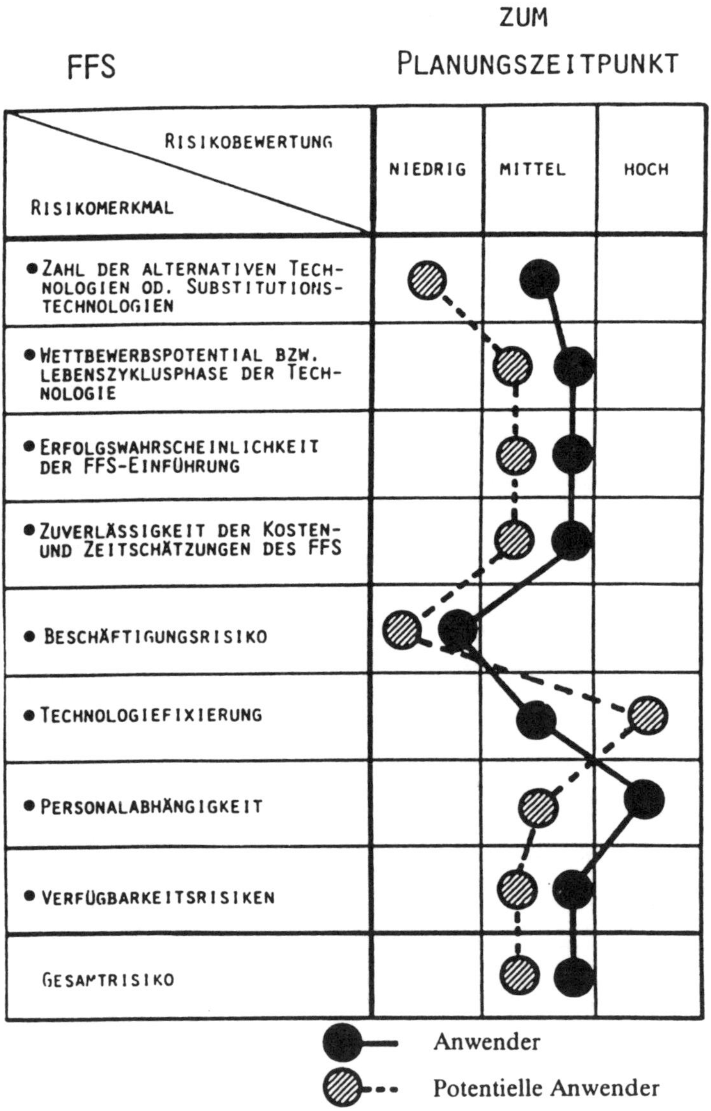

Abb. 50 Risiken flexibler Fertigungssysteme
Quelle: Wildemann, Investitionsplanung 1986, S. 13

Aus beiden Profilen ergeben sich durch Mittelwertbildung oder subjektive Einschätzung die Gesamtchancen und das Gesamtrisiko dieser Technologie. In unserem Falle steht hohen Gesamtchancen nur ein mittleres Gesamtrisiko gegenüber.

Die Chancen-/Risikobeziehung wird nun in einer Portfolio-Matrix dargestellt.

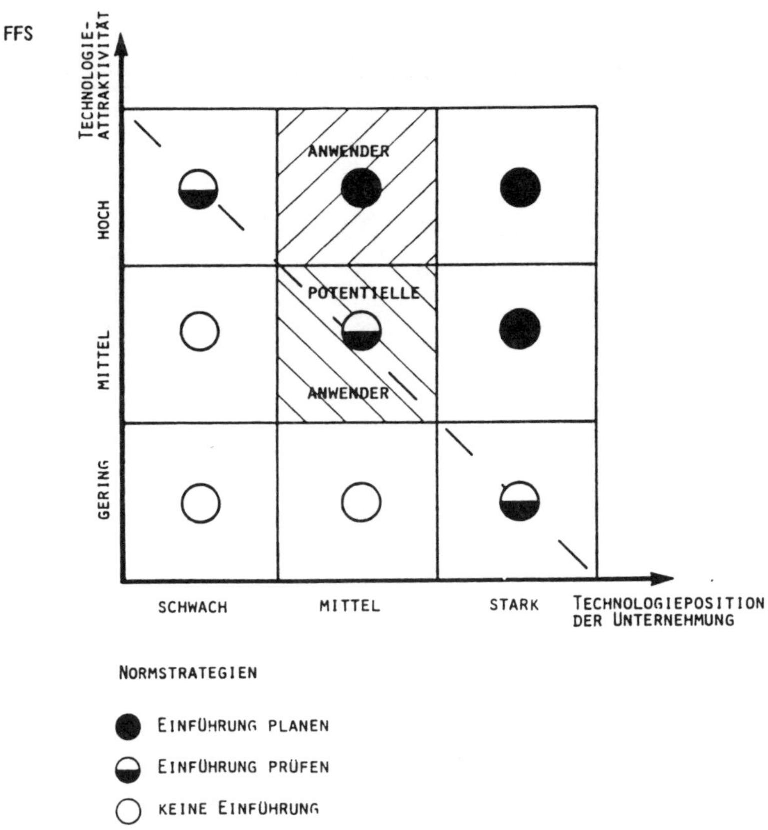

Abb. 51 Chancen/Risiken - Portfolio-Matrix
Quelle: Wildemann, Investitionsplanung 1986, S. 15

Die Investition in flexible Fertigungssysteme besitzt also nach den empirischen Untersuchungen Wildemanns eine **hohe Technologie-Attraktivität**. Eine solche Beurteilung ist eine vorteilhafte Ergänzung der traditionellen Investitionsrechnung unter strategischen Gesichtspunkten. Eine hohe Technologie-Attraktivität kann einen geringen internen Zinsfuß oder eine lange Pay-off-Periode so ausgleichen, daß sich die Unternehmensleitung unter Berücksichtigung aller Beurteilungskriterien für die neue Technologie entscheidet, d.h. die Strategie "Einsatz der neuen Technologie" wählt.

Bei mittlerer oder gar geringer Technologie-Attraktivität wird man der traditionellen Investitionsrechnung eine höhere Priorität einräumen oder sogar - aus strategischen Gründen - die Strategie "Abwarten" wählen.

Damit wurde gezeigt, daß bei modernen Technologien die klassische Investitionsrechnung durch eine - evtl. qualitative - strategische Analyse ergänzt werden muß, um eine "richtige" Investitionsentscheidung treffen zu können. Ein Grund für die oftmals sehr schleppende Einführung neuer Technologien im Bereich von CIM und auch in der Bürokommunikation sind darauf zurückzuführen, daß die Unternehmen nur die klassischen Beurteilungsmaßstäbe Rendite und Pay-off-Periode bei ihrer Entscheidung zugrunde legen und dadurch manche Investition, die strategisch gerechtfertigt wäre, wegen zu langer Amortisationszeit nicht verwirklicht wird.

6. Kapitel: Personalmanagement

Das Personalwesen eines Industriebetriebes enthält sowohl strategische als auch operative Aspekte. So ist z.B. die Personalentwicklungsplanung oder die Lohn- und Gehaltsstruktur langfristiger Natur, während die Änderung einer Prämie dem operativen Management zuzurechnen ist. Da jedoch die betriebswirtschaftlich wichtigen Problembereiche der personalwirtschaftlichen Entscheidungen - auf die wir uns konzentrieren - im **strategischen Bereich** angesiedelt sind, wird der gesamte Komplex hier abgehandelt.

A. Der Mensch im Industriebetrieb

I. Die menschliche Arbeitsleistung

Eine grundlegende Fragestellung der Personalwirtschaftslehre lautet: "Welche Faktoren bestimmen die menschliche Arbeitsleistung im Betrieb und wie kann die Arbeitsleistung vom Betrieb beeinflußt werden?"

Im Laufe der Geschichte wurden verschiedene Antworten von der Betriebswirtschaftslehre gegeben, die im folgenden kurz skizziert seien.

a) Das Scientific Management

Dieser von Taylor (Scientific Management 1911) entwickelte Ansatz war der erste Versuch, die Bestimmungsfaktoren der menschlichen Arbeitsleistung wissenschaftlich zu erforschen.

Der Industriebetrieb wurde als ökonomisch-technisches System angesehen, in dem der arbeitende Mensch als instrumentaler Produktionsfaktor im technischen Sinne durch Produktions- und Verbrauchsfunktionen "abgebildet" wurde. Dieser Ansatz basiert auf der Annahme, daß der Mensch als "homo oeconomicus" rational handelt und sein Einkommen zu maximieren versucht. Koppelt man den Lohn an die Arbeitsleistung, so kann der Betrieb durch ein geeignetes Lohnanreizsystem die Arbeitsleistung von den Arbeitenden bekommen, die seinen Zielen (d.h. häufig der Gewinnmaximierung) am meisten entspricht.

Taylor sah neben dem Lohn noch die persönliche Eignung der Arbeitenden sowie die objektiven Arbeitsbedingungen als Leistungsdeterminanten an. Mit naturwissenschaftlichen Methoden versuchte er, die Arbeitsbedingungen mit Hilfe von Zeit- und Bewegungsstudien zu messen und durch Zerlegung der Arbeitsgänge die Arbeitsabfolge zu rationalisieren.

Der Scientific-Management-Ansatz wird in der Literatur als zu mechanistisch kritisiert, der keine über die Einkommenserzielung hinausgehenden Bedürfnisse der Arbeitenden berücksichtigt (v. Eckardstein/Schnellinger, Personalpolitik 1978, S.42; Berthel, Personal-Management 1995, S. 14 ff.). Schon vor dem 2. Weltkrieg wurden soziologische Ansätze vorgeschlagen, die diesen Mangel beheben sollten.

b) Der Human-Relations-Ansatz

Er versucht, das Leistungsverhalten der Arbeitenden aus nichtökonomischen Bestimmungsfaktoren abzuleiten. Insbesondere die Verbesserung der sozialen Beziehungen innerhalb des Betriebes sowie die Einrichtung sozialer Kontaktzentren (Betriebssport, Kantine, Fitnesscenter usw.) steigert die Zufriedenheit der Mitarbeiter und motiviert sie zu besseren Arbeitsleistungen (Berthel, Personal-Management 1995, S. 16 f.). Aber auch wenn dieser Ansatz allein nicht ausreicht, das menschliche Leistungsverhalten im Betrieb hinreichend zu erklären, so ist doch der Einfluß der nicht-ökonomischen Faktoren auf das menschliche Leistungsverhalten heute überwiegend anerkannt.

c) Die Determinanten der Arbeitsleistung

Die moderne Personalwirtschaftslehre versucht eine Synthese der beiden oben angesprochenen Ansätze, indem die persönliche Eignung, die objektiven Arbeitsbedingungen sowie die Motive und Erwartungen der Arbeitenden in gleichem Maße berücksichtigt werden. Berthel (Personal-Management 1995, S. 37 ff.) unterteilt die Determinanten der Arbeitsleistung in solche des **Könnens** und des **Wollens**, wobei zur ersten Kategorie die Eignung und die Arbeitsbedingungen gehören, während die Motive und Erwartungen die zweite Kategorie bilden.

1. Eignung

Die Eignung eines Arbeitenden zur Arbeitsleistung wird bestimmt durch

- Kenntnisse,
- geistige Fähigkeiten zur Anwendung und Umsetzung der Kenntnisse,
- körperliche Fähigkeiten, z.B. Geschicklichkeit und Kraft,
- persönliche leistungsfördernde Eigenschaften, wie Konzentrationsfähigkeit, Gründlichkeit, Umsicht, Geduld, Ausdauer usw.

Es liegt auf der Hand, daß diese Eignungsmerkmale nicht für jede Arbeitsleistung bzw. jeden Arbeitsplatz von gleicher Bedeutung sind. Vielmehr muß das Anforderungsprofil eines Arbeitsplatzes mit dem Eignungsprofil des Mitarbeiters möglichst gut übereinstimmen, um befriedigende Leistungen zu ermöglichen. Berthel (Personal-Management 1989, S. 35) bezeichnet dieses spezifische Leistungsvermögen, eine konkrete Arbeitsaufgabe lösen zu können, als **Arbeitskenntnis**.

2. Arbeitsbedingungen

Das Leistungsvermögen eines Arbeitenden hängt weiterhin wesentlich von den objektiven Arbeitsbedingungen ab, unter denen er arbeiten muß. Man kann sie in vier Kategorien einteilen:

- das Arbeitsverfahren,
  das außer der angewandten Technik auch die Werkzeuge und Hilfsmittel umfaßt,
- die Arbeitsgruppe,
  auf die der Arbeitende persönlich und fachlich angewiesen ist,
- die Arbeitszeit,
  einschließlich Arbeitsbeginn, -ende und Pausengestaltung,

- der Arbeitsraum,
  insbesondere die Anordnung der Arbeitsplätze sowie Beleuchtung, Lüftung, Klimaanlage und Geräuschentwicklung.

Neben diesen Determinanten des Leistungs**vermögens** kommt es in gleicher Weise auf die Leistungsbereitschaft, d.h. den Leistungs**willen**, an. Er wird im wesentlichen von der Motivation und den Erwartungen des Arbeitenden bestimmt.

3. Motivation zur Arbeitsleistung

Der Leistungswille kann von sehr verschiedenen **Motiven** gespeist werden, wie aus einer Untersuchung von Sand (Arbeitszufriedenheit 1973) hervorgeht. Danach sind die Hauptmotive für die Beurteilung eines Arbeitsplatzes

	(genannt von)
1. Gute Bezahlung	57%
2. Interessante Arbeit	56%
3. Angenehmes Betriebsklima	55%
4. Sichere Stellung	39%
5. Vielseitige Arbeit	36%

Die Entlohnung bildet also einen wesentlichen Faktor bei der Einschätzung eines Arbeitsplatzes und demzufolge auch ein starkes Motiv für die Leistungsbereitschaft. Wir werden uns mit diesem Aspekt in Abschnitt C. dieses Kapitels befassen. Die übrigen nicht-ökonomischen Hauptmotive, die früher häufig unterschätzt wurden, sind jedoch ebenfalls sehr wichtig. Es ist aber wesentlich schwieriger, die Leistungsbereitschaft der Arbeitskräfte vom Unternehmen aus über diese Motive zu steuern, da noch viel zu wenig über die Wirkungsbeziehungen bekannt ist und diese darüber hinaus auch individuell verschieden sind.

4. Erwartungen in bezug auf die eigene Leistung

Die Motivation zur eigenen Leistung wird bei den Arbeitenden nur wirksam, wenn ihre Erwartungen in die gleiche Richtung gehen. Zumindest muß die Erwartung vorhanden sein, daß die eigene Leistung zur Erreichung individueller Ziele führen kann, wie Aufstieg im Betrieb, höheres Einkommen usw., und daß es möglich ist, eine solche Leistung auch zu erbringen. In diese Erwartungen gehen neben der Selbsteinschätzung des eigenen Leistungsvermögens auch Erwartungen über die Arbeitsbedingungen ein.

Werden die oben angesprochenen Erwartungen enttäuscht, kann die Leistungsmotivation empfindlich behindert werden, so daß auch objektiv gute Arbeitsbedingungen und die vorhandene Eignung nicht zur gewünschten Arbeitsproduktivität führen. Es ist eine wichtige Aufgabe der Unternehmensleitung, auf allen Führungsebenen das Verhalten der Mitarbeiter möglichst so zu steuern, daß die Bedingungen für eine hohe Arbeitsproduktivität geschaffen werden. Mit dieser "Führungsaufgabe" werden wir uns nun befassen.

II. Die Führungsfunktion im Betrieb

a) Der Begriff der Führung

In Anlehnung an Berthel (Personal-Management 1995, S. 59) wollen wir unter Mitarbeiterführung denjenigen Teilbereich des Personalmanagements verstehen, der sich mit der **Verhaltenssteuerung**, d.h. mit der Einwirkung auf das Verhalten der Mitarbeiter, befaßt. Wesentliches Merkmal dieses Führungsbegriffs ist die **Willensdurchsetzung**

- in Form der Instruktion und Motivation,
- gegenüber "fremdbestimmten" Personen,
- auf direktem Wege in einer Kooperationseinheit.

b) Führungsstile

Die Gesamtheit der Elemente der Verhaltenssteuerung wird als Führungsstil bezeichnet. In der Literatur sind eine ganze Reihe verschiedener Führungsstile unterschieden und empirisch untersucht worden (z.B. die Ohio-Studie von Hemphill, Leader 1950). Sie lassen sich gedanklich zu zwei Führungsstilen zusammenfassen, die als Endpunkte einer Strecke gedeutet werden können:

autoritäre Führung ◄────► kooperative Führung

Praktische Führungsstile enthalten in der Regel beide Elemente, jedoch in unterschiedlichen „Mischungsverhältnissen", so daß die Feststellung, welche Komponente überwiegt, nicht immer leicht ist.

Zur näheren Charakterisierung der beiden Führungsstile haben Bleicher/Meyer (Führung 1976) eine Gegenüberstellung entwickelt, aus der beispielhaft einige Thesen zitiert seien.

- Eine Entscheidung erfolgt im autoritären Führungsstil allein durch den Führer, im kooperativen Stil durch Einschaltung der Mitarbeiter in den Entscheidungsprozeß.
- Die Autoritätsbasis ist institutionell beim autoritären und funktionell beim kooperativen Stil.
- Der autoritäre Führer weiß und kann alles besser als die Untergebenen, während der kooperative Führer für eine sachgerechte Entscheidung die Mitwirkung der Mitarbeiter benötigt.
- Im autoritären Führungsstil werden die Aufgaben vom Führer detailliert festgelegt, während der kooperative Führer im wesentlichen Ziele vorgibt und Rahmenbedingungen setzt.

Der Trend geht heute in den Unternehmen in Richtung der kooperativen Führung, weil man glaubt, den Leistungswillen der Mitarbeiter auf diese Art am besten fördern zu können und weil das demokratische Prinzip in allen Gesellschaftsbereichen, also auch in der Wirtschaft, immer weiter vordringt. Es muß aber darauf hingewiesen werden, daß bisher keine empirische Untersuchung die Überlegenheit des kooperativen Führungsstils in **allen** Situationen eines Unternehmens nachweisen konnte (Berthel, Personal-Management 1995, S. 108). Auf die Arbeitszufriedenheit hat jedoch der kooperative Stil einen ausgesprochen positiven Einfluß.

B. Die Personalplanung

Die Personalplanung hat die Aufgabe, die Anforderungen der einzelnen Arbeitsplätze zu analysieren, den daraus resultierenden Personalbedarf quantitativ und qualitativ festzustellen sowie ihn durch Personalauswahl-Maßnahmen so zu decken, daß jeder Arbeitsplatz gemäß seinem Anforderungsprofil möglichst mit dem geeignetsten Mitarbeiter besetzt wird.

I. Konstruktion von Anforderungsprofilen für Arbeitsplätze

Um einen Arbeitsplatz mit einer geeigneten Arbeitskraft besetzen zu können, muß der Betrieb möglichst genaue Vorstellungen über die Anforderungen haben, die mit den Funktionen dieses Arbeitsplatzes verbunden sind. Als Beispiel sei das Anforderungsprofil einer Exportsachbearbeiterstelle angeführt (Dielmann, Personalwesen 1981, S. 97) und in der folgenden Abb. 52 graphisch dargestellt.

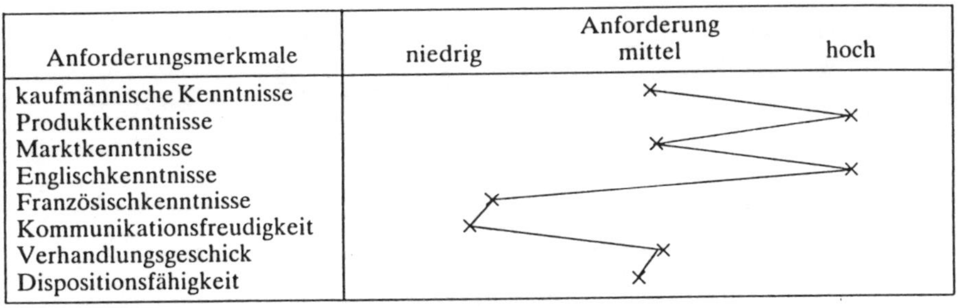

Abb. 52 Anforderungsprofil einer Exportsachbearbeiterstelle

Die Anforderungen an Englischkenntnissen werden also sehr hoch eingestuft im Vergleich zu den Anforderungen an die Kommunikationsfreudigkeit oder an die Französischkenntnisse.

Solche Anforderungsprofile müssen - mehr oder weniger ausführlich - für alle zu besetzenden Stellen vorliegen. Weitverbreitet in der Praxis sind das sog. Genfer Anforderungsschema (Böhrs, Leistungslohn 1959) und das REFA-Schema, das die Anforderungen in die Kategorien

- Kenntnisse,
- Geschicklichkeit,
- Verantwortung,
- geistige Belastung,
- muskelmäßige Belastung und
- Umgebungseinflüsse

untergliedert. Wir kommen im Abschnitt C. bei der Analyse der Entlohnung im einzelnen darauf zurück.

II. Feststellung des Personalbedarfs

Die Gesamtheit der Anforderungsprofile eines Betriebes ist sein **qualitativer** Brutto-Personalbedarf. Vergleicht man damit gedanklich die Eigenschafts-Profile der schon im Unternehmen tätigen Arbeitskräfte, so ergibt sich daraus der qualitative Netto-Personalbedarf, der das qualitative Defizit der Beschäftigten im Unternehmen anzeigt.

Quantitativ ergibt sich der Brutto-Personalbedarf aus der Summe der benötigten Arbeitskräfte, der Netto-Personalbedarf als Differenz von Brutto-Personalbedarf und der Zahl tatsächlich beschäftigter Arbeitskräfte.

Der Personalbedarf eines Unternehmens ist keine zeitlich konstante Größe, sondern ändert sich unter dem Einfluß verschiedenartiger Faktoren im Laufe der Zeit sowohl quantitativ als auch qualitativ. Die Haupteinflußfaktoren des Personalbedarfs gibt in Anlehnung an Berthel (Personal-Management 1995, S. 155) Tab. 26 wieder.

Tab. 26 Einflußfaktoren des Personalbedarfs

Personalbedarf	Einflußfaktor
quantitativ	1. Allgemeine bzw. Branchenkonjunktur 2. Arbeitszeit 3. Produktionsverfahren 4. Fluktuation
qualitativ	1. Produktionsverfahren 2. Rationalisierungsmaßnahmen 3. Anforderungsprofile 4. Eigenschaftsprofile der Mitarbeiter 5. Aus- und Fortbildungsprogramme

Aus diesen Einflußfaktoren läßt sich der Personalbedarf für ein konkretes Unternehmen ableiten. Wird bei der Analyse ersichtlich, daß der quantitative Netto-Personalbedarf größer Null ausfällt, muß als nächstes das Problem der Personalbeschaffung für die zu besetzenden Stellen gelöst werden, bei negativem Personalbedarf ist zu entscheiden, ob die überflüssigen Arbeitskräfte nach und nach abgebaut oder - auf der Grundlage eines Sozialplans - sofort freigesetzt werden sollen.

III. Personalbeschaffung

Für die Beschaffung geeigneten Personals stehen dem Unternehmen zwei Quellen zur Verfügung:

a) Die externe Beschaffungsquelle

Hierbei versucht das Unternehmen, neue Mitarbeiter von außen zu gewinnen. Dies geschieht in der Regel durch

- direkte Personalwerbung,
  insbesondere durch Inserate in Zeitungen und Zeitschriften oder durch Kontaktaufnahme mit Ausbildungsstätten (z.B. Hochschulen) oder Mitarbeitern anderer Unternehmen (sog. Abwerbung),
- Inanspruchnahme der Arbeitsvermittlung,
  in erster Linie bei den Arbeitsämtern oder bei kommerziellen Personalberatungsfirmen, die häufig bei der Beschaffung von Führungskräften eingeschaltet werden.

b) Die interne Beschaffungsquelle

Sie wird durch Beförderungen und Versetzungen innerhalb des Unternehmens genutzt. Für Beförderungen sind die Vorgesetzten zuständig, während Versetzungen nicht nur durch Aufgabenänderungen, also vom Betrieb veranlaßt werden, sondern auch über die interne Stellenausschreibung der Initiative des einzelnen Mitarbeiters offenstehen.

Die interne Beschaffung von Arbeitskräften hat gegenüber der externen den Vorteil, daß die generelle Qualifikation des Mitarbeiters der Unternehmensleitung bereits bekannt ist und daher seine Eignung für die neue Aufgabe zuverlässiger geschätzt werden kann. Darüber hinaus sind die Beschaffungskosten wesentlich geringer.

Demgegenüber besteht die Gefahr, daß man für die ausgeschriebene Stelle im Unternehmen keine hinreichend qualifizierten Bewerber findet oder eine durch persönliche Beziehungen und Protektion geförderte nicht adäquate Besetzung hinnehmen muß.

Ist es dem Betrieb gelungen, aus den o.a. Beschaffungsquellen mehrere Bewerber für die zu besetzende Stelle zu finden, so muß anschließend das Problem der Personalauswahl in befriedigender Weise gelöst werden.

IV. Personalauswahl

Das Personalauswahlproblem stellt sich in zwei Aspekten:

- Festlegung der Auswahlkriterien und Ermittlung einer Rangreihe der Bewerber für einen bestimmten Arbeitsplatz,
- optimale Zuordnung der qualifizierten Bewerber auf die freien Arbeitsplätze.

Zunächst sei auf den ersten Aspekt näher eingegangen. Die Festlegung der Auswahlkriterien für die Besetzung einer Stelle ergibt sich unmittelbar aus dem Anforderungsprofil. Die Beurteilung der Qualifikation der Bewerber für den Arbeitsplatz basiert auf folgenden Informationen, die das Unternehmen je nach der Bedeutung der Stelle unterschiedlich gewichten kann (Berthel, Personal-Management 1995, S. 181 ff.):

a) Externe Informationen

- Lebenslauf des Bewerbers,
- Schul- bzw. Hochschulzeugnisse und akademische Grade,
- Zeugnisse über die vorangegangene praktische Tätigkeit des Bewerbers in anderen Unternehmen,
- Referenzen von in ihrem Fach anerkannten oder allgemein geschätzten Personen,
- Lichtbild des Bewerbers.

Diese Informationen können durch einen ausführlichen **Personalbogen** vertieft und ergänzt werden.

b) Interne Informationen

Die Unternehmung möchte sich natürlich auch ein **eigenes** Bild von der Qualifikation der Bewerber machen, da die externen Informationen manchmal lückenhaft oder problematisch sein können (z.B. Vergleich von Zeugnissen verschiedener Hochschulen). Als interne Informationsquellen kommen in Frage:

- das Vorstellungsgespräch,
- psychologische Tests (Persönlichkeits- und Intelligenztests).

Das **Vorstellungsgespräch** ist in der Praxis weit verbreitet und gibt oft den Ausschlag bei der Bestimmung der Rangreihe der Bewerber, falls sich bei den externen Informationen keine signifikanten Unterschiede herausgestellt haben.

Das Vorstellungsgespräch hat den Vorteil, daß man durch gezielte Fragen in vielen verschiedenen Richtungen ein breites Informationsspektrum gewinnen kann und auch Aufschluß über charakterliche Eigenschaften und Motive der Bewerber bekommt. Nachteilig kann sich die Abhängigkeit des Gesprächsverlaufs von der Sympathie oder Antipathie der Gesprächsteilnehmer bemerkbar machen, so daß die Bewertung des Gesprächs subjektive Momente enthält.

Um die subjektiven Eindrücke des Vorstellungsgesprächs etwas zu objektivieren, werden daher zuweilen **psychologische Tests** herangezogen. Insbesondere der Intelligenztest wird in vielerlei Varianten angewandt. Er hat jedoch den Nachteil, daß mit der Messung der Intelligenz nur ein Faktor für den beruflichen Erfolg erfaßt wird, der mit einem Gewicht von etwa 25% (Zimmer, Intelligenz 1975, S. 39) noch nicht einmal dominierend ist. Die übrigen Faktoren für den beruflichen Erfolg, wie Durchsetzungsvermögen, Einsatzbereitschaft oder Kooperationsfähigkeit, können noch nicht wissenschaftlich einwandfrei erhoben und beurteilt werden.

Aus den externen und internen Informationen über die einzelnen Bewerber ermittelt der Betrieb eine Qualifikations-Rangreihe. Im einfachsten Fall der Besetzung **eines** Arbeitsplatzes erhält der bestplazierte Bewerber den Zuschlag. Sind mehrere Stellen mit unterschiedlichen Anforderungsprofilen zu besetzen, so sollte prinzipiell für jede Stelle der dafür geeignetste Bewerber ausgewählt werden. Dieses Verfahren führt jedoch nicht zur optimalen Besetzung, wenn z.B. Bewerber für mehrere Stellen besser qualifiziert sind als andere Bewerber.

Für diesen Fall wurde innerhalb des Operations Research ein Zuordnungsmodell entwickelt - das **Personal Assignment Model** -, das zum Ziel hat, ein Gesamtoptimum bei der Personalauswahl zu erreichen. Es wird im folgenden in einer einfachen Variante dargestellt.

Die Zielfunktion lautet: m Arbeitsplätze sollen mit m Bewerbern so besetzt werden, daß der Gesamtnutzen für das Unternehmen maximal wird.

Die Qualifikation eines Bewerbers i (i = 1,...,m) für einen Arbeitsplatz j (j = 1,...,m) wird durch eine Punktzahl v_{ij} ausgedrückt, die z.B. aus einem Bereich von Null bis zehn Punkten entnommen sein kann. Der Bewerber erhält Null Punkte, wenn er für diesen Arbeitsplatz überhaupt nicht geeignet ist, und zehn Punkte bei hervorragender Eignung.

Die Qualifikationspunktzahl wird vom Unternehmen auf Grund des Anforderungsprofils der Stelle, der Zeugnisse und Referenzen des Bewerbers sowie des Vorstellungsgesprächs und evtl. psychologischer Tests festgelegt. Sie kann als Nutzen interpretiert werden, den der Bewerber i am Arbeitsplatz j dem Unternehmen stiftet.

Die Variablen des Modells sind ganzzahliger Natur und können nur die Werte Null und Eins annehmen. Sie werden mit x_{ij} (i = 1,...,m; j = 1,...,m) bezeichnet. Wird die Stelle j mit dem Bewerber i besetzt, ist $x_{ij} = 1$, sonst gilt $x_{ij} = 0$.

Die Zielfunktion, die den Gesamtnutzen des Unternehmens bei der Stellenbesetzung maximieren soll, erhält folgende Gestalt

$$(65) \qquad Z = \sum_{i=1}^{m} \sum_{j=1}^{m} v_{ij} \cdot x_{ij} \Rightarrow \max!$$

Es muß nun gewährleistet werden, daß

1. jeder Arbeitsplatz nur mit einem Bewerber besetzt und
2. jeder Bewerber nur für einen Arbeitsplatz vorgesehen wird.

Dies leisten folgende zwei Systeme von Restriktionen

$$(66) \qquad \sum_{i=1}^{m} x_{ij} = 1 \qquad (\text{für } j = 1,...,m)$$

$$(67) \qquad \sum_{j=1}^{m} x_{ij} = 1 \qquad (\text{für } i = 1,...,m).$$

Sie stellen ebenfalls sicher, daß die x_{ij} ganzzahlig bleiben, sofern die Ausgangslösung ganzzahlig ist. Das Personal-Zuordnungsmodell läßt sich numerisch wie das Transportmodell oder (mit größerem Rechenaufwand) wie das Standardmodell der linearen Optimierung lösen, wofür effiziente Programmpakete (MPSX, FMPS, LINDO usw.) zur Verfügung stehen.

Kritisch kann man gegen die Personalauswahl mit Hilfe des Zuordnungsmodells einwenden, daß

- keine dynamischen Aspekte berücksichtigt werden, wie Fortbildung und Änderung der Anforderungsprofile im Zeitablauf, und
- die Punktbewertung auf der Basis einer kardinalen Nutzenskala nur unvollkommen den Nutzen eines Bewerbers für das Unternehmen widerspiegelt.

Damit sind die Problemkomplexe Personalbedarf, -beschaffung und -auswahl abgeschlossen, und es ist nun die Entlohnung zu analysieren.

C. Arbeitsbewertung und Entlohnung

I. Die Verfahren der Arbeitsbewertung

Der Lohn ist ein Entgelt für geleistete Arbeit und stellt damit einen Wert dieser Arbeit dar. Um den Wert einer Arbeitsleistung festzustellen, mißt man

- die Arbeitsmenge (Leistung) in Stück, Tonnen o.ä. pro Zeiteinheit und
- die Arbeitsschwierigkeit.

Beide Komponenten bestimmen neben dem gesamtwirtschaftlichen Lohnniveau die Höhe des Lohnes. Zugrunde liegt das gesellschaftspolitische Prinzip, daß der Lohn um so höher sein soll, je größer die Arbeitsschwierigkeit und die Arbeitsmenge sind.

Die Arbeitsschwierigkeit wird üblicherweise durch das Anforderungsprofil eines Arbeitsplatzes gemessen. Dabei haben sich in der betrieblichen Praxis mehrere Verfahren der Arbeitsbewertung herausgebildet, die danach unterschieden werden, ob die Anforderungen „summarisch“ oder in einzelne Arten aufgeschlüsselt (=„analytisch“), bewertet werden.

a) Die summarische Arbeitsbewertung

1. Das Rangfolgeverfahren

Bei diesem Verfahren werden die Anforderungen der Arbeitsplätze als Ganzes miteinander verglichen und die Arbeitsplätze nach abnehmender globaler Anforderung geordnet. Eine solche Rangfolge könnte folgendermaßen aussehen:

1. Dreher
2. Schlosser
3. Kranführer
4. Werksbote

Es liegt auf der Hand, daß ein globaler Vergleich sehr verschiedener Arbeitsplätze große Schwierigkeiten bereitet. Außerdem bildet die Rangfolge nur eine Ordinalskala und muß für die Lohnfindung in eine Kardinalskala überführt werden.

Wegen dieser Schwierigkeiten ist die Anwendung des Rangfolgeverfahrens auf relativ kleine, überschaubare Betriebe beschränkt.

2. Das Lohngruppenverfahren

Da die Anforderungsprofile von Arbeitsplätzen nur schwer miteinander zu vergleichen sind, ist man dazu übergegangen, „Schwierigkeitsbereiche“ (Lücke, Arbeitsleistung 1990, S. 249 f.) zu definieren, denen Lohngruppen zugeordnet werden. Richtbeispiele erleichtern die Einordnung der einzelnen Arbeitsplätze in die Lohngruppen.

Die meisten Tarifverträge, in denen das Lohngruppenverfahren angewendet wird (z.B. Metallindustrie), unterscheiden sechs bis zehn Lohngruppen.

Beispielhaft seien im folgenden einige Lohngruppen mit ihren definierten Schwierigkeitsbereichen angegeben (vgl. Lücke, Arbeitsleistung 1990, S. 249 f.):

Lohngruppe 1:	Hilfsarbeiter (Anlernung einfachster Art)
Lohngruppe 2:	Angelernter (für Maschinenarbeiten mit Zweckausbildung)
Lohngruppe 5:	Facharbeiter (im Lehrberuf ausgebildet)
Lohngruppe 8:	Facharbeiter mit meisterlichem Können und Dispositionsvermögen (z.B. Vorarbeiter oder Gruppenführer mit hoher Verantwortung)

Für jede Lohngruppe werden zusätzlich Richtbeispiele angegeben, z.B. für die Lohngruppe 2 Maschinisten, Heizer, Turbinenwärter oder Kranführer.

Den Lohngruppen werden in den Tarifverträgen Lohnsätze zugeordnet, von denen der wichtigste als "Ecklohn" bezeichnet wird. Er ist Gegenstand der Tarifverhandlungen, während die Lohnsätze der anderen Lohngruppen entsprechend der Ecklohnerhöhung angepaßt werden.

b) Die analytische Arbeitsbewertung

Die Verfahren der summarischen Arbeitsbewertung zeichnen sich durch einen Mangel an Differenzierungsmöglichkeiten bezüglich der Arbeitsschwierigkeiten aus. Es wäre also zweckmäßig, das Anforderungsprofil eines Arbeitsplatzes in einzelne Anforderungskomponenten zu zerlegen, die dann eine Grundlage für den Vergleich der Arbeitsplätze bilden könnten.

Der erste Ansatz war das Genfer Schema von 1950, das zwischen

- geistigen Anforderungen,
- körperlichen Anforderungen,
- Verantwortung und
- Arbeitsbedingungen

unterschied. Dieses Schema wurde von REFA erweitert und enthält heute folgende sechs Anforderungsarten:

1. Kenntnisse,
2. Geschicklichkeit,
3. Verantwortung (für Betriebsmittel und Mitarbeiter),
4. geistige Belastung,
5. muskelmäßige Belastung und
6. Umgebungseinflüsse (Temperatur, Feuchtigkeit, Staub usw.).

Diese Anforderungsarten bilden die Basis der beiden folgenden Verfahren der analytischen Arbeitsbewertung.

1. Das Rangreihenverfahren

Die Anforderungsarten werden zunächst nach ihrer relativen Bedeutung für den Betrieb gewichtet. Anschließend stellen wir eine Rangreihe der Arbeitsplätze für jede Anforderungsart auf, wobei der Arbeitsplatz mit den höchsten Anforderungen die höchste Rangziffer erhält. Die Summe der gewogenen Rangziffern stellt den **Arbeitswert** des Arbeitsplatzes dar, der dann in Lohn umgerechnet wird.

Als Beispiel wird der Arbeitswert des Arbeitsplatzes „Schweißen von Dampfkesseln" berechnet. Die Rangziffern und die Gewichte für die sechs REFA-Anforderungsarten sind in Tabelle 27 zusammengestellt.

Tab. 27 Berechnung des Arbeitswertes nach dem Rangreihenverfahren

Anforderungsart	Rangziffer	Gewicht	Wert
1. Kenntnisse	7	1,0	7,0
2. Geschicklichkeit	10	0,9	9,0
3. Verantwortung	5	0,8	4,0
4. Geistige Belastung	4	0,8	3,2
5. Muskelmäßige Belastung	6	0,7	4,2
6. Umgebungseinflüsse	8	0,5	4,0
Arbeitswert			**31,4**

Der Arbeitswert wird dann mit einem geeigneten Lohnsatz pro Arbeitswert-Einheit in DM/Std. umgerechnet.

Das Rangreihenverfahren hat gegenüber den bisher behandelten Verfahren den Vorteil der größeren Differenzierungsmöglichkeit bei den Anforderungen. Es muß jedoch betont werden, daß die Gewichtung der Anforderungsarten subjektiver Natur und damit nicht frei von Willkür ist. Darüber hinaus sind die Rangziffern eigentlich ordinale Größen, die durch die Addition "künstlich" in kardinale Größen transformiert werden, wobei gleicher Abstand zwischen benachbarten Rangziffern unterstellt werden muß.

2. Das Stufenwertzahlverfahren

Bei dieser Methode werden die Anforderungen für jede Anforderungsart in Stufen eingeteilt und den einzelnen Stufen Wertzahlen zugeordnet.

Auch hier muß natürlich das Problem der Gewichtung der Anforderungsarten gelöst werden. Legt man z.B., wie in der eisenschaffenden Industrie, fest, daß die maximale Wertzahl in der Anforderungsart „Kenntnisse“ sieben Punkte sein soll, so kann man das Gewicht der übrigen Anforderungsarten durch Festlegung ihrer Maximalpunktzahlen fixieren.

Können in der Anforderungsart „Geschicklichkeit“ maximal vier Punkte erreicht werden, bedeutet dies ein Gewicht von 4/7 ≈ 57%, bezogen auf die Fachkenntnisse.

Tabelle 28 gibt die Wertzahlen in den einzelnen Stufen und ihre verbale Beschreibung wieder.

Wir errechnen nun die Wertzahlen für den Arbeitsplatz „Schweißen eines Dampfkessels“. Die Arbeit erfordert abgeschlossene Fachausbildung und Berufserfahrung, große Geschicklichkeit, dauernd hohe, zeitweise sehr hohe körperliche Anstrengung, mittlere geistige Anstrengung und stellt hohe Anforderungen an die Verantwortung für Werkstücke, Arbeitsgüte und Gesundheit anderer. Die Umgebungseinflüsse halten sich auf mittlerem Niveau, bis auf die hohe Unfallgefährdung.

Aus Tabelle 28 entnehmen wir die entsprechenden Stufenwertzahlen und kommen nach Summation der Wertzahlen auf einen Arbeitswert von 24 Punkten.

c) Zuordnung von Lohnsätzen zu Arbeitswerten

Die Arbeitswerte sind nun genauso wie bei der summarischen Arbeitsbewertung in Lohnsätze zu überführen. Im Stufenwertzahlverfahren kann ein Arbeitsplatz Wertsummen erhalten, die zwischen Null und 41 Punkten liegen. Da auch einem Arbeitsplatz mit Wertsumme Null ein bestimmter Lohnsatz entspricht, muß die Lohnsatz/Arbeitswert-Funktion einen fixen Bestandteil enthalten. Wir nehmen an, daß dieser Lohnsatz 10 DM/Std. beträgt, während der maximale Lohnsatz auf 25 DM/Std. festgelegt sei.

Soll der Lohn linear mit dem Arbeitswert anwachsen, so ergibt sich folgende Lohnsatz/Arbeitswert-Funktion

$$\text{(68)} \qquad \text{Lohnsatz} = a \cdot \text{Arbeitswert} + b \qquad (a > 0, b > 0).$$

Tab. 28 Die Zuordnung von Wertzahlen zu den verbal beschriebenen Stufen der Merkmalsarten

Merkmalsarten	Wertzahlen							
	0	1	2	3	4	5	6	7
Fachkenntnisse	kurze Anweisung	Anweisung bis zu 3 Monaten	Anweisung bis zu 6 Monaten	6 Monate Berufserfahrung, Anlernausbildung	Anlernausbildung mit Berufserfahrung	abgeschlossene Fachausbildung und Berufserfahrung	abgeschlossene Facharbeiterausbildung mit besonderer Berufserfahrung	abgeschlossene Facharbeiterausbildung mit höchstem fachlichem Können
Geschicklichkeit	ohne	gering	mittlere	hohe	höchste	–	–	–
Anstrengung körperlich	gering	mittlere	dauernd mittlere, zeitweise hohe	dauernd hohe, zeitweise sehr hohe	dauernd sehr hohe	dauernd ganz außergewöhnlich hohe	–	–
geistig	gering	mittlere	dauernd mittlere, zeitweise hohe	dauernd hohe, zeitweise sehr hohe	dauernd sehr hohe	dauernd ganz außergewöhnlich hohe	–	–
Verantwortung für Werkstück	gering	mittlere	hohe	sehr hohe	–	–	–	–
Arbeitsgüte	gering	mittlere	hohe	sehr hohe	ganz außergewöhnlich hohe	–	–	–
Gesundheit anderer	gering	mittlere	hohe	sehr hohe	–	–	–	–
Umgebungseinflüsse Temperatur	gering	mittlere	hohe	–	–	–	–	–
Öl, Fett, Schmutz, Staub	gering	mittlere	hohe	–	–	–	–	–
Gase, Dämpfe	gering	mittlere	hohe	–	–	–	–	–
Unfallgefährdung	gering	mittlere	hohe	–	–	–	–	–
Lärm, Blendung Erschütterung	gering	mittlere	hohe	–	–	–	–	–

Quelle: Lücke, Arbeitsleistung 1990, S. 261

Die Parameter a und b können aus den beiden Grenzlohnsätzen und den zugehörigen Arbeitswerten bestimmt werden.

$$a = \frac{25 - 10}{41 - 0} = 0{,}366 \qquad\qquad b = 10$$

Für unseren konkreten Fall lautet also die Lohnfunktion

$$\text{(69)} \qquad \text{Lohnsatz[DM/ Std]} = 0{,}366 \cdot \text{Arbeitswert} + 10.$$

Dem Arbeitsplatz „Schweißen eines Dampfkessels", der einen Arbeitswert von 24 Punkten aufweist, entspricht also ein Lohnsatz von DM 18,78 pro Stunde.

Außer dieser linearen Form der Lohnsatz/Arbeitswert-Funktion gibt es auch noch nicht-lineare Verknüpfungen mit progressiver oder degressiver Steigerung des Lohnsatzes. Da sie aber seltener verwendet werden und nicht leicht ökonomisch zu begründen sind, soll auf ihre explizite Darstellung verzichtet werden.

Insgesamt kann man zu den Verfahren der Arbeitswertung folgendes festhalten:

- Die analytischen Verfahren sind den summarischen prinzipiell überlegen, weil sie mehr Möglichkeiten zur Differenzierung der Arbeitsschwierigkeiten anbieten.
- Die Gewichtung der Anforderungsarten muß bei den analytischen Verfahren sehr sorgfältig vorgenommen werden, um nicht durch unbegründete Festlegungen den Genauigkeitsvorsprung gegenüber den summarischen Verfahren wieder aufzuheben.
- Das Stufenwertzahlverfahren löst das Problem der Arbeitsplatzbewertung am besten, vorausgesetzt, daß die Stufeneinteilung nicht zu grob ist.
- Bei allen Verfahren ist die Transformation von ordinalen Bewertungsskalen zur kardinalen Lohnskala das Hauptproblem, das bei den beiden Rangreihenverfahren weniger überzeugend gelöst wird als bei den übrigen Verfahren.

II. Die Lohnformen

Die Messung der Arbeitsschwierigkeit durch die Arbeitsbewertung ist nur die eine Komponente der Lohnfindung. Es bleibt die Messung der **Leistung** bzw. Arbeitsmenge, da der Lohn ein Entgelt für Arbeitsschwierigkeit **und** Leistung sein soll.

Im Laufe der geschichtlichen Entwicklung haben sich mehrere Lohnformen herausgebildet, die die Leistung der Arbeitenden unterschiedlich berücksichtigen. Die wichtigsten dieser Lohnformen (Akkord-, Zeit- und Prämienlohn) werden nachstehend einer kritischen Analyse unterzogen. Zuvor werden die Rechtsgrundlagen der Entlohnung, d.h. die Tarifvertragsgestaltung, kurz skizziert.

a) Die Tarifverträge

Ein Tarifvertrag ist ein **Kollektivvertrag** zwischen Arbeitgeberverband und Gewerkschaft. Er enthält einen **schuldrechtlichen** Teil, den sog. Manteltarifvertrag, und einen normativen Teil, den sog. Lohn- bzw. Gehaltstarifvertrag.

1. Der Manteltarifvertrag

Außer den Rechten und Pflichten der Vertragsparteien (z.B. Friedenspflicht) enthält der Manteltarifvertrag im wesentlichen folgende Regelungen:

- Bestimmung des räumlichen und fachlichen Geltungsbereichs,
- das Entlohnungssystem, vor allem Vorgabezeiten, Mindestlohn, Akkordzuschlag, Berücksichtigung von Ausfallzeiten,
- die Arbeitszeit,
- die Urlaubsregelung.

Der Manteltarifvertrag ist mehrere Jahre gültig, wird also nicht bei jeder neuen Lohnrunde ausgehandelt.

2. Der Lohn- bzw. Gehalts-Tarifvertrag

Inhalt dieses üblicherweise jährlich neu abzuschließenden Vertrages sind die Lohnsätze, die von den Unternehmen nicht unterschritten werden dürfen. Die effektiv gezahlten Lohnsätze dürfen - nach Vereinbarung mit dem Betriebsrat - höher sein, aber nicht durch Effektiv-Klauseln abgesichert werden.

Eine Lohngruppe wird in der Praxis als **Ecklohngruppe** ausgewählt, deren Lohnsatz in den jährlichen Tarifverhandlungen vereinbart wird. Die übrigen Lohnsätze werden entsprechend angepaßt.

Falls eine tarifliche Regelung nicht besteht, hat der **Betriebsrat** ein Mitbestimmungsrecht bei der betrieblichen Lohngestaltung, das sich auf die Entlohnungsgrundsätze und -methoden erstreckt. Insbesondere die Festlegung der Akkord- und Prämiensätze bedürfen der Mitwirkung des Betriebsrates.

b) Der Akkordlohn

1. Der Begriff

Etymologisch kommt der Begriff von französisch "accord" und bedeutet etwa „Gleichklang, Übereinstimmung“. Der Akkordlohn spiegelt also die Übereinstimmung von Leistung und Entgelt wider. Der Lohn des Arbeitenden soll seiner Leistung (möglichst) proportional sein.

Der Akkordlohn wird in zwei Varianten angewandt:

α) Geldakkord

Die Lohnformel lautet für diese Variante[18]

$$(70) \qquad \text{Lohn } \left[\frac{\text{DM}}{\text{Std}}\right] = \text{Produktionsmenge } \left[\frac{\text{ME}}{\text{Std}}\right] \cdot \text{Geldfaktor } \left[\frac{\text{DM}}{\text{ME}}\right],$$

wobei der Geldfaktor durch die Relation

$$(71) \qquad \text{Geldfaktor } \left[\frac{\text{DM}}{\text{ME}}\right] = \frac{\text{Lohnsatz } \left[\frac{\text{DM}}{\text{Std}}\right]}{\text{Normalmenge } \left[\frac{\text{ME}}{\text{Std}}\right]}$$

[18] Die Abkürzung ME bedeutet Mengeneinheiten und wird in geeigneten Einheiten wie Stück, Tonnen usw. ausgedrückt.

definiert wird. Die über die Normalmenge hinaus produzierte Menge wird also ohne Abstriche dem Arbeitnehmer vergütet. Der Geldakkord wird heute nur noch selten angewandt, da bei Lohnerhöhungen alle Geldfaktoren im Betrieb neu berechnet werden müssen und diese zusätzliche Arbeit bei der zweiten Akkordlohnvariante vermieden wird.

β) Zeitakkord

Bei dieser Variante wird der Begriff der **Vorgabezeit** neu eingeführt. Sie ist die Zeit, die zur Ausführung einer bestimmten Arbeit an einer Produkteinheit bei **normaler Leistung** und angemessener Erholung benötigt wird. Damit können die Geldfaktoren in die von jährlichen Lohnerhöhungen unberührten Vorgabezeiten und **einen** jährlich neu zu berechnenden **Minutenfaktor**, der den Lohnsatz pro Minute ausdrückt, aufgespalten werden.

Es ergibt sich somit folgende Lohnformel für den Zeitakkord:

$$\text{(72)} \qquad \text{Lohn}\left[\frac{\text{DM}}{\text{Std}}\right] = \text{Produktionsmenge}\left[\frac{\text{ME}}{\text{Std}}\right] \cdot \text{Vorgabezeit}\left[\frac{\text{Min}}{\text{ME}}\right] \cdot \text{Minutenfaktor}\left[\frac{\text{DM}}{\text{Min}}\right]$$

Auch bei dieser Variante wird die Proportionalität zwischen Produktionsmenge und Lohn gewahrt. Die Ermittlung der Vorgabezeiten und des Minutenfaktors werden wir im folgenden aufzeigen.

2. Die Vorgabezeit

Ein möglicher Weg zur Ermittlung der Vorgabezeit für eine bestimmte Arbeitsleistung ist die **Mittelwertbildung** von verschiedenen, in der Vergangenheit gemessenen Ist-Zeiten.

Die Ist-Auftragszeit gliedert man nach REFA in die Rüstzeit und die Ausführungszeit und diese beiden wiederum in eine Grund-, eine Erholungs- und eine Verteilzeit. Dabei versteht man unter der Verteilzeit eine von der Arbeitsaufgabe unabhängige Zeit, die durch Störungen an den Maschinen, Wartung oder auch Dienstgespräche verursacht werden kann.

Die Ist-Auftragszeiten eines Arbeitsganges werden über eine bestimmte Zeit hinweg sorgfältig gemessen und gespeichert.

Anschließend nimmt man - nach Eliminierung von Ausreißern - das arithmetische Mittel oder auch den Median dieser Ist-Auftragszeiten als Vorgabezeit.

Ein anderer Weg ist seit 1935 in den USA beschritten worden. Man zerlegt die Auftragszeit in sehr kleine Zeitabschnitte, die sog. **Elementarzeiten**, die den Elementarbewegungen Hinlangen, Greifen, Bringen, Loslassen, Drücken, Drehen, Trennen usw. zugeordnet werden. Dabei geht man von der Hypothese aus, daß jede Handarbeit aus elementaren Bewegungen besteht, deren Zeitbedarf nur von der Natur der Bewegung abhängt und allgemein festgelegt werden kann.

Die Zeiten für die Elementarbewegungen werden sorgfältig gemessen und in besonderen Zeiteinheiten ausgedrückt, z.B. beträgt eine Time Measurement Unit (TMU) beim Methods-Time-Measurement-Verfahren 10^{-5} Stunden, beim Work-

Factor-Verfahren 10^{-3} Minuten. Das Ergebnis dieser Meßvorgänge ist eine Tabelle aller benötigten Elementarzeiten, deren Addition die Vorgabezeit des betrachteten Arbeitsganges ergibt. Dabei müssen natürlich die Erholungs- und Verteilzeiten gesondert geschätzt und auf die ermittelten Grundzeiten aufgeschlagen werden.

Außer den beiden oben genannten Verfahren gibt es noch einige Varianten, insbesondere des Work-Factor-Verfahrens, auf die wir jedoch nicht weiter eingehen wollen. Alle Elementarzeit-Verfahren sind in der Literatur umstritten, da die grundlegende Hypothese, die Elementarzeiten seien unabhängig vom Arbeitenden nur von der Natur der Bewegung determiniert, nicht restlos überzeugt.

3. Der Minutenfaktor

Durch den Lohn-Tarifvertrag wird der **Akkordgrundlohn** in DM/Std. festgelegt. Hinzu kommt ein Akkordzuschlag von 10 bis 20%, weil unterstellt wird, daß der Akkordarbeiter von vornherein leistungsorientierter als der Zeitlohnarbeiter ist. Akkordgrundlohn und Akkordzuschlag ergeben zusammen den **Akkordrichtsatz**, so daß sich für den Minutenfaktor, der bei allen Arbeitsgängen gleich ist, folgende Formel aufstellen läßt:

$$\text{(73)} \qquad \text{Minutenfaktor}\left[\frac{\text{DM}}{\text{Min}}\right] = \frac{\text{Akkordrichtsatz [DM/ Std]}}{\text{60 [Min/ Std]}}$$

4. Beispiel eines Akkordlohns

Mit der Vorgabezeit und dem Minutenfaktor haben wir die Komponenten des Akkordlohnes erfaßt und können nun ein Beispiel durchrechnen.

Der Akkordgrundlohn betrage 15 DM, der Akkordzuschlag 20%. Die Normalleistung sei mit 20 ME pro Stunde ermittelt, woraus eine Vorgabezeit von drei Minuten pro Stück resultiert. Erbringt der Arbeitnehmer nur 80% der Normalleistung oder weniger, so erhält er als Mindestlohn den Akkordgrundlohn.

Aus diesen Angaben errechnen sich ein Akkordrichtsatz von 18 DM und ein Minutenfaktor von 0,30 DM/Min. Damit lautet die Akkordlohnformel

$$\text{(74)} \qquad \text{Lohn}\left[\frac{\text{DM}}{\text{Std}}\right] = 3 \cdot 0{,}3 \cdot \text{Produktionsmenge}$$
$$= 0{,}9 \cdot \text{Produktionsmenge.}$$

Bei 16 ME, also 80% der Normalleistung, würde die Formel einen Lohn von 14,40 DM pro Stunde anzeigen, der jedoch durch die Mindestlohnvorschrift nicht zulässig ist. Erbringt der Arbeitende 16 ME oder weniger, so erhält er den Grundlohn von 15 DM.

Abb. 53 zeigt den Lohn pro Stunde und den Lohn pro Stück für verschiedene Produktionsvolumina. Für das Unternehmen ist hauptsächlich der Akkordlohn pro Stück wegen der Preiskalkulation interessant. Bis zur Produktionsmenge von 16 ME sinken die Lohnstückkosten in unserem Beispiel hyperbolisch, ab 17 ME sind sie konstant 0,90 DM pro Stück.

5. Der Gruppenakkord

In der arbeitsteiligen Produktion kommt es häufig vor, daß mehrere Arbeitskräfte an einem Arbeitsgang mitwirken. Hierfür bietet sich der Gruppenakkord an, bei dem die Arbeitsgruppe gemeinsam eine Akkordvorgabe erhält und auf die Messung der Individualleistung verzichtet wird. Dieses Verfahren hat für das Unternehmen zwei Vorteile:

- Kostenersparnis durch weniger Leistungsmessung,
- gegenseitiger Ansporn der Gruppenmitglieder.

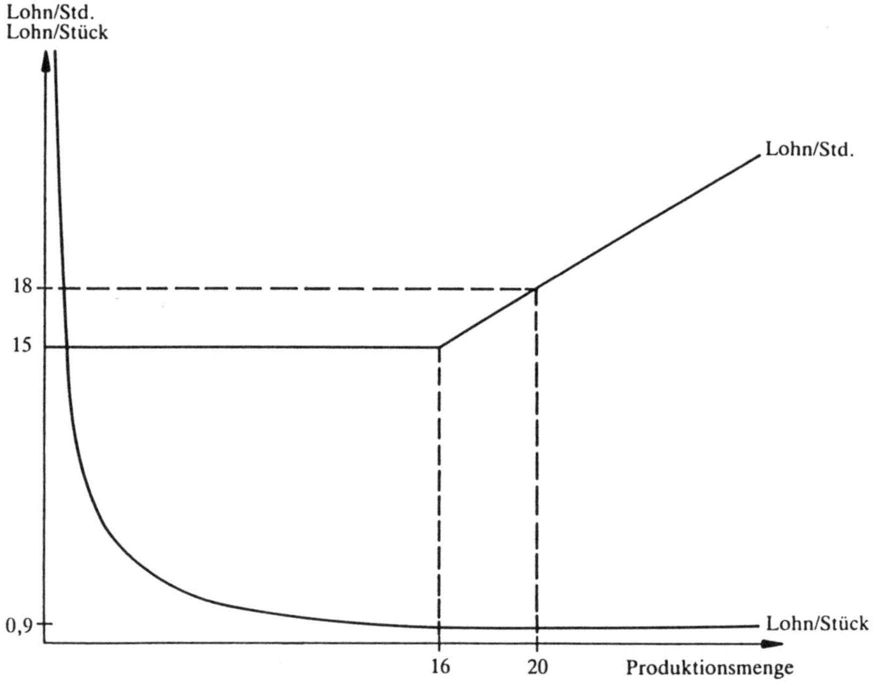

Abb. 53 Zeitakkordlohn in Abhängigkeit von der Produktionsmenge

Allerdings steht diesen Vorteilen das Problem gegenüber, den Gruppenmehrverdienst auf die Arbeitenden aufzuteilen. Es gibt eine Reihe von Methoden, die dieses Problem zu lösen versuchen (vgl. Lücke, Arbeitsleistung 1990, S. 237 ff.), doch ist es ex definitione nicht möglich, den Mehrverdienst leistungsgerecht zu verteilen, da die Einzelleistung im Gruppenakkord ja gerade nicht gemessen wird.

Im folgenden Beispiel nehmen wir unter der Voraussetzung, daß alle Gruppenmitglieder die gleiche Zeit arbeiten, die **Akkordrichtsätze** als Verteilungsschlüssel. Dies Verfahren unterstellt, daß die Arbeitenden die Mehrleistung „gleichmäßig" erbringen und niemand bevorzugt wird.

Die Akkordgruppe besteht aus drei Personen mit den Akkordrichtsätzen 16 DM/Std., 18 DM/Std. und 20 DM/Std. Die Vorgabezeit für die Akkordgruppe beträgt 6 Minuten pro Stück des Produktes. Als tatsächliche Leistung der Gruppe sind 12 Stück pro Stunde gezählt worden. Der Minutenfaktor beläuft sich auf 0,90 DM pro Minute für die gesamte Gruppe.

Zunächst berechnen wir den Gruppenlohn pro Stunde.

$$\text{Gruppenlohn/ Std.} \quad = \quad 6[\frac{\text{Min}}{\text{Stück}}] \cdot 12[\frac{\text{Stück}}{\text{Std}}] \cdot 0{,}90[\frac{\text{DM}}{\text{Min}}]$$

$$= \quad 64{,}80\,\text{DM/ Std.}$$

Der Mehrverdienst gegenüber der Normalleistung beträgt 20% (12 Stück pro Std. gegenüber 10 Stück pro Std. Vorgabe). Die Akkordrichtsätze der drei Arbeitskräfte werden also um 20% erhöht und lauten: 19,20 DM, 21,60 DM und 24,00 DM. Die Summe dieser individuellen Lohnsätze pro Stunde ergibt mit 64,80 DM genau den Gruppenlohn.

c) Der Zeitlohn

Das begriffliche Gegenstück zum Akkordlohn ist der Zeitlohn. Die Lohnzahlung erfolgt hier auf der Basis der effektiv geleisteten **Arbeitszeit**. Ein Bezug zur Arbeitsmenge muß über den Dienstvertrag hergestellt werden, in dem häufig eine „angemessene Arbeitsleistung" als Pflicht des Arbeitnehmers apostrophiert wird.

Die Lohnformel ist beim Zeitlohn sehr einfach, da der tariflich festgelegte Stundenlohn nur mit der Anzahl der geleisteten Arbeitsstunden multipliziert wird.

Abb. 54 gibt den konstanten Lohnsatz pro Stunde und die Lohnkosten pro Stück graphisch wieder.

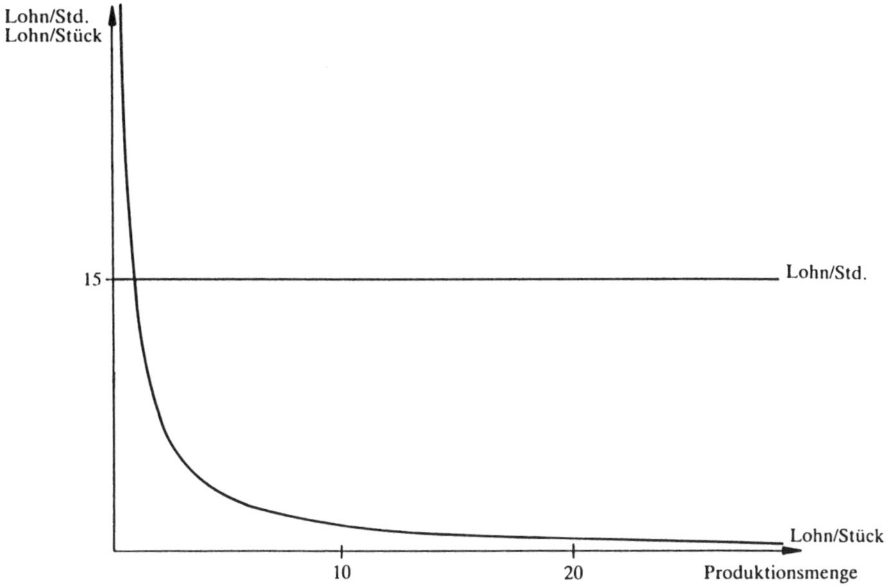

Abb. 54 Lohnsatz und Lohnstückkosten des Zeitlohnes

Der Zeitlohn scheint wegen des fehlenden Leistungsanreizes für den Betrieb die ungünstigere Lohnform zu sein. Darüber hinaus führt der Zeitlohn, wie Abb. 54 zeigt, nicht zu konstanten Lohnstückkosten und erschwert daher die Kalkulation.

Demgegenüber sind aber auch folgende **Vorteile** des Zeitlohns gegenüber dem Akkordlohn zu beachten:

- Die Lohnabrechnung ist wegen fehlender Akkordzettel einfacher als beim Akkordlohn;
- es entfällt die Ermittlung der Vorgabezeiten;
- das Leistungsvermögen der Arbeitenden wird beim Zeitlohn nicht überfordert;
- andere Ziele als die Produktivität, z.B. Materialkostenersparnisse oder Schonung der Betriebsmittel, können besser verfolgt werden.

Bei der Entscheidung, ob Zeit- oder Akkordlohn im Betrieb anzuwenden ist, muß der Industriebetrieb neben den Vor- und Nachteilen der beiden Lohnformen auch folgende objektiven Sachverhalte gebührend berücksichtigen:

Grundsätzlich sollte im **Zeitlohn** entlohnt werden, wenn

- das Arbeitsergebnis quantitativ nicht meßbar ist,
- die Arbeit stark unfallgefährdet ist,
- die Arbeit aus Bereitschaftsdienst besteht,
- die Arbeitsgeschwindigkeit vom Arbeiter nicht zu beeinflussen ist,
- hohe Qualitätsansprüche an die Arbeit zu stellen sind.

Liegen diese Sachverhalte nicht vor, so kann die Entscheidung nach den oben angegebenen Vor- und Nachteilen getroffen oder eine Kombination von Zeit- und Akkordlohn in Form eines Prämienlohnes angewandt werden.

d) Der Prämienlohn

Hierbei wird zum tariflich festgelegten Grundlohn ein zusätzliches Entgelt, die Prämie, gezahlt. Sie ist Ausdruck einer besonderen Produktivität des Arbeitenden und kann sich, wie Abb. 55 zeigt, auf mehrere Basisgrößen beziehen.

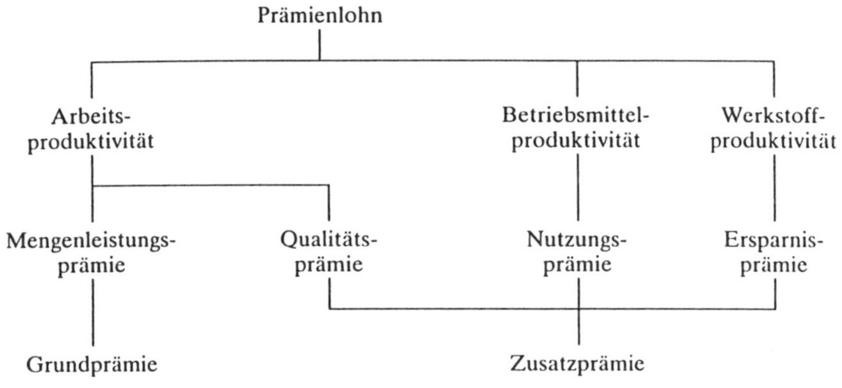

Abb. 55 Überblick über die Prämienlohnformen

1. Grundprämie als Mengenleistungsprämie

Die Addition einer Mengenleistungsprämie zum Zeitlohnsatz ist in der Praxis die häufigste Form des Prämienlohns. Es gibt in der Literatur mehrere Formen dieser Lohngestaltung (vgl. Mellerowicz, Betriebswirtschaftslehre, Bd.2, 1981, S. 302 ff.), von denen wir zwei näher betrachten wollen.

α) Der Halsey-Lohn

Bezeichnet man mit A den Zeitlohnsatz pro Stunde, mit v die Vorgabezeit pro Stück und mit i die Ist-Zeit pro Stück, dann lautet die Halsey-Lohnformel

$$(75) \qquad \text{Lohnsatz}_{\text{Halsey}}\left[\frac{\text{DM}}{\text{Std}}\right] = A + \alpha A \frac{v-i}{i} \qquad (0 \leq \alpha \leq 1) \quad (v \geq i)$$

Die Größe α wird vom Betrieb festgesetzt. Bei $\alpha = 0$ liegt Zeitlohn vor, bei $\alpha = 1$ ergibt die Lohnformel

$$(76) \qquad \text{Lohnsatz} = A \cdot \frac{v}{i}$$

also den Akkordlohn (allerdings unter Vernachlässigung des Akkordzuschlags).

Der Halsey-Lohn teilt also die Prämie für die Mehrleistung entsprechend dem Wert von α zwischen Betrieb und Arbeitnehmer auf. Daher wird dieser Lohn auch als **Teilungslohn** bezeichnet. Als Wert für α wird in der Praxis häufig 1/3 angesetzt, d.h. der Arbeitnehmer bekommt ein Drittel der Mehrleistung vergütet.

β) Der Rowan-Lohn

$$(77) \qquad \text{Lohnsatz}_{\text{Rowan}}\left[\frac{\text{DM}}{\text{Std}}\right] = A + A \frac{v-i}{v} \qquad (v \geq i)$$

Die variable Größe α fehlt also bei Rowan. Wird die Vorgabezeit nicht unterschritten ($v = i$), so erhält der Arbeitnehmer genau wie bei Halsey den Zeitlohnsatz A.

Verdoppelt der Arbeitende seine Leistung gegenüber der Normalleistung, d.h. gilt $i = \frac{v}{2}$, dann bekommt er jedoch nicht den doppelten, sondern nur den $1\frac{1}{2}$-fachen Zeitlohnsatz. Die zusätzliche Leistung führt also nur zu einer unterproportionalen Lohnsteigerung. Weil der Betrieb an der Leistungssteigerung partizipiert, ist der Rowan-Lohn ebenfalls ein Teilungslohn.

Aus (77) ergibt sich weiterhin, daß der Arbeitnehmer auch bei größter Leistungssteigerung niemals mehr als den doppelten Zeitlohnsatz verdienen kann, da bei $i \Rightarrow 0$ der Lohnsatz gegen 2A konvergiert.

Wie unterschiedlich die beiden Teilungslöhne die Mehrleistung vergüten, erkennt man, wenn die Lohnsätze in Abhängigkeit vom Leistungsgrad $(\frac{v}{i})$ ausgedrückt werden.

(78) $$\text{Lohnsatz}_{\text{Halsey}}\left[\frac{\text{DM}}{\text{Std}}\right] = (1-\alpha)\,A + \alpha\,A \cdot \frac{v}{i} \qquad (v \geq i)$$

(79) $$\text{Lohnsatz}_{\text{Rowan}}\left[\frac{\text{DM}}{\text{Std.}}\right] = 2A - \frac{A}{\frac{v}{i}} \qquad (v \geq i)$$

Während der Halsey-Lohn eine **lineare** Funktion des Leistungsgrades ist, verläuft der Rowan-Lohn **hyperbolisch** mit der Asymptote 2A. Abb. 56 zeigt beide Lohnfunktionen im Vergleich mit $\alpha = \frac{1}{3}$ und A = 15 DM pro Stunde.

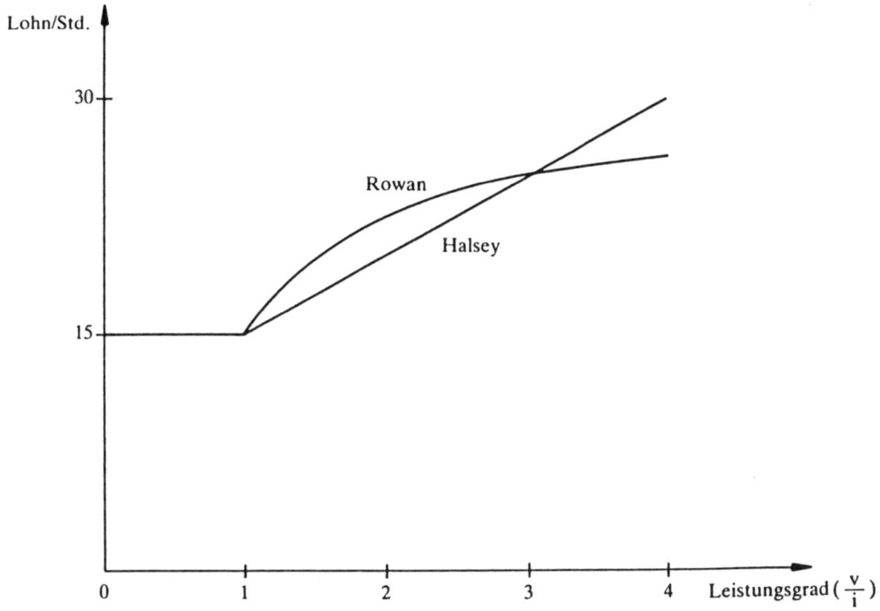

Abb. 56 Lohnformen nach Rowan und Halsey ($\alpha = \frac{1}{3}$; A = 15)

Die Prämienlöhne nach Rowan und Halsey vergüten lediglich mengenmäßige Mehrleistungen. Will man neben der Steigerung der Arbeitsproduktivität andere Ziele über das Lohnsystem erreichen, müssen zusätzliche, an anderen Basisgrößen orientierte Prämien gezahlt werden.

2. Zusatzprämien

Die wichtigsten Zusatzprämien betreffen die Produktqualität, die Nutzung der Betriebsmittel sowie die Materialersparnis.

α) Qualitätsprämien

Wenn die Arbeitskräfte die Produktqualität beeinflussen können, ist ein Lohnanreiz geeignet, die Qualität der Produkte zu verbessern. In der Praxis werden solche Prämien in erster Linie an die Höhe des **Ausschusses**, aber auch an die Einhaltung von Toleranzen oder an die Kundenreklamationen geknüpft.

β) Nutzungsprämien

Das Ziel der kostengünstigsten Nutzung von Produktionsanlagen kann über Prämien erreicht werden, denen z.B. die Maßstäbe

Maschinenstillstandszeit / Schichtzeit oder
effektive Produktionszeit / Schichtzeit

zugrunde liegen.

γ) Ersparnisprämien

Sie werden für Einsparungen bei den Roh-, Hilfs- und Betriebsstoffen gezahlt. Als Maßstäbe kommen mehrere innerbetriebliche Kennzahlen in Betracht, so z.B.

Energieverbrauch / Produktionsmenge oder
Rohstoffeinsatz / Produktionsmenge.

Die Zusatzprämien können auch kombiniert angewendet werden. Bei gegenläufigen Zielen, wie z.B. hoher Qualität des Produktes und geringem Rohstoffeinsatz sollten die Prämien multiplikativ verknüpft werden, da nur so gewährleistet ist, daß beide Ziele vom Arbeitnehmer gleichmäßig angestrebt werden.

Bei gleichgerichteten oder unabhängigen Zielen genügt die additive Verknüpfung, d.h. die Addition der Prämien.

Die Berechnung des Leistungslohns bei Gewährung von Qualitäts- und Ersparnisprämien soll an folgendem **Beispiel** demonstriert werden:

Für die Qualitätsleistung sind werksspezifisch maximal 10 Bewertungspunkte, für die Ersparnisleistung maximal 5 Punkte erreichbar. Die maximale Gesamtleistung beträgt somit $10 \cdot 5 = 50$ Bewertungspunkte (multiplikative Verknüpfung).

Die **Qualitätsleistung** für eine bestimmte Lohngruppe orientiert sich dabei am Ausschußanteil, der sich wie folgt errechnet:

$$\text{Ausschußanteil} = \frac{\text{"schlechte" Stücke}}{\text{"gute" + "schlechte" Stücke}} \cdot 100$$

Die zugehörigen Prämienpunkte sind aus Abb. 57 ablesbar.

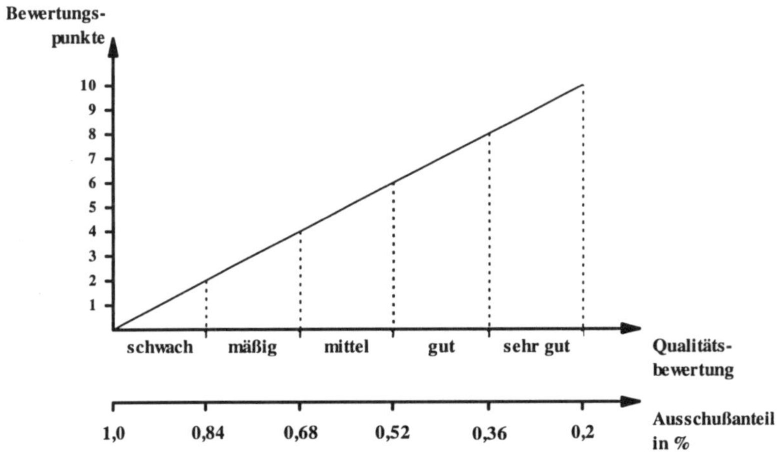

Abb. 57 Bewertung der Qualitätsleistung

Die Bewertungskurve für die **Ersparnisprämie** ist - mit Bezug auf die betrachtete Lohngruppe - in Abb. 58 wiedergegeben. Grundlegend für die Bewertung ist der Energieverbrauch pro Stück, gemessen in kWh.

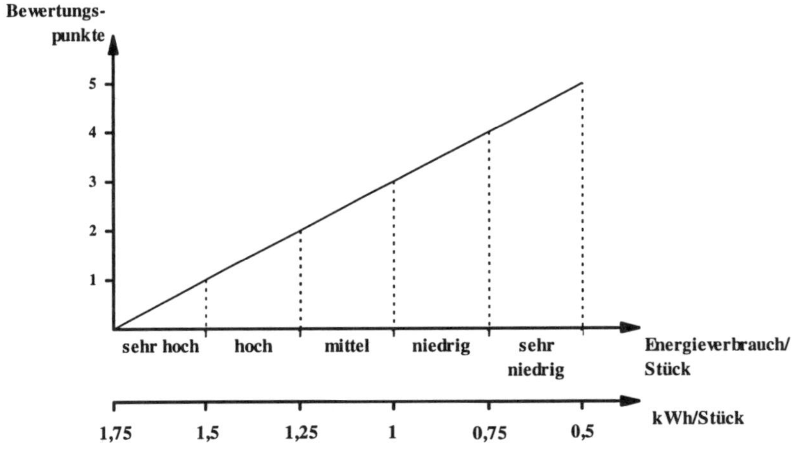

Abb. 58 Bewertung der Ersparnisleistung

Der Tariflohn der Lohngruppe wird 100% gesetzt und betrage 15,- DM/Std. Die maximale Prämie betrage 48% des tariflichen Grundlohns. Für einen ausgewählten Mitarbeiter der Lohngruppe errechnet sich folgender **Gesamtlohn je Stunde**:

- Ausschußanteil: 0,36% ⇒ 8 Punkte
- Energieverbrauch/Stück: 0,5kWh ⇒ 5 Punkte
- Gesamtpunktzahl: $5 \cdot 8$ = 40 Punkte

$$\text{Prämie} = \frac{48 \cdot 40}{100 \cdot 50} \cdot 15{,}- = 5{,}76 \text{ DM / Stunde}$$

$$\text{Gesamtlohn} = 15{,}- + 5{,}76 = 20{,}76 \text{ DM / Stunde}$$

III. Die Erfolgsbeteiligung der Arbeitnehmer

a) Begriff

Erfolgsbeteiligung ist eine über die Entlohnung hinausgehende Zahlung des Unternehmens an die Mitarbeiter, um ihren Anteil an der Erwirtschaftung des Unternehmenserfolgs zu honorieren.

b) Gestaltung

Es gibt im wesentlichen vier Elemente für die Gestaltung der Erfolgsbeteiligung (vgl. Berthel, Personal-Management 1995, S. 403 ff.):

1. Die Basis der Beteiligung

Als mögliche Basen sind denkbar: das Produktionsvolumen, der Umsatz, die Wertschöpfung oder der Gewinn. In der Praxis wird hauptsächlich der **Gewinn** als Maßstab für die Erfolgsbeteiligung benutzt. Dabei wird vom Bilanzgewinn ausgegangen, der zumeist einigen Korrekturen unterzogen wird. Manchmal werden stille Reserven hinzugerechnet und der Unternehmerlohn sowie die kalkulatorische Eigenkapitalverzinsung abgezogen. Bei den sog. Dividendenbeteiligungen ist der ausgeschüttete Gewinn die Beteiligungsbasis.

Umstritten ist die Frage, ob die Arbeitnehmer auch am Verlust des Unternehmens zu beteiligen sind. Dem Argument, daß die Arbeitnehmer aus Paritätsgründen an Gewinn und Verlust partizipieren sollten, steht entgegen, daß sie in Verlustzeiten neben dem Arbeitsplatzrisiko noch ein zusätzliches Vermögensrisiko zu tragen hätten. Ein Kompromiß ist die Regelung, daß der Verlust des Unternehmens auf künftige Jahre vorgetragen wird und eine Erfolgsbeteiligung erst dann wieder erfolgt, wenn die aufgelaufenen Verluste durch Gewinne kompensiert worden sind.

2. Die Höhe der Gesamtausschüttung

Für die Bestimmung des Gewinnanteils, der als Erfolgsbeteiligung an die Arbeitnehmer ausgeschüttet werden soll, gibt es keine wissenschaftlich fundierte Methode, da die Zurechnung des wirtschaftlichen Erfolgs eines Unternehmens auf die Faktoren Arbeit und Kapital nicht verursachungsgerecht möglich ist. Man behilft sich häufig mit plausibel erscheinenden und leicht rechenbaren Verteilungsschlüsseln.

3. Die Individualquoten der Mitarbeiter

Die Quote der Erfolgsbeteiligung, die jeder Mitarbeiter erhält, kann nach drei Prinzipien ermittelt werden:

- Gleichheitsprinzip (jeder erhält den gleichen Betrag),
- Sozialprinzip (Alter, Familienstand, Kinderzahl werden berücksichtigt),
- Leistungsprinzip (Maßstab: Lohngruppe, Arbeitsplatzbewertung u.a.).

Am häufigsten wird in der Praxis das Leistungsprinzip als Maßstab genommen und die Erfolgsbeteiligung an die persönlichen Bezüge der Arbeitenden geknüpft. Da die Löhne und Gehälter auch soziale Bestandteile enthalten, sollte man besser von einer Kombination aus Leistungs- und Sozialprinzip sprechen.

4. Die Verwendung des Erfolgsanteils

Dieses letzte Element der Gestaltung beantwortet die Frage, ob die Erfolgsbeteiligung an die Arbeitenden ausgeschüttet oder im Unternehmen behalten, d.h. **investiert** wird. In der Praxis erhält die zweite Variante eindeutig den Vorzug. Bei Aktiengesellschaften steht die **Belegschaftsaktie** im Vordergrund, die den Erfolgsanteil des Arbeitnehmers in Eigenkapital überführt, während bei den übrigen Rechtsformen die Umwandlung der Erfolgsanteile in Mitarbeiter-Darlehen, also Fremdkapital, überwiegt.

c) Beispiele

Durch die Kombination der Gestaltungselemente läßt sich ein breites Spektrum von Erfolgsbeteiligungssystemen erzeugen, von denen einige Beispiele in Tab. 29 wiedergegeben sind.

Tab. 29 Erfolgsbeteiligungssysteme (Berthel, Personal-Management, 2. Aufl., 1989, S. 347 f.)

Firmendaten	Modellskizze	Modelldaten
Beispiel: **Siemens AG** Sitz: Berlin/München Branche: Elektroindustrie Umsatz: ca. 24 Mrd. DM Mitarbeiter: ca. 200000 (beides Inland) **Modelltyp: Belegschaftsaktie**	Seit 1969 gewährt die Siemens AG allen Mitarbeitern, nach 3monatiger Beschäftigungsdauer, die Möglichkeit, Inhaberaktien zum Nominalwert von DM 50 je Aktie zu erwerben (Kurswert ca. DM 400). Der Vorzugspreis pro Aktie betrug jeweils DM 156, wobei jeder berechtigte Mitarbeiter pro Angebot maximal bis zur vollen Ausschöpfung der Kursdifferenz (Börsenkurs ./. Kaufpreis) in Höhe von DM 300 Aktien erwerben konnte. Die Sperrfrist für die Weiterveräußerung beträgt 5 Jahre. Danach sind sie frei verkäuflich.	Ca. 120000 Belegschaftsaktionäre besitzen durchschnittlich 70-80 Aktien.
Beispiel: **Bertelsmann AG** Sitz: Gütersloh Branche: Medienkonzern Umsatz: ca. 3 Mrd. DM Mitarbeiter: ca. 17000 (beides Inland) **Modelltyp: Genußscheine**	Über eine investive Gewinnbeteiligung wahlweise zzgl. einer 25%-igen Eigenleistung werden Bertelsmann-Mitarbeiter seit 1970 am Unternehmenserfolg beteiligt. Seit 1981 sind die Anspruchsberechtigten über Genußscheine direkt an der Bertelsmann AG beteiligt. Die Genußscheine sind unkündbar, unterliegen einer bis zu 7jährigen Sperrfrist und sind dann an einer innerbetrieblichen Börse verkäuflich. Sie wurden bisher mit 12-15 % verzinst. Die Bertelsmann-Treuhand-Anlagegesellschaft übt die Rechte der Genußschein-Inhaber aus.	250 Mio. DM befinden sich in Händen von über 13000 Mitarbeitern. Der durchschnittliche Kapitalanteil des einzelnen Mitarbeiters beträgt DM 19000.

Tab. 29 (Fortsetzung)

Beispiel: **Rinn-Gruppe** Sitz: Gießen Branche: Blumenhandel Mitarbeiter: ca. 100 **Modelltyp:** **Indirekte stille Gesellschaft**	Die Rinn-Gruppe besteht aus 4 rechtlich selbständigen GmbHs. Seit 1983 können hauptsächlich vollzeitbeschäftigte Mitarbeiter mit mind. 12 Monaten Betriebszugehörigkeit über die RMG Rinn-Mitarbeiter-Gesellschaft mbH indirekte stille Gesellschafter aller 4 zur Rinn-Gruppe gehörenden Gesellschaften werden. Jeder Mitarbeiter konnte zu Beginn der Beteiligung Anteile zwischen DM 100 und DM 4600 zeichnen. Außer einer Grundprämie wurde eine 25%ige Anlageprämie gewährt. Die Anteile werden auf Basis der konsolidierten G+V-Rechnung im Rahmen einer Zinsstaffel zwischen -21% und +21% verzinst.	Von 46 zeichnungsberechtigten Mitarbeitern haben 35 Anteile in durchschnittlicher Höhe von DM 1100 (DM 800 Eigenanteil, DM 200 Anlageprämie, DM 100 Grundprämie) gezeichnet.
Beispiel: **Veyhl-Produktions KG** Sitz: Neuweiler/Calw Branche: Büroeinrichtungen Mitarbeiter: ca. 190 **Modelltyp:** **Direkte stille Beteiligung**	Seit 1980 können die Mitarbeiter der Veyhl-Produktions KG direkt Miteigentümer, Komplementär der Kommanditgesellschaft, werden. Je nach Hierarchiestufe konnten und können unterschiedliche viele Anteile (Nominalwert jeweils DM 500) erworben werden. In den Jahren 1980-81 mußten die Mitarbeiter DM 200 für jeden Anteil zahlen, seit 1982 sind es DM 250. Die Verzinsung der Anteile ist vom Jahresüberschuß abhängig. Bisher wurden 6-14% zugesprochen. Die Anteile unterliegen einer 10jährigen Sperrfrist.	Von 130 anspruchsberechtigten Mitarbeitern haben sich bisher 80 mit insgesamt 400 Anteilscheinen zu einem Nominalwert von DM 200000 beteiligt.
Beispiel: **Ernst Heinemann GmbH** Sitz: Köln Branche: Baugewerbe Umsatz: ca. 4 Mio. DM Mitarbeiter: 30-35 **Modelltyp:** **Darlehen**	Seit 1980 beteiligt die Heinemann GmbH ihre Mitarbeiter am Jahresüberschuß. Die Geschäftsleitung legt jährlich die Gesamtquote neu fest. Die Individualquoten werden als Darlehen auf 7 Jahre festgelegt und mit dem üblichen Zinssatz für Spareinlagen mit 4jähriger Kündigungsfrist verzinst. Bei einem Verlust kann der Zinssatz halbiert werden. Bei der Individualquotenberechnung wird zuerst 1/3 der Gesamtquote auf alle Anspruchsberechtigte zu gleichen Teilen verteilt. Die restlichen 2/3 werden nach der Entgelthöhe zugesprochen. Einem Mitarbeiter stehen 100% dieses Betrages zu, falls er außer an Urlaubstagen nie gefehlt hat. Fehlzeiten durch Krankheit, Kurzarbeit, Schlechtwetter u.a. verringern seine Ansprüche. Wochenend- und Nachtarbeit erhöhen sie.	Die durchschnittliche Erfolgsbeteiligung beträgt 8500,- DM pro Mitarbeiter (1982).

D. Flexible Arbeitszeitgestaltung

Außer den bisher dargestellten Problemkomplexen tritt seit der zweiten Hälfte der 80er Jahre eine personalwirtschaftliche Aufgabenstellung in den Vordergrund, die eine Folge der zunehmenden Ausstattung der Unternehmen mit **modernen Produktionstechnologien** und gleichzeitig ständiger **Arbeitszeitverkürzung** ist: die zeitliche Auslastung der kostspieligen Produktionsanlagen bei geringer Regelarbeitszeit.

Es sind Konzeptionen entwickelt worden, wie die Produktionsanlagen durch flexible Gestaltung der Arbeitszeit der Beschäftigten über die tarifliche Wochenarbeitszeit hinaus (z.B. an Wochenenden) genutzt werden können. Dies ist die Aufgabe des Zeitmanagements, dem wir uns nun zuwenden.

I. Grundlagen des Zeitmanagements

a) Arbeits- und Betriebszeit

Unter **Arbeitszeitgestaltung** versteht man im allgemeinen jede Entscheidung über Dauer und Lage der Arbeitszeit. Flexible Arbeitszeitgestaltung bedeutet demnach ganz allgemein jede Abweichung von der einheitlichen tariflichen Wochenarbeitszeit für Vollzeitbeschäftigte und von der gleichmäßigen Verteilung dieser tariflichen Wochenarbeitszeit auf die 5 Werktage von Montag bis Freitag (vgl. hierzu auch Schildknecht, Arbeitszeit 1986).

Alle Modelle der Arbeitszeitverteilung weisen die folgenden Grundelemente auf:

- ungleichmäßige Verteilung der Arbeitszeit innerhalb der Woche oder eines längeren Zeitraumes,
- Zeitausgleich durch freie Tage,
- versetzte Arbeitszeiten,
- Gleitzeitarbeit,
- Schichtsysteme.

Unter der **Arbeitszeit** verstehen wir allgemein die Zeit, während der sich der Arbeitnehmer zur Verfügung des Arbeitgebers zu halten hat (gem. § 2 AZO). Feste Arbeitszeiten sind starre Regelungen, auf die ein Arbeitnehmer keinen und ein Arbeitgeber nur in bestimmten Fällen Einfluß ausüben kann. Der Übergang zur flexiblen Arbeitszeit ist fließend und vollzieht sich bei der Anpassung des genormten **Arbeitszeitsvolumens** an Gegebenheiten wie Kurzarbeit oder Überstunden (chronometrische Arbeitszeitflexibilisierung). Eine andere Art der Flexibilisierung entsteht bei der Anpassung der **Verteilung** der **Arbeitszeit** an spezifische Gegebenheiten. Hierdurch kann es zu einer Veränderung des Arbeitsbeginns und /oder -endes kommen (chronologische Arbeitszeitflexibilisierung).

Gleitende Arbeitszeit findet statt, wenn der Beginn und das Ende der täglichen Arbeitszeit nicht mehr für alle Mitarbeiter starr vorgegeben sind. Hierbei kann jeder Arbeitnehmer innerhalb gewisser Grenzen den Beginn und das Ende seiner Arbeitszeit selbst bestimmen. Die Arbeitsmenge entspricht der Normalarbeitszeit (hierzu mehr bei Böckle, Produktionsbereich 1979, und Brunz/Wolter, Arbeitszeit 1988).

Nicht identisch mit der Arbeitszeit ist die **Betriebszeit**. Darunter versteht man die Zeit, in welcher der Betrieb zur Produktion bereitsteht bzw. produziert, einschließlich der Leerlaufdauer, der Pausen und Störungen, aber ausschließlich der Ruhezeiten, Stillegungszeiten und Streiks.

Die Festsetzung der Betriebszeit ist eine wirtschaftliche Entscheidung, die allein dem Arbeitgeber obliegt. Er kann die Betriebszeit ausdehnen, beibehalten und auch senken. Die Entscheidung des Arbeitgebers über die Dauer der Betriebszeit ist mitbestimmungsfrei und unterliegt grundsätzlich auch keinen sonstigen gesetzlichen oder tariflichen Beschränkungen.

Es ist nun das Ziel flexibler Arbeitszeitgestaltung, die Betriebszeit, die ein Maß für die Nutzung der Produktionsanlagen ist, auf (möglichst) sieben Wochentage auszudehnen und dies durch Verschieben der Arbeitszeit einzelner Beschäftigter zu ermöglichen. Dabei muß das Arbeitsvolumen unverändert bleiben.

b) Einbindung der flexiblen Arbeitszeit in das Zeitmanagement

Das Zeitmanagement, zu dem auch unmittelbar die Arbeitszeitgestaltung gehört, ist zu einem wichtigen Bereich des Personalmanagements geworden. Die Entwicklung der Arbeitszeitverkürzungen bei vollem Lohnausgleich, die seit 1984 tendenziell vonstatten geht, hatte zuerst Abwehrstrategien des Managements ausgelöst.
Doch diese Nichtrücksichtnahme auf die Interessen der Mitarbeiter und die Konzentration auf Kostensenkungspotentiale und Produktivitätsverbesserungen waren nicht sehr effektiv. Man begann aber bald, sich mit den kreativen Formen der flexiblen Arbeitszeit auseinanderzusetzen und aus der Abwehr- zu einer offensiven Strategie überzugehen.

Die Flexibilisierung wird mittlerweile als strategischer Erfolgsfaktor angesehen und trägt zur Lösung zeitbezogener betrieblicher Probleme bei. Die flexibel gestaltete Arbeitszeit erhält ihren Anreiz durch die individuelle und bedarfsorientierte Gestaltung. Sie ist nur dann erfolgreich, wenn eine Eingliederung in ein Anreizsystem der motivierenden Personalführung erfolgt.

Die Problematik entsteht bei der Einbindung der flexiblen Arbeitszeit in das Zeitmanagement eines Betriebes, das sich mit der Gesamtkoordination der zeitlichen Probleme aller betrieblichen Bereiche befaßt. Hier müssen sowohl Arbeitszeiten aus dem Bereich der Mitarbeiter als auch produktionsorganisatorische Zeitplanungen koordiniert werden. Als Beispiel für letzteres kann die Verringerung der Durchlaufzeiten (z.B. durch den Einsatz von CIM) oder die Reduktion der Stillstands- und Rüstzeiten genannt werden.

Diese Art von Koordination wird **Zeitcontrolling** genannt und erhält auch in bezug auf die strategische Einbindung der flexiblen Arbeitszeitgestaltung einen hohen Stellenwert innerhalb der Unternehmenspolitik.

II. Die Einführung der flexiblen Arbeitszeit

a) Vorteile der flexiblen Arbeitszeit

Flexible Arbeitszeitsysteme geben dem Arbeitnehmer Mitwirkungs- und Mitentscheidungsmöglichkeiten im betrieblichen Ablauf und berücksichtigen durch die Options- und Wahlmöglichkeiten eines jeden einzelnen Arbeitnehmers ein Eingehen auf die **persönliche Zeitpräferenzstruktur**.

Da die individuelle Arbeitszeit eines jeden Arbeitnehmers einer mit den Jahren ständigen Verkürzung unterliegt, würden ohne den Einsatz von flexiblen Arbeitszeitmodellen in den Betrieben erhebliche Probleme bei der Auslastung der Produktionsanlagen entstehen.

Die Arbeitgeber fordern immer häufiger eine individuelle Kompetenz über die Betriebszeit von Arbeitsplätzen. Dies geschieht aus dem Bestreben heraus, die Betriebszeiten auszuweiten oder sich einem schwankenden Arbeitsanfall im Zeitablauf anzupassen. Als Gründe können hier z.B. genannt werden:

- Ausdehnung der Betriebszeit an kapitalintensiven Anlagen und Einrichtungen mit dem Ziel, die Fixkosten pro Stück zu vermindern,
- Anpassung der Arbeitszeit an einen langzyklisch schwankenden Arbeitsanfall,
- vorübergehende oder dauernde Ausweitung der Betriebszeit infolge von vorübergehenden oder dauernden Nachfragesteigerungen,
- Verbesserung der Ablauforganisation (z.B. Verkürzung von Durchlauf- und Liegezeiten).

Auch energiewirtschaftliche Restriktionen lassen sich mittels eines geeigneten Zeitmanagements besser bewältigen. Spitzenzeiten können beseitigt, Raum-Zeit-Interdependenzen (räumliche Restriktionen) berücksichtigt werden.

Die Präferenzstrukturen der Erwerbstätigen wandeln sich im Laufe der Zeit im Hinblick auf Einkommen, Arbeits- und Freizeit. Es wird von Arbeitnehmerseite eine bessere Vereinbarkeit der verschiedenen Lebensbereiche gefordert, und die flexible Arbeitzeit wird als eine familienfreundlichere Arbeitszeitregelung angesehen.

Der Betrieb erzielt durch die Berücksichtigung der persönlichen Arbeitszeitwünsche eine Reduzierung von Fehlzeiten und Fluktuation sowie eine Verbesserung der Motivation der Beschäftigten.

Somit kann über eine Erweiterung der individuellen Kompetenzen sowohl der Arbeitnehmer als auch der Arbeitgeber über die Arbeits- bzw. Betriebszeit (Zeitsouveränität) ein gewisser Ausgleich zwischen den z.T. konträren Interessenlagen geschaffen werden.

b) Voraussetzungen im Betrieb

Zur Einsetzung von flexiblen Arbeitszeitmodellen in der Praxis müssen bestimmte Voraussetzungen in den Betrieben gegeben sein. So muß der einzelne Arbeitsplatz von einem individuellen Arbeitnehmer und auch vom betrieblichen Material- und Informationsfluß für eine bestimmte Zeit unabhängig sein.

Die feste Zuordnung von Aufgaben oder Stellen zu Personen wird aufgelöst. Dies bedeutet für viele Unternehmen eine Reorganisation der Stellenaufgaben, wodurch sowohl eine Teilbarkeit von Aufgaben als auch eine Umverteilung auf andere Stellen bewirkt werden kann.

Weiterhin müssen in jedem Unternehmen, welches sich mit dem Gedanken der Flexibilisierung der Arbeitszeit beschäftigt, die arbeitsrechtlichen Regelungen, der relevante Tarifvertrag, das Mitbestimmungsrecht des Betriebsrates sowie der Nutzen (einschließlich Vergütungen) für den einzelnen Mitarbeiter berücksichtigt werden.

Sehr wichtig ist eine detaillierte Nutzen-Kosten-Analyse der flexiblen Arbeitszeit für das Unternehmen, um eine fundierte Grundlage für die Entscheidung über die Einführung eines solchen Arbeitszeitmodells zu haben. Eine solche Nutzen-Kosten-Analyse wirft jedoch erhebliche Probleme auf, da bei einer ex-ante Betrachtung die einzelnen Indikatoren mit ihren Auswirkungen nur sehr schwer zuzuordnen und zu quantifizieren sind.

c) Flexibilisierungskonzeptionen

Ein Flexibilisierungskonzept sollte die Größe des Unternehmens, welches diese Form der Arbeitszeit-Strategie anwenden möchte, in Betracht ziehen. Man kann nicht generell vorhersagen, bei welcher Unternehmensgröße sich ein solches Konzept dazu eignet, Vorteile für Arbeitnehmer und Arbeitgeber zu erzielen. Größere Unternehmen haben den Vorteil, aufgrund ihrer Mitarbeiterzahl kompliziertere Arbeitszeitmodelle entwickeln und betreuen zu können. Bei kleineren Unternehmen liegt der Vorteil in der Überschaubarkeit der Mitarbeiterzahl und auch der Unternehmensvorgänge, so daß ein Betriebsinhaber auf eventuelle Engpässe im Bereich der Arbeitszeit schneller und gezielter reagieren kann. Bestimmte Modelle der Arbeitszeitregelung (wie z.B. bestimmte Schichtlösungen) sind eher für Großbetriebe geeignet, da eine Mehrfachbesetzung an gleichartigen Arbeitsplätzen hierfür Voraussetzung ist. In Kleinbetrieben lassen sich die gleichen Ergebnisse aber mit anderen Arbeitszeitmodellen (z.B. versetzte Arbeitszeiten, Teilzeitarbeit) in gewissem Grade auch erreichen.

Häufig wird eine flexible Arbeitszeitkonzeption auch nur für bestimmte Unternehmensbereiche eingeführt und steht somit als "Insellösung" nur für eine kleine Einheit im Unternehmen zur Verfügung. Dies ist dann zu empfehlen, wenn die Organisationsstruktur so komplex ist, daß generelle arbeitszeitliche Regelungen für das Gesamtunternehmen zu differenziert sein müssen, um erfolgreich angewendet werden zu können.

Fallstudien zur Untersuchung von Praktikabilität und Effektivität von flexiblen Arbeitszeiten haben gezeigt, daß sich die Modelle wenig für eine pauschale Beurteilung eignen. Positive und negative Folgewirkungen für die Betriebe und für die Arbeitnehmer müssen anhand der konkreten Umstände des Einzelfalles gewürdigt werden. Dies soll an folgendem Beispiel verdeutlicht werden.

III. Modell der Arbeitszeitflexibilisierung in einem Unternehmen der Zigarettenindustrie

Betrachtet wird eine Zigarettenfabrik mit etwa 1000 Mitarbeitern, darunter 500 in der Produktion. Im Durchschnitt werden täglich etwa 120 Mio. Zigaretten hergestellt. Der Zigarettenabsatz unterliegt jedoch deutlichen saisonalen Schwankungen. Da die Lagerung von Zwischenprodukten wegen des gering dimensionierten Zwischenlagers nur begrenzt möglich und die Lagerung von Fertigprodukten aufgrund der hohen Kapitalbindung - mit Fertigstellung ist die Tabaksteuer zu entrichten - nicht sinnvoll ist, muß die Produktion an die Absatzschwankungen angepaßt werden. Zu diesem Zweck soll ein **flexibles Arbeitszeitmodell** eingeführt werden. Dabei sind das geltende Arbeitsrecht und der gültige Manteltarifvertrag zu beachten.

Die **bisherige „starre" Arbeitszeitregelung** sah wie folgt aus: wöchentliche Arbeitszeit von 40 Stunden, verteilt auf fünf Arbeitstage (ohne Samstag und Sonntag); Fertigung im Zweischichtbetrieb: **Frühschicht** von 6.00 bis 14.30 (einschließlich 30 Minuten Pause), **Spätschicht** (einschl. Pause) von 14.30 bis 23.00 Uhr. Die Mehrarbeit gegenüber der tariflich vereinbarten wöchentlichen Regelarbeitszeit von 37 Stunden führte bisher zu jährlich 18 „Verfügungstagen" (= Mehrurlaub), die in auftragsschwachen Zeiten genommen werden mußten.

Die Anpassung der Produktion an Nachfragespitzen erfolgte durch Überstunden, ggf. auch durch die befristete Einstellung von Aushilfskräften.

Die **neue, „flexible" Arbeitszeitregelung**, die auf Wunsch der Belegschaft und des Betriebsrats eingeführt wurde, sieht die Einhaltung der tariflichen Arbeitszeit von 7,4 Std./Arbeitstag bzw. 37 Stunden/Woche **im Jahresdurchschnitt** vor. Die tatsächlich geleistete Wochenarbeitszeit ist aber variabel und wird durch die Einführung sogenannter „Zeitkonten" überwacht. Da die Frühschicht unverändert bleibt und das Wochenende nach wie vor **nicht** in die Arbeitszeit einbezogen werden soll, konzentriert sich der Flexibilitätsspielraum auf die **Spätschicht**, die je nach Auftragslage

- voll gefahren wird (14.30 - 23.00),
- verkürzt gefahren wird (Schichtende bereits um 21.30) oder
- an Freitagen ganz entfällt.

Der Ausfall einer Freitags-Spätschicht muß von der Geschäftsleitung zwei Wochen im voraus, die Verkürzung einer Spätschicht eine Woche im voraus angekündigt werden. Der zeitliche Dispositionsspielraum ist in Abbildung 59 noch einmal graphisch veranschaulicht:

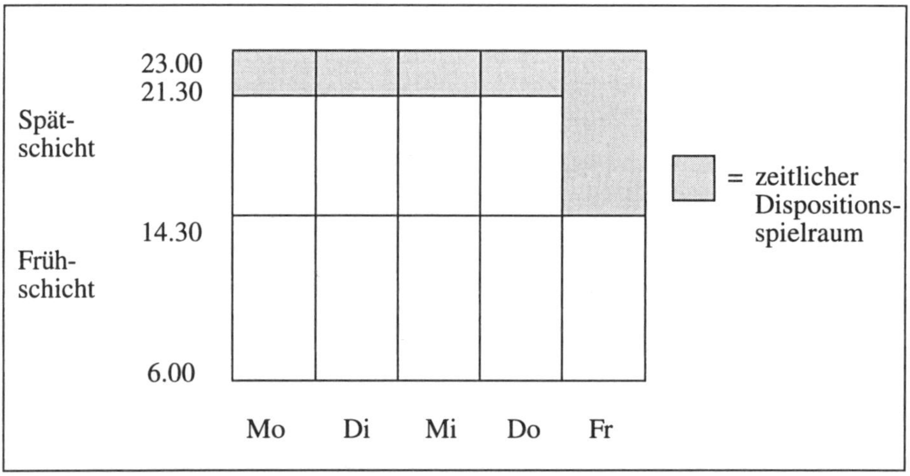

Abb. 59 Schichtanordnung in einer Zigarettenfabrik

Die Auswirkungen, die sich je nach Beschäftigungslage sowohl für die in der Spätschicht arbeitenden **Arbeitnehmer** (Veränderungen im jeweiligen „Zeitkonto") als auch für die wöchentliche **Betriebszeit des Werkes** ergeben, sind in der folgenden Tabelle zusammengefaßt:

Tab. 30 Flexible Arbeitszeit in Abhängigkeit vom Auftragsvolumen

	Arbeitnehmer **Veränderungen im Zeitkonto**	**Gesamtbetrieb** **Wöchentliche Betriebszeit**
1. hohes Auftrags-volumen	• volle Spätschicht (14.30 - 23.00) • Arbeitszeit: 8 Std. netto pro Tag • wöchentliche Arbeitszeit: 8 Std. x 5 Tage = 40 Std./Woche • Zeitkonto: 40 Std. - 37 Std. tarifliche Arbeitszeit = + 3 Std.	• Frühschicht und lange Spätschicht (mit Freitags-Spätschicht) • Frühschicht: 8 x 5 = 40 Std./Woche • Spätschicht: 8 x 5 = 40 Std./Woche • Gesamt: 80 Std./Woche (= 100% Kapazitätsauslastung)
2. mittleres Auftrags-volumen	• volle Spätschicht (14.30 - 23.00), aber: ohne Freitags-Spätschichten • Arbeitszeit: 8 Std. netto pro Tag • wöchentliche Arbeitszeit: 8 Std. x 4 Tage = 32 Std. - 37 Std. = - 5 Std.	• Frühschicht und lange Spätschicht (ohne Freitags-Spätschicht) • Frühschicht: 8 x 5 = 40 Std./Woche • Spätschicht: 8 x 4 = 32 Std./Woche • Gesamt: 72 Std./Woche (= 90% Kapazitätsauslastung)
3. geringes Auftrags-volumen	• kurze Spätschicht (14.30 - 21.30) • ohne Freitags-Spätschicht • Arbeitszeit: 6,5 Std. netto pro Tag • wöchentliche Arbeitszeit: 6,5 Std. x 4 Tage = 26 Std./Woche • Zeitkonto: 26 Std. - 37 Std. = - 11 Std.	• Frühschicht und kurze Spätschicht (ohne Freitags-Spätschicht) • Frühschicht: 8 x 5 = 40 Std./Woche • Spätschicht: 6,5 x 4 = 26 Std./Woche • Gesamt: 66 Std./Woche (= 82,5% Kapazitätsauslastung)

Da die Zigarettennachfrage zu Beginn eines Jahres üblicherweise relativ gering ist (Auswirkung der „guten Vorsätze“, das Rauchen aufzugeben), sich aber im Februar und besonders im März wieder belebt, werden auf Basis des flexiblen Arbeitszeitmodells für das erste Quartal eines Geschäftsjahres die in Abb. 60 dargestellten Spätschicht-Pläne erstellt (graue Flächen = keine Arbeitszeit).

Der **Vorteil** des flexiblen Arbeitszeitsystems für die **Arbeitnehmer** liegt darin, daß die Wochenenden „arbeitsfrei“ bleiben, größere Freizeitblöcke zur Verfügung stehen und die Spätschicht nach Bedarf verkürzt werden kann. Allerdings können die Arbeitnehmer über die Lage der freien Tage nicht autonom entscheiden. Auch entfällt die Möglichkeit, durch Überstunden phasenweise mehr zu verdienen.

Die **Vorteile für den Betrieb** lassen sich wie folgt zusammenfassen:

- Anpassung der Betriebszeit an die Auftragslage,
- Kosteneinsparungen durch Vermeidung von Überstunden,
- Vermeidung der Kosten für das Einstellen und Anlernen von Aushilfskräften,
- höhere Produktivität (höhere Arbeitsmotivation, weniger Fehlzeiten).

Mögliche Nachteile liegen allenfalls in den relativ langen Ankündigungsfristen bei Veränderung der Schichtzeiten und im Einrichten und Verwalten der Zeitkonten für das Schichtpersonal. **Insgesamt gesehen** war jedoch sowohl von der Belegschaft und dem Betriebsrat als auch von der Geschäftsleitung die Resonanz auf das neue Arbeitszeitmodell **positiv**.

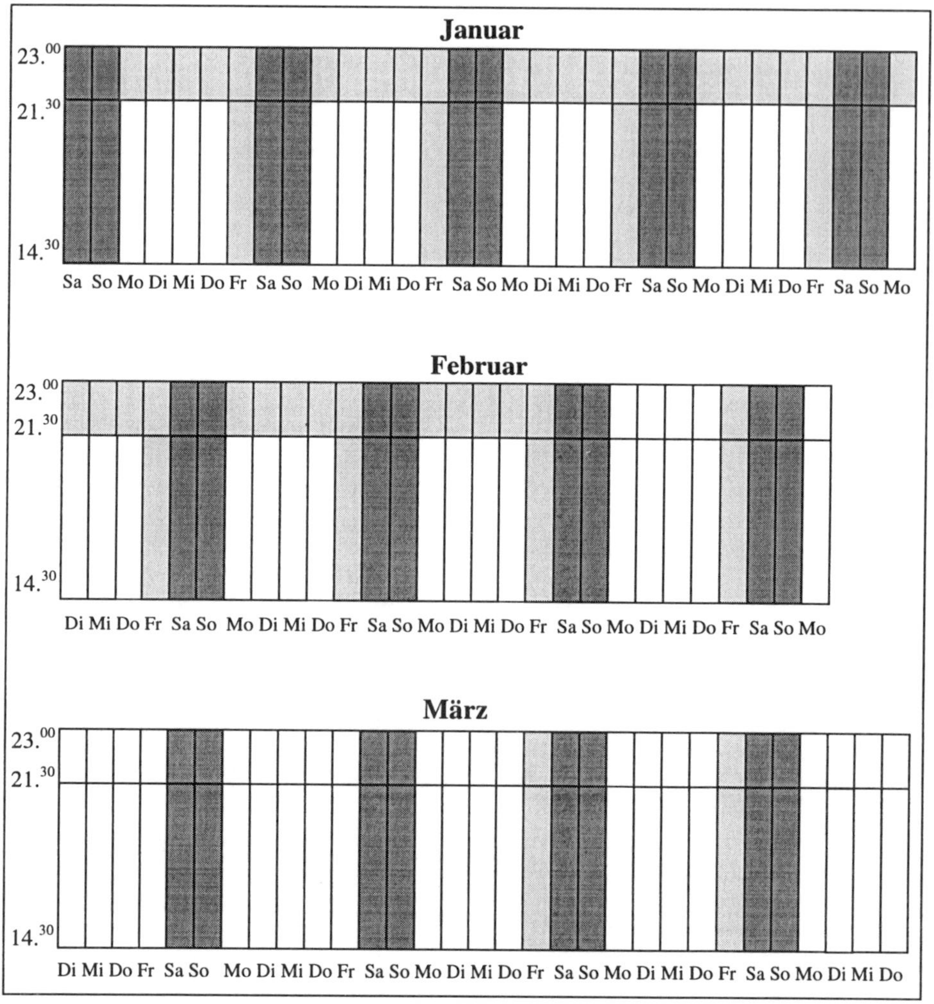

Abb. 60 Einsatz der Spätschicht im 1. Quartal (Beispiel)

7. Kapitel: Strategische Organisationsentscheidungen

In den vorigen Kapiteln wurden die Komponenten des strategischen Managements: **Produktionsprogramm, Produktionstechnologie** und **Personalmanagement** als praktische Verkörperung der Produktionsfunktion eines Industriebetriebes dargestellt. Die Elemente der Produktionsfunktion: Produkt und Produktionsfaktoren müssen jedoch miteinander verknüpft und auf das Zielsystem des Unternehmens ausgerichtet werden. Dies ist die Aufgabe der **Organisation** als der Gestaltungsfunktion des Aufbaus und des Ablaufs der Unternehmensprozesse. Die strategischen Aspekte der Organisation sind Gegenstand dieses Kapitels, wobei nicht beabsichtigt ist, die Gesamtheit der Erkenntnisse der betriebswirtschaftlichen Organisationslehre wiederzugeben. Dies muß den speziellen Organisations-Lehrbüchern (z.B. Frese, Organisation 1993, Kieser/Kubicek, Organisation 1992, Milgrom/Roberts, Organization 1992) vorbehalten bleiben.

A. Die Organisationsstruktur

I. Grundlagen

a) Der Organisationsbegriff

Etymologisch geht der Begriff „Organisation" auf das griechische Wort órganon (= Werkzeug, Instrument, Organ) zurück und bedeutet „Zusammenführung von Organen zu einem lebensfähigen Ganzen." In betriebswirtschaftlicher Sicht ist damit die **Verknüpfung** der Produktionsfaktoren zu einem zielgerichteten System gemeint, das in der Lage ist, Produktionsprogramme zu realisieren. Bezieht man sich auf die **Tätigkeit** des „Verknüpfens", so folgt daraus der **instrumentelle** Organisationsbegriff (das Organisieren), betrachtet man dagegen das **Ergebnis** des „Verknüpfens", so entsteht der **institutionelle** Organisationsbegriff (das organisierte System).

b) Merkmale von Organisationen

Über die Definition hinaus haben Kieser und Kubicek Merkmale erarbeitet, die jede Organisation aufweist und die daher zu einer weiteren inhaltlichen Charakterisierung solcher Systeme dienen können.

Organisationen sind danach soziale Gebilde, die

- auf **Dauer** angelegt sind,
- **Ziele** verfolgen,
- **Mitglieder** haben, deren **Aktivitäten** auf die Ziele auszurichten sind, und
- eine formale **Struktur** aufweisen (Kieser/Kubicek, Organisation 1992, S. 4).

Zum Inhalt der Merkmale sind folgende Hinweise angebracht:

Da jede Organisation von Menschen gestaltet wird, die individuelle Ziele verfolgen, müssen diese Ziele nach festgelegten Regeln in ein konsistentes

Zielsystem der Organisation transformiert werden. Welche individuellen Ziele sich dabei stärker durchsetzen, hängt von der Machtposition der Beteiligten und den angewandten Regeln (Einstimmigkeit, Mehrheitsentscheidung usw.) ab.

Die Organisation nimmt durch Vertrag **Mitglieder** auf, die bestimmten Anforderungen genügen müssen (z.B. Arbeitseinsatz) und Rechte erhalten (z.B. Entgeltsanspruch).

Die **formale Struktur** einer Organisation ist das Gesamtwerk von Regeln, durch die das Zusammenwirken der Organisationsmitglieder und ihre Ausrichtung auf das Zielsystem der Organisation gesteuert wird. Im nächsten Abschnitt werden die Elemente der formalen Organisationsstruktur näher analysiert.

II. Die Elemente der Organisationsstruktur

Die Regeln, die die formale Struktur einer Organisation beschreiben, können in drei Gruppen untergliedert werden:

- Arbeitsteilung,
- Koordination,
- Kompetenzverteilung.

Diese Elemente erlauben es, das äußere Gefüge und die ablaufenden Prozesse einer Organisation hinreichend genau darzustellen.

a) Arbeitsteilung

Die Mitglieder einer Organisation arbeiten gemeinsam an Aufgaben, die der Erfüllung des Organisationszieles dienen. In erwerbswirtschaftlichen Organisationen (= Unternehmen) bestehen diese Aufgaben in der Beschaffung der Produktionsfaktoren, der Produktion von Gütern bzw. Dienstleistungen und in der Vermarktung dieser Leistungen mit dem Ziel der Gewinnerzielung. Schon Adam Smith hat 1776 gezeigt, daß die Produktivität der Arbeit - und damit der Gewinn - steigt, wenn die Mitglieder der Organisation die Aufgaben untereinander aufteilen und sich auf Teilaufgaben **spezialisieren**. Die Arbeitsteilung und die damit verbundene Spezialisierung ist auch heute noch ein Merkmal jeder Organisation und damit ein wichtiges Element ihrer formalen Struktur.

Bei der Diskussion der **Erfahrungskurve** (S. 109) wurde deutlich, daß durch **wiederholte** Erfüllung einer Teilaufgabe ein Lerneffekt wirksam wird, der zu höherer Geschicklichkeit, kürzerer Ausführungszeit und damit steigender Produktivität führt.

Diese Vorteile der Arbeitsteilung stoßen natürlich an Grenzen, wenn die Arbeit durch überhöhte Spezialisierung zu monoton wird und von den Organisationsmitgliedern nur widerwillig oder lustlos, mit der Folge sinkender Qualität, durchgeführt wird. Das **Ausmaß** der Spezialisierung muß daher immer wieder überdacht werden, während die Arbeitsteilung an sich als Grundelement der Organisationsstruktur unstrittig ist.

Die Regeln für die formale Organisationsstruktur legen fest, wie die Gesamtaufgabe im Wege der Arbeitsteilung in Teilaufgaben zerlegt wird. Jede so definierte Teilaufgabe ist eine **Stelle**, die einem Mitglied der Organisation auf Dauer oder vorübergehend (z.B. beim Projektmanagement) übertragen wird.

Durch Zusammenfassung von Stellen mit **gleichartigen** Aufgaben entsteht eine **Abteilung**, an deren Spitze eine Stelle besonderer Art angesiedelt wird, die sich durch

- Entscheidungs- und Weisungsbefugnis und
- Verantwortung für die Abteilung

auszeichnet. Diese Stelle nennt man **Instanz**.

Größere Organisationen erfordern zusätzlich die Zusammenfassung von Abteilungen zu **Hauptabteilungen**, die ihrerseits zu **Bereichen** integriert werden können. Auf diese Weise entsteht eine **Hierarchie**, die das typische Kennzeichen von Unternehmen ist. Abb. 61 zeigt diese hierarchische Organisationsstruktur.

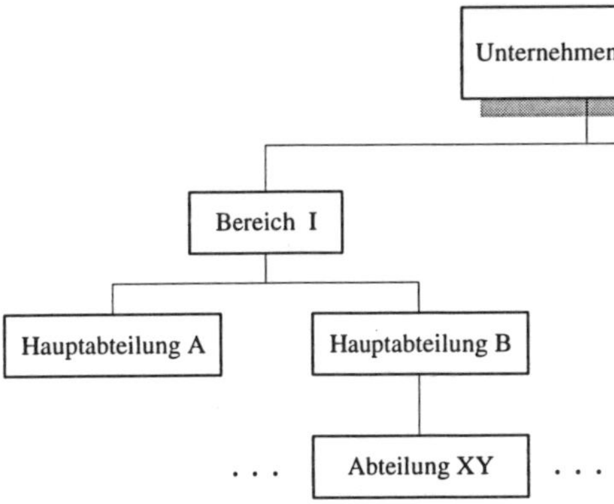

Abb. 61 Unternehmenshierarchie

Die Gliederung der Organisation in Abteilungen und Bereiche, d.h. die Zerlegung der Gesamtaufgabe des Unternehmens, kann **inhaltlich** nach verschiedenen Gesichtspunkten vorgenommen werden. Die bekanntesten Prinzipien der Abteilungsbildung sind

- das **Verrichtungsprinzip** und
- das **Objektprinzip**.

Beim Verrichtungsprinzip werden die Stellen zusammengefaßt, die ähnliche **Funktionen** (= Verrichtungen) ausüben, z.B. Marketingaktivitäten für alle angebotenen Produkte. Im Gegensatz dazu stehen bei der Objektgliederung **Produkt-** oder **Dienstleistungsgruppen** im Vordergrund. Hier werden alle Stellen zusammengefaßt, die in der Herstellung **und** dem Vertrieb einer Produktgruppe (z.B. Medizintechnik bei der Siemens AG) mitwirken. Die Abb. 62 und 63 zeigen Beispiele für die beiden Prinzipien der Abteilungsbildung:

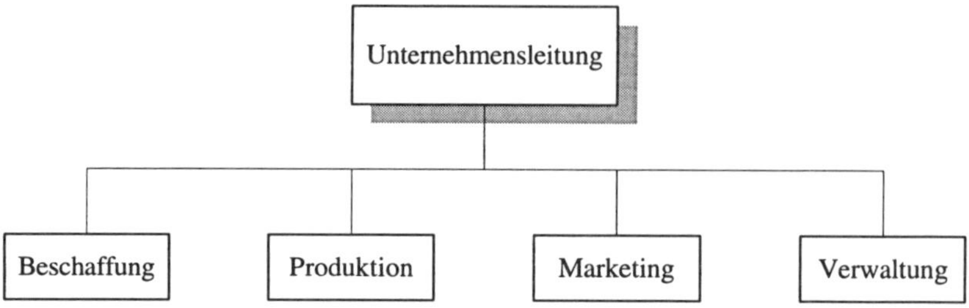

Abb. 62 Gliederung nach Funktionen

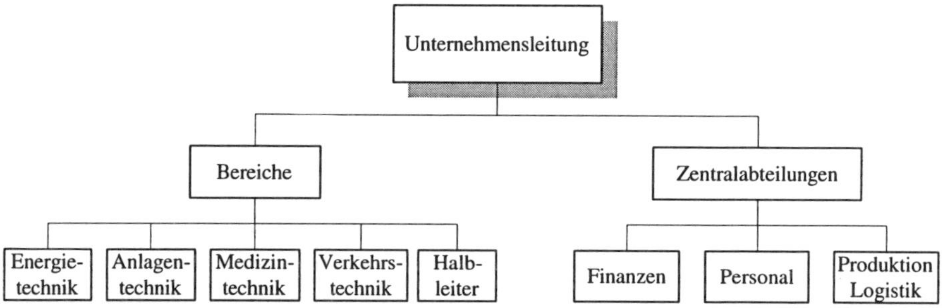

Abb. 63 Gliederung nach Produktgruppen in Anlehnung an: Siemens AG Geschäftsbericht 1992

Neben diesen beiden Prinzipien der Abteilungsbildung sind weitere Kriterien denkbar, wie z.B. die Gliederung der Hapag Lloyd AG, Hamburg, nach **Erdteilen** (Hapag Lloyd AG, Geschäftsbericht 1995). Andere Unternehmen gliedern nach regionalen oder nationalen Kriterien.

Betrachtet man die organisatorische Gestaltung der größeren Unternehmen in den letzten 20 Jahren, so läßt sich eine Tendenz in der Abteilungsbildung zugunsten des **Objektprinzips** feststellen, wobei auf manchen Hierarchieebenen durchaus das Verrichtungsprinzip angewandt wird. Eine generelle Aussage über die „Optimalität" der Prinzipien ist nicht möglich, so daß für jede Organisation individuell analysiert werden muß, nach welchen Gesichtspunkten die Gesamtaufgabe in Teilaufgaben untergliedert und die Abteilungsbildung vorgenommen werden soll. Das Ergebnis dieser Analyse hängt u.a. von Bestimmungsfaktoren ab, die in Abschnitt III (S. 211 ff.) vorgestellt werden.

b) Koordination

Die Gliederung der Gesamtaufgabe des Unternehmens in Teilaufgaben und deren Durchführung im Wege der **Arbeitsteilung** führt nur dann zu einer hohen Produktivität, wenn die Organisationsmitglieder, die die Teilaufgaben bearbeiten, so auf das Zielsystem des Unternehmens **ausgerichtet** sind, daß die Ergebnisse der Teilaufgaben in der richtigen Weise zu einem Gesamtergebnis zusammengesetzt, d.h. **integriert** werden können. Diese Integration der dezentralen Arbeitsleistung ist Aufgabe der **Koordination**, dem zweiten Hauptelement der Organisationsstruktur.

Die Koordination der Stellen und Abteilungen sowie der dort zu leistenden Arbeit kann mit verschiedenen **Koordinationsmechanismen** erreicht werden (Kieser/Kubicek, Organisation 1992, S. 103):

- Koordination durch persönliche Weisungen,
- Koordination durch Selbstabstimmung,
- Koordination durch schriftliche Verfahrensrichtlinien,
- Koordination durch Planung.

Die **persönliche Weisung** ist die traditionelle Form der Koordination, die eine Instanz gegenüber den ihr unterstellten Organisationsmitgliedern ausübt. Bei Koordinationsproblemen zwischen gleichberechtigten Instanzen koordiniert die übergeordnete Instanz ebenfalls durch persönliche Weisung. Hieraus ergibt sich ein möglicher Nachteil dieses Koordinationsmechanismus bei Unternehmen mit vielen Hierarchieebenen: Der „Instanzenzug“ (Dienstweg) ist lang und die Koordination wird **zeitaufwendig.**

Dies kann bei der Koordination durch **Selbstabstimmung** vermieden werden. Durch Bildung von **Koordinations-Ausschüssen** innerhalb oder zwischen Abteilungen wird versucht, das Koordinationsproblem auf der gleichen Hierarchieebene zu lösen, ohne daß Instanzen höherer Ebenen eingreifen müssen. Dieses Vorgehen verkürzt den Dienstweg und damit die „Koordinationszeit“ erheblich, kann aber andererseits durch langwierige Diskussionen oder gar Entscheidungsunfähigkeit der Ausschüsse zu einer ineffizienten Koordination führen.

Diesen kommunikativen Koordinationsmechanismen stehen die formalen und daher häufig etwas starren Mechanismen gegenüber. Bei der Koordination durch **schriftliche Verfahrensrichtlinien** wird z.B. der Ablauf einer Investitionsentscheidung wie folgt schriftlich festgelegt:

Der Investitionsantrag wird in der Produktionsabteilung formuliert und begründet. In der Investitionsabteilung werden die relevanten Daten (Kosten- und Erlösgrößen, Laufzeit) geprüft und evtl. weitere Informationen aus dem Vertriebs- und Finanzbereich eingeholt. Anschließend berechnet die Investitionsabteilung die Zahlungsreihe des Investitionsprojekts sowie den Kapitalwert, den internen Zins und die Amortisationsperiode und legt den Antrag mit einer eigenen Stellungnahme dem Vorstand vor.

Dieser Koordinationsmechanismus funktioniert gut in typischen und sich wiederholenden Entscheidungssituationen. Er ist nicht effizient bei neuartigen Koordinationsproblemen, wie z.B. Produktinnovationen, und in Situationen, die durch häufige Störungen des normalen Ablaufs, wie z.B. in der Produktionssteuerung, gekennzeichnet sind.

Die Koordination durch **Planung** beruht nicht auf starren Verfahrensrichtlinien im Einzelfall, sondern auf **grundsätzlichen Regelungen**, die für die verschiedenen Situationen konkretisiert werden. Das System der **Produktionsplanung und -steuerung** (PPS) (vgl. 8. Kapital, S. 256 ff.) ist ein eminentes Beispiel für die Koordination durch Planung. Ein PPS-System umfaßt die gesamte logistische Kette von der Beschaffung bis zum Vertrieb und kann prinzipiell in jedem Industriebetrieb eingesetzt werden. Die einzelnen **Planwerte**, wie Produduktionsprogramm, Materialbedarf, Kapazitätsbeanspruchung und Belegungszeiten, werden jedoch individuell nach den Erfordernissen des Marktes und dem unternehmerischen Zielsystem festgelegt oder davon abgeleitet.

Neben diesen in der Praxis sehr wichtigen Koordinationsmechanismen gibt es auch eine Koordination über **interne Lenk-** bzw. **Verrechnungspreise**, wobei versucht wird, den Angebots- und Nachfragemechanismus von Märkten innerhalb des Unternehmens zur Koordination zu nutzen, und die Koordination durch **Unternehmenskultur** (vgl. 3. Kapitel, S. 33), bei der die Organisationsmitglieder durch verbindliche Normen so aufeinander abgestimmt werden, daß ein weiterer Koordinationsmechanismus überflüssig wird. Für weitere Einzelheiten hierzu sei auf die Literatur verwiesen (z.B. Kieser/Kubicek, Organisation 1992, S. 118 ff.).

c) Leitung und Kompetenzverteilung

Das Leitungssystem einer Organisation kann graphisch durch **Organigramme** dargestellt werden, die die Verteilung der Kompetenzen und die Weisungsbeziehungen zwischen den Instanzen der einzelnen Hierarchieebenen widerspiegeln.

Beruhend auf dem Gedanken, daß die Verantwortung auf allen Ebenen möglichst klar und eindeutig geregelt werden und eine Instanz nur Weisungen von **einer** anderen Instanz entgegenehmen sollte, entwickelte sich Ende letzten Jahrhunderts das **Einliniensystem** als traditionelles Leitungssystem.

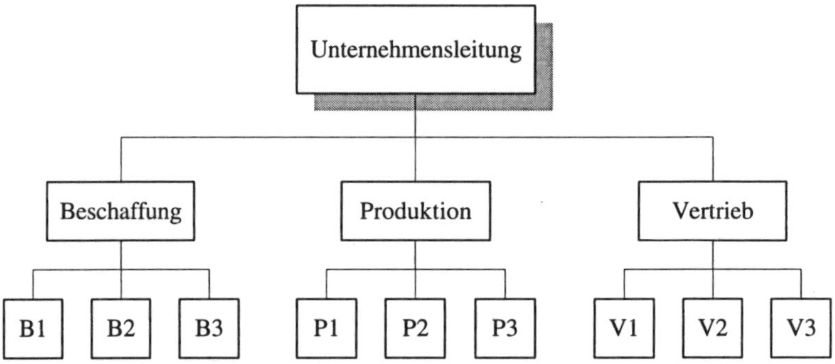

Abb. 64 Einliniensystem

Dem Vorteil der Eindeutigkeit der Kompetenzverteilung und Unterstellung steht in diesem System der lange Instanzenzug gegenüber. Hat die Vertriebsabteilung V1 ein Koordinationsproblem mit der Produktionsabteilung P3, so kann ein möglicher Konflikt nur über die Unternehmensleitung gelöst werden, was mühsam und zeitaufwendig ist.

Um diesen Nachteil zu vermeiden, hat **Taylor** 1911 das **Mehrlinien-** oder **Funktionsmeistersystem** vorgeschlagen.

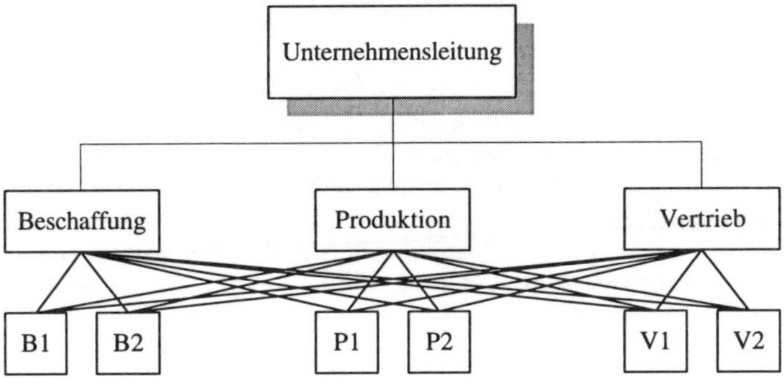

Abb. 65 Mehrliniensystem

Hier sind die Abteilungen der dritten Hierarchieebene (B1, B2, ..., V2) gleichzeitig **drei** Instanzen der zweiten Hierarchieebene unterstellt. Damit wollte Taylor die Sachkenntnis dieser Instanzen besser nutzen und darüber hinaus einen kürzeren Instanzenweg realisieren. Es liegt aber auf der Hand, daß diese Vorteile mit der nicht mehr eindeutigen Zuordnung der Verantwortung und mit der Gefahr von Kompetenzstreitigkeiten erkauft werden müssen.

Da weder das Ein- noch das Mehrliniensystem als „optimal" anzusehen ist, sind im Laufe der Zeit Modifikationen entwickelt worden, die die Vorteile beider Systeme verbinden sollen:

- das Stab-Linien-System,
- das Produktmanagement,
- das Projektmanagement.

Im **Stab-Linien-System** werden den Instanzen Stellen ohne Weisungsbefugnis zugeordnet, die vor allem Informations- und Entscheidungsvorbereitungsaufgaben erfüllen. So informiert die **Marktforschungsabteilung** die Instanz **Vertrieb** über die möglichen Auswirkungen von Nachfrageveränderungen oder Maßnahmen der Konkurrenz auf den eigenen Absatz, ohne selbst Marketing-Entscheidungen zu treffen. Zur Erfüllung dieser Aufgabe darf sie auch Informationen (z.B. Produktions- und Kostendaten) von anderen Abteilungen des Unternehmens einholen. Damit ist die Marktforschung eine typische **Stabsstelle**, die in eindeutiger Verantwortung der Instanz Vertrieb zugeordnet ist, aber die Sachkenntnis anderer Instanzen zur Informationsbeschaffung und -bewertung direkt nutzen kann.

Mit Hilfe der Stäbe wird also versucht, das schwerfällige Einliniensystem zu überwinden, ohne die Eindeutigkeit der Weisungsbefugnis aufzugeben.

Eine Weiterentwicklung in Richtung einer **verteilten** Verantwortung und Auflockerung der Verrichtungsgliederung ist das **Produktmanagement**. Man erkannte insbesondere bei großen Unternehmen mit breit gefächertem Produktionsprogramm, daß die Abteilungsbildung nach dem Verrichtungsprinzip (Beschaffung, Produktion, Vertrieb usw.) nicht in der Lage war, die spezifischen Probleme der einzelnen Produkte angemessen zu lösen. Demgegenüber kann ein Produktmanager, der nur für eine Produktgruppe verantwortlich ist, die spezifischen Marktgegebenheiten auf der

Vertriebs- und Einkaufsseite, aber auch F&E-Probleme „seiner" Produkte im allgemeinen besser überblicken.

Es stellt sich nun die Frage, wie der Produktmanager in die Organisation einzubauen ist und welche Entscheidungsbefugnis er erhalten soll. Neben der Möglichkeit, das Produktmanagement in eine Funktion (z.B. Marketing) zu integrieren, diskutieren Kieser/Kubicek (Organisation 1992, S. 145) die **funktionsübergreifende** Einordnung des Produktmanagements mit fachlich begrenzter Entscheidungs- und Weisungsbefugnis. Eine solche Konstruktion ist auch als **Matrixorganisation** bekannt. Ihr Organigramm ist in der folgenden Abbildung 66 wiedergegeben.

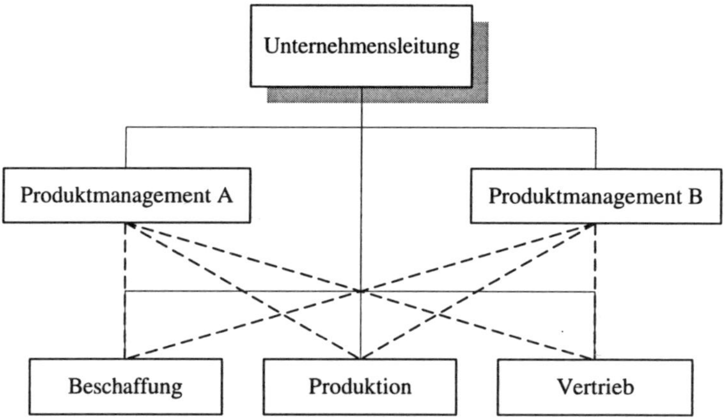

Abb. 66 Funktionsübergreifendes Produktmanagement
Quelle: Verändert nach Kieser/Kubicek, Organisation 1992, S. 145

Die gestrichelten Linien deuten eine eingeschränkte Weisungsbefugnis der Produktmanager gegenüber den Funktionen an, **soweit** die eigene Produktgruppe betroffen ist. Um keine Konflikte aus diesen Beziehungen entstehen zu lassen, müssen die Weisungsbefugnisse und die Kompetenzverteilung zwischen Funktionen und Produktmanagement eindeutig definiert sein, was in der Praxis hin und wieder zu Schwierigkeiten führt.

Eine sehr ähnliche Problemsituation wie beim Produktmanagement ergibt sich bei dem immer wichtiger werdenden **Projektmanagement**. „Projekte sind umfangreiche, aber zeitlich begrenzte Aufgaben" (Kieser/Kubicek, Organisation 1992, S. 138) und können strategische Entscheidungen wie Standortwahl, Aufbau einer computerintegrierten Fertigung oder eine Produktinnovation betreffen. Auch hier lautet das zentrale Problem, mit welchen Kompetenzen der Projektmanager ausgestattet werden sollte, um seine zeitlich befristete Aufgabe effizient erfüllen zu können.

Dabei hat sich in der Praxis das **Matrix-Projekt-Management** weitgehend durchgesetzt, das den Projektmanager in die Lage versetzt, für das Projekt benötigte Ressourcen (Personal, Material, Produktionsanlagen) direkt bei den Funktionen anzufordern, wobei ihm eine begrenzte Weisungsbefugnis zusteht. Mögliche Kompetenzkonflikte mit den Funktionsmanagern müssen durch eine langfristige gemeinsame Planung oder durch Koordinationsausschüsse gelöst werden.

Damit haben wir die konstituierenden Elemente der Organisationsstruktur

- Arbeitsteilung,
- Koordination und
- Leitung/Kompetenzverteilung

als allgemeine und überall anwendbare Prinzipien einer Organisation kennengelernt. Darüber hinaus gibt es jedoch noch Faktoren, die die konkrete Ausgestaltung einer Organisationsstruktur maßgeblich beeinflussen. Sie sind Gegenstand des nächsten Abschnitts.

III. Bestimmungsfaktoren der Organisationsstruktur

Die Organisationslehre ist zu der Auffassung gelangt, daß es keine Organisationsstruktur gibt, die für alle Unternehmen gleichermaßen adäquat ist. Vielmehr hängt die **geeignete** Ausgestaltung der Organisation von bestimmten Determinanten ab, die für die „Situation" des Unternehmens maßgebend sind. Die wichtigsten dieser Bestimmungsfaktoren sind in Anlehnung an Kieser/Kubicek, Organisation 1992, S. 199 ff. die folgenden:

- das Produktionsprogramm,
- die Unternehmensgröße,
- die Technologie in Produktion und Verwaltung,
- der Grad der Internationalisierung des Unternehmens.

a) Das Produktionsprogramm

Das Produktionsprogramm ist die Gesamtheit aller Produkte und Dienstleistungen, die ein Unternehmen auf seinen Absatzmärkten anbietet. Die **Vielfalt** der angebotenen Produkte und Dienstleistungen bestimmt maßgeblich die Antwort auf die Frage, ob die Arbeitsteilung nach dem Verrichtungsprinzip oder dem Objektprinzip organisiert werden sollte.

Bietet das Unternehmen nur ein Produkt oder wenige **ähnliche** Produkte, die zu einer Produktgruppe zusammengefaßt werden können, an, so ist eine Gliederung nach dem **Funktions-** oder **Verrichtungsprinzip** angebracht, da ähnliche Produkte im allgemeinen auch ähnliche Aufgaben im Beschaffungs-, Produktions- und Vertriebsbereich verursachen. Homogene Produkte bestehen z.B. aus ähnlichen oder gleichen Einzelteilen, deren Einkauf von der Beschaffungsabteilung zentral durchgeführt werden kann.

Diversifiziert aber ein Unternehmen sein Produktionsprogramm so stark, daß völlig heterogene Produkte oder Produktgruppen angeboten werden, dann sind die Funktionsbereiche nicht mehr in der Lage, eine produktadäquate Planung für alle Produktgruppen durchzuführen, da die Spezialkenntnisse fehlen. So bietet Siemens z.B. die Produktgruppen „Signaltechnik", „Medizintechnik" und „Haushaltsgeräte" an, deren Probleme im Beschaffungs-, Produktions- und Vertriebsbereich völlig verschieden sind.
In diesem Fall ist die Arbeitsteilung nach dem **Objektprinzip**, zumindest in den ersten Hierarchieebenen, sinnvoller, wobei die Objekte hier die einzelnen **heterogenen Produktgruppen** sind.

Wird die Arbeitsteilung nach dem Objektprinzip konsequent weiter entwickelt, so spricht man von einer **divisionalen Organisationsstruktur** mit der Möglichkeit, strategische Geschäftseinheiten für einzelne Produktgruppen zu bilden. Hierauf wurde in Teil II. Kapitel 3, B. I. (S. 33) bereits ausführlich eingegangen.

Das Produktionsprogramm bzw. die Vielfalt der angebotenen Produkte ist also eine wesentliche Bestimmungsgröße der Organisationsstruktur, was sich auch empirisch zeigen läßt. Seit 1970 haben immer mehr Unternehmen aus Gründen der Risikostreuung ihr Produktionsprogramm stark diversifiziert und sich gleichzeitig eine divisionale Organisationsstruktur gegeben oder eine Aufteilung des Unternehmens in strategische Geschäftseinheiten vorgenommen. Erst in letzter Zeit ist dieser Trend zum Stillstand gekommen, unter dem neuen Motto „Besinnung auf die **Kernkompetenzen**".

b) Die Unternehmensgröße

Als Maßstab für die Größe eines Unternehmens wird häufig der Umsatz herangezogen. Im Zusammenhang mit Fragen der Organisation ist es jedoch zweckmäßiger, die **Anzahl** der **Mitarbeiter** als Kriterium zu verwenden, da diese als „Organisationsmitglieder" ein Hauptmerkmal (vgl. S. 203) jeder Organisation sind.

Die Unternehmensgröße wirkt vornehmlich auf die Strukturelemente **Arbeitsteilung** und **Koordination**. Großunternehmen mit vielen Mitarbeitern neigen zu einer stärkeren Spezialisierung der Stellen und Abteilungen und haben dadurch einen erhöhten Koordinationsbedarf. Als Koordinationsmechanismen treten persönliche Weisungen wegen der größeren **Leitungsspanne** (= Anzahl der einem Abteilungsleiter direkt unterstellten Stellen) zurück und werden mehr und mehr durch **schriftliche Verfahrensrichtlinien** ersetzt. Darüber hinaus kommt der Koordination durch **Planung** erhöhte Bedeutung zu, da Großunternehmen beträchtliche Planungsabteilungen unterhalten, die weite Teile des Betriebsgeschehens aufwendig mit anspruchsvollen Methoden planen. Kleine Unternehmen zeichnen sich demgegenüber durch geringere Spezialisierung und wenig formalisierte Planung aus.

c) Die Technologie in Produktion und Verwaltung

Im 5. Kapitel von Teil I (S. 118 ff.) wurden die Organisationsformen der Produktion und ihre Technologie eingehend beschrieben. Neben den traditionellen Formen Werkstatt- und Fließfertigung haben wir uns ausführlich mit den neueren Entwicklungen CIM und flexible Fertigungssysteme beschäftigt. Alle diese Technologien üben einen bedeutenden Einfluß auf die Organisationsstruktur aus.

Die **Arbeitsteilung** und **Spezialisierung** nehmen von der Werkstattfertigung zur Fließfertigung zu, bei den flexiblen Technologien wieder ab, da Arbeitsgänge zusammengefaßt und mit EDV-Unterstützung zu größeren Einheiten integriert werden können. So kann z.B. ein flexibles Fertigungssystem als eine eigenständige **„modulare"** Produktionsabteilung angesehen werden, die ganze Fertigungssegmente einer Fließfertigung übernehmen könnte.

Der **Koordinationsbedarf** ist ebenfalls bei den einzelnen Technologien unterschiedlich. Er ist am geringsten bei der Fließfertigung, da deren relativ starrer Ablauf einmal durchgeplant und mit entsprechenden Verfahrensrichtlinien beschrieben werden kann. Die vielfältigen Ablaufprobleme innerhalb einer Werkstattfertigung (vgl. Maschinenbelegung und Feinterminierung im 10. Kapitel, S. 348) können demgegenüber nur mit Selbstabstimmung und durch persönliche Weisung der Werkstattmeister, aber kaum mit starrer Planung oder Verfahrensrichtlinien koordiniert werden. Die flexiblen Fertigungssysteme liegen hier eher in der Mitte, wobei als Koordinationsmechanismen eine flexible Planung und Steuerung (vgl. 11. Kapitel, S. 377 ff.) und darüber hinaus die Selbstabstimmung der Arbeitenden zum Zuge kommen.

Einen ähnlichen Einfluß auf die Organisationsstruktur übt die angewendete Technologie im **Verwaltungs-** und **Bürobereich** aus. Vor Einführung der Datenverarbeitung im Büro waren viele Aufgaben sehr spezialisiert: Eine wissenschaftliche Publikation in einem Hochschulinstitut wurde vom Autor handschriftlich niedergeschrieben, von der Sekretärin getippt, anschließend korrigiert und noch mal getippt. Die zugehörigen Abbildungen wurden von Mitarbeitern angefertigt und nachträglich in den Text eingefügt. Durch die Verwendung von PC, Text- und Graphikverarbeitung sowie Rechnervernetzung lassen sich diese Arbeitsgänge häufig fast vollständig integrieren und von einer Person bewältigen. Der Grad der Spezialisierung nimmt also deutlich ab. Das gleiche gilt für Planungsabteilungen bei der Integration von kaufmännischen und technischen Planungsschritten zu CIM (vgl. S. 139 ff.).

d) Grad der Internationalisierung des Unternehmens

Die immer mehr fortschreitende und durch das Schlagwort „Going global" gekennzeichnete Internationalisierung der Unternehmen, die vor allem der Suche nach kostengünstigen Ressourcen und neuen wachstumsträchtigen Absatzmärkten dient, beeinflußt insbesondere die Organisationsstruktur-Elemente **Arbeitsteilung** und **Kompetenzverteilung**.

Die Funktionsgliederung ist für überwiegend international orientierte Unternehmen nicht sinnvoll, da z.B. der Vertrieb in den einzelnen Ländern auf Grund verschiedener Käufermentalität, Konkurrenzsituation, Vertriebskanäle usw. nicht von einer zentralen Vertriebsabteilung im Mutterland effizient gesteuert werden kann. Hier bietet sich vielmehr eine **regionale** Gliederung oder **divisionale Organisationsstruktur** an, die bis zur juristischen Ausgliederung der ausländischen strategischen Geschäftseinheiten als **selbständige** Tochtergesellschaften gehen kann.

Die Kompetenzverteilung innerhalb eines international orientierten Unternehmens könnte nach dem Muster einer **Matrix-Organisation** geregelt sein, wie sie in Abb. 67 dargestellt ist.

Bei dieser Organisation sind die Leiter der regionalen Abteilungen bzw. die Geschäftsführer der Tochtergesellschaften gehalten, sich mit den Produktmanagern der einzelnen Produktgruppen abzustimmen, wenn Entscheidungen im Marketing- oder auch Produktionsbereich getroffen werden sollen. Die Punkte in Abb. 67 deuten diesen Abstimmungsbedarf und die daraus folgenden **Konfliktpotentiale** an.

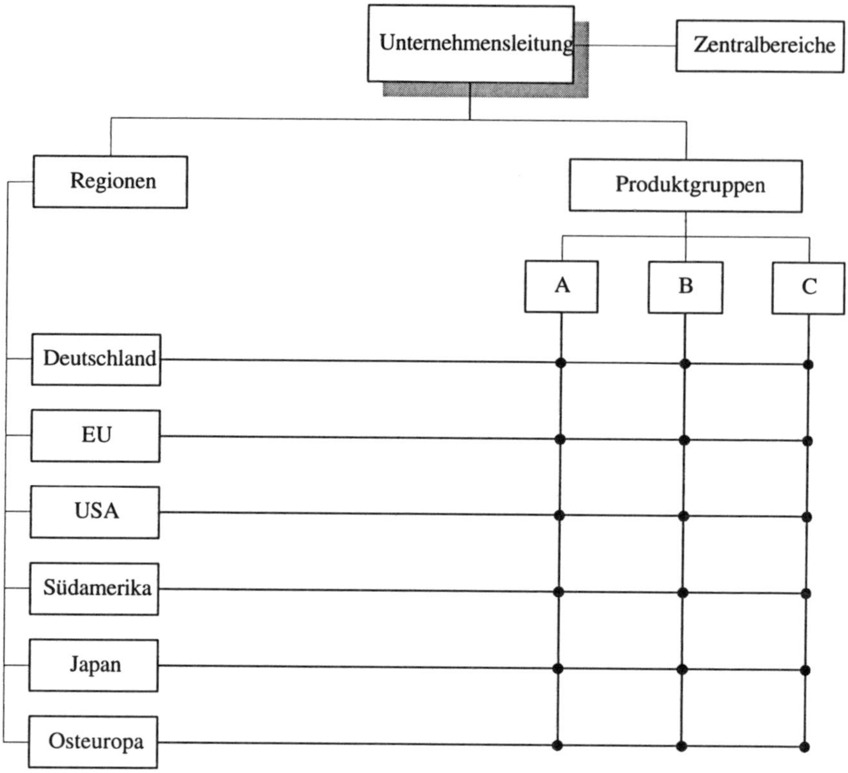

Abb. 67 Matrixanordnung einer regionalen und divisionalen Organisationsstruktur

Damit sind die **Elemente** und die **Bestimmungsfaktoren** der Organisationsstruktur als Grundlage strategischer Organisationsentscheidungen beschrieben.

Aufbauend auf diesen klassischen Konzepten der Organisationslehre haben sich seit etwa 1980 neue Organisationssichtweisen, sog. „Management-philosophien" herausgebildet, die teilweise auf japanische Ideen zurückgehen, vor allem aber Versuche sind, die durch hohe Löhne und Lohnnebenkosten ungünstige **Kostenstruktur** europäischer und amerikanischer Unternehmen **nachhaltig** zu verbessern.

Das wichtigste Kennzeichen dieser neuen Organisationssichtweise ist die Verlagerung des Schwerpunktes von der bisher betrachteten **Aufbau-organisation** zur **Prozeßorganisation**, mit dem Ziel, die Geschäftsprozesse des Unternehmens durch Reorganisation kostengünstiger zu gestalten (**Business Process Reengineering**). Dies ist Gegenstand des nächsten Abschnitts.

B. Strategische Prozeßorganisation

I. Die Entdeckung der Prozesse

Obwohl die deutsche Organisationslehre schon relativ frühzeitig zwischen Aufbau- und Ablauforganisation unterschieden hat (z.B. Nordsieck, Grundlagen der Organisationslehre 1934, und Kosiol, Organisation der Unternehmung 1962), lag doch der Schwerpunkt der Erörterungen auf der im letzten Abschnitt behandelten Organisationsstruktur (Aufbauorganisation). Betrachtet man jedoch die unternehmerische **Wertschöpfung** genau, so wird sie nicht von den einzelnen Stellen und Abteilungen erzeugt, sondern beruht auf den in den Abteilungen ablaufenden Prozessen. Die **Abwicklung** eines Kundenauftrags quer durch alle Funktionen (Marketing, Produktion, Einkauf) führt zum Erlöseingang und damit zur Rückkehr der eingesetzten Geldmittel und zur Erwirtschaftung eines Überschusses. Es kommt also darauf an, diesen **Prozeß** auf seine Effizienz und Kostenwirkung zu überprüfen. Dies ist das Ziel der Prozeßorganisation.

Etymologisch kommt das Wort Prozeß vom lateinischen Wort procedere = fortschreiten, ablaufen und dessen Partizip Perfekt processus = Ablauf, Vorgang. Auf dieser Kernbedeutung aufbauend sei folgende Definition gegeben:

> Ein **Prozeß** ist eine Menge von **zeitorientierten und funktional** verknüpften **Tätigkeiten**, die einen gemeinsamen **Zweck** erfüllen.

Die **Kundenauftragsbearbeitung** z.B. ist ein umfangreicher Prozeß, der die Tätigkeiten

- Entgegennahme und Bearbeitung der Kundenanfrage,
- Kalkulation des Angebotspreises,
- Ermittlung des möglichen Liefertermins,
- Verfolgung des Auftrags in Produktion und Beschaffung,
- Erstellung der Versanddokumente,
- Rechnungsstellung

umfassen kann. Die Tätigkeiten sind **funktional** miteinander verknüpft und zeitlich entweder

- sequentiell (Kalkulation **nach** Kundenanfrage) oder
- parallel (Angebotspreis **gleichzeitig** mit Liefertermin)

orientiert. Alle Tätigkeiten sollen gemeinsam den Zweck erfüllen, den Kundenauftrag ordnungsgemäß durchzuführen und fristgerecht abzuwickeln.

Es muß betont werden, daß die Definition des Begriffs „Prozeß" **rekursiv** ist, da die einzelnen **Tätigkeiten**, wie z.B. die Kalkulation, selbst wieder Prozesse sein können, die aus elementaren Tätigkeiten zusammengesetzt sind.

Eine solche Definition hat den Vorteil, daß der Begriff „Prozeß" auf Tätigkeiten unterschiedlichen Ausmaßes und Komplexitätsgrades angewandt werden kann und eine Hierarchisierung (Hauptprozesse, Unterprozesse, Teilprozesse usw.) erlaubt. Zum Beispiel enthält der Hauptprozeß „Produktion" u.a. den Teilprozeß „Umrüstung einer Produktionsanlage". Auch alle Komponenten von CIM, wie CAD, CAP (vgl. S. 129 ff.) und die Stufen der

Produktionsplanung und -steuerung (PPS) können als Prozesse aufgefaßt und die zugrunde liegenden Tätigkeiten analysiert werden.

Die **prozeßorientierte** Sichtweise hat gegenüber dem traditionellen Ansatz einige bedeutende Vorzüge aufzuweisen:

- Die Unternehmensprozesse verlaufen **horizontal** und damit quer zur vertikalen hierarchischen Organisationsstruktur. Dadurch können Tätigkeiten in den unterschiedlichen Funktionen Marketing, Produktion oder Einkauf miteinander verknüpft und auf den gemeinsamen Zweck Kundenzufriedenheit ausgerichtet werden. Die damit einhergehende verstärkte **Kundenorientierung** ist ein bedeutender **relativer Wettbewerbsvorteil**.
- Die Unternehmensprozesse können im Hinblick auf ihre Tätigkeiten analysiert werden, wobei besonders die **zeitliche** und die **funktionale Verknüpfung** im Mittelpunkt des Interesses stehen. Hier verbergen sich in der Regel erhebliche zeitliche Reserven und brachliegende Ressourcen (Rationalisierungspotentiale), deren Nutzung die Wettbewerbsposition des Unternehmens stärken kann.
- Die Zerlegung der Unternehmensprozesse in Teilprozesse mit immer kleineren Einheiten ermöglicht die Anwendung der **modernen Informationstechnologie** zur graphischen Darstellung der Prozeßstruktur, zur Analyse der Prozeßbeziehungen und zur Bestimmung der Prozeßparameter (z.B. Durchlaufzeiten der Objekte). Ein bekanntes Softwareprodukt für diese Aufgabe ist das von Scheer entwickelte **ARIS-Toolset** (Scheer, ARIS 1991 und Jost, ARIS-Toolset 1994, S. 77 ff.). Aufbauend auf dem Entity-Relationship-Model (vgl. S. 25 ff.) erlaubt dieses Werkzeug eine umfassende Beschreibung und Analyse der Unternehmensprozesse und ihres Zusammenwirkens.

Aufgrund dieser Vorzüge ist die Betrachtung der Organisationsprozesse eine wichtige Ergänzung zur klassischen Sichtweise der Organisationsstruktur. Insbesondere wenn es darum geht, die kritischen Erfolgsfaktoren

- Kosten
- Zeit
- Qualität
- Flexibilität

eines Unternehmens zu verbessern, sollten zunächst die Prozesse optimiert und erst anschließend sollte nach dem Motto „Structure follows processes“ die Organisationsstruktur angepaßt werden. Die wichtigsten Methoden zur Optimierung von Prozessen, die sich in Wissenschaft und Praxis herausgebildet und als „Managementphilosophien“ durchgesetzt haben, werden in den nächsten Abschnitten im einzelnen dargestellt.

II. Business Process Reengineering (BPR)

a) Die Prinzipien von BPR

Das erste explizite Plädoyer für eine radikale Reorganisation von Geschäftsprozessen erschien 1990 von Michael **Hammer** in der Harvard Business Review (Hammer, Reengineering Work 1990, S. 104 ff.). Er hatte in praktischen Unternehmensberatungsprojekten die Erfahrung gemacht, daß eine nachträgliche Verbesserung der Effizienz von Geschäftsprozessen häufig nur **marginalen** Erfolg in Bezug auf die kritischen Wettbewerbsfaktoren Kosten, Qualität, Zeit und Service zeitigte. Daher schlug er vor, die Prozesse nicht zu verbessern, sondern sie vollständig neu zu **entwerfen** (redesign) und neu zu **gestalten** (reengineer).

Diese radikale Reorganisation möglichst vieler Geschäftsprozesse ist auch das Credo seines 1993 mit James **Champy** veröffentlichten Buches „Reengineering the Corporation", in dem versucht wird, den Erfolg dieser Vorgehensweise und ihre Überlegenheit gegenüber traditionellen Methoden empirisch nachzuweisen.

In diesem Buch findet sich die grundlegende Definition von BPR:

> **Business Process Reengineering** ist
>
> „the fundamental rethinking and radical redesign of business processes to achieve dramatic improvements in critical, contemporary measures of performance, such as cost, quality, service, and speed".
> (Hammer/Champy, Reengineering 1993, S. 32)

Mit dem grundsätzlichen Umdenken und einem völligen Neuentwurf der Geschäftsprozesse sollen also die kritischen Erfolgsfaktoren „dramatisch" und nicht nur marginal verbessert werden.

Wenn auch die Euphorie über den neuen Ansatz inzwischen etwas gedämpft ist und er den Erfordernissen der Praxis angepaßt werden mußte, so sind die grundlegenden **Prinzipien** zum gesicherten Bestand der Industriebetriebslehre geworden (Starr, Operations Management 1996, S. 860 ff.). Sie können in einer Folge von Schritten beschrieben werden:

- Identifizierung der **Kernkompetenzen** des Unternehmens,
- Feststellung der für die Kernkompetenzen unabdingbaren **Kernprozesse**,
- Durchführung einer detaillierten **Prozeßanalyse**,
- **Auswahl** der neu zu **strukturierenden** Prozesse,
- Festlegung des durch das Reengineering zu erreichenden **Mindest-Anspruchsniveaus** der kritischen Erfolgsfaktoren,
- **Reengineering** der Prozesse.

Diese Grundsätze sind für jedes Unternehmen anwendbar, während die konkrete Vorgehensweise sehr von den Umständen des einzelnen Unternehmens abhängt. Die Identifizierung der Kernkompetenzen und Kernprozesse sowie die Festlegung des Anspruchsniveaus lassen sich in der Regel ohne großen Aufwand durchführen. Dagegen erfordern die **Prozeßanalyse**, die Auswahl der **neu** zu **strukturierenden Prozesse** und das **process reengineering** selbst erhebliche Anstrengungen, die nur durch

- konsequente Unterstützung der Unternehmensleitung,
- Bildung von Reengineering-Teams (Projektmanagement) und
- Überzeugung der an den Prozessen Beteiligten

zum Erfolg führen können. Auf wichtige Einzelheiten dieses „Reengineering-Prozesses" sei im folgenden eingegangen.

b) Die Vorgehensweise von BPR

Ziel des Business Process Reengineering ist die konsequente Orientierung an den Wünschen und Erwartungen der **Kunden**, die durch eine nennenswerte Verbesserung der kritischen Erfolgsfaktoren Qualität, Kosten, Zeit und Flexibilität des Produktionsprogramms gefördert werden soll. Die **existierenden Prozesse** Auftragsabwicklung, Beschaffung der benötigten Ressourcen, Produktion, Distribution usw. sind also kritisch daraufhin zu analysieren, ob sie das gesteckte Ziel erreichen oder ob die Erfolgsfaktoren zu wünschen übrig lassen.

Da Prozesse aus zeitlich orientierten und funktional verknüpften Tätigkeiten bestehen (vgl. S. 215) muß die **Prozeßanalyse** Aufschluß über folgende Fragen geben:

- Sind alle ausgeführten Tätigkeiten eines Prozesses **nötig**?
- Können einzelne Tätigkeiten qualitativ **verbessert** oder bei gleicher Qualität **beschleunigt** werden?
- Können Tätigkeiten **zusammengefaßt** und kann damit die Anzahl der **Schnittstellen**, die im allgemeinen mit Wartezeiten der zu bearbeitenden Objekte verbunden sind, verringert werden?

Eine solche Prozeßanalyse spürt in der Regel eine große Zahl überflüssiger, verbesserungs- und/oder verkürzungsfähiger sowie integrierbarer Tätigkeiten auf und vermag so den Ansatz für eine Neugestaltung von Prozessen zu liefern.

Als Beispiel sei die Reorganisation des **Rüstprozesses** eines Maschinenbauunternehmens angeführt (Hansmann, Just in Time-Produktion 1996, Sp. 830):

In einem ersten Schritt wurden sämtliche Rüstvorgänge (Tätigkeiten) durch Videoaufnahmen dokumentiert und im einzelnen kritisch analysiert. Dabei ergaben sich überflüssige Tätigkeiten, aber auch solche, die beschleunigt oder integriert werden konnten. Durch eine andere Anordnung der Rüstwerkzeuge entfielen Tätigkeiten; das Anklemmen der zu bearbeitenden Produktteile und das Justieren der Maschinen konnten beschleunigt werden; insgesamt ergab sich eine Verkürzung des Rüstprozesses **um** etwa 80 %. Dies Ergebnis kann im Sinne vom Hammer tatsächlich als „dramatisch“ angesehen werden.

Eine ebenfalls erhebliche Verkürzung insbesondere von Rüstprozessen ist durch den Einsatz **flexibler Fertigungssysteme** (vgl. S. 126 ff.) möglich. Hier werden in großem Ausmaß Produktionstätigkeiten (Arbeitsgänge) wie Bohren, Fräsen, Schleifen usw. so **integriert**, daß der Werkzeugwechsel automatisch vorgenommen werden kann. Dadurch entfallen manuelle Rüsttätigkeiten, und die Anzahl der Schnittstellen wird stark reduziert. Diese **Umgestaltung** des **Produktionsprozesses** mit dem Ergebnis erheblich verminderter Durchlaufzeiten erfordert jedoch

- relativ hohe **Investitionsausgaben** für die computergestützten flexiblen Fertigungssysteme,
- eine komplizierte **Produktionssteuerung** (vgl. 11. Kapitel, S. 386 ff.).

Weitere empirische Beispiele für das Vorgehen bei BPR sind zu finden in Starr, Operations Management 1996, S. 866 f., und Chase/Aquilano, Production 1995, S. 738, 742 und 745.

Fast alle empirischen Beispiele zeigen, daß erfolgreiches BPR ohne den Einsatz moderner **Informations-** und **Kommunikationstechnologie** (IKT) praktisch nicht möglich ist. Das gilt vor allem für die **Modellierung** der umzugestaltenden Prozesse, der wir uns im nächsten Abschnitt zuwenden.

Es muß aber hier betont werden, daß die Informationstechnologie nur ein Hilfsmittel für BPR darstellt, um den **kreativen** organisatorischen Ideen der Prozeßumgestaltung zum Erfolg zu verhelfen. Zum Abschluß dieses Abschnitts seien daher einige sich aus durchgeführten BPR-Projekten ergebenden **heuristischen** Regeln angegeben, die für eine kreative Umgestaltung von Prozessen wichtig sein können (Starr, Operations Management 1996, S. 863 ff.):

- Kritische Analyse der Tätigkeiten (Warum? und Warum so?).
- Konzentration auf die **Gestaltung** einer Tätigkeit, nicht auf die Ausführung.
- Suche nach radikal anderen Lösungsansätzen.
- Organisation der Prozesse im Hinblick auf das **Ergebnis**, nicht auf die Tätigkeiten.
- Nutzung verteilter Ressourcen als ob sie zentral verfügbar wären (durch Computer-Vernetzung).
- Ansiedlung der Qualitätskontrolle bei denjenigen, die den Prozeß ausführen.
- Einmalige Datenerfassung zur Verminderung der Datenredundanz.
- Erstmalige Implementierung eines neu gestalteten Prozesses in einem Pilot-Projekt oder einem kleineren Teil des Produktionssystems.

c) Modellierung der Geschäftsprozesse

1. Die Komponenten eines Geschäftsprozesses

In Abschnitt I. (S. 215) wurde ein Prozeß **allgemein** als eine Menge von zeitorientierten und funktional verknüpften Tätigkeiten definiert, die einen gemeinsamen Zweck erfüllen. Für eine computergestützte Modellierung bedarf diese Definition der Angabe der grundlegenden Prozeßkomponenten.

In der Literatur (Keller/Meinhardt, Business process reengineering 1994, S. 38, und Scheer, Wirtschaftsinformatik 1994, S. 59) hat sich folgende Beschreibung eines Geschäftsprozesses (Synonym für Prozeß) durchgesetzt:

Ein **Geschäftsprozeß** umfaßt die für die Bearbeitung eines Objektes (Schriftstück, Kundenauftrag, Produkt, Reparaturleistung usw.) benötigten

- Tätigkeiten (**Was** ist zu tun?)
- Organisationseinheiten (**Wer** soll etwas tun?)
- Daten (**Welche** Informationen sind nötig?)
- auslösende Ereignisse (**Wann** ist etwas zu tun?)

Diese vier Komponenten eines Geschäftsprozesses sowie die zeitliche Orientierung und funktionale Verknüpfung der Tätigkeiten lassen sich graphisch darstellen:

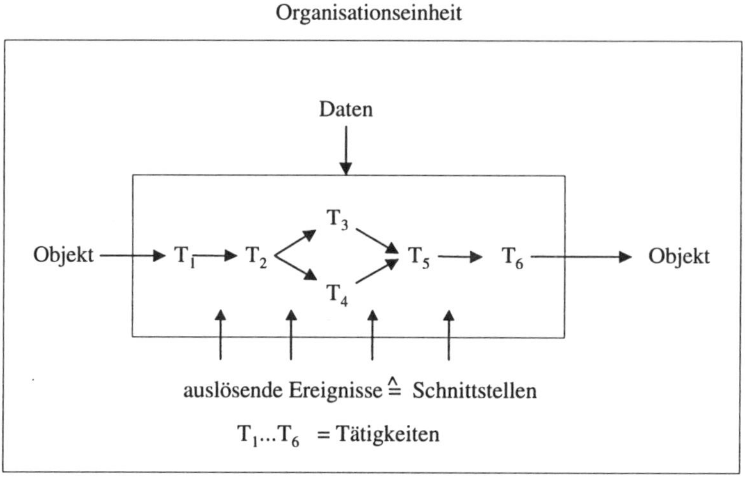

Abb. 68 Komponenten eines Geschäftsprozesses

Der Geschäftsprozeß in Abb. 68 umfaßt also sechs z.T. parallele, z.T. sukzessive Tätigkeiten, die durch sechs Schnittstellen miteinander verknüpft sind. An den Schnittstellen müssen Ereignisse, die die nächste Tätigkeit auslösen, lokalisiert werden. Solche Ereignisse werden in der angelsächsischen Literatur **Trigger** genannt. Durch eine geeignete Definition dieser Trigger lassen sich die Wartezeiten der Objekte an den Schnittstellen in vielen Fällen erheblich verkürzen. Es ist daher naheliegend, die auslösenden Ereignisse zur Grundlage einer computergestützten Modellierung von Geschäftsprozessen zu machen.

2. Das Modell der Ereignisgesteuerten Prozeßketten (EPK)

Das EPK-Modell liegt der von Scheer entwickelten „**Ar**chitektur **i**ntegrierter Informationssysteme“ (ARIS) (Scheer, Wirtschaftsinformatik 1994, S. 4 ff.) zugrunde, die sich in der Praxis bei der Modellierung von Geschäftsprozessen stark durchgesetzt hat. Auch das SAP R/3-Referenzmodell baut auf der EPK-Methode auf (Keller/Meinhardt 1994, S. 38 ff.), die daher hier näher beschrieben werden soll.

In Abb. 69 sind zunächst die graphischen Symbole der Geschäftsprozeß-Komponenten und ihre verbale Erklärung wiedergegeben:

Komponente	Symbol	Erklärung
Ereignis	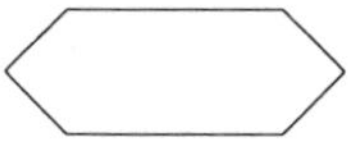	Ein eingetretener Zustand, der eine Tätigkeit auslöst (Trigger)
Tätigkeit	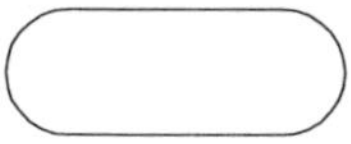	auch Funktion oder Vorgang genannt
Organisationseinheit	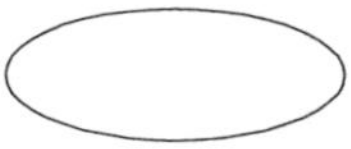	Element der Organisationsstruktur
Daten	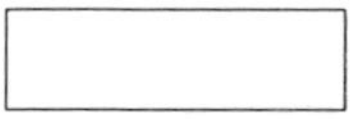	Sie bilden Zustände oder Objekte der realen Welt ab
Verknüpfungen	X_{or} $\wedge$ $\vee$	logische Verbindungen von Ereignissen und Tätigkeiten (exklusives oder; und; oder)
Prozeßwegweiser	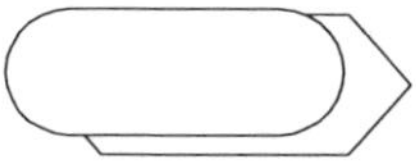	Er zeigt die Verbindung zu einem anderen Prozeß

Abb. 69 Graphische Symbole des EPK-Modells
Quelle: Verändert aus Keller/Meinhardt 1994, S. 41 f.

Mit diesen Symbolen lassen sich beliebig umfangreiche Geschäftsprozeß-Ketten entwickeln, darstellen und anschließend analysieren.

Als Beispiele seien die ereignisgesteuerten Prozeßketten einer **Wareneingangsbearbeitung** und einer damit verbundenen **Produktionsdurchführung** angeführt.

Die Abb. 70 zeigt deutlich die Funktionsweise der Ereignisse (Trigger). Das Eintreffen der Ware löst in der Wareneingangsstelle die Tätigkeit „Ware prüfen" aus, die mit Hilfe der Daten „Bestellung" und „Lieferschein" durchgeführt wird.

Die Prüfung führt zu den **drei** Ereignissen „Ware freigegeben, gesperrt oder abgelehnt" (exklusives oder: xor), die dann weitere Vorgänge wie „Qualitätsprüfung" oder den Übergang zur Fertigungsdurchführung auslösen.

Auf diese Weise kann man theoretisch alle Prozesse des Unternehmens gedanklich zu Prozeßketten verbinden und ihre zeitlichen sowie funktionalen Verknüpfungen graphisch darstellen.

Das Softwareprodukt **ARIS-Toolset** leistet dies und ermöglicht darüber hinaus auch die Berücksichtigung von **Bearbeitungszeiten** der einzelnen Prozesse und anderer Parameter, die zur betriebswirtschaftlichen Analyse herangezogen werden können.

Es liegt auf der Hand, daß mit diesem DV-gestützten Instrumentarium eine effiziente Neugestaltung von Geschäftsprozessen geplant und mit Hilfe einer Simulation auch in Bezug auf die kritischen Erfolgsfaktoren Qualität, Kosten, Zeit und Flexibilität getestet werden kann. Dies scheint auch der Grund dafür zu sein, daß die EPK-Methode relativ weit verbreitet bei den Vorhaben zum

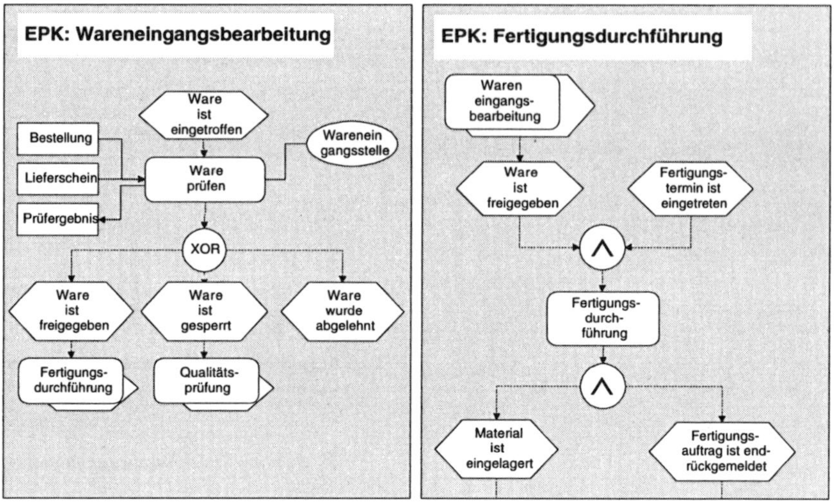

Abb. 70 Ereignisgesteuerte Prozeßketten
Quelle: Keller/Meinhardt 1994, S. 42.

Business Process Reengineering ist. Sie bildet eine gute Ergänzung zu den kreativen „Rethinking"- und „Redesignkonzepten" von Hammer und Champy.

Zum Abschluß dieser Ausführungen sei noch eine andere Sicht der Prozeßkomponenten am Beispiel einer **Auftragsbearbeitung** dargestellt, deren EPK-Modell in der folgenden Abb. 71 wiedergegeben ist.

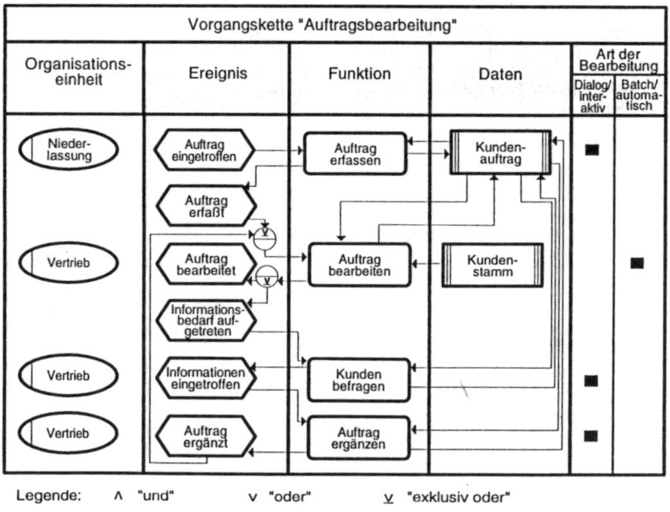

Abb. 71 Vorgangskettendiagramm
Quelle: Scheer, Wirtschaftsinformatik 1994, S. 18

C. Neuere Management-Philosophien

Der Weg, ein Unternehmen mit Hilfe des **Business Process Reengineering** neu zu gestalten, ist - wie im letzten Abschnitt zum Ausdruck kam - recht detailliert und zeitaufwendig. Es ist daher nicht erstaunlich, daß immer wieder Strategien von Wissenschaft und Praxis vorgeschlagen werden, die auf kürzerem Weg die wirtschaftliche Situation eines Unternehmens deutlich verbessern sollen. Neben vielen kurzlebigen Vorschlägen haben zwei „Philosophien" eine größere Bedeutung erlangt, die sich dadurch auszeichnen, daß sie mit wenig formalem und DV-Aufwand erhebliche Veränderungen im Unternehmen zu bewirken vermögen. Sie sind eng miteinander verknüpft, sollen aber hier aus didaktischen Gründen getrennt dargestellt werden:

- Lean Management und
- Total Quality Management.

Beide Strategien stammen ursprünglich aus Japan, sind jedoch auf Grund theoretischer Analysen und praktischer Anwendungen im Westen erheblich modifiziert worden.

I. Lean Management

a) Begriff

Der Begriff Lean Production wurde 1988 von John **Krafzic**, einem Mitarbeiter der Studie des **Massachussetts Institute of Technology** (MIT) über die „zweite Revolution in der Autoindustrie" geprägt und wird häufig als „schlanke Produktion" übersetzt (Womack, Zweite Revolution 1994, S. 19). Eine Produktion ist **schlank**, wenn sich kein **überflüssiges** „Fett" in der Form von

- Personalreserven,
- Lagerbeständen,
- Hierarchien oder
- Bearbeitungsprozessen

angesammelt hat. Es ist heute üblich geworden, über den Bereich der Produktion hinaus alle Funktionsbereiche eines Unternehmens unter diesem Aspekt zu analysieren und dann von **„Lean Management"** zu sprechen, wenn das ganze Unternehmen auf unnötigen Ballast beim Einsatz der Produktionsfaktoren abgeklopft wurde.

Damit liegt folgende betriebswirtschaftliche Definition nahe:

> **Lean Management** ist der **sparsame** und **zeiteffiziente** Einsatz der Produktionsfaktoren
>
> - Betriebsmittel,
> - Personal,
> - Werkstoffe,
> - Planung und Organisation
>
> bei allen Unternehmensaktivitäten.

Die Definition läßt erkennen, daß die Idee des Lean Management eigentlich nicht neu ist, sondern weitgehend den Forderungen des seit mehr als 200 Jahren formulierten **ökonomischen Prinzips** entspricht. Neu sind in der Tat die starke Betonung der **zeitlichen** Effizienz sowie die aus der Definition abgeleiteten Ziele und konkret anzuwendenden Umsetzungsstrategien von Lean Management, die im nächsten Abschnitt betrachtet werden.

b) Ziele und Strategien von Lean Management

Die Hauptziele des Lean Management beziehen sich auf folgende Maßstäbe:

- **Produktivität** der Produktionsfaktoren,
- **Qualität** der Produkte,
- **Flexibilität** des Produktionsapparates.

Eine Optimierung dieser Größen soll durch die im folgenden dargestellten Strategien und organisatorischen Maßnahmen erreicht werden.

1. Hohe Produktivität der Produktionsfaktoren

Die Produktivität wird gemessen durch den Quotienten aus der Ausbringungsmenge pro Periode des Produktes und dem mengenmäßigen Einsatz eines Produktionsfaktors. Diese Relation kann verbessert werden, wenn es gelingt, bei gleicher Ausbringungsmenge (Output) den Einsatz einzelner oder aller Produktionsfaktoren zu senken, z.B. durch

- Abbau von überflüssigen **Lagerbeständen,**
- Abbau nicht ausgelasteter **Kapazitäten** (inkl. Personal),
- Streichung von **Hierarchieebenen** und
- Verkürzung der **Durchlaufzeiten** der Produkte durch das Just-in-Time-Prinzip (vgl. 9. Kapitel, S. 332), die flexible Arbeitszeit (vgl. S. 191) oder BPR-Maßnahmen (vgl. S. 217 ff.).

In empirischen Untersuchungen (Womack, Zweite Revolution 1994, S. 85) wird deutlich, daß in vielen Unternehmen Produktivitätsreserven von 50 % und mehr schlummern, die mit Hilfe dieser Strategien aufgedeckt werden können.

2. Hohe Qualität der Produkte

Dieses Ziel wird vor allem mit der im nächsten Abschnitt abgehandelten Philosophie des **Total Quality Managements (TQM)** verfolgt, so daß hier nur folgende globalen Strategien erwähnt werden sollen:

- Verbesserung des Produktionsprozesses durch **ständige Qualitätskontrolle**
- sofortige **Nacharbeitung** defekter Produkte oder Produktteile; keine Tolerierung von **Ausschuß** in Produktion und Beschaffung,
- enge Zusammenarbeit mit den Zulieferfirmen,
- Verbesserung der **Produktentwicklung** .

Eine Erhöhung der Produktqualität hat nicht nur positive Wirkungen auf das Absatzpotential des Unternehmens, sondern führt auch zu erheblichen **Kosteneinsparungen**, da die teure Nachbearbeitung fertig produzierter, aber defekter Produkte sowie die Reklamationen von Händlern und Konsumenten bzw. die Einlösung der Garantieverpflichtungen entfallen. Die Kosteneinsparungen führen ihrerseits zu einem geringeren Einsatz an Produktionsfaktoren und dienen damit dem Lean Management.

3. Hohe Flexibilität des Produktionsapparates

Flexibilität bedeutet die Fähigkeit, ein breites Spektrum von Produktmengen oder Produktvarianten kostengünstig und zeiteffizient herstellen zu können. Dies Ziel kann vor allem durch **flexible Arbeitszeit** (vgl. 6. Kapitel, S. 193) und damit Nutzung **temporärer Kapazitäten** (vgl. nächsten Abschnitt) und in seinem qualitativen Aspekt durch Einführung **flexibler Fertigungssysteme** oder der job rotation zur Erweiterung des Mitarbeiter-Know-hows erreicht werden.

c) Abbildung des Lean Management Konzepts in einem Produktionsmodell

Zur tieferen theoretischen Durchdringung von Lean Management und seinen Wirkungen auf Produktivität, Qualität und Flexibilität soll im folgenden ein strategisches Produktionsmodell entwickelt werden, das die Ziele und die organisatorischen Maßnahmen des Lean Management Konzeptes sowie ihre Auswirkungen anschaulich zu beschreiben gestattet. Dazu gehören auch einige operative Aspekte, die in das strategische Modell integriert werden. Einen ähnlichen Weg beschreitet Reese (Lean Production-Modell 1993, S. 92 ff.), doch unterscheiden sich beide Modelle in der Struktur, und das hier vorgelegte Modell weist einen höheren Detaillierungsgrad auf.

1. Die Zielfunktion

Wir gehen aus von der Definition, daß Lean Management der **sparsame** und **zeiteffiziente** Einsatz der Produktionsfaktoren ist, und dieser Einsatz daher bei einer gegebenen Produktionsmenge mit strategischen Maßnahmen **minimiert** werden sollte.

Als strategisch zu beeinflussende Produktionsfaktoren kommen bei der Produktion vor allem

- der **Produktionsapparat** und seine **Kapazität**,
- das an den Produktionsanlagen arbeitende **Personal** und
- die **Organisation** des Produktionsprozesses

in Betracht. Da die Organisation als qualitativer Faktor nur mittelbar in die Analyse eingehen kann, liegt es nahe, die Ausgaben für den **Produktionsapparat** und den damit verbundenen **Personaleinsatz** zu **minimieren**. Um auch das Ziel der Flexibilität zu berücksichtigen, werden die Personalkosten in einen fixen Teil, der die Normalarbeitszeit abdeckt, und in einen variablen Teil für temporären zusätzlichen Personaleinsatz (z.B. Wochenendarbeit bei hoher Nachfrage) unterteilt. Damit lautet die Zielfunktion (Z):

$$(80) \quad Z = \underbrace{\sum_i m_i (A_i + P_i)}_{\text{Anschaffungs- und Personalkosten für die Normalkapazität}} + \underbrace{\sum_{qi} k_{qi}\, t_{qi}}_{\text{Personalkosten für die temporäre Kapazität}} \Rightarrow \text{Min!}$$

Die verwendeten Symbole haben folgende Bedeutung:

m_i ist eine ganzzahlige Variable und gibt die Anzahl der Produktionsanlagen an, die das Unternehmen vom Typ i (z.B. CNC-Maschinen, flexible Fertigungssysteme usw.) zu investieren gedenkt. Dies zeigt den strategischen Charakter des Modells, da der Planungszeitraum der (durchschnittlichen) Nutzungszeit der Produktionsanlagen entspricht.
A_i sind die Anschaffungskosten für eine Anlage des Typs i und P_i die zugehörigen fixen Personalkosten für die **normale** Arbeitszeit, gerechnet über den gesamten Planungszeitraum.

Zur Berücksichtigung der Flexibilität wird der Planungszeitraum in q Teilperioden eingeteilt, um die temporäre Kapazität variabel zu erfassen. t_{qi} ist die zusätzliche Produktionszeit der Anlagen des Typs i in der Teilperiode q, gemessen in Zeiteinheiten (z.B. Stunden pro Monat), und k_{qi} sind die variablen Personalkosten pro Zeiteinheit (ZE). Im Gegensatz zu m_i ist t_{qi} eine reelle Variable.

Die Minimierung der Zielfunktion Z verwirklicht das Lean Management Prinzip insoweit als ein „schlanker" Produktionsapparat und möglichst geringe Personalkosten angestrebt werden. Allerdings erfordert diese Politik die Beachtung von Absatz-, Kapazitäts- und Durchlaufzeitbedingungen, die im nächsten Abschnitt erläutert werden.

2. Die Nebenbedingungen

Im Gegensatz zu klassischen Produktionsmodellen (vgl. S. 281 ff.) tritt in der Zielfunktion (80) keine Produktionsmengen-Variable x auf, da es hier **nicht** um die Bestimmung eines optimalen Produktionsprogramms geht. Trotzdem wird natürlich die Produktionsmenge über die Nebenbedingungen im Modell berücksichtigt. Wir definieren sie aber zur Vereinfachung hier etwas anders als gewohnt:

x_{qz} ist eine Null/Eins-Variable, die angibt, ob das Unternehmen den Produktionsauftrag des Kunden z in der Teilperiode q ausführt oder nicht. Dabei kann der Produktionsauftrag aus einer Produkteinheit aber auch aus einer Vielzahl von Produkteinheiten (einem **Los**) bestehen. Die Zeit, die zur Bearbeitung des Produktionsauftrages **und** zum Umrüsten auf dem Anlagentyp i benötigt wird, ist der **Produktionskoeffizient** b_{iz}, und die normale Kapazität einer Anlage des Typs i in der Teilperiode q beträgt T_{qi} [ZE]. Die maximale temporäre Kapazität durch längere Maschinenlaufzeiten (z.B. an Wochenenden) ist mit dem Symbol TT_{qi} [ZE] gekennzeichnet. Damit lauten die

Kapazitätsbedingungen

$$(81a) \quad \sum_z b_{iz} x_{qz} \leq m_i\, T_{qi} + t_{qi} \qquad \text{für alle q, i}$$

(81b) $t_{qi} \leq TT_{qi}$ für alle q, i

Die Ungleichungen (81a) und (81b) sagen aus, daß die Bearbeitungs- und Rüstzeiten für alle angenommenen Produktionsaufträge auf den Maschinen des Anlagentyps i in der Teilperiode q nicht größer sein dürfen als die in q verfügbare normale und temporäre Kapazität dieser Anlagen.

Absatzbedingungen

Eine Minimierung der Zielfunktion (80) ist nur sinnvoll, wenn ein bestimmtes Mindest-Produktionsprogramm fest vorgegeben wird, sonst könnte man die Kapazität auf Null herunter fahren. Wir nehmen an, daß das Mindest-Produktionsprogramm aus den Kundenaufträgen besteht, die in der Teilperiode q auf Grund von Verträgen oder absatzpolitischen Überlegungen unbedingt ausgeführt werden sollen (Teilmenge Z*).

(82a) $x_{qz} = 1$ für alle q, $z \in Z^*$

Kann das Unternehmen die Nachfrage der Kunden zwischen den Teilperioden verschieben, ergibt sich eine zeitliche Flexibilität im Sinne von Lean Management und (82a) wird durch (82b) ersetzt.

(82b) $\sum_q x_{qz} = N_z$ für alle $z \in Z^*$

Hier bedeutet N_z die Anzahl der Aufträge des Kunden z, die im gesamten Planungszeitraum, aber nicht in bestimmten Teilperioden ausgeführt werden müssen.

Durchlaufzeitbedingungen

Normalerweise wird das Unternehmen mit den Kunden **Lieferfristen** vereinbaren, was im Modell durch die Vorschrift, daß die Durchlaufzeit als Summe von Bearbeitungs- und Rüstzeit (b_{iz}), Transportzeit (tr_{iz}) sowie Wartezeit vor einer Anlage (w_{iz}) nicht größer sein darf als die Lieferfrist (LF_z), ausgedrückt wird.

(83) $\sum_i (b_{iz} + tr_{iz} + w_{iz})\, x_{qz} \leq LF_z$ für alle q, z

Falls die Ungleichung nicht erfüllt ist, kann der entsprechende Kundenauftrag nicht ausgeführt werden ($x_{qz} = 0$).

Das Modell wird durch die Nicht-Negativitäts-Bedingungen

$m_i = 0, 1, 2, \ldots,\quad t_{qi} \geq 0,\quad x_{qz} = 0$ oder 1 für alle q, i, z

abgerundet.

3. Organisatorische Maßnahmen zur Verbesserung der Modellparameter

Das oben dargestellte Modell ist so gewählt, daß einerseits ein zu hoher Detaillierungsgrad, der den Blick auf die Hauptstrukturen verstellen würde, vermieden wird, andererseits aber alle Lean Management Aspekte anschaulich erläutert werden können.

Wichtig für Lean Management ist hier **nicht** die Ermittlung optimaler Werte für die Variablen m_i, t_{qi} und x_{qz} unter der gegebenen Konstellation der Modellparameter, sondern gerade umgekehrt die **Verbesserung** der **Modellparameter** zur Optimierung des gesamten Produktionssystems im Hinblick auf die Ziele Produktivität, Qualität und Flexibilität.

Die **Produktivität** läßt sich vor allem über die Modellparameter $\mathbf{b_{iz}}$ und $\mathbf{w_{iz}}$ aber auch über $\mathbf{P_i}$ beeinflussen. Gelingt es z.B., die Bearbeitungs- und Rüstzeiten (b_{iz}) für einen Produktionsauftrag entscheidend zu senken, so kann nach (81a) ein gegebenes Produktionsprogramm $\overline{x}_{qz}$ mit weniger Maschinenkapazität und/oder weniger Personaleinsatz gefertigt werden, was direkt zu einer „schlankeren" Produktion führt.

Die Bearbeitungs- und Rüstzeiten (b_{iz}) können gesenkt werden durch

- **Business Process Reengineering** (BPR) der Bearbeitungs- und Rüstprozesse mit dem Ziel, die Durchlaufzeiten zu verkürzen,
- Einsatz **flexibler Fertigungssysteme**, die nur noch minimale Rüstzeiten aufweisen,
- **Integration** von Teilprozessen und einzelnen Arbeitsgängen durch CIM-Aktivitäten zur Vermeidung von Schnittstellen.

Die Wartezeiten (w_{iz}) der Produktionsaufträge vor den einzelnen Produktionsanlagen lassen sich durch eine verbesserte Organisation der **Maschinenbelegung** (vgl. S. 348 ff. im operativen Management), durch Abbau von Hierarchieebenen oder durch Integration aufeinander folgender Produktionsstufen mit Hilfe der automatisierten Fertigung reduzieren. Die daraus resultierende Verkürzung der Durchlaufzeiten der Produktionsaufträge führt zu einem Abbau von Lagerbeständen und erhöht dadurch die Produktivität.

Im Zuge des arbeitssparenden technischen Fortschritts benötigen moderne Produktionsanlagen weniger Personal, so daß P_i durch entsprechende Investitionen abnimmt und die (Arbeits-)Produktivität des Systems verbessert wird.

Es soll nun an Hand des Modells gezeigt werden, daß auch die **Qualität** durch organisatorische Maßnahmen des Lean Management verbessert werden kann. Die Neugestaltung der Bearbeitungs- und Rüstprozesse mit BPR ermöglicht den Einbau ständiger Qualitätskontrollen auf jeder Produktionsstufe und damit eine Senkung von b_{iz}, da die **Nachbearbeitungszeit** für defekte Stücke, die in diesem Parameter enthalten ist, weitgehend entfällt. Darüber hinaus wird im Modell kein Ausschuß berücksichtigt, sondern es werden nur funktionstüchtige Produkteinheiten erfaßt (Qualitätserfordernis des Lean Management).

Schließlich wird die **Flexibilität** im Modell durch den Einbau temporärer Kapazität in die Zielfunktion und die Kapazitätsbedingung (81b) sowie durch die eventuelle Verschiebung von Kundenaufträgen in andere Teilperioden gemäß (82b) berücksichtigt. Voraussetzung für eine erhöhte Flexibilität ist allerdings, daß dieser organisatorische Spielraum durch die Einführung der **flexiblen Arbeitszeit** mit niedrigen zusätzlichen Personalkosten k_{qi} auch tatsächlich genutzt werden kann.

Damit wurde gezeigt, daß die Lean Management Ziele Produktivität, Qualität und Flexibilität mit Hilfe der organisatorischen Verbesserung der Modell-parameter erreicht werden können. Das Modell selbst enthält keine explizite

Aussage über die Deckungsbeiträge (d_z) der einzelnen Kundenaufträge z. Es muß deshalb angenommen werden, daß sie generell positiv sind, auch wenn die temporäre Personalkapazität eingesetzt wird.

Eine andere Möglichkeit zur Berücksichtigung der Deckungsbeiträge besteht darin, die Zielfunktion (80) um den Term

$$+\sum_{qz}(1 - x_{qz})d_z$$

zu erweitern. Verzichtet das Unternehmen in der Teilperiode q auf einen bestimmten Kundenauftrag z ($x_{qz} = 0$), so wird der entgangene Deckungsbeitrag d_z als „**Opportunitätskosten**" wirksam, während bei Erledigung des Auftrags ($x_{qz} = 1$) keine Opportunitätskosten entstehen. Durch diese Erweiterung können die gewinnträchtigen Kundenaufträge realisiert und damit das Ziel der Gewinnmaximierung mit berücksichtigt werden.

d) Die Grenzen von Lean Management

In der Unternehmenspraxis ist Lean Management in der jüngsten Vergangenheit leider etwas ins Zwielicht gerückt, und zwar aus zwei Gründen:

- Der Begriff degenerierte zum **Schlagwort** und wurde mehr und mehr zum Synonym für „Personal- und Kapazitätsabbau".
- Die propagandistische Verbreitung des Konzepts weckte Hoffnungen auf ein „Allheilmittel", die weitgehend enttäuscht worden sind, da die Grenzen von Lean Management nicht gesehen wurden.

Da Idee und Konzept der Lean Management Philosophie grundsätzlich richtig sind, sollen an dieser Stelle auch die Unzulänglichkeiten beschrieben werden, um einer falschen Anwendung in der Praxis vorzubeugen.

1. Einseitige Kostenbetrachtung

Das Modell zum Lean Management minimiert die Kapazitäts- und Personalkosten für ein bestimmtes Auftragsvolumen. Es vernachlässigt daher in seiner ursprünglichen Form die **absatzpolitische** Seite und konzentriert sich zu sehr auf Kostenentlastungen. Das mag in Zeiten rückläufiger Konjunktur auch sinnvoll sein, kann aber auf mittlere Sicht zu einer übertriebenen Personalreduktion führen, so daß der Personalbestand zum **Engpaß** wird, wenn die Nachfrage im Zuge einer Konjunkturerholung ansteigt (Beispiel: Toyota in der zweiten Hälfte der 80er Jahre). Darüber hinaus kann ein übertriebener Personalabbau einen erhöhten **Arbeitsstreß** beim verbleibenden Personal nach sich ziehen, der sich in einer verschlechterten **Arbeitsqualität** niederschlägt und damit das zweite Ziel des Lean Management gefährdet.

2. Unzureichende Risikobetrachtung

Die Minimierung des Personal- und Kapazitätsbestandes sowie der weitgehende Abbau der Lagerbestände in Folge der Verkürzung der Durchlaufzeiten kann ein Unternehmen so „schlank" machen, daß es keinerlei Reserven für unvorhersehbare **Störungen** in Produktion, Distribution und Beschaffungslogistik aufweist. Solche Störungen können nicht nur durch (recht seltene) Naturkatastrophen oder Streiks verursacht werden, sondern auch durch defekte Produktionsanlagen, Lieferverzögerungen von Bauteilen seitens der Zulieferer usw.

Gegen solche Risiken kann man sich nur mit **Sicherheitsbeständen** von Produkten bzw. Halbfabrikaten schützen, die jedoch der „reinen“ Lean Management Lehre widersprechen.

3. Fehlende Umweltbetrachtung

Die Minimierung der Durchlaufzeiten und Lagerbestände erfordert ein **rechtzeitiges** Anliefern der von außen bezogenen Einzelteile und Materialien nach dem **Just-in-Time-Prinzip** (vgl. hierzu Einzelheiten S. 320). Das bedeutet im Regelfall, daß von den Zulieferern **häufiger kleinere** Mengen zum Produzenten transportiert werden müssen, was die Auslastung der Speditionsfahrzeuge ungünstig beeinflußt.

Die Verkehrsdichte insbesondere im Straßenverkehr sowie Häufigkeit und Dauer von Staus nehmen zu, so daß unnötige **Emissionen** verursacht werden. Diese und andere Umweltbeeinträchtigungen werden aber bisher vom Lean Management Konzept nicht beachtet.

Hiermit sind die wichtigsten Grenzen von Lean Management aufgezeigt. Um das - im Grundsatz - richtige Prinzip erfolgreich anwenden zu können, sollte der Ansatz so weiterentwickelt werden, daß das Ziel Senkung der Anlagen- und Personalkapazität durch die Ziele Risikominimierung und Umweltschonung sowie absatzpolitische Ziele ergänzt wird. Weiter müssen die Interdependenzen zwischen den Zielen klar beachtet und die Ziele selbst behutsam gegeneinander ausbalanciert werden.

II. Total Quality Management (TQM)

a) Begriff und Zielsetzung

Der Begriff Qualität ist in diesem Lehrbuch schon häufig verwendet worden. Angefangen bei der empirischen Bedeutung der Produktqualität im Rahmen des PIMS-Programms (S. 40) über die Nutzenkategorien eines Produktes (S. 47) bis zum Lean Management und seinem Ziel einer hohen Qualität (S. 224) waren Qualitäts-Aspekte Gegenstand der Betrachtung.

In dem vorliegenden Abschnitt bilden jedoch die **Qualität** und ihr **Management** im Rahmen des gesamten Unternehmens den **Kern** der Untersuchung. Es wird sich herausstellen, daß die Entscheidungen über die Qualität der angebotenen Produkte und Dienstleistungen einen zentralen Teil des strategischen Managements ausmachen.

Der Begriff **Qualität** ist nicht leicht zu definieren. Starr (Operations Management 1996, S. 116) weist darauf hin, daß der **Produzent** meistens unter Qualität eines Produktes die Erfüllung vorgegebener Spezifikationen oder Normen versteht, während der **Konsument** den Grad der Erfüllung seiner an das Produkt gestellten Anforderungen oder Erwartungen als Qualität ansieht.

Demgegenüber versucht das Deutsche Institut für Normung beide Aspekte zusammenzufassen und definiert **Qualität** als

> „Gesamtheit von **Eigenschaften** und **Merkmalen** eines Produktes oder einer Dienstleistung, die sich auf deren Eignung zur Erfüllung festgelegter und vorausgesetzter **Erfordernisse** beziehen." (DIN ISO 8402, Qualitätsmanagement 1993)[19]

Bei dieser Definition ist positiv hervorzuheben, daß der Qualitätsbegriff **mehrdimensional** gesehen wird (Eigenschaften/Merkmale) und auf bestimmte, nicht nur vom Produzenten festzulegende, Erfordernisse abstellt. Leider ist aber die **Kundenorientierung** als Basis der Qualität nicht explizit erwähnt.

Die von den Kunden ausgehenden Wünsche müssen jedoch der Ausgangspunkt für die Entwicklung der Eigenschaften des Produktes sein. Je besser die Produkteigenschaften auf diese Wünsche abgestimmt sind, um so höher wird die Qualität des Produktes eingestuft. Die Qualitätsdimensionen (Eigenschaften) werden im nächsten Unterabschnitt näher untersucht. Zuvor soll aber noch das Wesen des **Total Quality Management (TQM)** und seine strategische Bedeutung herausgearbeitet werden.

Da TQM sprachlich amerikanischen Ursprungs ist, soll zunächst die Definition von M. Starr (Operations Management 1996, S. 114) angeführt werden:

> „TQM is a management strategy that requires a company-wide systems approach to quality."

Hier wird also TQM als eine **Strategie** aufgefaßt, deren Kern ein das ganze Unternehmen umfassender, systemorientierter Ansatz im Hinblick auf die Qualität ist. Ein systemorientierter Ansatz berücksichtigt nicht nur die Auswirkungen des Qualitätsmanagements auf einen Funktionsbereich (z.B. Produktion), sondern auf alle Bereiche des Unternehmens.

Die das ganze Unternehmen - und damit sämtliche Mitarbeiter - betreffende Ausrichtung aller Aktivitäten auf Qualität ist auch im europäischen Bereich unbestritten das Wesen des Total Quality Management. Den weiteren Betrachtungen soll daher eine eigene, etwas detailliertere Definition, die auch Elemente von DIN ISO 8402 Nr. 3.7 aufgreift, zugrunde gelegt werden:

TQM ist ein **Qualitätsmanagement**, das

- die Qualität in den **Mittelpunkt** aller **Unternehmensaktivitäten** stellt,
- auf der Teilnahme aller **Mitarbeiter** des Unternehmens beruht und
- durch **Zufriedenstellen** der **Kunden** einen langfristigen Geschäftserfolg anstrebt.

Hier ist die Kundenorientierung explizit mit in die Definition einbezogen worden, da dies bei der DIN ISO 8402-Definition der Qualität nicht erfolgte.

---

19 DIN = Deutsches Institut für Normung; ISO = International Standardization Organization

Die **strategische Bedeutung** von TQM ergibt sich aus der empirisch gewonnenen Erkenntnis des PIMS-Programms, daß die Produktqualität ein wesentlicher **relativer Wettbewerbsvorteil** mit starken Auswirkungen auf den Geschäftserfolg, gemessen durch den Return on Investment (ROI), ist (vgl. S. 41 f.). Es ist daher nur konsequent, der Qualität innerhalb des strategischen Managements einen zentralen Platz zuzuweisen und ein explizites Qualitätsziel, wie es in der obigen TQM-Definition enthalten ist, zu formulieren. Die Verfolgung eines solchen Zieles hat drei strategische Vorteile:

- Stellt das Unternehmen seine Kunden mit der angebotenen Produktqualität zufrieden, kann sich dieser relative Wettbewerbsvorteil in einem höheren **Marktanteil** und/oder einer **verbesserten Gewinnsituation** niederschlagen.
- Eine hohe Qualität der angebotenen Produkte und Dienstleistungen bewirkt in der Regel eine ausgeprägte **Kundentreue**, die eine offensive Handhabung des absatzpolitischen Instrumentariums (besonders Preispolitik) erlaubt.
- Hohe Produktqualität führt zu **Kosteneinsparungen** bei der Nacharbeitung defekter Produkte und bei der Garantiegewährung.

Damit ist die Bedeutung von TQM für das strategische Management deutlich geworden. Die Durchführung bedarf jedoch der klaren Unterstützung des Topmanagements und der aktiven Mitwirkung aller Mitarbeiter des Unternehmens.

b) Die Ausdehnung des Qualitätsgedankens auf alle Funktionsbereiche

1. Dimensionen der Qualität

Das Wort Qualität leitet sich vom lateinischen qualitas = Beschaffenheit, Zustand ab, wobei die Beschaffenheit eines Produktes schon relativ früh durch seine **Eigenschaften** beschrieben wurde. Die für den potentiellen Käufer bedeutsamen Eigenschaften oder Merkmale eines Produktes sind in die Definition von DIN ISO 8402 eingeflossen und werden heute häufig als **Dimensionen** der Qualität bezeichnet.

Obwohl naturgemäß für jedes einzelne Produkt spezifische Qualitätsdimensionen wichtig sein können, hat die BWL versucht, **typische** Dimensionen der Qualität zu erarbeiten, die für die Mehrzahl der Produkte bedeutsam sind. Eines der detailliertesten Systeme von Qualitäts-Dimensionen findet sich bei M. Starr (Operations Management 1996, S. 120 f.) und sei hier auszugsweise wiedergegeben.

Starr unterscheidet zunächst zwischen **funktionalen** und **konzeptionellen** (nicht-funktionalen) Eigenschaften von Produkten. Dies entspricht der Einteilung in **Grund-** und **Zusatznutzen**, die in diesem Lehrbuch bei der Produktbeurteilung auf S. 47 verwendet wird.

Im Bereich der **funktionalen** Produkteigenschaften ergeben sich die folgenden elf Dimensionen der Qualität:

- Hauptzweck des Produktes
  Beispiel Geschirrspüler: Säubern und Trocknen aller Geschirrteile
- Einhaltung der vorgegebenen technischen Standards

Wassertemperatur, Wassermenge, Spülgeräusch, Spülzeit, Energieverbrauch, Sauberkeitsgrad, Trocknungsgrad
- Zuverlässigkeit des Produktes
  Realisierung des Hauptzwecks und Einhaltung der Standards bei längerem Gebrauch
- Haltbarkeit des Produktes
  z.B. bei extremer Belastung
- Erwartete Nutzungsdauer
- Wartungskosten und Wartungshäufigkeit
- Reparaturkosten und Reparaturzeit
- Garantiebestimmungen
- Sicherheit beim Gebrauch des Produktes
- Gebrauchskomfort
  z.B. optische oder akustische Signale am Ende von Spül- und Trockenzeit
- Benutzerfreundlichkeit
  z.B. Übersichtlichkeit des Bedienfeldes und der Programmtasten, verständliche Gebrauchsanleitung

Diese die Funktion des Produktes direkt berührenden Eigenschaften werden ergänzt durch folgende nicht-funktionale aber dennoch wichtige Eigenschaften (Zusatznutzen):

- Aufmachung des Produktes
  z.B. gefällige Form, Farbe und Abmessungen des Geschirrspülers
- ästhetisches Design
  z.B. der Tür, des Tastenfeldes oder des Geschirrkorbs
- Befriedigung des Selbstwertgefühls des Nutzers
  z.B. Markenprestige, Anzahl der Waschprogramme, Dekor, Preis
- Angebot von Produktvarianten
  zur Erfüllung spezifischer Kundenwünsche.

Diese 15 Qualitätsdimensionen dürften das „Qualitätsspektrum" der meisten Produkte hinreichend abdecken. Das zu lösende Problem besteht nun in der **Messung** der Eigenschaften und in der Verknüpfung dieser Messungen zu einem „Qualitätsbild". Einige der **funktionalen** Eigenschaften, wie die Einhaltung der technischen Standards (Normen) oder die Wartungskosten sind **quantitativ** erfaßbar und damit objektiv zu bestimmen. Andere funktionale Dimensionen (Gebrauchskomfort, Benutzerfreundlichkeit, Garantiebestimmungen) und **alle** nicht-funktionalen Dimensionen sind nur **qualitativ** durch Kundenbefragungen zu erheben und haben damit einen subjektiven Charakter. Darüber hinaus müssen die Qualitäts-Dimensionen nach ihrer Bedeutung **gewichtet** werden, so daß ein Scoring-Modell (vgl. S. 76 ff.) zur Ermittlung eines Gesamt-Qualitäts-Index angebracht ist. Ein solches Modell kann natürlich nur für ein konkretes Produkt individuell konstruiert werden, so daß wir uns hier auf die Angabe der 15 Qualitätseigenschaften beschränken wollen.

2. Quality Function Deployment (QFD)

Sind die oben analysierten Qualitäts-Dimensionen durch Messung und Kundenerhebung bestimmt worden, können sie anschließend auf weitere Funktionsbereiche des Unternehmens übertragen werden. Dieser Prozeß der Ausdehnung des Qualitätsgedankens auf alle Funktionsbereiche wird Quality

Function Deployment genannt und stammt ursprünglich aus Japan (Chase/Aquilano, Production and Operations Management 1995, S. 175 f.).

Der Prozeß beginnt mit der Erhebung der Kundenwünsche bezüglich der Qualitäts-Dimensionen durch die Marketingabteilung. Die Forschungs- und Entwicklungsabteilung (F&E) versucht nun, technische Lösungen zur Erfüllung dieser Kundenwünsche zu entwickeln. Im Idealfall geschieht dies durch ein gemeinsames Team aus Marketing- und F&E-Mitarbeitern.

Die gefundenen technischen Lösungen werden dann mit der Einkaufsabteilung abgestimmt, die ihrerseits die geeigneten Einzelteile zur Beschaffung auswählt. Die Produktionsabteilung bestimmt schließlich unter Berücksichtigung der F&E-Ergebnisse und der Qualität der zu beschaffenden Einzelteile den geeigneten Produktionsprozeß, um die Produkte mit den von den Kunden gewünschten Eigenschaften herzustellen. Auf diese Weise werden die Qualitätsforderungen des Kunden vom Marketing an alle folgenden Funktionsbereiche „weitergereicht" und so auf das gesamte Unternehmen ausgedehnt. Damit ist der Forderung des **Total** Quality Management Rechnung getragen.

Bezieht man auch noch die Zulieferer in diesen Prozeß ein und durchläuft die obigen Schritte nicht sukzessive, sondern mit gegenseitiger Rückkoppelung der einzelnen Funktionsbereiche, so nennt man diesen Vorgang auch **simultaneous engineering**, eine Form des Projektmanagements, die insbesondere bei der Entwicklung neuer Produkte angewandt wird. Hier wird wieder deutlich, welch herausragende Bedeutung der ganzheitliche Qualitätsgedanke in allen Funktionsbereichen des Unternehmens hat.

c) Die qualitätsbezogenen Kosten

Um ein hohes Qualitätsniveau der Produkte zu erreichen und zu erhalten, müssen vor allem zwei Arten von Kosten aufgewendet werden:

- **Inspektionskosten**
  zur ständigen Überprüfung der Produkteigenschaften, aber auch des Produktionsprozesses,
- Kosten zur **Vermeidung** von **Produktionsfehlern**,
  z.B. Fehleranalyse, Konstruktionsänderungen des Produkts, Personaltraining, Änderung des Produktionsprozesses.

Da in der Realität kein Unternehmen eine vollständig fehlerlose Qualität seiner Produkte erreichen wird, müssen noch zwei weitere Kostenarten in Betracht gezogen werden:

- **Interne Fehlerkosten**
  durch defekte Produkte oder Produktteile, die repariert, nachgebessert oder gar verschrottet werden müssen,
- **externe Fehlerkosten**
  durch defekte Produkte, die verkauft wurden: Reparatur oder Neulieferung im Rahmen der Garantie, Kundenärger, Verlust von Goodwill.

Diese vier qualitätsbezogenen Kosten müssen bei den strategischen Entscheidungen über das Qualitätsniveau sorgfältig mit in die Analyse einbezogen werden, da sie nach amerikanischen empirischen Untersuchungen

15 bis 20 % des **Umsatzes** ausmachen können (Chase/Aquilano, Production and Operations Management 1995, S. 178).

Damit haben wir die wichtigsten Komponenten des Total Quality Management,

- Qualitäts-Dimensionen,
- Ausdehung des Qualitätsgedankens auf alle Funktionen,
- qualitätsbezogene Kosten,

eingehend dargestellt und ihre gegenseitige Verknüpfung sichtbar werden lassen. Zur Beurteilung des Qualitätsmanagements konkreter Unternehmen sind inzwischen Systeme entwickelt worden, die diese Komponenten enthalten und die Unternehmen einer eingehenden Qualitätsprüfung unterziehen.

d) Beurteilungssysteme des Qualitätsmanagements

1. Die Normenreihe ISO 9000 ff.

Zur Erhöhung der Qualität von Produkten und Dienstleistungen hat die International Organization for Standardization (ISO) 1987 eine Normenreihe mit den Nummern 9000-9004 erlassen, die inzwischen von mehr als 100 Ländern, darunter auch der Bundesrepublik Deutschland, als nationale Normvorschrift anerkannt wird.

Ziel dieses Normenwerks ist es, **Modelle** für **Qualitätsmanagement-Systeme** zur Verfügung zu stellen, die zur **Qualitätssicherung** in Design/Entwicklung, Beschaffung, Produktion, Montage, Wartung und Endprüfung des Produkts dienen sollen. Unternehmen, die Qualitätsmanagement-Systeme nach diesen Normen entwickeln, können von einer autorisierten Stelle (z.B. TÜV) ein **Zertifikat** mit der Dokumentation erhalten, daß ihr Qualitätsmanagement den in ISO 9000 ff. niedergelegten Forderungen entspricht. Diese sogenannte **Zertifizierung** kann, wenn sie überall anerkannt wird, eine Basis des **Vertrauens** zwischen Lieferanten und Kunden schaffen.

Der Inhalt der Normenreihe gliedert sich wie folgt:

ISO 9000 und 9004:	2 Leitfäden zur Anwendung von ISO 9001-9003
ISO 9001 :	Modell zur Qualitätssicherung und Darlegung des Qualitätsmanagements in Design, Entwicklung, Produktion, Montage und Wartung
ISO 9002 :	wie 9001, aber ohne Design und Entwicklung
ISO 9003 :	Modell zur Qualitätssicherung bei der Endprüfung

Die umfassendste und für die **Industrie** wichtigste Norm ist **ISO 9001** in Verbindung mit dem Leitfaden ISO 9000-1 und dem zugrunde liegenden Begriffssystem ISO 8402.

Können Industriefirmen einer zertifizierenden Stelle, z.B. dem TÜV, durch schriftliche Dokumentation (Handbücher) nachweisen, daß sie ein Qualitätsmanagement-System auf der Grundlage von 20 in ISO 9001 niedergelegten **Forderungen** an die **Qualitätssicherung** errichtet haben, bekommen sie ein **Zertifikat**, das drei Jahre gültig ist und das sie bei ihren Kunden und Lieferanten als „vertrauensbildende Maßnahme" bezüglich der Qualitätssicherung verwenden können.

Die wichtigsten der 20 Qualitätsforderungen aus ISO 9001 sind im folgenden wiedergegeben:

- Verantwortung der **Unternehmensleitung** für die gesamte Qualitätspolitik (inkl. Dokumentation) und die Organisation des Qualitätsmanagements,
- Einführung und Dokumentation eines **Qualitätsmanagement-Systems** mit detaillierten schriftlichen Verfahrensanweisungen[20],
- Dokumentation der **Produktmerkmale** und Steuerung des **Produkt-Designs** durch Verfahrensanweisungen,
- Erarbeitung von Verfahrensanweisungen zur **Beurteilung** der **Qualität** der von den **Zulieferern** angebotenen Materialien,
- Kennzeichnung und **Rückverfolgbarkeit** von Produkten und Produktteilen,
- Erarbeitung von Verfahrensanweisungen zur Planung und Durchführung der **Produktionsprozesse** (Erfüllung der Normen, Überwachung der Prozeßparameter, Instandhaltung der Produktionseinrichtungen usw.),
- Erstellung von Verfahrensanweisungen zur **Prüfung** von Materialien, zur **Beurteilung** fehlerhafter Produkte und zur **Beseitigung** von Fehlerursachen,
- Dokumentation und Ablage von **Qualitätsaufzeichnungen**,
- interne **Qualitätsaudits** und Dokumentation der Ergebnisse,
- **Schulung** der Mitarbeiter und
- Anwendung von Methoden der **statistischen Qualitätskontrolle.**

Diese Übersicht zeigt, daß vor allem schriftlich fixierte **Verfahrensanweisungen** sowie eine ausgedehnte **Dokumentation** im Mittelpunkt von ISO 9001 stehen. Es wird dort die Ansicht vertreten, daß ein extern überprüfbares und konsistentes Qualitätsmanagementsystem die beste Voraussetzung für ein hohes Qualitätsniveau bietet. Auf quantifizierbare Qualitätsforderungen, wie Fehler- und Ausschußquoten oder maximale Fertigungsstoleranzen, wird wegen mangelnder Verallgemeinerungsfähigkeit dagegen verzichtet.

Obwohl die Normenreihe ISO 9000 ff. im In- und Ausland viele Befürworter hat, müssen für eine Beurteilung unter wissenschaftlichen wie praktischen Gesichtspunkten die unbestreitbaren Vorzüge sorgfältig gegen vorhandene Unzulänglichkeiten abgewogen werden.

Folgende **Vorzüge** kann man ISO 9000 ff. attestieren:

- Die **systematische Vorgehensweise** bei der Erarbeitung und Dokumentation der Verfahrensanweisungen und der Qualitätshandbücher zwingt die Beteiligten zu einer klaren gedanklichen Durchdringung der die Qualität beeinflussenden Geschäftsprozesse und ermöglicht so das Erkennen von Schwachstellen und Qualitätsproblemen.
- Die Zertifizierung bietet einen geeigneten Rahmen für eine **kontinuierliche** Qualitätsüberwachung.
- Zertifizierte Unternehmen haben strategische **Wettbewerbsvorteile**.

---

[20] Eine Verfahrensanweisung ist die dokumentierte, festgelegte Art und Weise, eine Tätigkeit auszuführen.

- Durch die Qualitäts-Verantwortung der **Unternehmensleitung** wird das **Quality Function Deployment** (S. 233) ermöglicht und damit ein wichtiger Schritt zum TQM getan.
- Die Beweisführung im Rahmen des **Produkthaftungsgesetzes** wird durch die Zertifizierung erleichtert.

Die folgenden **Unzulänglichkeiten** bzw. **Gefahren** können jedoch nicht übersehen werden:

- Es wird nicht die Qualität des Produktes zertifiziert, sondern nur die **Einhaltung** des vom Unternehmen selbst festgelegten **Qualitätsniveaus**. Daher kann auch ein minimaler Qualitätsstandard zertifiziert werden.
- Die Unternehmen laufen Gefahr, statt kundenorientiert **normorientiert** zu denken.
- Die schriftlich fixierten Verfahrensanweisungen und Dokumentationen bergen die Gefahr einer **Bürokratisierung**, die die Flexibilität bei der Weiterentwicklung der Produktionsprozesse hemmt.
- Die Qualität der **Zertifizierungsstellen** und ihre Branchenkenntnisse hinsichtlich der zu zertifizierenden Unternehmen können nicht immer gewährleistet werden.
- Die **Anforderungen** für die Erteilung des Zertifikats können sich in den ISO-Mitgliedsländern sehr unterscheiden.

Trotz dieser ernstzunehmenden Gefahren kann festgehalten werden, daß die Zertifizierung nach ISO 9000 ff. ein wichtiger Schritt zu einem höheren Qualitätsniveau in der Wirtschaft und eine **notwendige Voraussetzung** für das Total Quality Management darstellt. Ob ISO 9000 ff. auch **hinreichend** für TQM ist, d.h. die angebotenen Produkte die Kunden auch wirklich zufriedenstellen, hängt weitgehend von der „inhaltlichen" Gestaltung der die Qualität erzeugenden Prozesse ab und kann nicht von den Zertifizierungsstellen sondern nur von den Kunden beurteilt werden.

2. Der amerikanische Baldrige Quality Award

Obwohl die USA Mitglied von ISO sind und die Normenreihe ISO 9000 ff. auch dort angewendet wird, gibt es zusätzlich noch einen **nationalen Qualitätspreis**, der nach Malcolm Baldrige, einem US-Kongreßabgeordneten, benannt ist und seit 1988 verliehen wird.

Der Gewinn dieses Preises, der nur amerikanischen Unternehmen zuerkannt wird, ist an sieben **Kriterien** geknüpft, die noch stärker die Elemente des Total Quality Mangement widerspiegeln als ISO 9000 ff. Die Gewichtung der sieben Kriterien wird jährlich neu festgesetzt und durch eine maximale Anzahl von Punkten bei den einzelnen Kriterien ausgedrückt.

Tabelle 31 zeigt die Kriterien von 1995 mit ihren Punkten (Starr, Operations Management 1996, S. 145).

Tab. 31 Kriterien des Baldrige Quality Award

1.	Führungsqualitäten und Organisation der Unternehmensleitung	90	Punkte

2.	Informationsmangement und Analyse der Unternehmens- und Wettbewerbsdaten	75	Punkte
3.	Strategische Planung	55	Punkte
4.	Personalmangement Aus- und Weiterbildung der Mitarbeiter Personalentwicklung	140	Punkte
5.	Prozeßmangement Entwicklung, Produktion und Vertrieb der Produkte Unterstützung der Zulieferer-Performance	140	Punkte
6.	Betriebliche Kennziffern Produktqualität, Produktivität, Ausschußverminderung, Betriebsergebnis, ROI	250	Punkte
7.	Kundenzufriedenheit Kundenbefragungen, Vergleiche mit Wettbewerbern	250	Punkte
	Summe	1.000	Punkte

Man ersieht aus Tabelle 31, daß die empirisch ermittelte **Kundenzufriedenheit** und die betrieblichen Kennziffern mit je 25 % Gewicht die größte Bedeutung aufweisen. Dies ist, genauso wie die relativ hohe Gewichtung des **Personal-** und **Prozeßmanagements**, ganz im Sinne unserer Definition des Total Quality Management von S. 231.

Darüber hinaus scheint dieser Qualitätspreis die Unternehmen stärker zum TQM zu bewegen, da nur jeweils der Bewerber mit der höchsten Punktzahl in den drei Kategorien Produktion, Handel und Dienstleistungen den Preis gewinnt, während die Zertifizierung nach ISO 9000 ff. nur ein Qualitätsniveau festlegt, das viele Unternehmen überschreiten können.

Da der Baldrige Award nur US-Unternehmen verliehen wird, ist eine weltweite Anwendung nicht möglich. Man sollte aber bei der Fortentwicklung der Normenreihe ISO 9000 ff. Elemente des Baldrige Award übernehmen, um dem Ziel des Total Quality Management in Zukunft noch näher zu kommen.

e) Kontinuierliche Verbesserungs-Prozesse (KVP)

In den letzten Abschnitten ist klar geworden, daß das Ideal des Total Quality Management ein Fernziel ist, das nur durch ununterbrochene Anstrengungen zur **Qualitätsverbesserung** auf allen Unternehmensebenen erreichbar erscheint. Man kann zwar einen Produktionsprozeß z.B. durch BPR völlig neu gestalten, muß ihn dann aber **kontinuierlich** weiterentwickeln, um qualitativ auf der Höhe des Wettbewerbs zu bleiben.

Diese Strategie der **kontinuierlichen Verbesserung** ist in Japan unter dem Namen „KAIZEN" begründet worden und wird heute in allen Industrieländern von einer wachsenden Zahl von Unternehmen angewandt.

Wir können im Anschluß an Chase/Aquilano (Production and Operations Management 1995, S. 180) einen **kontinuierlichen Verbesserungs-Prozeß** (KVP) als Prozeß definieren, bei dem Mitarbeiter aus verschiedenen Funktionsbereichen, als **Team** organisiert, versuchen, **laufende** Verbesserungen für

- Produktionsmethoden,
- Arbeitseffizienz,
- Materialausbeute und
- Nutzung der Produktionsanlagen

zu ersinnen und umzusetzen.

Von motivierten Mitarbeitern effizient durchgeführte KVP können im Laufe der Zeit nicht nur erhebliche **Kosteneinsparungen**, sondern auch nennenswerte **Qualitätsverbesserungen** herbeiführen und damit im Sinne von TQM wirken.

Um KVP konkret durchzuführen, sind zahlreiche „Werkzeuge" entwickelt worden, die von einfachen Heuristiken und Daumenregeln bis zur komplexen statistischen Qualitätskontrolle reichen.

Ein typischer KVP wird in der Regel in folgenden Schritten ausgeführt:

1. **Auswahl** des zu verbessernden **Problembereichs**

   Ein Problembereich kann ein einzelner Geschäftsprozeß, eine Prozeßkette oder gar ein ganzer Funktionsbereich (z.B. Vertrieb) sein. Wichtig ist die **Dringlichkeit** des Problems, da die Verbesserungs-Teams nicht gleichzeitig an allen Schwachstellen des Unternehmens arbeiten können.

2. **Analyse** der **Ist-Situation** des zu verbessernden Problembereichs

   Hier sind die Methoden des Business Process Reengineering (BPR) ein geeignetes Werkzeug, um die Struktur eines Prozesses, seine Schnittstellen sowie die Warte- und Durchlaufzeiten zu erheben.

3. Entwicklung und Umsetzung von **Verbesserungs-Maßnahmen**

   Solche Maßnahmen umfassen veränderte Arbeitsabläufe (z.B. bei Rüstprozessen), Zusammenfassung von Arbeitsgängen zur Beseitigung von Schnittstellen, neue Arbeitstechniken, Einführung der Gruppenarbeit zur Erhöhung der Mitarbeiter-Motivation, flexible Arbeitszeit zur besseren Nutzung der Produktionsanlagen und Verwendung von Materialien mit verbesserten Eigenschaften.

4. **Wirkungsanalyse** der umgesetzten Verbesserungs-Maßnahmen

   Es sind erneut Daten über die „veränderten" Prozesse zu erheben, um die Wirkung der Maßnahmen kontrolliert erfassen zu können. Dabei muß sichergestellt werden, daß die ermittelten Veränderungen auch tatsächlich durch die getroffenen Maßnahmen und nicht durch externe Parameter bewirkt wurden.

5. Endgültige **Implementierung** und **Standardisierung** der Maßnahmen

   Sind die den Problembereich bildenden Prozesse tatsächlich verbessert worden, so werden die Verbesserungs-Maßnahmen endgültig implementiert. Um sie auch in anderen Unternehmensbereichen im Sinne von TQM anwenden zu können, müssen sie evtl. verallgemeinert werden und sollten darüber hinaus im Interesse einer effizienten Anwendung standardisiert werden.

6. **Rücksprung** zu 1.

Kontinuierliche Verbesserungsprozesse erreichen definitionsgemäß kein Endziel, sondern suchen sich einen anderen Problembereich oder beginnen einen neuen Verbesserungsversuch, falls die unter Punkt 3. ergriffenen Maßnahmen keinen Erfolg hatten.

Dieser aus sechs Schritten bestehende typische KVP konzentriert sich auf die Prozesse des Unternehmens und zieht nur **interne Vergleiche** bei der Beurteilung einer Verbesserung heran.

Das Unternehmen ist jedoch gut beraten, die Effizienz seiner Prozesse auch **extern** durch Vergleich mit anderen Unternehmen seiner Branche und darüber hinaus zu überprüfen.

Ein Instrument für diesen Vergleich ist **Benchmarking**. Dies Wort leitet sich ab von engl. benchmark, einem Holzstab mit Markierungen zur Messung einer Referenzgröße (z.B. Wasserstand). Ein solcher markierter Stab erhielt später die übertragene Bedeutung **„Vergleichsmaßstab"** oder **„Standard"**.

Benchmarking im betriebswirtschaftlichen Sinne ist also der Vergleich des eigenen Unternehmens mit den als **Vergleichsmaßstab** dienenden **besten** Wettbewerbern und/oder **exzellenten** Unternehmen außerhalb der eigenen Branche hinsichtlich der Produktionsprozesse, Produkte, Funktionsbereiche oder anderer Unternehmenscharakteristika.

Diese Definition läßt erkennen, daß Benchmarking nicht nur bei der Qualitätsverbesserung sondern auch bei anderen unternehmerischen Teilzielen, wie Kostensenkung, Produktivitätserhöhung oder Verminderung der Durchlaufzeiten anwendbar ist. Doch gerade beim Streben nach kontinuierlicher Verbesserung bedarf das Unternehmen eines externen Vergleichsmaßstabs, um jederzeit den **absoluten** Abstand zu den besten Firmen zu kennen.

Das **Benchmarking** im Zusammenhang mit einem kontinuierlichen Verbesserungsprozeß kann in vier Schritten beschrieben werden (ähnlich Chase/Aquilano, Production and Operations Management 1995, S. 183 ff.):

1. **Auswahl** der zu verbessernden Prozesse (wie KVP)
2. **Bestimmung** der **Unternehmen**, die diese Prozesse **am besten** realisieren
   Hierfür kommen z.B. die Gewinner des **Baldrige Award** in Betracht, die im Bereich des Total Quality Management führend sind. Aber auch durch Studien von Unternehmensberatungen und Verbänden lassen sich erstklassige Unternehmen finden.
3. **Kontaktaufnahme** mit den Vergleichs-Unternehmen
   Dies sollte auf der Top-Management-Ebene geschehen, um die Genehmigung für Mitarbeiter-Interviews, Videoaufzeichnungen von Abläufen, Analysen von Prozessen u.ä. zu erhalten.
4. **Analyse** und **Vergleich** der eigenen und fremden Prozesse
   Es müssen zunächst die **Strukturen** der Prozesse sorgfältig analysiert werden, ob ein Vergleich überhaupt zulässig ist. Ist dies der Fall, sind die **Prozeßergebnisse** an Hand festgelegter **Maßstäbe**, wie Fehlertoleranzen, Anteil defekter Stücke, Anteil der Nachbearbeitungszeit an der Durchlaufzeit, Termineinhaltung usw., zu überprüfen und zu vergleichen.

Ein gut durchgeführtes Benchmarking, in dem neue Erkenntnisse über die **Lücken** zwischen dem eigenen Unternehmen und dem exzellenten Vergleichsunternehmen und über deren **Ursachen** gewonnen wurden, kann einen „neuen“ kontinuierlichen Verbesserungs-Prozeß in Gang setzen, der wieder einen Schritt näher zum Total Quality Management hinführt.

f) Statistische Qualitätskontrolle

Die Qualität der hergestellten Produkte kann quantitativ durch eine Reihe von Maßzahlen, wie Gewicht, Größe, Volumen, Zugfestigkeit oder auch durch den Anteil defekter Stücke, gemessen werden. Da jeder Produktionsprozeß ein **stochastischer** Prozeß ist, schwanken die gemessenen Werte der Maßzahlen im Zeitablauf. Eine **qualitative Beurteilung** eines Produktionsprozesses ist daher nur mit **statistischen** Methoden angemessen durchzuführen. Das gilt für alle Maßnahmen im Rahmen von TQM und hat sich auch in Forderung 20 von ISO 9001 niedergeschlagen.

Das Gebiet der **statistischen Qualitätskontrolle**, das sich mit diesem Problemkreis beschäftigt, ist so weit ausgedehnt, daß es hier nicht abgehandelt werden kann. Es soll nur mit einem kleinen Beispiel die typische Vorgehensweise verdeutlicht werden. Wegen weiterer Einzelheiten sei auf die einschlägigen Lehrbücher (z.B. Uhlmann, Statistische Qualitätskontrolle 1966) hingewiesen.

Es wird ein Produktionsprozeß betrachtet, mit dem nach Länge und Durchmesser genormte Schrauben gefertigt werden. Weichen die Werte für Länge und Durchmesser einer Schraube um einen bestimmten Prozentsatz von der Norm ab, so gilt sie als **defekt** und wird dem Ausschuß zugeordnet. Das Unternehmen strebt im Sinne des TQM eine **Ausschußquote** von 5 % an. Zur Prüfung dieses Wertes werden viermal täglich Stichproben von je 50 Schrauben entnommen und die Anzahl defekter Stücke festgestellt. Dabei ergibt sich an einem Tag folgendes Bild:

Nr. der Stichprobe	Anzahl defekter Stücke	Ausschußquote (%)
1	2	4
2	3	6
3	1	2
4	4	8

Es soll nun mit Hilfe dieser Ergebnisse festgestellt werden, ob der Produktionsprozeß stabil ist und eine Ausschußquote von 5 % angenommen werden kann.

Zunächst ergibt sich aus der statistischen Methodenlehre, da das Ergebnis der Prüfung einer Schraube nur die Werte „defekt = 1“ und „nicht defekt = 0“ annehmen kann, daß diese Zufallsvariable einer **Binomialverteilung** unterliegt. Als Summe von binomial verteilten Zufallszahlen ist die Anzahl der defekten Stücke in der Gesamtstichprobe (10) und auch die Ausschußquote (10/200) nach dem zentralen Grenzwertsatz **normal verteilt** und kann als eine Approximation der wahren Werte des Produktionsprozesses angesehen werden.

Damit gilt als erwartete Ausschußquote p = 5 %. Um ein Konfidenzintervall für p zu konstruieren, benötigt man die Standardabweichung s der Ausschußquote p, bezogen auf eine Stichprobe mit der Anzahl n. Sie lautet aufgrund der Binomialverteilung für jede Teilstichprobe:

$$s = \sqrt{\frac{p(1-p)}{n}} = \sqrt{\frac{0{,}05 \cdot 0{,}95}{50}} = 0{,}031 = 3{,}1\ \%$$

Geht man appoximativ zur Normalverteilung über, so liegen 95 % der Ausschußquoten im Bereich von p ± 1,96 · s, was in unserem Fall zu einem **Konfidenzintervall** von 5 % ± 6,08 %, also mit den Grenzen **0 %** und **11,08 %**, führt.

Alle tatsächlich ermittelten Ausschußquoten der vier Teilstichproben liegen im Konfidenzintervall. Die Annahme einer Ausschußquote des Produktionsprozesses von 5 % kann also nicht zurückgewiesen werden, sondern ist mit den Stichprobenergebnissen verträglich. Der Produktionsprozeß kann als stabil mit dem **vorgegebenen Qualitätsniveau** von 5 % defekter Stücke angesehen werden.

In ähnlicher Weise lassen sich andere Parameter eines Produktionsprozesses, wie Zug- und Druckfestigkeit oder auch die Bearbeitungszeit eines Stückes, statistisch überprüfen. Fallen Stichprobenergebnisse aus dem Konfidenzintervall heraus, so ist der Produktionsprozeß nicht stabil und muß im Sinne von TQM neu justiert oder gar reorganisiert werden.

D. Management des Wandels

In diesem Abschnitt soll versucht werden, die unabhängig voneinander entstandenen und entwickelten Konzepte Business Process Reengineering, Lean Management, Total Quality Management, kontinuierliche Verbesserungsprozesse und Benchmarking unter einem einheitlichen theoretischen Blickwinkel zu betrachten und als Mosaiksteine zu einem übergeordneten organisatorischen Konzept zusammenzufügen.

Um Gemeinsamkeiten der o.a. Konzepte zu finden, ist eine sorgfältige Analyse der Ziele und Kernaussagen ratsam. Im Mittelpunkt des **Business Process Reengineering** stehen die **Verbesserung** und **Beschleunigung** der **Unternehmensprozesse** mit dem Ziel der engeren **Kundenorientierung**. Der Ansatz ist dynamisch, da die Abläufe und damit die **zeitlichen** Komponenten im Vordergrund des Interesses stehen und man bewußt **Veränderungen**, nicht aber ein statisches Gleichgewicht der Organisationsstruktur anstrebt.

Lean Management verändert die Organisationsstruktur ebenfalls durch „Verschlankung“ und hofft, damit eine Beschleunigung der Unternehmensprozesse (Lagerabbau, Verminderung der Durchlaufzeiten) und eine flexiblere Nutzung des Produktionsapparates zu erreichen.

Das **Total Quality Management** stellt die Qualität in den Mittelpunkt aller Unternehmensaktivitäten, beeinflußt aber indirekt durch Vermeidung von Ausschuß und Nachbearbeitung defekter Produkte auch die Produktivität und die Durchlaufzeiten (ISO 9000 ff.).

Die **kontinuierlichen Verbesserungsprozesse** tragen den dynamischen Veränderungsaspekt bereits im Namen und eignen sich zur Produktivitätssteigerung genauso wie zur Qualitätserhöhung und zur stärkeren Flexibilisierung der Unternehmensprozesse.

Schließlich rundet das **Benchmarking** diese Sichtweise ab, indem es auch unternehmensexterne Aspekte durch den **dynamischen Vergleich** des eigenen Unternehmens mit den **jeweils besten** Unternehmen in die Betrachtung einbezieht.

Diese Gegenüberstellung der einzelnen Konzepte zeigt, daß die **Veränderung** des gegenwärtigen **Zustands** das grundlegende Prinzip und der gemeinsame Kern aller Konzepte ist. Hervorgerufen wird dieses Streben nach Veränderung durch die konsequente Ausrichtung aller Unternehmensaktivitäten an den **Kundenwünschen**, die keine Konstanten sind, sondern sich rasch in viele Richtungen ändern können und das Unternehmen zu schnellen Reaktionen zwingen, um im Wettbewerb zu bestehen.

Fassen wir die einzelnen Konzepte unter Beachtung ihrer gegenseitigen Beziehungen zu einem Unternehmenskonzept zusammen, so können wir dieses neue Konstrukt **Management des Wandels** nennen, da der Wandel bei den einzelnen Unternehmensprozessen und Funktionsbereichen im Mittelpunkt der Betrachtung steht.

Die nachfolgende Abbildung 72 soll die Wirkungen der Konzepte auf die **Veränderungen** der strategischen Variablen und deren Einfluß auf das Haupt- und die Unterziele beim Management des Wandels verdeutlichen.

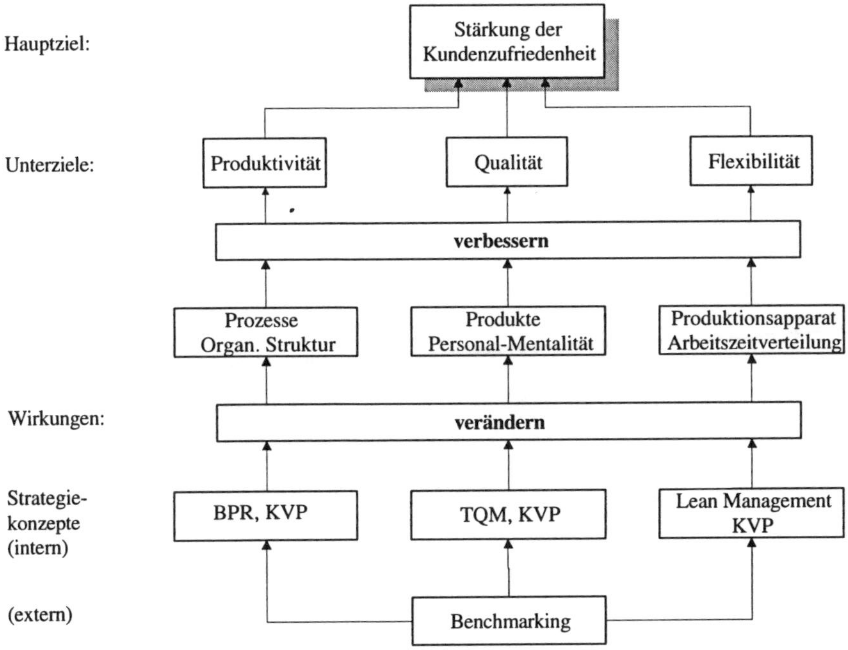

Abb. 72 Strukturelemente im Management des Wandels

Die über die gesamte Breite gezeichneten Kästen „verändern“ und „verbessern“ sollen andeuten, daß auch Querverbindungen möglich sind. So kann man zum Beispiel mit Businesss Process Reengineering (BPR) auch eine Veränderung von Produkten oder des Produktionsapparates bewirken und mit veränderten Prozessen nicht nur eine Verbesserung der Produktivität, sondern evtl. auch der Produktqualität und der Flexibilität erreichen. Die eingezeichneten Pfeile geben nur die „Hauptwirkungen“ an. Das Benchmarking ist die unterste Stufe, da es alle internen Strategiekonzepte und ihre Wirkungen durch Vergleich mit anderen Unternehmen überprüft.

Auf der Grundlage von Abbildung 72 läßt sich nun das Management des Wandels abschließend definieren.

Management des Wandels ist ein Teil des strategischen Managements, das

- eine **Stärkung** der Kundenzufriedenheit über eine **Verbesserung** von Produktivität, Qualität und Flexibilität anstrebt,
- diese Ziele durch eine **Veränderung** der strategischen Variablen Produkte, Prozesse, Organisationsstruktur, Mitarbeitermentalität und Arbeitsbedingungen zu erreichen sucht und
- dazu strategische, die Variablen beeinflussende Konzepte, wie BPR, Lean Management, TQM, KVP und Benchmarking anwendet.

Es liegt auf der Hand, daß die langfristige Existenzsicherung des Unternehmens nur gelingt, wenn die sich schnell wandelnden Kundenanforderungen immer wieder erfüllt werden können. Das Management des Wandels stellt die dazu benötigten strategischen Instrumente zur Verfügung und kann wesentlich dazu beitragen, die sich aus einer stetig wandelnden Welt ergebenden Gewinnpotentiale des Unternehmens zu erschließen und gleichzeitig die Risiken zu reduzieren.

Mit diesen Ausführungen schließen wir die Analyse des strategischen Managements und seiner Elemente

- Produktionsprogramm,
- Technologie,
- Umwelt,
- Personal und
- Organisation

ab und betrachten im nächsten Kapitel die innerhalb des erarbeiteten strategischen **Rahmens** zu treffenden Entscheidungen des **operativen** Managements.

Teil III:

Operatives Management im Industriebetrieb

8. Kapitel: Grundlagen des operativen Produktionsmanagements

A. Der strategische Rahmen für das operative Management

Durch die in Teil II des vorliegenden Lehrbuchs behandelten strategischen Entscheidungen wird für den Industriebetrieb ein **langfristiger** Rahmen geschaffen, innerhalb dessen sich das **Betriebsgeschehen** vollziehen soll. Die **kurz-** bis **mittelfristigen** Entscheidungen, die dieses Betriebsgeschehen regeln, bilden den Inhalt des **operativen** Managements, das in den folgenden Kapiteln ausführlich und detailliert erörtert wird. Aus methodischen Gründen ist es jedoch unerläßlich, die Nebenbedingungen des operativen Managements in der Gestalt des strategischen Rahmens für jedes Unternehmen individuell genau zu spezifizieren, da eine Vermischung beider Planungsebenen zu schwerwiegenden Managementfehlern führen kann. Wir werden daher die wichtigsten Komponenten des strategischen Rahmens noch einmal kurz rekapitulieren.

I. Das langfristige Produktionsprogramm

Eine der wichtigsten strategischen Entscheidungen eines Industrieunternehmens ist die Festlegung der

- **Märkte**, auf denen das Unternehmen tätig werden will,
  und damit verbunden der
- **Produktfelder**, die den Schwerpunkt der wirtschaftlichen Aktivität des Unternehmens bilden sollen.

Aus der Prognose der Marktattraktivität und der potentiellen Nachfrage bei den gewählten Produktfeldern ergibt sich unter Berücksichtigung der dem Unternehmen zur Verfügung stehenden Ressourcen das **langfristige Produktionsprogramm** nach Art und Menge, wobei es sich natürlich bei einem Zeitraum bis zu 10 Jahren nur um eine grobe Schätzung der zu produzierenden Mengen handeln kann. Die geeignete Maßgröße für eine solche Schätzung sind **durchschnittliche Jahreswerte** oder Vielfache davon.

Das langfristige Produktionsprogramm, insbesondere die Produktarten und -varianten, ist **nach** der strategischen Entscheidung für das operative Management fest vorgegeben und damit eine nicht veränderbare Größe. Entscheidungen über Produktinnovationen oder eine Eliminierung von Produkten aus dem Produktionsprogramm sind daher nicht Gegenstand des operativen Managements. Vielmehr ist es die Aufgabe der operativen Planung, das Gewinnpotential, das im langfristigen Produktionsprogramm angelegt ist, möglichst gut auszuschöpfen.

II. Die betrieblichen Ressourcen

Im Rahmen des strategischen Managements hat die Unternehmensleitung neben den Entscheidungen über Märkte und Produktfelder Entscheidungen über die Ressourcen zu treffen, mit deren Hilfe das langfristige Produktionsprogramm realisiert werden soll. Auf der Basis des dem Unternehmen zur Verfügung stehenden Eigen- und Fremdkapitals betreffen die strategischen Entscheidungen die Bereiche

- **Standort**,
- Produktions**kapazität** (Anlagen und Personal),
- Produktions**technologie und**,
- Organisation.

Ein strategisches Optimum kann hierbei nur erreicht werden, wenn diese vier Entscheidungsvariablen **simultan** mit dem langfristigen Produktionsprogramm festgelegt werden. Dies ist eine Aufgabe, die nur die Unternehmensleitung aus der unternehmerischen Gesamtschau bewältigen kann.

Zur Entscheidungsvorbereitung bieten sich - zuweilen - Planungsmethoden an, wie wir sie im 5. Kapitel bei der Wahl des betrieblichen Standorts anhand eines Beispiels aus der Unternehmenspraxis behandelt haben (vgl. S. 100 ff.). Mit diesem Standortmodell wurden nicht nur die betrieblichen Standorte sondern durch deren Wahl auch die gesamte Produktionskapazität und das auf 10 Jahre projektierte Produktionsprogramm (in Einheiten eines Standardprodukts) gewinnoptimal geplant. Darüber hinaus war damit auch das Produktionsverfahren, das von den Gebäude- und Anlagekosten an den einzelnen Standorten abhing, determiniert. Damit sind die **strategischen Variablen** Produktionsprogramm, Standort, Verfahren und Kapazität festgelegt und für die mittel- und kurzfristige Planung als Eckdaten vorgegeben.

Unabhängig von der Methodik der strategischen Planung ist es eine Erfahrungstatsache, daß die strategischen Variablen durch drei Merkmale gekennzeichnet sind: Entscheidungen über diese Variablen

- verursachen einen **hohen Kapitaleinsatz**,
- führen zu einer **langfristigen Kapitalbindung**,
- sind nur unter **hohen Kosten** zu korrigieren.

Es ist demnach naheliegend, einmal getroffene Entscheidungen über strategische Variable nicht ohne Not zu revidieren. Daraus folgt, daß sie bei mittel- bis kurzfristiger Betrachtung nicht Gegenstand der Planung sein können, sondern für das operative Management **vorgegebene Rahmenbedingungen** darstellen. Eine solche hierarchische Vorgehensweise ist geeignet, den komplizierten Planungsprozeß eines Unternehmens zu entflechten und dadurch erheblich zu erleichtern.

B. Entscheidungsobjekte des operativen Managements

I. Kennzeichen operativer Entscheidungen

Nach der Festlegung der strategischen Variablen: langfristiges Produktionsprogramm, Standort, Produktionsverfahren und Kapazität ist das operative Management gehalten, das Betriebsgeschehen so ablaufen zu lassen, daß das Unternehmen unter Beachtung der strategischen Vorgaben einen angemessenen Gewinn erwirtschaftet.

Auf der Grundlage dieser Zielsetzung ist nun zu prüfen, welche operativen Entscheidungen das Betriebsgeschehen regeln und wie sie allgemein charakterisiert werden können. Dazu ist es zweckmäßig, die Kennzeichen der strategischen Entscheidungen aus dem vorhergehenden Abschnitt heranzuziehen und die operativen Entscheidungen als **Komplement** zu definieren.

Operative Entscheidungen sind charakterisiert durch

- **begrenzten Kapitaleinsatz**,
- **kurzfristige** (< 3 Monate) oder **mittelfristige** (< 1 Jahr) **Bindung** der eingesetzten Mittel,
- relativ **flexible Korrigierbarkeit** mit **niedrigen Kosten**.

Eine typische operative Entscheidung ist die Festlegung des Absatzpreises eines vom Unternehmen hergestellten Konsumgutes, z.B. der Preis für bleifreies Superbenzin an einer Tankstelle. Diese Entscheidung erfordert geringen oder keinen Kapitaleinsatz und bindet das Unternehmen nur kurzfristig. Wurde die Nachfrage falsch (z.B. zu hoch) eingeschätzt, so kann die Entscheidung schnell korrigiert und der Preis gesenkt werden. Die durch die Korrektur verursachten Kosten sind der Absatzausfall auf Grund des zu hohen Preises und die Kosten der Preisumstellung.

Etwas anders ist die Situation, wenn das Unternehmen durch Vertrag oder Preisliste länger an den einmal gewählten Absatzpreis gebunden ist. Hier treten bei einer Fehlentscheidung höhere Kosten auf, doch kann man davon ausgehen, daß Preislisten im allgemeinen nur eine Gültigkeit von **maximal** einem Jahr haben (Touristikreisen, Automobile, Möbel o.ä.) und damit eine angemessene Korrigierbarkeit gewährleistet ist.

Eindeutig strategischen Charakter hat die Preisfestsetzung bei Großprojekten wie Schiffen, Flugzeugen oder Bauten, deren Auftragszeit mehrere Jahre betragen kann. Hier ist der vereinbarte Preis nur schwer nachträglich zu korrigieren, so daß eine sich als zu niedrig herausstellende Preisfestsetzung, z.B. auf Grund von Wechselkursänderungen bei Dollarfakturierung, erhebliche Nachteile für das in dem Auftrag gebundene Kapital bewirken kann.

Mit diesen Beispielen soll gezeigt werden, daß bestimmte Entscheidungen nicht per se strategisch oder operativ sind, sondern es in erster Linie auf

- Fristigkeit,
- Kapitalbindung und
- Korrigierbarkeit

ankommt. Mit Hilfe dieser Kriterien können tatsächliche Entscheidungen eines Unternehmens mit der bei einer anwendungsorientierten Wissenschaft überhaupt möglichen Genauigkeit in die Kategorien strategisch bzw. operativ eingeordnet werden.

Aus diesem Grund wird auch im vorliegenden Lehrbuch die zum Teil in der Literatur zu findende Einteilung des Managements in strategisches, taktisches und operatives Management (vgl. z.B. Zäpfel, Taktisches Produktions-Management 1989) nicht übernommen. Die Abgrenzung des taktischen Managements zu beiden anderen Kategorien gestaltet sich äußerst schwierig. So werden z.B. Produktinnovationen dem taktischen Management zugeordnet (Zäpfel, Taktisches Produktions-Management 1989, S. 9), obwohl die Entscheidung über ein neues Produkt (und nicht nur über eine Variante) durch den benötigten Produktions- und/oder Vertriebsapparat einen hohen Kapitaleinsatz nach sich ziehen und das Unternehmen langfristig binden **kann**. Ein Beispiel hierfür ist der Eintritt namhafter deutscher Zeitschriftenverlage mit **neuen** Zeitschriften in den britischen, französischen und

US-amerikanischen Markt während der 80er Jahre. Diese Maßnahmen wurden von den Unternehmensleitungen - in Übereinstimmung mit der hier vertretenen Definition - eindeutig als strategische Entscheidungen betrachtet und den operativen Entscheidungen Preisfestsetzung, Werbemaßnahmen, Druck und Vertrieb gegenübergestellt.

Aus diesen **Zweckmäßigkeits**erwägungen heraus werden wir, um die Abgrenzungsschwierigkeiten zu minimieren, die "taktischen" Entscheidungen nicht als eigenständige Kategorie betrachten, sondern gemäß der o.a. Kriterien dem strategischen oder operativen Management zuordnen.

II. Anwendungsbereiche des operativen Managements

Nach Kennzeichnung der operativen Entscheidungen sollen nun die wichtigsten betrieblichen **Funktionsbereiche** herangezogen werden, um beispielhaft typische Fragestellungen aus dem operativen Management zu erläutern.

a) Die Produktion

Sie ist der für das industrielle Management immer noch bedeutendste Funktionsbereich und wird auch in den folgenden Kapiteln die Hauptrolle spielen. Typische operative Entscheidungen regeln folgende Sachverhalte:

- **Das mittelfristige Produktionsprogramm**
  Hierbei werden die zu produzierenden **Mengen** der **Produkte** oder - falls eine Vielzahl von Produkten angeboten wird - **Produktgruppen** für den Zeitraum eines Jahres grob festgelegt, ohne die verschiedenen Varianten eines Produktes näher zu spezifizieren. In diesem Sinne plant die Automobilindustrie ihre Jahresproduktion auf der Basis ihrer Grundmodelle (z.B. Opel Vectra) und nicht der vom einzelnen Kunden gewünschten Variante (Schiebedach, Klimaanlage o.ä.).
- **Das kurzfristige Produktionsprogramm**
  Es enthält die genauen Mengen aller Produktvarianten und zwar sowohl der Endprodukte als auch der selbst herzustellenden Baugruppen gemäß Stückliste[21]. Der Planungszeitraum bewegt sich in der Regel zwischen einer Woche und einem Monat, vereinzelt wird auch ein Quartal zugrunde gelegt.
- **Das Beschaffungsprogramm für die Fremdteile**
  Für die fremd zu beziehenden Einzelteile und Materialien sind die Bestellmengen festzulegen und den Zulieferern entsprechende Beschaffungsaufträge zu erteilen. Bei Just-in-time-Produktion, z.B. im Automobilbau, können die Beschaffungsfristen extrem kurzfristig sein und unter einem Tag liegen.
- **Die Produktionsdurchführung**
  Ihr Gegenstand ist die Freigabe der Produktionsaufträge für die Produktion sowie die Steuerung der Aufträge in zeitlicher und räumlicher Sicht durch die Produktionsanlagen (Maschinenbelegung). Die Planung erfolgt hier in der Regel wöchentlich, kann aber bei bestimmten Produktionsprozessen auch täglich nötig werden.

---

[21] vgl. hierzu im einzelnen Kapitel 9, Abschnitt B, S. 276 ff.

Alle hier aufgeführten Entscheidungen gehören eindeutig zum operativen Management, da sie relativ rasch korrigiert werden können und keine langfristige Bindungswirkung für das Unternehmen nach sich ziehen. Das gilt auch für das mittelfristige Produktionsprogramm, da die hier zugrunde gelegten Mengen nur grobe Anhaltspunkte sind und durch die kurzfristige Programmplanung ohnehin verändert werden können.

b) Der Absatz

Auf dem Gebiet des Absatzes gibt es neben strategischen Entscheidungen, wie dem Aufbau eines Vertriebsnetzes (z.B. der Aufbau des Tankstellennetzes der Mineralölunternehmen in den neuen Bundesländern) eine Fülle operativer Entscheidungen, die insbesondere das **absatzpolitische Instrumentarium** betreffen:

- Preis- und Konditionenpolitik,
- Variationen in der Produktgestaltung,
  z.B. Einführung von Varianten (Metallic-Lackierung),
- Werbepolitik,
  z.B. Entscheidungen über Werbeaufwand, Werbeträger und Werbemedien.

Auch diese Entscheidungen zeichnen sich durch eine rasche Korrigierbarkeit ohne allzu hohe Kosten aus und führen nur zu relativ kurzfristiger Kapitalbindung.

c) Die Finanzierung

Im Gegensatz zu der langfristigen Kapitalbeschaffung aus strategischen Gründen (Kapitalerhöhung einer AG, Begebung einer Obligation) sind es die kurzfristigen Formen der Fremdfinanzierung, wie z.B. Kontokorrent- oder Lieferantenkredit, die den Gegenstand operativer Entscheidungen im Finanzbereich bilden. Sie dienen in erster Linie der Umsatzfinanzierung und der Liquiditätsbeschaffung.

In den folgenden Kapiteln des vorliegenden Lehrbuchs werden wir uns ausschließlich mit den operativen Entscheidungen in der Produktion beschäftigen, da die Gebiete Absatz und Finanzierung Gegenstand der **Allgemeinen** Betriebswirtschaftslehre sind und deren Kenntnis für die **spezielle** Betriebswirtschaftslehre "Industriebetriebslehre" vorauszusetzen ist.

C. Operative Planungsmethoden in der Produktion

Nachdem der Gegenstand des operativen Managements im vorausgehenden Abschnitt definiert worden ist, müssen nun die Methoden betrachtet werden, die in Wissenschaft und Praxis entwickelt wurden, um eine effiziente operative Planung zu ermöglichen. Im Kapitel 2, Abschnitt B, S. 21 ff. haben wir als wichtigste Planungsmethoden im Industriebetrieb

- Optimierungmethoden und
- heuristisch-evolutive Methoden

kennengelernt. Es wird sich hier herausstellen, daß ein starker Gegensatz zwischen Theorie und Praxis in bezug auf die Anwendung der einen oder anderen Methode besteht. Während sich die theoretische Literatur vorwiegend mit Optimierungsmethoden beschäftigt[22], wendet die Unternehmenspraxis ganz überwiegend heuristische Methoden an. Dieser Diskrepanz soll im folgenden etwas genauer nachgegangen werden. Dabei ist zwischen zwei Ansätzen zu unterscheiden, die bei der operativen Planung eine Rolle spielen:

- der Simultanplanung und
- der Sukzessivplanung.

I. Simultanplanung des Produktionsprozesses

a) Interdependenzen im Produktionsbereich

Wie in Abschnitt B.II. dieses Kapitels gezeigt (vgl. S. 250 f.), wird der Produktionsbereich durch die Entscheidungen über das mittel- und kurzfristige **Produktionsprogramm**, das **Beschaffungsprogramm** für Fremdteile und die **Produktionsdurchführung** gekennzeichnet. Zwischen diesen Problemkomplexen gibt es vielfältige Interdependenzen, die es geraten erscheinen lassen, alle den Produktionsbereich betreffenden operativen Maßnahmen **simultan** zu planen, da sie untereinander abhängig sind. Die wichtigsten Interdependenzen lassen sich folgendermaßen verdeutlichen:

1. Das gewinnmaximale Produktionsprogramm hängt vom Absatzpreis und den variablen Kosten der Produkte ab. Die variablen Kosten enthalten:
   - Kosten für die fremdzubeziehenden Teile,
   - Umrüstkosten, die durch die Losgrößen bestimmt sind und
   - Kapitalbindungs- und Lagerkosten, die von den Bestellmengen der Fremdteile, den Losgrößen der eigengefertigten Teile und der Maschinenbelegung (Wartezeiten der Produktionsaufträge) abhängen.

   Man kann also das gewinnmaximale Produktionsprogramm erst planen, wenn über die Bestellmengen und die Losgrößen sowie die Maschinenbelegung entschieden ist. Dies zeigt den Einfluß der Produktionsdurchführung und der Beschaffungsplanung auf die Programmplanung.
2. Die optimalen Losgrößen, Bestellmengen und Maschinenbelegungen können nur errechnet werden, wenn das Produktionsprogramm nach Art und Menge feststeht. Hieran erkennt man die Abhängigkeit der Beschaffungsplanung und der Produktionsdurchführung von der Programmplanung.

Diese gegenseitigen Einflüsse kennzeichnen ein **interdependentes** System, das nur **simultan** einer optimalen Lösung zugeführt werden kann. Hierfür wurden von der Theorie Optimierungsmethoden entwickelt, die im nächsten Abschnitt erläutert werden.

b) Abbildung des Produktionsprozesses in einem Optimierungsmodell

Die Produktionsprogrammplanung ist schon in den 50er Jahren ein bevorzugtes Anwendungsgebiet der linearen Optimierung geworden. Ab 1960 versuchte man, die Losgrößenplanung simultan mit der Programmplanung durchzuführen. Dies

[22] Dies zeigt jeder Blick in die Zeitschriften des Operations Research, wie OR-Spektrum, Management Science usw. sowie auch in manche betriebswirtschaftliche Zeitschriften.

gelingt nur auf der Basis **nicht-linearer ganzzahliger Optimierungsmodelle**, die linearisiert werden müssen (Adam, Produktionsmanagement 1993, Preßmar, Losgrößenanalyse 1974, Preßmar, Losgrößenpolitik 1977). Die dabei auftretende Zahl von reellen und ganzzahligen Variablen übersteigt die Rechenkapazität damaliger und heutiger Computer erheblich. Berücksichtigt man darüber hinaus die Produktionsdurchführung, so müssen die **Arbeitsgänge** der Fertigungsaufträge als Variable in das Modell eingehen. Bei praxisnahen Fragestellungen würde ein solches Modell - grob gerechnet - über 5 Millionen Produktionsvariablen und etwa 3 Millionen Nebenbedingungen enthalten (Scheer, Wirtschaftsinformatik 1994, S. 516); eine Größenordnung, die weit jenseits der numerischen Lösbarkeit ist. Daher steht in der Literatur die **Formulierung** simultaner Produktionsplanungsmodelle im Vordergrund (sehr detailliert in Kistner/Steven, Produktionsplanung 1993, S. 231-253), während die praktische Anwendbarkeit solcher Modelle bis heute gering geblieben ist. Die Optimierungsmodelle haben jedoch durch ihre klare mathematisch-logische Struktur die gedankliche Durchdringung der komplexen Vorgänge im Produktionsbereich wesentlich erleichtert und bestimmte Einsichten in den Produktionsprozeß überhaupt erst ermöglicht.

Die Struktur eines linearen gemischt-ganzzahligen Optimierungsmodells ist geeignet, die tatsächlichen Beziehungen im Produktionsbereich angemessen abzubilden, so daß der **didaktische Wert** von Optimierungsmodellen sehr hoch einzuschätzen ist. Wir werden daher im folgenden von solchen Modellen Gebrauch machen, wenn

- bestimmte Produktionsstrukturen und betriebliche Sachverhalte dadurch präzise und kompakt erklärt werden können und damit für den Leser gut zu durchschauen sind oder
- die Größe des praktischen Problems eine **numerische** Auswertung des Modells zuläßt, z.B. bei der **Grobplanung** des mittelfristigen Produktionsprogramms.

Die didaktische Eignung der Optimierungsmodelle darf jedoch nicht über ihre **Unzulänglichkeiten** hinwegtäuschen, die bisher eine stärkere Verbreitung dieser Methoden in der Unternehmenspraxis verhindert haben:

- Viele praktische Problemstellungen führen zu Modellgrößen, die numerisch auch auf den heutigen leistungsfähigen Computern nicht zu bewältigen sind.
- Der Aufbau der Datenmatrix ist durch den großen Datenumfang so komplex, daß Dateneingabe und -pflege hohe Kosten verursachen.
- Können praktische Problemstellungen unter Einsatz großer Computerkapazität und langer Rechenzeit tatsächlich gelöst werden, so verliert die optimale Lösung schnell an Aktualität, wenn wichtige Daten, wie Absatzpreise der eigenen Produkte oder Preise der bezogenen Bauteile, raschen Veränderungen unterworfen sind. In solchen Fällen wird die häufige numerische Auswertung zu kostspielig.
- Das komplexe lineare Optimierungsmodell hat für den Benutzer den Charakter einer black box. Er kann die Plausibilität der optimalen Lösung nur schwer nachprüfen und neigt daher zu Mißtrauen gegenüber der vom Computer generierten Lösung.

Diese Unzulänglichkeiten der linearen Optimierung in bezug auf die praktische Anwendbarkeit[23] haben in Theorie und Praxis dazu geführt, daß die Simultanplanung weitgehend aufgegeben und stattdessen versucht wurde, die Komplexität der Produktionsplanung durch die gedankliche Aufspaltung des Produktionsprozesses in Teilbereiche, die nacheinander zu planen sind, zu verringern. Dies ist der Gegenstand des nächsten Abschnitts.

II. Aufspaltung des Produktionsprozesses in Teilbereiche

Grundlage dieser gedanklichen Zerlegung ist das Prinzip der **Sukzessivplanung**, das darin besteht, die einzelnen Planungsschritte in chronologischer Reihenfolge vorzunehmen mit der Maßgabe, daß die Ergebnisse eines Planungsschrittes für den nachfolgenden Schritt **Datum** sind. Es wird dabei von einer **Hierarchie** der Planungsebenen ausgegangen, ähnlich dem Verhältnis von strategischer zu operativer Planung. Dies führt zu dem theoretischen Ansatz der hierarchischen Planung.

a) Hierarchische Planung mit Optimierungsmethoden

Die hierarchische Produktionsplanung versucht, die Schwierigkeiten der Simultanplanung zu vermeiden, indem sie

- die hierarchische Struktur des Produktionsprozesses ausnutzt, um **abgegrenzte Teilprobleme** zu definieren,
- die Teilprobleme **sukzessiv** mit Optimierungsmethoden löst und
- im Wege der **rollierenden** Planung eine nachträgliche Berücksichtigung der Interdependenzen anstrebt.

Diese Planungsmethode ist hauptsächlich von **Hax** und **Meal** (zusammenfassend dargestellt in Hax/Candea, Production 1984) entwickelt und im deutschen Sprachraum von **Kistner** und **Steven** sowie **Stadtler** (Kistner/Steven, Produktionsplanung 1993; Stadtler, Produktionsplanung 1988) weiterentwickelt worden.

Die hierarchische Planung erfolgt in der Regel in drei Schritten:

1. Zunächst wird das mittelfristige Produktionsprogramm auf der Basis eines linearen Optimierungsmodells geplant. Dazu werden die Endprodukte zu **Produktgruppen**, die ähnliche Absatz- und Kostenstrukturen aufweisen, zusammengefaßt und damit der Komplexitätsgrad des Planungsproblems reduziert. Losgrößen oder Beschaffungsmengen von Bauteilen werden bei diesem Planungsschritt nicht berücksichtigt.
2. In der nächsten Planungsebene werden die in Schritt 1. errechneten Mengen der Produktgruppen auf **Produktfamilien**, die Produkte mit ähnlichen Umrüstkosten enthalten, verteilt und ihre zugehörigen **Losgrößen** mit Hilfe der dynamischen Optimierung oder des Lagrange-Ansatzes errechnet.
3. Im letzten Planungsschritt werden die Produktionsmengen der Produktfamilien auf die einzelnen **Produkte** verteilt, wobei die endgültigen Losgrößen und, was bei Hax und Meal noch nicht berücksichtigt wird, auch die **Reihenfolge** der Lose auf den Produktionsanlagen, also die **Maschinenbelegung**, determiniert werden.

---

[23] Teilweise sind diese Unzulänglichkeiten durch leistungsstärkere Computer (sowohl auf der Mainframe- als auch auf der PC-Ebene) und durch die Entwicklung von Matrixgeneratoren, die Daten direkt einer Datenbank entnehmen, verringert worden, so daß in Zukunft eine verstärkte Anwendung von Optimierungsmethoden erwartet werden kann.

Die notwendige Rückkoppelung zwischen den hierarchischen Ebenen zur Berücksichtigung der Interdependenzen erfolgt über die **rollierende Planung**. Sie besagt, daß die Produktionsplanung zwar für alle Teilperioden (z.B. Monate) des Planungszeitraums (z.B. Jahr) durchgeführt wird, aber nur für die erste Teilperiode **verbindlich**, für die restlichen Teilperioden vorläufig ist. So können Inkonsistenzen zwischen den hierarchischen Planungsstufen, die in der ersten Teilperiode bemerkt werden, zu Beginn der zweiten Teilperiode beseitigt werden, wenn das Planungssystem unter Beachtung dieser neuen Informationen wieder gestartet wird. Der Planungszeitraum wird dabei um eine Teilperiode hinausgeschoben und "rollt" gleichsam über die Zeitachse.

Die hierarchische Produktionsplanung ist ein sehr zweckmäßiges und wissenschaftlich befriedigendes Verfahren, um die o.a. Unzulänglichkeiten der Simultanplanung zu mildern, so daß wir in den Kapiteln 9 und 10 einen ähnlichen Weg einschlagen werden. Dabei muß jedoch die dritte Planungsstufe (Endproduktprogrammplanung und Produktionsdurchführung) wesentlich verbessert werden. Darüber hinaus ist zu prüfen, ob und in welcher Weise heuristische Ansätze die angeführten Optimierungsmethoden bei praxisrelevanten Problemstellungen ersetzen können, um eine bessere Akzeptanz in der Unternehmenspraxis zu erreichen.

b) Sukzessivplanung mit heuristisch-evolutiven Methoden

In der Praxis sind computergestützte **P**roduktions**p**lanungs- und **s**teuerungssysteme (PPS) bei vielen großen und mittleren Industrieunternehmen realisiert. Diese Systeme verwenden wegen des komplexen Planungsproblems konsequent die Sukzessivplanung mit heuristischen Methoden (z.B. R/3 von SAP, COPICS von IBM, ISI von Siemens, Triton Manufacturing von Baan). Auch in Teilplanungsschritten werden keine Optimierungsalgorithmen verwendet. Damit wird bewußt auf die Suche nach der optimalen Lösung verzichtet und im Interesse der Praktikabilität ein "**Suboptimum**" hingenommen.

Dies zeigt deutlich die oben angesprochene Diskrepanz zwischen Theorie und Praxis in der Produktionsplanung. Da sich die Standard-PPS-Systeme in den letzten 15 Jahren immer mehr in der Praxis durchgesetzt haben, kann der Brückenschlag zwischen Theorie und Praxis nur gelingen, wenn die Theorie die Methodologie dieser PPS-Systeme als Basis übernimmt, d.h. von einer Sukzessivplanung mit heuristischen Methoden ausgeht. Dieser Einstieg "von unten" wird im vorliegenden Lehrbuch aus folgenden Gründen für sachgerecht gehalten:

- Die Verständigung zwischen Theorie und Praxis wird erleichtert, wenn beide Seiten dieselben Planungsprinzipien und -systeme benutzen, da begriffliche und methodologische Mißverständnisse vermieden werden.
- Die Studierenden der Industriebetriebslehre sollten mit den Planungssystemen gründlich vertraut gemacht werden, die sie beim Eintritt in die betriebliche Praxis als Standard vorfinden.
- Auf der **Basis** der Standard-Planungssyteme der Praxis können dann **Optimierungsmethoden** auf einzelnen Planungsstufen **integriert** werden, wenn sie EDV-technisch realisierbar sind und numerische Ergebnisse liefern, die in die Praxis umgesetzt werden können. Eine solche Verbesserung der Standardsysteme hat eine höhere Chance, von der Praxis akzeptiert zu werden als ein völlig anders gearteter Planungsansatz.

Diese Vorgehensweise entspricht dem Konzept einer EDV-orientierten Betriebswirtschaftslehre wie sie von **Scheer** vorgeschlagen wurde (Scheer, Betriebswirtschaftslehre 1990) und wird die Grundlage der in den Kapiteln 9 und 10 entwickelten Produktionsplanung und -steuerung sein. Zuvor sollen aber im nächsten Abschnitt die wichtigsten Elemente computergestützter Produktionsplanungs- und steuerungssysteme erörtert werden.

D. Computergestützte Produktionsplanungs- und steuerungssysteme

I. Material Requirements Planning als Vorläufer der PPS-Systeme

Die heute in der Praxis vorzufindenden Produktionsplanungs- und -steuerungssysteme (**PPS-Systeme**) haben als Kernstück die Planung der Materialwirtschaft, für die in den 60er Jahren von O. Wight und I. Orlicky die ersten computergestützten Planungssysteme unter dem Namen "**Material Requirements Planning**" (MRP) entwickelt wurden (zusammenfassend dargestellt in Orlicky, Material Requirements Planning 1975). Diese MRP-Systeme gehen von einem fest vorgegebenen **Primärbedarf** an Enderzeugnissen aus, setzen also die Bestimmung des Produktionsprogramms nach Art und Menge voraus.

Aus dem vorgegebenen Primärbedarf ermitteln die MRP-Systeme den Bedarf an untergeordneten Baugruppen, Einzelteilen und Rohstoffen nach **Menge** und **Zeitpunkt** und fassen diesen Bedarf zu Losgrößen zusammen. Die dazu benötigten **Stücklisten** sind in einer Datenbank gespeichert und werden zur **Bedarfsauflösung** herangezogen.

Die Einzelheiten zur Materialbedarfsplanung werden in Kapitel 9, Abschnitt C, S. 288 ff. besprochen. An dieser Stelle ist nur festzuhalten, daß die MRP-Systeme insofern eine neue Entwicklung innerhalb der Produktionsplanung eingeleitet haben als sie

- die **Bedarfsauflösung** für alle Endprodukte computergestützt vornehmen,
- die Erzeugnisstruktur (Stücklisten) mit einem **Datenbanksystem** verwalten, und
- den Bedarf der untergeordneten Teile nicht nur mengenmäßig sondern auch **zeitorientiert** für jede Teilperiode ermitteln.

Der Bruttobedarf an Baugruppen, Einzelteilen usw. wird vom MRP-System mit dem verfügbaren Lagerbestand verglichen und in einen Nettobedarf transformiert. Unter Berücksichtigung der Produktionszeit werden daraus Produktionsaufträge generiert, die ihrerseits auf den nachfolgenden Stufen zu Bedarfen untergeordneter Teile führen können. Abb. 73 gibt das typische zeitorientierte Planungsschema von MRP für eine Baugruppe "Mikrowelleneinheit" mit untergeordnetem Bauteil "Transformator" wieder.

Durch die strukturelle **und** zeitliche Verkettung dieser Planungsschemata innerhalb eines Datenbanksystems kann die gesamte Materialwirtschaft mit MRP geplant werden.

			Tag					
			1	2	3	4	5	6
Mikrowelleneinheit	Bruttobedarf			20		10		40
Produktionszeit = 2 Tage	Geplanter Lagerzugang		20					
	Lagerbestand	10	30	10	10	20	20	0
Losgröße = 20	Produktionsaufträge			20		20		
				↓		↓		
Transformator	Bruttobedarf			20		20		
Produktionszeit = 1 Tag	Geplanter Lagerzugang							
	Lagerbestand	5	5	0	15	10	10	10
Losgröße = 15	Produktionsaufträge		15	15	15			

Abb. 73 Zeitorientiertes MRP-Planungsschema[24]

Nachdem MRP-Systeme von den großen EDV-Herstellerfirmen in den 70er Jahren von den USA ausgehend auf dem Markt angeboten wurden und sich in der Praxis in relativ kurzer Zeit durchgesetzt hatten, lag es nahe, auch andere mit der Materialbedarfsplanung verbundene Bereiche der Produktionsplanung in ähnlicher Form computergestützt zu planen und zu einem Gesamtsystem zu integrieren. Die Bemühungen erfolgten in zwei Richtungen: Einmal zur vorgelagerten Planungsstufe Produktionsprogrammplanung (einschließlich Absatzprognose und Kundenauftragsverwaltung), zum anderen zu den nachgelagerten Planungsstufen Kapazitäts- und Zeitplanung sowie zur Produktionssteuerung. Das Ergebnis dieser Bemühungen war zunächst das von O. Wight entwickelte **MRP2-Konzept** (= **Ma**nufacturing **R**esources **P**lanning)[25], das sich durch folgende Charakteristika auszeichnet:

- Integration aller Teilbereiche der Produktionsplanung und -steuerung zu einer **logistischen Kette** durch einen den Materialfluß bewegenden Informationsfluß,
- Anwendung des Prinzips der **Sukzessivplanung** und damit der gedanklichen Hierarchisierung des Produktionsprozesses.

Aus diesem Konzept heraus sind die heutigen PPS-Systeme entstanden und haben sich durch den Einsatz von Standardsoftware in den Industrieunternehmen verbreitet. Die Darstellung der Grundstruktur dieser PPS-Systeme ist Gegenstand des nächsten Abschnitts.

---

24 Die Losgrößen und Produktionszeiten sind hier als vorgegeben angenommen worden.

25 Die Ziffer 2 weist auf den Unterschied zu Material Requirements Planning (MRP) hin.

II. Die Struktur heutiger PPS-Systeme

Voraussetzung jeglicher Produktionsplanung und -steuerung ist eine Datenbank, die die für den Produktionsbereich wichtigen **Grunddaten** enthält. Dazu gehören

- Stammdaten der Baugruppen, Teile und Rohstoffe mit Informationen über Teilenummern, Produktionszeiten, Stückkosten, Lagerbeständen usw.. Diese sog. **Teiledaten** sind für jedes Teil in einem Datensatz zusammengefaßt;
- **Erzeugnisstrukturdaten**, die Stücklisten enthalten und angeben, mit welcher Menge Teile in übergeordnete Baugruppen oder Endprodukte eingehen;
- **Kapazitätsdaten,** die die zur Verfügung stehende Zeit der Maschinengruppen und des Personals enthalten;
- **Arbeitspläne** mit Informationen über die zur Produktion der Baugruppen nötigen Arbeitsgänge einschließlich der Maschinen, auf denen ein Teil bearbeitet werden muß und der zugehörigen Bearbeitungs- und Rüstzeiten.

Auf der Basis dieser **Grunddatenverwaltung** werden die Teilbereiche der Produktion sukzessive so geplant, daß ein logischer Ablauf mit

- steigendem **Detaillierungsgrad** der Planung und
- abnehmender **Fristigkeit** der Planung

entsteht. In Abb. 74 ist diese logische Struktur der Produktionsplanung und -steuerung wiedergegeben.

Abb. 74 Struktur eines PPS-Systems

Der Detaillierungsgrad ist bei der Produktionsprogrammplanung noch relativ **grob** (auf der Basis von Produktgruppen oder -familien) und **verfeinert** sich in Richtung zur Produktionssteuerung bis hinunter zum **Produktionsauftrag**, der die

Montage einer ganz speziellen Produktvariante oder einer Baugruppe aber auch die Beschaffung eines Einzelteils beinhalten kann.

Gleichzeitig sinkt die Fristigkeit der Planung von etwa einem Jahr bei der groben Produktionsprogrammplanung bis auf Wochen- oder Tagebasis für die Produktionssteuerung. Im folgenden sollen die einzelnen Planungsstufen etwas näher dargestellt werden.

a) Produktionsprogrammplanung

Dieser erste Planungsschritt bestimmt das **grobe Produktionsprogramm** (engl. master production schedule)[26] auf der Basis von

- eingegangenen **Kundenaufträgen** (bei Auftragsfertigung),
- **Prognosen** des zukünftigen Absatzes (bei Serien- bzw. Massenfertigung).

Selbstverständlich gibt es auch Unternehmen mit Mischfertigung, die neben festen Kundenaufträgen auch für den anonymen Markt produzieren und somit auf Absatzprognosen angewiesen sind.

Die Prognose des Absatzpotentials sollte auf der Grundlage von **Produktgruppen** erfolgen, da erfahrungsgemäß der Prognosefehler bei aggregierten Zeitreihen kleiner ist als bei den zugrunde liegenden einzelnen Produkten oder gar Produktvarianten.

Während die Kundenauftragsverwaltung von den Standard-PPS-Systemen gut unterstützt wird, fällt der Prognoseteil ziemlich bescheiden aus. So verfügen die fortgeschrittenen PPS-Systemmodule MM und PP von R/3 der SAP AG nur über die verschiedenen Varianten der **exponentiellen Glättung und Saisonmodelle** als Prognosemethoden. Anspruchsvolle Prognosetechniken wie sie z.B. in (Hansmann, Prognoseverfahren 1983) dargestellt sind, werden von keiner Standard-PPS-Software unterstützt.

Bedenkt man, daß von der Genauigkeit der Absatzprognose die Ergebnisse aller nachfolgenden Planungsstufen abhängen, weil auf Grund der Sukzessivplanung das Absatz- und Produktionsprogramm den Material- und Kapazitätsbedarf determiniert, so sollte auf die erste Planungsstufe mehr Sorgfalt verwendet werden als die herkömmliche PPS-Software es erlaubt. Wir werden daher im 9. Kapitel, Abschnitt B., S. 269 ff. außer der exponentiellen Glättung weitere Prognoseverfahren vorstellen, um die Prognose des Absatzpotentials auf eine sichere Grundlage zu stellen.

Hat man das Absatzpotential der einzelnen Produktgruppen mit Hilfe eines Prognoseverfahrens für den Planungszeitraum von einem Jahr ermittelt und auf die Monate gemäß eines Saisoneinflusses oder anderer Kriterien verteilt, so kann man es nun mit den vorhandenen Produktionskapazitäten (Ressourcen) und dem vorhandenen Lagerbestand abstimmen. Reichen Kapazität und Lagerbestand nicht aus, um alle Absatzwünsche zu befriedigen, so sollte das Produktionsprogramm die Produktgruppen enthalten, die die unternehmerische Zielsetzung am besten erfüllen und gleichzeitig kapazitativ zulässig sind. Die Ermittlung eines solchen Produktionsprogramms ist Gegenstand des Abschnitts B im 9. Kapitel, S. 276 ff.. Das

[26] Die angloamerikanischen Begriffe der einzelnen Planungsstufen sind zum Verständnis der amerikanischen Lehrbücher zur Industriebetriebslehre wichtig, vgl. z.B. Vollmann/Berry/Whybark, Manufacturing Planning 1992 und Fogarty/Blackstone/Hoffmann, Production 1991 und Starr, Operations Management 1996.

Ergebnis der Produktionsprogrammplanung wird als **Primärbedarf** an Erzeugnissen bezeichnet, der den weiteren Planungsstufen vorgegeben wird.

b) Materialbedarfsplanung

Aufgabe der Materialbedarfsplanung (engl. material requirements planning) ist die Bestimmung des Bedarfs an

- **selbsterstellten** Baugruppen sowie an
- **fremdzubeziehenden** Teilen

zur **Erfüllung** des **Primärbedarfs**, der sich aus den Kundenaufträgen und/oder Absatzprognosen aller Enderzeugnisse sowie Ersatzteilen ergibt und mit Hilfe der Produktionsprogrammplanung auf der vorhergehenden Planungsstufe festgelegt wurde. Es wird also nicht nur der Bedarf von "Materialien" geplant - wie es der Name nahe legen würde - sondern der Bedarf aller - auch der kompliziertesten - Teile, die in die Enderzeugnisse oder in die verkaufsfähigen Ersatzteile eingehen.

Die Aufgabe der Materialbedarfsplanung erstreckt sich auf mehrere aufeinanderfolgende Schritte:

1. Verwaltung der Stücklisten

Für jedes Erzeugnis läßt sich eindeutig angeben, aus welchen Baugruppen und Einzelteilen es besteht und wieviele Mengeneinheiten davon benötigt werden, um eine Mengeneinheit des Erzeugnisses zu produzieren. Diese Erzeugnisstrukturdaten nennt man zusammenfassend die **Stückliste** des Produkts. Sie muß zunächst angelegt, in einer Datenbank gespeichert und dann ständig aktualisiert werden (z.B. bei verändertem Produktionsprozeß). Diese Stücklistenverwaltung kann bei größeren Industrieunternehmen mit Tausenden von Erzeugnissen (inkl. Varianten) ein erhebliches EDV-technisches Problem darstellen. Sie ist aber nicht nur für die PPS, sondern auch für die betriebliche Kostenrechnung (Kalkulation) von großer Bedeutung.

2. Bedarfsauflösung

Anhand der Stücklisten wird nun der Primärbedarf mit Hilfe mathematischer Verfahren aufgelöst und die Sekundärbedarfe an Baugruppen und Einzelteilen bestimmt. Dies muß - wie wir von MRP wissen (vgl. S. 256 f.) - **zeitorientiert** erfolgen, d.h. der Sekundärbedarf muß gegenüber dem Primärbedarf eine **Vorlaufverschiebung** aufweisen, die die **Durchlaufzeit** der Teile (= Bearbeitungs-, Transport- und Lagerzeit) berücksichtigt.

Da die Bedarfsauflösung sehr aufwendig ist, beschränken sich viele Unternehmen darauf, den Bedarf nur für wertvolle Komponenten in dieser Form zu planen und billige bzw. weniger wichtige Teile (z.B. Schrauben oder Nägel) **verbrauchsgesteuert** zu disponieren, d.h. den Bedarf aus den Werten der Vergangenheit zu **extrapolieren**, (z.B. mit der exponentiellen Glättung). Wir werden im 9. Kapitel, Abschnitt C, S. 296 ff. beide Methoden eingehend erörtern.

3. Losgrößen- und Bestellmengenbestimmung

Aufgrund der Bedarfsauflösung ist bekannt, welche Mengen der einzelnen Komponenten in bestimmten Teilperioden produziert oder beschafft werden müssen, um den Primärbedarf zu befriedigen. Diese Mengen werden nun zu **Produktionsaufträgen (Losen)** und zu **Einkaufsaufträgen (Bestellungen)** zusammengefaßt.

Die mit den Losen bzw. Bestellungen verbundenen Umrüst- bzw. Bestellkosten können so erheblich sein, daß es sich lohnt, die Bedarfe mehrerer Teilperioden gemeinsam zu produzieren (beschaffen). Dabei ist die Losgröße (Bestellmenge) zu suchen, die einen Ausgleich zwischen den Umrüst- / Bestellkosten und den durch die Bedarfszusammenfassung entstehenden Lagerkosten ermöglicht (vgl. dazu die Losgrößenverfahren im einzelnen, 9. Kapitel, Abschnitt C. S. 301 ff.).

4. Bedarfsverfolgung

Durch die Zusammenfassung der einzelnen Bedarfe in verschiedenen Teilperioden und für verschiedene Endprodukte geht die Beziehung zwischen einem Kundenauftrag und den dafür benötigten Einzelteilen (Komponenten) verloren. Bei einer Terminüberschreitung für ein Los eines Teils kann z.B. nicht mehr festgestellt werden, welche Kundenaufträge davon betroffen sind. Das ist jedoch bei reiner Auftragsfertigung unerläßlich. Auch aus anderen Gründen kann es wünschenswert sein, die Beziehungen zwischen Kundenauftrag und Sekundärbedarf aller Stufen lückenlos verfolgen zu können. Dies gilt insbesondere für die Automobilindustrie mit ihrer **kundenindividuellen Fertigung**, die es erfordert, jederzeit über den Fortschritt des Kundenauftrags Auskunft geben zu können.

In den Standard-PPS-Systemen wird daher zumeist eine **einstufige** Bedarfsverfolgung realisiert, die Übertragungen von einer Produktionsstufe zur nächsten durch das Festhalten des Bedarfsverursachers ermöglicht.

Erheblich datenaufwendiger und informationstechnisch schwieriger ist die **mehrstufige** Bedarfsverfolgung, die bei jedem Fertigungs- oder Beschaffungsauftrag den Zusammenhang mit den Kundenaufträgen mitführt (wegen Einzelheiten vgl. Scheer, Wirtschaftsinformatik 1994, S. 161 ff.). Obwohl dieses Verfahren ideal wäre, müssen die Informationskosten der Bedarfsverfolgung gegen ihren Nutzen sorgfältig abgewogen werden.

Mit der Bedarfsverfolgung ist die Materialbedarfsplanung abgeschlossen. Es ist nun bekannt, in welchen Teilperioden die ermittelten Produktionsaufträge (Lose) aller Komponenten produziert und die fremdzubeziehenden Mengen beschafft werden sollen. Durch die Produktionsaufträge entsteht ein Bedarf an Produktionskapazität, der nun mit den vorhandenen Ressourcen abgestimmt werden muß.

c) Zeit- und Kapazitätsplanung

Die Bedarfsauflösung innerhalb der Materialbedarfsplanung erfolgte zeitorientiert, d.h. es wurden für die Produktion der einzelnen Komponenten **Durchlaufzeiten** angesetzt, die zu einer Vorverlegung des Starttermins der Komponenten führen (Vorlaufverschiebung).

Diese Durchlaufzeiten sind jedoch zu grob und dienen nur als Planwerte der Materialbedarfsplanung. Zur Ermittlung des konkreten Kapazitätsbedarfs muß nun innerhalb der Zeit- und Kapazitätsplanung (engl. capacity requirements planning)

- eine genaue Durchlaufterminierung der einzelnen **Arbeitsgänge**, die zur Fertigung einer bestimmten Komponente durchzuführen sind, mit Start- und Endterminen erfolgen,
- auf der Basis dieser Terminierung die konkrete **Kapazitätsbelastung** der Produktionsanlagen ermittelt und
- bei Kapazitätsüberlastung ein **Kapazitätsabgleich** vorgenommen werden.

Ausgangspunkt dieses Planungsschrittes ist der **Arbeitsplan**, der die zur Produktion eines Teils oder einer Baugruppe auszuführenden **technischen Verfahrensschritte** enthält (Scheer, Wirtschaftsinformatik 1994, S. 217 ff). Dabei ist die Beziehung zwischen den Entitytypen Teil und Arbeitsplan vom Typ n:m, da sowohl für ein Teil mehrere Arbeitspläne möglich sind (technische Alternativen) als auch für ähnliche Teile in verschiedenen Stücklisten ein Arbeitsplan bestehen kann.

Ein technischer Verfahrensschritt eines Arbeitsplanes definiert einen **Arbeitsgang**, der einer **Betriebsmittelgruppe** zugeordnet wird (ebenfalls n:m - Beziehung), auf der er technisch auszuführen ist. Ein typischer Arbeitsplan kann folgendermaßen aussehen (vgl. Scheer, Wirtschaftsinformatik 1994, S. 217):

1. Der Arbeitsgang 1 (Bohren) wird bei den Teilen E1 und E2 auf der Betriebsmittelgruppe 5 **oder** 7 mit dem Werkzeug W1 ausgeführt.
2. Der Arbeitsgang 2 (Schweißen) wird beim Teil E3 auf der Betriebsmittelgruppe 5 mit dem Werkzeug W2 ausgeführt.

Für jeden einzelnen Arbeitsgang sind nun die **Rüstzeit** der Betriebsmittelgruppe auf den Arbeitsgang, die **Ausführungszeit** des Arbeitsganges und die **Übergangszeit** zum nächsten Arbeitsgang, die im wesentlichen aus der Transport- und der Wartezeit vor dem nächsten Arbeitsplatz besteht, möglichst genau zu ermitteln.

Mit diesen Zeiten hat man die Basis zur Berechnung der Durchlaufzeiten aller Fertigungsaufträge (Lose) von Baugruppen und Teilen. Dies geschieht häufig mit Hilfe der **Netzplantechnik**. Auf Grund der Stückliste und der Bedarfsverfolgung sind Vorgänger und Nachfolger jedes Fertigungsauftrages bekannt. Als Vorgangsdauer eines Auftrags verwendet man die Durchlaufzeiten für alle Arbeitsgänge dieses Auftrags.

Die Anwendung der Netzplantechnik ermöglicht die Berechnung von frühesten und spätesten Start- und Endterminen der Aufträge sowie der zugehörigen **Pufferzeiten**[27].

Im Anschluß an die Durchlaufterminierung kann man nun die Kapazitätsbelastung der Betriebsmittelgruppen in einer Übersicht darstellen, wie Abb. 75 zeigt.

Aus Abb. 75 geht hervor, daß die ohne Beachtung der verfügbaren Kapazität durchgeführte Durchlaufterminierung zu einer Kapazitätsüberlastung in den Teilperioden 1, 4, 5 und 6 und damit zu einer unzulässigen Lösung führt. Um Kapazitätsangebot und -nachfrage in Übereinstimmung zu bringen und damit den Engpaß zu beseitigen, ist ein **Kapazitätsabgleich** durch folgende Maßnahmen erforderlich (Scheer, Wirtschaftsinformatik 1994, S. 240 f.):

- Einführung von **Überstunden** und **Zusatzschichten** in den kritischen Teilperioden,

27 vgl. Kapitel 9, Abschnitt C., S. 284 ff.

- Verlagerung von Arbeitsgängen auf **andere Betriebsmittelgruppen**, die technisch dazu in der Lage sind,
- Verlagerung von Arbeitsgängen in **andere Teilperioden**, in denen die Betriebsmittelgruppe kein Engpaß ist (in Abb. 75 die Teilperioden 2, 3 und 7).

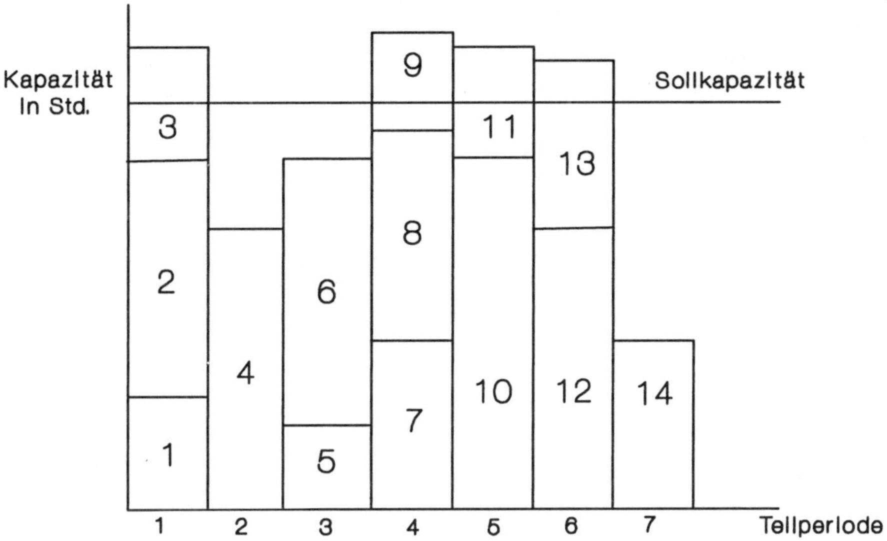

Abb. 75 Kapazitätsbelastung einer Fräsmaschinengruppe

Die letzte Maßnahme hat, da sie in andere Teilperioden eingreift, Auswirkungen auf das gesamte Netz der Produktionsaufträge. Wegen der zeitlichen Interdependenzen innerhalb des Auftrags-Netzwerks muß der Kapazitätsabgleich bei zeitlichen Verschiebungen der Arbeitsgänge **simultan** erfolgen. Dazu verwendete man früher mathematisch aufwendige Algorithmen in der PPS-Software (z.B. Brankamp, Terminplanungssystem 1973 und IBM (Hrsg.), CLASS), die aber den Nachteil aufwiesen, wegen der langen Rechenzeiten nur in größeren zeitlichen Abständen zum Einsatz zu kommen und deren Lösungen rasch obsolet wurden.

In fortgeschrittenen PPS-Systemen (z.B. das Modul PP - R/3 von SAP) verwendet man daher vorwiegend die **Dialogverarbeitung**, unterstützt von **Simulationsmodellen**. Sie erlauben dem Planer, die Auswirkungen von Arbeitsgangverschiebungen mit Hilfe der Simulation zu erkennen und aufgrund dieser Informationen Kapazität zuzuteilen. Dabei kann er auch **Auftragsprioritäten** verwenden, die sich aus

- dem spätesten Endtermin eines Auftrags,
- seiner Pufferzeit,
- der Anzahl der übergeordneten Aufträge oder
- dem Wert des Auftrags

ergeben können. Mit dem erfolgreich durchgeführten Kapazitätsabgleich ist die Produktions**planung** abgeschlossen und wir wenden uns dem "S" der PPS-Systeme, also der Produktions**steuerung** (Durchführung der Produktion) zu.

d) Produktionssteuerung

Werden die bisher erarbeiteten Planvorgaben in konkrete "Durchsetzungsaktivitäten" (Zäpfel, Strategisches Produktions-Management 1989, S. 194) umgesetzt, gelangt man von der Produktionsplanung in die Produktionssteuerung, d.h. von der **Planungs-** in die **Realisierungsphase**. Sie ist die letzte Ebene der PPS-Systeme und besteht aus den Bereichen

- Auftragsfreigabe,
- Maschinenbelegung/Feinterminierung,
- Betriebsdatenerfassung.

1. Auftragsfreigabe

Die **Auftragsfreigabe** (engl. order release) verbindet die Produktionsplanung mit der Produktionssteuerung. Alle in der Produktionsplanung ermittelten Werte wie Produktions- und Beschaffungsmengen von Endprodukten, Baugruppen und Einzelteilen, Belegungszeiten von Betriebsmittelgruppen usw. sind **Planwerte**, die den Industriebetrieb nicht binden. Sie sind auf der Basis eines relativ groben Zeitrasters (Monat bis Jahr) und grob geschätzter Informationen entstanden und damit anfällig für aktuelle Änderungen (z.B. Stornierung von Aufträgen).

Mit der Auftragsfreigabe wird nun die "echte" Produktion angestoßen, für deren Steuerung es einer feineren Terminierung (Wochen- bis zu Stundenbasis) und genauerer Daten bedarf.

Die traditionelle Aufgabe der Auftragsfreigabe umfaßt zwei Schritte:

- Am Anfang jeder Teilperiode (Tag oder Woche) werden die Aufträge ermittelt, deren **Starttermin** gemäß der Zeit- und Kapazitätsplanung in diese Teilperiode fallen.
- Für diese Aufträge wird geprüft, ob die **benötigten Ressourcen** wie Arbeitskräfte, Material, Werkzeuge und NC-Programme für die Betriebsmittel zur Produktionsdurchführung **tatsächlich** vorhanden sind oder bis zum Starttermin zur Verfügung gestellt werden können.

Diejenigen Aufträge, die diesen beiden Kriterien genügen, werden in traditionellen PPS-Systemen freigegeben und der Produktionssteuerung zum Zwecke der Maschinenbelegung überstellt.

In den 80er Jahren erkannte man jedoch, daß sich nach der Auftragsfreigabe in vielen Betrieben hohe Bestände vor den einzelnen Produktionsanlagen (Betriebsmittelgruppen) aufbauten, die die Kapitalbindung unnötig vergrößerten (Kettner/Bechte, Fertigungssteuerung 1981).

Zur Reduktion dieser Bestände wurde von **Kettner/Bechte** und **Wiendahl** das Verfahren der **belastungorientierten Auftragsfreigabe** entwickelt (vgl. Wiendahl, Fertigungssteuerung 1987). Es dient insbesondere dem Ziel der Durchlaufzeitminimierung der Aufträge und damit auch der geringeren Kapitalbindung.

Die belastungsorientierte Auftragsfreigabe fügt den o.a. Freigabekriterien ein drittes hinzu:

> Ein Auftrag wird nur dann freigegeben, wenn er unter Berücksichtigung einer vorgegebenen Belastungsschranke der Produktionsanlagen eine große Chance hat, in der Teilperiode bearbeitet zu werden.

Würde er dagegen nur die Warteschlange vor den Betriebsmitteln vergrößern und damit den Werkstattbestand erhöhen, wird er noch nicht freigegeben. Dabei kann die Belastungsschranke über 100% festgesetzt werden, um im Interesse einer hohen Kapazitätsauslastung einen Ausgleich für in der Planung zu hoch eingeschätzten Durchlaufzeiten zu ermöglichen. Fortschrittliche PPS-Systeme (z.B. System PP von SAP) unterstützen die belastungsorientierte Auftragsfreigabe in ihrer Software. Wegen der Bedeutung des Ansatzes werden wir im 10. Kapitel, Abschnitt C., S. 363 ff. eine Weiterentwicklung des Verfahrens vorstellen.

2. Maschinenbelegung/Feinterminierung

Nach der Freigabe müssen die Aufträge den Betriebsmitteln endgültig zugeordnet und anschließend gefertigt werden. Die hierzu erforderliche Terminierung ist sehr kurzfristig (Tage oder Stunden, manchmal Minuten) und muß auf der Basis von **Arbeitsgängen** erfolgen, die die eigentliche Bezugsgröße für die Maschinenbelegung und damit für die anfallenden **Rüstkosten** sind.

Als Zielsetzung der Maschinenbelegung (engl. scheduling) kommen vor allem die Minimierung der Auftrags-Durchlaufzeiten oder der Rüstkosten in Betracht. Die Verfolgung dieser Ziele kann zu einer erneuten **Losbildung** führen, z.B. die Zusammenfassung ähnlicher Arbeitsgänge **verschiedener** Aufträge, um Rüstkosten zu sparen.

Andererseits ist es auch denkbar, Arbeitsgänge zu **splitten**, d.h. die Hälfte eines Loses auf Maschine A und die andere Hälfte gleichzeitig auf Maschine B zu fertigen, um die Durchlaufzeit eines Auftrags zu vermindern. Dadurch werden neue **Arbeitsgangfolgen** gebildet (engl. sequencing), die nun auf die Betriebsmittel zu verteilen sind. Die daraus resultierende zeitliche Belegung der Betriebsmittel kann im Prinzip mit exakten Verfahren der Optimierungsrechnung durchgeführt werden (Seelbach, Ablaufplanung 1975), doch ist der Rechenaufwand bei realistischen Größenordnungen so enorm, daß praktische Anwendungen fehlen.

Statt dessen wird die **Maschinenbelegung** in der Praxis mit heuristischen Methoden durchgeführt, insbesondere mit Hilfe von **Prioritätsregeln** (vgl. Hansmann/Kleeberg, Job Shop Scheduling 1989). Dabei wird aus der Warteschlange vor einem Betriebsmittel der Auftrag als erster eingesteuert, der z.B. die kürzeste Bearbeitungszeit aufweist oder der die meisten Produktionsstufen zu durchlaufen hat. In der Literatur sind mehrere Dutzend solcher Regeln entwickelt und in der Praxis getestet worden, doch hat sich bisher keine Regel als generell überlegen erwiesen. Im 10. Kapitel, Abschnitt B, S. 351 ff. werden die Prioritätsregeln eingehend analysiert.

An dieser Stelle bleibt festzuhalten, daß die Standard-PPS-Systeme die zeitliche Maschinenbelegung mittels

- Zusammenstellung von Arbeitsgangfolgen durch Raffen und Splitten von Arbeitsgängen und
- Durchführung dieser Arbeitsgangfolgen auf den vorgesehenen Betriebsmitteln nach bestimmten Prioritätsregeln

implementiert haben.

3. Betriebsdatenerfassung

Die Feinterminierung der Arbeitsgangfolgen auf den Betriebsmitteln ist die Hauptfunktion der Fertigungssteuerung. Der Produktionsfluß läßt sich aber nur dann wirkungsvoll steuern, wenn eine ständige **Rückmeldung** der tatsächlichen Gegebenheiten im Werkstattbereich gewährleistet ist. Störungen im Fertigungsprozeß, wie Ausfall von Maschinen, Werkzeugbruch oder Fabrikationsfehler bewirken sofort eine Abweichung der Soll- von den Ist-Terminen, die die weitere Steuerung empfindlich stören kann. Ihre sofortige Rückmeldung ermöglicht es der Fertigungssteuerung, die Soll-Termine anderer Arbeitsgänge so zu ändern, daß die Übereinstimmung zwischen Soll und Ist nach Art eines **Regelkreises** wiederhergestellt wird.

Ein solches System von **aktuellen Rückmeldungen** bezeichnet man als **Betriebsdatenerfassungssystem** (engl. production data capturing system), das insbesondere folgende Daten enthalten sollte (Scheer, Wirtschaftsinformatik 1994, S. 337 f):

- **auftragsbezogene** Daten
  z.B. Start- und Endtermine von Arbeitsgängen, produzierte Mengen,
- **betriebsmittelbezogene** Daten
  Laufzeiten, Störungen, Wartezeiten,
- **Materialdaten**
  Entnahmen, Zugänge, Reservierungen,
- **Werkzeugdaten**
  Entnahmen, Bruch, Zugang, Einsatzort und -zeit,
- **Mitarbeiterdaten**
  Anwesenheit, Leistung, Materialverbrauch.

Werden diese Daten aktuell und sorgfältig erfaßt, kann nicht nur die Feinterminierung schnell auf unvorhersehbare Entwicklungen reagieren, sondern darüber hinaus gehen diese Daten in die Nachkalkulation, die Lohnrechnung, die Qualitätssicherung und die Instandhaltungsplanung ein.

Mit der Betriebsdatenerfassung ist die Darstellung der Struktur heutiger PPS-Systeme abgeschlossen. In den nächsten beiden Kapiteln werden wir alle Teilkomplexe der Produktionsplanung und -steuerung anhand eines aus der Unternehmenspraxis stammenden Beispiels eingehend analysieren, um dem Leser die Philosophie, die Methodik und die EDV-technische Umsetzung von PPS als dem Kernstück der industriellen Produktion nahezubringen. Dabei werden auch einige Entwicklungen vorgestellt, die im Institut des Verfassers konzipiert wurden und über den Leistungsumfang heutiger PPS-Systeme hinausgehen.

9. Kapitel: Produktionsplanung

A. Beschreibung des industriellen Praxisbeispiels

In diesem und den folgenden beiden Kapiteln soll nun die Produktionsplanung und -steuerung (PPS) auf der Basis des computergestützten PPS-Standardsystems zusammen mit weitergehenden betriebswirtschaftlichen Aspekten detailliert analysiert werden. Es erscheint dabei zweckmäßig, diese Erörterung anhand eines konkreten **Beispiels** aus der **Industriepraxis** vorzunehmen, da hierdurch die etwas schwierige Materie einen anschaulichen Hintergrund erhält, der das Verständnis der angesprochenen Probleme erleichtern dürfte.

Bei der Auswahl eines geeigneten Beispiels mußten Kompromisse zwischen **gegenläufigen Zielen** geschlossen und Randbedingungen berücksichtigt werden. Primäres Ziel ist die durchlaufende Verwendung **eines** Beispiels für alle Stufen der PPS einschließlich der betriebswirtschaftlichen Erweiterungen. Dazu ist nur ein umfangreiches Beispiel eines **komplexen** Produktionsprozesses geeignet. Dem steht jedoch das didaktische Ziel entgegen, ein **übersichtliches** Beispiel zu wählen, um den Leser nicht mit zu vielen Details zu überfrachten sondern die grundlegenden Strukturen offenzulegen. Hinzu kommt das Problem, ein Unternehmen zu finden, das zur Veröffentlichung seiner Daten bereit ist und mit dem das Institut des Verfassers auf dem Gebiet der PPS zusammenarbeitet (einschließlich der Erstellung entsprechender Software).

Als Kompromiß wurde die Produktion von **Luftbefeuchtungssystemen** eines **mittelständischen Industrieunternehmens** gewählt, dessen Produktionsprozeß relativ einfach und überschaubar ist, aber trotzdem eines computergestützten PPS-Systems bedarf. Es werden aber nicht alle Komponenten der PPS unterstützt, so daß wir an manchen Stellen, z.B. bei der Absatzprognose, ergänzend andere Beispiele aus der Unternehmenspraxis heranziehen werden.

Die veröffentlichten Daten des Unternehmens wurden so verändert, daß ein direkter Rückschluß auf das Unternehmen nicht möglich ist, die grundlegenden Strukturen jedoch erhalten geblieben sind:

I. Das Produkt und seine Komponenten

Luftbefeuchtungsanlagen haben sich insbesondere im Druckereigewerbe durchgesetzt, da das Papier bei Druckvorgängen und bei der Lagerung eine bestimmte Feuchtigkeit aufweisen muß. Traditionelle Luftbefeuchtungseinrichtungen bergen jedoch gesundheitliche Risiken für die Belegschaft, da sich in den Geräten im abgestandenen Wasser Pilze und Sporen stark vermehren und mit dem Gebläse in die Raumluft abgegeben werden. Darüber hinaus begünstigen die druckereispezifischen Papier- und Puderstäube das Wachstum der Pilzkolonien erheblich.

Ausgangspunkt einer Neuprodukt-Entwicklung ist daher ein **Wasserbehandlungssystem**, das die Mineralien und organischen Bestandteile (Keime, Sporen) zu fast 100% aus dem Wasser entfernt und mit Membranfiltern "**Reinwasser**" erzeugt.

Dieses gereinigte Wasser wird fein vernebelt, ohne mit der staubbehafteten Raumluft in Berührung gekommen zu sein.

Das Luftbefeuchtungssystem wird in einer Vielzahl von **Produktvarianten** produziert, die sich durch verschiedene Leistungsstufen, Abmessungen, Durchlaufkapazitäten, Druckerhöhungsstufen und Reinwasserspeicher unterscheiden. Das System besteht in seiner umfangreichsten Ausstattung, die nicht bei allen Produktvarianten erforderlich ist, aus folgenden Komponenten, die als **Baugruppen** im Sinne der PPS anzusehen sind:

- Installationsschiene,
- Filterkonsole,
- Wasserenthärter,
- Wasserentsalzungsanlage (Umkehrosmose),
- Druckerhöhungsgerät,
- Vernebler,
- Reinwasserspeicher,
- Expansionsspeicher und
- Verschneidearmatur für Mischwasser.

Diese Baugruppen bestehen ihrerseits aus **Unterbaugruppen** und Einzelteilen, wie Rohrleitungen, Filter, Absperrventilen, Netzwasseranschlüssen, Zapfstellen, Ionenaustauscher, Membranen, Zeitschaltuhren sowie einer Vielzahl von Sensoren, Schaltern und Steckern.

II. Der Produktionsprozeß

Der betrachtete Industriebetrieb wendet die mechanische Technologie und die synthetische Stoffverwertung in der Organisationsform Werkstattfertigung an. Die Produktion erfolgt in Einzel- und Kleinserienfertigung direkt für den Endabnehmer zum größten Teil auf Bestellung (Auftragsfertigung) aber auch auf Vorrat. Damit ist er ein typischer Vertreter der **Klasse 3** unserer Cluster-Betriebstypologie (Kapitel 1, Abschnitt B.II, S. 7 ff.), d.h. der **Investitionsgüterindustrie**.

Der Produktionsprozeß kann dadurch charakterisiert werden, daß Einzelteile fremdbezogen und in Werkstattfertigung zu Baugruppen und Enderzeugnissen (Produktvarianten) montiert werden. Als Arbeitsgänge sind neben der Montage Bohren, Fräsen, Lackieren, Schleifen, Prüfen und versandfertiges Verpacken von Bedeutung. Die Produktionsplanung für diesen Produktionsprozeß soll nun den weiteren Betrachtungen zugrunde gelegt werden.

B. Produktionsprogrammplanung

Die erste Aufgabe der Produktionsplanung und -steuerung ist die Ermittlung des **mittelfristigen** Produktionsprogramms für die Planperiode auf der Basis von erteilten bzw. erwarteten **Kundenaufträgen** oder - bei der Produktion für den anonymen Markt - auf der Grundlage von **Absatzprognosen**. Die Länge des Planungszeitraums von einem halben bis einem Jahr deutet schon darauf hin, daß es sich hier nur um relativ grobe Werte handeln kann, da sowohl "erwartete" Kundenaufträge als auch Prognosen über einen Zeitraum von einem Jahr einen beträchtlichen Unsicherheitsgrad aufweisen.

I. Absatzplanung

a) Kundenaufträge

Die Absatzplanung eines Unternehmens mit **Auftragsfertigung** beruht auf den hereingenommen Kundenaufträgen. Obwohl auch feste Kundenaufträge im Laufe des Kalenderjahres noch storniert werden können[28], ist der Auftragsbestand ein geeigneter Indikator für den zukünftigen Absatz. Bei reiner Auftragsfertigung ist der Absatz also relativ sicher zu schätzen.

Schwieriger ist die Situation, wenn von den Kunden nur ein grober jährlicher "Absatzrahmen" zugesagt wird, innerhalb dessen sich der tatsächliche Abruf bewegen soll. Dieses Verfahren wird insbesondere von den Automobilfirmen gegenüber ihren Zulieferern angewandt. Der tatsächliche Absatz läßt sich hierbei erst in wesentlich kürzeren Zeitabschnitten (meistens monatlich) ermitteln, so daß schon eine **Extrapolation** von Vergangenheitswerten erforderlich ist, um das jährliche Absatzvolumen zu prognostizieren.

Noch unsicherer wird die Absatzplanung, wenn - wie im Flugzeugbau üblich - über fest bestellte Maschinen hinaus "**Optionen**" auf weitere Maschinen ohne Abnahmegarantie ausgesprochen werden, so daß das Flugzeugbauunternehmen mit **Wahrscheinlichkeiten** operieren muß, um den zukünftigen Absatz in den Griff zu bekommen.

Man erkennt an diesen Beispielen, daß selbst bei Auftragsfertigung keine sichere Absatzplanung möglich ist, sondern sich Unsicherheiten ergeben, die die Anwendung von **Prognoseverfahren** erforderlich machen. Dies wird im nächsten Abschnitt geschehen.

An dieser Stelle bleibt festzuhalten, daß nur bei reiner Auftragsfertigung die fest erteilten Kundenaufträge den Absatzplan bilden, der unter Beachtung von Lagerbeständen und Produktionskapazitäten in das Produktionsprogramm transformiert wird. Vorläufige Aufträge, Optionen oder gar die Produktion für den "anonymen" Markt erfordern zwingend, das jährliche Absatzvolumen durch Anwendung von Prognoseverfahren verläßlich zu schätzen.

b) Prognose des zukünftigen Absatzes

Die Bestimmung des Absatzpotentials ist die Aufgabe der Absatzprognose im Rahmen der PPS. Hierfür gibt es eine Reihe von Prognoseverfahren, die ausführlich in (Hansmann, Prognoseverfahren 1983) dargestellt sind. Von diesen Verfahren hat aber nur die **exponentielle Glättung** (z.T. erweitert um **Saisoneinflüsse**) Eingang in die Software der Standard-PPS-Systeme gefunden (vgl. SAP R/3, Modul PP, S. 5-4 f.). Wir werden daher zunächst dieses Prognoseverfahren erläutern und damit eine Absatzprognose für das Praxisbeispiel durchführen. Anschließend wird an einem anderen praktischen Beispiel gezeigt, wie die **multiple Regression** zur Absatzprognose herangezogen werden kann.

---

[28] Die dadurch evtl. entstehenden Schadensersatzansprüche des Unternehmens sollen hier nicht weiter verfolgt werden.

1. Prognosen auf der Grundlage der exponentiellen Glättung

α) Die Prognosegleichungen

Die exponentielle Glättung basiert auf zwei Überlegungen (Hansmann, Prognoseverfahren 1983, S. 28):

- Der aktuelle Prognosefehler wird in bestimmtem Maße zur Korrektur der zukünftigen Prognose verwendet,
- das Gewicht der vergangenen Zeitreihenwerte für die Prognose soll mit zunehmendem "Alter" der Werte abnehmen.

Bezeichnet man mit x_t den Zeitreihenwert zum Zeitpunkt t und mit $\hat{x}_t$ den Prognosewert zum Zeitpunkt t, so ergibt sich der Prognosefehler e_t zu

(84) $$e_t = x_t - \hat{x}_t \qquad \text{(für } t = 1,\ldots,T).$$

Nach der ersten Überlegung wird nun der Prognosewert des folgenden Zeitpunktes t + 1 so bestimmt, daß der aktuelle Prognosewert $\hat{x}_t$ um einen Bruchteil α des Prognosefehlers korrigiert wird, also

(85) $$\hat{x}_{t+1} = \hat{x}_t + \alpha\, e_t = \hat{x}_t + \alpha(x_t - \hat{x}_t) \qquad (0 < \alpha \leq 1).$$

Durch Umformulieren von (85) erhält man sofort die Prognosegleichung der exponentiellen Glättung für ein Zeitreihe ohne Trend

(86) $$\hat{x}_{t+1} = \alpha\, x_t + (1 - \alpha)\, \hat{x}_t \qquad (0 < \alpha \leq 1).$$

Es kann gezeigt werden, daß diese Prognoseformel die zweite Überlegung ebenfalls beinhaltet, d.h., daß die Zeitreihenwerte x_t, x_{t-1}, x_{t-2} usw. mit **exponentiell** abnehmendem Gewicht in die Prognose eingehen.

Schreibt man (86) für die Zeitpunkte t - 1 und t - 2

(87a) $$\hat{x}_t = \alpha\, x_{t-1} + (1 - \alpha)\, \hat{x}_{t-1}$$

(87b) $$\hat{x}_{t-1} = \alpha\, x_{t-2} + (1 - \alpha)\, \hat{x}_{t-2}$$

und setzt beide Ausdrücke nacheinander in (86) ein, so ergibt sich

(88) $$\hat{x}_{t+1} = \alpha\, x_t + \alpha(1 - \alpha)\, x_{t-1} + \alpha(1 - \alpha)^2 x_{t-2} + (1 - \alpha)^3 \hat{x}_{t-2}.$$

Dies zeigt schon die exponentielle Struktur der Gewichtung. Durch rekursives Einsetzen von $\hat{x}_{t-i}\,(i = 0,1,\ldots,t-1)$ erhält man die allgemeine Form

(89) $$\hat{x}_{t+1} = \alpha \sum_{i=0}^{t-1} (1 - \alpha)^i\, x_{t-i} + (1 - \alpha)^t\, \hat{x}_1 \qquad (0 < \alpha \leq 1),$$

in der $\alpha(1 - \alpha)^i$ das Gewicht des Zeitreihenwertes x_{t-i} darstellt. Bei großem Zeitreihenumfang konvergiert das Restglied $(1-\alpha)^t\ \hat{x}_1$ gegen Null und kann daher vernachlässigt werden.

Für die konkrete Prognose benötigt man einen Wert für den Glättungsparameter α. In der Praxis gilt als Faustregel, α zwischen 0,1 und 0,3 zu wählen. Differenziertere Möglichkeiten der Wahl von α sind in (Hansmann, Prognoseverfahren 1983, S. 39 ff.) beschrieben.

Der Vorteil der exponentiellen Glättung ist ihre einfache Handhabung. Man benötigt lediglich den letzten Prognosewert und den neuesten Zeitreihenwert, um eine neue Prognose zu erstellen.

β) Die Berücksichtigung von Trend und Saison

Ist in der zu prognostizierenden Zeitreihe ein Trend vorhanden, so muß die obige einfache exponentielle Glättung durch ein Trendmodell ersetzt werden. Die Prognosegleichung lautet hierfür

$$\text{(90)} \qquad \hat{x}_{t+m} = \hat{a}_t + \hat{b}_t \cdot m \qquad (m = 1,2,...),$$

wobei $\hat{a}_t$ den konstanten Grundwert und $\hat{b}_t$ den linearen Trendwert, d.h. den Anstieg pro Periode wiedergibt.

$\hat{a}_t$ und $\hat{b}_t$ können aus den Glättungsoperatoren 1. Ordnung

$$\text{(91)} \qquad \hat{S}_t^1 = \alpha \sum_{i=0}^{t-1} (1-\alpha)^i x_{t-i}$$

und 2. Ordnung

$$\text{(92)} \qquad \hat{S}_t^2 = \alpha \sum_{i=0}^{t-1} (1-\alpha)^i \hat{S}_{t-1}^1$$

ermittelt werden, wie in (Hansmann, Prognoseverfahren 1983, S. 34 ff.) ausführlich gezeigt wird. Die Bestimmungsgleichungen lauten

$$\text{(93a)} \qquad \hat{a}_t = 2\hat{S}_t^1 - \hat{S}_t^2$$

$$\text{(93b)} \qquad \hat{b}_t = \frac{\alpha}{1-\alpha} (\hat{S}_t^1 - \hat{S}_t^2) .$$

Die Gleichungen (91) und (92) lassen die Verwandtschaft des Trendmodells mit der einfachen exponentiellen Glättung erkennen.

Auch eine saisonbehaftete Zeitreihe kann mit der exponentiellen Glättung prognostiziert werden. Nimmt man das Trendmodell (90) als Basis, so werden nun die Prognosewerte mit einem **Saisonfaktor** $\hat{s}_t$ multipliziert.

$$\text{(94)} \qquad \hat{x}_{t+m} = (\hat{a}_t + \hat{b}_t \cdot m) \cdot \hat{s}_t \qquad (m = 1,2,...)$$

Der Saisonzyklus umfasse L Perioden. Dann sind L Saisonfaktoren zu berechnen; am einfachsten geschieht dies mit dem Verfahren von Winters (Forecasting 1960), das neben anderen Saisonverfahren in (Hansmann, Prognoseverfahren 1983, S. 46 ff.) dargestellt ist. Danach errechnet man den Saisonfaktor der Periode t aus dem Saisonfaktor des vorigen Saisonzyklus (t - L), korrigiert um einen Bruchteil γ des Schätzfehlers:

$$(95) \qquad \hat{s}_t = \hat{s}_{t-L} + \gamma \left[\frac{x_t}{\hat{a}_t} - \hat{s}_{t-L}\right] \qquad (0 < \gamma < 1)$$

γ) Anwendung auf das Praxisbeispiel

Da eine Absatzprognose am günstigsten auf der Basis von Produkt**gruppen** zu erstellen ist (vgl. Kapitel 8, S. 259 ff.), fassen wir alle verschiedenen Varianten von Luftbefeuchtungssystemen zusammen und gelangen so zu **aggregierten** Absatzzahlen für den Zeitraum Januar 1995 bis Juli 1996. Diese 19 monatlichen Werte sind in Tab. 32 wiedergegeben.

Tab. 32: Monatlicher Absatz von Luftbefeuchtungssystemen

Jahr \ Monat	1	2	3	4	5	6	7	8	9	10	11	12	Σ
1995	15	13	24	20	42	33	23	24	3	8	14	2	221
1996	22	9	6	18	38	32	26						151

Für eine Prognose ist die Datenbasis zwar etwas dürftig, doch ist dies eine für die Unternehmenspraxis typische Situation.

Die Daten geben keinen Anhaltspunkt für einen Trend der Absatzreihe, eher deutet sich ein Saisoneinfluß an. Versuchsweise wird zunächst das **konstante** Modell der **exponentiellen Glättung** angewandt, wobei der Parameter α den Wert 0,3 erhält[29].

Die Ergebnisse der ex-post-Prognose dieses Modells sind in Abb. 76 zusammen mit der tatsächlichen Absatzreihe wiedergegeben.

Die Abbildung zeigt, daß die Prognosereihe der wahren Reihe nur unvollkommen folgt. Dies bestätigen auch die ermittelten Kriterien der **Prognosegüte**.

Die mittlere absolute Abweichung (**m**ean **a**bsolute **d**eviation, **MAD**) der Prognose von den Zeitreihenwerten ist mit 9,4 relativ hoch, insbesondere wenn man sie auf den Mittelwert der Absatzreihe (19,6) bezieht. Dies bedeutet einen durchschnittlichen Prognosefehler von fast 50% und weist das konstante Modell als **unbrauchbar** aus.

In Anbetracht der Saisonfigur erscheint ein **Saisonverfahren** erfolgversprechender. Wir benutzen das oben kurz dargestellte **multiplikative** Saisonverfahren, modifiziert durch einen Ansatz von **Lewandowski**, der bei stark schwankendem saisonalen Absatz die Saisonfaktoren entsprechend dem Absatzvolumen gewichtet (vgl. Lewandowski, Prognosesysteme 1974, S. 113 ff.).

---

[29] Alle im folgenden berechneten Prognosen wurden mit dem am Institut des Verfassers von Dr. W. Zetsche entwickelten Prognose-Softwarepaket FOCA durchgeführt.

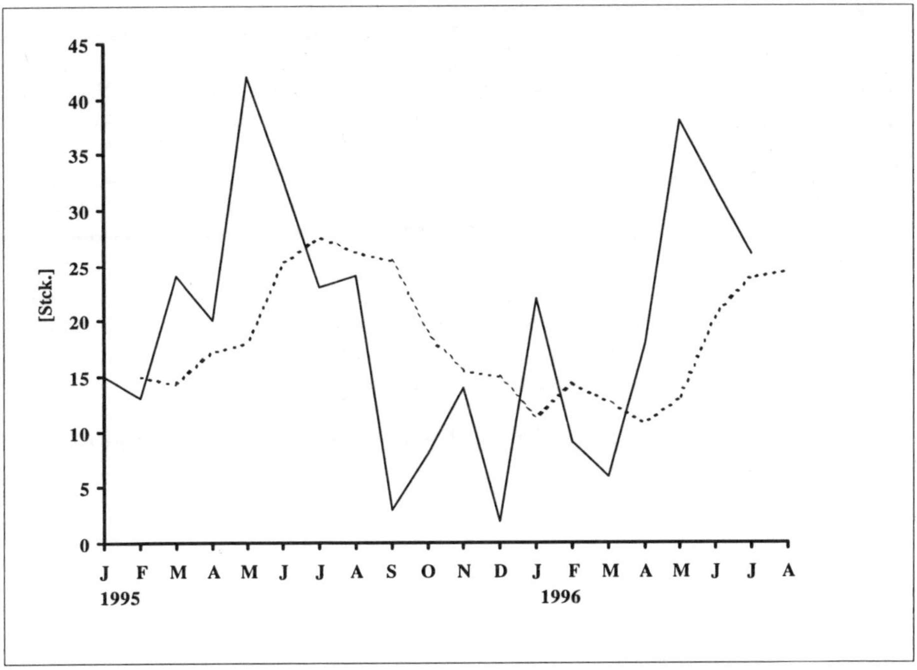

Abb. 76 Prognose (gestrichelt) mit der exponentiellen Glättung (Konstantes Modell)

Abb. 77 zeigt, daß das saisonale Muster der wahren Reihe recht gut in der ex-ante-Prognose 8/1996 bis 8/1997 widergespiegelt wird.

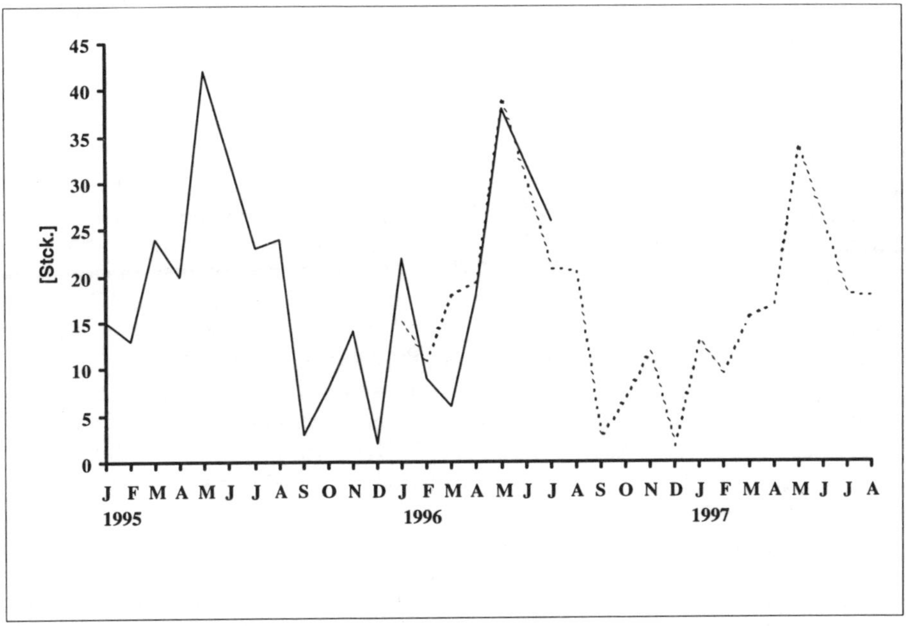

Abb. 77 Prognose (gestrichelt) mit dem Saisonverfahren von Lewandowski

Durch die Anwendung des Saisonverfahrens vermindert sich die mittlere absolute Abweichung (MAD) von 9,4 auf 4,3, was einem durchschnittlichen Prognosefehler von knapp 22% entspricht. Damit hat sich das Saisonmodell als bestes innerhalb der Gruppe der exponentiellen Glättungsverfahren herausgestellt. Daß der Prognosefehler mit 22% immer noch recht hoch ausfällt, liegt zum einen an der Kürze der Datenbasis, zum andern aber auch daran, daß die exponentielle Glättung ein **univariates** Zeitreihenverfahren ist, das außer der **Zeit** keinen weiteren **kausalen** Faktor zur Prognose des Absatzes heranzieht. Dies beeinträchtigt natürlich die Prognosegüte.

In Tab. 33 sind die prognostizierten Werte des Absatzes von Luftbefeuchtungssystemen als ex-post-Prognosen von Januar bis Juli 1996 und als ex-ante-Prognosen von August 1996 bis August 1997 wiedergegeben. Sie werden später der Bestimmung des Produktionsprogramms zugrunde gelegt.

Tab. 33 Prognostizierte monatliche Absatzzahlen von Befeuchtungssystemen (Zahlen gerundet)

Monat / Jahr	1	2	3	4	5	6	7	8	9	10	11	12	Σ
1996	15	11	18	19	39	30	21	21	3	7	12	2	198
1997	13	10	16	17	34	26	18	18					152

Damit ist die Absatzprognose im Rahmen der Standard-PPS-Systeme abgeschlossen. Bevor wir jedoch zur Produktionsprogrammplanung übergehen, soll im nächsten Abschnitt gezeigt werden, welche Prognosemethode angewendet werden sollte, wenn der Absatz nicht nur von der Zeit, sondern auch von anderen konkreten Faktoren beeinflußt wird.

2. Prognosen mit der multiplen Regressionsrechnung

Die im letzten Abschnitt besprochenen Prognoseverfahren verwenden zur Prognose nur die historischen Werte der Zeitreihe selbst. Hängt jedoch der Absatz eines Produktes auch von einzelnen anderen Faktoren ab, so müssen auch diese zur Prognose herangezogen werden. Man verwendet in diesem Fall die multiple Regressionsrechnung, um den Einfluß der externen Faktoren auf den zu prognostizierenden Absatz zu messen. An einem in der Praxis durchgeführten Prognosebeispiel, das in (Hansmann, Spektral- und Regressionsanalyse 1980, S. 231 ff.) vollständig beschrieben ist, sei diese Art der Prognose kurz skizziert.

Zu prognostizieren war die verkaufte Auflage (also der Absatz) einer deutschen Publikumszeitschrift. Es lagen 234 Zeitreihenwerte der verkauften Auflage aus den Jahren 1975-1979 vor. Nach sorgfältiger Analyse der Zeitreihenstruktur wurden folgende Faktoren ermittelt, die einen statistisch gesicherten signifikanten Einfluß auf den Absatz der Zeitschrift hatten:

1. Ein leicht ansteigender linearer Gesamttrend des Absatzes,
2. ein jährlicher Saisonzyklus mit höherem Absatz im Winterhalbjahr,
3. die Neuerscheinung einer Konkurrenzzeitschrift während des Erhebungszeitraums,

4. eine auflagensteigernde Themenfolge im redaktionellen Teil der Zeitschrift,
5. die auflagensenkende Wirkung der Sommer- und Weihnachtsferien,
6. zwei periodisch alle 14 Tage bzw. vier Wochen erscheinende Heftbeilagen mit verkaufsfördernder Wirkung.

Mit diesen Faktoren wurde ein multiples Regressionsmodell aufgestellt, dessen Ergebnisse in Tab. 34 wiedergegeben sind.

In dieser Tabelle bedeuten $\hat{b}$ die geschätzten Regressionskoeffizienten und $\hat{\sigma}(\hat{b})$ ihre Standardabweichungen. F ist der empirische und F(95%) der auf dem 95%-Signifikanzniveau ermittelte theoretische Wert der F-Verteilung. Falls F > F(95%), ist der Einfluß des Regressors auf den Absatz signifikant.

Die Regressoren 3. bis 8. sind durch binäre Variable dargestellt. So hat z.B. der Regressor "Weihnachtsferien" während dieser Ferien den Wert 1, sonst den Wert Null. Der Saisonzyklus (2. Regressor) ist durch eine Kosinus-Funktion angenähert.

Tab. 34 Regressionsmodell des Absatzes einer Publikumszeitschrift

Regressor	$\hat{b}$	$\hat{\sigma}(\hat{b})$	F	F(95%)
1. Trend	0,721	0,023	986,96	3,88
2. Saison	20,477	1,323	239,60	3,88
3. Konkurrenzprodukt	-46,460	3,383	188,59	3,88
4. Spezielle Themenfolge	33,511	3,343	100,47	3,88
5. Sommerferien	-27,769	3,393	66,99	3,88
6. Weihnachtsferien	-26,716	3,533	57,20	3,88
7. Heftbeilage I	5,792	1,062	29,75	3,88
8. Heftbeilage II	11,718	2,841	17,01	3,88
Konstante	235,762	1,935	-	-
Bestimmtheitsmaß R^2	= 0,96			
Standardprognosefehler	= 11,80			
Anzahl der Zeitreihenwerte	= 234			
Durbin-Watson-Koeffizient	= 1,41			
MAD der Prognose	= 8360 Stück			
MAD in % der letzten Auflage	= 2,4%			

Der zukünftige Absatz der Zeitschrift (in Tsd. Stück) wird nun prognostiziert, indem man die zukünftigen Werte der Regressoren mit den Koeffizienten der $\hat{b}$-Spalte multipliziert und diese Produkte zu der Konstanten von 235,762 addiert:

$$\begin{aligned}(96)\quad \hat{x}_t &= 235{,}762 + 0{,}721\ \text{Trend}_t + 20{,}477\ \text{Saison}_t - 46{,}46\ \text{Konkurrenzprodukt}_t \\ &+ 3{,}511\ \text{Themenfolge}_t - 27{,}769\ \text{Sommerferien}_t \\ &- 26{,}716\ \text{Weihnachtsferien}_t + 5{,}792\ \text{Heftbeilage I}_t \\ &+ 11{,}718\ \text{Heftbeilage II}_t\end{aligned}$$

Mit diesem Modell können 96% der Absatzschwankungen erklärt werden (R^2 = 0,96), so daß die Schätzungen mit einem sehr niedrigen Schätzfehler von 2,4% (MAD) behaftet sind. Dieses Beispiel soll nur zur Veranschaulichung von kurzfristigen Absatzprognosen dienen; daher können wir in diesem Lehrbuch auf statistische Einzelheiten, wie z.B. die Errechnung des Durbin-Watson-Koeffizienten, nicht näher eingehen (vgl. hierzu Hansmann, Spektral- und Regressionsanalyse 1980 oder Schneeweiß, Ökonometrie 1990).

Der geringe Prognosefehler von 2,4% zeigt, daß multivariate Prognoseverfahren den Absatzverlauf dann besser schätzen, wenn konkrete Einflußfaktoren ermittelt und - das ist natürlich entscheidend - ihrerseits prognostiziert werden können. In Anbetracht der Tatsache, daß unzulängliche Absatzprognosen wegen des Sukzessivplanungskonzepts der PPS-Philosophie die Ergebnisse aller PPS-Stufen direkt beeinträchtigen und dadurch Fehler entstehen können, die im Verlauf des PPS-Prozesses nicht mehr zu beseitigen sind, ist es ratsam, den Prognose-Modul der Standard-PPS-Systeme um zusätzliche Prognosemethoden zu erweitern. Um den Benutzer bei der Anwendung von komplexen Prognosemethoden, wie z.B. Box-Jenkins-Verfahren oder der multiplen Regression nicht mit statistischen Details zu überfordern, ist der Einsatz von **Expertensystemen**, die die Auswahl des im Hinblick auf die Struktur der Absatzzahlen geeignetsten Prognoseverfahrens selbst vornehmen, erfolgversprechend. Ein solches Expertensystem ist am Institut des Verfassers entwickelt worden und befindet sich im praktischen Einsatz (Hansmann/Zetsche, Expert System 1989).

In diesem Lehrbuch werden wir uns jedoch auf die in heutigen PPS-Systemen implementierte exponentielle Glättung beschränken und für unser Praxisbeispiel die in Tab. 33 wiedergegebenen monatlichen Absatzprognosewerte in die **Absatzplanung** übernehmen und sie anschließend unter Beachtung von **Kapazitätsrestriktionen** und **Lagerbeständen** zur Ermittlung des gewinnoptimalen Produktionsprogramms heranziehen.

II. Die Bestimmung des Produktionsprogramms

a) Ermittlung des Produktionsplans aus Kundenaufträgen und Absatzprognosen

Die traditionellen PPS-Systeme ermitteln den Primärbedarf aus den nach Art und Termin festen bzw. erwarteten Kundenaufträgen vermindert um den verfügbaren Lagerbestand an Endprodukten. Wird zusätzlich zur Kundenauftragsfertigung für den anonymen Markt produziert, so werden die - meist vom Vertrieb erstellten -Absatzprognosen dem Bedarf hinzugefügt. Besteht das Absatzprogramm aus einer Vielzahl von Produkten oder Produktvarianten, können diese zu **Produktgruppen** zusammengefaßt werden, da Absatzprognosen auf der Basis von aggregierten Produktgrößen in der Regel mit geringeren Prognosefehlern behaftet sind als solche von einzelnen Produkten oder gar Varianten.

Der **Primärbedarf** enthält neben den **Enderzeugnissen** bzw. Erzeugnisgruppen auch die verkaufsfähigen **Ersatzteile**, die sich ihrerseits wieder aus Kundenaufträgen und Prognosen rekrutieren. Damit ergibt sich für den Primärbedarf folgende Gleichung:

Primärbedarf pro Periode	=	feste Kundenaufträge
	+	erwartete Kundenaufträge
	+	sonstige prognostizierte Absatzmengen
	-	Lagerbestände

Als nächster Schritt wird nun ermittelt, ob der geplante Primärbedarf mit

- der verfügbaren **Produktionskapazität** und

- den beschaffbaren **Materialmengen**

produziert werden kann. Da es sich hier um eine **Grobplanung** handeln soll, ist es zweckmäßig, die benötigten Materialien zu Material**gruppen** und die Betriebsmittel zu Betriebsmittel**gruppen** zu aggregieren.

Grundlage für die Errechnung des Kapazitätsbedarfs sind die in der PPS-Grunddatenverwaltung vorhandenen **Arbeitspläne, Arbeitsgänge** und **Betriebsmitteldaten**. Der Entwurf für die Datenstruktur des Kapazitätsbedarfs ist ausführlich in (Scheer, Wirtschaftsinformatik 1994, S. 229 ff.) dargestellt. Aus den Arbeitsplänen läßt sich für jedes Enderzeugnis und seine untergeordneten Teile und Baugruppen ein **Kapazitätsprofil** errechnen, das angibt, wieviele Kapazitätseinheiten einer Betriebsmittelgruppe für eine Einheit des/der Endprodukt(s)/gruppe erforderlich sind. Die Kapazitätsprofile müssen nun mit den verfügbaren Kapazitätseinheiten der Betriebsmittelgruppen zeitorientiert in Übereinstimmung gebracht werden. Als Ergebnis erhält man den mit den **verfügbaren Ressourcen** abgestimmten **Produktionsplan**, der im angelsächsischen Sprachraum **Master Production Schedule** genannt wird und als Dateninput in die PPS-Systeme eingeht.

Der Produktionsplan wird in deutschen Standard-PPS-Systemen als **Primärbedarf** ohne weiteren Zusatz bezeichnet, obwohl man strenggenommen von einem mit den Ressourcen abgestimmten Primärbedarf sprechen müßte[30].

An dem in dieser Form innerhalb der Standard-PPS-Systeme ermittelten Produktionsplan (Primärbedarf) muß aus **betriebswirtschaftlicher** Sicht zweifache **Kritik** geübt werden.

1. Falls die Produktionskapazitäten[31] für alle Kundenaufträge und prognostizierten Absatzzahlen ausreichen, wird der gesamte Primärbedarf produziert, ohne zu prüfen, ob die **Deckungsbeiträge** der Enderzeugnisse überhaupt einen angemessenen Beitrag zur Deckung der fixen Kosten liefern. Es werden also keine betriebswirtschaftlichen Kriterien für die Auswahl der zu produzierenden Erzeugnisse benutzt.
2. Bei **knappen Produktionskapazitäten** können nicht alle Kundenaufträge zeitgerecht ausgeführt bzw. die prognostizierten Absatzpotentiale nicht ausgeschöpft werden. Es bestehen nun **kapazitative Verflechtungen** zwischen den Endprodukten. Eine Auswahl der zu fertigenden Produkte und die Bestimmung der entsprechenden Produktionsmengen lassen sich aber nun nicht mehr sukzessiv in der Reihenfolge der zeitlichen Prioritäten der Absatzmengen durchführen sondern erfordern einen **simultanen Ansatz** auf der Basis betriebswirtschaftlicher Größen wie Erlöse, variable Kosten oder Deckungsspannen, die mit der Kapazitätsbelastung der einzelnen Produkte verknüpft werden müssen. Ein solcher Simultanansatz ist in Standard-PPS-Systemen nicht realisiert.

Einfache Lösungsansätze für diesen Problemkreis hat der Verfasser in (Hansmann, Industriebetriebslehre 1987, S. 138 ff.) im Rahmen der Deckungsbeitragsanalyse mit und ohne Kapazitätsbeschränkungen dargestellt. Sie könnten ohne weiteres in PPS-Systeme implementiert werden.

---

30 Aus der Sicht der Materialbedarfsplanung als Keimzelle der PPS-Systeme war die Bezeichnung Primärbedarf selbsterklärend und wurde daher beibehalten.

31 Die Möglichkeiten der Materialbeschaffung werden im folgenden nicht mehr ausdrücklich erwähnt sondern als gegeben betrachtet.

In Anbetracht der Entwicklung zu immer leistungsfähigerer Hardware, auch auf der PC-Ebene, wird die Anwendung von Optimierungsmethoden nach Meinung des Verfassers zunehmen, so daß es zweckmäßig erscheint, die Produktionsprogrammplanung innerhalb von PPS-Systemen mit **aggregierten** Größen auf der Basis der **linearen Optimierung** durchzuführen, da inzwischen auch geeignete Software zur Erstellung der LP-Matrix (**Matrixgeneratoren**) aus der Datenbasis der PPS-Systeme existiert (Scheer, Betriebswirtschaftslehre 1990, S. 154 ff.). Im nächsten Abschnitt werden die LP-Ansätze, die zur Grobplanung unseres Praxisbeispiels eingesetzt wurden, vorgestellt.

b) Das aggregierte Produktionsprogramm auf der Grundlage der linearen Optimierung

1. Definition der Erzeugnisgruppen

Bei der Absatzprognose sind alle Varianten des Luftbefeuchtungssystem zu einem Produkt zusammengefaßt worden, für das ein monatliches **Absatzpotential** geschätzt wurde (Tab. 33 auf S. 274). Es soll nun ein halbjährliches Produktionsprogramm auf der Basis von Deckungsbeiträgen und unter Berücksichtigung von Absatz- und Kapazitätsrestriktionen bestimmt werden. Dazu ist es vorteilhaft, die einzelnen Luftbefeuchtungs-Varianten zu **Produktgruppen** zusammenzufassen, die sich durch folgende Merkmale auszeichnen:

- ähnliche Erlös- und Kostenstruktur,
- ähnliche zeitliche Beanspruchung der Produktionsanlagen.

Bei diesem Vorgehen kann man 5 Produktgruppen (= Luftbefeuchter-Typen) identifizieren, die sich nach Leistungsstufen, Druckerhöhungsstufen und der Größe des Reinwasserspeichers unterscheiden. Sie sind in der folgenden Tabelle mit ihren **Deckungsspannen** (= Absatzpreis - variable Kosten pro Stück) wiedergegeben.

Tab. 35 Produktgruppen des Luftbefeuchter-Systems

Produktgruppe	Deckungsspanne [DM/Stck.]
1	17982
2	24134
3	45500
4	56450
5	68490

2. Die Absatz- und Kapazitätsrestriktionen

Zur halbjährlichen Produktionsprogramm-Planung geht man einerseits von den bereits fest hereingenommenen **Kundenaufträgen** als Mindestabsatz und andererseits vom prognostizierten **Absatzpotential** als oberer Absatzgrenze aus.

Für den Zeitraum August 1996 bis Januar 1997, der als Planungszeitraum zugrunde gelegt wird, zeigt Tab. 33 (S. 274) ein Absatzpotential von 58 Luftbefeuchtungs-Systemen, die sich nach den langjährigen Erfahrungen des Unternehmens etwa so auf die Produktgruppen verteilen werden, wie Tab. 36, die auch die im Absatzpotential **enthaltenen** festen Kundenaufträge wiedergibt, zeigt.

Tab. 36 Prognostiziertes Absatzpotential und feste Kundenaufträge für den Zeitraum 8/1996 bis 1/1997

Produktgruppe	Absatzpotential	feste Kundenaufträge
1	11	5
2	17	8
3	5	1
4	11	6
5	14	9
Summe	58	29

Da die festen Kundenaufträge auf jeden Fall ausgeführt werden müssen, sollten sich die zu produzierenden Mengen der einzelnen Produktgruppen jeweils zwischen der unteren und der oberen Grenze bewegen. Eine genaue Bestimmung der Produktionsmengen erfordert zusätzlich die Kenntnis der zur Verfügung stehenden **Produktionskapazitäten**.

Der Produktionsprozeß der Luftbefeuchtungs-Systeme kann in vier aufeinander folgende **Produktionsstufen** unterteilt werden, deren Kapazität in **Maschinenstunden** gemessen wird. Die Kapazität einer Produktionsstufe ergibt sich durch Multiplikation der Anzahl **Produktionsanlagen** mit der in einem halben Jahr zur Verfügung stehenden **Produktionszeit** (= Betriebszeit - Wartungszeit - durchschnittliche Reparaturzeit - durchschnittliche Rüstzeit).

Da auf dieser relativ groben Planungsebene noch keine Losgrößen und Reihenfolgen der Produktgruppen ermittelt werden können, sind die "echten" Rüstzeiten noch nicht bekannt und müssen daher durch Erfahrungswerte bzw. "Durchschnitte" vergangener Rüstzeiten ersetzt werden. Auf Grund der Sukzessivplanungs-Philosophie können die wahren Rüstzeiten erst im nächsten Abschnitt bei der Materialbedarfsplanung (vgl. S. 288 ff.) ermittelt werden.

Die im nächsten Halbjahr zur Verfügung stehenden Produktionszeiten aus Tab. 37 sind daher nur als grobe Richtwerte der Produktionskapazität anzusehen, die innerhalb der Planung des Produktionsprogramms jedoch ihren Zweck mit ausreichender Genauigkeit erfüllen.

Tab. 37 Halbjährliche Produktionskapazität in Maschinenstunden

Produktionsstufe	Kapazität in [Std.]
I	900
II	900
III	1800
IV	900

Für die Formulierung eines **Produktionsplanungsmodells** der **linearen Optimierung** werden außer den Deckungsspannen der Produktgruppen, dem Absatzpotential und der Produktionskapazität die einzelnen **Produktionskoeffizienten** benötigt, die angeben, wie hoch die **zeitliche Beanspruchung** einer Produktionsstufe i (i = I, II, III, IV) für die **Bearbeitung eines Stückes** der Produktgruppe j (j = 1,...,5) ist. Auch bei diesen Werten kann es sich auf der groben Planungsebene nur um Erfahrungswerte der Vergangenheit handeln, da die genaue **Maschinenbelegung** erst bei der **Produktionssteuerung** (11. Kapitel, S. 376 ff.) festgelegt wird.

Tab. 38 Produktionskoeffizienten in [Std./Stck.]

Produktgruppe / Produktionsstufe	1	2	3	4	5
I	5	9	10	17	26
II	7	11	12	20	30
III	11	18	21	35	54
IV	4	4	5	7	10

Mit den in den Tab. 35 bis 38 angegebenen Daten kann ein Produktionsplanungsmodell der linearen Optimierung (LP) formuliert und anschließend mit dem Simplex-Algorithmus, der in den LP-Software-Paketen, wie z.B. LINDO oder LP90 (Stahlknecht, Lineare Programmierung 1987) realisiert ist, numerisch gelöst werden.

3. Formulierung des LP-Produktionsplanungsmodells

Es ist zweckmäßig, das Modell zunächst mit allgemeinen Symbolen aufzustellen, um die Struktur des Problems klar zu erkennnen. Die benutzten Symbole haben dabei folgende Bedeutung:

x_j	= Produktionsmenge der Produktgruppe j	(j = 1,...,5)
d_j	= Deckungsspanne der Produktgruppe j	(j = 1,...,5)
$AMAX_j$	= Absatzpotential der Produktgruppe j	(j = 1,...,5)
$AMIN_j$	= Feste Kundenaufträge der Produktgruppe j	(j = 1,...,5)
Kap_i	= Kapazität der Produktionsstufe i	(i = 1,...,4)
a_{ij}	= Zeitverbrauch für eine Einheit der Produktgruppe j bei der Bearbeitung in der Produktionsstufe i (Produktionskoeffizient)	(j = 1,...,5) (i = 1,...,4)

Die Größen x_j bezeichnet man als **Variable** des Modells, die so zu bestimmen sind, daß die vorgegebene Zielsetzung unter Beachtung der Absatz- und Kapazitätsrestriktionen möglichst gut erfüllt wird. Die übrigen Größen heißen **Daten** des Modells. Sie sind aus der Datenbank des PPS-Systems in geeigneter Form zu entnehmen und müssen bei großen Problemen mit Hilfe eines **Matrix-Generators** in das Modell eingegeben werden.

In Übereinstimmung mit Theorie und Praxis legen wir als **Zielsetzung** fest, das Produktionsprogramm mit dem größten **Bruttogewinn** im Planungszeitraum (hier: Halbjahr) auszuwählen. Bruttogewinn ist der Gewinn vor Abzug der **fixen Kosten** für die Produktionskapazität, insbesondere **Abschreibungen** und kalkulatorische **Kapitalverzinsung**. Da die fixen Kosten bei konstantem

Produktionsapparat ein fester, vom Produktionsprogramm unabhängiger Betrag sind, können sie nachträglich vom Bruttogewinn abgezogen werden, ohne die Optimierung zu berühren.

Es genügt also, die Summe der **Deckungsbeiträge** (= Erlöse - variable Kosten) der Produktgruppen zu maximieren, um das **optimale Produktionsprogramm** zu bestimmen.

Zielfunktion

(97) Bruttogewinn $Z = \sum_{j=1}^{5} d_j x_j \Rightarrow \text{Max!}$

Dabei sind folgende **Restriktionen** (Nebenbedingungen) zu beachten:

1. Absatzbedingungen

(98) $x_j \leq AMAX_j$ (j = 1,...,5) Absatzpotential

(99) $x_j \geq AMIN_j$ (j = 1,...,5) feste Kundenaufträge

2. Kapazitätsbedingungen

(100) $\sum_{j=1}^{5} a_{ij} x_j \leq Kap_i$ (i = 1,...,4) Produktionsstufen

3. Nicht-Negativitäts-Bedingungen

(101) $x_j \geq 0$ (j = 1,...,5)

Das Modell umfaßt für das Luftbefeuchtungs-System 5 Variable und 14 echte Nebenbedingungen und ist damit ein recht kleines Modell. Dies beruht auf der technisch möglichen Zusammenfassung der Produkte zu 5 Gruppen und der Arbeitsgänge zu 4 Produktionsstufen. Durch diese **Aggregation**, die leider aus technischen Gründen nicht immer möglich ist, bleibt das Modell für unser Praxisbeispiel überschaubar und numerisch leicht zu lösen.

Nach der allgemeinen Modellformulierung soll nun das konkrete Modell mit den Daten der Tab. 35 bis 38 aufgestellt werden.

Zielfunktion

(102) $Z = 17982\, x_1 + 24134\, x_2 + 45500\, x_3 + 56450\, x_4 + 68490\, x_5 \Rightarrow \text{Max!}$

Restriktionen

1. Absatzbedingungen

(103) $x_1 \leq 11$
(104) $x_2 \leq 17$
(105) $x_3 \leq 5$ Absatzpotential
(106) $x_4 \leq 11$
(107) $x_5 \leq 14$

(108)	x_1	$\geq$	5	
(109)	x_2	$\geq$	8	
(110)	x_3	$\geq$	1	feste Kundenaufträge
(111)	x_4	$\geq$	6	
(112)	x_5	$\geq$	9	

2. Kapazitätsbedingungen

$$(113)\quad 5x_1 + 9x_2 + 10x_3 + 17x_4 + 26x_5 \leq 900$$
$$(114)\quad 7x_1 + 11x_2 + 12x_3 + 20x_4 + 30x_5 \leq 900$$
$$(115)\quad 11x_1 + 18x_2 + 21x_3 + 35x_4 + 54x_5 \leq 1800$$
$$(116)\quad 4x_1 + 4x_2 + 5x_3 + 7x_4 + 10x_5 \leq 900$$

Mit Hilfe der Simplex-Methode lassen sich die optimalen Produktionsmengen der Produktgruppen für das nächste halbe Jahr bestimmen.

4. Numerische Lösung des Produktionsplanungsmodells

Die numerische Auswertung erfolgte mit dem LP-Software-Paket LINDO. Das Ergebnis zeigt die folgende Tabelle.

Tab. 39 Das optimale Produktionsprogramm (LP-Lösung)

Produktgruppe	Produktionsmenge pro Halbjahr [Stck.] exakt	gerundet
1	11,00	11
2	11,18	11
3	5,00	5
4	11,00	11
5	14,00	14

Der zugehörige **Bruttogewinn** beträgt **2,275 Mio. DM.**

Tab. 39 läßt erkennen, daß alle festen Kundenaufträge ausgeführt werden können und darüber hinaus das Absatzpotential aller Produktgruppen mit Ausnahme von Gruppe 2 ausgeschöpft wird. Der Grund liegt in der Produktionsstufe II, deren Kapazität in diesem Beispiel zum Engpaß wird.

Die Produktionsstufen I, III und IV sind bei diesem Produktionsprogramm nicht ausgelastet, was man durch Einsetzen der optimalen x_j-Werte in (113) bis (116) nachprüfen kann.

Bemerkenswert ist, daß man auf Anhieb nicht erkennt, warum gerade bei Produktgruppe 2 das Absatzpotential nicht ausgeschöpft wird. Sie hat weder die kleinste Deckungsspanne noch belastet sie die Produktionsanlagen am stärksten (vgl. die Produktionskoeffizienten). Erst durch das Zusammenspiel von Deckungsspannen, Kapazitäts- und Absatzgrenzen sowie den Produktionskoeffizienten kommt diese gewinnoptimale Lösung zustande. Die Interdependenzen zwischen diesen Größen erfordern eine **simultane** Bestimmung der zu produzierenden Mengen, die durch den **Simplex-Algorithmus** zieladäquat geleistet wird.

Um einen Einblick in die "Black Box" des Simplex-Algorithmus zu ermöglichen und den zugrunde liegenden mathematischen "Mechanismus" zu verstehen, wird das Modell im nächsten Abschnitt auf zwei Variable und drei Restriktionen verkleinert. Dadurch ist eine graphische und eine einfache rechnerische Lösung möglich, die die Funktionsweise der Simplex-Methode erläutert.

c) Vereinfachung des Modells

Wir betrachten im folgenden nur die Produktgruppen 1 und 2 sowie die im letzten Abschnitt als **Kapazitätsengpaß** identifizierte Produktionsstufe II. Dies ist als Ausschnitt aus dem realen Produktionsprozeß aufzufassen, wobei die Interdependenzen mit den übrigen Produktgruppen willkürlich zerschnitten werden. Für beide Produktgruppen wird die Produktionsstufe II 231 Stunden im Halbjahr reserviert.[32]

Damit ergibt sich das folgende vereinfachte Modell:

Zielfunktion

(117) $Z = 17982\, x_1 + 24134\, x_2 \Rightarrow \text{Max!}$

Absatzbedingungen

(118) $x_1 \geq 5$
(119) $x_1 \leq 11$
(120) $x_2 \geq 8$
(121) $x_2 \leq 17$

Kapazitätsbedingung

(122) $7\, x_1 + 11\, x_2 \leq 231$

1. Graphische Lösung

Bei nur **zwei Variablen** kann man die optimale Lösung graphisch ermitteln, indem man den Raum der **zulässigen** Lösungen, die alle **Nebenbedingungen erfüllen**, in der Ebene der Produktmengen, d.h. in einem x_1/x_2 - Koordinatensystem abbildet. Jede x_1/x_2 - Kombination, die die Nebenbedingungen einhält, liegt innerhalb eines Polygons, das durch die beiden Achsen und folgende Geraden gebildet wird:

(123) $x_1 = 5$
(124) $x_1 = 11$
(125) $x_2 = 8$
(126) $x_2 = 17$
(127) $x_2 = 21 - 7/11\, x_1$

[32] Angemessen wäre auf Grund der Produktionskoeffizienten etwa 25% der Gesamtkapazität von 900 Stunden, also 225 Stunden. Um möglichst ganze Zahlen zu erhalten, wurde die nächste Zahl gewählt, die durch 7 und 11 teilbar ist.

Abb. 78 zeigt den zulässigen Bereich des Modells.

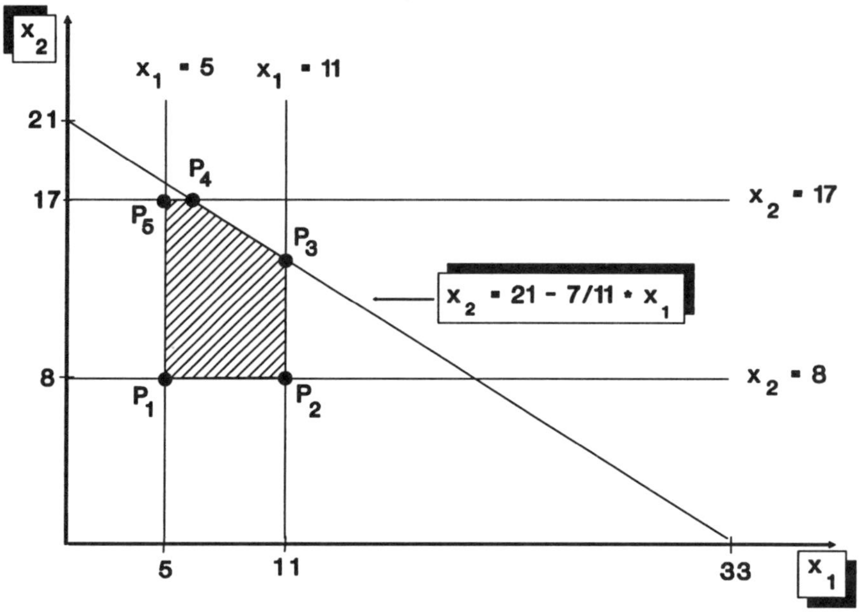

Abb. 78 Zulässiger Bereich des Produktionsplanungsmodells

Das zulässige Polygon wird durch die **Eckpunkte** P_1 (5;8), P_2 (11;8), P_3 (11;14), P_4 (6 2/7; 17) und P_5 (5;17) definiert.

Man kann allgemein zeigen, daß die optimale Lösung in einem Eckpunkt oder auf der Verbindungslinie zweier benachbarter Eckpunkte liegen muß (Dantzig, Lineare Optimierung 1966, S. 181 ff.). Dieser Gedankengang läßt sich nachvollziehen, wenn man die Zielfunktion in der Form von **Isogewinnlinien** in die Graphik einzeichnet. Eine Isogewinnlinie ergibt sich, wenn ein fester Gewinnbetrag Z_0 in (117) eingesetzt und die Gleichung nach x_2 aufgelöst wird.

(128) $$x_2 = \frac{Z_0}{24134} - \frac{17982}{24134} x_1$$

Setzt man z.B. $Z_0 = 0$ ein, ergibt sich die Isogewinnlinie

(129) $$x_2 = -\,0{,}745\, x_1,$$

die durch den Koordinatenursprung verläuft. Bei positiven Werten von Z_0 verschiebt sich die entsprechende Isogewinnlinie **parallel** zu (129) nach **rechts oben** (vgl. Abb. 79). Der Gewinn ist auf der Isogewinnlinie am höchsten, die gerade noch den zulässigen Bereich **berührt**, was in der Regel in einem Eckpunkt der Fall ist. Nur wenn die Steigung der Isogewinnlinie der Steigung einer Nebenbedingung entspricht, besteht die optimale Lösung aus allen (gewinngleichen) Punkten der Nebenbedingung einschließlich der benachbarten Eckpunkte.

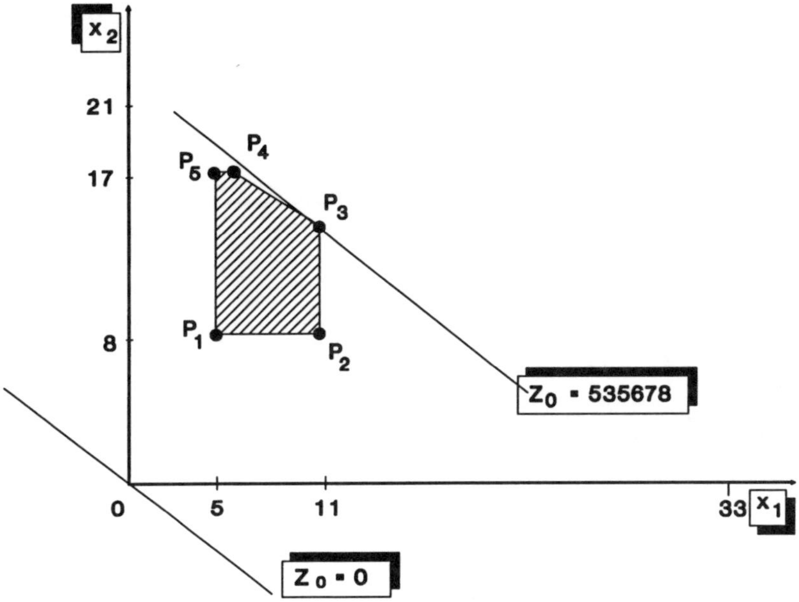

Abb. 79 Optimale Lösung des Produktionsplanungsmodells

Aus Abb. 79 geht hervor, daß der höchste Gewinn $Z_o = 535678$ im Punkt P_3 mit den Koordinaten $x_1 = 11$ und $x_2 = 14$ erreicht wird.

Das optimale Produktionsprogramm dieses vereinfachten Modells besteht aus 11 Stück von Produktgruppe 1 und 14 Stück von Produktgruppe 2, deren Absatzpotential von 17 Stück nicht ausgenutzt werden kann, weil die Produktionsstufe II im Punkt P_3 ausgelastet ist. Im Punkt P_4 würde die Produktgruppe 2 ihr Absatzpotential zu Lasten der Produktgruppe 1 ausschöpfen, was aber offensichtlich zu einem geringeren Gewinn ($Z_0 = 523307{,}71$) führt.

2. Rechnerische Lösung

Die graphische Lösung ist nur bei zwei Variablen möglich. Um einen kleinen Einblick in den **Simplex-Algorithmus** zu gewinnen, der bei beliebiger Variablenzahl angewendet werden kann und das Standard-Verfahren für lineare Optimierungsmodelle geworden ist, wird nun unser vereinfachtes Modell rechnerisch gelöst. Dabei werden keine **Schemata**, wie z.B. das Simplextableau, benutzt, sondern die zugrunde liegenden Gedanken anhand von Gleichungen erläutert.

Ausgangspunkt ist das Ungleichungssystem (117) bis (122) von S. 283, wobei wir von vornherein annehmen, daß die festen Aufträge für die Produktgruppen 1 und 2 auf jeden Fall ausgeführt werden, so daß die Ungleichungen (118) und (120) nicht weiter explizit zu betrachten sind. Die übrigen Ungleichungen wandeln wir durch Einfügen von **nicht-negativen(!)Schlupfvariablen** in Gleichungen um und erhalten das Gleichungssystem

(130)	x_1	+		S_1	=	11
(131)	x_2	+		S_2	=	17
(132)	$7x_1$	+	$11x_2$ +	S_3	=	231

zusammen mit der Zielfunktion

(133) $Z = 17982x_1 + 24134\,x_2$.

Das Gleichungssystem (130) bis (133) besteht aus drei Gleichungen und fünf Variablen und ist damit unterbestimmt. Es ist lösbar, wenn zwei Variable mit festen Werten versehen werden, denn dann kann man die restlichen **drei** Variablen mit Hilfe der **drei** Gleichungen bestimmen.

Die "festen" Variablen nennt man **Nicht-Basisvariable**, die übrigen **Basisvariablen**.

Als **Ausgangslösung** weisen wir den Variablen x_1 und x_2 die festen Kundenaufträge $x_1 = 5$ und $x_2 = 8$ zu (Punkt P_1 in Abb. 79) und lösen das Gleichungssystem nach den Basisvariablen S_1, S_2 und S_3 auf, wobei die Gewinnfunktion mitgeführt wird.

(134)	$S_1 =$	11 -		x_1		
(135)	$S_2 =$	17			-	x_2
(136)	$S_3 =$	231 -	7	x_1	-	11 x_2
(137)	$Z =$		17982	x_1	+	24134 x_2

Die Lösung lautet $S_1 = 6$, $S_2 = 9$, $S_3 = 108$, $x_1 = 5$, $x_2 = 8$, $Z = 282982$.

Aus (137) geht hervor, daß der Bruttogewinn erhöht werden kann, wenn mehr Stücke von beiden Produktgruppen erzeugt werden. Da die Simplexmethode sich nur durch die Eckpunkte des zulässigen Bereiches bewegt, muß man sich für eine Variable entscheiden (P_2 oder P_5 in Abb. 79). Auf Grund der höheren Deckungsspanne wählen wir x_2. Da die Variablen S_2 und S_3 nicht negativ werden dürfen, kann man x_2 nach (135) maximal auf den Wert 17 erhöhen, nach (136) auf $(231 - 7 \cdot 5) / 11 = 17{,}82$.

Der kleinere Wert ist die stärkere Restriktion und bewirkt, daß nun S_2 Null und damit zu einer Nicht-Basisvariablen wird, während x_2 in die Basis eintritt.

Das Gleichungssystem (134) bis (137) wird nun so umgeordnet, daß alle Basisvariablen wieder links vom Gleichheitszeichen stehen.

(138)	S_1	=	11	−		x_1		
(139)	x_2	=	17					− S_2
(149)	S_3	=	231	−	7	x_1	−	$11(17 - S_2)$
		=	44	−	7	x_1		+ 11 S_2
(141)	Z	=			17982	x_1	+	$24134(17 - S_2)$
		=	410278	+	17982	x_1		− 24134 S_2

Die zugehörige Lösung lautet $S_1 = 6$, $x_2 = 17$, $S_3 = 9$, $x_1 = 5$, $S_2 = 0$, $Z = 500188$.

Das Absatzpotential von Produktgruppe 2 ist ausgeschöpft (Schlupfvariable $S_2 = 0$) und von der Kapazität sind noch 9 Stunden zu verplanen ($S_3 = 9$). Die Lösung entspricht dem Punkt P_5 in Abb. 79 auf S. 285.

(141) zeigt, daß der Bruttogewinn durch Erhöhung von x_1 noch gesteigert werden könnte, da das Vorzeichen des **Koeffizienten postiv** ist. Nach (138) kann x_1 höchstens den Wert 11 annehmen, nach (140) jedoch nur den Wert 44/7. Dann ist die Produktionskapazität ausgeschöpft und S_3 wird Null.

Wir nehmen S_3 aus der Basis und x_1 hinein und formen (138) bis (141) so um, daß wieder alle Basisvariablen links vom Gleichheitszeichen stehen.

$$(142)\quad x_1 = \frac{44}{7} + \frac{11}{7} S_2 - \frac{1}{7} S_3$$

$$(143)\quad x_2 = 17 - S_2$$

$$(144)\quad S_1 = 11 - \left(\frac{44}{7} + \frac{11}{7} S_2 - \frac{1}{7} S_3\right)$$

$$= \frac{33}{7} - \frac{11}{7} S_2 + \frac{1}{7} S_3$$

$$(145)\quad Z = 410278 + 17982 \left(\frac{44}{7} + \frac{11}{7} S_2 - \frac{1}{7} S_3\right) - 24134\ S_2$$

$$= 523307{,}71 + 4123{,}43\ S_2 - 2568{,}86\ S_3$$

Die zugehörige Lösung lautet $x_1 = 6\ 2/7$, $x_2 = 17$, $S_1 = 33/7$, $S_2 = 0$, $S_3 = 0$, $Z = 523307{,}71$.

Die Produktionskapazität ist nunmehr ausgeschöpft ($S_3 = 0$), genauso wie das Absatzpotential von Produktgruppe 2 ($S_2 = 0$). Die Lösung entspricht dem Punkt P_4 in Abb. 79 auf S. 285.

Die Gewinngleichung (145) zeigt noch einen positiven Koeffizienten von S_2. Dies bedeutet, daß der Gewinn erhöht werden kann, wenn S_2 positiv wird, d.h. das Absatzpotential der Produktgruppe 2 zugunsten einer stärkeren Produktion von Gruppe 1 **nicht** ausgeschöpft wird. Offensichtlich lohnt sich eine Umverteilung der Produktionsmengen in Richtung Gruppe 1. Nach (143) kann S_2 höchstens den Wert 17 annehmen, nach (144) nur den Wert 3, da S_1 dann Null wird.

Wir nehmen S_2 statt S_1 in die Basis und formen (142) bis (145) entsprechend um.

$$(146)\quad S_2 = 3 - \frac{7}{11} S_1 + \frac{1}{11} S_3$$

$$(147)\quad x_1 = \frac{44}{7} + \frac{11}{7}\left(3 - \frac{7}{11} S_1 + \frac{1}{11} S_3\right) - \frac{1}{7} S_3$$

$$= 11 - S_1$$

$$(148)\quad x_2 = 17 - \left(3 - \frac{7}{11} S_1 + \frac{1}{11} S_3\right)$$

$$= 14 + \frac{7}{11} S_1 - \frac{1}{11} S_3$$

$$(149)\quad Z = 523307{,}71 + 4123{,}43 \left(3 - \frac{7}{11} S_1 + \frac{1}{11} S_3\right) - 2568{,}86\ S_3$$

$$= 535678 - 2624\ S_1 - 2194\ S_3$$

Die zugehörige Lösung lautet $S_2 = 3$, $x_1 = 11$, $x_2 = 14$, $S_1 = 0$, $S_3 = 0$, $Z = 535678$.

Diese Lösung entspricht dem Punkt P_3 in Abb. 79 auf S. 285. Sie ist die **Optimallösung**, da in der Gewinngleichung (149) nur noch negative Koeffizienten auftreten. Durch Erhöhung von S_1 und S_3 kann der Gewinn nicht mehr gesteigert werden.

Wie nicht anders zu erwarten war, haben wir dieselbe Optimallösung $x_1 = 11$, $x_2 = 14$, $Z = 535678$ erhalten wie in der graphischen Analyse. Im Unterschied dazu kann man dieses Rechenverfahren auf eine (theoretisch) beliebige Zahl von Variablen und Restriktionen anwenden. Es ist die Grundlage der Simplexmethode[33] und läßt sich nach geeigneter Schematisierung der einzelnen Rechenschritte programmieren.

Die numerische Auswertung großer Modelle kann jedoch in der Praxis daran scheitern, daß durch die **beschränkte Stellenzahl** jedes Computers bei den vielen Divisionen, die während des Rechenverfahrens durchzuführen sind, **Rundungsfehler** auftreten, die sich gegenseitig verstärken und dadurch zu falschen Lösungen oder unangemessen hoher Rechenzeit führen. Dies ist auch ein Grund für die spärliche Verbreitung der linearen Optimierung in der Unternehmenspraxis.

Kleine Modelle wie unser Luftbefeuchtungssystem, aber auch Modelle bis zu 1000 Variablen und/oder Restriktionen sind jedoch heute selbst auf PC mit Pentium-Prozessor in angemessener Zeit lösbar, so daß die grobe Produktionsprogrammplanung mit Hilfe der linearen Optimierung durchgeführt werden sollte, um mehr betriebswirtschaftliche Kriterien zur Auswahl der geeigneten Produkte zur Verfügung zu haben als die Standard-PPS-Systeme es bei der Bestimmung des Primärbedarfs erlauben.

C. Materialbedarfsplanung

Nach der mittelfristigen Planung des Produktionsprogramms folgt nun gemäß dem sukzessiven Vorgehen der PPS-Systeme die Planung des Materialbedarfs (material requirements planning). Hier ist die Frage zu beantworten, **welche Mengen** von **Einzelteilen** zu beschaffen und **welche Mengen** von **Baugruppen** zu fertigen sind, um die gewünschte Stückzahl der Endprodukte produzieren zu können. Darüber hinaus ist festzulegen, **wann** die erforderlichen Teile zu beschaffen bzw. zu fertigen sind, um die Endprodukte **termingemäß** fertigstellen zu können. Die Materialbedarfsplanung hat also **zeitorientiert** zu erfolgen.

Grundbausteine der Materialwirtschaft sind die **Stücklistenverwaltung**, sowie die **Auflösung** und **Verfolgung** des **Materialbedarfs**, die im folgenden analysiert werden.

I. Stücklistenverwaltung

Für jedes Erzeugnis der industriellen Produktion läßt sich eindeutig angeben, aus welchen Baugruppen und Einzelteilen es besteht und wieviele Mengeneinheiten davon benötigt werden, um eine Einheit des Erzeugnisses zu

[33] Auf Verfeinerungen, wie z.B. die revidierte Simplexmethode, sei hier nicht weiter eingegangen.

produzieren. Diese Erzeugnisstrukturdaten bilden die **Stückliste** des Produkts.

a) Darstellung der Stückliste als Gozintograph

In Übereinstimmung mit der Praxis wird jedes auch noch so komplizierte Teil als **Einzelteil** bezeichnet, wenn es als Ganzes fremdbezogen, d.h. nicht im Unternehmen zusammengebaut wurde. Werden Einzelteile im Unternehmen montiert, so entsteht eine **Baugruppe**, die ihrerseits für das Endprodukt oder höherstufige Baugruppen verwendet wird. Man kann somit für jedes Endprodukt einen Erzeugnisbaum konstruieren, wie Abb. 80 in allgemeiner Form zeigt.

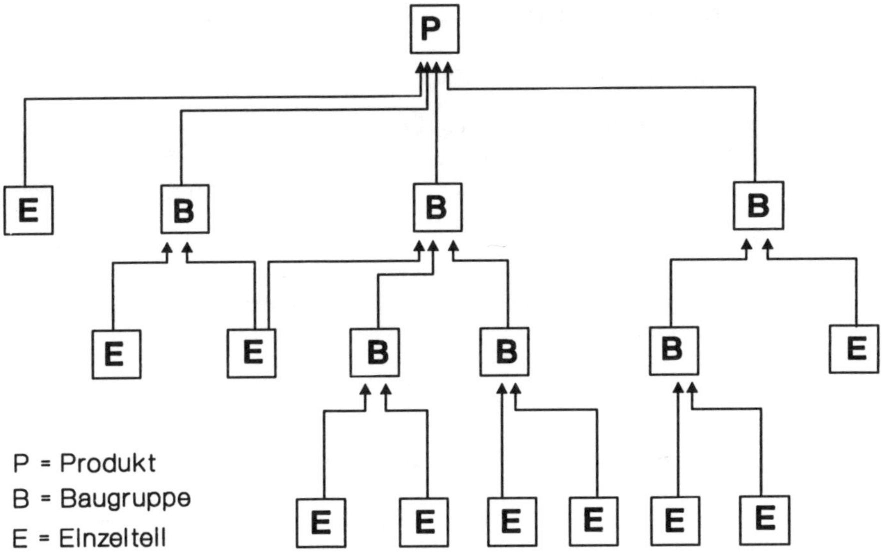

Abb. 80 Allgemeine Darstellung eines Erzeugnisbaumes

Für die Luftbefeuchtungssysteme lassen sich in gleicher Weise Erzeugnisbäume konstruieren, die für das vorliegende Lehrbuch aus Gründen der Übersichtlichkeit etwas vereinfacht sind und nur die wichtigsten Strukturbeziehungen enthalten. Abb. 81 (S. 290) zeigt die Erzeugnisbäume der Systeme 1 und 2.

Die benutzten Symbole haben folgende Bedeutung:

P1 Luftbefeuchtungsgrundsystem (LBS)
P2 LBS mit mehrfacher Verneblung des Reinwassers
B1 Vernebler
E1 Osmose-Anlage zur Entsalzung des Leitungswassers
E7 Ventilsteuerung
E8 Pumpe

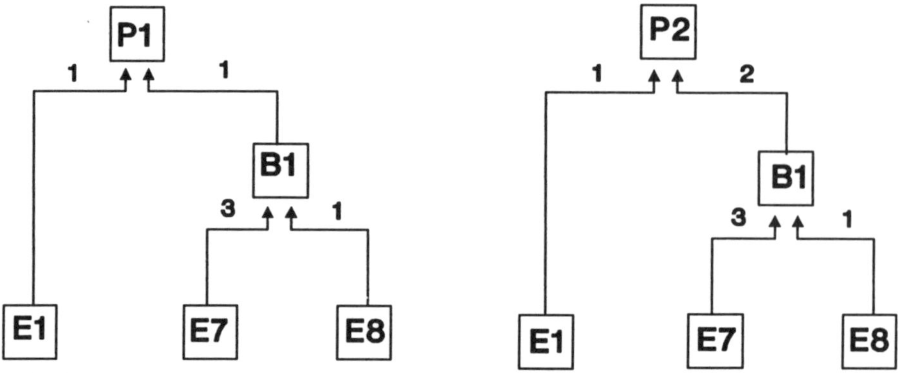

Abb. 81 Erzeugnisbäume von Luftbefeuchtungssystemen

An die Strukturbeziehungen ist jeweils die Menge des untergeordneten Teils geschrieben, die für eine Einheit des übergeordneten Teils benötigt wird.

Abb. 81 enthält insgesamt 10 Kästchen (Teile) und 8 Verbindungspfeile (Strukturbeziehungen). Da alle Teile in beide Endprodukte eingehen, ist eine solche Darstellung redundant und würde beim Abspeichern zuviel Speicherplatz belegen. Daher wurde eine kompakte Darstellungsform entwickelt, die **jedes Teil** nur einmal enthält und unter dem Namen **Gozintograph** bekannt geworden ist (Vazsonyi, Planungsrechnung 1962). Vazsonyi prägte diesen Begriff scherzhaft, indem er die Vorgehensweise auf den (nicht existenten) italienischen Mathematiker Zeparzat Gozinto zurückführte, dessen Name für "the part that goes into" steht.

Die Abb. 82 (S. 291) zeigt den Gozintographen für die Luftbefeuchtungssysteme P1 und P2.

Man erkennt, daß die Anzahl der Kästchen (Teile) von 10 auf 6 und die Anzahl der Verbindungspfeile (Strukturbeziehungen) von 8 auf 6 reduziert worden sind. Alle Teile und Beziehungen treten nur noch einmal auf, so daß jede Redundanz vermieden wird.

Da die Stücklisten EDV-technisch verwaltet werden müssen, ist im nächsten Schritt der Gozintograph in ein Datenmodell zu transformieren und anschließend in ein konkretes Datenbanksystem zu überführen.

b) Übertragung in ein relationales Datenmodell

Der Gozintograph besteht in der Sprache des Entity-Relationship-Modells (ERM) aus dem Entity-Typ "Teile", zu dem alle Produkte, Baugruppen und Einzelteile gehören und dem Beziehungstyp "Struktur", der alle Beziehungen zwischen den Teilen umfaßt.[34]

[34] Vgl. die allgemeinen Ausführungen zum Entity-Relationship-Modell in Teil I, 2. Kapitel, S. 25 ff.

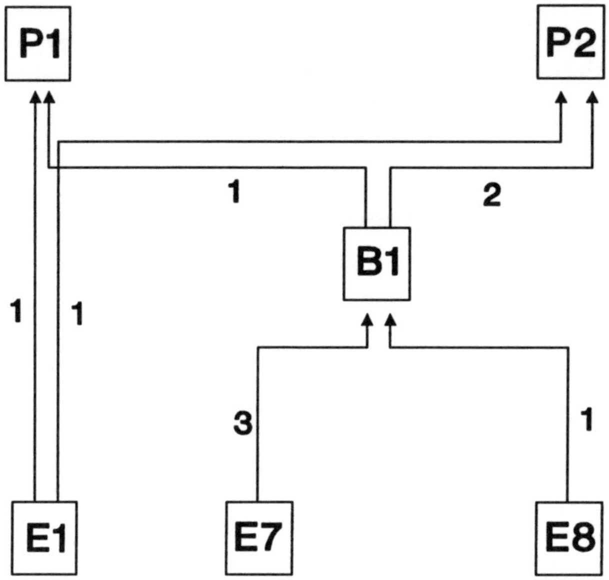

Abb. 82 Gozintograph für zwei Luftbefeuchtungssysteme

Entitytyp und Beziehungstyp werden im relationalen Datenmodell durch jeweils eine Relation abgebildet:

R. TEILE (Teile-Nr., Bezeichnung, ...)
R. STRUKTUR (Oberteil-Nr., Unterteil-Nr., Menge, ...).

Die unterstrichenen Schlüssel-Attribute identifizieren jedes Teil und jede Beziehung eindeutig. In Tab. 40 ist der Gozintograph von Abb. 82 im Relationenmodell dargestellt.

Tab. 40 Stücklistenstruktur im Relationenmodell

R. TEILE	TEILE-NR.	BEZEICHNUNG
	P1	Luftbefeuchtungssystem
	P2	LBS mit mehrfacher Verneblung
	B1	Vernebler
	E1	Osmose-Anlage
	E7	Ventilsteuerung
	E8	Pumpe

R. STRUKTUR	OBERTEIL-Nr.	UNTERTEIL-NR.	MENGE
	P1	E1	1
	P1	B1	1
	P2	E1	1
	P2	B1	2
	B1	E7	3
	B1	E8	1

Hiermit ist die Struktur der Datensätze für die Stücklistenverwaltung in einem Datenbanksystem gegeben. Nach Eintrag der Sätze in ein konkretes Datenbanksystem (z. B. DB2 von IBM oder dbase-IV von Borland) können die Stücklisten verwaltet und ausgewertet werden, um z. B. den Bedarf der Baugruppe B1 für die gewünschten Produktionsmengen von P1 und P2 zu ermitteln.

c) Stücklistenauflösung mit einem Datenbanksystem

Mit Hilfe der zu fast jedem Datenbanksystem gehörenden **Datenbankabfragesprache** ist es möglich, die Stücklisten so aufzulösen, daß der Bedarf an Einzelteilen und Baugruppen, die zur Realisierung des geplanten Produktionsprogramms gefertigt oder beschafft werden müssen, numerisch ermittelt werden kann.

Die Datenbankabfragesprache SQL (structured **q**uery **l**anguage) des Datenbanksystems DB2 von IBM ermöglicht eine Stücklistenauflösung mit drei Schlüsselwörtern (Scheer, Wirtschaftsinformatik 1990, S. 99), nämlich

- **select** : auszuwählende Attributfelder,
- **from** : Relationen, die die Attribute enthalten,
- **where** : Auswahlkriterien.

Die Stücklistenauflösung des Luftbefeuchtungssystems P2 kann mit Hilfe eines SQL-Statements, das aus einem rekursiv arbeitenden Programm aufgerufen wird, wie folgt durchgeführt werden:

0) Setze <Menge> := 1, <Teile_Nr> := "P2"
1) Setze die SQL-Parameter @Menge = <Menge> und @Teile_Nr = <Teile_Nr> und führe aus:

```
select   Teile_Nr, Bezeichnung, @Menge * Menge
from     Teile, Struktur
where    OberTeil_Nr =    @Teile_Nr
  and    UnterTeil_Nr =     Teile_Nr
```

2) Falls die Ergebnistabelle nicht leer ist, hole für jeden Datensatz in der Ergebnistabelle die Werte der Spalten **Teile_Nr** und **Menge**
3) Setze <Menge> := **Menge**, <Teile_Nr> := **Teile_Nr**; fahre mit Punkt 1) fort

Das System verknüpft nun die Entities aus den Relationen Teile und Struktur und wählt diejenigen aus, die der "where"-Bedingung entsprechen. Als Ergebnis der Abfrage erhält man aus dem ersten Durchlauf die ersten beiden Zeilen der Tab. 41. Der wiederholte Aufruf des SQL-Statements für das **Teil B1** mit der Menge gleich 2 liefert die letzten beiden Zeilen für E7 und E8.

Tab. 41 Ergebnis der Stücklistenauflösung

Teile-Nr.	Bezeichnung	Menge
E1	Osmose-Anlage	1
B1	Vernebler	2
E7	Ventilsteuerung	6
E8	Pumpe	2

Auf diese Weise kann die Stücklistenverwaltung effizient mit einem Datenbanksystem durchgeführt werden.

d) Besondere Stücklistenstrukturen

Bevor wir uns im nächsten Abschnitt der Bestimmung des Gesamtbedarfs der Teile für die Produktion der gewünschten Endprodukt-Mengen (Bedarfsauflösung) zuwenden, sollen noch kurz einige besondere Stücklistenstrukturen untersucht werden, die in der Praxis Bedeutung erlangt haben.

1. Variantenstücklisten

Besteht das Produktionsprogramm des Unternehmens hauptsächlich aus fertigungstechnisch ähnlichen **Produktvarianten**, wie z. B. in der Automobilindustrie (Grundmodell mit unterschiedlicher Sonderaustattung), so läßt sich die Stücklistenverwaltung durch Einführung einer **Gleichteilestückliste** für die Einzelteile und Baugruppen, die in alle Varianten eingehen, erheblich vereinfachen.

Die hier betrachteten Luftbefeuchtungssysteme P1 und P2 sowie vor allem P3, P4 und P5 können ebenfalls als Varianten eines Grundmodells angesehen werden. Da für P1 und P2 der Gozintograph in Abb. 82 schon die einfachste Form darstellt, sei die Variantenstückliste für P3, P4 und P5 als Beispiel angegeben. Die Einzelteile E2 und E3 gehen in alle Varianten, die Teile E5 und E6 in alle Baugruppen ein. Sie werden deshalb zu Gleichteile-Baugruppen GL1 und GL2 zusammengefaßt (vgl. Scheer, Wirtschaftsinformatik 1994, S. 115). Abb. 83 zeigt den resultierenden Gozintograph.

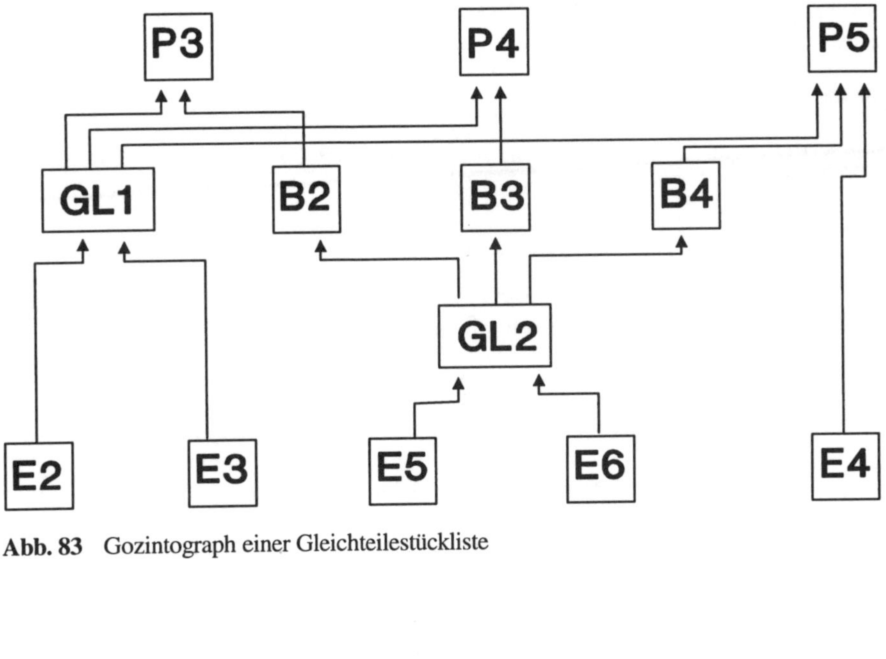

Abb. 83 Gozintograph einer Gleichteilestückliste

Die benutzten Symbole haben folgende Bedeutung:

P3 LBS[35] mit Wasserenthärtung und einfacher Verneblung
P4 LBS mit Wasserenthärtung, mehrfacher Verneblung und Osmose-Anlage
P5 LBS mit Wasserenthärtung, einfacher Verneblung und Reinwasserspeicher
B2 Wasserentkalker 1
B3 Wasserentkalker 2 } Unterschiede in Kapazität und Leistung
B4 Wasserentkalker 3
E2 Osmose-Anlage (höhere Leistung als E1)
E3 elektronischer Vernebler
E4 Reinwasserspeicher
E5 Wasserenthärtungssystem
E6 Expansionsspeicher
GL1 fiktive Gleichteile-Baugruppe 1
GL2 fiktive Gleichteile-Baugruppe 2

Durch die Einführung der Gleichteile-Stückliste können 2 Strukturbeziehungen (von 16) eingespart werden, allerdings erhöht sich die Anzahl der Teile um 2 (GL 1 und GL2).

Voraussetzung dieser Stücklistenverwaltung ist eine zeitliche Konstanz der Gleichteile, da sonst der Änderungsaufwand zu groß wird. Über weitere Verfahren der Variantenstücklisten informiert Scheer (Wirtschaftsinformatik 1994, S. 112 ff.).

2. Zyklen

Die bislang dargestellte Stücklistenverwaltung eignet sich für die **mechanische Produktion** (synthetische Stoffverwertung mit Montagevorgängen), da hier der Gozintograph **zyklenfrei** aufgestellt werden kann.

Vornehmlich in der **chemischen** Industrie treten jedoch im Produktionsablauf häufig **Zyklen** auf, weil ein End- oder Zwischenprodukt zu einem gewissen Anteil in der vorgelagerten Produktionsstufe als Einsatzstoff verwendet wird. Daraus entsteht ein zyklischer Gozintograph.

Im Relationenmodell führt dies aber nur zu der Konsequenz, daß das End- oder Zwischenprodukt in der Relation STRUKTUR als Ober- **und** Unterteil auftritt, wie aus Tab. 42 hervorgeht.

Tab. 42 Zyklische Produktstruktur

R. STRUKTUR	Oberteil-Nr.	Unterteil-Nr.	Menge
	P	B	1
	B	P	0,3

Im übrigen läßt sich die Stücklistenverwaltung in gleicher Weise durchführen wie bei der mechanischen zyklenfreien Produktion.

II. Bedarfsauflösung

Auf der Grundlage der Stücklistenverwaltung kann nun der **Gesamtbedarf** an Baugruppen und Einzelteilen für die in der Produktionsprogrammplanung festgelegten Mengen der einzelnen Endprodukte zeitorientiert bestimmt werden. Diesen

[35] LBS = Luftbefeuchtungsgrundsystem mit Osmose-Entsalzungsanlage (entspricht P1)

Vorgang nennt man **Bedarfsauflösung**. Er beginnt mit der Einteilung der Teile entspechend ihrer Bedeutung mit Hilfe der ABC-Analyse.

a) ABC-Analyse

In modernen Industriebetrieben werden sehr viele verschiedene Materialarten zur Produktion benötigt. Es ist keine Seltenheit, daß mehr als tausend verschiedene Bauteile, die in die Endprodukte eingehen, beschafft und gelagert werden müssen.

Da eine detaillierte Planung der Bedarfsmengen aller benötigten Materialien zu viel Zeitaufwand und Kosten verursachen würde, ist man in der Praxis dazu übergegangen, nur den Bedarf der Materialien mit **hohem Verbrauchswert** (gemessen in DM pro Jahr) detailliert anhand von Stücklisten zu planen und sich bei den geringerwertigen Materialien mit der Extrapolation der gegenwärtigen Bedarfsmengen zu begnügen.

Zumeist werden die Materialien in drei **Verbrauchsgruppen** eingeteilt:

Gruppe A: hoher Verbrauchswert (DM/Jahr)
Gruppe B: mittlerer Verbrauchswert (DM/Jahr)
Gruppe C: niedriger Verbrauchswert (DM/Jahr)

Die nach dieser Einteilung benannte ABC-Analyse (Taff, Distribution 1968, S. 108 ff.) sei an einem Beispiel erläutert.

Wir betrachten vier Materialarten, deren Verbrauchswerte in Tab. 43 wiedergegeben sind.

Tab. 43 Daten des Beispiels zur ABC-Analyse

Materialart	Verbrauch (ME/Jahr)	Verbrauchswert (DM/Jahr)	Wertanteil in %	Rangziffer
1	10000	2000	1,9	4
2	500	50000	46,7	1
3	1000	15000	14,0	3
4	100	40000	37,4	2

Aus Tab. 43 entwickeln wir durch Kumulierung der Wertanteile und Ordnung der Materialarten nach ihrer Bedeutung (Rangziffer) die Tab. 44, mit der die Materialarten in die Verbrauchsgruppen eingeordnet werden können. Dabei ist eine gewisse Willkür in der Abgrenzung der Gruppen nicht zu vermeiden.

Tab. 44 Gruppierung der Materialarten bei der ABC-Analyse

Materialart	Rangziffer	kumulierter Wertanteil in %	Gruppe	Wertanteil je Gruppe in %
2	1	46,7	A	} 84,1
4	2	84,1	A	
3	3	98,1	B	14,0
1	4	100,0	C	1,9

Aus Tab. 44 geht hervor, daß die 600 ME der Materialarten 2 und 4 84% des Materialverbrauchswertes und die 11000 ME der restlichen Materialien nur 16% des Materialverbrauchswertes darstellen. Es genügt daher, nur den Bedarf der Materialien 2 und 4 detailliert zu planen, um Verwaltungskosten einzusparen. Beide Materialarten werden der Gruppe A zugeordnet.

In der Praxis plant man meistens die A- und B-Materialien im einzelnen mit Stücklistenauflösung und die C-Materialien durch Extrapolation der Vergangenheitswerte. Dies ist Gegenstand des nächsten Abschnitts.

b) Arten der Disposition

1. Verbrauchsgesteuerte Disposition

Bei dieser Dispositionsart wird der Bedarf an Teilen anhand des **Verbrauchs** der Vergangenheit durch eine Prognose geschätzt. Dieses Verfahren sollte jedoch nur angewandt werden, wenn

- der Teile-Verbrauch in der Vergangenheit relativ stabil war und damit eine fundierte Prognose zuläßt und
- der Verbrauchs**wert** der Teile niedrig ist, damit der unvermeidliche Prognosefehler nicht zu hohen Kosten führt.

Aus diesen Gründen wird die verbrauchsgesteuerte Disposition vornehmlich bei C-Teilen durchgeführt. Für die hier benötigten Prognosen können alle in Abschnitt B.I., S. 270 ff. dargestellten kurzfristigen Prognoseverfahren

- exponentielle Glättung,
- Saisonverfahren,
- Trendextrapolation (4. Kapitel, S. 62 ff.) und
- multiple Regression

eingesetzt werden, auf die hier nicht noch einmal eingegangen wird.

Die wichtigen A- und B-Teile mit hohem Verbrauchswert werden aus Sicherheitsgründen - trotz des höheren Rechenaufwandes - im allgemeinen **bedarfsgesteuert** disponiert.

2. Bedarfsgesteuerte Disposition

Bei dieser Dispositionsart wird der Bedarf eines Teils gemäß der Stückliste aus den Bedarfen seiner übergeordneten Teile abgeleitet. Dabei ist darauf zu achten, daß ein Teil nicht mehrmals bei der Bedarfsauflösung vorkommt, sondern nur jeweils einmal gezählt wird. Dazu muß jedes Teil **eindeutig** einer **Dispositionsstufe** zugeordnet werden. Der Gozintograph der Abb. 82 (S. 291), der hier nochmal wiedergegeben ist, zeigt die drei Dispositionsstufen an, wobei die Endprodukte immer die höchste Dispositionsstufe aufweisen.

In Anlehnung an Scheer (Wirtschaftsinformatik 1994, S. 129) kann man die Dispositionsstufe eines Teils definieren als

> die um 1 erhöhte Zahl der **Beziehungspfeile**, die von den **Einzelteilen** auf dem **längsten** Weg im Gozintographen zu dem **betrachteten Teil** führen.

Durch diese Definition wird sichergestellt, daß jedes Teil bei der Bedarfsauflösung nur einmal erfaßt wird, wenn man von der Endproduktstufe 3 bis zur Dispositionsstufe 1 fortschreitet.

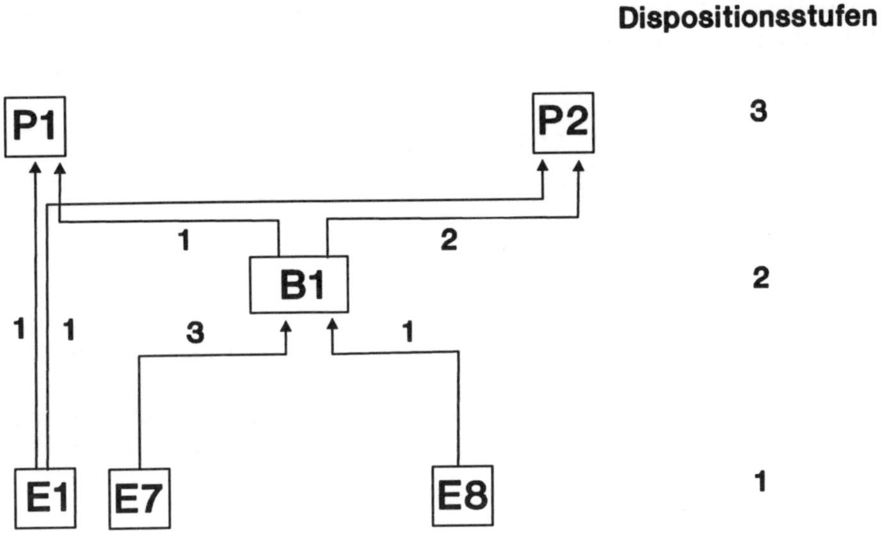

Abb. 84 Gozintograph mit Dispositionsstufen

Nach diesen Vorarbeiten sind wir in der Lage, die **Bedarfsauflösung zeitorientiert,** d. h. unter Beachtung der für jedes Teil geltenden **Durchlaufzeit**, vorzunehmen. Dazu bedienen wir uns des Schemas der Brutto-Netto-Rechnung, dem Kernstück des Material Requirements Planning (vgl. das MRP-Konzept im 8 Kapitel, Abschnitt D.I., S. 256 f.).

c) Brutto-Netto-Rechnung

Ausgangspunkt der Brutto-Netto-Rechnung ist der in der Produktionsprogrammplanung festgelegte **Primärbedarf** der Endprodukte und der Baugruppen, die auch als Ersatzteile verkauft werden. Er kann ergänzt werden durch einen **Zusatzbedarf**, der meistens pauschal als Prozentsatz des Primärbedarfs angesetzt wird und ein Äquivalent für eine evtl. **Ausschußproduktion** darstellt.

Dem Primärbedarf steht auf den nachfolgenden Dispositionsstufen der von ihm **abgeleitete** Bedarf an Baugruppen und Einzelteilen gegenüber, der **Sekundärbedarf** genannt wird. Auch auf diesen Stufen können durch Ausschußproduktion Zusatzbedarfe entstehen.

Der **Bruttobedarf** eines Teils ergibt sich nun durch Zusammenfassung dieser Bedarfe für jede Periode.

Bruttobedarf = Primärbedarf
+ Sekundärbedarf
+ Zusatzbedarf

Wurden Produktionsaufträge für übergeordnete Teile bereits freigegeben und die dafür erforderlichen untergeordneten Teile **reserviert**, so erhöhen diese Reservierungen den Bruttobedarf.

Um den **Nettobedarf** zu erhalten, ist dem Bruttobedarf (inkl. Reservierungen) der **verfügbare Lagerbestand** gegenüberzustellen. Dieser ergibt sich aus dem **Lageranfangsbestand** (abzüglich **Sicherheitsbestand**) plus **geplantem Lagerzugang** durch in der betrachteten Periode eintreffende offene Bestellungen oder fertiggestellte Aufträge dieses Teils.

Damit ergibt sich der Nettobedarf eines Teils in einer Periode aus der Formel

Nettobedarf	=	Bruttobedarf
	+	Reservierungen
	-	Lageranfangsbestand
	+	Sicherheitsbestand
	-	geplanter Lagerzugang

Die Nettobedarfe der einzelnen Perioden werden anschließend zu **Losen** zusammengefaßt, die als **Produktionsaufträge** in der Zeit- und Kapazitätswirtschaft weiter geplant werden.

Die Verfahren zur Ermittlung der **Losgröße** werden ausführlich in Unterabschnitt d) S. 301 ff. behandelt, so daß wir im folgenden Beispiel der Brutto-Netto-Rechnung für die beiden Produkte P1 und P2 des Luftbefeuchtungssystems die errechneten Losgrößen als vorgegeben ansehen.

Zur Durchführung der Brutto-Netto-Rechnung benötigen wir zunächst den **Primärbedarf** der Produkte P1 und P2 für die Monate August 1996 bis Januar 1997 (Planungszeitraum). Das mit der linearen Optimierung berechnete **optimale Produktionsprogramm** (vgl. Tab. 39 auf S. 282) besteht aus 11 Einheiten P1 und 11 Einheiten P2 für das gesamte Halbjahr. Diese Mengen werden gemäß dem voraussichtlichen Bedarf folgendermaßen auf die einzelnen Monate verteilt.

Tab. 45 Monatsprimärbedarf für P1 und P2

Produktgruppe	Aug.96	Sept.96	Okt.96	Nov.96	Dez.96	Jan.97	Summe
P1	4	1	1	2	0	3	11
P2	3	1	2	3	0	2	11

Um den **Bruttobedarf** zu bestimmen, ist zu diesem Primärbedarf der Sekundärbedarf und der Zusatzbedarf hinzuzufügen. Da die Endprodukte definitionsgemäß keinen Sekundärbedarf haben und darüber hinaus bei der Montage der Luftbefeuchtungssysteme kein nennenswerter Ausschuß auftritt, entspricht in unserem Beispiel der Primärbedarf für P1 und P2 dem Bruttobedarf dieser Produkte. Analog besteht der Bruttobedarf der Baugruppe B1 und der Einzelteile E1, E7 und E8 aus dem jeweiligen Sekundärbedarf, da wir den Verkauf dieser Teile als Ersatzteile hier vernachlässigen.

Zum Nettobedarf gelangt man auf die oben beschriebene Weise, wobei Reservierungen für freigegebene Aufträge aus Gründen der Vereinfachung nicht vorkommen.

Ferner ist bei der Brutto-Netto-Rechnung zu berücksichtigen, daß die Montage der Baugruppen meistens am Beginn der Montage der Endprodukte abgeschlossen sein muß.

Es kann aber auch vorkommen, daß manche Baugruppen erst bei späteren Arbeitsgängen der Endmontage benötigt werden und daher eine **Vorlaufzeit** haben. Dies ist die Zeitspanne, die sie **nach Beginn** der Endmontage bereitstehen müssen. Um nun zu berechnen, in welcher Bedarfsperiode (Monat) die Baugruppen fertiggestellt werden müssen, subtrahiert man von der Bedarfsperiode des Endprodukts seine **Durchlaufzeit**, d. h. die Endmontagezeit einschließlich aller Wartezeiten vor den einzelnen Arbeitsgängen, und addiert anschließend die **Vorlaufzeit** der Baugruppe:

Bedarfsperiode der Baugruppe	=	Bedarfsperiode des Endprodukts
	-	Durchlaufzeit des Endprodukts
	+	Vorlaufzeit der Baugruppe

Die Differenz der beiden Bedarfsperioden wird **Vorlaufverschiebung** der Baugruppe genannt. Dieselbe Rechnung wird auch für alle untergeordneten Teile bis zur Einzelteil-Ebene durchgeführt, so daß man die Vorlaufverschiebung allgemein errechnet als

Vorlaufverschiebung eines Teils	=	Durchlaufzeit des übergeordneten Teils
	-	Vorlaufzeit des Teils

Sind Durchlauf- und Vorlaufzeiten kleiner als die Bedarfsperioden (z.B. Tage statt ganzer Monate), so muß die Vorlaufverschiebung gerundet werden, da die Brutto-Netto-Rechnung die Bedarfsperiode als kleinste Zeiteinheit verwendet.

Für die Produktion der Luftbefeuchtungssysteme P1 und P2 (vgl. Abb. 84, S. 297) hat die Baugruppe B1 (Vernebler) eine Durchlaufzeit von 0,6 Monaten und das dazu benötigte Einzelteil E8 (Pumpe) eine Vorlaufzeit von 0,2 Monaten. Daraus ergibt sich die Vorlaufverschiebung von E8 als 0,6 - 0,2 = 0,4, abgerundet: Null. Demgegenüber hat das Einzelteil E7 keine Vorlaufzeit und weist daher eine Vorlaufverschiebung von einem Monat auf (0,6 aufgerundet auf 1). Die durch die Rundungen entstehenden Ungenauigkeiten müssen auf dieser Stufe des Planungsprozesses hingenommen werden. Die folgende Tabelle gibt die (gerundeten) Vorlaufverschiebungen für den Produktionsprozeß von P1 und P2 wieder.

Tab. 46 Vorlaufverschiebungen des Beispiels

Teil	-	übergeordnetes Teil	Vorlaufverschiebung
B1	-	P1	0
B1	-	P2	1
E7	-	B1	1
E8	-	B1	0
E1	-	P1	0
E1	-	P2	1

Mit den Vorlaufverschiebungen, den Produktionskoeffizienten (Abb. 84, S. 297) und dem monatlichen Primärbedarf für die Endprodukte P1 und P2 (Tab. 45, S. 298) stehen alle Daten zur Verfügung, um die **Bedarfsauflösung** mit dem **Brutto-Netto-Rechnungs-Schema** von **MRP**, das in jedem PPS-System implementiert ist, durchzuführen. Die folgenden Tabellen zeigen diesen Prozeß im einzelnen.

Tab. 47 Brutto-Netto-Rechnung (Teil I)

	P1							P2						
Monat 1996-97	7	8	9	10	11	12	1	7	8	9	10	11	12	1
Bruttobedarf		4	1	1	2	0	3		3	1	2	3	0	2
verfügbarer Lagerbestand		0	0	0	0	0	0		0	0	0	0	0	0
Nettobedarf		4	1	1	2	0	3		3	1	2	3	0	2
Losgröße		5	0	3	0	0	3		4	0	2	3	0	2
Vorlaufverschiebung (Mon.)		0		0			0		1		1	1		1
Produktionskoeffizient		1		1			1		2		2	2		2
					B1							B1		
Bruttobedarf		5	0	3	0	0	3	8	0	4	6	0	4	-
Bruttobedarf für P1 + P2	8	5	4	9	0	4	3	8	5	4	9	0	4	3
verfügbarer Lagerbestand	8	0	0	0	0	0	0	8	0	0	0	0	0	0
Nettobedarf	0	5	4	9	0	4	3	0	5	4	9	0	4	3
Losgröße		9	0	9	0	7	0		9	0	9	0	7	0
Verlaufverschiebung (Mon.)		1		1		1			0		0		0	
Produktionskoeffizient		3		3		3			1		1		1	
				E7							E8			
Bruttobedarf	27	0	27	0	21	0	-		9	0	9	0	7	0
verfügbarer Lagerbestand	30	3	3	0	0	0	-		3	0	0	0	0	0
Nettobedarf	0	0	24	0	21	0	-		6	0	9	0	7	0
Bestellmenge	0	0	24	0	21	0	-		6	0	9	0	7	0

Tab. 48 Brutto-Netto-Rechnung (Teil II)

	P1							P2						
Monat 1996-97	7	8	9	10	11	12	1	7	8	9	10	11	12	1
Losgröße		5	0	3	0	0	3		4	0	2	3	0	2
Vorlaufverschiebung (Mon.)		0		0			0		1		1	1		1
Produktionskoeffizient		1		1			1		1		1	1		1
						E1						E1		
Bruttobedarf		5	0	3	0	0	3	4	0	2	3	0	2	-
Bruttobedarf P1 + P2	4	5	2	6	0	2	3							
verfügbarer Lagerbestand	5	1	0	0	0	0	0							
Nettobedarf	0	4	2	6	0	2	3							
Bestellmenge		6	0	6	0	5	0							

Zu den Tabellen sind noch folgende Hinweise zu geben: Die Rechnung setzt im August 1996, dem Beginn der Planungsperiode ein. Da über die Produktion im Juli 1996 nicht mehr rückwirkend entschieden werden kann, wird hier angenommen, daß die infolge der Vorlaufverschiebung im Juli bereitzustellenden Mengen von B1, E1 und E7 durch Lagerbestände abgedeckt werden, die in der Zeile "verfügbarer Lagerbestand" enthalten sind.

Die Losgrößen und Bestellmengen wurden mit einem Verfahren berechnet, das im nächsten Unterabschnitt ausführlich erörtert wird.

d) Bestimmung der Losgrößen von Produkten und Baugruppen

In den PPS-Systemen sind verschiedene Verfahren zur Losgrößenbestimmung implementiert, die überwiegend **heuristischer** Natur sind. Vereinzelt kommen in fortgeschrittenen PPS-Systemen aber auch exakte Optimierungsverfahren aus dem Bereich der **dynamischen Optimierung** vor, so z.B. im System R/3 SAP AG (SAP, System R/3, Modul PP 1994, S. 7-9).

Meistens handelt es sich bei den exakten Verfahren um den **Wagner-Whitin-Algorithmus** (Wagner/Whitin, Lot Size Model 1958) dessen Funktionsgleichung daher im folgenden ebenfalls dargestellt wird, obwohl der Rechenaufwand des Verfahrens beträchtlich ist. Zunächst werden aber die Bestimmungsfaktoren der Losbildung einer näheren Betrachtung unterzogen.

1. Determinanten der Losbildung

Ausgangspunkt der Analyse ist der Nettobedarf eines Produktes oder einer Baugruppe in der Brutto-Netto-Rechnung (vgl. Tab. 47, S. 300). Bei einem Mehrproduktunternehmen erfordert die Umstellung der Produktion von einem Produkt zu einem anderen in der Regel **Rüstkosten**, die sich zusammensetzen aus

- Material- und Lohnkosten für die Reinigung der Produktionsanlagen,
- Lohnkosten für das Justieren der Anlagen und für das Anbringen spezieller Ausrüstungsteile,
- Werkzeugwechselkosten,
- Anlaufkosten zu Beginn der Produktion, z. B. erhöhter Ausschuß und
- entgangene produktive Zeit, während der die Anlage still steht.

Entscheidend ist, daß diese Rüstkosten bei jedem Produktwechsel auftreten, **unabhängig** von der produzierten **Menge** des Produkts.

In den PPS-Systemen wird unterstellt, daß Rüstkosten in jeder Bedarfsperiode anfallen, in der das Produkt produziert wird. Dies ist realistisch, da in jeder Periode im allgemeinen mehrere Produkte zu produzieren sind. In unserem Beispiel trifft dies schon für die Produkte P1 und P2 (außer im Dezember) zu, wie die Zeile Nettobedarf in Tab. 47, S. 300 zeigt, ganz abgesehen von den Produkten P3 bis P5, die nicht weiter aufgeführt sind. Man kann also davon ausgehen, daß in jeder Bedarfsperiode Produktionsumstellungen und damit verbunden Rüstkosten auftreten, wenn die Produktionsmengen gleich den Bedarfsmengen sind.

Produziert man jedoch in einer Periode den Bedarf für **mehrere** zukünftige Perioden als geschlossenen Posten (= Los), so fallen die Umrüstkosten nur in dieser Periode an. Die produzierten Mengen müssen jedoch bis zu ihrer jeweiligen Bedarfsperiode **gelagert** werden, wodurch zusätzliche **Lagerkosten** entstehen.

Umrüst- und Lagerkosten sind also die beiden - entgegengesetzt wirksamen - Determinanten der Losbildung. Durch Minimierung der Summe beider Kostenarten über den gesamten Planungszeitraum (hier: Halbjahr) oder - dazu äquivalent - pro Monat kann die **optimale Losgröße** bestimmt werden.

2. Die klassische Losformel

Das Problem der optimalen Losgröße wurde 1915 von Harris und im deutschen Sprachraum 1929 von Andler (Andler, Losgröße 1929) erstmals untersucht, so daß die im folgenden abzuleitende Losformel häufig als **Andler-Formel** bezeichnet wird.

Wir verwenden folgende Symbole:

A = Losauflagekosten bzw. Umrüstkosten [DM]

B_t = Nettobedarf des Produkts oder der Baugruppe in Bedarfsperiode t [ME/Monat]

B = Durchschnittsbedarf pro Bedarfsperiode [ME/Monat]

lk = Lagerkostensatz [DM/(ME · Monat)][36]

x = Losgröße [ME]

y = Losauflagehäufigkeit in der Bedarfsperiode [Monat^{-1}]

K = Gesamtkosten [DM/Monat]

Andler nahm nun aus Vereinfachungsgründen an, daß der Gesamtbedarf des Planungszeitraums (Halbjahr) **gleichmäßig** auf die einzelnen Bedarfsperioden (Monate) aufgeteilt werden kann, so daß es genügt, mit dem Durchschnittsbedarf $B = \sum_{t=1}^{6} \frac{B_t}{6}$ zu rechnen. Dann ergeben sich die **Rüstkosten pro Monat** durch Multiplikation der Rüstkosten pro Umrüstung mit der Losauflage-Häufigkeit pro Monat:

$$(150) \qquad \text{Rüstkosten} = A \cdot y = \frac{A \cdot B}{x} .$$

Bei der Berechnung der Lagerkosten unterstellt Andler einen linearen Lagerabgang des Loses und eine sofortige Wiederaufnahme der Produktion, wenn das Lager geräumt ist. Unter diesen Prämissen liegt im Durchschnitt die **Hälfte** des Loses auf Lager, wie Abb. 85 zeigt.

Damit ergeben sich die **Lagerkosten pro Monat** durch Multiplikation der halben Losgröße mit dem Lagerkostensatz pro Monat:

$$(151) \qquad \text{Lagerkosten} = \frac{x}{2} \cdot lk$$

Die Losgröße x ist nun so zu bestimmen, daß die gesamten Kosten K **minimiert** werden.

$$(152) \qquad K = \frac{A \cdot B}{x} + \frac{x}{2} lk \Rightarrow \text{Min!} \qquad [\text{DM/ZE}]$$

Nullsetzen der 1. Ableitung ergibt

[36] Eine nähere Aufschlüsselung der Komponenten dieses Satzes findet man in Unterabschnitt e) S. 316 ff.

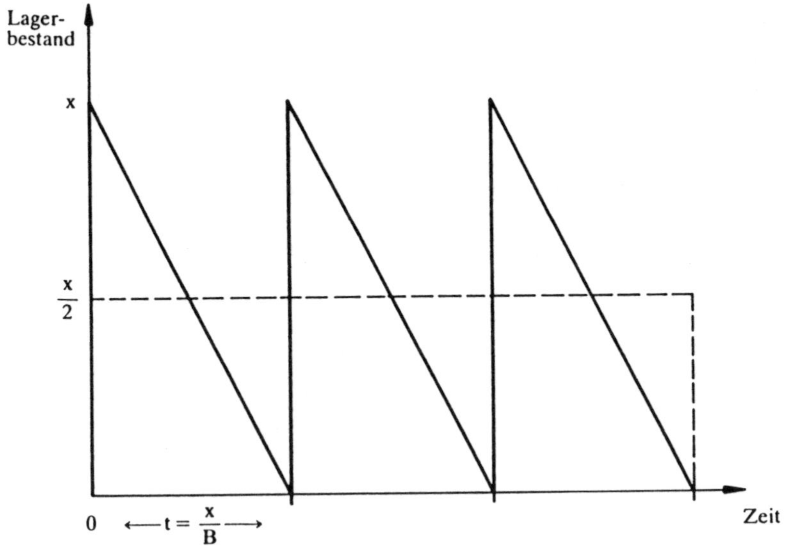

Abb. 85 Entwicklung des Lagerbestandes bei linearem Lagerabbau

(153) $$\frac{dK}{dx} = -\frac{AB}{x^2} + \frac{lk}{2} = 0,$$

woraus die gewünschte Losgröße folgt:

(154) $$x_{opt} = \sqrt{\frac{2\,AB}{lk}} \text{ [ME]}$$ **(Andler-Formel)**

Da die zweite Ableitung $2\,AB/x^3$ für $x > 0$ positiv ausfällt, minimiert x_{opt} tatsächlich die Gesamtkosten.

Die Kritik an der Andler-Formel kann an verschiedenen Prämissen ansetzen:

- linearer Lagerabgang,
- sofortige Neuproduktion bei Lagerräumung,
- keine Berücksichtigung variierenden Periodenbedarfs.

Die letzte Prämisse ist zweifellos die für die Anwendung des Verfahrens einschränkendste. Wir untersuchen diesen Sachverhalt an unserem Produkt P1. Der Nettobedarf in den einzelnen Bedarfsperioden ergibt sich aus der Brutto-Netto-Rechnung der Tab. 47 auf S. 300 wie folgt:

Tab. 49 Nettobedarf Produkt P1

Monat	8	9	10	11	12	1
Nettobedarf	4	1	1	2	0	3

Der Durchschnittsbedarf B pro Monat beträgt 11/6 = 1,83 ME. An Rüstkosten fallen für das Produkt P1 900 DM an, und der Lagerkostensatz beläuft sich auf 290 DM pro Monat und Stück.

Daraus ergibt sich eine optimale Losgröße nach der Andler-Formel von

$$x_{opt} = \sqrt{\frac{2 \cdot 900 \cdot 1{,}83}{290}} = 3{,}37 \text{ ME}$$

Die Losauflage-Häufigkeit pro Monat errechnet sich aus

$$y = \frac{1{,}83}{3{,}37} = 0{,}54$$

Rundet man diesen Wert sowie die Losgröße auf zulässige Werte, so empfiehlt die Andler-Formel, jeden zweiten Monat ein neues Los der Größe x = 3 von Produkt P1 zu produzieren. Diese Lösung ist jedoch **unzulässig**, da der Periodenbedarf im August 1996 mit 4 ME nicht gedeckt wird. Wir müssen also die Lösung nachträglich korrigieren, um die Periodenbedarfe befriedigen zu können.

Tab. 50 Korrigierte Losgrößen nach der Andler-Formel

Monat	8	9	10	11	12	1
Nettobedarf	4	1	1	2	0	3
Losgröße	5	0	3	0	3	0

Diese korrigierte Lösung kann aber nicht mehr optimal sein, da die Produktion von 3 ME im Dezember, die erst im Januar benötigt werden, nur überflüssige Lagerkosten verursacht.

Wir können also feststellen, daß die Andler-Formel bei **unterschiedlichem Bedarf** in den einzelnen **Bedarfsperioden** (Monaten) nicht adäquat ist, da sie zu unzulässigen Losgrößen führt, die nachträglich dem zeitlichen Bedarfsmuster angepaßt werden müssen. Dadurch geht aber die Eigenschaft der "Optimalität" verloren.

Damit beschränkt sich der Anwendungsbereich der klassischen Losformel auf gleiche Periodenbedarfe während des Planungszeitraums, verbunden mit einem kontinuierlichen, linearen Lagerabgang.

Im Hinblick auf die später zu erörternden heuristischen Verfahren besitzt die Andler-Formel die folgenden drei nützlichen Eigenschaften: Die **Andler-Losgröße**

- minimiert die **Gesamtkosten** pro **Zeiteinheit** (Halbjahr oder Monat),
- minimiert die **Stückkosten**,
- gleicht die **Rüstkosten** gerade mit den **Lagerkosten** aus.

Um dies zu zeigen, seien neben den Symbolen von S. 302 noch die Länge eines **Losauflage-Zyklus**

(155) $$j = \frac{1}{y} = \frac{x}{B} \quad [ZE]$$

und die Anzahl der Bedarfsperioden (Monate) im Planungszeitraum (Halbjahr) T eingeführt.

Daß die Andler-Losgröße die Gesamtkosten pro Monat minimiert, wurde mit der Ableitung auf S. 302/303 gezeigt. Durch Multiplikation von (152) mit T werden die Gesamtkosten auf den Planungszeitraum (Halbjahr) bezogen. Die optimale Losgröße ist jedoch von T unabhängig, da es beim Nullsetzen der 1. Ableitung (Gleichung (153)) wegfällt.

Dividiert man die Kosten pro Losauflage-Zyklus durch die Losgröße x, erhält man die Stückkosten k.

$$(156) \qquad K_{\text{zyklus}} = A + \frac{xlk}{2} \cdot \frac{x}{B}$$

$$(156a) \qquad k = \frac{K}{x} = \frac{A}{x} + \frac{xlk}{2B}$$

1. Ableitung gleich Null gesetzt:

$$(157) \qquad \frac{dk}{dx} = -\frac{A}{x^2} + \frac{lk}{2B} = 0$$

Hieraus ergibt sich sofort die optimale Losgröße (154).

Schließlich zeigt man die dritte Eigenschaft der Andler-Formel, die Gleichheit von Rüst- und Lagerkosten bei x_{opt}, durch Einsetzen von (154) in (150) und (151).

Diese Eigenschaften sind die Grundlage der im übernächsten Abschnitt zu behandelnden heuristischen Losgrößenverfahren der Standard-PPS-Systeme. Zuvor soll aber ein auf der **Dynamischen Programmierung** beruhendes Optimierungsverfahren eingehend dargestellt werden.

3. Der Wagner-Whitin-Algorithmus

Dieses Optimierungsverfahren (Wagner/Whitin, Lot Size Model 1958) geht von einem **variablen Periodenbedarf** aus und ist damit realitätsnäher als die klassische Andler-Formel. Auf der Grundlage des **Bellman**'schen **Optimalitätsprinzips** zeigen die Autoren, daß nur zwei Strategien in jeder Bedarfsperiode optimal sein können:

- in einer Bedarfsperiode wird nichts produziert oder
- es wird der **gesamte** Bedarf dieser Periode und evtl. weiterer zukünftiger Perioden produziert.

Durch diesen Sachverhalt vereinfacht sich die Suche nach der optimalen Lösung mit Hilfe der Dynamischen Programmierung erheblich, so daß wir den Algorithmus an Hand des Nettobedarfs des Luftbefeuchtungssystems P1 ausführlich analysieren können. Wir gehen dazu, wie bei der Andler-Formel, von Tab. 49 (S. 303) aus, die den Nettobedarf von P1 enthält.

Die **fundamentale Rekursionsbeziehung** des Wagner-Whitin-Algorithmus (Wagner/Whitin, Lot Size Model 1958, S. 92 und Scheer, Wirtschaftsinformatik 1994, S. 146) lautet:

(158) $$K_j = \mathrm{Min}[\underset{1 \leq i < j}{\mathrm{Min}} [A + lk \cdot \sum_{t=i+1}^{j} B_t(t-i) + K_{i-1}] \; ; \; A + K_{j-1}]$$

Dabei bedeutet K_j die minimalen Gesamtkosten (Rüst- und Lagerkosten), wenn Produktion und Lagerhaltung bis zur Bedarfsperiode j optimal geplant werden. Diese Planung kann, beginnend bei Periode 1, **vorwärtsschreitend** bis zur letzten Periode durchgeführt werden. Nach den Sätzen der Dynamischen Programmierung findet man mit Hilfe der zweifachen Minimumbildung innerhalb der Rekursionsbeziehung tatsächlich das Optimum für den Planungszeitraum.

Die durch das Semikolon getrennten Terme der Rekursionsbeziehung (158) geben die beiden oben beschriebenen optimalen Strategien wieder. Der linke Term berechnet die Rüst- und Lagerkosten, wenn der Bedarf der Periode j in einer früheren Periode i erstellt wird, während der rechte Term angibt, daß in Periode j ein neues Los aufgelegt wird, das den Bedarf der Periode j deckt.

Wir planen nun den Nettobedarf von P1 mit dem Wagner-Whitin-Algorithmus. Dabei setzen wir voraus, daß das Lager im Juli 1996 leer ist und der Bedarf des Monats Februar 1997, der außerhalb des betrachteten Planungszeitraums liegt, ebenfalls - da nicht bekannt - mit Null angesetzt werden darf. Der Nettobedarf pro Monat (vgl. S. 303) ist noch einmal in Tab. 51 zusammengestellt.

Tab. 51 Nettobedarf für Produkt P1

Monat Periode	Aug.96 1	Sept.96 2	Okt.96 3	Nov.96 4	Dez.96 5	Jan.97 6
Nettobedarf	4	1	1	2	0	3

Die Rüstkosten (A) betragen 900 DM, die Lagerkosten (lk) pro Stück und Monat 290 DM.

Gemäß unseren Voraussetzungen ist $K_0 = 0$, weil die Juli-Kosten nicht betrachtet werden.

Die Rekursion für die erste Periode (j = 1) lautet:

(159) $$K_1 = \mathrm{Min}\,[\underset{1 \leq i < 1}{\mathrm{Min}} \,[\text{undefiniert da } 1 \leq i < 1 \text{ nicht erfüllt}];\, A + 0]$$

Damit ist die Strategie ohne Minimierung klar: Der Bedarf der Periode 1 ($B_1 = 4$) wird in Periode 1 produziert, wobei DM 900 an Rüstkosten anfallen.

(160) $K_1 = 900$ $\qquad x_1 = 4$

Nun werden die Perioden 1 und 2 zusammen betrachtet. Die Rekursionsformel lautet:

(161) $$K_2 = \mathrm{Min}[\underset{1 \leq i < 2}{\mathrm{Min}} [A + lk \cdot B_2 + K_0] \; ; \; A + K_1]$$

mit eingesetzten Daten

(162) $K_2 = \text{Min}\,[900 + 290 + 0\,;\, 900 + 900]$

(163) $K_2 = 1190 \qquad x_1 = 5$

Es ist also vorteilhafter, die Bedarfe beider Perioden zusammenzufassen und mit einem Los ($x_1 = 5$) zu produzieren.

Die Betrachtung der ersten drei Perioden führt zu folgender Rekursionsbeziehung:

(164) $$K_3 = \text{Min}\,[\,\underset{1 \le i < 3}{\text{Min}}\,[\underbrace{A + lk(B_2 + 2B_3) + K_0}_{i=1}\,;\,\underbrace{A + lkB_3 + K_1}_{i=2}]\,;\,A + K_2]$$

(165) $$K_3 = \text{Min}\,[\,\underset{1 \le i < 3}{\text{Min}}\,[\quad 1770\,; \quad 2090 \quad]\,;\,2090]$$

(166) $K_3 = 1770 \qquad x_1 = 6$

Auch bei der Betrachtung von 3 Perioden ist es vorteilhafter, den Gesamtbedarf von 6 ME allein in der ersten Periode zu produzieren.

Ab 4 Perioden wird die Darstellung der Rekursionsbeziehung unübersichtlich, da die Minimierung des linken Terms nun für i = 1,2,3 durchgeführt werden muß. Wir können uns aber die Tatsache zunutze machen, daß wir nur die Lagerkosten für den Bedarf B_4 zusätzlich berechnen müssen und im übrigen auf die Ergebnisse der vorangehenden Iteration zurückgreifen können[37].

(167) $$K_4 = \text{Min}\left[\underset{1 \le i < 4}{\text{Min}}\left\{\begin{array}{l|l} i=1 & 1770 + 290 \cdot 3B_4 \\ i=2 & 2090 + 290 \cdot 2B_4 \\ i=3 & 900 + 290B_4 + 1190 \end{array}\right\}\begin{array}{l} = 3510 \\ = 3250 \\ = 2670 \end{array};\,900{+}1770\right]$$

(168) $K_4 = 2670 \qquad x_1 = 6$ und $x_4 = 2$ **oder** $x_1 = 5$ und $x_3 = 3$

Es ergeben sich also zwei **äquivalente** Lösungen, weil gilt:

(169) $A + lk \cdot B_4 + K_2 = A + K_3$

Aus (163) für K_2 und (166) für K_3 erhält man die jeweilige Produktion $x_1 = 5$ bzw. $x_1 = 6$ für das erste Los. Die linke Seite von (169) beschreibt die Produktion eines zweiten Loses in Periode 3 ($x_3 = 3$), die rechte Seite die Produktion eines zweiten Loses in Periode 4 ($x_4 = 2$).

Schreiten wir bis zur 5. Periode voran, gilt folgende Rekursionsgleichung:

37 Für i = 3 muß natürlich neu gerechnet werden, da diese Periode in der vorhergehenden Iteration nicht vorkommt. Der Wert ergibt sich aus $A + lk \cdot B_4 + K_2$ gemäß der Rekursionsbeziehung.

$$(170)\quad K_5 = \text{Min}\left[\underset{1\le i<5}{\text{Min}}\left\{\begin{array}{l|ll} i=1 & 3510+290\cdot 4B_5 & =3510 \\ i=2 & 3250+290\cdot 3B_5 & =3250 \\ i=3 & 2670+290\cdot 2B_5 & =2670 \\ i=4 & 900+290B_5+1770 & =2670 \end{array}\right\};\ 900+2670\right]$$

$$(171)\quad K_5 = 2670 \qquad x_1 = 5 \text{ und } x_3 = 3 \qquad \textbf{oder} \qquad x_1 = 6 \text{ und } x_4 = 2$$

Da $B_5 = 0$, verändern sich die Lösungen nicht.

Schließlich wird die 6. und letzte Periode in den Optimierungsprozeß einbezogen. Die Rekursionsgleichung lautet hierfür:

$$(172)\quad K_6 = \text{Min}\left[\underset{1\le i<6}{\text{Min}}\left\{\begin{array}{l|ll} i=1 & 3510+290\cdot 5B_6 & =7860 \\ i=2 & 3250+290\cdot 4B_6 & =6730 \\ i=3 & 2670+290\cdot 3B_6 & =5280 \\ i=4 & 2670+290\cdot 2B_6 & =4410 \\ i=5 & 900+290B_6+2670 & =4440 \end{array}\right\};\ 900+2670\right]$$

$$(173)\quad K_6 = 3570 \qquad x_6 = 3$$

Es wird also in der letzten Periode noch ein Los $x_6 = 3$ aufgelegt, um den Bedarf dieser Periode zu decken. Die kostengleichen Lose der Vorperioden bleiben bestehen, so daß der Wagner-Whitin-Algorithmus zwei **äquivalente optimale** Lösungen ermittelt hat:

1. Lösung: $x_1 = 5$ $x_3 = 3$ $x_6 = 3$ $K = 3570$
2. Lösung: $x_1 = 6$ $x_4 = 2$ $x_6 = 3$ $K = 3570$

Man erkennt, daß - im Gegensatz zur klassischen Losgröße - weder die Lose noch die Losauflage-Zyklen gleich sind.

Trotz der Optimierungseigenschaft des Wagner-Whitin-Algorithmus sind einige Kritikpunkte nicht zu übersehen.

- Der Algorithmus ist rechenaufwendig und nicht ganz einfach zu programmieren. Dies scheint der Grund dafür zu sein, daß er nur selten in der Standard-PPS-Software zu finden ist (Ausnahme: System R/3 der SAP AG). Im Zeichen steigender Computerleistung und -kapazität sollte dies aber zukünftig für seine Anwendung kein Hinderungsgrund mehr sein.
- Schwerwiegender ist der Einwand, daß der Algorithmus nicht in der Lage ist, über den Planungszeitraum "hinauszudenken". Die abgeleiteten Losgrößen sind nur unter der Voraussetzung optimal, daß der **Bedarf** im **Februar 1997** (Periode 7) **Null** ist. Andernfalls würde ein vorliegender Bedarf die Optimierung im Januar 1997 (Periode 6) beeinflussen und möglicherweise zu anderen Losgrößen im Planungszeitraum führen. Da in der Praxis häufig eine "**rollierende**" **Planung** durchgeführt wird, d. h. man plant im Juli 1996 für den Planungszeitraum August 1996 bis Januar 1997 und einen Monat später für September 1996 bis Februar 1997 usw. verliert der Wagner-Whitin-Algorithmus rasch seine Optimalitätseigenschaft, da diese auf einem fest umrissenen Planungszeitraum beruht.

Diese beiden Einwände rechtfertigen die Behandlung einiger **heuristischer Verfahren**, die in PPS-Systemen implementiert sind (vgl. SAP AG, System R/3, Modul PP 1994, S. 7-8 f., Vollmann/Berry/Whybark, Manufacturing Planning 1992, S. 443 ff. und Fogarty/Hoffmann, Production Management 1991, S. 261 ff.) im nächsten Abschnitt.

4. Heuristische Verfahren

Die in diesem Abschnitt zu behandelnden heuristischen Verfahren versuchen, bestimmte Optimalitätseigenschaften der Andler-Losgrößenformel auf den Fall variabler Periodenbedarfe zu übertragen und damit eine befriedigende - nicht unbedingt optimale - Lösung mit erheblich geringerem Rechenaufwand als der Wagner-Whitin-Algorithmus zu erreichen.

α) Die gleitende wirtschaftliche Losgröße

Dieses Verfahren geht von der auf S. 305 mit den Gleichungen (156) und (157) bewiesenen Tatsache aus, daß die klassische Losgröße auch die **Stückkosten k minimiert**. Im Falle des variablen Periodenbedarfs sind die Stückkosten definiert durch

$$(174) \qquad k_{ij} = \frac{A + lk \sum_{t=i}^{j} B_t \, (t-i)}{\sum_{t=i}^{j} B_t},$$

wenn man in Periode i die Produktion beginnt und alle Bedarfe bis Periode j in einem Los gemeinsam produziert.

Die **Entscheidungsregel** lautet nun: Suche die Periode j_{opt}, bei der k_{ij} sein Minimum annimmt.

Man kann (174) auf (156a) zurückführen, wenn man

- eine sehr große Zahl sehr kleiner Bedarfsperioden unterstellt, d.h. wie bei der klassischen Losgröße üblich, von der diskreten zur **kontinuierlichen** Betrachtung übergeht, die es auch erlaubt, bei i = 0 zu beginnen und
- gleiche Periodenbedarfe B unterstellt, die zusammen den Bedarf des Planungszeitraums ergeben.

Dann erhalten wir aus (174)

$$(175) \qquad k_{0j} = \frac{A + lk \cdot B \int_0^j t \cdot dt}{j \cdot B} = \frac{A + lk \cdot B \cdot \frac{1}{2} j^2}{j \cdot B}$$

und unter Beachtung von (155)

(176) $$k_{oj} = \frac{A + lk \cdot B \cdot \frac{1}{2} \cdot \frac{x^2}{B^2}}{\frac{x}{B} \cdot B} = \frac{A}{x} + \frac{xlk}{2B}$$

Mit dieser Gleichung, die (156a) entspricht, kann nun x_{opt} und über (155) die Länge des Losauflagezyklus j bestimmt werden. Für den Rest des Planungszeitraums wird dieser Zyklus beibehalten.

Diese Ableitung zeigt sehr deutlich das Wesen eines echten heuristischen Verfahrens, das den Ausführungen im 2. Kapitel, Abschnitt B.II. entspricht:

Es wird eine Heuristik entworfen, die

- dem realen Problem angepaßt ist (hier: diskrete Bedarfsperioden mit variablem Bedarf),
- sich auf ein Optimierungsverfahren zurückführen läßt, wenn die Prämissen diesem Verfahren angepaßt werden und
- wenig Rechenaufwand erfordert.

Zur Veranschaulichung des Verfahrens werden nun die Losgrößen für das Produkt P1 mit dem Verfahren der gleitenden wirtschaftlichen Losgröße bestimmt. Die Rüstkosten (A) betragen wieder 900 DM, die Lagerkosten (lk) pro ME und Monat wieder 290 DM.

Zunächst wird geprüft, welche Periodenbedarfe in Periode 1 produziert werden sollten. Die Anwendung von Gleichung (174) ergibt folgende Tabelle:

Tab. 52 Gleitende wirtschaftliche Losgröße (Periode 1)

Produktionsperiode i	Bedarfsperiode j	Stückkosten k_{ij}
1	1	900 / 4 = **225**
	2	(900 + 290 · 1)/5 = 238

Wegen der Konvexität der klassischen Los-Kostenfunktion können wir - bei nicht so stark schwankendem Bedarf - die Berechnung in der Periode beenden, für die gilt

$$k_{ij} < k_{ij+1},$$

da nun steigende Stückkosten zu erwarten sind.

Wir produzieren also nur den Bedarf der Periode 1 in dieser Periode und überlegen nun, welche Bedarfe in Periode 2 zu produzieren sind. Das Ergebnis zeigt Tab. 53.

Nach Tab. 53 wird also der Bedarf der Perioden 2, 3 und 4 in Periode 2 hergestellt. Da in Periode 5 kein Bedarf anfällt, verändern sich die minimalen Stückkosten k_{ij} natürlich nicht, wenn auch diese Periode (formal) mit einbezogen wird.

Damit ist die Rechnung beendet, da die nächste Produktionsperiode i = 6 ist, in der natürlich nur der eigene Bedarf produziert wird.

Tab. 53 Gleitende wirtschaftliche Losgröße (Periode 2)

Produktionsperiode i	Bedarfsperiode j	Stückkosten k_{ij}	
2	2	900/1	= 900
	3	$(900+290\cdot 1)/2$	= 595
	4	$(900+290(1+2\cdot 2))/4$	= **587,5**
	5	$(900+290(1+2\cdot 2+0\cdot 3))/4$	= **587,5**
	6	$(900+290(1+2\cdot 2+0\cdot 3+3\cdot 4))/7$	= 832,9

Die mit dem Verfahren der **gleitenden wirtschaftlichen Losgröße** errechnete Lösung lautet vollständig:

$x_1 = 4 \qquad x_2 = 4 \qquad x_6 = 3 \qquad\qquad K = 4150$

Die mit dem Wagner-Whitin-Algorithmus ermittelte optimale Lösung von K = 3570 ist somit verfehlt worden. Die Gründe dafür sind folgende:

- Die **Stückkosten** sind stark vom jeweiligen **Bedarf** in den einzelnen Perioden abhängig, so daß der Divisor in (174) großen **Schwankungen** unterliegt.
- Die **Interdependenzen** zwischen den Bedarfsperioden, die von Wagner und Whitin durch K_{i-1} und K_{j-1} während des ganzen Verfahrens berücksichtigt werden, sind hier **zerschnitten**. Die Optimierung in Tab. 53 ist unabhängig von Tab. 52.

Durch dieses **sukzessive** Vorgehen bei der Lösung eines komplexen Problems besteht immer die Gefahr einer **suboptimalen** Lösung, die in Kauf genommen werden muß, wenn man den Rechenaufwand entscheidend senken will.

β) Der Stückperiodenausgleich

Dieses Verfahren - engl. part period balancing - beruht auf der Tatsache, daß im Optimum der klassischen Losgröße die Rüstkosten gleich den Lagerkosten sind, was auf S. 305 gezeigt wurde.

Bei diskreten Bedarfsperioden resultiert daraus die Gleichung

$$(177) \qquad A = lk \cdot \sum_{t=i}^{j} B_t (t-i),$$

die jedoch wegen der Ganzzahligkeit im allgemeinen nicht erfüllt ist. Daher arbeitet man mit Ungleichungen und faßt alle Bedarfe bis zur Periode j zusammen, für die gilt

$$(178) \qquad A \geq lk \cdot \sum_{t=i}^{j} B_t (t-i) \quad \text{und} \quad A < lk \cdot \sum_{t=i}^{j+1} B_t (t-i) \ .$$

Die Rechnung vereinfacht sich durch Division von (178) durch lk. Dann stehen auf beiden Seiten Ausdrücke mit der Dimension [ME · ZE], die dem Verfahren seinen Namen gegeben haben.

Wenden wir das Verfahren auf die Losgrößenplanung für Produkt P1 an, so muß geprüft werden (j = 1,2,...,), wann die Bedingungen

$$\frac{A}{lk} = 3{,}1 \geq \sum_{t=i}^{j} B_t(t-i) \quad \text{und} \quad 3{,}1 < \sum_{t=i}^{j+1} B_t(t-i)$$

erfüllt sind. Dies ist für j = 3 der Fall.

$$3{,}1 > \sum_{t=1}^{3} B_t(t-1) = 3 \quad \text{und} \quad 3{,}1 < \sum_{t=1}^{4} B_t(t-1) = 9$$

Also wird der Bedarf für die Perioden 1 bis 3 in einem Los in der Periode 1 produziert.

Für die Planung der Perioden 4 bis 6 ist das Vorgehen analog.

$$3{,}1 > \sum_{t=4}^{4} B_t(t-4) = 0 \quad \text{und} \quad 3{,}1 < \sum_{t=4}^{6} B_t(t-4) = 6$$

Hieraus folgt ein Los von 2 ME in der 4. Periode ($B_4 = 2$) und ein erneutes Los für den Bedarf $B_6 = 3$ in der 6. Periode[38]. Das Verfahren des Stückperiodenausgleichs findet also hier die optimale Lösung des Wagner-Whitin-Algorithmus.

$x_1 = 6 \qquad x_4 = 2 \qquad x_6 = 3 \qquad\qquad K = 3570$

γ) Das Silver-Meal-Verfahren

Dieses Verfahren wurde von Silver und Meal 1973 veröffentlicht (Silver/Meal, Heuristic Lot Size 1973) und beruht auf der Minimierung der Kosten pro Monat wie die Andler-Formel. Die Kostengröße wird berechnet, indem man die Kosten pro Losauflagezyklus durch die Zykluslänge dividiert:

$$K_{ij} = \frac{A + lk \cdot \sum_{t=i}^{j} B_t(t-i)}{j-i+1} \tag{179}$$

Wir wenden das Verfahren auf das Produkt P1 in der gleichen tabellarischen Form an wie bei der gleitenden wirtschaftlichen Losgröße (vgl. S. 310 f.). Tab. 54 zeigt das Ergebnis des ersten Planungsschritts.

Tab. 54 Silver-Meal-Verfahren (Periode 1)

Produktionsperiode i	Bedarfsperiode j	Kosten pro Monat K_{ij}	
1	1	900/1	= 900
	2	(900+290·1)/2	= 595
	3	(900+290(1+1·2))/3	= **590**
	4	(900+290(1+1·2+2·3))/4	= 877,5

[38] Durch den Bedarfsausfall in der 5. Periode ist das Optimierungskriterium (178) (formal) nicht mehr richtig und müßte für diesen Fall durch $A < lk \cdot \sum_{t=i}^{j+2} B_t(t-i)$ ersetzt werden.

Das Minimum wird erreicht, wenn die Bedarfe der Perioden 1 bis 3 in einem Los in der 1. Periode produziert werden. Auch hier brechen wir die Auswertung ab, wenn $K_{ij} < K_{ij+1}$, obwohl bei ungünstigem Bedarfsverlauf lokale Minima auftreten können (Tempelmeier, Material-Logistik 1995, S. 168 ff.; Knolmayer, Lot Sizing Heuristics 1987, S. 268).

Die nächste Produktionsperiode ist Periode 4. Ob Bedarfe zu einem Los zusammengefaßt werden, zeigt Tab. 55.

Tab. 55 Silver-Meal-Verfahren (Periode 4)

Produktionsperiode i	Bedarfsperiode j	Kosten pro Monat K_{ij}	
4	4	900/1	= 900
	5	(900+290·0·1)/2	= **450**
	6	(900+290(0·1+2·3)/3	= 880

Das kostenminimale Los enthält also nur den Bedarf B_4, da B_5 ohnehin Null ist. Für die 6. Periode wird ein eigenes Los aufgelegt. Damit hat der Silver-Meal-Algorithmus in unserem Beispiel die **optimale Lösung**

$x_1 = 6$ $x_4 = 2$ $x_6 = 3$ $K = 3570$ gefunden.

Es ist sehr schwierig, die dargestellten heuristischen Verfahren hinsichtlich ihrer **Effizienz** zu vergleichen, da jede Simulationsstudie von konkreten Beispielen ausgeht, deren Struktur das Ergebnis eines Verfahrensvergleichs beeinflussen kann. Es gibt aber Anhaltspunkte dafür, daß der **Stückperiodenausgleich** im allgemeinen zu **besseren** Lösungen führt als die **gleitende wirtschaftliche Losgröße**.

Betrachtet man jedoch alle heuristischen Verfahren vor dem Hintergrund einer **rollierenden Planung**, so haben **Zoller** und **Robrade** gezeigt, daß das **Silver-Meal-Verfahren** insbesondere für sporadischen Bedarf, der für mehrstufige Produktionsprozesse typisch ist, **sehr effizient** ist (Zoller/Robrade, Dynamische Losgrößenplanung 1987, S. 219 ff.)[39]. Dies unterstützt Knolmayer (Vergleich von Lagerhaltungsheuristiken 1985).

Wahrscheinlich zahlt es sich aus, **mehrere** heuristische Verfahren in ein PPS-System zu implementieren und nach den Kriterien

- Bedarfsstruktur (sporadisch oder regelmäßig),
- Prognosesicherheit der zu schätzenden Bedarfe und
- Länge des rollierenden Planungszeitraums

die geeigneten Verfahren auf Grund der Anwendungserfahrungen auszuwählen. Der Wagner-Whitin-Algorithmus sollte jedoch immer Bestandteil eines PPS-Systems sein, um mit seiner Optimalitätseigenschaft einen objektiven Maßstab für die Güte der heuristischen Verfahren zu haben.

---

39 Auch das hier nicht dargestellte Verfahren von Groff (Lot Sizing Rule 1979) ist dafür zu empfehlen.

5. Mehrstufige Losgrößenmodelle

Die im vorigen Abschnitt dargestellten Verfahren behandeln das Problem optimaler Losbildung **isoliert** für jede einzelne Produktions- bzw. **Dispositionsstufe**, ohne die Interdependenzen zwischen den Stufen zu beachten. Die Brutto-Netto-Rechnung zeigt jedoch, daß die Zusammenfassung mehrerer Periodenbedarfe zu einem Los auf irgendeiner Dispositionsstufe die Periodenbedarfe **aller untergeordneten Stufen** und damit auch deren Losbildung beeinflußt.

Diese Stufeninterdependenzen werden von den im praktischen Einsatz befindlichen PPS-Systemen zerschnitten. Da die Losbildung generell als **Vor**produktion späterer Bedarfe anzusehen ist, führt das Sukzessiv-Planungssystem dazu, daß sich diese Vorproduktion auf den untergeordneten Stufen immer weiter in Richtung Gegenwart verschiebt, so daß die Produktionskapazität in den gegenwartsnahen Perioden überbeansprucht werden kann. Dies muß dann in der nachgelagerten PPS-Komponente "Zeit- und Kapazitätsplanung" wieder entzerrt werden, wodurch die kostenminimale Losbildung hinfällig wird.

Diesem Dilemma versucht man in der betriebswirtschaftlichen Theorie durch Entwicklung von **mehrstufigen Losgrößenmodellen** zu entkommen, die die Losbildung **simultan** für alle Produkte und für alle **Stufen** des Produktionsprozesses planen und damit die Interdependenzen berücksichtigen.

Ein solches mehrstufiges Mehrprodukt-Losgrößenmodell kann allgemein folgendermaßen formuliert werden:

Zielfunktion

(180) $$K = \sum_{tzw} (A_{tzw}\ u_{tzw} + lk_{tzw}\ L_{tzw} + k_{tzw}\ x_{tzw}) \Rightarrow \text{Min!}$$

Lagerbilanzgleichungen der Endprodukte

(181) $$L_{t-1,z\bar{w}} + x_{tz\bar{w}} - B_{tz} = L_{tz\bar{w}} \qquad \text{für alle } t,z$$

Lagerbilanzgleichungen der Baugruppen/Einzelteile

(182) $$L_{t-1,zw} + x_{tzw} - \sum_{t'=t}^{T} a_{tt'zww'}\ x_{t'zw'} = L_{tzw} \qquad \text{für alle } t,z,w$$

Kapazitätsbedingungen der Produktionsstufen

(183) $$\sum_{zw} (c_{tzwi}\ x_{tzw} + tr_{tzwi}\ u_{tzw}) \leq C_{ti} \qquad \text{für alle } t,i$$

Rüstbedingungen

(184) $$x_{tzw} \leq M\ u_{tzw} \qquad \text{für alle } t,z,w$$

(185) $$u_{tzw} = 0 \text{ oder } 1 \qquad \text{für alle } t,z,w$$

Nicht-Negativitäts-Bedingungen

(186) $$x_{tzw} \text{ und } L_{tzw} \geq 0 \qquad \text{für alle } t,z,w$$

Die verwendeten Symbole haben folgende Bedeutung:

Indizes

t Periodenindex
z Produktindex
w Baugruppen/Einzelteile $\overline{w}$: Endprodukt
i Produktionsanlagenindex

Daten

A Rüstkosten pro Umrüstung [GE]
lk Lagerkostensatz [GE/(ME · ZE)]
k variable Produktionskosten pro Stück [GE/ME]
B Periodenbedarf eines Produktes [ME]
a zeitorientierter (= die Vorlaufverschiebung berücksichtigender) Produktionskoeffizient
M große Zahl
c Bearbeitungszeit eines Teils [ZE]
tr Rüstzeit eines Teils [ZE]
C Kapazität einer Produktionsanlage [ZE]

Variable

u Rüstvariable (0/1-Variable)
L Lagerbestand [ME]
x Losgröße [ME]

Das Modell minimiert die Summe aus Rüst-, Lager- und Produktionskosten für den in Bedarfsperioden eingeteilten Planungszeitraum.

Im Unterschied zu unserem groben Produktionsplanungsmodell in Abschnitt B.II., S. 280 ff. benötigen wir hier einen Periodenindex t, um die zeitorientierte Bedarfsauflösung modellieren zu können, und zwei Indizes z und w zur Darstellung der Produktstruktur. Da alle untergeordneten Teile (Baugruppen bzw. Einzelteile) in **mehrere** übergeordnete Teile, z. B. in verschiedene Endprodukte, eingehen können, benötigen wir eine **eindeutige** Zuordnung der Teile, wie sie die Relation "Struktur" auf S. 291 vornimmt. Dies wird durch die Doppelindizierung z und w erreicht. z = 1 und w = 7 bedeutet z. B. das Einzelteil E7, das in P1 eingeht. Die letzte Montagestufe für ein Endprodukt wird mit $\overline{w}$ bezeichnet, um die Gleichungen (181) und (182) aufeinander abstimmen zu können.

Der **Produktionskoeffizient** a muß einmal die Beziehungen zwischen den Teilen (Oberteil/Unterteil) und zum anderen die Vorlaufverschiebungen berücksichtigen. Geht man davon aus, daß $x_{t'zw'}$ die Produktionsmenge des Oberteils w' darstellt, die in der Periode t' fertiggestellt wird, dann bedeutet $a_{tt'zww'}$ die Menge des Unterteils w, die für eine Einheit des Oberteils w' benötigt und wegen der **Vorlaufverschiebung** (Durchlaufzeit von w') bereits in Periode t fertiggestellt sein muß. Die Differenz t' - t stellt die Vorlaufverschiebung dar.

Die Produktionskosten $k_{tzw} \cdot x_{tzw}$ können entfallen, wenn k_{tzw} in jeder Periode gleich groß ist. Da aber in der ersten Produktionsstufe Materialkosten enthalten sind, die von den - evtl. zeitlich schwankenden - Einstandspreisen abhängen und infolge einer flexiblen Arbeitszeit die Lohnkosten pro Stück nicht in jeder Periode gleich sein müssen, sind die Produktionskosten hier mit einbezogen worden.

Ein kurzer Blick auf die Dimensionen des Modells zeigt eine erhebliche Komplexität. Nimmt man eine Jahresplanung mit 12 Teilperioden t, 5 Produkte z und pro Produkt 20 Teile w an, so ergeben sich bereits maximal $12 \cdot 5 \cdot 20 = 1200$ binäre Rüstvariable u und 2400 reelle Variable x und L. Da aber in der Unternehmenspraxis die Anzahl der Endprodukte und Baugruppen/Einzelteile im allgemeinen wesentlich größer ist, erscheint eine praktische Anwendung dieses Modells und seine numerische Lösung mit einem Verfahren der ganzzahligen Optimierung für die überschaubare Zukunft ausgeschlossen.[40]

Auf Grund dieser Schwierigkeiten bei der exakten Lösung von mehrstufigen Losgrößenmodellen sind in der betriebswirtschaftlichen Literatur **heuristische** Verfahren entwickelt worden, die die Losgrößenentscheidungen auf den einzelnen Produktionsstufen dadurch abstimmen wollen, daß sie die **Veränderung** der **Rüst-** und **Lagerkosten** in unteren Produktionsstufen, die durch Veränderung der Losgröße in einer oberen Stufe verursacht werden, berücksichtigen. Tempelmeier (Material-Logistik 1995, S. 230 ff.) berichtet ausführlich über mehrere dieser Verfahren der **Kostenanpassung**, die auf einer Schätzung und Überwälzung der Kosten der einzelnen Stufen beruhen. Insbesondere das Verfahren von **Heinrich** (Heinrich/Schneeweiß, Multi-Stage Lot Sizing 1986 und Heinrich, Losgrößenplanung 1987) ist nach den Erfahrungen der Autoren mit vielen Simulationsexperimenten unterschiedlicher Produktstrukturen in der Lage, gegenüber den einstufigen Losgrößenverfahren der PPS-Systeme erhebliche Kosteneinsparungen zu erzielen, so daß zu hoffen ist, daß es in absehbarer Zeit in Standard-PPS-Systemen implementiert wird.

Die Bedeutung von Losgrößenverfahren wird jedoch in Zukunft abnehmen, da die **Rüstkosten** und **-zeiten** bei modernen computergesteuerten Produktionsanlagen, insbesondere den flexiblen Fertigungssystemen[41], durch **automatischen Werkzeugwechsel** tendenziell sinken, so daß die Produktion weitgehend dem zeitlichen Bedarf folgen wird (Just-in-Time-Prinzip) und durch kleine Losgrößen eine Reduzierung der Lagerkosten ermöglicht wird (vgl. hierzu Abschnitt e) 4. S. 320 f., und Just-in-Time-Produktion in Kap. 10 auf S. 368 ff.). Von diesem Gesichtspunkt aus erscheint die Beschäftigung mit hochkomplizierten Losgrößenmodellen nicht mehr so gerechtfertigt wie es in den 70er Jahren der Fall war.

e) Planung der Bestellmengen von Einzelteilen

1. Ziele und Kosten der Lagerhaltung

In den meisten industriellen Unternehmen ist es nicht möglich, den Produktionsprozeß von der Beschaffung über die Herstellung bis zum Absatz der Produkte ohne die Lagerung von Rohstoffen, Halb- und Fertigfabrikaten durchzuführen. Da jede Lagerhaltung Kosten verursacht und Kapital bindet, müssen im Bereich der

---

40 Bei bestimmter Produktionsstruktur kann man die Indizes z und w zu einem Teile-Index zusammenfassen. Doch begrenzt auch hier die große Anzahl der Teile in praktischen Produktionsprozessen die Anwendbarkeit, so daß keine Erfahrungen aus der Praxis vorliegen.

41 vgl. die Ausführungen zu CIM im 5. Kapitel, S. 129 ff.

Lagerwirtschaft ständig operative Entscheidungen getroffen werden, um die zeitliche und örtliche Bereitstellung des Produktionsfaktors "Werkstoffe" zu gewährleisten und gleichzeitig die Lagerwirtschaft an der globalen Zielsetzung des Unternehmens auszurichten.

Bevor aus der Unternehmenszielsetzung konkrete Ziele für die Lagerpolitik abgeleitet werden, sind zunächst einige grundlegende Begriffe zu definieren.

Wir verstehen unter einem **Lagerbestand**

> Güter, die noch nicht, vorübergehend nicht oder nicht mehr am Produktionsprozeß teilnehmen (Materialien, Halb- und Fertigfabrikate, Handelswaren).

Mit Grochla (Materialwirtschaft 1978, S. 13) definieren wir **Material** als Sachgüter, die im Betriebsprozeß eingesetzt werden und damit die Eignung zur weiteren Verwendung verlieren.

Wie oben dargelegt, müssen die konkreten Ziele der Lagerpolitik aus der globalen Unternehmenszielsetzung abgeleitet werden. Auf Grund dieser globalen Zielvorstellungen werden zunächst die Absatz- und Produktionsmengen der einzelnen Produkte geplant. Für die Lagerpolitik gilt - daraus abgeleitet - das primäre Ziel, die Lieferbereitschaft des Unternehmens mengenmäßig und zeitlich zu gewährleisten. Wir nennen dieses Ziel kurz: **Sicherung der Lieferbereitschaft**.

Ein zweites Ziel der Lagerpolitik ergibt sich aus dem ökonomischen Prinzip und aus dem Unternehmensziel Gewinnmaximierung. Da im Lagerbereich keine Erträge anfallen, sind die lagerpolitischen Entscheidungen so zu treffen, daß die Beschaffungs- und Lager**kosten** des Materials für das vorgegebene Produktions- und Absatzvolumen minimiert werden[42]. Wir nennen dieses Ziel kurz: **Minimierung der Beschaffungs- und Lagerkosten.**

Neben diesen beiden wichtigen Zielen der Lagerpolitik kann es bei manchen Unternehmen noch das **Spekulationsziel** geben. Dabei versucht man, die Preisveränderungen auf den Beschaffungsmärkten für Spekulationsgewinne auszunutzen. Wegen der erheblichen Risiken - insbesondere auf den internationalen Rohstoffmärkten - ist das Spekulationsziel jedoch für viele Unternehmen nicht angebracht.

Geht man von der Zielsetzung Kostenminimierung im Beschaffungs- und Lagerbereich aus, so sind zunächst die Kosten der Lagerhaltung im einzelnen zu erfassen und auf ihren lagerbestandsfixen oder -variablen Charakter zu untersuchen.

Folgende wichtige Kostenarten der Lagerhaltung sind zu unterscheiden (Mellerowicz, Betriebswirtschaftslehre, Bd. 2; 1981, S. 180 f.):

α) Raumkosten

Sie umfassen im wesentlichen

- Abschreibungen auf Lagergebäude und Inventar,
- Verzinsung für das in Lagergebäuden und Inventar investierte Kapital,

---

42 Dieses nur den Beschaffungs- und Lagerbereich betreffende "Subziel" vernachlässigt die Interdependenzen zu anderen Unternehmensbereichen und kann daher mit dem Globalziel "Gewinnmaximierung" durchaus in Konflikt stehen. Dies ist jedoch bei sukzessiver praxisnaher Planung unvermeidlich.

- Versicherungen gegen Feuer und Diebstahl,
- Heizungs- bzw. Kühlungs- und Beleuchtungskosten,
- Instandhaltungskosten.

β) Lagerbestandskosten

- Zinsen für das in den Beständen gebundene Kapital,
- Versicherung der Bestände,
- Verderb, Schwund und Güteminderung der Bestände.

γ) Güterbehandlungskosten

- Transport der Gütermengen,
- Pflege der Bestände.

δ) Personalkosten für die Lagerverwaltung

Die Raumkosten sind vollständig unabhängig von den Bestandsmengen, also in unserer Betrachtung bestandsfix, während die Lagerbestandskosten und die Güterbehandlungskosten im großen und ganzen variablen Charakter haben. Demgegenüber sind die Personalkosten der Lagerverwaltung überwiegend bestandsfix.

2. Besonderheiten des Beschaffungswesens

Nach unserer Definition von S. 289 sind Einzelteile solche Teile, die von anderen Unternehmen **beschafft** werden, also auf der untersten Dispositionsstufe des Produktionsprozesses angesiedelt sind. Statt der Rüstkosten treten hier **fixe Bestellkosten** auf, die bei jeder Bestellung unabhängig von der beschafften Menge anfallen. Ihnen gegenüber stehen die mit der gelagerten Menge variierenden Lagerkosten.

Damit haben wir formal dieselben gegenläufigen Kostenbeziehungen wie bei der Bestimmung der Losgröße, so daß sämtliche beschriebenen Verfahren ohne Einschränkungen anwendbar sind.

Trotzdem sind zwei wichtige Unterschiede zu beachten, die eingehend erörtert werden müssen:

- Die Losgrößen können vom Unternehmen autonom bestimmt werden, während die Bestellmengen von den **Lieferbedingungen** der Lieferanten, z. B. der Lieferzeit, entscheidend abhängen, die wiederum Ergebnis von **Verhandlungen** sein können.
- Das Problem der **Planungsunsicherheit** tritt schärfer hervor, wenn fremde Entscheidungsinstanzen (Lieferanten) zu berücksichtigen sind. Nicht vorhersehbare **Lieferverzögerungen** bringen **stochastische** Elemente in die Planung, die evtl. über **Sicherheits-Lagerbestände** abgefangen werden müssen.

Diese beiden zusätzlichen Aspekte erfordern eine Erweiterung der Lösungsverfahren über die zunächst darzustellende deterministische Bestellplanung hinaus.

3. Deterministische Bestellpolitik

Wie schon oben erwähnt, sind sowohl die klassische Andlerformel als auch die dynamischen Verfahren (Wagner-Whitin-Algorithmus bzw. Heuristiken) für die Bestellpolitik geeignet, wenn man für die Größe A statt der Rüstkosten nun die fixen Bestellkosten pro Bestellung einsetzt. Die **klassische "optimale" Bestellmenge** bei konstantem Periodenbedarf B wird dann auch durch Gleichung (154), S. 303 berechnet:

$$(154) \qquad x_{opt} = \sqrt{\frac{2\,AB}{lk}} \quad [ME] \qquad \textbf{(Andler-Formel)}$$

A = fixe Bestellkosten pro Bestellung.

Entsprechend gelten auch die Formeln für den Wagner-Whitin-Algorithmus (158) und die beschriebenen heuristischen Verfahren. In der Brutto-Netto-Rechnung für die Luftbefeuchtungssysteme P1 und P2 (vgl. S. 300) wurden die angegebenen Bestellmengen für die Einzelteile E1, E7 und E8 mit dem Wagner-Whitin-Algorithmus berechnet.

Die betriebswirtschaftliche Theorie hat sich nicht mit dieser deterministischen Bestellpolitik begnügt sondern Situationen mit

- stochastisch variierenden **Periodenbedarfen** und
- stochastischer **Lieferzeit**

betrachtet. Insbesondere Arrow, Harris und Marschak (Inventory Policy 1951) haben den Fall des stochastischen Periodenbedarfs bei periodischer Überwachung mit den Hilfsmitteln der **stochastischen dynamischen Optimierung** behandelt. Die dafür nötigen Lösungsverfahren sind außerordentlich komplex und gehen über den Rahmen dieses Lehrbuchs hinaus. Sie sind prägnant und kompakt von Bartmann und Beckmann (Lagerhaltung 1989, S. 142 ff. und S. 210 ff.) beschrieben.

Um den Komplexitätsgrad der Lösungsansätze herabzusetzen, sind eine Reihe von Spezialfällen analysiert worden. Schneeweiß (Lagerhaltungssysteme 1981, S. 103) beschreibt Modelle mit kontinuierlicher Überprüfung und/oder stationärem stochastischen Periodenbedarf und Hansmann (Industriebetriebslehre 1987, S. 164 ff.) ein Modell mit stochastisch variierendem Bedarf während der Lieferzeit.

Alle diese Modelle sind innerhalb der Materialwirtschaft eines PPS-Systems nicht einschlägig, da ein "stochastischer Bedarf" bei **bedarfsgesteuerter Disposition** innerhalb eines **PPS-Systems** in der **Planung** nicht vorkommt. Die Bedarfsmengen der Einzelteile werden - wie wir bei der Brutto-Netto-Rechnung gesehen haben - allein von den Losgrößenentscheidungen bei den übergeordneten Teilen und dem gewünschten Produktionsprogramm bestimmt. Ein stochastischer Bedarf kann nur durch **Maschinenausfälle** oder Ausschuß-Produktion induziert werden. Hiergegen wappnet man sich jedoch durch Planung eines Zusatzbedarfs oder durch Flexibilität in der kurzfristigen Produktionssteuerung (vgl. 10. Kapitel, S. 341 ff.).

Es erscheint daher gerechtfertigt, auf die Modelle mit stochastischer Nachfrage im Rahmen eines PPS-Systems zu verzichten.

Demgegenüber darf die **stochastische Lieferzeit**, die sich in der Praxis immer wieder in der Form von **Lieferverzögerungen** bemerkbar macht, nicht vernachlässigt werden. Insbesondere bei einer **Just-in-Time-Beschaffungspolitik** sind Lieferverzögerungen sehr gefährlich, da sie die Produktion vieler übergeordneter Produktionsstufen zum Erliegen bringen können. Wie man sich gegen solche stochastischen Einflüsse schützen kann, wird im nächsten Abschnitt analysiert.

4. Just-in-Time-Beschaffung

α) Planungsphilosophie

Das Just-in-Time-Prinzip (**JIT**) besagt, daß die zur Produktion eines Teils benötigten Unterteile genau zum richtigen Zeitpunkt am Ort der Produktion zur Verfügung stehen, ohne auf Lagerbestände zurückgreifen zu müssen. Innerhalb des Betriebes bedeutet dies, daß die Losgrößen der untergeordneten Teile genau dem zeitorientierten Bedarf der übergeordneten Teile entsprechen.

Die Philosophie entstand in den späten 70er Jahren, als durch hohe Inflationsraten in den Industrieländern die Zinssätze für Fremdkapital stark anstiegen und damit das in den Lagern gebundene Kapital hohe Lagerkosten verursachte[43]. Da gleichzeitig durch die Entwicklung der computerunterstützten Produktion die Bedeutung der Rüstkosten tendenziell abnahm (vgl. S. 316), war es folgerichtig, daß die Praxis das Ziel "Lagerkostensenkung" vorrangig verfolgte. Die Zusammenfassung von Bedarfen zum Zwecke der Rüstkosteneinsparung lief diesem Ziel zuwider, da der Lagerbestand durch eine solche Losgrößenpolitik wuchs.

Die in diesem Buch abgeleiteten Losgrößenformeln zeigen die Richtigkeit der praktischen Losgrößenpolitik. Die Andler-Formel (Gleichung (154) auf S. 303) führt bei sinkenden Rüstkosten A und steigendem Lagerkostensatz lk zu kleineren Losgrößen im Fall konstanten Periodenbedarfs. Aber auch die periodenorientierten heuristischen Losverfahren und der Wagner-Whitin-Algorithmus gehen in die gleiche Richtung. Setzt man z. B. in der Rekursionsbeziehung (158) auf S. 306 A gleich Null, ist der rechte Term (hinter dem Semikolon) von (158) immer Null und es wird in jeder Bedarfsperiode ein neues Los aufgelegt, d. h. **bedarfssynchron produziert** und damit JIT realisiert.

In der Realität müssen jedoch zwei Sachverhalte berücksichtigt werden:

- die Rüstkosten A sind größer als Null,
- eine lagerbestandslose Fertigung kann durch unvorhergesehene Ereignisse, wie Maschinenstörungen auf unteren Produktionsstufen zur vorübergehenden Einstellung der Produktion auf übergeordneten Stufen mit hohen Kosten führen.

Dadurch ist die Just-in-Time-Produktion nicht generell sinnvoll, sondern nur in Produktionsprozessen mit hoher **Fertigungsdisziplin** und **- sicherheit** sowie relativ **niedrigen Rüstkosten**, wie es in manchen stark automatisierten Produktionsbereichen der Automobilindustrie der Fall ist.

Führt die Just-in-Time-Produktion tatsächlich zu einer Kostenreduktion durch Abbau der Lagerbestände, dann ist es naheliegend, den JIT-Gedanken über das Unternehmen hinaus auf die Beziehungen zu den **Lieferanten** der Einzelteile aus-

---

[43] Der **Zinssatz** für gebundenes Kapital ist in vielen Industriebetrieben die wichtigste Komponente des **Lagerkostensatzes lk.**

zudehnen, falls die fixen Bestellkosten gegenüber den Lagerkosten nicht ins Gewicht fallen. Diese **Just-in-Time-Beschaffung** hätte zur Folge, daß ein größeres Wareneingangslager für den Produzenten entbehrlich wäre. Könnte man darüber hinaus auf eine umfangreiche Qualitätsprüfung der gelieferten Einzelteile verzichten und diese direkt zur gewünschten Zeit an den Produktionsort, z. B. an das Fließband, liefern lassen, so wäre man dem JIT-Ideal sehr nahe gekommen.

Um diese Vorstellungen zu verwirklichen, bedarf es eingehender Verhandlungen mit den entsprechenden Zulieferern, da diese letztlich ihre Produktion an den Bedarfsrhythmus des Kundenbetriebes anpassen und darüber hinaus eine gleichbleibende Qualität der gelieferten Ware garantieren müssen.

Auf Grund ihrer starken Marktmacht haben die Automobilhersteller eine Just-in-Time-Beschaffung gegenüber einigen ihrer Zulieferer durchsetzen können. Beispiele hierfür sind die Beschaffung der Sitze für den Mercedes C in Bremen oder der Stoßfänger für VW-Modelle in Emden.

Im Vergleich zur **JIT-Produktion**, die weitgehend über die Fertigungsdisziplin und die Organisation des eigenen Produktionsprozesses gesteuert werden kann, ist die **JIT-Beschaffung** mit einem wesentlich **höheren Risiko** behaftet, da **Lieferverzögerungen** durch

- Produktionsschwierigkeiten beim Lieferanten oder
- Störungen der Transportbeziehungen (Witterungsbedingungen, Straßenverhältnisse usw.)

nicht ausgeschlossen werden können. Darüber hinaus kann eine zu schlechte Qualität der gelieferten Ware die eigene Produktion in Schwierigkeiten bringen.

Die Vorlaufverschiebung für die Bestellung bzw. den Abruf der Einzelteile hängt also hier von der tatsächlichen **Lieferzeit** ab, die aus einem **deterministischen Anteil**, der zugesagten bzw. ausgehandelten Lieferzeit, und einem **stochastischen Anteil**, der durch Störungen verursacht wird, besteht. Im nächsten Abschnitt wird dargelegt, wie man sich gegen solche Lieferstörungen absichern kann.

β) Berücksichtigung einer stochastischen Lieferzeit

Wir gehen von der zwischen Zulieferer und Abnehmer vertraglich festgelegten Liefer- bzw. Abrufzeit für ein bestimmtes Teil aus und nennen diese Größe t. Die zufälligen Abweichungen von dieser geplanten Lieferzeit werden durch die Zufallsvariable e_t ausgedrückt, die einer noch näher zu spezifizierenden Verteilung gehorcht. Dann ist die **effektive Lieferzeit** t_{eff} gegeben durch

(187) $$t_{eff} = t + e_t$$

Könnte man die Zufallsvariable e_t vernachlässigen, so würde das abrufende Unternehmen genau die mit den Losgrößenformeln berechnete **optimale Bestellmenge** t ZE vor dem Bedarfszeitpunkt des Teils abrufen, so daß kein Lagerbestand beim abrufenden Unternehmen entsteht.

Infolge der stochastischen Komponente der effektiven Lieferzeit wird jedoch die Lieferung manchmal zu spät kommen und dadurch zu **Fehlmengen** beim abrufenden Unternehmen führen. Diesem Fehlmengenrisiko kann das Unternehmen durch Aufbau eines **Sicherheitsbestandes** begegnen.

Die Berechnung eines optimalen Sicherheitsbestandes unter Berücksichtigung der stochastischen Einflüsse läßt sich nur dann durchführen, wenn die Höhe der **Fehlmengenkosten** bekannt ist, da dann eine Abwägung zwischen Lager- und Fehlmengenkosten stattfinden kann.

In der Praxis sind die Fehlmengenkosten häufig nicht genau genug bezifferbar, um eine solche Optimierung zu ermöglichen. Stattdessen setzt man eine **Fehlmengenwahrscheinlichkeit** fest, die langfristig nicht überschritten werden darf. Sie ist definiert als Wahrscheinlichkeit, daß eine Fehlmenge **auftritt**, unabhängig von der Höhe des Defizits.

Die komplementäre Wahrscheinlichkeit ist auch unter dem Namen **Servicegrad**[44] bekannt.

(188) $$\text{Servicegrad } \alpha = \frac{\text{rechtzeitige Lieferungen einer Periode}}{\text{gesamte Lieferungen einer Periode}}$$

Setzt man z. B. $\alpha = 0{,}99$, dann darf eine von 100 Lieferungen verzögert sein.

Wir berechnen nun den Sicherheitsbestand s, der der gewünschten Fehlmengenwahrscheinlichkeit entspricht.

Dividiert man den Lagerbestand (L) zum Zeitpunkt der neuen Bestellung, also zu Beginn der Lieferzeit, durch den Periodenbedarf B, so erhält man die Anzahl Perioden, in denen das Lager noch Bestände enthält[45]. In der Praxis ist hierfür auch der Begriff "**Reichweite des Lagers**" gebräuchlich. Ist diese Zeitspanne kleiner als die effektive Lieferzeit, tritt eine Fehlmenge auf:

(189) $$t + e_t > \frac{L}{B} \quad \Rightarrow \text{Fehlmenge}$$

Für festes L ist die Fehlmengenwahrscheinlichkeit gegeben durch (Bartmann/ Beckmann, Lagerhaltung 1989, S. 51):

(190) $$W_{\text{Fehlmenge}} = W\left(e_t > \frac{L}{B} - t\right) = 1 - F\left(\frac{L}{B} - t\right)$$

wobei F die Verteilungsfunktion der Zufallsvariablen e_t ist. Wir verbinden nun (190) mit dem vorgegebenen Servicegrad α und erhalten

(191) $$1 - \alpha = 1 - F\left(\frac{L}{B} - t\right)$$

Um hieraus L errechnen zu können, muß die Verteilungsfunktion F bekannt sein. In der Praxis wird häufig angenommen, daß es viele unabhängige Ursachen für eine Störung der Lieferzeit gibt und somit e_t als **normalverteilt** mit $\mu = 0$ und der Standardabweichung σ_t angesehen werden kann:

---

44 Genau genommen ist dies der Servicegrad α. Daneben gibt es auch den Servicegrad β, der die Höhe einer Fehlmenge bewertet (vgl. Silver/Peterson, Inventory Management 1985 und Robrade, Lagerhaltungsmodelle 1991).

45 Dabei ist ein linearer Lagerabgang angenommen.

(192) $\alpha = N(\frac{L}{B} - t)$ (N = Normalverteilungsfunktion)

Nach Standardisierung dieser Normalverteilung durch Division der Klammer durch σ_t erhalten wir

(193) $\alpha = N_{(0;1)}\ (\frac{L}{B\sigma_t} - \frac{t}{\sigma_t})$

Das α-Quantil der Standardnormalverteilung e_α muß nun gleich der Klammer in (193) sein, so daß man für L folgenden Ausdruck findet:

(194) $L = e_\alpha\ B\sigma_t + Bt$

Da Bt der Bedarf während der **erwarteten** Lieferzeit ist, den man bei deterministischer Lieferzeit genau auf Lager hätte, beschreibt der Term $e_\alpha\ B\sigma_t$ den Lagerbestand, der für den stochastischen Anteil der Lieferzeit vorgesehen ist, also den **Sicherheitsbestand**, der dem vorgegebenen Servicegrad α entspricht.

(195) $s = e_\alpha\ B\sigma_t$ (**Sicherheitsbestand**)

Obwohl dieser Ansatz strenggenommen nur für einen konstanten Periodenbedarf B gilt, wollen wir ihn auf das Einzelteil E1 (Osmose-Anlage) unseres Luftbefeuchtungsbeispiels anwenden, da die optimalen Bestellmengen recht ähnlich sind. Aus der Brutto-Netto-Rechnung der Tab. 47 auf S. 300 geht hervor, daß wir im August 1996 einen Bedarf von 4 Stück und im September von 2 Stück haben, der nach Anwendung des Wagner-Whitin-Algorithmus zu einer Bestellmenge von 6 ME zusammengefaßt wird. Nehmen wir nun an, daß die Lieferzeit einen Monat mit einer Standardabweichung σ_t von einem halben Monat beträgt und ein Servicegrad von 90% erreicht werden soll, so läßt sich der Sicherheitsbestand mit folgender Rechnung ermitteln:

Das 90% - Quantil der Normalverteilung ist $e_{90\%} = 1{,}2816$; als **Zeiteinheit** verwenden wir **2 Monate** gemäß der optimalen Bestellmenge. Dann gilt

$$s = 1{,}2816 \cdot 6 \cdot \frac{1}{4} = 1{,}92 \quad [ME]$$

Es müssen also 8 ME Anfang Juli bestellt werden, von denen 2 ME ständig auf Lager liegen. Dieser Sicherheitsbestand würde uns allerdings bei einer Lieferverzögerung im Juli noch nichts nützen, sondern erst bei den künftigen Bestellungen im Oktober (6 ME) und Dezember (5 ME), wenn er physisch aufgebaut worden ist.

In unserem Fall sind die Bestellmengen und die Bestellzyklen relativ konstant im Planungszeitraum, so daß das Verfahren ohne Bedenken angewandt werden kann. Bei stark schwankenden Bestellmengen besteht jedoch die Gefahr suboptimaler Lösungen, da der Periodenbedarf B nach Gleichung (195) die Höhe des Sicherheitsbestandes direkt beeinflußt und somit der Sicherheitsbestand selbst schwankt und - was noch unangenehmer ist - der tatsächlichen Entwicklung hinterherhinkt. Man behilft sich in diesem Fall mit dem Ansatz eines durchschnittlichen Periodenbedarfs.

Das Verfahren ist ebenfalls anwendbar, wenn Lieferfrist und typische Lieferstörung viel kleiner als die im PPS-System verwendete Bedarfsperiode sind, und das abrufende Unternehmen auf Grund sehr geringer fixer Bestellkosten häufig während der Bedarfsperiode abruft, also das JIT-Prinzip realisiert. In diesem Fall liegen viele Lieferzyklen pro Bedarfsperiode vor und der Bedarf in der Lieferzeit kann als **konstanter** Bruchteil des Periodenbedarfs angesetzt werden.

Am Beispiel der **Automobilindustrie** sei dies kurz demonstriert. Automobilfirmen schließen mit ihren Zulieferern häufig Rahmenverträge für ein Jahr ab, die die groben Abnahmemengen festlegen. Im PPS-System werden daraus voraussichtliche monatliche Bedarfe errechnet. Auf Grund der EDV-technischen Abwicklung der einzelnen Lieferabrufe treten nur sehr **geringe fixe Bestellkosten** auf, so daß die Automobilfirmen an einer Minimierung der Lagerkosten durch häufige Abrufe interessiert sind (JIT-Prinzip). Das führt dazu, daß immer nur der Bedarf während der meist kurzen Lieferfrist abgerufen wird, so daß ein Auffanglager entbehrlich ist. Allerdings verursacht dann jede Lieferverzögerung eine Produktionseinschränkung, die durch einen Sicherheitsbestand verhindert werden soll.

Unterstellen wir eine monatliche PKW-Produktionsmenge von 3300 ME, so besteht der monatliche Bedarf für ein Einzelteil, wie z. B. ein Armaturenbrett, ebenfalls aus 3300 ME. Bei 22 Arbeitstagen und Ein-Schicht-Betrieb werden also täglich 150 Armaturenbretter benötigt. Der angestrebte Servicegrad soll 99% betragen, da die Konsequenzen von Fehlmengen schwerwiegend sind.

Nehmen wir zunächst eine Lieferfrist von einem Tag an, deren zufällige Schwankung durchschnittlich einen halben Tag ausmacht (gemessen durch σ_t), so ist die Bestellmenge (= Bedarf während der Lieferzeit)

$$B \cdot t = \frac{3300}{22} = 150\,\text{ME}$$

Darüber hinaus sollte ein Sicherheitsbestand von

$$s = e_{99\%}\ B\ \sigma_t = 2{,}3263 \cdot 3300 \cdot \frac{1}{22 \cdot 2} = 174{,}47\,\text{ME}$$

also etwas mehr als **ein Tagesbedarf** bestellt und langfristig gelagert werden.

Vereinzelt sind die Lieferbedingungen des Zulieferers noch günstiger, weil er vielleicht in der Nähe des Automobilwerks produziert und Transportrisiken dadurch vernachlässigbar sind. Dadurch sei es nun möglich, eine Lieferzeit von 4 Stunden (halber Tag) mit einer durchschnittlichen Abweichung von einer Stunde (σ_t) zu garantieren.

Dann beträgt die Bestellmenge 3300/44 = 75 ME plus den nötigen Sicherheitsbestand von

$$s = 2{,}3263 \cdot 3300 \cdot \frac{1}{22 \cdot 8} = 43{,}62\ \text{ME}\,.$$

Der benötigte Sicherheitsbestand, um einen Servicegrad von 99% aufrechtzuerhalten, sinkt also auf nur noch 30% eines Tagesbedarfes. Das ist schon fast der Idealzustand der Just-in-Time-Philosophie, der in der Praxis nur bei wenigen Einzelteilen bisher erreicht worden ist.

Halten wir zum Schluß fest, welche Bedingungen der Zuliefererbetrieb erfüllen muß, um eine weitgehende JIT-Beschaffung des abrufenden Betriebes zu ermöglichen:

- Vollständige Synchronisation der Produktion des Zulieferers mit dem Produktionsrhythmus des abrufenden Unternehmens,
- Aufbau enger Kommunikationsbeziehungen bis zur Integration der PPS-Systeme,
- hohe Qualität der gelieferten Einzelteile, da keine weitere Qualitätskontrolle erfolgt,
- stabiler, wenig störanfälliger Produktionsprozeß des Zulieferers oder Aufbau eines Fertigwarenlagers für die JIT-Teile.

Diese Bedingungen implizieren für den Zulieferer

- **Einschränkung** seiner ökonomischen **Autonomie**,
- erhebliche **Kosten** zur Sicherung der **Lieferbereitschaft**.

Diese Nachteile müssen durch Vorteile für den Zulieferer ausgeglichen werden, wenn eine JIT-Beschaffung überhaupt zustande kommen soll. Das geschieht in erster Linie über die **Preisverhandlungen** der Partner bezüglich des Zulieferprodukts aber auch über die langfristigen Abnahmegarantien, die dem Zulieferer eine kontinuierliche Beschäftigung sichern. Die Schwierigkeiten bei der Anwendung von JIT-Strategien lassen sich deutlich an den ersten Serien neu eingeführter Modelltypen mehrerer Automobilhersteller ablesen, die gezeigt haben, daß auch bei der JIT-Philosophie eine deutliche Lücke zwischen theoretisch Wünschbarem und praktisch Erreichbarem klafft.

Weitere Einzelheiten zu Problemen der JIT-Produktion bringen Wildemann, (Just-in-Time 1992) und Fandel/Zäpfel (Hrsg.), (Production 1991, S. 237 ff.)

III. Bedarfsverfolgung

Im vorigen Abschnitt wurde mit der Bedarfsauflösung des Produktionsprogramms in Baugruppen und Einzelteile sowie der Bestimmung optimaler Losgrößen und Bestellmengen ein Kernstück der Produktionsplanung eingehend erörtert. Dabei ist deutlich geworden, daß durch die Auflösung der Kundenaufträge und insbesondere durch die Zusammenfassung des Bedarfs an Teilen für verschiedene Kundenaufträge in Losen (= Fertigungsaufträge) die **Beziehungen** zwischen **Kunden**- und **Fertigungsaufträgen verloren** gehen. Es kann nicht mehr festgestellt werden, welches Einzelteil oder welche Baugruppe zu einem konkreten Kundenauftrag gehört.

Bei Firmen, die für den anonymen Markt produzieren, mag diese Kenntnis nicht unbedingt nötig sein, doch gibt es eine Reihe von Unternehmen, die bei ihren Produkten auf die **individuellen Wünsche** ihrer **Kunden** eingehen wollen (oder müssen). Für sie ist die **Verfolgung** des Bedarfs über alle Stufen des Produktionsprozesses wichtig.

Darüber hinaus ist es auch bei **Mängelrügen** des Fertigproduktes interessant zu wissen, welche Baugruppen bzw. welche Arbeitsgänge dafür verantwortlich sind.

Schließlich werden die Fertigungsaufträge in der Produktionssteuerung häufig den Produktionsanlagen mit Prioritätsziffern zugewiesen, die Informationen über den dem Kunden zugesagten **Liefertermin** enthalten. Dies bedingt ebenfalls die Kenntnis, zu welchem Kundenauftrag ein bestimmter Fertigungsauftrag gehört und macht damit eine Bedarfsverfolgung unabdingbar.

Zwei Arten einer solchen Bedarfsverfolgung haben sich herausgebildet,

- die **einstufige** Bedarfsverfolgung verbindet jeweils zwei benachbarte Dispositionsstufen,
- die **mehrstufige** Bedarfsverfolgung bezieht alle Stufen des Produktionsprozesses ein.

Während der Datenaufwand beim zweiten Verfahren wesentlich größer ist, muß beim ersten Verfahren erheblich länger gesucht werden, um die Beziehung zwischen Fertigungs- und Kundenauftrag über alle Stufen hinweg zu verfolgen. Wir werden die einstufige Bedarfsverfolgung etwas näher erörtern und auf die mehrstufige nur kurz eingehen (vgl. dazu Scheer, Wirtschaftsinformatik 1994, S. 161 ff.).

a) Einstufige Bedarfsverfolgung

In der Brutto-Netto-Rechnung werden die Kundenaufträge zum Primärbedarf zusammengefaßt[46] und anschließend in Sekundärbedarfe untergeordneter Teile transformiert. Um festzuhalten, welcher Auftrag welchen Sekundärbedarf verursacht hat, benötigt man zwei Relationen für die Verknüpfung: den **Kundenauftrag** und die **Bedarfsableitung**

R. AUFTRAG (Kunden-Nr., Teile-Nr., Periode, Menge, ...)

R. BEDARFSABLEITUNG ((übergeordneter) Auftrag Nr., Periode, (untergeordneter) Bedarf Nr., Periode, Menge, ...)

Auf diese Weise ist es möglich, die Bedarfsursache über die Produktionsstufen nach unten zu verfolgen. Auf der anderen Seite muß natürlich auch der umgekehrte Weg beschritten werden können, d. h. es muß festgehalten werden, welcher Produktionsauftrag welchen Bedarf deckt. Dies geschieht mit der Relation **Bedarfsdeckung**.

R. BEDARFSDECKUNG (Bedarf Nr., Periode, Auftrag Nr., Periode, Menge, ...)

Durch diese Relation kann man z. B. erkennen, ob ein Los (= Fertigungsauftrag) den Bedarf einer oder mehrerer Perioden deckt.

Wir wollen das Vorgehen an unserem Luftbefeuchtungsbeispiel demonstrieren. 2 Kundenaufträge à 1 ME von Produkt P2 sollen in Periode 10 fertiggestellt sein. Das ergibt die Kundenauftrags-Relation der Tab. 56.

Für diesen Primärbedarf werden pro Stück P2 zwei ME der Baugruppe B1 benötigt (vgl. Abb. 84, S. 297), und zwar gemäß Tab. 46, S. 299 mit einer Vorlaufverschiebung von einer Periode.

Die einstufige Bedarfsverfolgung, die hier nur beispielhaft die Beziehung zwischen P2 und B1 abbilden soll, läuft dann unter Einbeziehung der Relationen Bedarf und Fertigungsauftrag nach Tab. 57 ab.

---

[46] Die aus Absatzprognosen resultierenden Produktionsmengen sollen hier nicht betrachtet werden.

Tab. 56 Ermittlung des Primärbedarfs für P2

R.KUNDENAUFTRAG	Kunden-Nr.	Teile-Nr.	Periode	Menge
	101	P2	10	1
	102	P2	10	1
	Primärbedarf	P2	10	2

Tab. 57 Einstufige Bedarfsverfolgung für P2

R. BEDARF	Teile-Nr.	Periode	Menge	Bemerkungen	
	P2	10	2	Primärbedarf	
	B1	9	4	Übertragung von P2	
R. FERTIGUNGSAUFTRAG	Teile-Nr.	Periode	Menge	Bemerkungen	
	P2	10	2	Übertragung Primärbedarf	
	B1	8	9	Ein Los für Perioden 8+9	
R. BEDARFSDECKUNG	Bedarf-Nr.	Periode	Auftrag-Nr.	Periode	Menge
	P2	10	P2	10	2
	B1	9	B1	8	4
	B1	8	B1	8	5
R. BEDARFSABLEITUNG	Auftrag-Nr.	Periode	Bedarf-Nr.	Periode	Menge
	P2	10	B1	9	4

Hier zeigt die Relation BEDARFSDECKUNG, daß der Bedarf von 2 ME P2 in Periode 10 durch den Produktionsauftrag (= Montage) P2 in Periode 10 gedeckt wird. Der Bedarf von 4 ME der Baugruppe B1 in Periode 9 wird hingegen von dem **Produktionsauftrag** B1 in Periode 8 gedeckt, der 9 ME als optimale **Losgröße** (vgl. Tab. 47 auf S. 300) umfaßt und auch den Bedarf von 5 ME von B1 in Periode 8 deckt.

In ähnlicher Weise gibt die Relation BEDARFSABLEITUNG an, daß der (übergeordnete) Auftrag P2 in Periode 10 zu einem Bedarf der Baugruppe B1 von 4 ME in Periode 9 führt.

Entwickelt man dieses System über alle Dispositionsstufen weiter, so läßt sich jeder Bedarf durch eine Reihe von Datenbankzugriffen (= Abfragen) verfolgen. Da jede Abfrage Zeit kostet, kann eine einstufige Bedarfsverfolgung sehr zeitaufwendig werden.

b) Mehrstufige Bedarfsverfolgung

Die Anzahl der Datenbankzugriffe kann stark verringert werden, wenn man die in der Relation KUNDENAUFTRAG (vgl. Tab. 56 auf S. 327) enthaltenen Attribute Kunden-Nr., Teil-Nr. und Periode der Auftragserteilung in den Relationen BEDARFSDECKUNG und BEDARFSABLEITUNG als Attribute mitführt. Diese Relationen sehen dann wie folgt aus:

R. BEDARFSDECKUNG	(Kunden-Nr., Teil-Nr., Periode, Bedarf-Nr., Bedarfsperiode, Produktionsauftrag-Nr., Produktionsperiode, Menge)
R. BEDARFSABLEITUNG	(Kunden-Nr., Teil-Nr., Periode, Produktionsauftrag-Nr., Produktionsperiode, (untergeordneter) Bedarf-Nr., Bedarfsperiode, Menge).

Nun kann man auf jeder Dispositionsstufe des Produktionsprozesses sofort erkennen, zu welchem Kundenauftrag - identifiziert durch Kunden-Nr., Teil-Nr. und Periode - ein bestimmter Produktionsauftrag, z. B. ein Los einer Baugruppe, einen Bezug hat. Dadurch wird es in der Automobilindustrie möglich, einen Kunden über den genauen Fertigungszustand seines bestellten PKW zu informieren. Man erkauft allerdings diese "aktuelle" Kundeninformation mit einer wesentlich umfangreicheren Datenhaltung, da die zusätzlichen Attribute auf allen Dispositionsstufen verfügbar sein müssen. Die mehrstufige Bedarfsverfolgung erkauft somit gegenüber der einstufigen Verfolgung höhere Geschwindigkeit durch zusätzlichen Speicherbedarf.

Mit der Analyse der Bedarfsverfolgung ist die Materialwirtschaft abgeschlossen und wir können zur nächsten Stufe der Produktionsplanung im Rahmen von PPS, der Kapazitäts- und Zeitwirtschaft, übergehen.

D. Zeit- und Kapazitätsplanung

In dieser Stufe der Produktionsplanung werden die in der Materialbedarfsplanung errechneten zeitorientierten Losgrößen und Bestellmengen der zur Verfügung stehenden Kapazität gegenübergestellt, um die Durchführbarkeit der geplanten Produktion zu überprüfen. Hierzu ist aber eine genauere Terminierung erforderlich als es bisher mit der grob geschätzten Durchlaufzeit der Produktionsaufträge möglich war. Dies gelingt mit der Einführung von **Arbeitsgängen** und ihrer Zuordnung zu **Betriebsmittelgruppen**, da die Komponenten der Durchlaufzeit: Rüst-, Bearbeitungs-, Transport- und Wartezeiten nicht vom Produktionsauftrag als Ganzem bestimmt werden, sondern von den auf konkreten Betriebsmitteln durchgeführten Arbeitsgängen für diesen Auftrag. Wir wenden uns daher zunächst der Abbildung dieser neuen Elemente im relationalen Datenmodell zu.

I. Erweiterung der Datenmodelle

Ausgehend von der Stücklistenstruktur, die durch den Entitytyp TEIL und den Beziehungstyp STRUKTUR definiert ist (vgl. S. 291), muß nun die konkrete

Herstellung eines Teils modelliert werden. Die dazu nötigen Produktionsschritte sind in einem **Arbeitsplan** niedergelegt und basieren auf den technisch möglichen **Fertigungsverfahren**, wie Bohren, Fräsen, Schleifen, Montieren usw..
Die Beziehung zwischen einem Arbeitsplan und einem technischen Verfahren heißt **Arbeitsgang** und kann durch folgende Relation ausgedrückt werden:

R. ARBEITSGANG (Arbeitsplan-Nr.. Verfahrens-Nr., Bezeichnung, ...)

Nun muß als nächstes der Arbeitsgang einer **Betriebsmittelgruppe**[47] zugeordnet werden. Diese wichtige Relation **Arbeitsgangzuordnung** enthält neben den Schlüsselattributen Arbeitsplan-Nr., Verfahrens-Nr. und Betriebsmittelgruppen-Nr. auch Informationen über

- die **Rüstzeit** für die Umrüstung der Betriebsmittelgruppe auf den Arbeitsgang,
- die **Bearbeitungszeit** des Arbeitsganges,
- die **Transport**- und **Wartezeiten** zu/vor dem nächsten Arbeitsgang sowie
- Angaben, ob der Arbeitsgang für den vorliegenden Produktionsauftrag auf mehrere Betriebsmittel der Gruppe aufgeteilt werden kann (**Splittingschlüssel**).

Mit diesen Informationen läßt sich die **Durchlaufzeit** der Produktionsaufträge auf der Arbeitsgangebene viel präziser bestimmen als bei der Materialbedarfsplanung, so daß wir auf dieser Basis eine realitätsnahe Durchlaufterminierung und Kapazitätsplanung durchführen können, wie es im nächsten Abschnitt gezeigt wird.

Die Relation Arbeitsgangzuordnung könnte somit folgende Gestalt haben:

R. ARBEITSGANGZUORDNUNG (Arbeitsplan-Nr., Verfahrens-Nr., Betriebsmittelgruppen-Nr., Rüstzeit, Bearbeitungszeit, Transportzeit, Wartezeit, Splittingschlüssel, ...)

Ein Arbeitsgang kann aber nur durchgeführt werden, wenn das Betriebsmittel über das geeignete **Werkzeug**, z. B. einen Bohrer bestimmten Durchmessers für Holzbearbeitung, verfügt. Diese Verbindung stellt die Relation **Werkzeugzuordnung** her, die wie folgt formuliert werden kann:

R. WERKZEUGZUORDNUNG (Arbeitsplan-Nr., Verfahrens-Nr., Betriebsmittelgruppen-Nr., Werkzeug-Nr., Rüstzeit, ...)

Die Rüstzeit bezieht sich hier auf den Werkzeugwechsel, der bei flexiblen Fertigungssystemen automatisch erfolgt und in die Bearbeitungszeit integriert sein kann.

Schließlich muß der Arbeitsgang noch mit der Stücklisten-Struktur über die Relation **Arbeitsgang-Komponenten-Zuordnung** (AKZ) in Verbindung gebracht werden:

---

47 Eine Betriebsmittelgruppe besteht aus einer Reihe **gleichartiger** Betriebsmittel (Maschinen).

R. AKZ: (Arbeitsplan-Nr., Verfahrens-Nr., übergeordnetes Teil-Nr., untergeordnetes Teil-Nr., ...)

Die gesamte Datenstruktur gibt Abb. 86 (S. 331) wieder, die aus (Scheer, Wirtschaftsinformatik 1990, S. 165) entnommen wurde und deren Abkürzungen, soweit sie nicht selbsterklärend sind, mit den oben dargestellten Relationen identifiziert werden können.

Abb. 86 läßt erkennen, daß die Datenstruktur und das daraus abzuleitende Relationenmodell erheblich umfangreicher ist als bei der Bedarfsauflösung und damit eine detaillierte Terminierung und Kapazitätsplanung ermöglicht.

Sieht man sich die neu eingeführten Relationen genauer an, so erkennt man, daß sie ohne Bezug zu einem konkreten Fertigungsauftrag abgeleitet wurden. Sie enthalten also **Stammdaten** des Produktionsbereichs, die für mehrere Aufträge Gültigkeit besitzen und bilden damit den allgemeinen zeitlichen und kapazitativen Produktionszustand ab.

Um nun einen konkreten Fertigungsauftrag planen zu können, müssen die Stammdaten mit den Auftragsdaten verknüpft werden, indem die Schlüsselattribute der Aufträge den Stammdaten hinzugefügt werden. Es sei z. B. ein Fertigungsauftrag durch folgende Relation definiert:

R. AUFTRAG (Teil-Nr., Periode, Durchlaufzeit, frühester Anfangstermin, frühester Endtermin, spätester Anfangstermin, spätester Endtermin, ...)

Seine Schlüsselattribute Teil-Nr. und Periode sind nun mit den Stammdaten des Fertigungsbereichs zu verknüpfen, so daß z. B. folgende Relationen definiert werden können (Scheer, Wirtschaftsinformatik 1990, S. 182):

R. AUFTRAGS-ARBEITSGANG (Teil-Nr., Periode, Arbeitsplan-Nr., Verfahrens-Nr., Bezeichnung, ...)

R. AUFTRAGS-ARBEITSGANG-ZUORDNUNG (Teil-Nr., Periode, Arbeitsplan-Nr.,Verfahrens-Nr., Betriebsmittelgruppen-Nr., Rüstzeit, ...)

In gleicher Weise sind auch die anderen auftragsspezifischen Relationen zu konstruieren und in das relationale Datenmodell der Zeit- und Kapazitätsplanung zu integrieren.

Die in der Relation AUFTRAG aufgeführten Termin-Attribute müssen für jeden Auftrag errechnet werden. Da die Aufträge über die Betriebsmittel miteinander zeitlich vernetzt sind, kann diese Berechnung nur sinnvoll unter Berücksichtigung der verfügbaren Kapazität der Betriebsmittelgruppen durchgeführt werden. Da dies in der Praxis an der Größe des Datenvolumens scheitert, werden die Termine zunächst ohne kapazitative Betrachtung im Rahmen der **Durchlaufterminierung** geplant. Anschließend wird versucht, evtl. auftretende Kapazitätsengpässe **nachträglich** durch einen **Kapazitätsabgleich** zu beseitigen. Diesem Vorgehen schließen wir uns an.

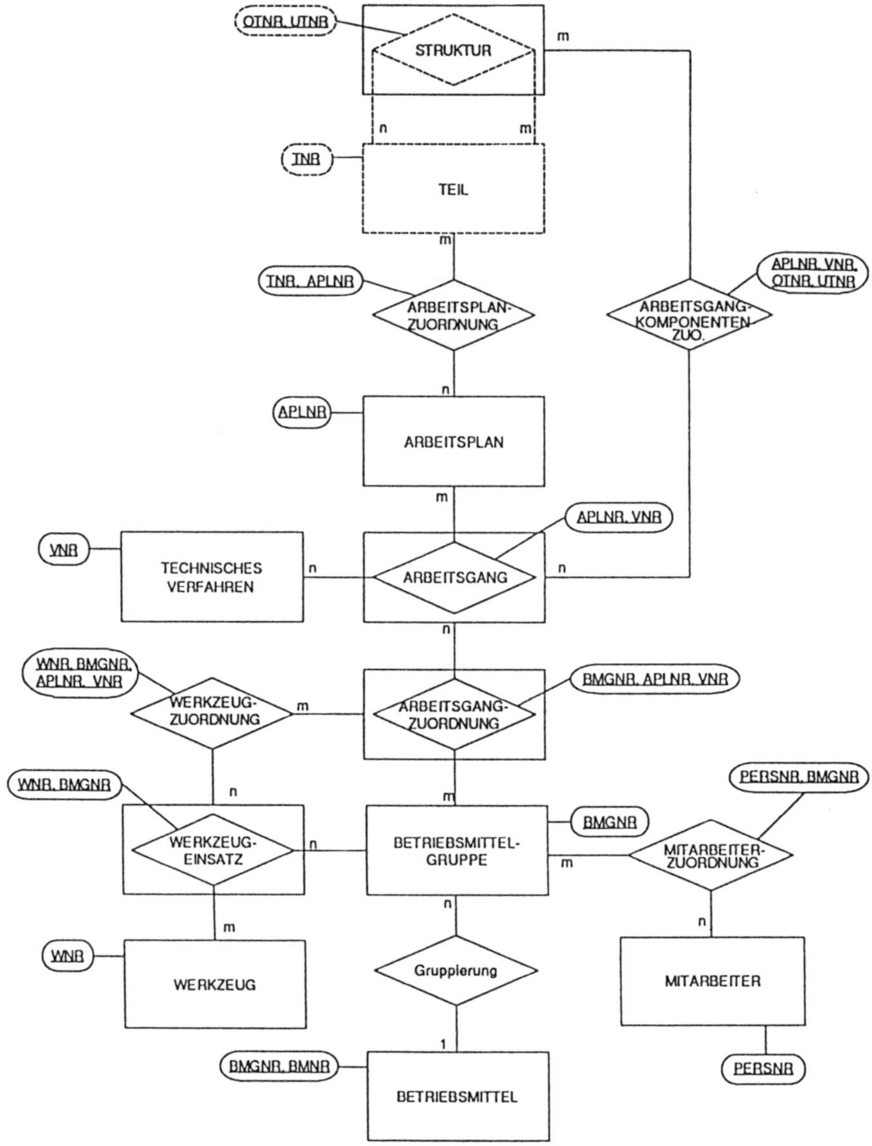

Abb. 86 Datenstruktur zur Zeit- und Kapazitätsplanung
Quelle: Scheer, Wirtschaftsinformatik 1990, S. 165

II. Durchlaufterminierung

Die zeitliche Planung der einzelnen Fertigungsaufträge kann vorteilhaft mit dem Instrumentarium der **Netzplantechnik** (vgl. Hansmann, Industriebetriebslehre 1987, S. 180 ff.) durchgeführt werden, deren Grundlagen hier kurz skizziert werden sollen.

a) Grundlagen der Netzplantechnik

Die etwa seit 1958 entwickelten Varianten der Netzplantechnik heißen CPM (= Critical Path Method), MPM (= Metra Potential Method) und PERT (= Program Evaluation Review Technique). Sie sind heute weitgehend DIN-genormt und unterscheiden sich vor allem in den Zeitschätzungen der Arbeitsgänge. Wir werden uns im weiteren Verlauf auf MPM stützen.

Zunächst muß die **Struktur** des Produktionsprozesses in einem Netz abgebildet werden. Dazu wird der Prozeß in **Vorgänge** zerlegt.

Ein **Vorgang** ist ein

Teil des Produktionsprozesses mit zeitlich definierbarem Anfang und Ende (DIN 69900).

Für die Konstruktion von MPM-Netzen gibt es folgende Grundregeln:

- Ein Vorgang wird durch einen **Knoten** in der Form eines Rechtecks dargestellt.
- Ein Pfeil beginnt in einem Knoten und endet in einem anderen Knoten. Er gibt einen zeitlichen Mindestabstand zweier aufeinanderfolgender Vorgänge an.

- Es müssen mehrere Vorgänge begonnen haben, bevor ein weiterer beginnen kann, so führen Pfeile von diesen Vorgängen zum nachfolgenden Vorgang:

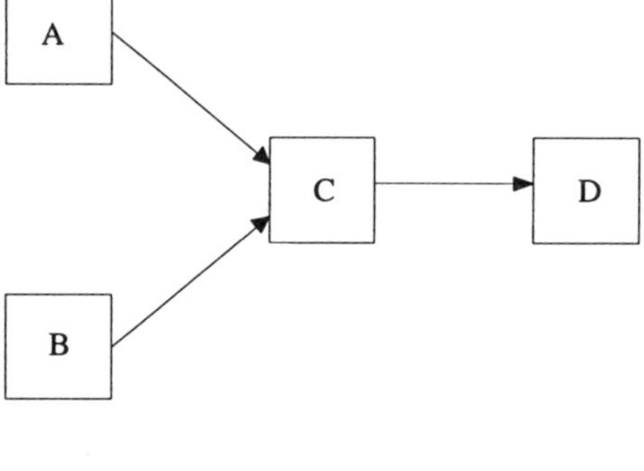

- In einem Netzplan dürfen keine Zyklen auftreten.

Mit diesen Grundregeln läßt sich die Struktur des Produktionsprozesses in einem **Netzplan** abbilden. Für die Durchlauf**terminierung** benötigen wir auch die **Dauer** jedes einzelnen Vorgangs, die aus den Komponenten der Durchlaufzeit eines Teils errechnet wird. Weiterhin interessieren bei der Netz-Zeitplanung

- die Zeitreserven der einzelnen Vorgänge, die sog. **Pufferzeiten**, die sich aus den frühest- und spätestmöglichen Anfangs- und Endterminen der Vorgänge ergeben sowie
- die kürzestmögliche **Gesamtdurchlaufzeit** eines Produkts.

Wir bezeichnen einen Vorgang ohne Zeitreserve (Pufferzeit = Null) als **kritischen Vorgang** und die Folge der kritischen Vorgänge als **kritischen Weg**. Die zeitliche Länge des kritischen Weges ist gleich der Summe der Rüst-, Bearbeitungs-, Transport- und Wartezeiten des Produktes während seines Produktionsprozesses.

Um die Zeitreserven (Pufferzeiten) der Vorgänge zu ermitteln, müssen die Anfangs- und Endtermine bekannt sein. Sie lassen sich nach folgenden Vorschriften berechnen (vgl. Hansmann, Industriebetriebslehre 1987, S. 184 f., Scheer, Wirtschaftsinformatik 1994, S. 235):

Frühester Anfangstermin des Vorgangs i (FA_i):

$$FA_i = \max_h [FE_h] \quad (h \in \text{Menge der direkten Vorgänger von i})$$

Frühester Endtermin des Vorgangs i (FE_i):

$$FE_i = FA_i + D_i \quad (D_i = \text{Vorgangsdauer von i})$$

Spätester Endtermin des Vorgangs i (SE_i):

$$SE_i = \min_k [SA_k] \quad (k \in \text{Menge der direkten Nachfolger von i})$$

Spätester Anfangstermin des Vorgangs i (SA_i)

$$SA_i = SE_i - D_i$$

Gesamtpufferzeit des Vorgangs i (GPZ_i):

$$GPZ_i = SE_i - FE_i$$

Dies ist der Zeitraum, um den die Vorgangsdauer D_i maximal erhöht werden kann, ohne daß sich der ganze Produktionsprozeß verlängert. Ein Vorgang mit GPZ = 0 ist **kritisch**.

Freie Pufferzeit des Vorgangs i (FPZ_i):

$$FPZ_i = \min_k [FA_k - FE_i] \quad (k \in \text{Menge der direkten Nachfolger von i})$$

Dies ist der Zeitraum, um den die Vorgangsdauer D_i erhöht werden kann, wenn alle direkten Nachfolger-Vorgänge zum frühestmöglichen Anfangstermin beginnen.

Falls ein Vorgang keinen direkten Vorgänger hat, so gilt die erste Periode des Planungszeitraums als frühester Anfangstermin, beim Fehlen eines Nachfolgers ist die Bedarfsperiode des Primärbedarfs der späteste Endtermin.

Mit diesen zeitlichen Definitionen der Netzplantechnik können wir nun die Durchlaufterminierung eines konkreten Produktionsprozesses in Angriff nehmen.

b) Durchlaufterminierung für das Luftbefeuchtungssystem mit der Netzplantechnik

Wir gehen aus von dem auf S. 290 f. dargestellten Produktionsprozeß der Luftbefeuchtungssysteme P1 und P2 und betrachten als einfaches Beispiel den Bedarf von P1 im Oktober und von P2 im November 1996. Aus der Brutto-Netto-Rechnung (vgl. S. 300) geht hervor, daß 3 ME von P1 im Oktober (= Periode 10) und 3 ME von P2 im November (= Periode 11) benötigt werden. Mit Hilfe der Vorlaufverschiebung von Tab. 46 auf S. 299 ergibt sich in Periode 10 ein Bedarf von 9 ME der Baugruppe B1, 6 ME des Einzelteils E1 und 9 ME des Einzelteils E8. Bereits in Periode 9 müssen 27 ME von Einzelteil E7 beschafft werden.

Auf Grund der Arbeitsgang- und Betriebsmittelzuordnung ist es nun möglich, die Durchlaufzeit der Fertigungsaufträge aus ihren Komponenten Rüstzeit, Bearbeitungszeit sowie Nachbearbeitungs-, Transport- und Wartezeit präziser zu ermitteln als in der Materialbedarfsplanung. In der folgenden Tab. 58 sind diese Zeiten wiedergegeben.

Tab. 58 Ermittlung der Durchlaufzeiten in der Zeitplanung (Monate)

Los/Periode	Betriebs-mittel-gruppe	Belegungszeit		Nachbearbeitungs-/Transport-/Wartezeit	Durchlaufzeit bzw. Lieferzeit
		Rüstzeit	Bearbeitungszeit		
Periode 11					
3 ME P2	1	0,1	$3 \cdot 0{,}1$	0,4	0,8
Periode 10					
3 ME P1	1	0,05	$3 \cdot 0{,}05$	0,2	0,4
9 ME B1	2	0,07	$9 \cdot 0{,}07$	0,9	1,6
6 ME E1		-	-	-	0,5
9 ME E8		-	-	-	0,7
Periode 9					
27 ME E7		-	-	-	1,0

Mit diesen neu errechneten Durchlaufzeiten können wir nun einen **zeitorientierten Netzplan** des Produktionsprozesses aufstellen und die charakteristischen

Größen, wie Anfangs-/Endtermin und die Pufferzeiten errechnen. Zweckmäßigerweise bietet sich hier ein **Vorgangs-Netzplan** an, wobei die Vorgänge wie folgt definiert werden:

Ein Vorgang ist die Fertigung eines Loses einer Baugruppe oder eines Endproduktes mit der **Durchlaufzeit** als **Vorgangsdauer** bzw. die Beschaffung einer Einzelteil-Menge mit der **Lieferzeit** als **Vorgangsdauer**.

Wir können alle einen Vorgang charakterisierenden Informationen in einem "Vorgangs-Kasten" zusammenfassen:

Teil-Nr.	Bedarfsperiode	FE_i	SE_i	GPZ_i
Vorgangsdauer	prod. Menge	FA_i	SA_i	FPZ_i

Die Vorgänge werden durch Pfeile verbunden, an die die weitergegebene Menge des entsprechenden Teils an ein übergeordnetes Teil geschrieben wird.

Entsprechend den auf S. 285 angegebenen Formeln der Netzplantechnik werden zunächst in einer **Hinrechnung** die frühesten Anfangs- und Endtermine aller Vorgänge berechnet und anschließend in einer **Rückrechnung** die spätesten Termine.

Aus diesen Größen lassen sich dann die Pufferzeiten ermitteln. Dabei ist unterstellt, daß die Bedarfe jeweils am **Ende** der Periode anfallen. Das Ende der Periode 11 wird somit als 12,0 ausgedrückt usw. Abb. 87 zeigt das Ergebnis.

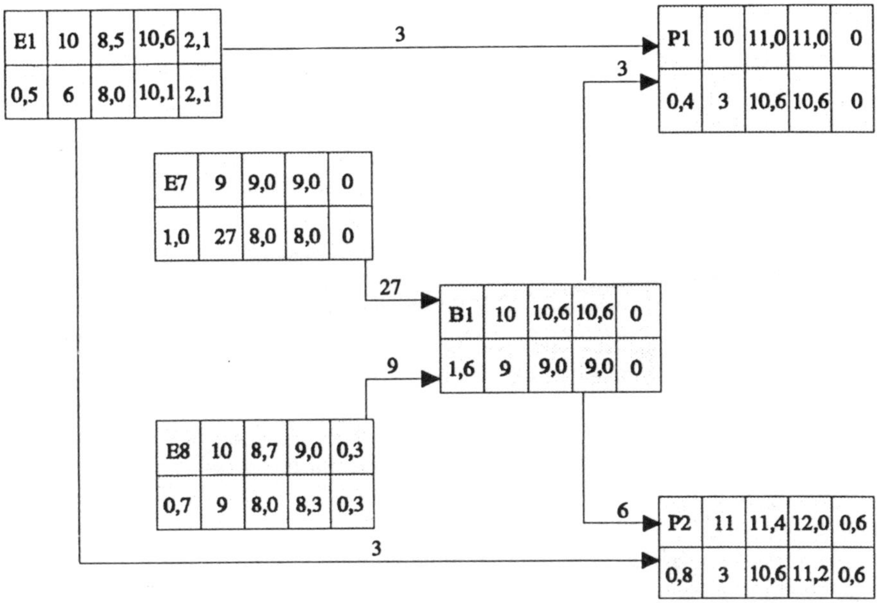

Abb. 87 Durchlaufterminierung für P1 und P2 mit der Netzplantechnik

Die Abbildung zeigt, daß die Vorgänge "Beschaffung von E7", "Produktion von B1" und "Produktion von P1" über keine Pufferzeit verfügen und damit **kritisch** sind. Eine Verzögerung auf dem kritischen Weg E7 - B1 - P1 führt unweigerlich dazu, daß der Bedarf von P1 am Ende der Periode 10 nicht mehr rechtzeitig gedeckt werden kann.

Demgegenüber haben die Vorgänge E1, E8 und P2 zeitliche Reserven, so daß z. B. das Produkt P2 noch rechtzeitig fertiggestellt werden könnte, wenn im gesamten Beschaffungs- und Produktionsprozeß eine Verzögerung von 0,6 Monaten eintreten würde.

Die in Abb. 87 wiedergegebene Durchlaufterminierung berücksichtigt jedoch keine **kapazitativen Beschränkungen**, so daß noch nicht bekannt ist, ob die Betriebsmittelgruppen (hier: BMGR 1 und 2 als Montagearbeitsplätze) die verlangten Mengen zur gewünschten Zeit überhaupt produzieren können. Es muß also in jedem auf der Sukzessivplanung basierenden PPS-System auf die Durchlaufterminierung noch eine Kapazitätsbelastungsprüfung folgen.

III. Kapazitätsabgleich

Das Verfahren der Kapazitätsüberprüfung beginnt mit der Erstellung einer **Kapazitätsbelastungsübersicht**. Falls sich dabei herausstellt, daß bestimmte Kapazitäten (Betriebsmittelgruppen) durch Überlastung zu **Engpässen** werden, sind Maßnahmen zu planen, die diese Engpässe nachträglich beseitigen, um mit diesem Kapazitätsabgleich sicherzustellen, daß das geplante Produktionsprogramm auch zeitlich und kapazitativ realisiert werden kann.

a) Kapazitätsbelastungsübersicht

Für jede Betriebsmittelgruppe (= Gruppe gleichartiger Betriebsmittel) wird eine Belastungsübersicht angelegt. In unserem Beispiel werden die Endprodukte P1 und P2 auf demselben Montagearbeitsplatz (BMGR 1) zusammengebaut, während die Baugruppe B1 an dem Vernebler- und Entkalker-Montageplatz (BMGR 2) gefertigt wird.

Für die Monate 8'96 bis 1'97 errechnet sich die Belastung von BMGR 1 aus Tab. 47 auf S. 300 und den Belegungszeiten der Tab. 58 auf S. 334 in der Zeiteinheit "Monate". Sie ist in der folgenden Abb. 88 wiedergegeben.

Abb. 89 zeigt die Belastungsübersicht für die Betriebsmittelgruppe BMGR 2, verursacht durch die Produktion der in beide Endprodukte P1 und P2 eingehenden Baugruppe B1.

An beiden Abbildungen erkennt man die extrem schwankende zeitliche Belastung der Kapazitäten. Infolge der Losgrößenermittlung werden die Bedarfe so zusammengefaßt, daß die Betriebsmittelgruppen fast in jedem zweiten Monat überhaupt nicht benutzt werden.

Durch diese ungleiche Kapazitätsauslastung ist die Gültigkeit der LP-Lösung der Produktionsprogrammplanung (vgl. S. 278 ff.) nicht mehr gewährleistet, da diese implizit davon ausgeht, daß die halbjährlich verfügbare Kapazität **gleichmäßig** auf die einzelnen Monate verteilt wird.

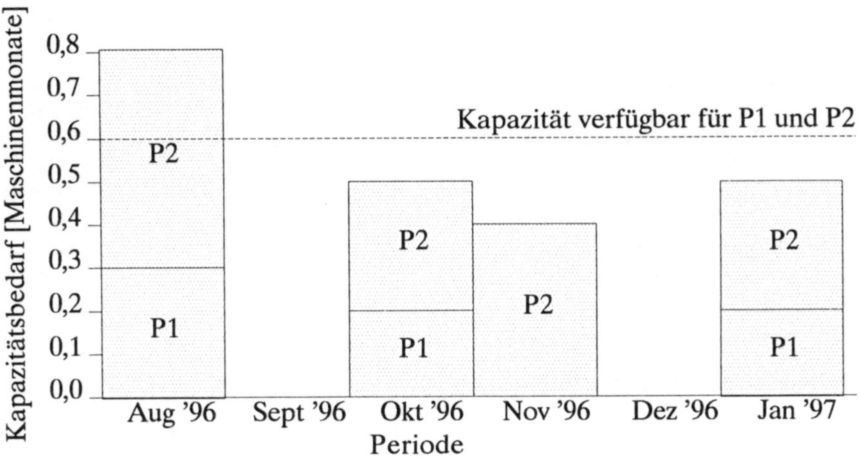

Abb. 88 Kapazitätsbelastungsübersicht der BMGR 1 für P1 und P2

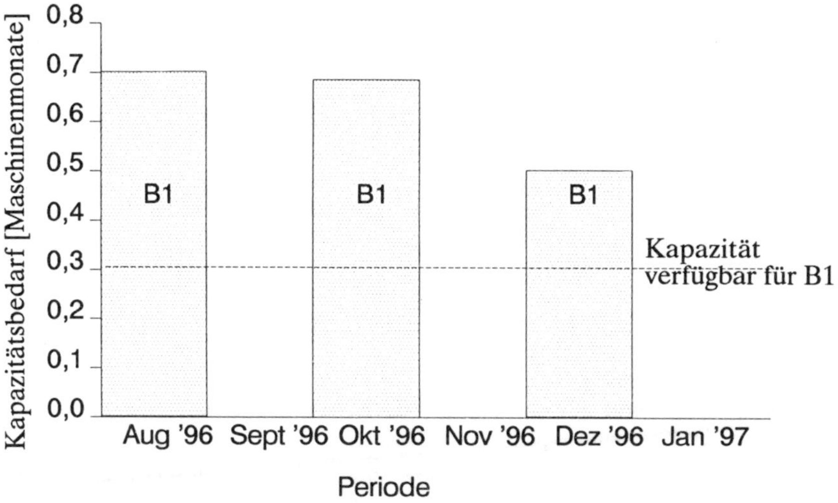

Abb. 89 Kapazitätsbelastungsübersicht der BMGR 2 für B1

So stehen z. B. in der Produktionsstufe III, die der Endmontage der Produkte entspricht[48], 1800 Stunden pro Halbjahr, d.h. 300 Stunden pro Monat oder kurz 2 Maschinenmonate zur Verfügung. Davon werden etwa 70% für die Fertigung der Produkte P3 bis P5 benötigt[49]. Für P1 und P2 sind dann noch 30% von 2 Maschinenmonaten, d. h. 0,6 Maschinenmonate verfügbar. Dies ist im Durchschnitt

48 die Stufe IV umfaßt Endkontrolle und Verpackung.

49 Die detaillierte Planung für die Produkte P3, P4 und P5 ist hier nicht im einzelnen dargestellt.

über das Halbjahr ausreichend, nicht aber im August 1996 (Periode 8), in dem 0,8 Maschinenmonate nach Abb. 88 benötigt werden. Hier tritt also schon der erste **Kapazitätsengpaß** auf, falls die Belegung der BMGR 1 mit den Produkten P3 bis P5 nicht erst im September beginnt.

Für die Betriebsmittelgruppe 2 stehen pro Halbjahr 900 Maschinenstunden (Produktionsstufe II auf S. 282), d. h. 150 Stunden oder ein **Maschinenmonat** im Durchschnitt pro Periode zur Verfügung. Davon entfallen 30% auf die Baugruppe B1, die restlichen 70% auf B2 bis B4.[50] Die Baugruppe B1 darf daher nur 0,3 Maschinenmonate im Halbjahres-Durchschnitt verbrauchen. Die Zeitplanung für B1 ist nur dann realisierbar, wenn die Baugruppen B2 bis B4 zufällig in den Monaten September, November und Januar gefertigt werden. Solch eine nahtlose Kapazitätsaufteilung ist jedoch in der Regel nicht möglich, so daß ein echter Kapazitätsabgleich nötig wird.

b) Behandlung von Kapazitätsengpässen

In unserem Beispiel ist die Betriebsmittelgruppe 2 im August 1996 um 40% überlastet, da außer der Baugruppe B1 auch die Baugruppen B2 und B3 mit insgesamt 0,7 Maschinenmonaten eingeplant werden müßten.

Da die Baugruppe B1 gemäß Abb. 87 auf S. 335 ein **kritischer Vorgang** ist, sind zunächst Möglichkeiten der Kapazitätsanpassung zu suchen, die eine Verschiebung von B1 vermeiden, da sonst die Endprodukte P1 und P2 direkt betroffen wären und nicht mehr rechtzeitig fertiggestellt werden könnten.

Maßnahmen zur kurzzeitigen Kapazitätserweiterung (ohne Investitionen) sind vor allem die schon von Gutenberg (Betriebswirtschaftslehre 1983, S. 361 ff.) vorgeschlagenen Anpassungsarten

- **intensitätsmäßige** Anpassung,
  bei der versucht wird, durch erhöhte Leistungsabgabe der Betriebsmittel und/oder Beschleunigung des Montageprozesses eine Kapazitätserhöhung zu erreichen,
- **zeitliche** Anpassung,
  die durch Überstunden, flexible Arbeitszeit (Wochenende) oder Mehrschichtbetrieb die Betriebsmittel länger nutzt,
- **quantitative** Anpassung,
  die durch Aktivieren gleichartiger, jedoch vorübergehend stillgelegter Betriebsmittel die Kapazität zu erhöhen trachtet.

Jede dieser Maßnahmen ist erfahrungsgemäß mit einer **überproportionalen** Erhöhung der **Produktionskosten** verbunden, die insbesondere aus der Intensitätssteigerung über das optimale Leistungsniveau hinaus, aus Überstunden und Wochenendarbeit sowie aus der Benutzung kostenungünstiger Betriebsmittel resultiert.

Das Unternehmen muß prüfen, ob

- die Anpassungsmaßnahmen technisch und organisatorisch durchführbar sind,
- sie den Kapazitätsengpaß der Betriebsmittelgruppe beseitigen und

[50] Die detaillierte Planung für die Baugruppen B2 bis B4 ist hier nicht im einzelnen dargestellt.

- die zusätzlichen Kosten gegenüber der verzögerten Fertigstellung aller übergeordneten Teile gerechtfertigt sind.

Fällt diese Prüfung positiv aus, so kann der Kapazitätsengpaß beseitigt werden, ohne die zeitliche Struktur des Netzplans zu ändern. Im anderen Fall bleibt nur die Möglichkeit, B1 ganz oder teilweise[51] in den September 1996 zu **verschieben**, in dem die Kapazität der BMGR 2 nicht ausgelastet ist.

Die Verschiebung eines Arbeitsganges in Folgeperioden hat normalerweise Auswirkungen auf das ganze Auftragsnetz, die sorgfältig untersucht werden müssen.

Würde z. B. der Arbeitsgang "Montage Baugruppe B1" von Periode 10 in Periode 11 verschoben, so wäre P1, da es auf dem kritischen Weg liegt (vgl. Abb. 87, S. 335), um einen Monat verspätet, erst am Ende der Periode 11 fertiggestellt. Aber auch die Herstellung von P2 verzögert sich um 0,4 Monate, da die Pufferzeit von 0,6 Monaten nicht ausreicht, um die einmonatige Verspätung von B1 auszugleichen.

In der betrieblichen Praxis ist jedoch die Zahl der Arbeitsgänge, die simultan geplant werden müssen, so groß, daß die resultierenden Netzpläne außerordentlich komplex werden und die durch Verschiebung von Arbeitsgängen erforderlichen Strukturänderungen nicht mehr manuell durchgeführt werden können.

Es sind daher computergestützte Verfahren entwickelt worden, die den Kapazitätsabgleich durchführen und in PPS-Software integriert wurden (vgl. Brankamp, Terminplanungssystem 1973 und Mertens, Integrierte Informationsverarbeitung, Bd.1., 1993). Obwohl diese Verfahren alle **heuristischer** Natur sind, haben sie - vor allem wegen der äußerst komplexen Problemstruktur - keine überzeugenden Ergebnisse geliefert.

Um den Komplexitätsgrad des Kapazitätsausgleichs herabzusetzen, benutzen einige Verfahren (z. B. CAPOSS-E) **einfache Prioritätsregeln** für die Reihenfolge der Aufträge, die um die knappe Kapazität eines Engpasses konkurrieren. Solche Prioritätsregeln können sich beziehen auf

- die **Auftragsgröße** (gemessen in Menge oder Wert),
- die **Termintreue** gegenüber bestimmten Kunden,
- die mit dem Auftrag verbundenen **Pufferzeiten**,
- den **spätesten Endtermin** des Auftrags.

Da auch diese auf Prioritätsregeln basierenden Kapazitätsabgleichsverfahren noch nicht befriedigen können, wird von Scheer (Wirtschaftsinformatik 1994, S. 242) vorgeschlagen, den (menschlichen) Disponenten stärker in die Planung einzubeziehen und das komplexe Problem auf dem Wege **dialogorientierter interaktiver** Planung, ggfs. auf der Basis eines **Simulationsmodells**, anzugehen. So kann das Programm dem Disponenten z. B. eine Kapazitätszuteilung für die konkurrierenden Aufträge am Bildschirm vorschlagen, die er auf Grund seiner vielfältigen Erfahrungen ändern kann, wobei die Konsequenzen der Änderung bezüglich des Netzplans und der Kosten durch die Simulation sichtbar werden. Auch der Einsatz von **Expertensystemen**, die das heuristische Wissen vieler Disponenten zusammenfassen, könnte bei diesem umfangreichen Problemkomplex vorteilhaft sein.

---

[51] z. B. durch Splitting des Loses

c) Das System OPT

Im letzten Abschnitt ist deutlich geworden, daß die Bedarfsauflösung und Losbildung der Materialwirtschaft in der nachfolgenden Zeit- und Kapazitätsplanung häufig durch die nachträgliche Beseitigung der Engpässe korrigiert werden muß. Eine **Simultanplanung** beider Bereiche würde diesen Nachteil nicht aufweisen, doch wurde schon daraufhin gewiesen, daß auf Grund des großen Datenvolumens moderner Industriebetriebe diese Simultanplanung in der Regel nicht effizient durchgeführt werden kann.

Das in den USA sehr bekannt gewordene System OPT (Fox, OPT 1983) versucht, diese Verbindung von Material- und Kapazitätswirtschaft planerisch herzustellen. Obwohl das angewendete Planungsverfahren bisher nicht im einzelnen veröffentlicht worden ist, lassen sich die Grundprinzipien von OPT kurz skizzieren.

- Zunächst wird auf der Basis des Primärbedarfs, der Stücklisten und der Kapazitäten ein vorläufiges **Auftragsnetz** auf Arbeitsgangebene gebildet. Dieses wird zerlegt in ein Teilnetz, dessen Arbeitsgänge **Engpaßkapazitäten** berühren, und in ein Teilnetz der "**nicht-kritischen**" Arbeitsgänge.
- Danach werden in einer **Vorwärtsterminierung** die Arbeitsgänge geplant, die die **Kapazitätsengpässe** belasten. Um Rüstzeiten an den Engpässen zu minimieren, werden hier **größere Lose** gebildet als nach den Losverfahren üblich. Arbeitsgänge, die nicht mehr eingeplant werden können, werden in die Zukunft verschoben.
- Die nicht-kritischen Arbeitsgänge werden **rückwärts terminiert**, d. h. zeitlich so nahe wie möglich an die kritischen Arbeitsgänge angeschlossen und mit **kleinen Losgrößen** versehen, um die Durchlaufzeit zu reduzieren.

Hauptproblem des OPT-Verfahrens ist die Tatsache, daß die Kapazitätsengpässe nicht von vornherein bekannt sind, sondern u. a. von der nachfolgenden Terminierung abhängen und daher im ersten Schritt des Verfahrens geschätzt werden müssen. Dadurch muß der Ablauf der Planung u. U. mehrmals wiederholt werden, ohne daß eine Konvergenz der Lösungen garantiert werden kann.

Da der mathematische Algorithmus des Systems OPT nicht veröffentlicht wurde, ist eine fundierte Beurteilung des Verfahrens nicht möglich, doch äußern sich amerikanische Anwenderfirmen im wesentlichen positiv. In Anbetracht der Tatsache, daß

- befriedigende Kapazitätsabgleich-Verfahren bisher noch nicht zur Verfügung stehen und
- die simultane Planung von Material-, Zeit- und Kapazitätswirtschaft prinzipiell betriebswirtschaftlich sinnvoll ist,

verdient die Weiterentwicklung von OPT, soweit sie der Öffentlichkeit zugänglich gemacht wird, die Beachtung der Betriebswirtschaftslehre.

Damit haben wir alle Stufen der Produktions**planung**

- Programmplanung,
- Materialbedarfsplanung und
- Zeit- und Kapazitätsplanung

eingehend analysiert und wenden uns nun der **Realisierung** der geplanten Produktion, dem "S" der PPS-Systeme, d. h. der **Produktionssteuerung** zu.

10. Kapitel: Produktionssteuerung

A. Auftragsfreigabe

I. Funktion der Auftragsfreigabe

Die Auftragsfreigabe hat die Funktion einer "Drehscheibe" zwischen der Produktions**planung** und der Produktions**steuerung**. Die geplanten Losgrößen, Bestellmengen, Fertigungsaufträge und Arbeitsgänge werden nun in die Wirklichkeit umgesetzt. Wird ein Fertigungsauftrag freigegeben, so tritt er in den Produktionsbereich, z.B. in eine Werkstatt oder ein flexibles Fertigungssystem ein, und es werden konkrete Aktivitäten zu seiner Bearbeitung angestoßen.

Die Auftragsfreigabe übernimmt von der Durchlaufterminierung und Kapazitätsplanung alle bisher ermittelten und gespeicherten Auftragsdaten, wie die Zuordnung zu Betriebsmittelgruppen, die geplante Durchlaufzeit der zugehörigen Arbeitsgänge sowie früheste/späteste Anfangs- und Endtermine.

Nun folgt als **klassische Hauptaufgabe** der Auftragsfreigabe die Prüfung, ob sämtliche benötigten **Ressourcen** zur Durchführung des Produktionsauftrags **verfügbar** sind. Diese Prüfung bezieht sich auf

- die benötigten **Einzelteile** und **Baugruppen** gemäß Arbeitsplan und Stückliste,
- die **Betriebsmittelgruppen**, die für die Durchführung der **Arbeitsgänge** vorgesehen sind,
- das erforderliche **Personal** für Bearbeitung und Transport der Produktionsaufträge und
- die zur Produktion benötigten **Informationen**, wie Arbeitspläne, NC-Programme usw..

Bei der **statischen Auftragsfreigabe** wird ein Produktionsauftrag nur dann freigegeben, wenn diese Prüfung uneingeschränkt positiv ausfällt, d.h. wenn alle benötigten Ressourcen tatsächlich am Produktionsort vorhanden sind.

Im Gegensatz dazu wird ein Auftrag bei der **dynamischen Auftragsfreigabe** schon freigegeben, wenn zwar noch nicht alle Ressourcen verfügbar sind, man aber durch Simulation der im nächsten Abschnitt zu besprechenden Feinterminierung und Maschinenbelegung **erwarten** kann, daß die Ressourcen jeweils zu **Beginn** der sie benötigenden **Arbeitsgänge** zur Verfügung stehen. Da die Produktionsaufträge verschiedener Produktionsstufen in der Regel zeitlich verknüpft sind, führt die dynamische Auftragsfreigabe zu einer früheren Freigabe übergeordneter Aufträge und soll damit zu einer Verkürzung der Durchlaufzeiten der Produkte beitragen. Allerdings erfordert sie eine **zeitgenaue** Simulation des Produktionsprozesses, um sicherzustellen, daß die Arbeitsgänge nicht aus Mangel an Ressourcen verzögert werden.

Bei beiden Varianten der Auftragsfreigabe werden **datentechnisch** aus den schon bekannten Relationen Fertigungsauftrag, Arbeitsplan, Arbeitsgang und Arbeitsgangzuordnung im Wege der Spezialisierung die entsprechenden Relationen **freigegebener** Fertigungsauftrag, Arbeitsplan usw. entwickelt, die die Verbindung zu den entsprechenden Produktionseinrichtungen (Werkstätten, Bearbeitungszentren usw.) herstellen und für die Reservierung der Ressourcen sorgen.

Die "klassische" Funktion der Auftragsfreigabe wird seit einiger Zeit nicht mehr als hinreichend empfunden. Man möchte über die Verfügbarkeitsprüfung hinaus die Auftragsfreigabe stärker als Instrument zur Steuerung der Produktion einsetzen. Dieser Auffassung werden wir uns im nächsten Abschnitt anschließen.

II. Belastungsorientierte Auftragsfreigabe

a) Unzulänglichkeiten in der klassischen Produktionssteuerung

Nachdem in den 70er Jahren in vielen Firmen computergestützte PPS-Systeme installiert worden waren, konnte man bald feststellen, daß die in sie gesetzten Erwartungen z.T. nicht erfüllt wurden. Insbesondere die Produktionssteuerung zog die Kritik auf sich (vgl. Wiendahl, Fertigungssteuerung 1987, S. 22 ff.). Es wurde nämlich festgestellt, daß viele Fertigungsaufträge lange vor den jeweiligen Betriebsmitteln warten mußten und damit ein erheblicher - und kostspieliger - Bestand an unfertigen Erzeugnissen in den Werkstätten zu beobachten war. Die dadurch stark ansteigende Durchlaufzeit der Kundenaufträge führte häufig zu Terminüberschreitungen bei der Lieferung, die die Disponenten zu einem Verhalten veranlaßten, das als "**Fehlerkreis der Fertigungssteuerung**" (Kettner/Jendralski, Fertigungssteuerung 1979, S. 410 ff.) bekannt geworden ist:

Infolge der **Terminüberschreitungen** werden

- die geplanten **Durchlaufzeiten erhöht**,
- die **Aufträge früher** freigegeben,
- die **Warteschlangen** vor den Betriebsmitteln dadurch **länger**,
- die **tatsächlichen** Durchlaufzeiten **größer** und demzufolge
- die **Termine häufiger überschritten**.

Dieses System tendiert also dazu, seine Situation selbsttätig zu verschlechtern, wenn es nicht an einer Stelle extern aufgebrochen wird.

Hier setzen **Bechte**, **Kettner** und **Wiendahl** mit ihrem Vorschlag an, bei der Auftragsfreigabe nicht nur auf die Verfügbarkeit von Material, Personal und Betriebsmitteln zu achten, sondern auch auf die **Belastung** der Betriebsmittel durch andere Aufträge. Ein Auftrag sollte nur dann für die Werkstatt freigegeben werden, wenn er dort auch bearbeitet werden kann und nicht nur die Bestände vor den Betriebsmitteln vergrößert.

Diese Auftragsbestände lassen sich durch die Auftragsfreigabe steuern, mit dem Ziel der Reduzierung von Auftragsdurchlaufzeiten und Terminüberschreitungen. Dies ist das Prinzip der **belastungsorientierten Auftragsfreigabe**, die von Bechte, Kettner und Wiendahl entwickelt wurde (Bechte, Auftragsfreigabe 1980; Kettner/Bechte, Fertigungssteuerung 1981; Wiendahl, Fertigungssteuerung 1987), und deren Elemente nun analysiert werden. Ein ähnliches Verfahren wurde von Adam entwickelt (Adam, Produktionsdurchführungsplanung 1990, S. 822 ff.).

b) Das Trichtermodell

Man kann sich eine Werkstatt oder ein Bearbeitungszentrum oder ganz allgemein eine Betriebsmittelgruppe als einen **Trichter** vorstellen, in den die ankommenden Produktionsaufträge (gemessen mit ihrem Inhalt an Arbeits- bzw. Maschinenstunden) hineinfließen, als Bestand vor der Bearbeitung warten und nach der Bearbeitung als abgefertigte Aufträge die Betriebsmittelgruppe verlassen, wie Abb. 90 zeigt.

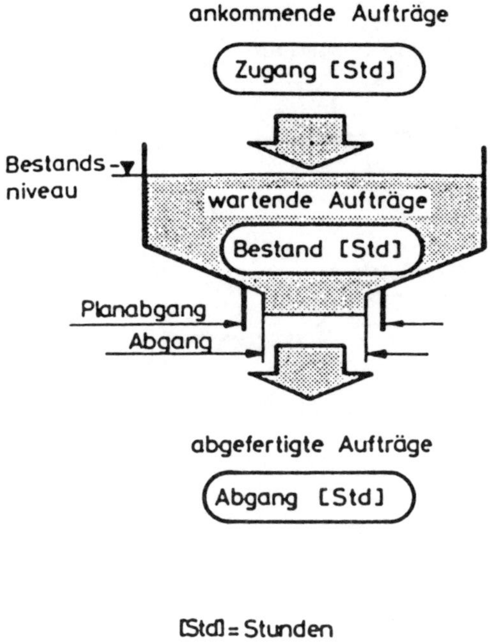

Abb. 90 Trichtermodell einer Betriebsmittelgruppe
Quelle: Wiendahl, Fertigungssteuerung 1988, S. 63

Unter der Voraussetzung, daß die Kapazität der Produktionsanlagen kurzfristig nicht verändert werden kann, läßt sich der Bestand an wartenden Aufträgen nur über den **Zugang**, d.h. durch die Auftragsfreigabe steuern.

Dazu ist es zweckmäßig, die Zusammenhänge zwischen Zugang, Abgang, Bestand und Durchlaufzeit in einem Zeitdiagramm zu veranschaulichen.

Der Arbeitsinhalt (in Std.) der zu- und abfließenden Aufträge wird in Abb. 91 **kumuliert** gegenüber der Zeit in Arbeitstagen [AT] aufgetragen. Dann gibt der **vertikale** Abstand zwischen der Zugangs- und Abgangskurve den jeweiligen **Bestand** (in Std.) an, während der **horizontale** Abstand zwischen den beiden Kurven der **Durchlaufzeit** (in AT) entspricht, sofern die Reihenfolge der Aufträge nicht verändert wird (sog. first-come-first-serve-Regel).

Der in der "Trichter-Formel" enthaltene Quotient ABG/UZ (= Abgang pro Arbeitstag) ist eine auf den Arbeitstag bezogene **Leistungsgröße**. Dividiert man den mittleren Bestand durch die tägliche Leistung, erhält man in der Tat die mittlere Durchlaufzeit in Arbeitstagen. Die Formel zeigt, daß bei gleicher Leistung die mittlere Durchlaufzeit dem mittleren Bestand proportional ist. Durch die Steuerung des Bestandes über die Auftragsfreigabe läßt sich also die Durchlaufzeit der Aufträge beeinflussen. Mit welchen Entscheidungsparametern Bechte, Kettner und Wiendahl dies bewerkstelligen wollen, wird im nächsten Unterabschnitt dargelegt.

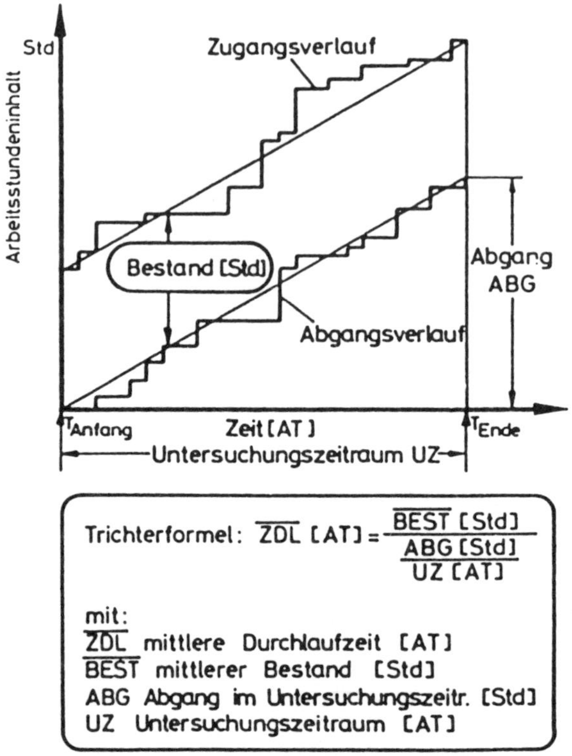

Abb. 91 Zeitlicher Zusammenhang der Größen des Trichtermodells
Quelle: Wiendahl, Fertigungssteuerung 1988, S. 63

c) Die Bestimmung der Kapazitätsbelastung

Das Vorgehen der belastungsorientierten Auftragsfreigabe vollzieht sich in drei Schritten:

- Festlegung der **dringlichen** Aufträge,
- Bestimmung der **Kapazitätsbelastung**,
- **Freigabe** der Aufträge.

Der erste Schritt gehört eigentlich noch zur Durchlaufterminierung. Ausgehend vom spätesten Endtermin eines Auftrags wird durch Subtraktion der geplanten Durchlaufzeit der **Starttermin** des Auftrags errechnet. Nur solche Aufträge gelten als **dringlich**, deren Starttermin in die Planungsperiode fällt.

Im zweiten Schritt des Verfahrens, bei der Bestimmung der Kapazitätsbelastung, werden die wichtigen Entscheidungsparameter **Belastungsschranke** und **Einlastungsprozentsatz** zugrunde gelegt, deren Definition aus Abb. 92 hervorgeht.

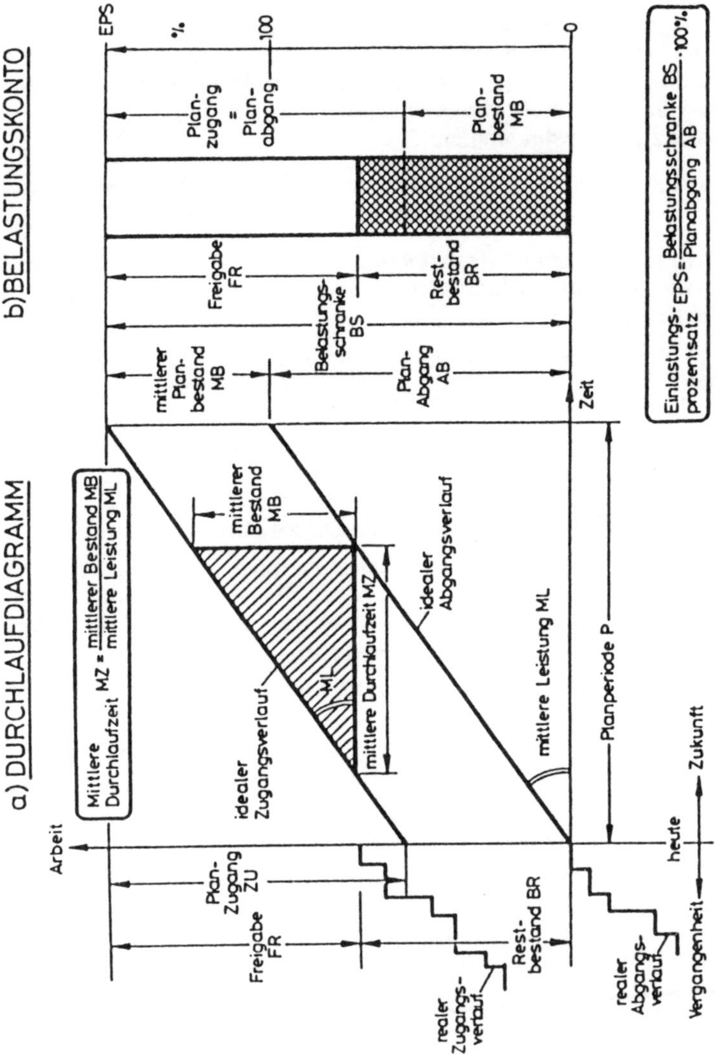

Abb. 92 Belastungsschranke und Einlastungsprozentsatz
Quelle: Wiendahl, Fertigungssteuerung 1988, S. 76

Die linke Seite der Abb. 92 zeigt aus Gründen der Übersichtlichkeit "idealisierte" lineare Zugangs- und Abgangskurven, entspricht aber im übrigen Abb. 91 auf S. 344.

Die Kapazität der gezeigten Betriebsmittelgruppe während der Planperiode entspricht dem **Planabgang** AB (= mittlere Leistung pro Arbeitstag · Arbeitstage pro Planperiode). Da man jedoch nicht von vornherein weiß, ob eine Betriebsmittelgruppe einen Kapazitätsengpaß darstellt, sollte man nach Wiendahl **mehr** Aufträge einlasten als der Kapazität entspricht, um sicher zu gehen, daß die Betriebsmittelgruppe nicht irgendeinmal ohne Aufträge leerläuft. Als Folge ergibt sich dann ein "gewollter" **mittlerer** Bestand vor der Bearbeitung in Höhe von MB, mit dessen Hilfe das System gesteuert werden kann. Die Summe aus Kapazität und Bestand ist die sog. **Belastungsschranke**, bis zu deren Erfüllung Aufträge freigegeben und **eingelastet** werden:

Belastungsschranke BS	=	geplanter Auftragsabgang AB in der Planperiode
	+	geplanter mittlerer Bestand MB

Um einen Prozentsatz der Kapazitätseinlastung als Steuerungsparameter zu erhalten, wird die Belastungsschranke auf die Kapazität (= Auftragsabgang AB in der Planperiode) bezogen:

$$\text{Einlastungsprozentsatz} = \frac{\text{Belastungsschranke(BS)} \cdot 100}{\text{geplanterAuftragsabgang(AB)}}$$

Legt man z.B. eine Kapazität von 200 Arbeitsstunden in der Planperiode zugrunde und strebt einen mittleren Auftragsbestand vor der Betriebsmittelgruppe von 50 Arbeitsstunden an, so kann man Aufträge bis zur Belastungsschranke von 250 Arbeitsstunden einlasten. Der Einlastungsprozentsatz beträgt dann 125%.

Nach Festlegung des gewünschten Einlastungsprozentsatzes ist nun im dritten Schritt über die Freigabe der Aufträge zu entscheiden. Dazu muß bekannt sein, welche Betriebsmittel ein bestimmter Auftrag **während** der **Planperiode** durchläuft, damit er dort eingelastet werden kann.

Die durchlaufenen Betriebsmittel sind aber **abhängig** vom Einlastungsprozentsatz, wie sich folgendermaßen zeigen läßt:

Nimmt man z.B. einen Einlastungsprozentsatz von 100% für alle Betriebsmittel an, d.h. keine Kapazitätsüberlastung, so ist damit zu rechnen, daß ein Auftrag die in der Planperiode vorgesehenen Betriebsmittel entsprechend seiner geplanten Durchlaufzeit erreicht und die volle Kapazität beansprucht.

Beträgt der Einlastungsprozentsatz jedoch z. B. 200%, so wartet vor jeder Produktionsanlage ein mittlerer Bestand pro Periode, der genauso groß wie die Kapazität ist. Die Wahrscheinlichkeit, daß ein Auftrag eine Produktionsanlage belastet, ist jetzt nur noch 50%, da im Durchschnitt jeder zweite Auftrag warten muß. Damit braucht der Auftrag auch nur zu 50% eingelastet zu werden, was der "**erwarteten**" Kapazitätsbelastung entspricht.

Betrachtet man nun die Betriebsmittel, die ein Auftrag hintereinander in der Folge seiner Arbeitsgänge durchlaufen muß, im statistischen Sinne als unabhängig voneinander, so läßt sich die **Wahrscheinlichkeitsüberlegung** verallgemeinern:

Das erste Betriebsmittel wird nach erfolgter Auftragsfreigabe **sicher** erreicht, also beansprucht der Auftrag die Kapazität mit seinem **vollen Arbeitsinhalt**. Das zweite Betriebsmittel wird mit einer Wahrscheinlichkeit von 0,5 erreicht, das dritte nur dann, wenn das zweite in der Planperiode durchlaufen wurde (Wahrscheinlichkeit = 0,5), **und** der Auftrag beim dritten Betriebsmittel zum Zuge kommt (Wahrscheinlichkeit = 0,5), d.h. also insgesamt mit einer Wahrscheinlichkeit von $0{,}5 \cdot 0{,}5 = 0{,}25$.

Damit ergibt sich die Wahrscheinlichkeit, daß ein Auftrag auf dem n-ten aufeinanderfolgenden Betriebsmittel während der Planperiode bearbeitet wird, zu $0{,}5^{(n-1)}$.

Für einen beliebigen Einlastungsprozentsatz kann man nun den **erwarteten** Kapazitätsbedarf des Betriebsmittels j für den Auftrag i angeben.

$$\text{Kapazitätsbedarf}_{ij} = \text{Durchlaufzeit}_{ij} \cdot \frac{1}{\left(\frac{\text{Einlastungsprozentsatz}}{100}\right)^{j-1}}$$

Nach diesem Verfahren wird nun die erforderliche Kapazität für jeden Auftrag ermittelt. Die Auftragsfreigabe erfolgt dann nach der Regel:

Ein Auftrag wird freigegeben, wenn sein erwarteter Kapazitätsbedarf bei keinem Betriebsmittel die Belastungsschranke während der Planperiode überschreitet.

Der reziproke Einlastungsprozentsatz wird also zur Abwertung des Kapazitätsbedarfs eines Auftrags auf den folgenden Betriebsmittelgruppen verwendet und ist daher **der** Steuerungsparameter der Auftragsfreigabe schlechthin.

d) Kritische Würdigung des Ansatzes

Die belastungsorientierte Auftragsfreigabe stellt zweifellos einen Fortschritt in der modernen Produktionsplanung und -steuerung dar. Sie belegt durch empirische Befunde die Unzulänglichkeit klassischer PPS-Systeme für die Steuerung des Werkstattbestandes und entwickelt einen eigenen Ansatz, die Durchlaufzeit der Aufträge durch geeignete Steuerung dieses Bestandes zu verkürzen.

Der **Hauptvorteil** des Verfahrens ist die **heuristische** Vorgehensweise, nur solche Aufträge freizugeben, die eine realistische Chance haben, während der Planperiode auch bearbeitet zu werden.

Weiterhin ist die Steuerung mit nur zwei zusammenhängenden Parametern (Belastungsschranke und Einlastungsprozentsatz) und die einfache Berechnung des "wahrscheinlichen" Kapazitätsbedarfs für die EDV-technische Umsetzung des Verfahrens und damit für die Implementierung in bestehende PPS-Systeme sehr vorteilhaft, so daß es nicht überraschend ist, daß die belastungsorientierte Auftragsfreigabe in moderne PPS-Software (z.B. System R/3 von SAP) Eingang gefunden hat.

Vom betriebswirtschaftlichen Standpunkt muß aber darauf hingewiesen werden, daß die durch das Verfahren angestrebte Reduzierung der Werkstattbestände nur dann zu einer effektiven **Verminderung** der **Kapitalbindung** führt, wenn für die nicht freigegebenen Aufträge auch noch keine Ressourcen bereitstehen. Über diese wird aber bereits in der Materialbedarfsplanung (Losgrößen und Bestellmengen) entschieden, so daß entsprechende Beschaffungsaufträge schon ausgelöst sein können. Daher ist eine **stärkere Verzahnung** der Auftragsfreigabe mit den vorangehenden PPS-Stufen geboten.

Ein Kritikpunkt am Verfahren ergibt sich aus der fehlenden Betrachtung von **Engpaßbetriebsmitteln**. Wie wir auf S. 363 ff. sehen werden, ist es günstiger, unterschiedliche Belastungsschranken für Engpaß- und Nicht-Engpaß-Betriebsmittel zu verwenden und auch die Berechnung des Kapazitätsbedarfs zu modifizieren. Diese **engpaßorientierte Auftragsfreigabe** zeigt aber erst ihre volle Wirkung, wenn sie mit der nächsten PPS-Stufe "Maschinenbelegung" **integrativ** verknüpft wird (vgl. Hansmann/Kleeberg, Job Shop Scheduling 1989), der wir uns nun zuwenden.

B. Feinterminierung und Maschinenbelegung

I. Ablaufplanerische Zielkonflikte in der Produktionssteuerung

a) Die einzelnen Zielgrößen

Für die Produktionssteuerung sehen wir das Produktionsprogramm nach Art und Menge und die Größe der Fertigungsaufträge als fest vorgegeben an. Unter diesen Voraussetzungen ist folgende globale Zielsetzung sinnvoll:

> Kostenminimale Ausführung der Fertigungsaufträge unter Beachtung vorgegebener Fertigstellungstermine.

Diese Zielfunktion erweist sich in der Praxis häufig als nicht genügend **operational**, da die genauen Einflüsse unterschiedlicher Ablaufpläne auf die Kosten des Produktionsvollzugs nicht immer erfaßbar sind. Daher wurden für die Produktionssteuerung operationale Ersatzziele entwickelt, die als Näherungen für das globale Ziel gelten können und die im folgenden erörtert werden.

1. Minimierung der Durchlaufzeit aller Aufträge

Diese Zielsetzung beruht auf der Überlegung, daß die in den Produkten steckenden Kosten möglichst schnell durch Verkaufserlöse wieder hereingeholt werden sollen. Je kürzer die Durchlaufzeit der Aufträge ausfällt, um so schneller kann der Erlöseingang erwartet werden. Insbesondere die **Kapitalbindungskosten** können also durch die Minimierung der Durchlaufzeit vermindert werden. Die **Durchlaufzeit** eines Auftrages ist definiert als die

> Summe aller Produktions-, Transport- und Wartezeiten auf allen Produktionsstufen.

Im allgemeinen werden die Produktions- und Transportzeiten als technisch determiniert und damit vorgegeben unterstellt, so daß die Minimierung der Wartezeiten vor den einzelnen Maschinen das eigentliche Problem darstellt. Man muß dabei jedoch beachten, daß eine minimale Wartezeit nicht immer minimale Lagerkosten bedeutet, da der Lagerkostensatz pro Auftrag und Produktionsstufe unterschiedlich ist.

2. Minimierung der Zykluszeit

Diese Zielsetzung kommt in der angloamerikanischen Literatur häufig vor (z.B. Conway/Maxwell/Miller, Scheduling 1967) und ist darauf ausgerichtet, den Auftragsbestand **en bloc** möglichst schnell durchlaufen zu lassen. Die **Zykluszeit** ist nur definiert für den Fall, daß alle Aufträge gleichzeitig bereitstehen, als die

> Zeit zwischen dem Eintreffen der Aufträge und der Beendigung des letzten Arbeitsganges am gesamten Auftragsbestand (Seelbach, Ablaufplanung 1975, S. 15).

Anders ausgedrückt: Die Zykluszeit ist gleich der längsten Durchlaufzeit eines Auftrages. Ihre Minimierung soll ebenfalls die Kapitalbindungskosten senken.

3. Minimierung ablaufbedingter Maschinenstillstandszeiten

Die **Belegungszeit** einer Maschine (Produktionsanlage) ist die

Summe aller Produktions-, Rüst- und Stillstandszeiten.

Da die Produktionszeiten fest vorgegeben sind und die Rüstzeiten höchstens von der Bearbeitungsreihenfolge abhängen können, minimieren kleinstmögliche Stillstandszeiten auch die Belegungszeit der Maschine. Ist dieses Ziel ökonomisch sinnvoll?

Falls genügend Kapazität auf allen Produktionsstufen vorhanden ist, um die vorgegebenen Liefertermine einhalten zu können, sind Stillstandszeiten grundsätzlich **irrelevant**, da durch ihre Vermeidung keine zusätzlichen Erlöse entstehen und die fixen Kosten der Produktionsanlagen durch die Produktionssteuerung nicht beeinflußt werden können. Nur wenn die Maschinen während einer **Leerzeit** nicht abgeschaltet werden, verursachen sie vermeidbare **Leerkosten**, die zu minimieren wären.

Besteht hingegen auf einer Produktionsstufe ein **Kapazitätsengpaß**, würde jede Stillstandszeit zur Lieferverzögerung mit Erlösentgang führen, so daß eine Minimierung der Stillstandszeiten des **Engpasses** dann eine durchaus sinnvolle ökonomische Zielsetzung ist.

4. Einhaltung der Ablieferungstermine

Dieses Ziel ist manchmal nur erreichbar, wenn kostenungünstige Änderungen im Ablaufplan oder bei der intensitätsmäßigen Anpassung der Maschinen durchgeführt werden. Wegen seiner hohen Bedeutung in der betrieblichen Praxis wird dieses Ziel häufig auch als strikte Nebenbedingung formuliert.

b) Das Dilemma der Produktionssteuerung

Die vier erörterten ablaufplanerischen Ziele können gegenläufig wirken und damit einen Zielkonflikt auslösen. Gutenberg erkannte diesen Zielkonflikt zwischen den Zielen Minimierung der Durchlaufzeit und Minimierung der Maschinenstillstandszeit und gab ihm den Namen **„Dilemma der Ablaufplanung“** (Gutenberg, Betriebswirtschaftslehre 1983, S. 216).

Wir wollen den Zielkonflikt an einem einfachen **Beispiel** demonstrieren.

Drei gleichzeitig freigegebene Aufträge (A, B, C) werden an vier Maschinen (1, 2, 3, 4) bearbeitet. Die technisch vorgegebene Reihenfolge der Maschinen, die als Produktionsstufen aufzufassen sind, ist $1 \rightarrow 2 \rightarrow 3 \rightarrow 4$ (im engl. Sprachgebrauch "identical routing" genannt). Weiter wird vorausgesetzt, daß die Reihenfolge der Aufträge bei allen Maschinen gleich sein muß.

Für diese Planungssituation gibt es $3! = 6$ mögliche Reihenfolgen. Die Produktionszeiten auf den einzelnen Maschinen (in Tagen) sind aus Tab. 59 zu ersehen.

Mit Hilfe des Balkendiagramms von **Gantt** kann man die Ablaufplanung graphisch darstellen. Abb. 93 zeigt den Ablaufplan bei Minimierung der Gesamtdurchlaufzeit der Aufträge.

Tab. 59 Bearbeitungszeiten der Aufträge auf den einzelnen Maschinen (in Tagen)

Maschine \ Auftrag	A	B	C
1	1	2	1
2	2	1	1
3	3	2	3
4	2	1	2
Σ	6	6	7

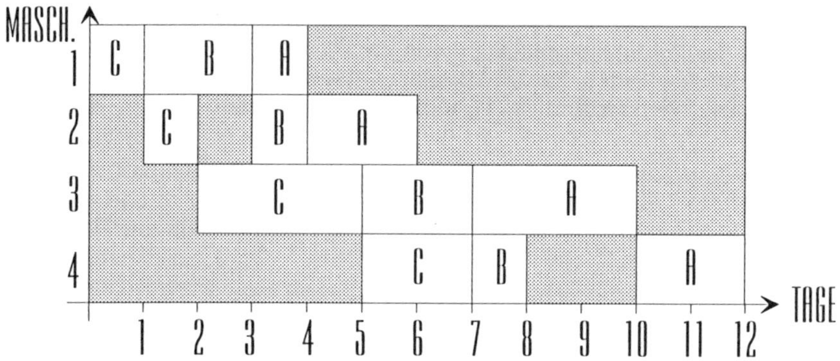

Abb. 93 Ablaufplan bei Minimierung der Gesamtdurchlaufzeit

Die Gesamtdurchlaufzeit beträgt 27 Tage, die gesamte Maschinenstillstandszeit 27 Tage. Die optimale Reihenfolge der Aufträge lautet C - B - A.

Minimiert man die gesamte Maschinenstillstandszeit, so ergibt sich der Ablaufplan von Abb. 94.

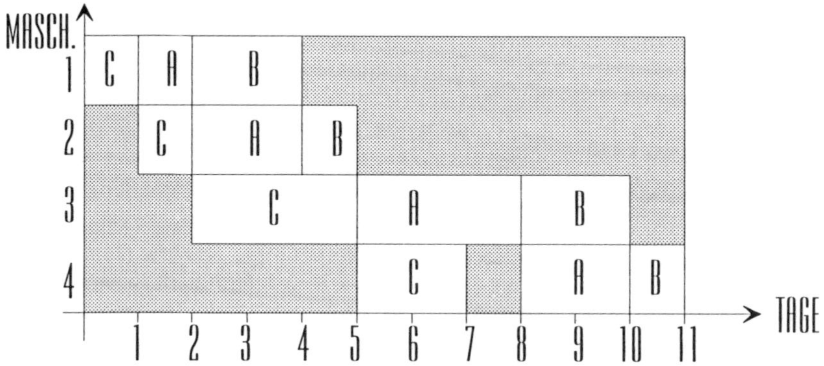

Abb. 94 Ablaufplan bei Minimierung der gesamten Maschinenstillstandszeit

Die Gesamtdurchlaufzeit der Aufträge beträgt nun 28 Tage, die Maschinenstillstandszeit 23 Tage. Die optimale Reihenfolge der Aufträge lautet C - A - B.

Die beiden unterstellten ablaufplanerischen Zielsetzungen haben also in diesem Beispiel zu verschiedenen Reihenfolgen mit unterschiedlichen Durchlauf- und

Stillstandszeiten geführt. Damit wurde gezeigt, daß Zielkonflikte in der Produktionssteuerung möglich sind.

II. Reihenfolgebildung der Produktionsaufträge

Durch die unterschiedlichen ablaufplanerischen Zielsetzungen müssen die in der Materialwirtschaft gebildeten Produktionsaufträge (Lose) einer Revision unterzogen werden, um zu prüfen, ob sie den Zielen der Produktionssteuerung entsprechen.

Strebt der Industriebetrieb **minimale Durchlaufzeiten** der Aufträge an, so kann es günstig sein, die in der Materialwirtschaft gebildeten Lose aufzuspalten und Teillose parallel auf verschiedenen Betriebsmitteln zu fertigen (**Lossplitting**).

Damit werden die Aufträge in eine neue Reihenfolge gebracht, die auch als **Arbeitsgangsequenz** oder kurz **Sequenz** bezeichnet wird.

Eine Sequenz entsteht auch durch **Raffung** der Lose für einen Arbeitsgang, d.h. durch Zusammenfassung mehrerer Lose und ihre einheitliche Fertigung auf einem Betriebsmittel. Diese Maßnahme kann zweckmäßig sein, wenn Rüstkosten gespart werden sollen oder das Ziel **Minimierung** von **Stillstandszeiten** angestrebt wird. Eine Raffung führt aber häufig zu einer verfrühten Fertigstellung mancher Arbeitsgänge mit höherer Wartezeit vor den folgenden Produktionsstufen und damit höherer Durchlaufzeit. Hier wird das "Dilemma der Ablaufplanung" erneut deutlich.

Die **Sequenz** wird als neuer Entitytyp geführt und besteht aus einer **Reihenfolge** von **Arbeitsgängen**, die ohne Rüstunterbrechung gefertigt werden können (Scheer, Wirtschaftsinformatik 1994, S. 297). Sie tritt zu dem Entitytyp "freigegebene Auftragsarbeitsgangzuordnung" in eine n:m - Beziehung, da sie mehrere Arbeitsgänge mehrerer Aufträge enthalten kann, ein Arbeitsgang aber auch in mehreren Sequenzen vorkommen kann.

Die neu gebildeten Sequenzen, die wir aus Gründen der Kontinuität wieder Produktionsaufträge nennen, sind nun den einzelnen Betriebsmittelgruppen terminlich so zuzuordnen, daß die Ziele der Produktionssteuerung möglichst gut erfüllt werden.

III. Die Maschinenbelegung

Das Grundproblem der Maschinenbelegung ist die terminliche Zuordnung von n Produktionsaufträgen zu m aufeinanderfolgenden Betriebsmittelgruppen, die die zugehörigen Arbeitsgänge durchführen. Dies bedeutet, daß $(n!)^m$ mögliche Reihenfolgen zu analysieren sind, um eine zielangemessene Maschinenbelegung zu finden. Es liegt auf der Hand, daß bei realistischen Größenordnungen von n und m kein Verfahren der kombinatorischen Optimierung, wie z. B. Branch and Bound, in der Lage ist, die numerische Optimallösung zu finden.

Bei der praktischen Produktionssteuerung der Industriebetriebe werden daher einfache **Prioritätsregeln** benutzt, um die Reihenfolge der Aufträge zur Produktion auf den einzelnen Betriebsmittelgruppen festzulegen.

a) Die wichtigsten Prioritätsregeln

Folgende Prioritätsregeln werden in der Industrie am häufigsten angewendet:

1. Kürzeste Operationszeit (engl. **s**hortest **p**rocessing **t**ime / SPT-Regel)

Der Auftrag mit der kürzesten Bearbeitungszeit (= Operationszeit) auf der jeweiligen Betriebsmittelgruppe wird als erster dort bearbeitet. Entsprechend werden die übrigen Aufträge angeordnet.
2. Längste Operationszeit (engl. **l**ongest **p**rocessing **t**ime / LPT-Regel)
3. Längste Wartezeit (**f**irst **c**ome, **f**irst **s**erved / FCFS-Regel)
   Der Auftrag mit der längsten Wartezeit wird als erster bearbeitet.
4. Kürzester Fertigstellungstermin (engl. **e**arliest **d**ue **d**ate / EDD-Regel)
5. Kleinste Schlupfzeit (engl. smallest **slack** / SLACK-Regel)
   Der Auftrag mit der kleinsten Differenz zwischen der Zeit bis zum vorgegebenen Fertigstellungstermin und der Summe der Bearbeitungszeiten aller noch nicht abgeschlossenen Operationen wird als erster bearbeitet.
6. Größte (engl. **m**ost **work** **r**emaining / MWKR-Regel) bzw. kleinste Summe der noch ausstehenden Bearbeitungszeiten (engl. **l**east **work** **r**emaining / LWKR-Regel)
7. Größte Gesamtbearbeitungszeit eines Auftrages (engl. **t**otal **work** / TWORK-Regel)
8. Geringste Umrüstkosten (engl. **s**mallest **s**et-up **c**osts / SSC-Regel)

Alle Prioritätsregeln sind heuristisch aus **einzelnen** Zielen der Ablaufplanung (Minimierung der Durchlauf-, Zyklus- oder Stillstandszeit sowie der Terminüberschreitung) abgeleitet und erfüllen dementsprechend die übrigen Ziele unterschiedlich gut.

Da es jedoch kein **analytisches** Verfahren gibt, um die Güte einer Prioritätsregel zu beurteilen, bleiben zwei Möglichkeiten des Vorgehens:

- Anwendung einer gewichteten Kombination verschiedener Prioritätsregeln,
- Gütetest einiger Prioritätsregeln mit Hilfe der Simulation.

Die erste Möglichkeit wird bei Anwender-Software, z. B. im IBM-CAPOSS-E System (Mertens, Informationsverarbeitung 1993, Bd.1, S. 171 ff.) realisiert. Dabei muß jedoch das Problem der geeigneten Wahl der Gewichte gelöst werden. Darüber hinaus ist nicht sicher, ob die benutzte **lineare** Kombination der Gewichte problemangemessen ist.

Wir wollen im folgenden auf die zweite Möglichkeit näher eingehen und in einer Simulation einige Prioritätsregeln daraufhin testen, wie sie die Ziele der Produktionssteuerung erfüllen.

b) Anwendungsbeispiel

Der bisher im Buch zugrundegelegte Produktionsprozeß von „Luftbefeuchtungssystemen“ ist als Beispiel für die Maschinenbelegung weniger geeignet, da hier die Reihenfolge der zu durchlaufenden Produktionsstufen technisch determiniert und für alle Fertigungsaufträge gleich ist. Somit sind die Freiheitsgrade der Ablaufplanung erheblich eingeschränkt. Im folgenden soll deshalb ein anderes Beispiel verwendet werden, das unterschiedliche Maschinenfolgen für die einzelnen Aufträge enthält. Eine solcher Produktionsprozeß ist z.B. typisch für den Maschinenbau, bei dem die Fertigungsaufträge in verschiedenen Werkstätten bearbeitet werden.

Das vorliegende Maschinenbelegungsproblem (vgl. Fischer/Thompson 1963) besteht aus 6 Aufträgen, die auf 6 Produktionsstufen zu bearbeiten sind. Die Maschinenfolge und die Bearbeitungszeiten der freigegebenen Aufträge sind wie folgt verteilt:

Tab. 60 Reihenfolge der von den Aufträgen zu durchlaufenden Maschinen

Auftrag	Maschinenfolge (M)					
A	M3	M1	M2	M4	M6	M5
B	M2	M3	M5	M6	M1	M4
C	M3	M4	M6	M1	M2	M5
D	M2	M1	M3	M4	M5	M6
E	M3	M2	M5	M6	M1	M4
F	M2	M4	M6	M1	M5	M3

Tab. 61 Bearbeitungszeiten in ZE

Auftrag	Produktionsstufe					
	M1	M2	M3	M4	M5	M6
A	3	6	1	7	6	3
B	10	8	5	4	10	10
C	9	1	5	4	7	8
D	5	5	5	3	8	9
E	3	3	9	1	5	4
F	10	3	3	3	4	9

Auf der Grundlage dieser Daten sollen die in der Praxis häufig angewandten Heuristiken

- „Kürzeste Operationszeit" (SPT-Regel)
- „Längste Wartezeit" (FCFS-Regel)

veranschaulicht werden.

Bei der Anwendung der **SPT-Regel**, die sich aus der Zielgröße „Minimierung der mittleren Durchlaufzeit" ableitet, ergibt sich folgende Belegung der Produktionsstufen:

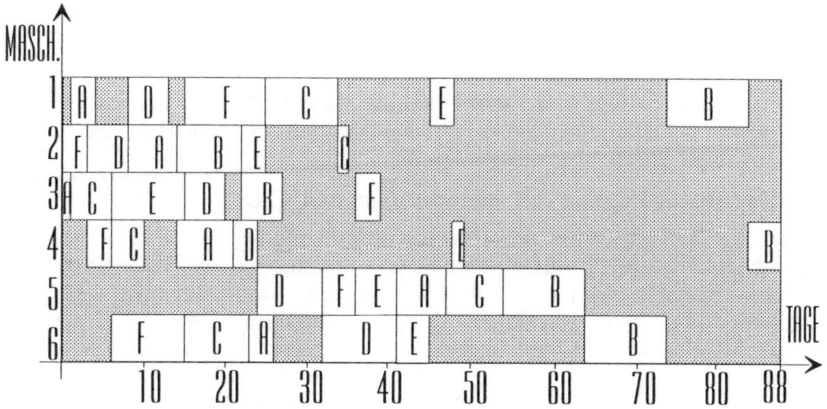

Abb. 95 Gantt-Daigramm bei Anwendung der SPT-Regel

Der mit Hilfe der SPT-Regel erzeugte Maschinenbelegungsplan ist gekennzeichnet durch eine

Mittlere Durchlaufzeit pro Auftrag	von	53,00 ZE
Zykluszeit	von	88,00 ZE
Mittlere Maschinenstillstandszeit	von	54,83 ZE (▩).

Verwendet man dagegen die **FCFS-Regel**, so ergibt sich das folgende **Gantt-Diagramm**.

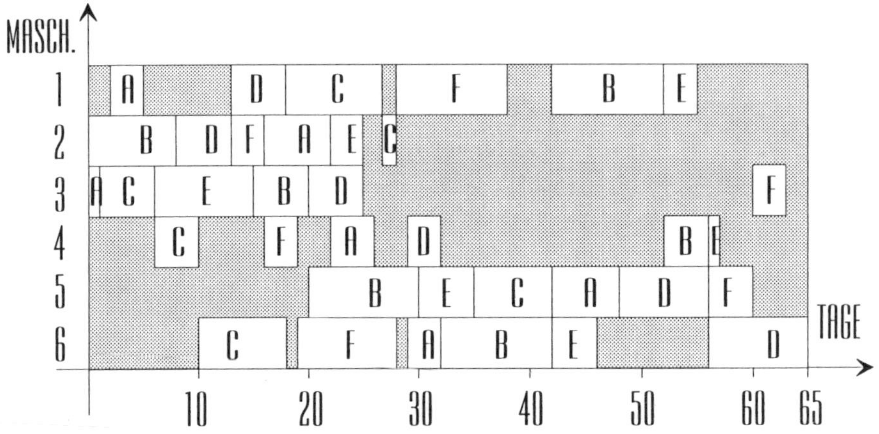

Abb. 96 Gantt-Diagramm bei Anwendung der FCFS-Regel

Die FCFS-Regel führt zu folgenden Ergebnissen:

Mittlere Durchlaufzeit pro Auftrag	von	55,16 ZE
Zykluszeit	von	65,00 ZE
Mittlere Maschinenstillstandszeit	von	31,83 ZE (▩).

Der direkte Vergleich zwischen den beiden Proritätsregeln zeigt, daß in diesem Beispiel die SPT-Regel eine etwas niedrigere mittlere Durchlaufzeit pro Auftrag erreicht. Auf der anderen Seite erfüllt die FCFS-Regel die beiden anderen Zielgrößen deutlich besser als die SPT-Regel, so daß auch in diesem Beispiel das **Dilemma der Ablaufplanung** deutlich wird. Die Zielsetzung Termineinhaltung wurde hier nicht beachtet, da die Termine in diesem Beispiel nur willkürlich hätten festgesetzt werden können und somit keine Aussagen erlaubt gewesen wären.

c) Maschinenbelegung mit Akzeptanzalgorithmen

Aus dem o.a. Beispiel wird das Praxisproblem deutlich, eine allgemeingültige Prioritätsregel für die Produktionssteuerung festzulegen. Darüber hinaus haben zahlreiche Simulationsuntersuchungen gezeigt, daß die mit Hilfe von Prioritätsregelverfahren erzeugten Maschinenbelegungspläne z.T. erheblich verbessert werden können. Im folgenden soll deshalb ein neues Verfahren zur Ablaufplanung vorgestellt werden (vgl. Hansmann/Höck, Production Control 1996), das auf dem Einsatz von **Akzeptanzalgorithmen** beruht. Das Grundprinzip der Akzeptanzalgorithmen stammt aus der Physik und wurde erstmals Mitte der 80´er Jahre auf betriebswirtschaftliche Problemstellungen übertragen (vgl. Kirkpatrik/Gelatt/Vecchi, Optimization 1983; Cerney, Thermodynamical Approach 1985). In Abbildung 97 ist der generelle Ablauf der Akzeptanzalgorithmen dargestellt.

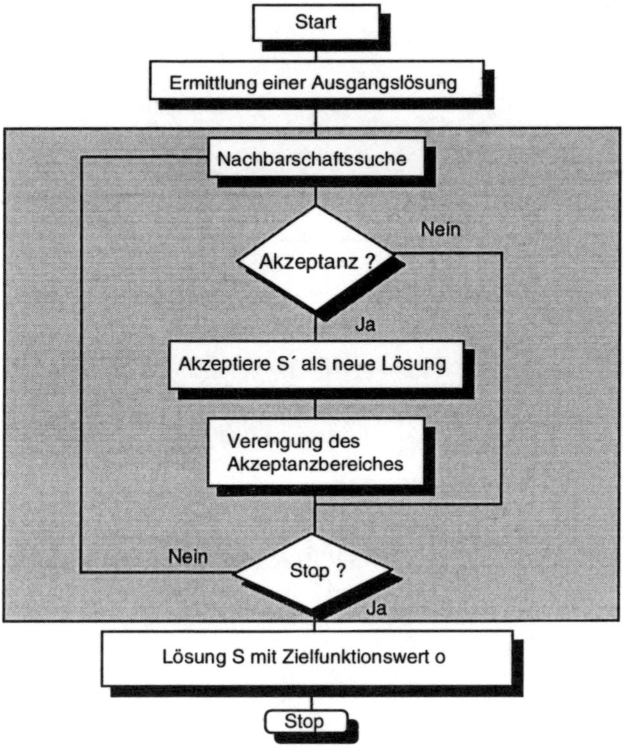

Abb. 97 Verfahrensablauf der Akzeptanzalgorithmen

Bei diesem Ansatz werden auf der Grundlage einer Ausgangslösung in einem **iterativen Verbesserungsprozeß** neue Lösungsvorschläge generiert, die unter bestimmten Bedingungen als Grundlage für eine weitere Lösungssuche akzeptiert werden. Im Gegensatz zu den bereits bekannten Verbesserungsverfahren werden während des Verfahrensablaufes gelegentlich auch Ergebnisverschlechterungen in Kauf genommen, um einem lokalen Optimum zu entweichen und die Wahrscheinlichkeit, die optimale Lösung zu finden, zu erhöhen (vgl. Abb. 98). Stellt man sich den Lösungsraum eines Optimierungsproblems als eine Gebirgslandschaft vor, so muß der Algorithmus in der Lage sein, aus der Hochebene über eine Bergkette zu „klettern", um in ein tiefer gelegenes Tal zu gelangen.

Verfügen die Akzeptanzalgorithmen über „unendlich viel" Rechenzeit, so finden sie die optimale Lösung. Für praktische Problemstellungen werden die Aktzeptanzalgorithmen jedoch als **Heuristik** angewandt und deshalb mit Hilfe einer Abbruchbedingung beendet.

Das Verfahren der Akzeptanzalgorithmen zeichnet sich im Vergleich zu anderen OR-Methoden dadurch aus, daß es relativ einfach strukturiert ist und ohne problemspezifische Verfahrensschritte zu guten bis sehr guten Ergebnissen führt. Dies erklärt auch die schnelle Verbreitung dieser Heuristik auf allen Feldern des Produktions- und Logistikmanagements (Programmplanung, Tourenplanung etc.).

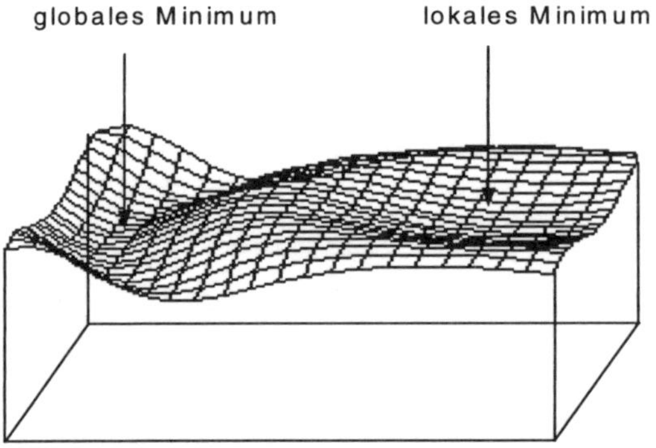

Abb. 98 Lösungsraum eines Optimierungsproblems

Grundsätzlich läßt sich der **Verfahrensablauf von Akzeptanzalgorithmen** in drei Abschnitte unterteilen :

- **Ermittlung einer Ausgangslösung**

Zur Ermittlung einer Ausgangslösung für ein Maschinenbelegungsproblem können die bereits dargestellten **Prioritätsregeln** eingesetzt werden. Man startet demnach mit einer guten heuristischen Lösung, die anschließend noch verbessert wird. Es können aber auch zufällig erzeugte Belegungspläne als Basis für die Akzeptanzalgorithmen gewählt werden.

- **Nachbarschaftssuche**

Entscheidend für die Effizienz der Akzeptanzalgorithmen ist die sogenannte Nachbarschaftssuche. Unter der lokalen Nachbarschaft einer Lösung versteht man die Menge aller Lösungen S´ ∈ NS, die von der Lösung S aus durch **einen definierten Übergang** (engl. transition mechanism) erreicht werden können. Im Rahmen der Maschinenbelegung besteht z.B. die Möglichkeit, die ursprünglich mit Hilfe einer Prioriätsregel erzeugte **Auftragsreihenfolge auf einer Maschine** zu verändern. Zu diesem Zweck wählt man einen beliebigen Auftrag im Gantt-Diagramm sowie die dazugehörigen Aufträge in der Warteschlange, die zum gleichen Zeitpunkt auf einer Maschine gefertigt werden können. Durch eine zufällige Vertauschung dieser Aufträge erhält man eine neue Reihenfolge auf der betrachteten Maschine (s. Abb. 99), wobei der restliche Auftragsbestand wiederum mit der alten Prioritätsregel eingeplant werden kann.

Inwieweit diese neue Lösung als Grundlage für eine weitere Nachbarschaftssuche dient, ist von den Akzeptanzbedingungen abhängig.

- **Akzeptanzbedingungen**

Mit Hilfe der Akzeptanzbedingungen wird die **Nachbarschaftssuche** der Akzeptanzalgorithmen **gesteuert**. Genau wie bei den konventionellen Verbesserungsverfahren werden auch hier alle Ergebnisverbesserungen als neue Basislösungen akzeptiert, um eine ziellose Suche im Lösungsraum zu vermeiden. Darüber hinaus werden in Grenzen auch Verschlechterungen des Zielfunktionswertes in Kauf genommen, so daß die Nachbarschaftssuche nicht zwangsläufig in einem lokalen Optimum endet.

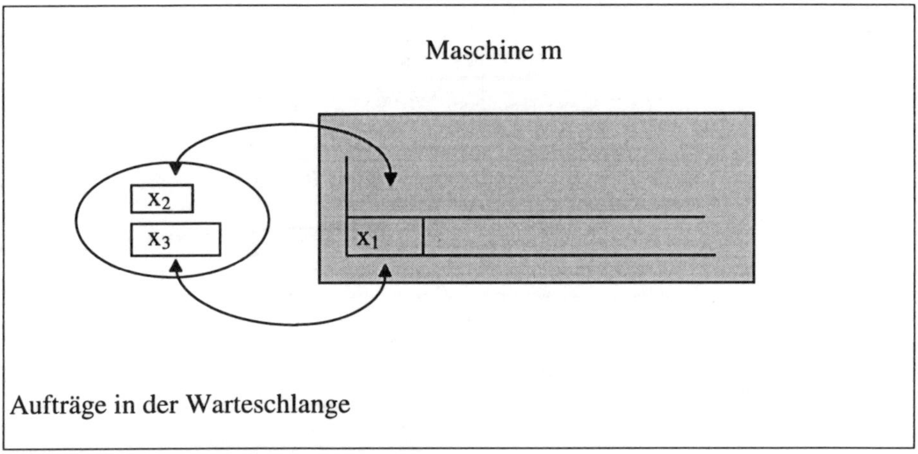

Abb. 99 Nachbarschaftssuche bei der Maschinenbelegung

Eine einfache und gleichzeitig sehr effiziente Methode zur Begrenzung der Nachbarschaftssuche ist die Vorgabe eines **Schwellenwertes** (engl. threshold), der im Laufe des Verfahrens kontinuierlich abgesenkt wird (vgl. Dueck/Scheuer 1990). In Abb. 100 ist der Ablauf dieses **Threshold Accepting-Algorithmus** für ein Minimierungsproblem dargestellt. Dabei müssen sowohl der Schwellenwert (T) als auch die **Sinkrate** ($0 < Sk < 1$) zu Beginn des Verfahrens festgelegt werden. Nach jeder Vertauschung wird nun überprüft, ob eine Ergebnisveränderung (Δ) eingetreten ist. Liegt diese unterhalb des Schwellenwertes, wird der neue Maschinenbelegungsplan für die weitere Lösungsuche zugrundegelegt und der Akzeptanzbereich für die nachfolgende Nachbarschaftssuche verkleinert. Dieser Prozeß wird solange wiederholt, bis keine Ergebnisverbesserung mehr zu erwarten ist.

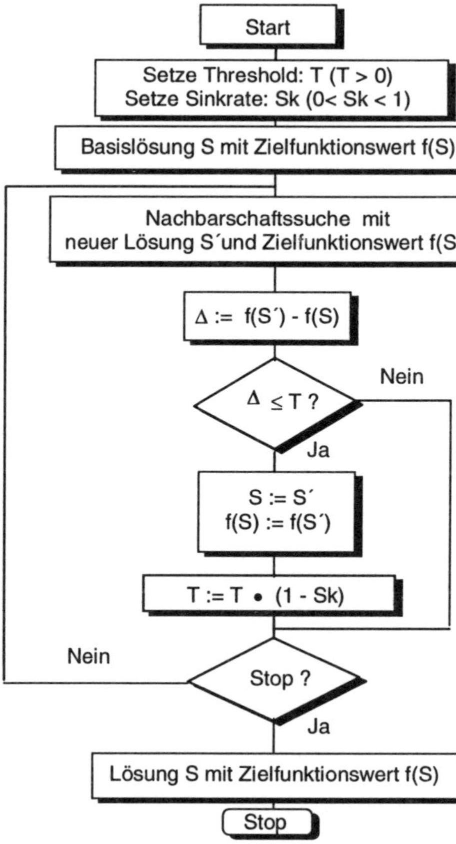

Abb. 100 Verfahrensablauf des Threshold Accepting - Algorithmus

d) Verfahrensschritte des Akzeptanzalgorithmus bei der Maschinenbelegung

Der Threshold Accepting-Algorithmus soll nun auf das zuvor dargestellte Beispiel einer Maschinenbelegung angewandt werden (vgl. S. 353). Möchte man z.B. die **Zykluszeit** bzw. die Auslastung der Betriebsmittel verbessern, so erreicht dies der Akzeptanzalgorithmus bereits nach wenigen Iterationen (vgl. Tab. 62). In einem ersten Verfahrensschritt sind der Schwellenwert sowie die Sinkrate für den Simulationslauf festzulegen. Dies ist gleichzeitig der schwierigste Schritt, da die Lösungsgüte des Verfahrens von der Parametereinstellung abhängt und keinerlei exakten Methoden zur **Bestimmung der Steuerungsparameter** existieren. Aus diesem Grund simuliert man zumeist mehrere Parametereinstellungen oder benutzt eine **Faustregel**, die besagt, daß der Threshold zwischen 1 % bis 5 % der Ausgangslösung und die Sinkrate zwischen 0,01 und 0,1 liegen sollte. Dementsprechend werden im Verfahrensablauf nur kleinere Ergebnisverschlechterungen zugelassen und der

Akzeptanzbereich langsam verengt. Aus den Ergebnissen der Prioritätsregeln wird deutlich, daß die Zykluszeit im betrachteten Anwendungsbeispiel großen Schwankungen (65 ZE und 88 ZE) unterworfen ist. Infolgedessen setzen wir den Anfangswert des Thresholds auf 3,0 ZE und die Sinkrate auf 0,1 , um den Lösungsraum weiträumig abzudecken.

Tabelle 62. Iterationen des Threshold Accepting - Verfahrens

Setze Threshold = 3,0				
Setze Sinkrate = 0,1				
Ausgangslösung = SPT-Regel				
Iteration	Tauschperiode	Aufträge	Zykluszeit	Threshold
1	**35**	**F ⇔ C**	**91**	**3,0**
2	**0**	**F ⇔ B**	**68**	**2,7**
3	40	F ⇔ C	74	2,4
4	**8**	**E ⇔ B**	**56**	**2,4**
5	0	B ⇔ F	88	2,2
6	**27**	**A ⇔ D**	**55**	**2,2**
Abbruch		[akzeptierte Lösungen sind fett gedruckt]		

Zu Beginn wird eine **Ausgangslösung** mit Hilfe der SPT-Regel erzeugt. Ausgehend von diesem Belegungsplan werden die zufällig ausgewählten Aufträge F und C auf der Maschine 5 vertauscht (vgl. Abb. 101). Wie jedoch leicht zu erkennen ist, führt diese Vertauschung zu einer Verschlechterung der Ausgangslösung um 3 ZE, weil der Fertigungsauftrag C erst in der Periode 35 auf der Maschine 2 starten kann und alle nachfolgenden Aufträge sich entsprechend verschieben. Da die Ergebnisverschlechterung jedoch innerhalb des Akzeptanzbereiches liegt, wird diese neue Lösung für die weitere Nachbarschaftssuche zugrundegelegt und der Schwellenwert auf 2,7 ZE verkleinert.

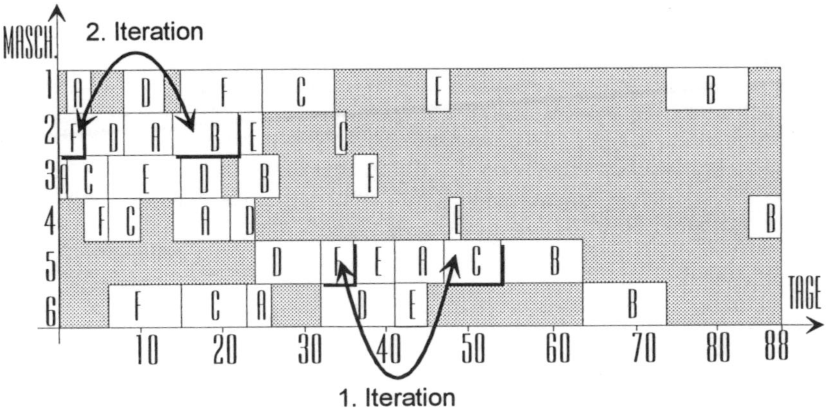

Abb. 101 1. und 2. Iteration des Threshold Accepting - Algorithmus

Bereits nach der zweiten Iteration wird diese Lösung allerdings wieder verworfen, da in der vorgelagerten Periode 0 der Auftrag F auf der Maschine 2 ausgewählt wurde. Zum gleichen Startzeitpunkt wie F können die Produktionsaufträge D oder B eingeplant werden, wobei hier der Auftrag B gewählt wurde. Das Vorziehen des Auftrages B auf der Maschine 2 führt zu einer erheblichen Verbesserung der Zykluszeit von 23 ZE (vgl. Abb. 102). Im Anschluß werden die restlichen Aufträge mit der SPT-Regel eingeplant und der Akzeptanzbereich um den Faktor 0,9 auf 2,4 ZE gesenkt.

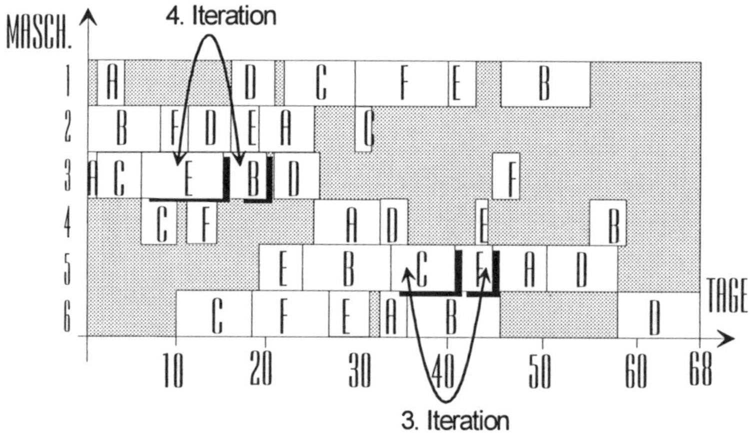

Abb. 102 3. und 4. Iteration des Threshold Accepting - Algorithmus

In der dritten Iteration wurde der Versuch unternommen, die Aufträge C und F auf der Maschine 5 zu vertauschen. Aufgrund der Tatsache, daß der vorangegangene Arbeitsgang des Auftrages F erst in der Periode 40 auf Maschine 1 beendet wird, kommt es zu einer Ergebnisverschlechterung von 6 ZE, die außerhalb des Akzeptanzbereiches (2,4 ZE) liegt. Die nachfolgende Nachbarschaftssuche basiert deshalb wieder auf dem **alten Belegungsplan** mit der Zykluszeit 68. Anschließend werden die Aufträge E und B auf der Maschine 3 ausgetauscht, welches wiederum die Zykluszeit deutlich verbessert (56 ZE), so daß der Schwellenwert für die zukünftige Nachbarschaftssuche auf den Wert 2,2 reduziert werden kann (vgl. Abb. 103)

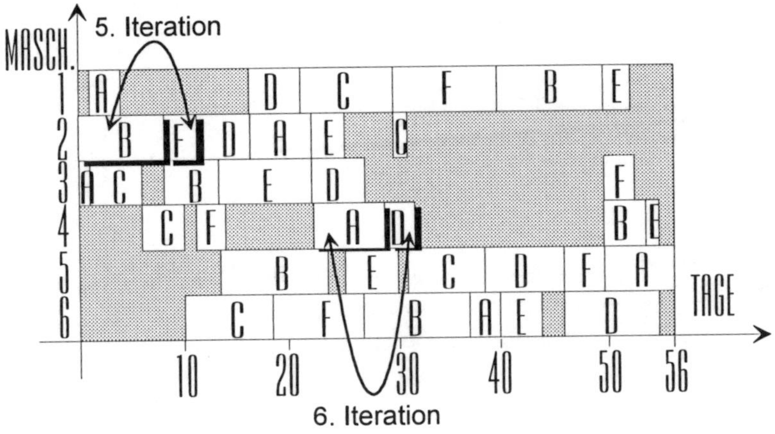

Abb. 103 5. und 6. Iteration des Threshold Accepting - Algorithmus

Auf der Grundlage dieser Lösung wurden zwei weitere Vertauschungen vorgenommen. Zum einen wurden die Aufträge B und F auf der Maschine 2 wieder zurückgetauscht, welches zu einer erheblichen Ergebnisverschlechterung von 32 ZE führt. Deshalb wurde diese Lösung verworfen und in der darauffolgenden Iteration die Auftragsreihenfolge von A und D auf der Maschine 4 verändert. (vgl. Abb. 104) Somit konnte die Zykluszeit nochmals geringfügig auf 55 ZE verbessert werden.

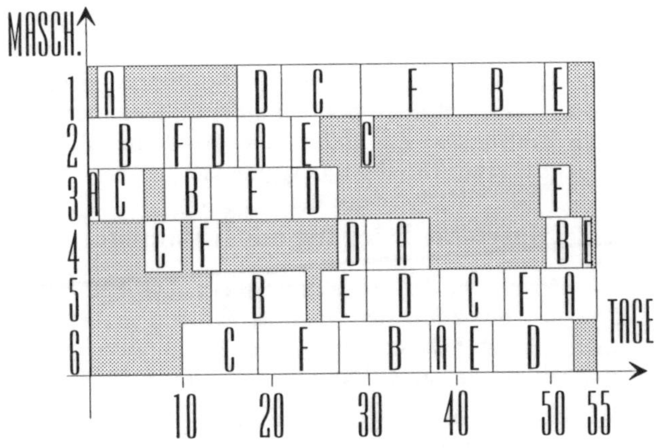

Abb. 104 Lösung des Threshold Accepting - Verfahrens bei der Minimierung der Zykluszeit

Nachdem über mehrere Iterationen keine Verbesserung der Lösung gefunden wurde, konnte das Verfahren abgebrochen werden.

Dieser Algorithmus kann entsprechend mit weiteren Prioritätsregeln oder anderen Zielgrößen durchgeführt werden (vgl. Abb. 105). In beiden Fällen ist eine Neueinstellung der Steuerungsparameter erforderlich, um den Verfahrensablauf zu optimieren.

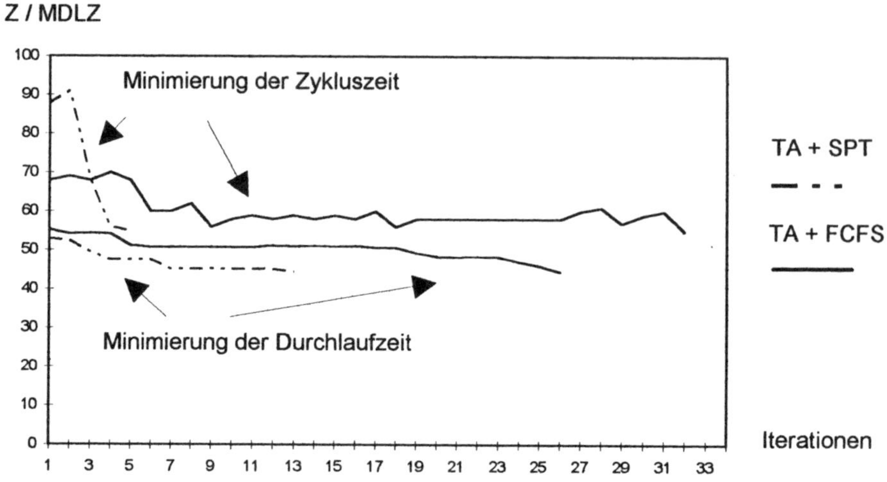

Abb. 105 Akzeptierte Zielfunktionswerte verschiedener Threshold Accepting- und Prioritätsregel-Kombinationen

Das Beispiel zeigt anschaulich, daß **unabhängig von der angewandten Prioritätsregel** die Ergebnisse der Maschinenbelegung erheblich verbessert werden konnten. Je nach zugrundegelegter Zielfunktion wurde durch den Einsatz des Threshold Accepting-Verfahrens die Zykluszeit auf 55 ZE bzw. die mittlere Durchlaufzeit auf 44,50 ZE gesenkt. Dabei ist zu beachten, daß es sich aufgrund der zufälligen Vertauschung um ein **stochastisches Verbesserungsverfahren** handelt, so daß i.d.R. mehrere Simulationsläufe mit unterschiedlichen Parameterkonstellationen notwendig sind. Dennoch läßt sich dieser Ansatz auf beliebige Zielfunktionen und Ablaufprobleme übertragen, wie in Kapitel 11.C. am Beispiel eines flexiblen Fertigungssystems gezeigt wird.

IV. Dezentrale Maschinenbelegung mit Leitstandorganisation

Bisher sind wir stillschweigend davon ausgegangen, daß Feinterminierung und Maschinenbelegung von einer **zentralen Instanz** für den gesamten Produktionsbereich vorgenommen werden. Dies ist typisch für zentral orientierte PPS-Systeme, die im **Batch-Betrieb** alle Betriebsmittelgruppen täglich planen.

Wegen des kurzfristigen Planungszeitraums sind die **Ergebnisse** einer solchen zentralen Planung mit hoher **Unsicherheit** behaftet, da unvorhersehbare Störungen wie Maschinenausfälle oder Transportverzögerungen, nicht berücksichtigt werden können.

Um die Unzulänglichkeiten einer zentralen batch-orientierten Fertigungssteuerung zu vermeiden, hat sich die **bereichsweise Fertigungssteuerung** entwickelt, die in den beiden Formen

- **bereichsweise Leitstandorganisation** und
- **abgestufte Leitstandorganisation**

auftreten kann (vgl. Scheer, Wirtschaftsinformatik 1994, S. 303 ff.). Dabei versteht man unter einem **Fertigungsleitstand**

> einen PC oder eine Workstation mit **graphischer Oberfläche** und einem **interaktiven** Fertigungssteuerungsprogramm zur Auftragsübernahme, Maschinenbelegung, Freigabe von Arbeitsgängen und Auftragsüberwachung.

Die **bereichsweise** Leitstandorganisation zeichnet sich nun dadurch aus, daß der Leitstand die gesamte Feinterminierung für den ganzen Bereich und jedes Betriebsmittel durchführt und den Disponenten auf der Meisterebene keinen Entscheidungsspielraum läßt.

Bei der **abgestuften** Leitstandorganisation terminiert und belegt der Leitstand nur die Betriebsmittel**gruppen** und überläßt die Belegung der einzelnen Betriebsmittel der Entscheidung der Meister. Dadurch können die heuristischen Erfahrungen der Disponenten vor Ort und ihre Flexibilität bei Störungen vorteilhaft mit der interaktiven Steuerungsfunktion des Leitstandes kombiniert werden.

C. Integration von Auftragsfreigabe und Maschinenbelegung

Die Systeme der Produktionsplanung und -steuerung folgen - wie schon mehrfach betont - dem Prinzip der **Sukzessivplanung**, da das Datenvolumen in einem Industriebetrieb für die von der betriebswirtschaftlichen Theorie bereitgestellten **Simultanplanungsmodelle** zu groß ist.

Auf der anderen Seite legt es der im Rahmen von CIM entwickelte **Integrationsgedanke** nahe, auf allen Ebenen der PPS zu prüfen, ob die gemeinsame Planung von zwei oder mehreren aufeinanderfolgenden Planungsstufen durchführbar und zweckmäßig ist. So versucht z.B. das **System OPT**, die Materialbedarfsplanung mit der Kapazitätsplanung zu verknüpfen (vgl. S. 340).

In ähnlicher Weise haben Erfahrungen des Verfassers gezeigt, daß durch die **integrierte** Behandlung von Auftragsfreigabe, Feinterminierung und Maschinenbelegung kürzere Durchlaufzeiten der Fertigungsaufträge und eine höhere Termintreue erreicht werden kann. Im folgenden wird der integrative Algorithmus und die Ergebnisse seiner Anwendung auf ein Industriebeispiel dargestellt.

I. Beschreibung des Verfahrens der engpaßorientierten Steuerung (EOS)

Das Verfahren EOS beruht auf umfangreichen Simulationsuntersuchungen der Fertigungssteuerung von Zulieferernternehmen der Automobil- und der Maschinenbauindustrie und besteht aus der Verknüpfung

- einer **engpaßorientierten Auftragsfreigabe** mit
- geeigneten **Prioritätsregeln** der **Maschinenbelegung**.

Die engpaßorientierte Auftragsfreigabe ist eine Weiterentwicklung der belastungsorientierten Auftragsfreigabe (vgl. S. 342 ff.) und weist folgende Kennzeichen auf (Hansmann/Kleeberg, Job Shop Scheduling 1989, S. 10 ff.):

1. Belastungsschranken werden nur für die Betriebsmittelgruppen festgelegt, die in der Zeit- und Kapazitätsplanung als **Engpässe** identifiziert wurden.
2. Die Einlastungsprozentsätze werden für jede Engpaß-Betriebsmittelgruppe **individuell** gemäß ihrer Belastung in der Kapazitätsplanung festgelegt.
3. Die Wahrscheinlichkeit dafür, daß ein Produktionsauftrag Kapazität beansprucht, wird nicht schematisch durch eine Potenz des reziproken Einlastungsprozentsatzes (S. 347) ausgedrückt. Sie hängt vielmehr davon ab,

   - wieviel Kapazität jeder einzelne Arbeitsgang eines Auftrags an der ihm zugeordneten Betriebsmittelgruppe beansprucht und
   - wieviel Betriebsmittelgruppen der Auftrag durchlaufen muß, bevor er die jeweils betrachtete Gruppe erreicht.

   Die Wahrscheinlichkeit, daß ein Auftrag innerhalb der Planperiode eine bestimmte Betriebsmittelgruppe erreicht, läßt sich somit folgendermaßen berechnen:

$$p_{ij} = \frac{T - \sum_{k=i}^{j-1} BZ_k}{T} \cdot \frac{n-(j-i)}{n}, \qquad \text{falls} \sum_{k=i}^{j-1} BZ_k \leq T$$

$$p_{ij} = 0, \qquad \text{falls} \sum_{k=i}^{j-1} BZ_k > T \quad \text{für alle} \quad \begin{array}{l} i = 1, \ldots, n\text{-}1 \\ j = i+1, \ldots, n \end{array}$$

$$p_{ij} = 1, \qquad \text{für alle} \quad i = 1, \ldots, n$$

   Erläuterung:

i	=	Betriebsmittelgruppe, an der sich der Auftrag zum Betrachtungszeitpunkt befindet
j	=	Betriebsmittelgruppe, die erreicht werden soll
n	=	Anzahl noch zu durchlaufender Betriebsmittelgruppen
T	=	Länge der Planperiode
BZ_k	=	Bearbeitungszeit des Auftrags auf Betriebsmittelgruppe k (Restbearbeitungszeit bei bereits begonnenen Arbeitsgängen eines Auftrags)

   Die Planbelastung einer Betriebsmittelgruppe durch einen Arbeitsgang ergibt sich demnach durch Multiplikation des tatsächlichen Kapazitätsbedarfs mit dem berechneten Wahrscheinlichkeitsfaktor p_{ij}.
4. Die Aufträge, deren "wahrscheinlicher" Kapazitätsbedarf die Belastungsschranke der Betriebsmittelgruppen nicht überschreitet, werden in der **Reihenfolge** eingelastet, daß immer der Auftrag mit dem frühesten Soll-Start-Termin zunächst freigegeben wird.

Das Verfahren der **engpaßorientierten Auftragsfreigabe** kann bei der Maschinenbelegung mit anderen Prioritätsregeln oder Kombinationen von Regeln verknüpft werden. In unseren Simulationsstudien haben sich vor allem drei Prioritätsregeln für die Verknüpfung bewährt:

- die Kürzeste-Operationszeit-Regel (SPT-Regel),
- die Regel der kleinsten Summe noch ausstehender Bearbeitungszeiten (LWKR-Regel),

- die Regel der kleinsten Warteschlange vor dem auf den betrachteten Arbeitsgang folgenden Arbeitsplatz (WINQ-Regel).

Dieses integrierte Verfahren von Auftragsfreigabe und Maschinenbelegung lag dem Simulationsmodell zugrunde, dessen Ergebnisse nun analysiert werden sollen.

II. Ergebnisse des Simulationsmodells

Die betrachteten Industrieunternehmen verfolgen in der Produktionssteuerung die **komplexen Ziele**

- **Minimierung** der mittleren **Durchlaufzeit** für alle Kundenaufträge, um die Kapitalbindung im Produktionsbereich möglichst gering zu halten,
- möglichst genaue **Einhaltung** der mit den Kunden vereinbarten **Ablieferungstermine**.

Bezeichnet man mit t_{ij}^D die Durchlaufzeit des Auftrags i im Simulationslauf j, so läßt sich das erste Ziel mit dem Maßstab

$$\mu_j^D = \frac{1}{n} \sum_{i=1}^{n} t_{ij}^D \quad \text{bzw.} \quad \mu^D = \frac{1}{m} \sum_{j=1}^{m} \mu_j^D$$

messen (n Aufträge; m Simulationsläufe).

Für die Beurteilung des zweiten Ziels verwenden wir das Kriterium der "mittleren Verspätung" μ_j der Aufträge

$$\mu_j^v = \frac{1}{n} \sum_{i=1}^{n} V_{ij} \quad \text{bzw.} \quad \mu^v = \frac{1}{m} \sum_{j=1}^{m} \mu_j^v$$

wobei die Verspätung eines Auftrags durch

V_{ij} = Max [0; Freigabetermin + Durchlaufzeit - Liefertermin]

gemessen wird.

Das Simulationsmodell wurde gespeist mit 500 Aufträgen, von denen die ersten 75 Aufträge zum "Einschwingen des Systems" benutzt wurden und in der numerischen Auswertung nicht enthalten sind. Die Ankunft der Aufträge ist Poisson-verteilt und die Bearbeitungszeiten negativ exponential-verteilt.

Tab. 63 enthält die Ergebnisse aus 30 Simulationsläufen für die drei Alternativen

- reine Maschinenbelegung mit Prioritätsregeln,
- belastungsorientierte Auftragsfreigabe mit Prioritätsregeln,
- engpaßorientierte Auftragsfreigabe mit Prioritätsregeln (EOS-Verfahren).

Dabei sind nur die drei Prioritätsregeln aufgeführt, die den übrigen deutlich überlegen waren (vgl. S. 351 f.):

- SPT (kürzeste Operationszeit)
- LWKR (kleinste Summe noch ausstehender Bearbeitungszeiten)
- WINQ (kleinste Warteschlange vor dem nächsten Arbeitsgang)

Zur weiteren Information ist in Tab. 63 auch die Standardabweichung der mittleren Durchlaufzeit s^D angegeben.

Tab. 63 Ergebnisse der Simulation (Zeiten in Stunden)

Regel	Produktionssteuerung								
	einfach			mit belastungsorientierter Auftragsfreigabe			mit engpaßorientierter Auftragsfreigabe		
	μ^D	s^D	μ^v	μ^D	s^D	μ^v	μ^D	s^D	μ^v
SPT	17,8	26,7	0,2	10,6	10,5	0,3	7,2	5,5	0,7
LWKR	18,1	30,0	0,0	11,1	12,8	0,6	7,1	6,1	1,1
WINQ	19,7	20,6	0,0	11,5	8,3	0,1	7,7	5,6	0,8

Quelle: Hansmann/Kleeberg, Job Shop Scheduling 1989, S. 13

Die Tabelle zeigt, daß die **Termineinhaltung** in diesem Beispiel kein Problem darstellt, da bei allen Methoden der Produktionssteuerung und allen Prioritätsregeln nur vernachlässigbare Terminüberschreitungen auftreten.

Demgegenüber wird deutlich, daß sowohl die **mittlere Durchlaufzeit** als auch ihre mit der Standardabweichung gemessene **Streuung** durch die Integration der Auftragsfreigabe wesentlich verbessert werden kann, wobei die **engpaßorientierte Auftragsfreigabe** durch die explizite Berücksichtigung der Engpässe und die modifizierte Berechnung des erwarteten Kapazitätsbedarfs eine weitere Reduzierung der Kenngrößen erreicht.

Da eine große Streuung der mittleren Durchlaufzeiten eine effiziente Fertigungssteuerung verhindert, ist es besonders wichtig, daß auch die Standardabweichung durch die Verknüpfung von engpaßorientierter Auftragsfreigabe und Maschinenbelegung stark reduziert werden kann.

Aus Tab. 63 geht darüber hinaus hervor, daß die dort aufgeführten **Prioritätsregeln** relativ **ähnliche Ergebnisse** erzielen. Zwar wird **WINQ** in bezug auf die mittlere Durchlaufzeit von den beiden anderen Regeln **dominiert**, doch liegt sie bei der Standardabweichung sehr günstig. Alle drei Regeln sind somit für die Produktionssteuerung gut geeignet.

Damit wurde gezeigt, daß eine **integrierte** Behandlung aufeinander folgender Stufen der Produktionssteuerung eine Verbesserung der ablaufplanerischen Ziele und somit eine kostengünstigere Produktion ermöglichen kann.

D. Betriebsdatenerfassung (BDE)

I. Aufgaben der BDE

Die letzte Stufe der Produktionssteuerung innerhalb eines PPS-Systems, die zugleich der Rückkoppelung der **Ist-Situation** des Produktionsbereiches zur **Steuerungsebene** dienen soll, ist die **Betriebsdatenerfassung** (BDE). Nur wenn die relevanten Betriebsdaten des Fertigungsprozesses **vollständig** und **rechtzeitig** der Feinterminierung und Maschinenbelegung zurückgemeldet werden, ist eine **realitätsnahe** Produktionssteuerung möglich.

Darüber hinaus sind die Betriebsdaten auch für vorgelagerte Planungsstufen und weitere Unternehmensbereiche wichtig:

- die **Nachkalkulation** kann auf Grund der übermittelten Betriebsdaten Material- und Lohnkosten sowie die auf die einzelnen Aufträge entfallenden Maschinenstunden ermitteln,
- die **Personalabteilung** bekommt Informationen über den Arbeitseinsatz der Mitarbeiter, die für Akkord-, Zeit- und Prämienlohnberechnungen nötig sind und
- die **Qualitätssicherung** benötigt die rückzumeldenden qualitätsbezogenen Produkt- und Maschinendaten, um die vorgegebenen Qualitätsstandards zu gewährleisten oder bei festgestellten Abweichungen rasch Abhilfe zu schaffen.

II. Zu erfassende Betriebsdaten

Grundsätzlich sollten alle Daten zurückgemeldet werden, die als **Input** in die Produktionssteuerung und im weiteren Sinne auch in die Produktionsplanung eingehen. Nur so ist gewährleistet, daß ein PPS-System nach den Grundsätzen eines echten **Regelkreises** funktioniert und die Steuerung als "Regler" die Soll-Ist-Abweichungen analysiert und die Regelgrößen entsprechend anpaßt.

Die wichtigsten zu erfassenden Daten sind nach Scheer (Wirtschaftsinformatik 1994, S. 337 f.)

- **Auftragsdaten** wie die Start- und Endzeitpunkte von Arbeitsgängen und Maschinenbelegungen sowie die produzierten Mengen bestimmter Qualitätsstufen,
- **Mitarbeiterdaten**, z.B. Anwesenheit, hergestellte Produktmengen oder erreichte Kriterien für Prämien,
- **Betriebsmitteldaten** wie Maschinenlaufzeiten und Ausfallzeiten durch Störungen,
- **Materialdaten**, z.B. Verbrauch und Reservierungen,
- **Werkzeug-** und **Vorrichtungsdaten** wie Einsatzzeiten, Abgänge durch Bruch und Verschleiß insbesondere bei flexiblen Fertigungssystemen auch der Einsatzort und die Einsatzhäufigkeit.

Die zu erfassenden Betriebsdaten können sofort nach der Erfassung zurückgemeldet oder zunächst gesammelt und anschließend in regelmäßigen Perioden (z.B. arbeitstäglich) an die empfangenden Stellen gesendet werden.

Für die Produktionssteuerung in der Werkstatt, insbesondere die Feinterminierung, ist eine **sofortige Rückmeldung** unabdingbar, da sie auf Störungen des Betriebsablaufs, z.B. durch Maschinen- oder Werkzeugausfälle sofort mit einer Verlagerung der Produktion reagieren muß.

Demgegenüber benötigt die Nachkalkulation oder der Personalbereich die Betriebsdaten nur in regelmäßigen Abständen und häufig auch in zusammengefaßter Form, so daß eine batchorientierte Übertragung angemessen ist.

Auf jeden Fall sollte eine **automatische** Datenerfassung und -übertragung vorgesehen werden, die manuelle Eingaben auf das unumgängliche Mindestmaß beschränkt, um die Fehleranfälligkeit der BDE möglichst gering zu halten. Dazu eignen sich Markierungsleser, Barcodes und OCR-Schrift für Belege und Formulare, während die Maschinendaten direkt von den Zählwerken in das BDE-System übernommen werden können.

Die Betriebsdatenerfassung schließt die Beschreibung der typischen PPS-Systeme ab. Wir wenden uns nun noch zwei Sonderformen der Produktionssteuerung zu, die in der industriellen Praxis und auch in der betriebswirtschaftlichen Literatur eine gewisse Bedeutung erlangt haben.

E. Weitere Konzepte zur Produktionssteuerung

I. Just-in-Time-Produktion

a) Das Just-in-Time-Konzept

Bei der Just-in-Time-Beschaffung (S. 320 ff.) wurde die zugrunde liegende Planungsphilosophie bereits erläutert. An dieser Stelle soll noch einmal kurz auf das Konzept der Just-in-Time-**Produktion** eingegangen werden, wie es der Verfasser detailliert im **Handwörterbuch** der **Produktionswirtschaft** entwickelt hat (vgl. Hansmann, Just-in-Time-Produktion 1996, Sp. 827 ff.). Anschließend wenden wir uns dem wichtigsten Steuerungsinstrument innerhalb der JIT-Produktion, dem KANBAN-System, zu.

Das **Just-in-Time-**Konzept verfolgt das Ziel einer kundenorientieren und kostengünstigen Produktion, die auch die Beschaffung der Produktionsfaktoren und die Ablieferung der Produkte an die Kunden umfaßt. Eine kostengünstige Produktion erfordert insbesondere

- kurze **Durchlaufzeiten** der Produkte,
- geringe **Lagerbestände** von Produktionsfaktoren und Produkten,
- hohes **Qualitätsniveau** des Produktionsprozesses.

Damit kann das Just-in-Time-Konzept charakterisiert werden als eine Planungsphilosophie mit folgendem Anliegen:

Spätestmögliche Bereitstellung von qualitativ einwandfreien Produktionsfaktoren und Produkten mit dem Ziel, **Durchlaufzeiten** und Lagerbestände im Interesse einer kundenorientierten Leistungserstellung zu reduzieren.

Ein hohes Qualitätsniveau dient der Kundenorientierung durch geringere Nachbearbeitung und seltenere Reklamationen, während die kurzen Durchlaufzeiten eine hohe Lieferbereitschaft und Termintreue ermöglichen. Geringe Lagerbestände sind Ausdruck eines funktionierenden Produktionsprozesses und einer effizienten Ressourcen-Nutzung. Insoweit dient das Just-in-Time-Konzept tatsächlich einer kostengünstigen und kundenorientierten Produktion.

Das JIT-Konzept kann nur verwirklicht werden, wenn die grundlegenden logistischen Prozesse im Hinblick auf die Ziele Senkung der Durchlaufzeiten und Reduzierung der Lagerbestände optimal strukturiert werden. Die wichtigsten Strategien hierzu sind folgende:

- Reduzierung der **Rüstzeiten**,
- Fertigung kleinerer **Losgrößen**,
- Harmonisierung des **Bedarfs**,
- Verbesserung der Produktionsabläufe durch **Fertigungssegmentierung**.

Die **Durchlaufzeit** der Produkte läßt sich senken, wenn die „unproduktiven" Rüstzeiten auf das technisch nötige Mindestmaß verkürzt werden. Dies kann durch den Einsatz **flexibler Fertigungstechniken** bzw. -einrichtungen, die einen automatischen Werkzeugwechsel erlauben, geschehen. Aber auch ohne diese kostspieligen Investitionen lassen sich die Rüstzeiten erheblich senken, wenn der Rüstablauf einer kritischen Analyse unterzogen wird. So gelang es der Firma Cummins Engine Co. Ltd. in Großbritannien durch Videoaufnahmen der Rüstvorgänge und anschließende Analyse des Rüstprozesses, die Anordnung der Rüstwerkzeuge, das Anklemmen der Produktteile und die Justierung der Maschinen so zu verbessern bzw. zu beschleunigen, daß die Rüstzeiten um durchschnittlich 80 % gesenkt werden konnten (Lee, Set-up time 1987, S. 83).

Sind die Rüstzeiten (und damit auch die Rüstkosten) erfolgreich gekürzt worden, so reduziert sich die optimale **Losgröße** entsprechend den angewandten Losgrößenformeln und bewirkt dadurch geringere Lagerbestände, so daß das Ziel „Lagerreduzierung" ebenfalls erreicht wird.

Eine weitere wesentliche Voraussetzung für die Just-in-Time-Produktion ist ein in möglichst geringen Grenzen schwankender Bedarf, weil die Anpassung des Produktionsprozesses in den einzelnen Produktionsstufen an beträchtliche Änderungen der Absatzmengen und Produktvarianten nicht mehr allein auf zeitlicher Grundlage bewerkstelligt, sondern nur über höhere Lagerbestände aufgefangen werden kann. Dies widerspricht aber der zweiten Zielsetzung des Just-in-Time-Konzepts. Es muß also - evtl. mit den Instrumenten des Marketings - versucht werden, die Absatzmengen bzw. den Kundenbedarf gleichmäßig zu gestalten, um Überstunden und andere Zusatzkosten zu vermeiden (Fandel/François, Just-in-Time 1989, S. 535).

Als zusätzliche Strategie zur Verbesserung des Produktionsablaufs ist von Wildemann das Konzept der **Fertigungssegmentierung** entwickelt worden (Wildemann, JIT 1992, S. 109 ff.), das den Produktionsprozeß in kleinere Einheiten aufsplittet, in denen eine Komplettbearbeitung von Teilen und Baugruppen erfolgt. Dieser dezentralisierte Produktionsablauf erhöht die Übersichtlichkeit und kann aufgrund einer effizienteren Produktionssteuerung ebenfalls eine Verkürzung der **Durchlaufzeiten** bewirken.

Neben der Optimierung des Produktionsprozesses ist besonders die **Qualitätssicherung** im Sinne von TQM von Bedeutung, da die Durchlaufzeiten durch zu spät erkannte Fabrikationsfehler, die lange Nachbearbeitungszeiten erfordern, sehr negativ beeinflußt werden. Eine automatisierte Prozeßüberwachung oder hochmotivierte und spezifisch ausgebildete Mitarbeiter mit Verantwortung für die Qualität sind für die Qualitätssicherung unabdingbar.

Es liegt auf der Hand, daß eine solche Qualitätssicherung erhebliche **Kosten** verursacht, und darüber hinaus auch Investitionsaufwand, falls die Prozeßüberwachung automatisiert werden soll. Dies wird aber in der Regel aufgewogen durch den **Nutzen** der Just-in-Time-Produktion, der sich niederschlägt in der

- Senkung der **Kapitalbindungskosten**,
- Senkung der fixen **Lagerkosten**,
- Aufdeckung von **Schwachstellen** durch den radikal reduzierten Lagerbestand und
- größeren **Eigenverantwortung** der Mitarbeiter.

Zur konkreten Umsetzung des Just-in-Time-Konzepts gibt es verschiedene Möglichkeiten, von denen das in Japan entwickelte **KANBAN**-System die größte Bedeutung erlangt hat. Es beruht auf der Idee einer vollständig **dezentralen manuellen** Produktionssteuerung ohne EDV-Unterstützung und wird auch in den westlichen Industrieländern hin und wieder angewandt.

b) Das KANBAN-System

Das KANBAN-System ist in der deutschen betriebswirtschaftlichen Literatur insbesondere von **Wildemann** (z.B. KANBAN 1988) ausführlich analysiert worden.

Der Begriff "KANBAN" bedeutet wörtlich "Karte" und bezeichnet die **Identifikationskarte**, die sich bei jedem Endprodukt, jeder Baugruppe und jedem Einzelteil, das im Betrieb verwendet wird, befindet. Diese Karte hat zwei Funktionen (vgl. Wildemann, KANBAN 1988, S. 35):

- Wird das entsprechende Teil in einer Produktionsstufe verbraucht, dient der KANBAN als **Bestellkarte**, mit der die vorgelagerte Produktionsstufe zur erneuten Herstellung dieses Teils veranlaßt wird.
- Für das neu produzierte Teil dient der KANBAN dann wieder als **Identifikationskarte**.

Durch dieses KANBAN-Prinzip werden jeweils zwei benachbarte Produktionsstufen zu einem **Regelkreis** verbunden. Wie in einem Supermarkt nimmt die "nachfragende" Produktionsstufe die benötigten Produkte bzw. Teile aus einem zwischen den Stufen angeordneten **Pufferlager**, das anschließend durch die KANBAN-Bestellung von der vorgelagerten "anbietenden" Produktionsstufe wieder aufgefüllt wird. Das Pufferlager hat die Aufgabe, einen möglichst reibungslosen Produktionsablauf, auch bei eintretenden Störungen, zu gewährleisten. Seine Größe muß unter Berücksichtigung

- des Produktionsprogramms,
- der Variabilität der Kundenwünsche,
- des durchschnittlichen Störverhaltens der Produktionsanlagen sowie
- der Lagerkosten

von der Planung bestimmt werden.

Normalerweise wird nicht jedes verbrauchte Teil sofort wieder produziert, sondern eine standardisierte Stückzahl (Los), die in dem sog. **KANBAN-Behälter** gemeinsam transportiert wird. Die Losgröße wird unter Berücksichtigung von Rüst- und Lagerkosten einmal bestimmt und nur bei wesentlichen Änderungen des Produktionsprogramms modifiziert.

Die folgende Graphik veranschaulicht das Regelkreissystem von KANBAN über die gesamte logistische Kette.

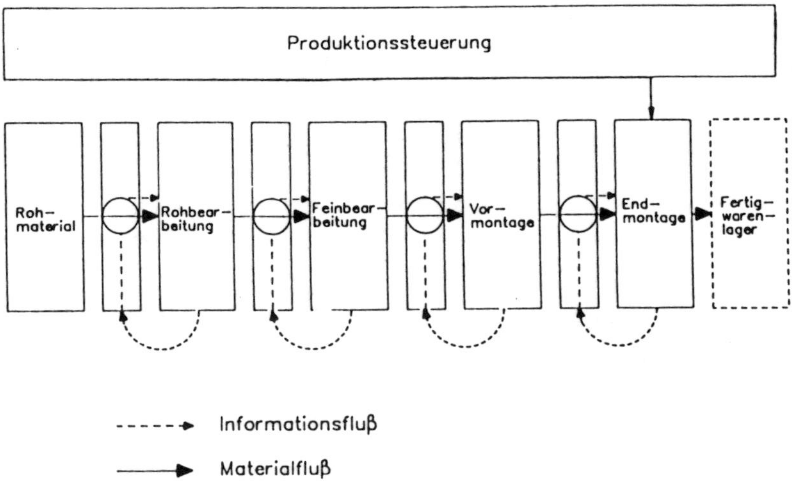

Abb. 106 Das KANBAN-Regelkreissystem
Quelle: Wildemann, KANBAN 1988, S. 36

Abb. 106 macht deutlich, daß das KANBAN-System auf dem **Hol-Prinzip** beruht. Nur wenn eine Produktionsstufe "Nachfrage" entfaltet, wird auf der vorgelagerten Stufe produziert. Bei relativ stetiger Nachfrage seitens der Kunden wird dieser **Nachfragesog** - theoretisch termingenau - über alle Produktionsstufen hinweg bis zu den Lieferanten wirksam, wobei alle Produktionsentscheidungen **dezentral** in den einzelnen Stufen gefällt werden, ohne eine EDV-gestützte Produktionssteuerung zu benötigen. Werden die KANBAN-Regeln befolgt und die Größe der KANBAN-Behälter und Pufferläger geeignet festgelegt, so kann ein **kontinuierlicher Materialfluß** aufrechterhalten und die ablaufplanerischen Ziele des Unternehmens, wie Senkung der Bestände und Verkürzung der Durchlaufzeit, erreicht werden.

Das KANBAN-System scheint auf den ersten Blick bei wesentlich geringerem Aufwand die gleichen oder sogar bessere Wirkungen auf die Ablauforganisation zu haben als die traditionellen PPS-Systeme. Bei der Implementation des Systems in europäischen und US-amerikanischen Firmen während der 80er Jahre trat jedoch trotz unbestreitbarer Erfolge eine gewisse Ernüchterung ein, die es geboten erscheinen läßt, die **Voraussetzungen** für den **Einsatz** von KANBAN genau zu analysieren, um die für KANBAN geeigneten Produktionsprozesse herauszufinden.

c) Voraussetzungen für den Einsatz von KANBAN

Bei der Beurteilung des Einsatzes von KANBAN sind die zeitliche Verteilung der Nachfrage, der Produktlebenszyklus, die Produktstruktur, die Organisationsform der Fertigung und das Ausfallverhalten des Produktionsprozesses zugrunde zu legen.

Da durch das Hol-Prinzip und die dezentrale Produktionssteuerung von KANBAN Nachfrageveränderungen in jeder Produktionsstufe zeitversetzt sichtbar werden, würden starke **Nachfrageschwankungen** den Produktionsprozess durcheinander bringen und zu erratischen Änderungen der Größen von Pufferlagern und KANBAN-Behältern führen.

Für den Einsatz des KANBAN-Systems ist daher nur eine möglichst **gleichmäßige Produktion** geeignet, bei der die einmal getroffenen dezentralen Entscheidungen über Pufferlager und Losgrößen weitgehend über einen längeren Zeitraum beibehalten werden können. Dies bedeutet, daß die **zeitliche Verteilung** der Nachfrage (z.B. der Bedarf pro Woche oder pro Monat) **relativ konstant** sein sollte, um KANBAN erfolgreich anzuwenden.

Die zweite Voraussetzung für KANBAN ist eine **ruhige Phase** im **Lebenszyklus** der Produkte. Die mit vielen Produktänderungen behaftete Einführungsphase und auch die dynamische Wachstumsphase, die häufig kapazitative Veränderungen induziert, sind für KANBAN nicht geeignet. Demgegenüber ist der ruhige Verlauf der **Reife-** und **Sättigungsphase** ideal für dieses System der Produktionssteuerung.

In bezug auf die **Produktstruktur** sind ähnliche Betriebsmittel und Arbeitsgänge bei möglichst vielen Produkten für KANBAN vorteilhaft, insbesondere wenn auch die Maschinenbelegung zu einer ähnlichen Arbeitsgangfolge bei den Produkten führt.

Eine weitere wesentliche Voraussetzung für die Einführung von KANBAN ist ein **flußorientierter Produktionsprozeß** wie er in Abb. 106 dargestellt ist. Die Produktion pro Zeiteinheit sollte über alle Produktionsstufen weitgehend **synchronisiert** werden, um die einzelnen KANBAN-Regelkreise gut aufeinander abstimmen zu können. Die **Organisationsformen** der Fertigung, die diesen Voraussetzungen am ehesten entsprechen, sind die **Fließ-** und die **Reihenfertigung**, während die Werkstattfertigung, insbesondere bei heterogenen Kleinserien, das KANBAN-Steuerungssystem vor beträchtliche Probleme stellt (vgl. auch Adam, Fertigungssteuerung II 1988, S. 2).

Schließlich darf der Produktionsprozeß **nicht** sehr **störanfällig** sein. Häufig ausfallende Betriebsmittel auf den einzelnen Produktionsstufen bringen die dezentrale Steuerung und die Verkettung der Stufen durch das Holprinzip gründlich durcheinander und verhindern die Wirksamkeit von KANBAN.

Zusammenfassend kann die Produktionssteuerung mit KANBAN als ein originelles, unkonventionelles Konzept angesehen werden, das durchaus bei einigen Unternehmen mit Erfolg eingeführt wurde und Reduzierungen der Durchlaufzeit von 50% und der Fertigwarenbestände von 25% (Wildemann, KANBAN 1988, S. 50) erzielt hat. Dies gelingt aber nur bei flußorientierter Produktion von homogenen Produkten, deren zeitliche Verteilung der Nachfrage stetig ist und deren Lebenszyklus sich in einer "ruhigen" Phase befindet.

II. Das Konzept der Fortschrittszahlen

In der Automobilindustrie hat sich ein für die Großserienfertigung in Fließorganisation entwickeltes Konzept durchgesetzt, das die traditionellen Produktionsplanungs- und -steuerungssysteme ergänzen soll und einen verläßlichen Überblick über die zeitliche **Entwicklung** des **Materialflusses** in allen Phasen der Produktion und Beschaffung verspricht. Es ist unter dem Namen **Fortschrittszahlen**-Konzept auch in der Literatur bekannt geworden (Heinemeyer, Fortschrittszahlen 1988, S. 5 ff.).

Die **Fortschrittszahl** ist eine **kumulierte**, **zeitpunktbezogene Menge** eines **Produktes** (bzw. einer Baugruppe oder eines Einzelteils), die **seit** einem bestimmten **Stichtag** einen vorher definierten Kontrollbereich **erreicht** oder **verlassen** hat.

Hat z.B. ein Automobilwerk in der ersten Juniwoche 1996 von einem Zulieferbetrieb 6000 Stoßfänger, in der zweiten 8000 und in der dritten 5000 erhalten und ist als Stichtag der 1.6.1996 festgesetzt, so entwickelt sich die Fortschrittszahl für den **Stoßfänger-Eingang** gemäß Abb. 107 und beträgt am Ende der dritten Juniwoche 19000 ME.

In ähnlicher Weise werden die Fortschrittszahlen für die Stoßfänger-Ablieferung in die Produktion berechnet. Prinzipiell lassen sich auf diese Weise - angefangen vom Wareneingang der Einzelteile bis zum Versand der Fertigprodukte - für **jede Produktionsstufe** eine Eingangs- und eine Ausgangs-Fortschrittszahl ermitteln und damit eine lückenlose Überwachung des Materialflusses in mengenmäßiger und zeitlicher Hinsicht durchführen.

Aus Kostengründen wird man jedoch diese Erhebungen nicht in jeder Produktionsstufe anstellen sondern sich auf einige wichtige **Kontrollbereiche** beschränken.

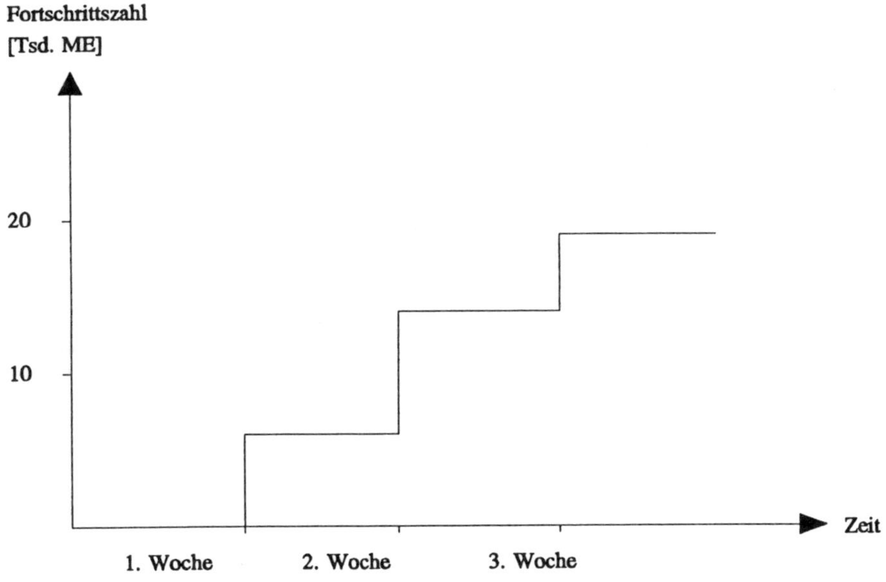

Abb. 107 Die Fortschrittszahl als kumulierter Wareneingang

Die Daimler-Benz AG hat z.B. folgende "Zählpunkte" definiert (Heinemeyer, Fortschrittszahlen 1988, S. 9 f.):

- Wareneingang,
- Beginn Rohteilefertigung,
- Rohteile-Ablieferung (Gutstücke),
- Beginn Teilefertigung,
- Teile-Ablieferung (Gutstücke),
- Montage-Beginn,
- Montage-Ablieferung,
- Versand.

Hier werden die Ist-Fortschrittszahlen erhoben und den aus der Produktionsplanung stammenden Soll-Fortschrittszahlen gegenübergestellt, um evtl. Abweichungen analysieren zu können.

Mit Hilfe des Fortschrittszahlen-Konzeptes können sowohl der **Bestand** der **Pufferläger** als auch die **Durchlaufzeit** der Teile gesteuert werden, denn der Lagerbestand zum Zeitpunkt t (L_t) ergibt sich aus der Gleichung

$$L_t = L_{t0} + \text{Eingangs-}FZ_t - \text{Ablieferungs-}FZ_t$$

mit

L_{t0} = Anfangsbestand zum Stichtag (z.B. Inventur)

FZ_t = Fortschrittszahl zum Zeitpunkt t

als die Differenz zweier Fortschrittszahlen. Abb. 108 macht diesen Sachverhalt anschaulich und zeigt darüber hinaus, daß der horizontale Abstand zwischen den beiden Fortschrittszahlen-Kurven der **mittleren Durchlaufzeit D** des Teils entspricht.

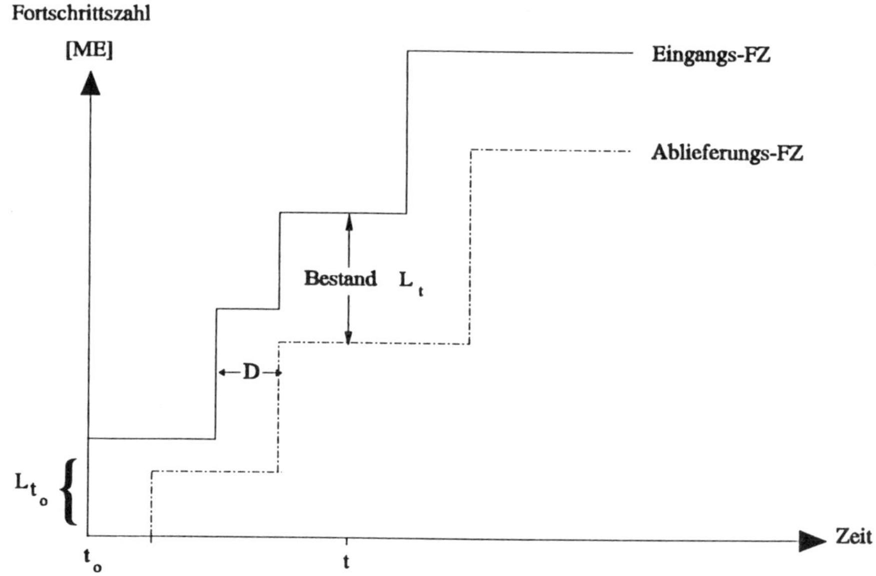

Abb. 108 Zusammenhang zwischen Fortschrittszahlen und Beständen

Die mittlere Durchlaufzeit D ergibt sich analog zur Berechnung bei der belastungsorientierten Auftragsfreigabe auf S. 343, indem man den mittleren Bestand durch die Ablieferungs-Fortschrittszahl **pro Zeiteinheit** dividiert, also L_t/(Ablieferungs-FZ_t/t). Somit können auch die Durchlaufzeiten an den einzelnen Kontrollbereichen überwacht werden.

Ein weiterer Vorteil des Fortschrittszahlen-Konzepts liegt in der Möglichkeit, die Ist-Fortschrittszahlen (effektive Eingangs- bzw. Ablieferungsmengen) den Soll-Fortschrittszahlen gegenüberzustellen und aus diesem Vergleich **Produktionsvorläufe** bzw. **-rückstände** in einfacher Weise sichtbar zu machen, wie Abb. 109 zeigt.

Im Zeitpunkt t_2 ist die Produktion im Montagebereich um (t_2-t_1) Zeiteinheiten in **Rückstand** (R) geraten, da (SFZ_3 - IFZ_3) Mengeneinheiten schon im Zeitpunkt t_1 hätten fertiggestellt werden müssen. Ab t_2 befindet sich die Fertigung im **Vorlauf**, da die Menge (SFZ_4 - SFZ_3) erst zum Zeitpunkt t_3 benötigt wird. Durch eine Analyse dieser Soll-Ist-Abweichungen können wichtige Informationen für eine verbesserte Produktionssteuerung gewonnen werden.

Zusammenfassend läßt sich feststellen, daß das Konzept der Fortschrittszahlen eine wertvolle Ergänzung der PPS-Systeme für Unternehmen mit Fließfertigung und Großserienproduktion darstellt, die

- eine effiziente Steuerung des **Materialflusses**,
- eine Überwachung der **Bestände** und **Durchlaufzeiten** sowie
- eine Analyse von **Soll-Ist-Abweichungen**

ermöglicht. Die Kontrollbereiche können sogar auf Zulieferbetriebe ausgedehnt werden, so daß die **logistische Kette** über das Unternehmen hinaus erweitert und einheitlich mit einem Fortschrittszahlen-System gesteuert werden kann.

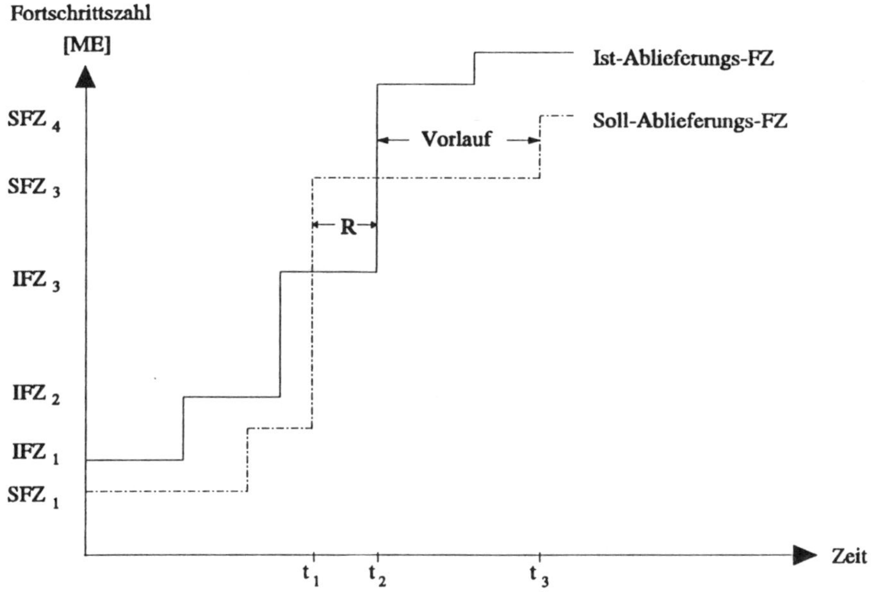

Abb. 109 Soll- und Ist-Fortschrittszahlen in der Montage

11. Kapitel: PPS bei flexiblen Fertigungssystemen

A. Der Entwurf eines flexiblen Fertigungssystems

I. Spezifikationsentscheidungen

Die Entscheidung, ein flexibles Fertigungssystem (FFS) anzuschaffen, ist für jedes Industrieunternehmen eine **Investitions**- und damit eine **strategische** Entscheidung. Der Entwurf eines FFS ist aber stark mit den operativen Entscheidungen der Produktionsplanung und -steuerung verzahnt, daher werden alle Gesichtspunkte einheitlich in diesem Kapitel abgehandelt.

Da man kein FFS "von der Stange" kaufen kann, besteht der erste Planungsschritt darin, ein für das Unternehmen **geeignetes FFS** zu entwerfen und die charakteristischen Merkmale - evtl. in Zusammenarbeit mit dem FFS-Hersteller - zu **spezifizieren**. In einem zweiten Planungsschritt wird dann die Implementation des FFS vorbereitet.

Die Spezifikationsentscheidungen beziehen sich in erster Linie auf (vgl. Stecke, Design of Flexible Manufacturing Systems 1985, S. 4 ff.; Tempelmeier/Kuhn, Flexible Fertigungssysteme 1992, S. 22 ff.)

- die vom FFS zu produzierenden **Teiletypen**,
- **Kapazität** und **Flexibilitätsgrad** der Werkzeugmaschinen,
- das **Materialflußsystem** und
- die **Computer**ausstattung und -vernetzung.

Diese Spezifikationsmerkmale sollen im folgenden etwas näher erläutert werden.

a) Teiletypen und Teilefamilien

Zunächst sind die Teiletypen aus dem Produktspektrum des Betriebes festzulegen, die mit dem flexiblen Fertigungssystem hergestellt werden sollen. Das Kriterium für die Auswahl dieser Teiletypen sollte die **Variabilität** eines Teils sein. Da es gerade der Vorteil eines FFS ist, sich an veränderte Kundenwünsche bezüglich eines Teils oder an neue Einsatzmaterialien rasch anpassen zu können, sollten die Teile ausgewählt werden, die häufigen Veränderungen unterliegen. Standardteile, deren Herstellungsprozeß über längere Zeit konstant bleibt, können auf den konventionellen Produktionsanlagen gefertigt werden.

Die ausgewählten "fertigungsvariablen" Teiletypen sind anschließend auf ihre **Ähnlichkeit** zu untersuchen, wobei die Methoden der **Clusteranalyse** (vgl. 1. Kapitel, B. II., S. 7 ff.) eine wertvolle Hilfe sein können. In bezug auf den Fertigungsprozeß (Arbeitspläne und Arbeitsgänge) ähnliche Teiletypen sind zu **Teilefamilien** zusammenzufassen, um übersichtlichere Strukturen zu bilden und die spätere Produktionsplanung zu erleichtern.

b) Kapazität und Flexibilität der Werkzeugmaschinen

Nach Festlegung der zu produzierenden Teiletypen und -familien ist der Typ der Werkzeugmaschinen und/oder Roboter zu bestimmen, der für die Produktion der

Teile technisch geeignet und kostengünstig ist. Abgeleitet vom langfristigen Produktionsprogramm und der Stücklistenauflösung läßt sich der erwartete Teilebedarf pro Planperiode angeben, der seinerseits die **Zahl** und **Kapazität** der anzuschaffenden Werkzeugmaschinen/Roboter determiniert. Gleichzeitig muß auf der Basis der Arbeitspläne für die Teile die **Art** der **Werkzeuge** und die **Größe** des **Werkzeugmagazins** festgelegt werden.

Eine weitere wichtige Aufgabe ist die Wahl des "richtigen" **Flexibilitätsgrades** der Werkzeugmaschinen. Für viele Unternehmen mag ein FFS, das so flexibel wie möglich ist, wünschenswert sein, doch muß man beachten, daß "mehr" Flexibilität in der Regel höhere Kosten bedeutet. So ist z. B. die Steuerung von variablen Teilereihenfolgen und flexiblen Maschinenbelegungen wesentlich komplizierter als einmal getroffene, starre Ablaufregeln zu befolgen.

Es sollte daher gründlich untersucht werden, inwieweit die schnelle Anpassungsfähigkeit an veränderte Marktbedingungen bzw. Kundenwünsche die Kosten einer stärkeren Flexibilisierung rechtfertigt.

c) Das Materialflußsystem

Das Materialflußsystem eines FFS besteht aus den **Transporteinrichtungen** und den **Zwischenlagern** für die zu produzierenden Teile (**Werkstückspeicher**) sowie dem Werkzeugspeicher. Der Transport der Teile zu den einzelnen Maschinen im FFS muß **automatisch** erfolgen, um den angestrebten schnellen Durchfluß zu ermöglichen. Das Unternehmen kann sich entscheiden für

- Fließbänder oder Rollenbahnen,
- schienengebundene Wagen,
- induktiv gesteuerte Fahrzeuge,

wobei zusätzlich die Anzahl und Kapazität der Fahrzeuge so zu bestimmen sind, daß die Transporteinrichtungen nicht zu einem Engpaß des FFS werden.

Die **Zwischenlager** für noch zu bearbeitende Teile (Werkstückspeicher) können **zentral** an einem Platz innerhalb des FFS oder **dezentral** vor jeder Werkzeugmaschine angelegt werden. Die Lager sind so zu dimensionieren, daß die zusätzlichen Lagerkosten durch Vergrößerung des Werkstückspeichers dem Erlöszuwachs durch Verkürzung der mittleren Durchlaufzeit gerade entsprechen.

d) Computerausstattung und -vernetzung

Das flexible Fertigungssystem ist auf eine effiziente Computersteuerung angewiesen. Sie ist zunächst dezentral, da jede Werkzeugmaschine (CNC- oder DNC-Typ), jeder Roboter und das Transportsystem einer eigenen Computersteuerung bedarf, für die geeignete Rechner ausgewählt werden müssen.

Darüber hinaus ist jedoch wichtig, festzulegen, wie diese Computer miteinander **kommunizieren** und die **Datenübertragung** gesteuert werden soll. Empfehlenswert ist eine **Rechnerhierarchie** mit einem "Supervisor" an der Spitze, der die dezentralen Rechner koordiniert und das gesamte FFS als ein **autonomes** System steuert.

II. Implementationsentscheidungen

Nach der Entscheidung über die Spezifikationen des einzuführenden FFS sind Überlegungen anzustellen, wie dieses System konkret **gestaltet** und in den Produktionsprozeß **implementiert** werden soll (Stecke, Design of Flexible Manufacturing Systems 1985, S. 6 f.; Tempelmeier/Kuhn, Flexible Fertigungssysteme 1992, S. 324 ff.)

a) Das Layout des flexiblen Fertigungssystems

Unter dem Layout versteht man die **örtliche Anordnung** der Werkzeugmaschinen/Roboter innerhalb des FFS sowie die räumliche Ausgestaltung des **Materialflußsystems**. Beide beeinflussen direkt die **Transport**wege und -zeiten der Werkstücke zwischen den einzelnen Maschinen und damit auch die Gesamtdurchlaufzeit der zu fertigenden Teile. Das FFS-Layout ist darüber hinaus ein wichtiger Einflußfaktor für die Reihenfolge- und Maschinenbelegungsplanung im Rahmen der Produktionssteuerung.

b) Die Paletten

Auf den Paletten werden die im FFS zu bearbeitenden Teile in das System eingeschleust. Die Anzahl verfügbarer Paletten bestimmt die maximale Anzahl von Teilen, die gleichzeitig im FFS bearbeitet werden können. Diese Palettenzahl muß sorgfältig bestimmt werden, da zu wenige Paletten **Wartezeiten** der Werkstücke und eine **ungünstige Kapazitätsauslastung** des FFS nach sich ziehen, während zu viele Paletten - falls sie zu wenig genutzt werden - **vermeidbare Kosten** verursachen.

c) Die Spannvorrichtungen

Mit Hilfe der Spannvorrichtungen werden die Werkstücke aufgespannt und damit für die Bearbeitung auf den Werkzeugmaschinen vorbereitet. Ähnlich wie bei den Paletten muß die Zahl der Spannvorrichtungen so festgelegt werden, daß keine vermeidbaren Wartezeiten der zur Einschleusung anstehenden Teile auftreten, aber auch keine Spannvorrichtungen ungenutzt bleiben und nur kostbaren Lagerplatz beanspruchen.

d) Software für die FFS-Steuerung

Soll das FFS entsprechend seiner Leistungsfähigkeit genutzt werden, ist eine umfangreiche und komplexe Steuerungssoftware erforderlich. Sie umfaßt vor allem

- die **Ablauf**steuerung des gesamten FFS,
- die Verwaltung der **Werkzeuge**,
- die Verwaltung der **Zwischenläger**,
- die **Belegung** der Werkzeugmaschinen mit Werkstücken,
- die **Kontrolle** der tatsächlichen Produktionsdurchführung.

Diese Aufgaben der FFS-Software leiten bereits zur Produktionsplanung und -steuerung über, der wir uns nun zuwenden.

B. Produktionsplanung für flexible Fertigungssysteme

Die Produktion in einem FFS weist gegenüber der Logik der für konventionelle Werkstatt- und Fließfertigung konzipierten PPS-Systeme einige Besonderheiten auf, die berücksichtigt werden müssen, sollen die bereits eingehend besprochenen Vorzüge von flexiblen Fertigungssystemen hinsichtlich kurzer Durchlaufzeiten und rascher Produktionsanpassungen voll zur Geltung kommen.

Diese Besonderheiten, die Modifikationen und Ergänzungen der Produktionsplanung nach sich ziehen, beziehen sich auf folgende Problemkreise:

- Auswahl der Teiletypen, die **gleichzeitig** im FFS bearbeitet werden sollen,
- Bildung von **Maschinengruppen** mit jeweils gleicher Werkzeugausstattung,
- Zuordnung von **Arbeitsgängen** und dafür benötigter Werkzeuge zu den Maschinengruppen,
- Zuordnung der **Paletten** und **Spannvorrichtungen** zu den ausgewählten Teiletypen.

Diese Problemkomplexe und Möglichkeiten zu ihrer Lösung sollen im folgenden näher betrachtet werden.

I. Die Planung des Teiletypen-Produktionsprogramms

Bei diesem Problem geht es um die Bestimmung der Produktionsmengen von **den** Teiletypen, die während des Planungszeitraums **gleichzeitig** im FFS gefertigt werden sollen. Da auf dieser Planungsstufe - genau wie in der Programmplanung der PPS-Systeme - noch keine Arbeitsgänge den Maschinen zugeordnet sind, kann der Vergleich zwischen Kapazitätsbedarf und zur Verfügung stehender Kapazität des FFS nur in grober, **aggregierter** Form durchgeführt werden.

Diese **Kapazitätsbetrachtung** bezieht sich auf

- die durchschnittliche **Produktionskapazität** jedes Maschinentyps im FFS während der Planperiode,
- den aggregierten **Bedarf** an **Produktionszeit** der Teiletypen auf den einzelnen Maschinentypen,
- die **Kapazität** des **Werkzeugmagazins** jedes Maschinentyps,
- die Zahl der **Plätze** (slots), die ein Werkzeug im Werkzeugmagazin einnimmt und
- die maximale Zahl der **Spannvorrichtungen**, die einem Teiletyp zugeordnet werden können.

Das Teiletypen - Produktionsprogramm ist nun so zu bestimmen, daß unter Beachtung dieser vorgegebenen Kapazitätsgrenzen die Zielsetzung des Unternehmens optimiert wird.

Eine mögliche Zielfunktion könnte die Einhaltung der den Kunden **zugesagten Liefertermine** oder die Minimierung der Durchlaufzeit der ausgewählten Teiletypen sein. Hierfür gibt es in der Literatur noch keine quantitativen Ansätze.

Im angelsächsischen Raum werden neben der Minimierung der Rüstzeiten (Hwang, Part Selection 1986) vor allem **Kostenüberlegungen** in den Vordergrund gestellt, die mit der **Unter**- bzw. **Überauslastung** des FFS entstehen. Sie beruhen auf der Tatsache, daß ein zweckmäßig entworfenes FFS am kostengünstigsten arbeitet, wenn es nahe seiner **Normalkapazität** beschäftigt ist.

Hieraus entwickelt **Stecke** (FMS Part Type Selection 1988, S. 10 ff.) die Zielfunktion, die Abweichungen der Kapazitätsinanspruchnahme von der Normalkapazität zu minimieren und formuliert folgendes **ganzzahliges Optimierungsmodell**, das die Restriktionen von S. 380 einhält:

Zielfunktion

(196) $$Z = \sum_k C_{k1} x_{k1} + \sum_k C_{k2} x_{k2} \Rightarrow \text{Min!}$$

Kapazitätsbedingungen

Maschinen

(197) $$\sum_i p_{ik} a_i - x_{k1} + x_{k2} = W_k \qquad \text{für alle k}$$

Werkzeugmagazine

(198) $$\sum_c d_{ck} y_{ck} \leq t_k \qquad \text{für alle k}$$

Spannvorrichtungen

(199) $$a_i \leq f_i \qquad \text{für alle i}$$

Werkzeug-/Werkstückzuordnung

(200) $$\sum_i b_{ick} a_i \leq M y_{ck} \qquad \text{für alle c, k}$$

Nichtnegativitäts- und Ganzzahligkeitsbedingungen

(201) $a_i \geq 0$ und ganzzahlig! für alle i

(202) $y_{ck} = 0$ oder 1 für alle c, k

(203) $x_{k1}, x_{k2} \geq 0$ für alle k

Die Symbole haben dabei folgende Bedeutung:

Indizes:

- i Teiletypen
- k Maschinentypen
- c Werkzeugtypen

Daten:

- C_{k1} Kosten pro Maschinenstunde Überlastung von k
- C_{k2} Kosten pro Maschinenstunde Unterauslastung von k
- p_{ik} Bearbeitungszeit eines Stücks des Typs i auf Maschinentyp k
- W_k Normalkapazität von Maschinentyp k in der Planperiode
- d_{ck} Zahl der Plätze (slots), die ein Werkzeug vom Typ c im Werkzeugmagazin des Maschinentyps k belegt

t_k Kapazität des Werkzeugmagazins vom Maschinentyp k (in slots)
f_i Höchstzahl von Spannvorrichtungen, die für den Teiletyp i geeignet sind
b_{ick} 1, wenn Teiletyp i Werkzeugtyp c auf Maschinentyp k erfordert, sonst 0
M sehr große Zahl

Variable:

x_{k1} Überlastung des Maschinentyps k in Stunden pro Planperiode
x_{k2} Unterauslastung des Maschinentyps k in Stunden pro Planperiode
a_i Produktionsmenge des Teiletyps i in der Planperiode
y_{ck} Zuordnungsvariable Werkzeug/Maschine
1, wenn Werkzeugtyp c an einer Maschine des Typs k eingesetzt wird, sonst 0

Mit Hilfe dieses Modells können die Produktionsmengen der gleichzeitig in der Planperiode zu bearbeitenden Teiletypen ermittelt werden, die zu einer möglichst **gleichmäßigen Kapazitätsauslastung** des gesamten flexiblen Fertigungssystems führen.

Kritisch sind folgende Punkte anzumerken:

- Das Modell erreicht bei der praktischen Anwendung rasch die **Grenzen** der **numerischen Auswertung**, da bereits bei 50 Teiletypen, 10 Maschinentypen und 60 Werkzeugtypen 650 ganzzahlige Variable auftreten.
- Es fehlt eine **Begrenzung** der "**Überlastfähigkeit**" des Systems, die sicher nicht beliebig ausgedehnt werden kann.
- Die Zielfunktion müßte **nicht-linear** formuliert werden, da die Kosten überproportional mit dem Grad der Überlastung ansteigen.
- Das Modell steht auf **hohem Aggregationsniveau**, da über die Maschinengruppierung und die Zuordnung der Arbeitsgänge in diesem Planungsstadium noch nicht entschieden werden kann.

II. Die Bildung von Maschinengruppen

Die Werkzeugmaschinen (bzw. Bearbeitungszentren) eines flexiblen Fertigungssystems können zu Gruppen zusammengefaßt werden (engl. **pooling**), die zwei Bedingungen erfüllen sollten:

- die Maschinen einer Gruppe sind mit den **gleichen Werkzeugen** ausgestattet und
- sie können **dieselben Arbeitsoperationen** an den Werkstücken verrichten.

Es konnte gezeigt werden (vgl. Kleinrock, Queuing Systems 1976 und Stecke/-Solberg, Machine Group Sizes 1982), daß die Bildung von Maschinengruppen die Effizienz eines flexiblen Fertigungssystems verbessert, da die Wahrscheinlichkeit, daß ein Werkstück warten muß, weil keine Maschine für den nächsten Arbeitsgang verfügbar ist, mit der Größe der Gruppen abnimmt. Darüber hinaus ergibt sich eine größere "Routen-Flexibilität" für die Teiletypen, wenn verschiedene Wege durch das FFS eingeschlagen werden können.

Die Bestimmung einer optimalen Maschinengruppierung erfolgt in zwei Schritten (Stecke, Nonlinear Production Planning 1983, S. 277 ff.):

- Ermittlung der **optimalen Anzahl** von Maschinengruppen mit Hilfe eines nichtlinearen ganzzahligen Optimierungsmodells,

- **Zuordnung** der Maschinen zu den Maschinengruppen mit einem Warteschlangen-Netzwerk.

Beide formalen Lösungsansätze gehen auf Grund ihrer Komplexität über den Rahmen dieses Lehrbuchs hinaus, so daß hier nur die in zwei Aussagen zusammengefaßten Ergebnisse wiedergegeben werden sollen:

- Die am Erwartungswert des Werkstück-Durchflusses gemessene Effizienz eines flexiblen Fertigungssytems ist um so höher, je kleiner die **Anzahl** der **Maschinengruppen** und damit je größer die durchschnittliche Anzahl von Maschinen in einer Gruppe ist.
- Der erwartete Werkstück-Durchfluß ist - bei festgelegter Gruppenanzahl - um so höher, je **unausgewogener** die **Gruppengrößen** sind.

III. Die Zuordnung von Arbeitsgängen und Werkzeugen zu den Maschinen

Nach der Zuordnung der einzelnen Maschinen zu Maschinengruppen muß als nächstes Problem die **Einlastung** der **Werkstücke** auf den Maschinen unter Beachtung der verfügbaren Maschinen- und Werkzeugkapazitäten vorgenommen werden (engl. loading). Hierfür ist eine Zuordnung der Arbeitsgänge zu den einzelnen Maschinen erforderlich, die mit einem **ganzzahligen Optimierungsmodell** ähnlicher Struktur wie in Abschnitt I., S. 381 f. in Angriff genommen werden kann.

Als **Zielsetzung** wird eine möglichst **gleichmäßige Auslastung** aller Maschinen des flexiblen Fertigungssystems angestrebt, da dies nach den Erfahrungen der Praxis einen hohen Durchfluß von Teiletypen gewährleistet. Es sind daher wieder die **Unterauslastungen** und **Überlastungen** der Kapazitäten zu **minimieren**.

Stecke schlägt hierfür folgendes Modell vor, wobei diesmal auf eine Kostenbetrachtung verzichtet wird (Stecke, Planning a Particular FMS 1991, S. 12 ff.):

Zielfunktion

$$(204) \qquad Z = \sum_k (x_{k1} + x_{k2}) \Rightarrow \text{Min!}$$

Kapazitätsbedingung des FFS

$$(205) \qquad \sum_k \left(\sum_j x_{jk} p_j - x_{k1} + x_{k2}\right) = W$$

Zuordnungsbedingungen der Arbeitsgänge

$$(206) \qquad \sum_k x_{jk} = 1 \qquad \text{für alle } j$$

$$(207) \qquad y_{jk} \geq x_{jk} \qquad \text{für alle } j, k$$

$$(208) \qquad 2 \leq \sum_k y_{jk} \leq 3 \qquad \text{für alle } j$$

Kapazitätsbedingungen der Werkzeugmagazine

(209) $\sum_{j} d_j \; y_{jk} \quad \leq \quad t_k$ für alle k

Nichtnegativitäts- und Ganzzahligkeitsbedingungen

(210) $y_{jk} \quad = \quad 0$ oder 1 für alle j, k

(211) $x_{jk}, \; x_{k1}, \; x_{k2} \quad \geq \quad 0$ für alle j, k

Die Symbole haben folgende Bedeutung:

Indizes:

j Arbeitsgänge
k Maschinentypen

Daten:

p_j Benötigte Arbeitszeit für den Arbeitsgang j
W Kapazität des FFS in der Planperiode
d_j Zahl der Werkzeugmagazin-Plätze (Slots), die für den Arbeitsgang j erforderlich sind
t_k Kapazität des Werkzeugmagazins von Maschine k (in slots)

Variable:

x_{k1} Überlastung von Maschine k in Stunden pro Planperiode
x_{k2} Unterauslastung von Maschine k in Stunden pro Planperiode
x_{jk} Anteil der für den Arbeitsgang j benötigten Arbeitszeit, der Maschine k zugeordnet wird (dimensionslos)
y_{jk} Zuordnungsvariable Arbeitsgang/Maschine
1, wenn Arbeitsgang j Maschine k zugewiesen wird, sonst 0

Mit diesem Modell werden die **optimalen Anteile** jedes Arbeitsganges berechnet, die auf den einzelnen Maschinen auszuführen sind. Dabei wird eine möglichst gleichmäßige Auslastung der Maschinen unter Beachtung der Gesamtkapazität W des FFS (Gleichung (205)) angestrebt. Gleichung (206) stellt sicher, daß jeder Arbeitsgang von mindestens einer Maschine ausgeführt wird, während Gleichung (208) die alternativen Routen durch das FFS eingrenzt, indem festgelegt wird, daß jeder Arbeitsgang mindestens 2 höchstens jedoch 3 Maschinen zugeordnet wird, um im Falle einer Maschinenstörung auf eine andere Maschine ausweichen zu können. Gleichung (209) setzt voraus, daß die Teile-Typen **verschiedene** Werkzeuge benötigen. Kann man bei unterschiedlichen Teiletypen gleiche Werkzeuge verwenden, benötigt man weniger Magazinplätze und (209) muß durch eine komplizierte nicht-lineare Nebenbedingung ersetzt werden. Wegen weiterer Einzelheiten sei auf die Originalliteratur verwiesen (vgl. Stecke, Planning a particular FMS 1991, S. 13).

IV. Festlegung von Paletten und Spannvorrichtungen für die Teiletypen

Bevor die ausgewählten Teiletypen auf den Werkzeugmaschinen des FFS bearbeitet werden können, müssen sie für die im FFS durchzuführenden Arbeitsgänge vorbereitet werden. Dazu muß jedes Stück eines Teiletyps (z. B. eine Achswelle) mit Hilfe einer **Spannvorrichtung**, die auf einer **Palette** angeordnet ist, so exakt aufgespannt werden, daß die Arbeitsgänge im System vollautomatisch ausgeführt werden können.

Der Aufbau einer Spannvorrichtung aus Spannmitteln (Spannblöcke, Winkel usw.) geschieht auf Rüstplätzen und ist eine **Umrüstung**, die für jeden Teiletyp gesondert anfällt und entsprechende **Rüstkosten** verursacht. Man kann nun alle Stücke eines Teiletyps, d. h. das ganze Los, **nacheinander** auf **derselben** Palette mit **einer** Spannvorrichtung durch das FFS schleusen oder aber **mehrere** Paletten mit jeweils der **gleichen** Spannvorrichtung aufrüsten, um einige - oder gar alle - Stücke des Loses **gleichzeitig** im FFS bearbeiten zu können und damit die Wartezeit der Stücke vor dem FFS erheblich zu verkürzen. Diese Problemstellung ist ein typisches **Optimierungsproblem** mit **kapazitativen** Nebenbedingungen. Die Kapazitätsbedingungen betreffen in erster Linie

- die **Anzahl** der verfügbaren **Rüstplätze** und **Paletten** sowie
- die vorhandene Ausstattung mit **Spannmitteln** (Spannblöcke, Winkel, Bolzen, usw.),

die beim Entwurf des flexiblen Fertigungssystems bereits festgelegt werden und für die kurzfristige Produktionsplanung unveränderbare **Daten** sind.

Das Optimierungsproblem kann so formuliert werden:

Unter Beachtung der vorhandenen Rüstplätze und Spannmittel sollten so viele Paletten für einen Teiletyp aufgerüstet werden, daß die **Kosten** für Umrüstungen und für die Wartezeit der Stücke eines Teiletyps vor dem FFS minimiert werden. Diese theoretische Zielsetzung kann jedoch in der Praxis nicht überprüft werden, da die Umrüstkosten und erst recht die "Wartekosten" in der Regel nicht genau genug spezifiziert werden können.

Da mit jeder **zusätzlichen** Aufrüstung einer Palette die personalkostenintensive **Rüstzeit** ansteigt, die **Wartezeit** der Stücke eines Teiletyps hingegen zurückgeht, kann man unter der Voraussetzung, daß der schnellere Durchfluß des Teiletyps auch zu einem schnelleren Erlöseingang führt, als "Ersatzzielsetzung" auch die Summe aus **Rüst**- und **Wartezeit minimieren**.

Die Lösung dieses Problems ist relativ einfach, wenn die Rüstzeit einer Palette die Bearbeitungszeiten der Werkstücke des Teiletyps im FFS **wesentlich** übersteigt, da dann nur eine Palette mit einer Spannvorrichtung für diesen Teiletyp ausgerüstet wird.

Ist der Sachverhalt nicht so offensichtlich, so muß ein Optimierungsmodell entwickelt werden, das dieses Zuordnungsproblem von Paletten/Spannmitteln zu Teiletypen **simultan** für **alle** ausgewählten Teiletypen unter Beachtung der obigen Kapazitätsbedingungen löst. Dabei tritt das zusätzliche Problem auf, daß manche Teiletypen spezielle Paletten mit besonderen Bohrungen benötigen, andere hingegen auf Standard-Paletten befestigt werden können. Die speziellen Paletten verhalten sich dann wie **Engpässe**, um die die Teiletypen konkurrieren. Ein solches Modell übersteigt den Rahmen dieses Lehrbuches.

C. Produktionssteuerung von flexiblen Fertigungssystemen

I. Praxisbeispiel

Wie bereits erwähnt, sind die zuvor dargestellten Optimierungsmodelle nur dann anwendbar, wenn das flexible Fertigungssystem ein begrenztes Teilespektrum (ca. 10 - 25 Teiletypen) mit wenigen Werkzeugen komplett bearbeitet. Solche dedizierten Produktionssysteme, die größtenteils aus acht und mehr Bearbeitungszentren bestehen, werden z.B. in der Automobilindustrie verwendet, um verschiedene Varianten von Motorgehäusen herzustellen. Auf der anderen Seite haben sich diese komplexen Produktionseinrichtungen als relativ störanfällig und langfristig inflexibel erwiesen, so daß in der Praxis zunehmend **einfache flexible Fertigungssysteme** eingesetzt werden. Diese Form von flexiblen Fertigungssystemen, die zumeist in einen Werkstattfertigungsprozeß integriert ist, besteht aus einer geringen Anzahl von Maschinen und führt nur wenige Arbeitsschritte an einem relativ großen Teilespektrum durch. Um eine Vorstellung von den Problemgrößen der Einlastungsplanung bei einfachen flexiblen Fertigungssystemen zu vermitteln, soll im folgenden Abschnitt ein Praxisbeipiel erläutert werden.

Das untersuchte **flexible Fertigungssystem** wird in der Großteilefertigung eines deutschen Maschinenbau-Unternehmens eingesetzt und besteht aus drei identischen Fritz Werner 2.6 TC-Bearbeitungszentren, die über ein schienengebundenes Transportsystem miteinander verkettet sind (s. Abb. 110). Die CNC-Bearbeitungszentren sind universelle Bohr- und Fräsmaschinen, die jeweils über einen lokalen Input- und Outputpalettenspeicher verfügen. Für das Spannen und die Zwischenlagerung der Werkstücke stehen insgesamt 3 Rüstplätze sowie 15 Pufferstationen bereit.

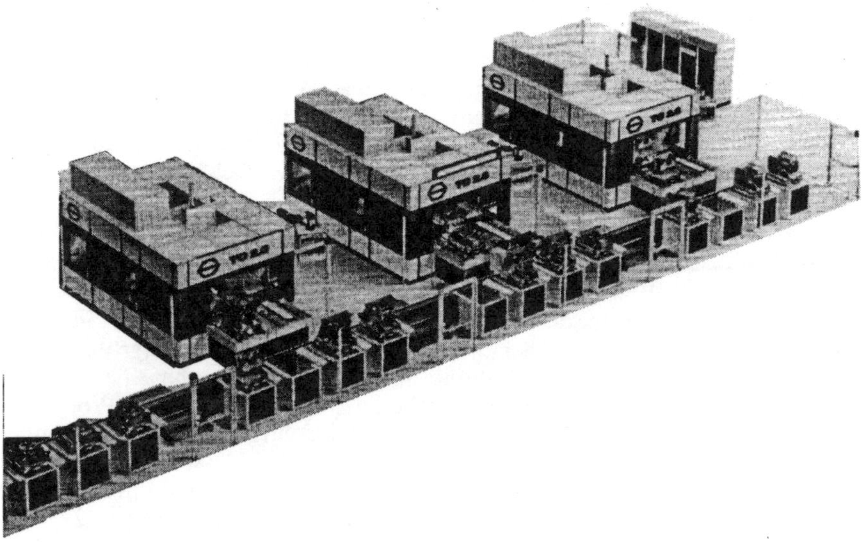

Abb. 110 Beispiel eines einfachen flexiblen Fertigungssystems (Werner FFS 2.6)

Das **Produktionsprogramm** des flexiblen Fertigungssystems umfaßt ca. 100 Teiletypen, wie z.B. Gehäuse, Halter, Trommeln und Dichtklötze, die in verschiedenen Varianten mit einer durchschnittlichen Losgröße von 15 Teilen gefertigt werden. Dabei werden sehr unterschiedliche Materialien, wie z.B. Gußeisen, Aluminium, Plastik und Stahl verarbeitet. Dieses komplexe Teiletypenprogramm sowie die verschiedenen Materialien erfordern den Einsatz von ca. 1000 **Werkzeugen**, wobei jedes Bearbeitungszentrum über ein lokales Werkzeugmagazin mit einer Kapazität von 108 Speicherplätzen verfügt. Darüber hinaus sind im System 18 Paletten mit drei verschiedenen Spannvorrichtungen vorhanden.

Die **Bearbeitungszeiten** der einzelnen Werkstücke variieren zwischen 8 und 92 Minuten, während die Rüstzeit für jede Spannung ca. 15 Minuten beträgt. Außerdem wird das Be- und Entladen der Werkzeugmagazine manuell durchgeführt und dauert im Durchschnitt 30 Minuten, einschließlich der Inspektion der Werkzeuge. Das schienengebundene Transportfahrzeug, das sich mit einer Geschwindigkeit von 30 Metern/Min. bewegt, stellt laut einer Studie des Herstellers keinen Engpaß bei der Produktion dar.

Zur Zeit erfolgt die **Einlastungsplanung** des untersuchten flexiblen Fertigungssystems manuell, mit dem Ziel, einen zulässigen Maschinen- bzw. Werkzeugmagazinbelegungsplan zu finden. Die Reihenfolge, in der die Fertigungsaufträge in das System eingelastet werden, orientiert sich dabei an den **geplanten Fertigstellungsterminen**, welche durch das zentrale PPS-System vorgegeben sind. Im Rahmen der Einlastungsplanung werden die Produktionsaufträge entsprechend ihrer **Materialart** den Bearbeitungszentren zugeordnet, so daß eine Maschine hauptsächlich Guß- und eine zweite Aluminiumteile bearbeitet. Auf der dritten CNC-Maschine werden die restlichen Materialien gefertigt. Die somit erreichte Reduktion des Planungsaufwandes führt allerdings zu einer wesentlich geringeren Auslastung und Flexiblität des Systems.

Eine weitere Vereinfachung der Magazinierungsplanung wird im betrachteten Unternehmen durch eine **Standardisierung** der **Werkzeugmagazinbelegung** erreicht. So sind alle Bearbeitungszentren mit einem Satz von Standardwerkzeugen ausgerüstet, die während des Betriebes häufig genutzt werden. Für die restlichen Werkzeuge erfolgt die Belegungsplanung der Werkzeugmagazine anhand von **Differenzlisten**, d.h. es sind nur diejenigen Werkzeuge in die lokalen Magazine zu laden, die für den nächsten Produktionsauftrag zusätzlich benötigt werden. Diejenigen Werkzeuge, die für die nächsten drei Aufträge nicht eingeplant sind, werden entladen.

Durch die zunehmende **Integration** des FF-Systems in den **Werkstattfertigungsprozeß** haben sich auch die Zielgrößen der Produktionssteuerung verändert. Während in der Einführungsphase des Systems eine hohe Maschinenauslastung angestrebt wurde, werden nun in der Produktion kurze Auftragsdurchlaufzeiten unter Berücksichtigung der geplanten Fertigstellungstermine verfolgt. Diese beiden Zielgrößen lassen sich mit Hilfe einer **kombinierten Zielfunktion** (KZF) abbilden, die sowohl die mittlere Durchlaufzeit (1) als auch die mittlere Verspätungszeit (2) der Produktionsaufträge minimiert. Ein **Produktionsauftrag** in einem flexiblen Fertigungssystem setzt sich, je nachdem wieviele Werkstücke auf eine Palette gespannt sind, aus mehreren Palettenaufträgen zusammen, so daß gilt:

p_{ij} - Bearbeitungszeit von Arbeitsgang i des Palettenauftrages j
w_{ij} - Wartezeit des Arbeitsganges i des Palettenauftrages j
d_j - geplanter Fertigstellungstermin des Palettenauftrages j
r_j - Freigabezeitpunkt des Palettenauftrages j
n - Anzahl der fertiggestellten Palettenaufträge
α - Gewichtung der Zielgrößen mit $0 \leq \alpha \leq 1$

(1) Mittlere Durchlaufzeit der Palettenaufträge (MDLZ):

$$MDLZ = \frac{1}{n} \left(\sum_{ij} p_{ij} + \sum_{ij} w_{ij} \right)$$

(2) Mittlere Verspätungszeit der Palettenaufträge (MVZ):

$$MVZ = \frac{1}{n} \sum_{j} \max \left[0 , r_j + \sum_{i} p_{ij} + \sum_{i} w_{ij} - d_j \right]$$

(3) Kombinierte Zielfunktion (KZF):

$$KZF = \alpha \cdot MDLZ + (1 - \alpha) \cdot MVZ$$

Auf eine weitere mathematische Formulierung des dargestellten Planungsproblems in Form eines LP-Modells soll hier verzichtet werden, da dieses Modell unter Berücksichtigung der dynamischen Werkzeugbelegung sowie der Reihenfolge-, Puffer-, Spannmittel-, Paletten- und Werkzeugmagazinrestriktionen zu umfangreich wäre, um es numerisch zu lösen. Vielmehr soll auf den bereits dargestellten Ansatz der **Akzeptanzalgorithmen** zurückgegriffen werden.

II. Produktionssteuerung eines flexiblen Fertigungssystems mit Hilfe von Akzeptanzalgorithmen

Das Ziel ist es, den Planungprozeß der Auftragseinlastung, der zur Zeit manuell erfolgt, mit Hilfe von Akzeptanzalgorithmen zu unterstützen (vgl. Hansmann 1996, Produktionssteuerung eines FFS). Dabei entspricht der Ablauf des iterativen Verbesserungsverfahrens weitestgehend dem Ansatz bei der konventionellen Maschinenbelegung (vgl. 10 Kap. B.III.c, S. 354 f.), so daß hier nur die Veränderungen bzw. Erweiterungen dargestellt werden.

Gegenüber der klassischen Werkstattfertigung zeichnet sich die Produktion innerhalb eines flexiblen Fertigungssystems durch eine erhöhte Maschinen- und Routenflexibilität aus. Diese beiden Flexiblitätsarten können im Rahmen der Akzeptanzalgorithmen berücksichtigt werden, indem die **Nachbarschaftssuche** erweitert wird. Zum einen kann, entsprechend wie bei der konventionellen Maschinenbelegung, die Einlastungsreihenfolge der Fertigungsaufträge verändert werden (vgl. S. 356). Dieser Vertauschungs-mechanismus (TM1) spiegelt die **Maschinenflexibilität**, d.h. die Anpassungsfähigkeit der Bearbeitungszentren an verschiedene Produktionsaufgaben (Arbeitsgänge), wider. Zum anderen können die **Aufträge**, die ursprünglich mit Hilfe des

Eröffnungsverfahrens einer Maschine zugeordnet worden sind, auf ein anderes Bearbeitungszentrum **verschoben** werden (vgl. Abb. 111). Durch diesen Vertauschungsmechanismus (TM2) wird die **Routenflexibilität**, d.h. der wahlfreie Werkstückfluß in einem flexiblen Fertigungssystem simuliert.

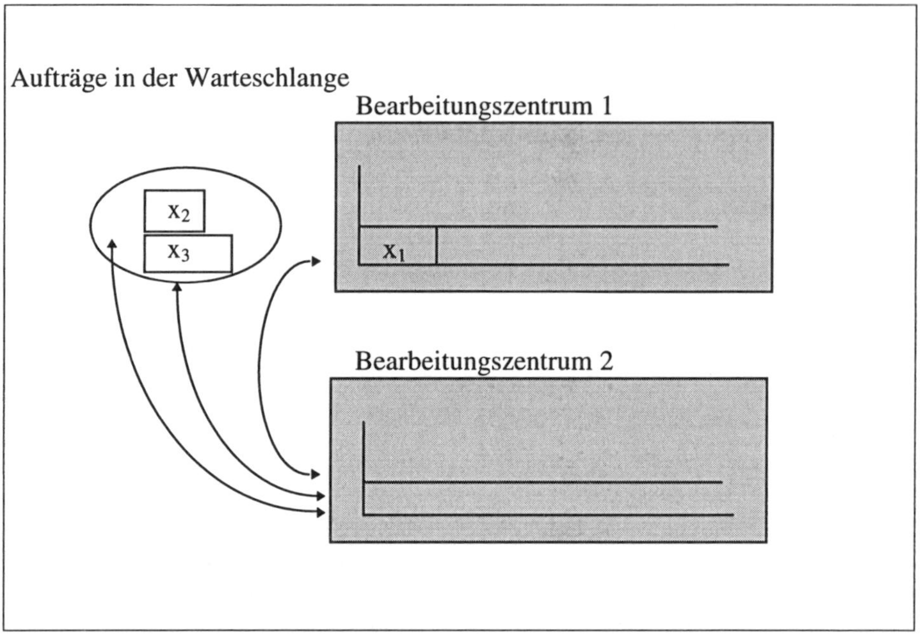

Abb. 111 Verschiebung der Aufträge in einem flexiblen Fertigungssystem

Neben der Erweiterung der Nachbarschaftssuche soll eine neue **Akzeptanzbedingung** eingeführt werden. Das bekannteste Beipiel und gleichzeitig Ursprung der Akzeptanzverfahren ist der **Simulated Annealing-Algorithmus**. Im Gegensatz zum Threshold Accepting - Verfahren, das einen fest vorgegebenen Schwellenwert benutzt, werden hier neue Lösungsvorschläge mit einer bestimmten Wahrscheinlichkeit akzeptiert. Dabei ist die **Akzeptanzwahrscheinlichkeit** p mit der eine Ergebnisveränderung (Δ) angenommen wird von der Höhe der Ergebnisverschlechterung und dem Steuerungsparameter C abhängig (vgl. van Laarhoven/Aarts/Lenstra 1992) :

$$p(\Delta) = \begin{cases} \exp\left(-\frac{\Delta}{C}\right) & \text{für } \Delta > 0 \\ 1 & \text{für } \Delta \leq 0 \end{cases}$$

Die Akzeptanzwahrscheinlichkeit von schlechteren Lösungen sinkt demnach je größer die Abweichung zum aktuellen Zielfunktionswert und je niedriger der Kontrollparameter ist. Beim Simulated Annealing wird somit im Vergleich zum zuvor dargestellten Akzeptanzalgorithmus eine **ausgereiftere** Akteptanzbedingung benutzt, welche i.d.R. zu besseren Ergebnissen führt. Auf der anderen Seite benötigt die Berechnung der Wahrscheinlichkeit **mehr Rechenzeit**, die insbesondere bei großen Problemen mit einer Vielzahl von Iterationen einen entscheidenden Faktor darstellt. Genauso wie beim Threshold-Algorithmus müssen sowohl der Anfangswert als auch die planmäßige Senkung (engl. cooling schedule) des Steuerungsparameters C problemspezifisch festgelegt werden. Insgesamt läßt sich der Verfahrensablauf des Simulated Annealing-Algorithmus, wie folgt darstellen (vgl. Reeves, Modern Heuristic 1993):

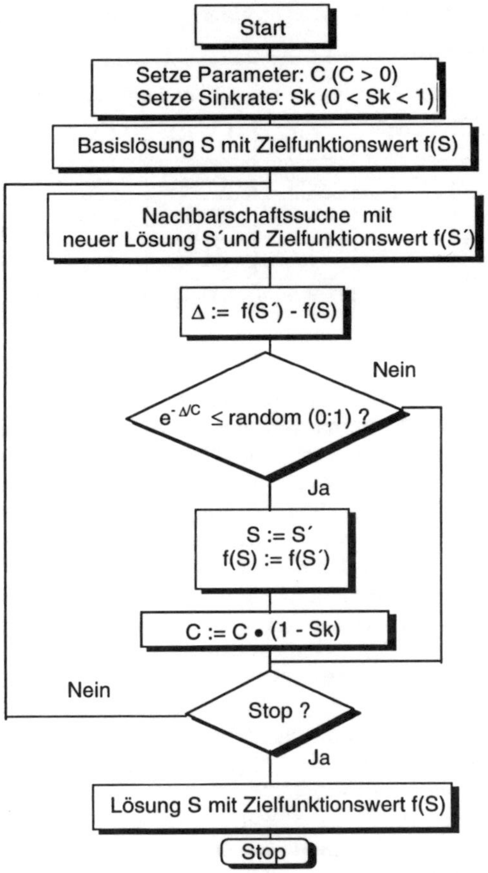

Abb. 112 Verfahrensablauf des Simulated Annealing-Algorithmus

III. Ergebnisse einer Simulationsuntersuchung

Die industrielle Anwendung des Simulated Annealing-Algorithmus zur Produktionssteuerung eines flexiblen Fertigungssystemes soll im folgenden mit Hilfe eines Simulationsprogrammes analysiert werden. Die Inputgrößen der Simulationsuntersuchung basieren auf dem exakten Produktionsprogramm von drei 8 Std.-Schichten (1440 Min) sowie auf den Arbeitsplänen der zu fertigenden Teiletypen. Grundlage der Simulation ist ein Auftragsbestand, der aus 6 verschiedenen Produktionsaufträgen (Teiletypen) besteht. Die einzelnen

Fertigungsaufträge unterteilen sich je nach Teiletyp in 3 bis 20 Palettenaufträge mit 2 - 8 Arbeitsgängen pro Palettenauftrag, wobei jeder Arbeitsgang auf allen drei Bearbeitungszentren durchgeführt werden kann.

Für die kombinierte Zielfunktion (KZF) wurde in Abstimmung mit dem Kooperationsunternehmen eine Zielgrößengewichtung von $\alpha = 0{,}25$ festgelegt. In Tab. 64 sind die Leistungsdaten des FF-Systems sowie die Ergebnisse der Ausgangslösungen, die durch verschiedene Prioritätsregelverfahren erzeugt wurden, zusammengefaßt.

Tab. 64 Leistungsdaten des FF-Systems bei Anwendung verschiedener Prioritätsregeln

Leistungsdaten des FFS	**SPT**	**LPT**	**LWKR**	**MWKR**	**TWORK**	**EDD**
Zykluszeit [Minuten]	1.369,00	1.393,00	1.326,00	1.266,00	1.251,00	1.334,00
MDLZ [Minuten]	407,81	451,37	371,11	448,62	422,35	414,62
MVZ [Minuten]	30,02	34,21	24,57	17,90	16,37	25,40
KZF	124,56	138,50	111,21	125,58	117,87	122,71
Systemauslastung	0,53	0,53	0,55	0,57	0,58	0,53

Insgesamt betrachtet, ergibt sich in diesem Beispiel eine vergleichsweise geringe Auslastung des FF-Systems, welches im wesentlichen auf den manuellen Werkzeugwechsel zurückzuführen ist. Darüber hinaus zeigen die Ergebnisse der Einlastungsplanung, daß die Leistung des betrachteten FF-Systems durch die Wahl der Prioritätsregel (vgl. S. 351 f.) stark beeinflußt wird. Mit Hilfe der **TWORK-Regel**, die sich an der geringsten Gesamtbearbeitungszeit eines Palettenauftrages orientiert, wird z.B. eine niedrige Zykluszeit bzw. eine hohe Systemauslastung erreicht. Dagegen können durch die Anwendung der **LWKR-Regel** (= geringste Summe der noch ausstehenden Bearbeitungszeiten) die mittlere Durchlaufzeit der Palettenaufträge und der kombinierte Zielfunktionswert gesenkt werden. Beide Prioritätsregeln erreichen bessere Einlastungspläne als die Regel des „kürzesten Fertigstellungstermins" (EDD-Regel), die momentan zur Produktionssteuerung des untersuchten FF-Systems verwendet wird. Wie bereits mehrere Simulationsuntersuchungen zur Produktionssteuerung von FF-Systemen gezeigt haben (vgl. Vollmann, Manufacturing Planning 1992, S. 558 f.) erzielen auch in diesem Beispiel diejenigen Prioritätsregeln, die sich an der Bearbeitungszeit des **gesamten Auftrags** orientieren (TWORK, LWKR, MWKR), bessere Ergebnisse als diejenigen Maschinenbelegungsheuristiken, die sich ausschließlich an der Durchführungszeit eines Arbeitsganges orientieren (SPT, LPT).

Auf der Grundlage dieser Ausgangslösungen soll das Simulated Annealing-Verfahren getestet werden, wobei folgende Parametereinstellungen zugrundegelegt wird:

Tab. 65 Parameterkonfiguration

C	*Sk*
10	0,1
15	0,1
20	0,1

Anhand dieser Parametereinstellungen und der dargestellten Prioritätsregeln wurden mehrere Simulationsläufe durchgeführt, die zu folgenden Ergebnissen führten (vgl. Hansmann/Hoeck, Production Control, S. 16):

Tab. 66 Einfluß der Vertauschungsmechanismen auf die Effizienz der Akzeptanzalgorithmen

TM	Heuristik	S_0	S_n	σ_{Sn}	%
TM1	Simulated Annealing	123,4	106,5	6,26	14
	Iteratives Verbesserungsverf.		109,28	6,4	11
TM2	Simulated Annealing		112,79	8,48	9
	Iteratives Verbesserungsverf.		118,72	6,12	4

In der Tabelle ist der Mittelwert der Ausgangslösungen (S_0) sowie die mittleren, besten Lösungen (S_n) aufgeführt, die durch den Simulated Annealing-Algorithmus mit unterschiedlichen Paramter- und Prioritätsregelkombinationen erreicht wurden. Darüber hinaus wird die Standardabweichung (σ_{Sn}) dieser Lösungen dargestellt sowie die Ergebnisse eines iterativen Verbesserungsverfahrens, bei dem nur Ergebnisverbesserungen akzeptiert werden. Hierbei wird deutlich, daß mit Hilfe des Simulated Annealing-Verfahrens die Ausgangslösungen zwischen 9 % und 14 % verbessert werden konnten. Die Standardabweichung der erreichten Lösungen ist unter Berücksichtigung der unterschiedlichen Parametereinstellungen und Prioritätsregeln gering. Für das betrachtete FF-System erzielt der Vertauschungsmechanismus TM1, der auf der Maschinenflexibilität der Bearbeitungszentren beruht, bessere Ergebnisse als der Vertauschungsmechanismus TM2, welcher die Routenflexibilität des Systems widerspiegelt. Abschließend läßt sich sagen, daß durch den Einsatz von Akzeptanzalgorithmen erheblich verbesserte Maschinenbelegungspläne erzeugt werden konnten, die dem Einlastungsplaner als Entscheidungsgrundlage für die Produktionsreihenfolge dienen können.

Die Ergebnisse zeigen, daß konventionelle PPS-Systeme nicht einfach auf die neue Technologie der flexiblen Fertigung übertragen werden können.

Mit diesen Ausführungen ist die Analyse der Produktionsplanung und -steuerung eines flexiblen Fertigungssystems abgeschlossen.

In diesem Lehrbuch sollte die ökonomische Aktivität des Industriebetriebs von der Abschätzung der Marktchancen in den potentiellen Produktfeldern über die Wahl der Produktionsverfahren bis hin zur konkreten Produktionssteuerung von flexiblen Fertigungssystemen in geschlossener Form und einheitlicher Konzeption sichtbar gemacht werden.

Der Verfasser hofft, daß es ihm gelungen ist, in diesem Lehrbuch die thematische Weite der industriebetrieblichen Problemstellungen, ihre gegenseitigen engen Beziehungen und darüber hinaus die innere Einheit des industriellen Managements herauszuarbeiten und hinreichend zu verdeutlichen.

Abbildungsverzeichnis

Tabellenverzeichnis

Literaturverzeichnis

Adam, D. (1993): *Produktionsmanagement*, 7. Aufl., Wiesbaden 1993.

Adam, D. (Hrsg.) (1988): *Fertigungssteuerung II* - Systeme zur Fertigungssteuerung, Schriften zur Unternehmensführung, Bd. 39, Wiesbaden 1988.

Adam, D. (1990): *Produktionspolitik*, 6. Aufl., Wiesbaden 1990.

Adam, D. (1990): *Produktionsdurchführungsplanung*, in: Jacob, H. (Hrsg.), Industriebetriebslehre, 4. Aufl., Wiesbaden 1990.

Albach, H. (1978): Strategische *Unternehmensplanung* bei erhöhter Unsicherheit, in: ZfB, 48. Jg, 1978, S. 702-738.

Andler, K. (1929): Rationalisierung der Fabrikation und optimale *Losgröße*, Dissertation, Stuttgart 1929.

Arrow, K.T.; Harris, T.; Marschak, J. (1951): Optimal *Inventory policy*, Econometrica , Vol. 19, No. 3, 1951, pp. 250-272.

Aubin, H., Zorn, W. (1971): Handbuch der Deutschen *Wirtschafts- und Sozialgeschichte*, Bd. 1, Stuttgart 1971.

Aubin, H., Zorn, W. (1976): Handbuch der Deutschen *Wirtschafts- und Sozialgeschichte*, Bd. 2, Stuttgart 1976.

Backhaus, K. (1979): *Fertigungsprogrammplanung,* Stuttgart 1979.

Backhaus, K.; Erichson, B.; Plinke, W.; Weiber, R. (1994): Multivariate *Analysemethoden*, 7. Aufl., Berlin-Heidelberg-New York 1994.

Bartmann, D.; Beckmann, M.J. (1989): *Lagerhaltung,* Berlin 1989.

Bechte, W. (1980): Steuerung der Durchlaufzeit durch belastungsorientierte *Auftragsfreigabe* bei Werkstattfertigung, Universität Hannover 1980, Fortschrittsberichte VDI-Z, Reihe 2, Nr. 70.

Bendeich, E. (1974): *Fertigungssteuerung* mit Systemen der zentralen Arbeitsverteilung (ZAV), in: Arbeitsvorbereitung, 11. Jg., 1974, S. 167-172.

Berthel, J. (1989): *Personal-Management*, 2. Aufl., Stuttgart 1989.

Berthel, J. (1995): *Personal-Management*, 4. Aufl., Stuttgart 1995.

Bleicher, K.; Meyer, E. (1976): *Führung* in der Unternehmung, Wiesbaden 1976.

Bloech, J.; Lücke, W. (1982): *Produktionswirtschaft*, Göttingen 1982.

Böcker, F. (1995): *Marketing*, 5. Aufl., Stuttgart 1995.

Böckle, F. (1979): Flexible Arbeitszeit im *Produktionsbereich*, Frankfurt/M. 1979.

Böhrs, H. (1980): *Leistungslohn*gestaltung, 3. Aufl., Wiesbaden 1980.

Brankamp, K. (1973): Ein *Terminplanungssystem* für Unternehmen der Einzel- und Serienfertigung, 2. Aufl., Würzburg 1973.

Brockhoff, K. (1993): *Produktpolitik,* 3. Aufl., Stuttgart - New York 1993.

Brunz, M.; Wolter, G. (1988): Möglichkeiten und Chancen der flexiblen *Arbeitszeit*, Planegg, 1988.

Buddenberg, H. (1982): *Strategieplanung* und -umsetzung am Beispiel der Deutschen BP AG, in: Schriften zur Unternehmensführung, Bd. 29, Strategisches Management 1, Wiesbaden 1982.

Bundesminister für Verkehr (1995): *Verkehr in Zahlen*, Bonn 1995.

Buzzell, R.D.; Gale, B.T. (1989): Das *PIMS*-Programm, Wiesbaden 1989.

Campell, H.G.; Dudek, R.A. (1970): A Heuristic Algorithim for the n job m Machine Problem, in: Management Science, Vol. 16., S. 630 ff.

Cerney, V. (1985): *Thermodynamical Approach* to the Traveling Salesman Problem, in: Journal of Optimization Theory and Applications, Vol. 45, No. 1, Jan. 1985, pp. 41-52.

Chase, R.; Aquilano, N. (1995): *Production* and Operations Management, Chicago u.a. 1995.

Conway, R.W.; Maxwell, W.L.; Miller, L.W. (1967): Theory of *Scheduling,* Reading/Mass., 1967.

Czeranowsky, G. (1974): Programmplanung bei *Auftragsfertigung* unter besonderer Berücksichtigung des Terminwesens, Wiesbaden 1974.

Czeranowsky, G. (1975): Ein Lösungsansatz zur simultanen Programm- und *Ablaufplanung* bei Einzelfertigung, in: ZfB, 45. Jg., 1975, S. 353-370.

Dantzig, G.B. (1966): *Lineare Programmierung* und Erweiterungen, Berlin 1966.

Dellmann, K. (1974): Ein heuristisches Modell zur gewinnmaximalen Seriengrößen- und *Seriensequenzplanung,* in: ZfB, 44. Jg., 1974, S. 139 ff.

Deutsche Shell AG (1989): Grenzen der *Motorisierung* in Sicht, Hamburg 1989.

Diederich, H. (1992): Allgemeine *Betriebswirtschaftslehre*, 7. Aufl., Stuttgart 1992.

Dielmann, K. (1981): Betriebliches *Personalwesen*, Stuttgart 1981.

Diller, H. (1982): *Marketingplanung*, München 1982.

Diller, H. (1985): *Preispolitik*, Stuttgart 1985.

Dinkelbach, W. (1977): *Ablaufplaung* in entscheidungstheoretischer Sicht, in: ZfB, 47. Jg., 1977, S. 545-566.

Dogac, H., Chen, P.P. (1983): *Entity - Relationship Model* in the ANSI/SPARK Framework, in: Chen, P.P. (Hrsg.), Entity - Relationship Approach to Information Modelling and Analysis, Proceedings of the 2nd International Conference on Entity -Relationship Approach, Amsterdam - New York - Oxford 1983, S. 357-374.

Domschke, W. (1990): Logistik: Rundreisen und *Touren,* 3. Aufl., München-Wien 1990.

Domschke, W.; Drexl, A. (1990): Logistik: *Standorte,* 3. Aufl., München-Wien 1990.

Drucker, P.F. (1985): Entrepreneurial *Strategies,* New York 1985.

Dueck, G.; Scheuer, T. (1990): *Threshold Accepting*, Journal of Computational Physics 1990, Vol. 104, pp. 86-92.

v.Eckardstein, D.; Schnellinger, F. (1978): Betriebliche *Personalpolitik,* 3. Aufl., München 1978.

Eigen, M.; Winkler, R. (1990): Das *Spiel*, 3. Aufl., München 1990.

Fandel, J. (1980): Zum Stand der betriebswirtschaftlichen *Theorie der Produktion*, in: ZfB, 50. Jg., 1980, S. 86-111.

Fandel, G.; Francois, P. (1989): Just-in-Time Produktion und Beschaffung; Funktionsweise, Einsatzvoraussetzungen und Grenzen, in: ZfB, 59. Jg. 1989, Nr. 5, S. 531-544.

Fandel, G.; Zäpfel, G. (1991): Modern *Production* Concepts, Berlin 1991.

Frese, E. (1993): Grundlagen der *Organisation*, 5. Aufl., Wiesbaden 1993.

Fisher, H., Thompson, G. L. (1963): Probabilistic Learning Combinations of Local Job-shop Scheduling Rules, in: Muth und Thompson, 1963, S. 225-251.

Florian, M.; Klein, M. (1971): Deterministic *Production Planning* with Concave Costs and Capacity Constraints, in: Management Science, Vol. 18, 1971, S. 12-20.

Fogarty, D.W.; Blackstone, J.H.; Hoffmann, T.R. (1991): *Production* and Inventory Management, 2nd Ed., Cincinnati 1991.

Fox, R.E. (o.J.): OPT: Leapfrogging the Japanese, in: Voss, C.A., Just-in-Time Manufacture, Berlin u.a. o.J.

Geitner, U.W. (Hrsg.) (1991): *CIM - Handbuch*, 2. Aufl., Wiesbaden 1991.

Gerl, K.; Roventa, P. (1983): *Strategische Geschäftseinheiten* - Perspektiven aus der Sicht des Strategischen Managements, in: Kirsch, W.; Roventa, P. (Hrsg.), Bausteine eines Strategischen Managements, Berlin - New York 1983, S. 141-161.

Gerlach, H.H. (1975): *Stücklistenwesen,* in: Brankamp, K. (Hrsg.), Handbuch der modernen Fertigung und Montage, München 1975.

Glaser, H.; Geiger, W.; Rohde, V. (1991): *PPS,* Grundlagen - Konzepte - Anwendungen, Wiesbaden 1991.

Grochla, E. (1978): Grundlagen der *Materialwirtschaft,* 3. Aufl., Wiesbaden 1978.

Groff, G.K. (1979): A *Lot Sizing Rule* for Time - phased Component Demand, in: Production and Inventory Management, 1979, S.47-53.

Große-Oetringhaus, W.F. (1974): *Fertigungstypologie* unter dem Gesichtspunkt der Fertigungsablaufplanung, Berlin 1974.

Gutenberg, E. (1983): Grundlagen der *Betriebswirtschaftslehre,* Bd.1: Die Produktion, 24. Aufl., Berlin-Heidelberg-New York 1983.

Hahn, D. (1972): Industrielle *Fertigungswirtschaft* in entscheidungs- und systemtheoretischer Sicht, in: Zeitschrift für Organisation, 41. Jg., Teil 1, S. 269-278, Teil 2, S. 369-370, Teil 3, S. 427-439.

Hahn, D.; Laßmann, G. (1989): *Produktionswirtschaft,* Bd. 2, Heidelberg 1989.

Hammer, E. (1977): *Industriebetriebslehre,* 2. Aufl., München 1977.

Hammer, M. (1990): *Reengineering Work*: Don't Automate, Obliterate, in: Harvard Business Review, vol. 90, No. 4 (1990), S. 104-112.

Hammer, M.; Champy, J. (1993): *Reengineering the Corporation*, New York 1993.

Hansmann, K.-W. (1972): *Dynamische Optimierung*, in: WISU, 1. Jg., 1972, H. 1, S. 7-12.

Hansmann, K.-W. (1972): *Fallstudien* 1 und 2 zur dynamischen Optimierung, in: WISU, 1. Jg., 1972, Teil 1: H. 3, S. 113-114, Teil 2: H. 4., S. 105-108.

Hansmann, K,-W. (1972): Das *Branch and Bound - Verfahren*, in: WISU, 1. Jg., 1972, H.7, S. 305-310.

Hansmann, K.-W. (1974): Entscheidungsmodelle zur *Standortplanung* der Industrieunternehmen, Wiesbaden 1974.

Hansmann, K.-W. (1975): *Ganzzahlige Optimierung*, in: WISU, 4. Jg., 1975, Teil I: H. 1, S. 6-11, Teil II: H. 2, S. 56-60, Teil III: H. 3, S. 105-108.

Hansmann, K.-W. (1980): Die Anwendung der *Spektral- und Regressionsanalyse* bei der Absatzprognose von Zeitschriften, in: Schwarze, J. (Hrsg.), Angewandte Prognoseverfahren, Herne - Berlin 1980, S. 231-244.

Hansmann, K.-W. (1982): Eine empirische Untersuchung des deutschen Biermarktes mit *multivariaten Analysemethoden*, in: Proceedings in Operations Research, Nr. 11, Würzburg-Wien 1982.

Hansmann, K.-W. (1983): Kurzlehrbuch *Prognoseverfahren,* Wiesbaden 1983.

Hansmann, K.-W.; Paetow, G.; Zetsche, W. (1983): Darstellung und Anwendung der *Multi-Dimensionalen Skalierung*, in: WISU, 12. Jg., 1983, Teil I: H.1, S. 22-27, Teil II: H. 2, S. 69-72, Teil III: H. 3, S. 111-114.

Hansmann, K.-W. (1984): Die langfristige Entwicklung des Einsatzes von *Industrierobotern* in der BRD, in: Forschungspapier Nr.2 des Instituts für Industriebetriebsforschung der Hochschule der Bundeswehr, Hamburg 1984.

Hansmann, K.-W. (1987): *Industriebetriebslehre,* 2. Aufl., München-Wien 1987.

Hansmann, K.-W. (1987): *Life cycle Forecasting*, in: Forschungspapier Nr. 9 des Instituts für Industiebetriebsforschung der Universität der Bundeswehr, Hamburg 1987.

Hansmann, K.-W.; Kleeberg, K. (1989): Comparison of New Approaches to *Job Shop Scheduling* with an Interactive Simulation Programm on PC, in: Forschungspapier Nr. 10 des Instituts für Industriebetriebsforschung der Universität der Bundeswehr, Hamburg 1989.

Hansmann, K.W.; Zetsche, W. (1990): Business Forecasts using a Forecasting *Expert System*, in: Schader, M.; Gaul, W.(Hrsg.), Knowlegde, Data and Computer-Assisted-Decisions, Berlin 1990.

Hansmann, K.-W. (1992): Grundlagen der betriebswirtschaftlichen *Entscheidungslehre*, in: Krabbe, E. (Hrsg), Leitfaden zum Grundstudium der Betriebswirtschaftslehre, 5. Aufl., Gernsbach 1992.

Hansmann, K.-W.; Kleeberg, K. (1991): Extension of Capacity Oriented Scheduling to *Flexible Manufacturing Systems*, in: Forschungspapier Nr. 12 des Instituts für industrielles Management der Universität der Bundeswehr, Hamburg 1991.

Hansmann, K.-W. (1996): *Produktionssteuerung* eines *flexiblen Fertigungssystems* mit Akzeptanzalgorithmen, in: Wildemann, Horst, Produktions- und Zuliefernetzwerke, München 1996.

Hansmann, K.-W. (1996): *Just in Time-Produktion*, in: Kern, W.; Schröder, H.-H.; Weber, J., Handwörterbuch der Produktionswirtschaft, 2. Aufl., Stuttgart 1996, Spalten 827-838.

Hansmann, K.-W.; Höck, M. (1996): Scheduling a Flexible Manufacturing System Using the Machine and Routing Flexibility, in: IJFMS, Gallmann, G.; Slomp, J.; Suresh, M. (Hrsg.), Integration of Process Planning with Production Planning and Control of FMSs, Forthcomming.

Hansmeyer, K.-H.; Rührup, B. (1973): *Umweltgefährdung* und Gesellschaftssystem, in: Wirtschaftspolitische Chronik, H. 2, Köln 1973.

Hanssmann, F. (1990): Quantitative *Betriebswirtschaftslehre,* 3. Aufl., München-Wien 1990.

Hapag Lloyd (1995): *Geschäftsbericht* 1995.

Hartmann, H. (1978): *Materialwirtschaft,* Gernsbach 1978.

Hax, A.C.; Candea, D. (1984): *Production* and Inventory Management, Englewood Cliffs/-N.J. 1984.

Heinemeyer, W. (1988): Die Planung und Steuerung des logistischen Prozesses mit *Fortschrittszahlen*, in: Schriften zur Unternehmensführung, Bd. 39, Wiesbaden 1988, S. 5-32.

Heinen, E. (1990): *Industriebetriebslehre,* 8. Aufl., Wiesbaden 1990.

Heinen, E. (1982): *Industriebetriebslehre - Arbeitsbuch*, Wiesbaden 1983.

Heinen, E. ; Dill, P. (1990): *Unternehmenskultur* aus betriebswirtschaftlicher Sicht, in: Simon, H. (Hrsg.), Herausforderung Unternehmenskultur, Stuttgart 1990, S. 12-24.

Heinrich, C.E.; Schneeweiß, C. (1986): *Multi - Stage Lot Sizing* for General Production Systems, in: Axsäter, S.; Schneeweiß, C.; Silver, E.A. (Hrsg.) (1986), Multi-Stage Production Planning and Inventory Controll, Berlin 1986.

Heinrich, C.E. (1987): Mehrstufige *Losgrößenplanung* in hierarchisch strukturierten Produktionsplanungssystemen, Berlin 1987.

Hemphill, J.K. (1950): *Leader* Behaviour Discription, Personell Research Board, Columbus (Ohio) 1950.

Henderson, B.D. (1984): Die *Erfahrungskurve* in der Unternehmensstrategie, 2. Aufl., Frankfurt/Main 1984.

Hertz, D.B.; Carlson, Ph.G. (1963): Selection, Evaluation and Control of *Research and Development*, in: Dean, B.V. (Hrsg.), Operations Research and Development, Proceedings of a Conference at Case Instiitute of Technology, New York-London 1963.

Hilke, W. (1978): Zielorientierte Produktions- und *Programmplanung,* Neuwied 1978.

Hinterhuber, H. (1996): Strategische *Unternehmungsführung*, Bd. I, 6. Aufl., Berlin - New York 1996.

Hinterhuber, H. (1989): Strategische *Unternehmensführung*, Bd. II, 4. Aufl., Berlin - New York 1989.

Hoffmann, W.G. (1965): Das *Wachstum* der deutschen Wirtschaft seit Mitte des19. Jahrhunderts, Berlin-Heidelberg 1965.

Hoss, K. (1965): *Fertigungsablaufplanung* mittels operationsanalytischer Methoden, Würzburg-Wien 1965.

Hummeltenberg, W. (1981): Optimierungsmethoden zur betrieblichen *Standortwahl*,Würzburg-Wien 1981.

Hwang, S. (1986): *Part Selection Problems* in Flexible Manufaturing Systems Planning Stage, in: Proceedings of the Second ORSA/TIMS Conference on Flexible Manufacturing Systems (Ann Arbor, MI), K.E. Stecke and R. Suri (eds.), Amsterdam 1986, pp. 297-309.

IBM (Hrsg.): *CLASS* (Capacity Loading and Sequencing Systems), IBM-Form 80713-0.

Jacob, H. (1976): Zur *Standortwahl* der Unternehmung, 3. Aufl., Wiesbaden 1976.

Jacob, H. (1984): Kurzlehrbuch *Investitionsrechnung,* 3. Aufl., Wiesbaden 1984.

Jacob, H. (1982): Die *Aufgaben* der strategischen Planung - Möglichkeiten und Grenzen, in: Jacob, H. (Hrsg.), Strategisches Management 1, Schriften zur Unternehmensführung, Bd. 29, Wiesbaden 1982, S. 41-67.

Jacob, H. (Hrsg.) (1990): *Industriebetriebslehre,* 4. Aufl., Wiesbaden 1990.

Johnson, S.M. (1954): Optimal Two- and Three-Stage *Production* Schedules with Setup-Times Included, in: Naval Research Logistics Quaterly, H. 1, 1954, S. 61 ff.

Jost, W. (1994): Das *ARIS-Toolset*: Eine neue Generation von Reengineering-Werkzeugen, in: SzU, Band 53, Wiesbaden 1994.

Kahle, E. (1980): *Produktion,* München-Wien 1980.

Kaluza, B. (1995): *Zeitmanagement,* in: Corsten, H. (Hrsg.), Lexikon der Betriebswirtschaftslehre, 3. Aufl., München - Wien 1995.

Kalveram, W. (1972): *Industriebetriebslehre,* 8. Aufl., Wiesbaden 1972.

Kellenbenz, H. (1977): Deutsche *Wirtschaftsgeschichte,* Bd. I, München 1977.

Kellenbenz, H. (1981): Deutsche *Wirtschaftsgeschichte,* Bd. II, München 1981.

Keller, G.; Meinhardt, S. (1994): *Business Process reengineering* auf Basis des SAP R/3-Referenzmodells, in: SzU, Band 53, Wiesbaden 1994.

Ketteringham, J.M.; Ranganath Nayak, P. (1987): *Senkrechtstarter,* 2. Aufl., Düsseldorf - Wien - New York 1987.

Kettner, H.; Bechte, W. (1981): Neue Wege der *Fertigungssteuerung* durch belastungsorientierte Auftragsfreigabe, VDI-Z, 123 Jg., H. 11, 1981, S. 459-466 .

Kettner, H.; Jendralski, J. (1979): Fertigungsplanung und *Fertigungssteuerung* - ein Sorgenkind der Produktion, VDI-Z, 121 Jg., H. 9, 1971, S. 410-416.

Kern, W. (1980): Industrielle *Produktionswirtschaft,* Stuttgart 1980.

Kieser, A.; Kubicek, H. (1992): *Organisation,* 3. Aufl., Berlin - New York 1992.

Kilger, W. (1973): Optimale *Produktions- und Absatzplanung*, Opladen 1973.

Kilger, W. (1986): *Industriebetriebslehre*, Bd. 1, Wiesbaden 1986.

Kirkpatrik, S.: Gelatt, C.D.: Vecchi, M.P. (1983): *Optimization* by Simulated Annealing, Science 1983, Vol. 220, pp. 671-680.

Kistner, K.P.; Steven, M. (1993): *Produktionsplanung*, Heidelberg 1993.

Kleinrock, L. (1976): *Queueing Systems,* in: Computer Applications, Vol. 2, New York, London, Sydney, Toronto 1976.

Kloock, J.; Sabel, H.; Schumann, W. (1987): *Erfahrungskurve* in der Unternehmens-politik, in ZfB Ergänzungsheft 2/1987, S. 351.

Knolmayer, G. (1984): Ein Vergleich von 30 "praxisnahen" *Lagerheuristiken,* Manuskript Nr. 152 aus dem Institut für Betriebswirtschaftslehre der Universität Kiel, Kiel 1984.

Knolmayer, G. (1987): The Performance of *Lot Sizing Heuristics* in the Case of Sparse Demand Patterns, in: Kusiak, A. (Hrsg.), Modern Production Management Systems, New York 1987, S.265-279.

v. Kortzfleisch, G. (1990): Systematik der *Produktionsmethoden,* in: Jacob, H. (Hrsg.) Industriebetriebslehre, 4. Aufl., Wiesbaden 1990.

Kotler, P. (1995): *Marketing* Management, 8. Aufl., Stuttgart 1995.

Kosiol, E. (1962): *Organisation der Unternehmung*, Wiesbaden 1962.

Kreikebaum, H. (1989): Strategische *Unternehmensplanung,* 3. Aufl., Stuttgart 1989.

Kruschwitz, L. (1978): *Investitionsrechnung,* Berlin 1978.

Krycha, K.Th. (1978): *Produktionswirtschaft,* Bielefeld-Köln 1978.

Küpper, W.; Lüder, K.; Streitferdt, L. (1975): *Netzplantechnik*, Würzburg 1975.

Kuhn, H.W. (1965): Locational Problems and *Mathematical Programming*, in: Prékopa, A. (Hrsg.), Colloquium and Applications of Mathematics and Economics, Budapest 1965.

Landes, D.S. (1973): Der entfesselte *Prometheus,* Köln 1973.

Lange, Chr. (1978): *Umweltschutz* und Unternehmensplanung, Wiesbaden 1978.

Lee, D. L. (o.J.): Set-up time reduction: Making JIT work, in: Voss, C.A., Just-in-Time Manufacture, Berlin u.a. o.J.

Lewandowski, R. (1974): *Prognose*- und Information*ssysteme* und ihre Anwendung, Bd. 1, Berlin-New York 1974.

Lewandowski, R. (1980): *Prognose*- und Information*ssysteme* und ihre Anwendung, Bd. 2, Berlin-New York 1980.

Luchs, R.H.; Müller, R. (1985): Das *PIMS* - Programm, in: Strategische Planung, Bd. 1, Heft 2, 1985, S.79-98.

Lücke, W. (1990): *Arbeitsleistung,* Arbeitsbewertung, Arbeitsentlohnung, in: Jacob, H. (Hrsg.), Industriebetriebslehre, 4. Aufl., Wiesbaden 1990.

Lüder, K. (1990): *Standortwahl* , in: Jacob, H. (Hrsg.), Industriebetriebslehre, 4. Aufl., Wiesbaden 1990.

Lütge, F. (1966): Deutsche *Sozial- und Wirtschaftsgeschichte*, Berlin-Heidelberg 1966.

Mäckbach, F., Kienzle, O. (Hrsg.) (1926): *Fließarbeit,* Berlin 1926.

Makridakis, S.; Wheelwright, S.C. (1978): *Forecasting,* Methods and Applications, New York 1978.

Meffert, H.; Steffenhagen, H. (1977): Marketing *Prognosemodelle*, Stuttgart 1977.

Meier, B. (1982): Die "eisernen Gehilfen", Entwicklung und Einsatz von *Industrierobotern*, in: Wirtschafts- und Gesellschaftspolitische Grundinformation, Köln 1982.

Mellerowicz, K. (1981): *Betriebswirtschaftslehre* der Industrie, Bd. 1: Grundfragen und Führungsprobleme industrieller Betriebe, 7. Aufl., Freiburg i. Br. 1981.

Mellerowicz, K. (1981): *Betriebswirtschaftslehre* der Industrie, Bd. 2: Die Funktion des Industriebetriebes, 7. Aufl., Freiburg i. Br. 1981.

Mertens, P. (Hrsg.) (1981): *Prognoserechnung,* 4. Aufl., Würzburg - Wien 1981.

Mertens, P. (1993): Integrierte *Informationsverarbeitung*, Bd. 1, 9.Aufl., Wiesbaden 1993.

Mertens, P.; Griese, J. (1988): Industrielle *Datenverarbeitung*, Bd. 2: Informations- und Planungssysteme, 5. Aufl., Wiesbaden 1988.

Milgrom, P.; Roberts, J. (1992): Economics, *Organization* and Management, Englewood Cliffs 1992.

Müller-Merbach, H. (1992): *Operations Research*, 3. Aufl., 10. Nachdruck, München 1992.

Nieschlag, R.; Dichtl, E.; Hörschgen, H. (1994): *Marketing,* 17. Aufl., Berlin 1994.

Nordsieck, F. (1934): *Grundlagen der Organisationslehre*, Stuttgart 1934.

Oberhoff, W.D. (1975): Integrierte *Produktionsplanung*, Deterministische Entscheidungsmodelle zur Planung optimaler Losgrößen und des optimalen Produktionsprogrammes, Bochum 1975.

Ohse, D. (1970): Näherungsverfahren zur Bestimmung der wirtschaftlichen *Bestellmenge* bei schwankendem Bedarf, in: Elektronische Datenverarbeitung, Bd. 12, 1970, S. 83 ff.

Orlicky, J. (1975): *Material Requirements Planning*, New York 1975.

Parfit, J.H.; Collins, B.J.K. (1968): Use of Consumer Panels for Brand Share *Prediction*, in: Journal of Marketing Research, Vol. 5, 1968, S. 131-145.

Pieroth, E.; Wicke, L. (1988): Chancen der Betriebe durch *Umweltschutz,* Freiburg 1988.

Poensgen, O.H.; Hort, H. (1983): *F+E - Aufwand*, Firmensituation und Firmenerfolg, in: ZfbF, 35. Jg., 1983, H. 2, S. 73-79.

Porter, M.E. (1980): *Competitive Strategy*, New York 1980.

Preßmar, D. (1974): Evolutorische und stationäre Modelle mit variablen Zeitintervallen zur simultanen Produktions- und *Ablaufplanung,* in: Geissner, P.; Henn, R.; Steinecke, V. (Hrsg.), Proceedings in Operations Research, Würzburg 1974, S. 462-475.

Preßmar, D. (1974): Stationäre Planung und *Losgrößenanalyse,* in: ZfB, 44. Jg. 1974, S. 729 ff.

Preßmar, D. (1977): Zur Bestimmung einer nichtstationären *Losgrößenpolitik* unter Berücksichtigung von Vorzugsmengenkosten, in: ZfB, 47. Jg., Jg. 1977, S. 609 ff.

Reese, J. (1993): Ein *Lean-Production-Modell* und seine organisatorischen Konsequenzen, in: Corsten, H.; Will, Th. (Hrsg.), Lean Production, Stuttgart 1993.

Reeves, C. (Ed.) (1993): *Modern Heuristic* Techniques for Combinatorial Problems, New York 1993.

Reichwald, R., Sievi, C. (1988): *Produktionswirtschaft*, in: Heinen, E. (Hrsg.), Industriebetriebslehre, 8. Aufl., Wiesbaden 1988.

Reisch, K. (1979): *Industriebetriebslehre*, Wiesbaden 1979.

Rinne, H.; Mittag, H.J. (1989): Statistische Methoden der *Qualitätssicherung* München - Wien 1989.

Robrade, A. (1990): Dynamische Einprodukt-*Lagerhaltungsmodelle* bei periodischer Bestandsüberwachung, Diss., Hamburg 1990.

RKWE (1987): *PPS*-Fachmann, Bd. 1-6, Köln 1987.

Royal Dutch/Shell Gruppe (1994): *Unternehmensgrundsätze* der Royal Dutch/Shell Gruppe, o.O. 1994.

Sabathil, K. (1991): *Evolutionäre Strategien* der Unternehmensführung, Diss. Hamburg 1991.

Salveson, M.E. (1955): The Assembly line *Balancing Problem*, in: Journal of Industrial Engineering, Vol. 6., 1955.

Sand, H. (1973): Fragen zur *Arbeitszufriedenheit,* in: Management International Review, 13. Jg., 1973, S. 45-64.

SAP AG (1993): *System R/3, Modul MM* Funktionsbeschreibung, SAP AG, Walldorf 1993.

SAP AG (1993): *System R/3, Modul PP* Funktionsbeschreibung, SAP AG, Walldorf 1993.

Schäfer, E. (1978): Der *Industriebetrieb,* 2. Aufl., Wiesbaden 1978.

Scheer, A.W. (1990): *CIM*, Computer Integrated Manufacturing, 4. Aufl., Berlin 1990.

Scheer, A.W. (1990): EDV-orientierte *Betriebswirtschaftslehre*, 4. Aufl., Berlin 1990.

Scheer, A.W. (1990): *Wirtschaftsinformatik*, 3. Aufl., Berlin 1990.

Scheer, A.W. (1991): Architektur integrierter *Informationssysteme*, Berlin u.a. 1991.

Scheer, A.W. (1994): *Wirtschaftsinformatik*, 4. Aufl., Berlin 1994.

Schildtknecht, M. (1986): Wie man flexible *Arbeitszeit* einführt, Zürich 1986.

Schierenbeck, H. (1989): Grundzüge der *Betriebswirtschaftslehre,* 10. Aufl., München - Wien 1989.

Schlageter, G.; Stucky, W. (1983): *Datenbanksysteme*, 2. Aufl., Stuttgart 1983.

Schneefeld, W. (1978): Die wirtschaftliche *Bestellmenge*, München 1978.

Schneeweiß, C. (1981): Modellierung industrieller *Lagerhaltungssysteme*, Berlin 1981.

Schneeweiß, H. (1990): *Ökonometrie*, 4. Aufl., Heidelberg 1990.

Schrage, L. (1989): *LINDO*, 4. Aufl., Redwood City, CA 1989.

Schütz, W. (1975): Methoden der mittel- und langfristigen *Prognose*, München 1975.

Seelbach, H. (1975): *Ablaufplanung*, Heidelberg 1975.

Seidel, E.; Menn, H. (1988): Ökologisch orientierte *Betriebswirtschaft*, Stuttgart 1988.

Silver, E.A.; Meal, H.C. (1973): A *Heuristic Lot Size*, Quantities for The Case of a Deterministic Varying Demand Rate, in: Production and Inventory Management Vol. 14, 1973, S. 64-74.

Silver, E.A.; Peterson, R. (1985): Decision Systems for *Inventory Management* and Production Planning, 2. Aufl., N.Y. 1985.

Simon, H. (1992): *Preismanagement*, 2. Aufl., Wiesbaden 1992.

Stadtler, H. (1988): Hierarchische *Produktionsplanung* bei losweiser Fertigung, Heidelberg 1988.

Stahlknecht, P. (1987): *Lineare Programmierung* auf dem PC, München 1987.

Stalk, G. jr.; Hont, Th. M. (1990): *Zeitwettbewerb*, Frankfurt/M. - New York 1990.

Starr, M. (1996): *Operations Management*, Danvers u.a. 1996.

Statistisches Bundesamt: *Statistisches Jahrbuch* der Bundesrepublik Deutschland, lfd. Jahrgänge.

Statistisches Bundesamt (1994): Fachserie 4.1.1, 1994.

Stecke, K.E.; Solberg, J.J. (1982): The Optimality of Unbalanced Workloads and *Machine Group Sizes* for Flexible Manufacturing Systems, in: Working Paper No. 290, Graduate School of Business Administration at the University of Michigan, Ann Arbor 1982.

Stecke, K.E. (1983): Formulation and Solution of *Nonlinear* Integer *Production Planning* Problems for Flexible Manufacturing Systems, in: Management Science, Vol. 29, No. 3, march 1983, S. 273-288.

Stecke, K.E. (1985): *Design*, Planning, Scheduling and Contol Problems *of Flexible Manufacturing Systems*, in: Annals of Operations Research, Vol. 3, 1985, S. 3-12.

Stecke, K.E.; Kim, I. (1988): A Study of *FMS Part Type Selection* Approaches for Short-Term Production Planning, in: International Journal of Flexible Manufacturing Systems, Heft 1, 1988, S. 7-29.

Stecke, K.E. (1991): *Planning* and Scheduling Approaches to Operate *a particular FMS*, in: European Journal of Operations Research, forthcoming 1991.

Stefanic-Allmayer, K. (1927): Die günstigste *Bestellmenge* beim Einkauf, in: Zeitschrift für den wirtschaftlichen Betrieb, Wien 1927, S. 504-508.

Steger, U. (1988): *Umweltmanagement*, Wiesbaden 1988.

Steffen, R. (1976): Produktionplanung bei *Fließbandfertigung*, Wiesbaden 1976.

Steinhausen, D.; Langer, K. (1977): *Clusteranalyse*, Berlin 1977.

Strebel, H. (1980): *Umwelt* und Betriebswirtschaft, Berlin 1980.

Taff, C.A. (1968): Management of Traffic and Physical *Distribution*, Homewood 1968.

Taylor, F.W. (1911): The Principles and Methods of *Scientific Management*, New York 1911.

Tempelmeier, H. (1988): *Material - Logistik*, Berlin 1988.

Tempelmeier, H.; Kuhn, H. (1992): *Flexible Fertigungssysteme*, Berlin - Heidelberg 1992.

Uhlmann, W. (1966): *Statistische Qualitätskontrolle*, Stuttgart 1966.

Vazsonyi, A. (1962): Die *Planungsrechnung* in Wirtschaft und Industrie, Wien 1962.

VDI (1975): VDI-Richtlinie 3590, Blatt 1: *Kommissionierungssysteme,* Düsseldorf 1975.

Venohr, B. (1988): *Marktgesetze* und strategische Unternehmensführung, Wiesbaden 1988.

Voigt, K.-I. (1996): *Unternehmenskultur* und Strategie, Wiesbaden 1996.

Vollmann, T.E.; Berry, W.L.; Whybark, D.C. (1992): *Manufacturing Planning* and Control Systems, 3rd Ed., Homewood/Ill. 1992.

Volkswagenwerk AG (1981): *Festschrift* zur Produktion des 20-millionsten VW Käfers, Wolfsburg 1981.

Voss, E. (1985): *Industriebetriebslehre* für Ingenieure, 5. Auflage, München-Wien 1985.

Wagner, H.M.; Whitin, T.M. (1958): Dynamic Version of the Economic *Lot Size Modell*, in: Management Science, Vol. 5, 1958, S. 89-96.

Weber, A. (1922): Über den *Standort* der Industrie, Tübingen 1922.

Wiendahl, H.-P. (1987): Belastungsorientierte *Fertigungssteuerung,* München 1987.

Wiendahl, H.-P. (1988): *Fertigungssteuerung,* in: Schriften zur Unternehmensführung, Bd. 39, 1988, S. 63.

Wiendahl, H.-P. (1989): *Betriebsorganisation* für Ingenieure, 3. Aufl., München 1989.

Wildemann, H. (1983): Flexible *Werkstattsteuerung* durch Integration japanischer KANBAN-Prinzipien, München 1983.

Wildemann, H. (1986): *Strategische Investitionsplanung* für neue Technologien in der Produktion, München 1986.

Wildemann, H. (1986): Strategische *Investitionsplanung für CAD/CAM*, München, 1986.

Wildemann, H.; Albach, H. (1986): Strategische *Investitionsplanung* für neue Technologien, in: ZfB Ergänzungsheft 1/1986, S. 1-48.

Wildemann, H. (1987): *Investitionsplanung* und Wirtschaftlichkeitsrechnung für flexible Fertigungssysteme, Stuttgart 1987.

Wildemann, H. (1988): Produktionssteuerung nach *KANBAN*-Prinzipien, in: Schriften zur Unternehmensführung, Bd. 39, Wiesbaden 1988, S. 32-50.

Wildemann, H. (1990): Das *Just-in-Time* - Konzept, München 1990.

Winters, P.R. (1960): *Forecasting* Sales by Exponentially Weighted Moving Averages, in: Management Science, Vol. 6, 1960, S. 324-342.

Womack, J.; Jones, D.; Roos, D. (1994): Die *zweite Revolution* in der Automobilindustrie, 8. Aufl., Frankfurt a.M. - New York 1994.

Wöhe, G. (1990): Einführung in die Allgemeine *Betriebswirtschaftslehre,* 17. Aufl., München 1990.

Zäpfel, G. (1982): Produktionswirtschaft, *Operatives Produktions-Management*, Berlin 1982.

Zäpfel, G. (1989): *Taktisches Produktions-Management*, Berlin 1989.

Zäpfel, G. (1989): *Strategisches Produktions-Management*, Berlin 1989.

Zäpfel, G. (1989): Wirtschaftliche Rechtfertigung einer *computerintegrierten Produktion*, in: ZfB, 59. Jg., H. 10, 1989, S. 1058-1073.

Zimmer, D.E. (1975): Der Streit um die *Intelligenz,* München-Wien 1975.

Zoller, K. (1982): Zur Bereitstellung und Nutzung von *Lagerraum,* in: ZfbF, 34. Jg., 1982, H. 1, S. 82-102.

Zoller, K.; Robrade, A. (1987): *Dynamische* Bestellmengen- und *Losgrößenplanung*, in: OR-Spektrum, 1987, S. 219-233.

Zoller, K.; Robrade, A. (1988): Efficient Heuristics for *Dynamic Lot Sizing*, in: International Journal of Production Research, Vol. 26, 1988, pp. 249-265.

Zoller, K.; Robrade, A. (1988): *Dynamic Lot Sizing Techniques*; Survey and Comparison, in: Journal of Operations Management, Vol. 7., No. 4, Dez. 1988.

Zwicky, F. (1989): Entdecken, Erfinden, *Forschen* , 2. Aufl., München-Zürich 1989.

Stichwortregister